Felix Czeike

WIEN
KUNST & KULTUR
LEXIKON

Stadtführer und Handbuch

Süddeutscher Verlag München

ISBN 3 7991 5769 7

DBGM (angemeldet) Printed in Germany.

Satz: Schumacher-Gebler, München.
Druck: Wagner, Nördlingen.
Offsetreproduktion: Colortechnik, München.
Bindearbeit: Grimm & Bleicher, München.

Abbildungsvorlagen und Fotos: Albertina, Wien 34, 49 oben; Bundesdenkmalamt, Wien 8, 31, 32, 36, 53, 62, 80, 86, 110, 136 li, 137, 170, 177; Herbert Fasching, Wilhelmsburg 46 (freigegeben v. BMfLV Zl. 331046); Johanna Fiegl, Wien 64, 66, 99, 128, 168; Dr. Eva Frodl-Kraft, Wien 35, 48, 70, 101, 146, 157, 174; Foto-Atelier Kurt Gerlach, Wien 77, 116, 117, 136 re, 172 li; Hist. Museum der Stadt Wien 92, 112, 116, 134; Institut f. Gesch. d. Medizin, Wien 173; Ingeborg Kitlitschka, Klosterneuburg 39 re, 90, 165; Kunsthist. Museum, Wien 54, 57, 58 oben, 71; Robert Löbl, Bad Tölz 115, 176; Elfriede Mejchar, Wien 40; Richard Pietsch (PAG), Wien 141, 161; Span. Hofreitschule, Wien 49 unten; Süddeutscher Verlag, München (Archiv) 13 unten, 41 unten, 42 oben, 43, 74, 81, 85 li, 87, 94, 121, 143 re, 144; Techn. Museum, Wien 105; Franz Votava (Wiener Presse Bilddienst) 12; Zentralsparkasse Wien 172 re; die übrigen Bildvorlagen stammen aus dem Bildarchiv der Österr. Nationalbibliothek, Wien: 9, 13 oben, 14 li, 14 re, 15 li, 15 re, 16, 17 oben, 17 unten, 18 li, 18 re, 21, 23, 28, 33, 38, 39 li, 41 oben, 44, 47, 61, 82, 85 re, 88, 89, 97, 98, 100, 102, 104, 107, 113, 120,123, 133, 142, 143 li, 148, 152, 158.

Grundrisse, Pläne, Schaubilder und Bildredaktion: Walter Brauneis, Wien
Plan der Innenstadt S. 178/179: Hans Peras, München

Layout-Schema: Josef H. Biller, München
Einbandentwurf: Design Team, München

VORWORT

Wien ist alljährlich das Ziel von Millionen Besuchern aus den verschiedensten Ländern und Kontinenten, denn der Name Wien hat in aller Welt einen guten Klang. Wien – das ist nicht nur eine der ältesten Ansiedlungen Mitteleuropas, ein Kristallisationspunkt der Kultur, ein Zentrum der Wirtschaft und ein bevorzugter Schauplatz der österreichischen und europäischen Geschichte: Wien ist darüber hinaus ein Phänomen eigener Prägung, ein Raum, in dem sich in unnachahmlicher und nicht wiederholbarer Weise seit jeher politische, ökonomische und geistige Potenzen überschneiden, beeinflussen, modifizieren und schöpferisch gestalten, eine Stadt, die mehr als manche andere schon immer in der glücklichen Lage war, bodenständige und kosmopolitische Eigenschaften harmonisch zu verschmelzen. Jahrhundertealte Tradition und fortschrittliches Denken vereinigen sich nicht nur in unserer Zeit zu einer Synthese besonderer Art. Zu keiner Zeit wurde in Wien Fremdes, das in den verschiedenen historischen Epochen aus allen Himmelsrichtungen an die Stadt friedlich und kriegerisch heranbrandete, gedankenlos kopiert.
Wien ist eine zwar langsam, doch systematisch gewachsene Stadt, in deren Grundriß man noch heute unschwer den Ablauf der historischen Entwicklung vom römischen Militärlager über die babenbergische Residenz und Renaissancefestung bis zu den Umgestaltungen und Eingemeindungen der ›Gründerzeit‹ nach der Mitte des vorigen Jahrhunderts erkennen kann. Am nachhaltigsten wurde Wiens Stadtbild zwar durch den Barock geprägt, aber auch alle anderen Stilformen, von der Romanik über die Gotik zur Renaissance und von der Romantik über den Secessionismus bis zur Moderne, haben beachtenswerte Baudenkmäler von überregionaler Bedeutung hinterlassen. Die Impulse, die von Wiens Kunst- und Kulturschaffenden ebenso wie von Natur- und Geisteswissenschaftlern aller Fachrichtungen in die Welt gegangen sind, dürften vergleichsweise nur in wenigen Städten der Welt ein Pendant finden.

Die bedeutendsten historisch und architektonisch interessanten Schlösser, Palais und Bürgerhäuser, Kirchen, Kapellen und Klöster, Straßen, Plätze und Parkanlagen, Denkmäler, Statuen und Brunnen, insgesamt rund fünfhundert an der Zahl, bilden den Hauptinhalt dieses Kunst- und Kulturführers. Er hat naturgemäß seinen Schwerpunkt in der Innenstadt, beschreibt jedoch in repräsentativer Auswahl auch Objekte in den ehemaligen Vorstädten (zwischen Ring und Gürtel) und in den weiter draußen liegenden alten Vororten.

Die Frage, ob ein neuer Führer durch Wien neben den bereits bestehenden Reisebüchern eine Daseinsberechtigung habe, läßt sich leicht beantworten. Natürlich wäre es verfehlt gewesen, lediglich im Rahmen des bisher Gebotenen eine neue Kompilation zu erarbeiten. Deshalb wurden grundsätzlich neue Wege beschritten, um über die auf dem Markt befindlichen Erzeugnisse hinausgehend den – hoffentlich vom Leser gutgeheißenen – Versuch zu unternehmen, auf der Basis neuester und teilweise sogar unveröffentlichter Forschungsergebnisse das zu bieten, was in der bisherigen einschlägigen Produktion gefehlt hat: einen nach Straßen und Plätzen lexikalisch geordneten Führer, der zu jedem der ausgewählten Objekte Angaben zur Baugeschichte, Außen- und Innenbeschreibung und Bedeutung zusammenfaßt.
Die übersichtliche Darstellung soll es dem Leser ermöglichen, sich entweder einen raschen Überblick zu verschaffen oder, sofern er es wünscht, tiefer in die Materie einzudringen. Leitlinie war es, neben illustrierendem Bildmaterial vor allem Planskizzen und Grundrisse zu liefern und letztere durch Ziffern und Buchstaben in unmittelbaren Konnex zum Text zu setzen. Es ist meines Wissens noch niemals eine so weitgehende Bindung des Textes an die Grundrisse zustandegekommen wie im vorliegenden Führer, und es ist bisher auch noch niemals in leicht überschaubarer Form ein solches Maß an Spezialinformation zusammengestellt worden. Für die Herstellung der Planskizzen und Grundrisse habe ich meinem Freund, Herrn cand. phil. Walther Brauneis vom Bundesdenkmalamt, der sich auch der zeitraubenden Mühe unterzogen hat, viele kunsthistorische Angaben an Ort und Stelle zu überprüfen, meinen aufrichtigen Dank auszusprechen.
Alles in allem wendet sich der vorliegende Kunst- und Kulturführer im Gegensatz zu herkömmlichen Werken gleichermaßen an den Besucher wie an den Bewohner dieser Stadt. Dem Besucher will er Aufschluß geben über die kulturell und kunsthistorisch bedeutsamsten Objekte, mit denen er sich bei systematischer Besichtigung oder bei erholsamem Stadtbummel konfrontiert sieht und die möglicherweise sein Interesse oder doch seine Neugierde wecken, dem Wiener will er die Schönheit seiner Stadt, an der er täglich oft allzu achtlos vorübergeht, vor Augen führen und ihn dazu verleiten, sich mit den bedeutendsten architektonischen Schöpfungen der Vergangenheit zu beschäftigen, um sein Wissen aufzufrischen oder zu bereichern. Sollte es gelungen sein, beide Interessentengruppen anzusprechen und ihnen jene Informationen zu bieten, die sie sich erwarten, wäre wohl der Zweck des Buches mehr als erfüllt.
Wien, im April 1976 Dr. Felix Czeike

INHALT

STAAT UND STADT

ÖSTERREICH UND WIEN

SYNCHRONOPTISCHE GESCHICHTE ÖSTERREICHS UND WIENS

ÖSTERREICH

11 Besetzung des illyr.-kelt. Königreichs Noricum durch Römer abgeschlossen.

166–180 Markomannenkämpfe.

395 Zusammenbruch der Donaugrenze des Römerreiches.

433 Pannonien vertragl. *Hunnen* abgetreten.

Mitte 5. Jh. Zugehörigkeit österr. Landschaften zum Hunnenreich.

546 *Langobarden* besetzen Pannonien.

um 625–662 Alpen- und Donauslawen im Großmähr. Reich Samos.

791–96 *Awarenkriege* Karls d. Gr., anschl. Gründung der *Karol. Ostmark*.

896–97 Einbruch der *Magyaren*.

907 Bair. Heerbann von Magyaren bei Preßburg besiegt.

955 Entscheidende Niederlage der Ungarn auf dem Lechfeld, anschl. Gründung der *Otton. Ostmark*.

976–1246 Österreich unter den Babenbergern.

976 Belehnung Mkgf. Leopolds I.

996 Erste urk. Nennung von *Ostarrîchi*.

um 1025 Ostgrenze des Reiches nördl. der Donau an die March, südl. der Donau an die Fischa (oder Leitha?) vorgeschoben.

1095–1136 Mkgf. Leopold III.

1133 Gründung von Klosterneuburg.

1135 Gründung von Heiligenkreuz.

1136–41 Mkgf. Leopold IV.

1141–77 Mkgf. (seit 1156 Hz.) Heinrich II. Jasomirgott (1143–56 Hz. von Bayern).

1156 *Erhebung Österreichs zum Herzogtum* (Privilegium minus), Verzicht Heinrichs auf die bayr. Herzogswürde.

1177–94 Hz. Leopold V.

1186 Georgenberger Vertrag mit Hz. Ottokar IV. von der Steiermark.

WIEN

1. Jh. Römer errichten hölzernes *Auxiliarlager Vindobona*.

um 100 Holzbauten durch Steinbauten ersetzt.

180 Kaiser Marc Aurel in Vindobona gest.

213 Röm. *Zivilstadt Vindobona* erhält Stadtrecht (municipium).

um 400 Letzte Nachricht vom Römerlager in der „Notitia dignitatum".

um 550 Jordanes erwähnt *„civitas Vindomina"* in der „Getica".

7. Jh. Reststadt im Berghof archäologisch nachweisbar.

um 800 Angebl. Gründung der Peterskirche durch Karl d. Gr.

9. Jh. Wahrsch. Gründung der Ruprechtskirche.

881 Zusammenstoß mit den Ungarn „apud Weniam" *(Salzburger Annalen)*.

um 1000 Siedlungskern an der Gabelung Tuchlauben-Kühfußgasse; hier viell. ältestes Rathaus.

11. Jh. Erstnennungen von Orten in der Umgebung von Wien.

1030 Heerbann Ks. Konrads II. von den Ungarn in (oder bei) Wien eingeschlossen.

1042 Ks. Heinrich II. hält Hoftag in Wien ab.

um 1050 *Handelsvorstadt vor dem Ungartor* (zw. Bäckerstraße u. Sonnenfelsgasse).

um 1100 Ältere Michaelerkirche.

um 1135 *Babenberger erwerben Stadtherrschaft in Wien* (viell. von den Formbachern).

1137 Wien im sog. Tauschvertrag von Mautern als *civitas* bez.; Baubeginn der roman. Stephanskirche (Weihe 1147).

1155 Gründung des Schottenklosters; Stadterweiterung nach Westen (Herzogshof Am Hof).

1156 Hz. Heinrich II. verlegt *Residenz* von Regensburg nach Wien.

um 1170 Alte Stadtmauer verliert Wehrfunktion.

um 1180–98 *Stadterweiterung und Neubau der Ringmauer* aus dem Lösegeld für Richard Löwenherz.

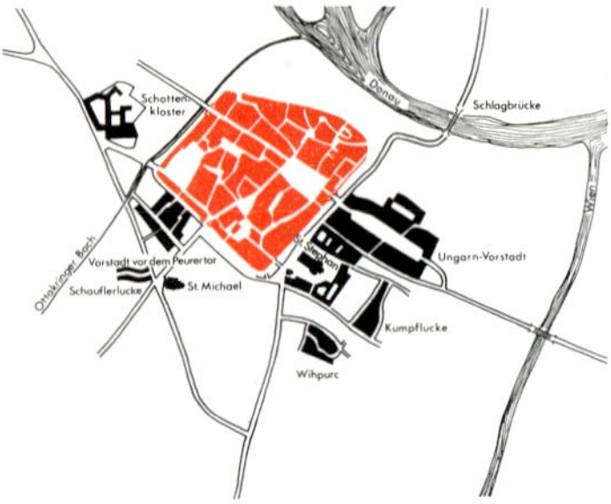

Die Stadt unter Hz. Heinrich II. mit den Vorstädten im Bereich der Inneren Stadt

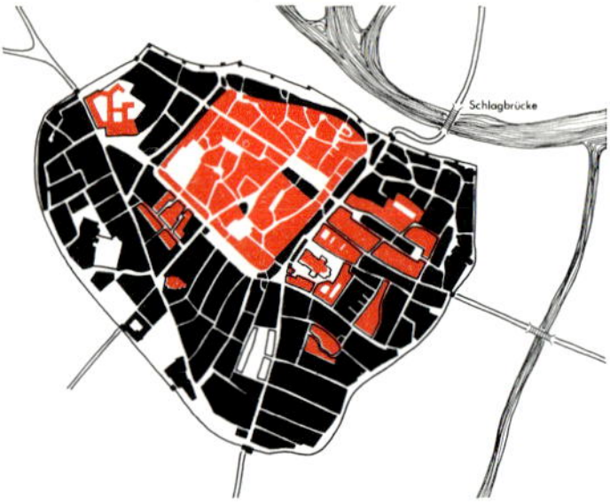

Die Stadt unter Hz. Leopold V. am Ende des 12. Jahrhunderts

1189 Ks. Friedrich Barbarossa auf dem Weg ins Hl. Land in Wien.
um 1190 Planierung des „Grabens".

1191 Fahnenzwischenfall vor Akkon.
1192 Babenberger erhalten die Steiermark.
1192 Richard Löwenherz in Erdberg gefangengenommen.
1195–98 Hz. Friedrich I.
1198–1230 Hz. Leopold VI. der Glorreiche.
um 1198/1204 Deutscher Ritterorden nach Wien berufen.
um 1200 *Münzstätte in Wien* (Münzen seit 1204 nachweisbar).
1208 Stiftung des Heiliggeistspitals am Wienfluß.
1211 Erste Nennung verschiedener Vorstädte außerhalb der neuen Ringmauer *(Wieden, St. Ulrich)*.
1221 *Stadtrecht und Stapelrecht.*
seit 1225 Hz. Leopold VI. an allen Entscheidungen im Reich beteiligt; Verschwägerung mit dem Kaiserhaus.
1226 Dominikaner nach Wien berufen.
um 1230 Minoriten nach Wien berufen.
1230–46 Hz. Friedrich II. der Streitbare.

1234 Erste Nennung des Neuen Marktes, des Zentrums des Stadterweiterungsgebietes.

1237 Zerwürfnis des Hz. mit Ks. Friedrich II.
1237 Erste *Verleihung der Reichsfreiheit* an Wien (bis 1239).
1246 Tod Friedrichs II. in der Schlacht an der Leitha, Aussterben der Babenberger.
1247 Bestätigung der Reichsfreiheit.
1251–76 Böhmenkönig Ottokar II. Přemysl Landesfürst in Österreich.
1257 Erste urk. Nennung der Kärntner Straße.
1258, 1262 Stadtbrände.
1262 Steiermark fällt an Ottokar.
1276 Niederlage Ottokars in der Schlacht auf dem Marchfeld.
1278–1918 Österreich unter den Habsburgern (seit 1740: Habsburg-Lothringen).
1278–82 Kg. Rudolf I.
1278 Stadtrechtsbestätigung.
1282–1308 Hz. Albrecht I. (bis 1283 zus. mit Rudolf II.).
1282 Konrad Poll als erster Bürgermeister gen.
1288 Niederschlagung eines Aufstands der Bürger, Ende der Reichsfreiheit, Vernichtung aller Privilegien, „Treubriefe" der Bürger.
1296 Gemindertes Stadtrecht.
1304–40 Bau des Albertinischen Chors von St. Stephan leitet got. Domneubau ein.
1308–30 Kg. Friedrich I. der Schöne.
1308 Verschwörung niedergeschlagen.
1316 Friedrich schenkt der Stadt ein nach der Verschwörung beschlagnahmtes Haus in der Salvatorgasse zur Vergrößerung des bgl. Rathauses.

1322 Friedrich unterliegt Ludwig d. Bayern bei Mühldorf.
1325 Friedrich Mitregent in Bayern (Vertrag von München).
1326, 1327 Stadtbrände.
1330 Friedrich beruft die Beschuhten Augustiner in die Stadt.
1330–58 Hz. Albrecht II. der Weise.
1340 Letzte Kodifikation des ma. Stadtrechts.

1335 Habsburger erwerben *Kärnten.*

1349 Pestepidemie.

1358–65 Hz. Rudolf IV. der Stifter.

1359 *Privilegium maius,* Erzherzogswürde.

1363 Habsburger erwerben *Tirol.*

1364 Familienvertrag Rudolfs IV. mit seinen Brüdern.

1365–79 Albrecht III. und Leopold III.

seit 1368 Erwerbungen in den Vorlanden.

1379 Länderteilung zu Neuberg.

1379–95 Hz. Albrecht III.

1386 Schlacht bei Sempach, Tod Hz. Leopolds III.

1395–1404 Hz. Albrecht IV.

1404–06 Hz. Wilhelm (als Vormund für Albrecht V.).

1406–11 Hz. Leopold IV. (als Vormund für Albrecht V.).

1411–39 Hz. Albrecht V. (seit 1438 als Ks. II.).

1421 Erbvertrag mit den Luxemburgern.

1440–93 Friedrich V. (seit 1452 als Ks. III.), bis 1457 als Vormund für Ladislaus.

1453 Anerkennung des Privilegium maius durch Friedrich.

1462 Niederösterr. an Friedrichs Bruder Hz. Albrecht VI.

1469 Wien wird *Bistum.*

1482 Friedrich III. erbt Burgund.

1485–90 Ungarnkönig Matthias Corvinus residiert in Wien.

1491 Friede von Preßburg mit Ungarn.

1493–1519 Ks. Maximilian I.

1499 Endgültiger Verlust der Schweizer Gebiete für die Habsburger.

1515 *Fürstentag in Wien;* Erbvereinbarungen mit den Jagellonen.

1359 Grundsteinlegung zu Langhaus und Südturm von St. Stephan.

1360 Grundentlastung belebt das Wirtschaftsleben.

1361 Aufhebung des Zunftzwangs.

1364 Übertragung der Gewerbehoheit an den Stadtrat.

1365 *Gründung der Universität,* Übertragung des Kollegiatkapitels nach St. Stephan (Domkapitel).

1369 Fertigstellung des Chors von Maria am Gestade.

1379 Wien fällt Hz. Albrecht III. zu.

1396 Ratswahlordnung (Handwerker gleichberechtigt im Stadtrat, jährliche Bürgermeisterwahl), friedl. Lösung sozialer Gegensätze.

1408 Die Heere Hz. Ernsts und Leopolds IV. liegen sich bei Klosterneuburg und Korneuburg gegenüber; Hinrichtung Bürgermeister Konrad Vorlaufs.

1412 Stadtrecht.

1421 „Wiener Geserah" (grausame Judenverfolgung, Verbrennung auf der Gänseweide).

um 1422 *Ältester Plan* von Wien („Albertinischer Plan").

1438 *Älteste Beschreibung* Wiens (Aeneas Silvius Piccolomini); Wien Kaiserresidenz.

1439 Älteste Brücke über Donauhauptstrom.

1440 *Älteste Ansicht* von Wien (Albrechtsmeister).

1440–64 Blutige Auseinandersetzung um die Herrschaft in Niederösterreich und Wien („Zeitalter des österr. Faustrechts").

1451 Capistran predigt gegen Türken.

1460 „Pancarta" (Bestätigung aller geltenden Wiener Stadtrechte).

1461 *Verleihung eines Stadtwappens.*

1462 Wiener belagern Ks. Friedrich III. in der Burg.

1463 Hinrichtung Bürgermeister Konrad Holzers.

um 1470 Älteste Südansicht und erste Darstellung eines Straßenzuges (Schottenmeister).

1485 *Ungarn besetzen Wien;* Beschreibung der Stadt durch den Hofhistoriographen Antonio Bonfini.

um 1490 Älteste Nordansicht (Babenberger Stammbaum).

1490 Maximilian zieht in Wien ein.

1497 Konrad Celtes gründet „Sodalitas Danubiana".

1512 Stapelrecht letztmals bestätigt.

1515 Doppelhochzeit zw. Kindern Wladislaws u. Enkeln Maximilians legt Grundstein zur künftigen Donaumonarchie.

1517 Stadtrecht Maximilians I. engt städt.

1519 Maximilian I. gest.
1521–64 Ehz. Ferdinand (seit 1531 Kg. v. Böhmen u. Ungarn, seit 1556 Ks.).

1523 Verbot lutherischer Schriften durch Ferdinand.
1525–26 Bauernaufstand.

1526 Schlacht bei Mohács, Tod Kg. Ludwigs II. v. Ungarn, habsburg. Erbfolge in Böhmen u. Ungarn.
1527 Beginn der Verwaltungsreform Ferdinands.

1547 Waffenstillstand v. Konstantinopel, Dreiteilung Ungarns.

1551 Jesuiten nach Wien berufen.

1555 Augsburger Religionsfriede.
1564–76 Ks. Maximilian II.
1564 Dreiteilung der habsburg. Erblande.
1571 Religionsassekuranz in Nieder- u. Oberösterreich.
1572 Religionspazifikation in Graz.

1592 Wiederaufflammen der Türkenkriege.

1608 Gründung der evang. „Union" in Deutschland.
1609 Gründung der kath. „Liga" in Deutschland.

1612–19 Ks. Matthias.

1618–48 30jähr. Krieg.
1619–37 Ks. Ferdinand II.

Autonomie ein.

1522 Wiener Neustädter Blutgericht, Hinrichtung Bürgermeister Dr. Martin Siebenbürger (nach mißlungenem Aufstand der Stände); Auflösung der „Genannten" (Kollegium von Urkundspersonen) und der Münzer-Hausgenossen bricht pol. u. wirtsch. Kraft des Bürgertums.

1524 Hinrichtung Caspar Taubers (1. Blutopfer der Religionskriege in Wien).
1525 Stadtbrand.
1526 *„Stadtordnung"* beseitigt endgültig städt. Autonomie, Bürgermeister prakt. landesfürstl. Beamter.
1529 *1. Türkenbelagerung.*
1531 Wien Sitz der habsburg. Landesfürsten und Hofämter; Baubeginn der Renaissancebefestigungen.
1546 *Erste Stadtgeschichte* (Wolfgang Lazius).
1547 *Erste trigonometr. vermessene Stadtpläne* (Augustin Hirschvogel, Bonifaz Wolmuet); „Lobspruch" von Wolfgang Schmeltzl.

1552 Petrus Canisius in Wien, entscheidendes Stadium der Gegenreformation.
1568 Erleichterungen für die Protestanten.

1576–77 Einziger prot. Bürgermeister Wiens (Christoph Hutstocker).
1577 Verbot prot. Gottesdienste.
1579 Sturmpetition der Protestanten.

1598 Melchior Khlesl Bischof v. Wien, *Höhepunkt der Gegenreformation.*
1603 Grundsteinlegung zur Franziskanerkirche leitet „Klosteroffensive" ein.

1609 „Religionskapitulation" zugunsten der Protestanten; Vogelschauplan von Jacob Hoefnagel, letztes Abbild der got. Stadt.
1614 Gründung des Klosters der Barmherz. Brüder in der Leopoldstadt.

1622 Kirchen der Dominikaner u. Kapuziner.

Wien um 1490 (Babenberger Stammbaum)

Wien unter Kaiser Leopold I. mit Befestigung

Ansicht der Stadt Wien von Folbert van Alten-Allen, 1686

1626 Bauernaufstand in Oberösterreich.
1627 Abschluß der Gegenreformation in Niederösterreich.

1632 Tod Gustav Adolfs in der Schlacht bei Lützen.
1637–57 Ks. Ferdinand III.

1648 Westfäl. Friede.
1652 Reformationspatent.
1658–1705 Leopold I., der erste „Barockkaiser".
1663–64 Türkenkrieg (1664 Schlacht b. Mogersdorf-St. Gotthard).

1681 Reichstag zu Ödenburg (Herstellung der ungar. Verfassung).
1683 Prinz Eugen v. Savoyen in kais. Diensten.
1684 „Hl. Liga" gegen die Türken.
1686 Eroberung von Ofen.

1699 Friede zu Karlowitz (Ungarn zu Österr.).
1701–14 Span. Erbfolgekrieg (inf. Aussterbens der span. Habsburger mit Karl II.).

1705–11 Ks. Josef I.
1711–40 Ks. Karl VI.
1713 Pragmatische Sanktion zur Sicherung der weibl. Erbfolge.

1717 Eroberung von Belgrad.
1718 Friede von Passarowitz (größte Ausdehnung Österr.s an der unteren Donau).
1738 Wiener Friede (Toskana habsburg. Sekundogenitur).

1623 Universität den Jesuiten übergeben; Bau der Alten Universität (1623–27) und der Universitätskirche (1628–31).
1625 Einrichtung eines Gettos in der Leopoldstadt.
1626 Berufung der Barnabiten.
1627 Letzter Stadtbrand in Wien.
1628 Berufung der Unbeschuhten Karmeliter.
1630 Berufung der Unbeschuhten Augustiner.

1638 Berufung der Serviten.
1645 Schweden unter Torstenson nördl. v. Wien.

1660–66 Bau des Leopoldinischen Trakts der Hofburg.

1670 Ausweisung der Juden aus dem Getto in der Leopoldstadt.
1679 Pestepidemie (Stiftung der Pestsäule am Graben).
1679–83 Bürgermeister Johann Andreas Liebenberg.

1683 *2. Türkenbelagerung.*

1686 Beginn monumental-barocker Bautätigkeit auch in den Vorstädten; Stadtplan von Folbert van Alten-Allen.

1704 Bau des „Linienwalls" (heute an seiner Stelle Gürtelstraße) unter Ltg. d. Hofmathematikers Jakob Marinoni.
1705 Gründung des Stadtbanco.

1713 Pestepidemie.
1714–24 Johann Lukas v. Hildebrandt baut Oberes Belvedere.
1716–37 Johann Bernhard u. (seit 1723) Josef Emanuel Fischer v. Erlach bauen Karlskirche.
1737 Trennung von Justiz und politischer Verwaltung.

1740–80 Maria Theresia, Ehzin. v. Österr. (verm. seit 1736 mit Franz Stephan v. Lothringen); Reformzeit.
1741–48 Österr. Erbfolgekrieg.
1745–65 Ks. Franz I. Stephan.
1753 Neuordnung der staatlichen Verwaltung, Kaunitz Leiter der Staatskanzlei.

1765–90 Ks. Joseph II.
1770 Maria Theresianisches Strafrecht.

1774 Einführung der allgemeinen Schulpflicht.

1780–90 Joseph II. Regent in den Erblanden; Reformzeit, „Josephinismus".
1781–82 Toleranzpatent, Klosteraufhebungen, Aufhebung der Leibeigenschaft.

1790–92 Ks. Leopold II.
1792–1835 Ks. Franz II. (seit 1804 als österr. Kaiser Franz I.).
1792–1815 Koalitionskriege.
1795 Dritte Teilung Polens.
1797 Österr. verliert Lombardei und erhält Venetien.

1804 Annahme der österr. Kaiserkrone durch Ks. Franz.

1806 Niederlegung der röm.-dt. Kaiserkrone durch Ks. Franz.
1809 Schlacht bei Aspern und bei Deutsch-Wagram; Schönbrunner Friede.
1809–48 Metternich Leiter der österr. Politik.
1810–11 Wirtschafts- und Finanzkrise.
1813 Völkerschlacht bei Leipzig.
1815–48 „Vormärz" (Biedermeier); kulturelle Blüte, soziale und wirtschaftl. Krisen.
1816 Gründung der Oesterr. Nationalbank.

1835–48 Ks. Ferdinand I.

1848 Sturz Metternichs.
1848–1916 Ks. Franz Joseph I.

1744–49 Nicolaus Pacassi gestaltet Schloß Schönbrunn.

1749 Neuordnung der städtischen Verwaltung.

1754 Erste Volkszählung in Wien (175.000 Einwohner).
1770 Erste Häusernumerierung in Wien.
1771 Grundriß der Stadt Wien von Josef Nagel.
1772 Einführung der „Kleinen Post" im Stadtgebiet.
1776 Beleuchtung des Glacis.
1778 Beginn der Straßenpflasterung in der Innenstadt.

1782 Einsetzung eines Stadthauptmanns; Papst Pius VI. in Wien.
1783 Neuordnung der städtischen Verwaltung (Konstituierung des „Magistrats").
1784 Eröffnung des Allgemeinen Krankenhauses.
1786 Gründung von Floridsdorf.
1790 Wien hat 207.000 Einwohner.

1793 Bürgermeister amtieren lebenslänglich.

1795 Verbot der Errichtung neuer Fabriken.
1797 Allgemeines Bürgeraufgebot.
1800 Wien hat 231.000 Einwohner.
1803 Eröffnung des Wiener Neustädter Kanals.
1804 Vollendung der Albertinischen Wasserleitung.
1805 *Napoleon in Wien.*

1809 Napoleon zum zweiten Mal in Wien.

1814–15 *Wiener Kongreß.*
1815 Gründung des Polytechnikums (heute Technische Universität).
1817 Festungscharakter Wiens aufgehoben.
1823 Eröffnung des Volksgartens („kleine Stadterweiterung" vor dem Burgtor).
1830 Katastrophale Donauüberschwemmung; Wien hat 318.000 Einwohner.
1831–32 Choleraepidemie; Bau der Wienflußsammelkanäle.
1835 Erste Gewerbeproduktenausstellung.
1835–41 Bau der Ks. Ferdinands-Wasserleitung.
1837 Erster Dampfeisenbahnzug fährt von Floridsdorf nach Deutsch-Wagram.
1839 Schaffung des Marktamtes.
1845 Lebensmittelteuerungen lösen soziale Krisen aus.
1848 *Revolution.*
1850 Prov. Gemeindeordnung; Eingemein-

1851 Silvesterpatent.
1851–61 Ära des Neoabsolutismus.
1859 Schlacht bei Solferino.
1860 Oktoberdiplom.
1861 Februarpatent.

1866 Schlacht bei Königgrätz.

1873 Wiener Weltausstellung; Börsenkrach; Ende der Bauhausse

1878 Besetzung von Bosnien-Herzegowina; Ende der liberalen Vorherrschaft im Staat.
1882 Erweiterung des Wahlrechts für den Reichsrat.

1889–90 Hainfelder Parteitag (Dr. Victor Adler einigt die Sozialdemokratie).

1907 Allgemeines Wahlrecht für den Reichsrat.

1914 Thronfolger Ehz. Franz Ferdinand in Sarajewo ermordet.
1914–18 Erster Weltkrieg.
1916–18 Ks. Karl I.
1918 Ausrufung der Republik Österreich.

1924 Stabilisierung der Währung (Schillingwährung).

1927 Brand des Justizpalastes während einer Demonstration.
1929 Beginn der Weltwirtschaftskrise.

1933 Selbstausschaltung des Parlaments.
1934–38 Autoritärer „Ständestaat".

1938 Einmarsch Hitlers in Österreich, Angliederung Österreichs an das Deutsche Reich.

dung der Vorstädte (bis zum heutigen Gürtel).

1857 *Schleifung der Basteien; Planung der Ringstraßenzone.*
1861 Erste freie Gemeinderatswahlen seit der Revolution.
1861–95 *Liberale Mehrheit im Gemeinderat.*
1862 Katastrophale Donauüberschwemmung.
1865 Teileröffnung der Ringstraße.
1868–78 Dr. Cajetan Felder Bürgermeister.
1869–75 Donauregulierung.
1870–73 Bau der 1. Hochquellenwasserleitung.
1872–83 Bau des (Neuen) Rathauses.
1874 Schaffung des 10. Bezirks Favoriten; Eröffnung des Zentralfriedhofs in Simmering.

1881 Ringtheaterbrand.

1885 Änderung des Wahlrechts zugunsten des Kleinbürgertums.
1890 *Eingemeindung der Vororte (Bezirke 11 bis 19).*
1895–1919 *Christlichsoziale Mehrheit im Gemeinderat.*
1897–1910 Dr. Karl Lueger Bürgermeister; Kommunalisierungsprogramm.
1899 Städt. Gaswerk nimmt Betrieb auf.
1900 Schaffung des 20. Bezirks Brigittenau; Änderung des Wahlrechts (erstmals Sozialdemokraten im Gemeinderat).
1902 Fertigstellung städt. E-Werke; Elektrifizierung der Straßenbahn.
1905 Schaffung des Wald- und Wiesengürtels.
1910 Vollendung der 2. Hochquellenwasserleitung.

1918 *Wien Bundeshauptstadt.*
1919 Allgemeines Wahlrecht für den Gemeinderat.
1919–34 *Sozialdemokratische Mehrheit im Gemeinderat;* großes Sozial- und Wohnbauprogramm (63000 Wohnungen), Schulreform.
1922 *Wien eigenes Bundesland.*
1923–34 Karl Seitz Bürgermeister.

1925 Kommunalisierung und Elektrifizierung der Stadtbahn.

1930 Eröffnung des Karl-Marx-Hofes (bedeutendste Wohnhausanlage der 1. Republik).
1931 Eröffnung des Stadions.

1934 Februarkämpfe, danach Verbot der Sozialdemokratischen Partei und Auflösung des Gemeinderats.
1935 Eröffnung der Höhenstraße.
1937 Eröffnung der Reichsbrücke.
1938 Angliederung von 97 nö. Ortsgemeinden.

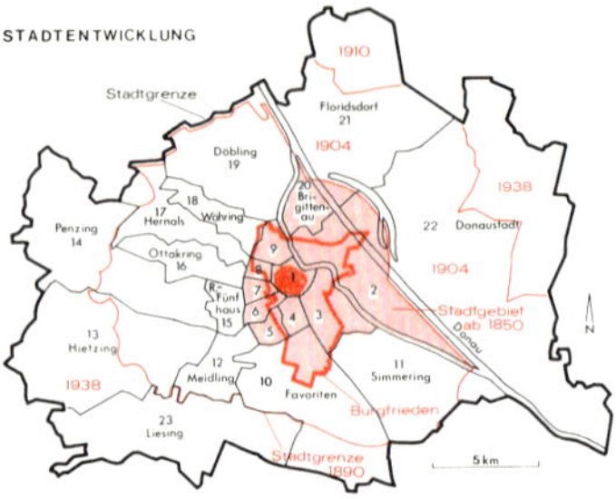

Die Stadtbezirke von Wien

Siegel der Stadt Wien von 1925

1939–45 Zweiter Weltkrieg.

1945–55 Besetzung Österreichs durch die Alliierten.

1945–50 Dr. Karl Renner Bundespräsident.

1951–57 Theodor Körner Bundespräsident.

1955 Österr. Staatsvertrag.

1956 Sitz der Internat. Atomenergiebehörde in Wien.

1957–65 Dr. Adolf Schärf Bundespräsident.

1965–74 Franz Jonas Bundespräsident.

1967 Sitz der UNIDO in Wien.

seit 1974 Dr. Rudolf Kirchschläger Bundespräsident.

1939 Umwandlung des Landes in einen *„Reichsgau Groß-Wien"*.

1943–45 Bombenangriffe auf Wien.

1944 Gründung des „Prov. Österr. Nationalkomitees" der Widerstandsbewegung.

1945 Besetzung Wiens durch die Rote Armee, Wiederherstellung demokratischer Verhältnisse (Wahlen), seither sozialdemokrat. Mehrheit.

1945–51 Theodor Körner Bürgermeister.

1947 Wiederaufnahme des kommunalen Wohnhausbaues.

1951–65 Franz Jonas Bürgermeister.

1954 Rückgliederung von 80 nö. Ortsgemeinden.

1956 Grundsteinlegung zur 50.000. Wohnung nach Kriegsende.

1958 Eröffnung der Stadthalle.

1959 Historisches Museum auf dem Karlsplatz fertiggestellt.

1962 Donauturm.

1965–70 Bruno Marek Bürgermeister.

1966 Aufnahme des Schnellbahnbetriebes.

1969 Baubeginn der U-Bahn.

1970–73 Felix Slavik Bürgermeister.

seit 1973 Leopold Gratz Bürgermeister.

Abschluß des Österreichischen Staatsvertrages, 1955

HERZÖGE UND KAISER ÖSTERREICHS von den Babenbergern über das Interregnum bis zu den Habsburgern und zum Ende der Monarchie.

Leopold VI. der Glorreiche, * um 1180/82, † 28. 7. 1230 San Germano, Sohn Leopolds V.; 1198–1230 Herzog v. Österreich. Leopold baute den von der neuen Stadtmauer umfaßten Raum planmäßig aus: er legte neue Plätze an (Hoher Markt und Graben um 1200, Neuer Markt um 1230), förderte die Niederlassung von Klöstern (Minoriten 1224, Dominikaner 1226) und Ritterorden (Deutscher Orden um 1200, Johanniter um 1210) und machte die Wollzeile und die Kärntner Straße zu neuen Ausfallstraßen. Am 18. Oktober 1221 verlieh er Wien ein *Stadtrecht*, in dem auch das sog. *Stapelrecht* (Transitverbot für Handel nach Ungarn) fixiert wurde. Rund um die erweiterte Stadt entstanden Vorstädte, die Residenz war ein Mittelpunkt des kulturellen Lebens *(Ulrich von Liechtenstein)*.

Rudolf IV. der Stifter, * 1. 11. 1339 Wien, † 27. 7. 1365 Mailand, Herzog v. Österr. (1358–65), verh. mit Tochter Kaiser Karls IV. Usurpierte im *Privilegium maius* Gleichstellung mit Kurfürsten und Titel Erzherzog, erwarb 1363 Tirol. Legte 1359 Grundstein zum spätgot. Umbau des Stephansdoms (Südturm), in den er das von ihm gegr. Kapitel verlegte; gründete 1365 die Wiener Universität. Rudolf wirkte bahnbrechend in Wirtschafts- und Sozialpolitik (1360 Ablösbarkeit der Grund- und Burgrechte, 1361 Aufhebung des Zunftzwangs, 1364 Getränkesteuer). Stiftungen sollten Wien Vorrangstellung im Reich sichern.

Leopold I., *9. 6. 1640 Wien, † 5. 5. 1705 Wien, röm.-dt. Kaiser (1658–1705). Durch die Jesuiten erzogen, nach dem Tod seines Bruders Ferdinand Erbfolge in Österreich (1654). Der umfassend gebildete, streng katholische, sprachgewandte und musische Herrscher wurde zum entscheidenden Wegbereiter für die Großmachtbildung Österreichs (erster Barockkaiser). Nach der 2. Türkenbelagerung entscheidender Sieg über die Türken; 1704 Errichtung des *Linienwalls* (heute Gürtel). Leopold machte Wien zum Mittelpunkt der europ. Musik- und Theaterwelt, prägte durch seinen barocken Bauwillen Aussehen der Stadt.

Maria Theresia, *13. 5. 1717 Wien, † 29. 11. 1780 Wien, Tochter Kaiser Karls VI., Gattin Franz Stephans von Lothringen (seit 1745 Kaiser Franz I.), Herrscherin in Österreich 1740–1780. Aufgrund der *Pragmatischen Sanktion* erbfolgeberechtigt, mußte ihr Erbe in mehreren Kriegen verteidigen. Das Hauptverdienst Maria Theresias liegt in ihren umfassenden *Reformen* auf den Gebieten der Verwaltung (Einrichtung von Zentralstellen), des Militär- und Finanz- sowie des Schul-, Kirchen- und Justizwesens. Es gelang ihr, aus der feudalen Ländermasse einen einheitlichen modernen *Verwaltungs- und Beamtenstaat* mit zentralen Gewalten zu schaffen. In Wien führte dies zu einer Unterbindung des politischen Eigenlebens.

Franz II. (I.), *12. 2. 1768 Florenz, † 2. 3. 1835 Wien, röm.-dt. Kaiser (bis 1806), österr. Kaiser (seit 1804). Beteiligte sich an den Koalitionen gegen Napoleon (der 1805 und 1809 in Wien einzog), brachte dadurch jedoch die Staatsfinanzen in Unordnung (Staatsbankrott 1811). Seit 1809 leitete Metternich die Außenpolitik (1814/15 *Wiener Kongreß*). Umgab sich mit dem Schein patriarchalischer Regentschaft, gab sich gerne volkstümlich. Die Biedermeierzeit mit ihrer Kulturblüte darf jedoch nicht isoliert betrachtet werden; Zensur, soziale Spannungen und politische Bevormundungen prägen ebenfalls die Zeit.

Franz Joseph I., * 18. 3. 1830 Wien, † 21. 11. 1916 Wien, verh. mit Elisabeth v. Bayern (1854), österr. Kaiser (1848–1916). Neben staatspolitisch bedeutsamen Ereignissen (Ausgleich mit Ungarn 1867, Bündnis mit dem Deutschen Reich 1879, *1. Weltkrieg*) fallen in seine Ära nachhaltig wirkende Entscheidungen für die Entwicklung Wiens (Stadterweiterungen 1850 und 1890, Schleifung der Basteien und Ausbau der Ringstraßenzone ab 1857). Er förderte Kunst, Wissenschaft und Architektur, doch kam es im Zuge der Entwicklung der politischen Parteien zu polit., wirtschaftl. und sozialen Umwälzungen.

KÜNSTLER IN WIEN

Johann Bernhard Fischer v. Erlach, * 20. 7. 1656 St. Martin b. Graz, † 5. 4. 1723 Wien, Barockarchitekt. Lieferte 1692/93 1. Entwurf zum Bau von Schloß Schönbrunn, 1694 kaiserl. Hofarchitekt, begann 1695 in *Schönbrunn* mit der Ausführung seines 2. Entwurfs. Danach noch zahlreiche Werke, darunter den 1. Bauteil des *Winterpalais' für Prinz Eugen* (1695–98), das *Trautsonpalais* (1710–12), die *Böhmische Hofkanzlei* (1712–14) und die *Hofstallungen* (1719–21); er vollendete auch das von Hildebrandt begonnene *Schwarzenbergpalais* und setzte sich in der *Karlskirche* sein glänzendstes Denkmal.

Johann Lukas v. Hildebrandt, * 14. 11. 1668 Genua, † 16. 11. 1745 Wien, Barockarchitekt. Nach künstlerischer Ausbildung in Rom kam er 1696 nach Wien; 1701 kaiserl. Hofingenieur, baute verschiedene Wiener Adelspalais und vollendete das *Winterpalais des Prinzen Eugen,* als dessen Feldingenieur er 1695/96 tätig war. Hauptwerke sind das *Untere und Obere Belvedere* (1714–16 bzw. 1721–23), die *Geheime Hof- und Staatskanzlei* (heute *Bundeskanzleramt,* 1717–19) und die *Piaristenkirche* (1716–21); 1720 wurde Hildebrandt in den Ritterstand erhoben.

Friedrich v. Schmidt, * 22. 10. 1825 Frickenhofen (Württemberg), † 23. 1. 1891 Wien, bedeutendster Architekt der Neugotik in der Ringstraßenära, seit 1862 auch Dombaumeister zu St. Stephan. Kam 1859 nach Wien (seit 1865 Leitung einer Spezialschule für Architektur an der Akademie, mehrmals Rektor). Hauptwerke in Wien: *Lazaristenkirche* (1860–62), *Akademisches Gymnasium* (1863–66), *Pfarrkirche St. Othmar* (1866–69), *Brigittenauer Pfarrkirche* (1867–73), *Fünfhauser Pfarrkirche Maria vom Siege* (1868–75) und *Neues Rathaus* (1872–83), nach dessen Vollendung er Ehrenbürger von Wien und Freiherr wurde.

Theophil v. Hansen, * 13. 7. 1813 Kopenhagen, † 17. 2. 1891 Wien, Ringstraßenarchitekt. Kam 1846 nach Wien, begr. seinen Ruf

mit dem Bau des *Arsenals* (1850–56) und kreierte mit dem *Heinrichhof* (1861–63) einen neuen monumentalen Wohnhaustyp. In der Ringstraßenzone schuf er u. a. das *Erzherzog-Wilhelm-Palais,* das *Musikvereinsgebäude,* das *Epstein-Palais* (heute *Stadtschulratsgebäude*), die *Akademie der bildenden Künste* und die *Börse.* Sein Hauptwerk ist das *Parlament* (1873–83), mit dem er sein Ideal verwirklichte, eine Monumentalarchitektur in hellenischem Stil zu schaffen.

Heinrich Ferstel, * 7. 7. 1828 Wien, † 14. 7. 1883 Grinzing b. Wien, bedeutender Architekt der Ringstraßenära. Beendete 1850 seine Studien an der Wiener Akademie und erweckte bereits 1852 durch ein Konkurrenzprojekt für die Breitenfelder Pfarrkirche Aufmerksamkeit. 1856 wurde ihm der Bau der *Votivkirche* übertragen (vollendet 1879); er wurde dafür in den Freiherrnstand erhoben und Ehrenbürger von Wien. Nach kleineren Aufträgen (darunter *Museum für Kunst und Industrie* am Stubenring) erhielt er 1873 seinen zweiten monumentalen Auftrag in der Ringstraßenzone, den Bau der *Universität* (vollendet erst 1884).

Carl v. Hasenauer, * 20. 7. 1833 Wien, † 4. 1. 1894 Wien, bedeutender Architekt der Ringstraßenzeit. Ausbildung bei van der Nüll und Sicardsburg. Schuf 1867 die Pariser, 1871–73 die Wiener Weltausstellungsbauten *(Rotunde).* Hauptwerke an der Ringstraße: *Museen* (1872–81) und *Burgtheater* (1874–88), gemeinsam mit Gottfried Semper; Architektur des Grillparzer- und Maria-Theresien-Denkmals. Weitere Bauten: *Hermes-Villa* (Lainzer Tiergarten), *Spital der Barmherzigen Brüder* (Leopoldstadt), *Tegetthoff-Denkmal.* Vertrat in seiner Architektur einen dekorativen Stil im Geschmack der Makart-Ära.

Otto Wagner, * 13. 7. 1841 Penzing b. Wien, † 11. 4. 1918 Wien, Architekt. Schüler Sicardsburgs und van der Nülls, trat beim Wettbewerb für den Kursalon zum erstenmal an die Öffentlichkeit. Nach versch. Versuchen, einen individuellen Stil zu finden, leitete 1893 das preisgekrönte Wettbewerbsprojekt für eine Generalregulierung eine umfassende Stadtplanung ein. Neben den *Stadtbahnstationen,* den Kaianlagen am Donaukanal und den *Häusern Linke Wienzeile 38 und 40* haben sich das *Postsparkassenamt* und die *Anstaltskirche Am Steinhof* sowie seine beiden *Villen in der Hüttelbergstraße* als progressivste Bauten erwiesen.

Adolf Loos, * 10. 12. 1870 Brünn, † 24. 8. 1933 Kalksburg b. Wien. Seit 1896 Architekt in Wien, wandte sich 1898 in *Ver sacrum* gegen die Bauweise seiner Zeit, überwarf sich dadurch mit den Architekten seiner Generation und schuf 1899 mit dem *Café Museum* einen stilbildenden Bautypus mit sachlich-moderner Innenraum- und Fassadengestaltung. Das Haus am Michaelerplatz *(Loos-Haus)* ist in die Architekturgeschichte eingegangen. Baute später eine Reihe bemerkenswerter Privatvillen; nach dem 1. Weltkrieg beteiligte er sich an Wohnhausbauten der Gemeinde Wien und an der Werkbundsiedlung. *Loos-Zimmer* im Hist. Museum.

Georg Raphael Donner, * 24. 5. 1693 Eßling b. Wien, † 15. 2. 1741 Wien (Vorstadt Landstraße), Bildhauer. Nach Arbeiten in Linz, Salzburg und Preßburg (wo er ein eigenes Gußhaus besaß), kam Donner, dessen Schaffen sich immer mehr auf den Erzguß konzentrierte, in den 30er Jahren als kaiserlicher Kammerbildhauer nach Wien zurück. 1737–39 Hauptwerk, der *Providentia-Brunnen* auf dem Neuen Markt, das 1. Denkmal, das die Wiener Bürgerschaft zur Verschönerung der Stadt errichten ließ. Anschließend schuf er den *Andromeda-Brunnen* für das Alte Rathaus (1740/41).

Franz Anton Maulbertsch, * 8. 6. 1724 Langenargen a. Bodensee, † 8. 8. 1796 Wien. Nach Studium an der Wiener Akademie unter dem Eindruck Paul Trogers der *Freskenmalerei* zugewandt und entwickelte sich zu einem der bedeutendsten Barockmaler dieser Technik. Zu den Hauptwerken seiner 1. Schaffensperiode gehören die Deckenfresken in der damals umgebauten *Piaristenkirche* (1752/53). In der 2. Phase (etwa 1770–80) nähert sich Maulbertsch dem Klassizismus, in der

3. Phase (ab 1780) zeigen der schwierigere Bildbau und die Lichtwirkungen Einflüsse Rembrandts. Von Maulbertsch stammen in Wien u. a. auch Fresken in der *Akademie der Wissenschaften,* in der *Ungarischen Botschaft* und in der *Gumpendorfer Pfarrkirche,* in anderen Kirchen *Altarbilder.*

Anton Dominik Fernkorn, * 17. 3. 1813 Erfurt, † 16. 11. 1878 Wien, Bildhauer. Studierte bei Schwanthaler in München, kam 1840 nach Wien und trat in eine Kunstgießerei ein. 1855 erhielt er den 1. großen Auftrag: ein *Reiterdenkmal für Erzherzog Carl.* 1856 richtete er sich in der Gußhausstraße auf der Wieden eine Kunsterzgießerei ein, in der neben seinen eigenen auch die meisten monumentalen Bronzegußwerke der Zeit ausgeführt wurden. Nach dem Guß des Carl-Denkmals (1856–59, dafür in den Ritterstand erhoben) wurde ihm auch die Herstellung des *Prinz-Eugen-Denkmals* übertragen.

Caspar von Zumbusch, * 23. 11. 1830 Herzebrock (Westfalen), † 27. 9. 1915 Rimsting b. Prien (Bayern), einer der bedeutendsten Bildhauer der Ringstraßenära. Nach Ausbildung in München 1872 an die Wiener Akademie der bildenden Künste berufen. Seine 4 großen Schöpfungen in Wien sind das *Beethoven-Denkmal* (1880), das *Maria-Theresien-Denkmal* (1888), für das er in den Ritterstand erhoben wurde, das *Radetzky-Denkmal* (1892) und das *Erzherzog-Albrecht-Denkmal* (1899). Er beteiligte sich an der Ausschmückung von Ringstraßenbauten (Museen, Rathaus) und schuf eine Reihe von Professoren-Denkmälern für die Universität.

Friedrich von Amerling, * 14. 4. 1803 Wien (Vorstadt Spittelberg), † 14. 1. 1887 Wien, Maler. Erster Porträtmaler des Hochadels und Großbürgertums der Biedermeierzeit; Höhepunkt seines Schaffens zwar Ende der 30er und Beginn der 40er Jahre, doch bis ins hohe Alter als Porträtist bevorzugt. Œuvre rund 1000 Gemälde; elegante Zeichnung, exotisches Arrangement und prächtige Farbigkeit sind für seine Werke charakteristisch. Von Jugend an bis kurz vor seinem Tod unternahm er ausgedehnte Bildungsreisen; 1858 erwarb er

Schloß Gumpendorf und stattete es mit den wertvollsten Kunstschätzen aus *(Amerling-Schlößl)*.

Ferdinand Georg Waldmüller, * 15. 1. 1793 Wien (Alservorstadt), † 23. 8. 1865 Hinterbrühl b. Mödling (NÖ). Maler. Begann als Miniaturist und Theaterdekorationsmaler, nahm 1817 seinen ständigen Wohnsitz in Wien. Gilt als hervorragendster Maler des Wienerwaldes, porträtierte farblich virtuos und detailreich das vormärzliche Bürgertum. In seinem Werk hat er die ganze Fülle der malerischen Möglichkeien seines Jahrhunderts bis zur Grenze der optischen Auflösung eingefangen. Den Höhepunkt seines Schaffens bezeichnen die späteren Landschaften und das Sittenbild, bei dem er zu natürlicher Lebensschilderung gelangte.

Hans Makart, * 28. 5. 1840 Salzburg, † 3. 10. 1884 Wien. Makart erregte 1867/68 mit seinem Gemälde *Sieben Todsünden* berechtigtes Aufsehen. 1869 Berufung nach Wien, wo ihm auf Staatskosten ein *Atelier in der Gußhausstraße* eingerichtet wurde, das sich leider nicht erhalten hat. 1878 entstand das berühmte Gemälde *Einzug Karls V. in Antwerpen*, 1879 vollendete Makart die Bildserie *Die fünf Sinne*. Am Höhepunkt seines Lebens arrangierte er 1879 den glanzvollen hist. *Huldigungsfestzug* anläßlich der Silberhochzeit des Kaiserpaares. In Makarts Atelier kam es zu rauschenden Festen, an denen die bedeutendsten Persönlichkeiten seiner Zeit teilnahmen. Makarts Kunst wird geprägt durch das *Pathos der Monumentalmalerei* und die *Farbenfreudigkeit des Neo-Barock*.

Gustav Klimt, * 14. 7. 1862 Penzing b. Wien, † 6. 2. 1918 Wien, Maler. Gehörte 1897 zu den Gründungsmitgliedern der Wiener Secession, aus deren Verband er sich 1905 jedoch löste. 1898–1903 arbeitete er für die Zeitschrift *Ver sacrum*. In offiziellem Auftrag geschaffene *Deckenbilder für die Universität* stießen auf schroffe Ablehnung, doch genoß Klimt bereits internat. Ruf. Er ist Hauptvertreter des Wiener Jugendstils und hatte großen Einfluß auf die *Wiener Werkstätte;* seine Kunst bildet einen Höhepunkt der österr. Malerei der Jahrhundertwende, auch der internat. Kunstbewegung.

Ludwig van Beethoven, * 16. 12. 1770 Bonn, † 26. 3. 1827 Wien, Komponist, bedeutendster Vertreter der Klassik. Seit 1792 ständig in Wien, nahm hier Unterricht bei Haydn, Albrechtsberger und Salieri. Schuf neben zahlreichen anderen Kompositionen 9 Symphonien, 5 Klavier- und 2 Violinkonzerte, 16 Streichquartette, 32 Klavier- und 22 Violinsonaten, 2 Messen und die Oper *Fidelio*. 1802 schrieb er das sog. *Heiligenstädter Testament;* seit 1819 war er völlig taub. Von seinen vielen Wohnungen haben sich u. a. jene im Haus Mölkerbastei 8 und in Heiligenstadt (Pfarrplatz 2, Probusgasse 6) erhalten.

Franz Schubert, * 31. 1. 1797 Wien (Vorstadt Himmelpfortgrund, das Geburtshaus Wien 9, Nußdorfer Straße 54, ist eine Gedenkstätte), † 18. 11. 1828 Wien (Vorstadt Wieden). Nach Lehrerausbildung bei den Jesuiten 1814–18 Schulgehilfe bei seinem Vater, aber auch Organist in der Lichtentaler Pfarrkirche (seiner Taufkirche), für die er die Messen in F- und G-Dur schrieb. 1818 trat Schubert zum erstenmal als Komponist vor die Öffentlichkeit; seither überwiegend freischaffender Künstler. Er schrieb 7 Messen, 8 Symphonien, 17 Ouvertüren, 15 Streichquartette, 22 kleine Sonaten und zahlreiche Tänze. Die rund 600 Liedkompositionen schuf er meist im Rahmen von *Schubertiaden*, bei denen sich seine musisch gesinnten Freunde mit ihm trafen.

Wolfgang Amadeus Mozart, * 27. 1. 1756 Salzburg, † 5. 12. 1791 Wien. Unternahm 6jährig seine erste Konzertreise nach München und Wien, wo er vor Maria Theresia spielen durfte. 1772 Konzertmeister der Salzburger Hofkapelle, 1779 Hoforganist des Erzbischofs, ging 1781 nach einem Zerwürfnis mit diesem nach Wien. Komponierte 1782 im Auftrag Josephs II. *Die Entführung aus dem Serail*, 1786 schuf er die 1. nicht im Auftrag geschriebene Oper *(Le nozze di Figaro)*. 1787 entstand *Don Giovanni;* Mozart wurde Kaiserl. Kammerkomposlteur. 1788 komponierte er die letzten drei Symphonien und die *Zauberflöte*.

Gustav Mahler, * 7. 7. 1860 Kalischt (Böhmen), † 18. 5. 1911 Wien. Nahm Unterricht bei Anton Bruckner und am Wiener Konservatorium, anschließend zahlreiche Engagements in Deutschland; 1897 Berufung als Direktor an die Wiener Hofoper. Seine Direktionszeit brachte dem Haus am Ring eine Serie unüberbietbarer Höchstleistungen; gemeinsam mit seinem kongenialen Mithelfer, dem Bühnenbildner *Alfred Roller*, brachte Mahler musikalisch und szenisch erstklassige Aufführungen, wobei seine bes. Vorliebe den Werken Richard Wagners galt. Die *Ära Mahler*

gilt als die goldene Zeit des Wiener Opernlebens. 1907 ging Mahler an die New Yorker Metropolitan Opera. Er schuf neben zahlreichen Liedern 10 Symphonien und das berühmte *Lied von der Erde*.

Johann Strauß Sohn, * 25. 10. 1825 Wien, † 3. 6. 1899 Wien. Schon bei seinem 1. öffentl. Auftreten in Dommayers Casino in Hietzing (1844) hatte Strauß durchschlagenden Erfolg. Nach dem Tode seines Vaters (1849) leitete er bis 1863 dessen Orchester, wurde in diesem Jahr *Hofballmusikdirektor* und spielte bis 1870 auf allen Hofbällen. 1867 komponierte er den Walzer *An der schönen blauen Donau*, 1868 *G'schichten aus dem Wienerwald*. Mit dem *Frühlingsstimmenwalzer* kreierte er 1882 den Typ des Konzertwalzers; ausgedehnte *Konzertreisen*. Dann wandte sich Strauß der Komposition von Operetten zu und errang mit der *Fledermaus* 1874 einen Welterfolg. Strauß ging als *Schöpfer der goldenen Wiener Operette* in die Musikgeschichte ein.

Arnold Schönberg, * 13. 9. 1874 Wien, † 13. 7. 1951 Los Angeles (USA). Als Musiker überwiegend Autodidakt, teilte seine Wirksamkeit anfangs zwischen Wien und Berlin, bis er sich endgültig für den Wiener Raum entschied. Er gründete 1918 den *Verein für private Musikaufführungen* und sammelte einen gleichgesinnten Schülerkreis um sich (Alban Berg, Anton Webern, Egon Wellesz, zeitweise auch Ernst Krenek). Schönberg gilt als der Führer der *Neuen Wiener Schule*, machte sein Haus in Mödling bei Wien zu einem einzigartigen kulturellen Zentrum, in dem sich auch Oskar Kokoschka und Adolf Loos gerne einfanden. Schönberg ersann die *Methode der Komposition mit 12 nur aufeinander bezogenen Tönen* und gab mit dieser der modernen Musik richtungsweisende Impulse.

Josef Schrammel, * 22. 5. 1850 Neulerchenfeld b. Wien, † 17. 6. 1893 Wien. Wurde ebenso wie sein jüngerer Bruder Josef frühzeitig in Musik unterrichtet. 1861 1. öffentl. Auftreten der Brüder mit ihrem Vater Kaspar und einem Verwandten. 1873 zwecks Produktion von guter *Volksmusik* mit einem Gitarristen zu einem Terzett zusammengeschlossen. Als sich 1878 auch ein Klarinettist anschloß, schlug die Geburtsstunde des *Schrammel-Quartetts*. 1891 wurde die B-Klarinette (von den Zeitgenossen nur das picksüaße Hölzl genannt) durch eine chromatische Harmonika ersetzt. Als *Klassiker der Weaner Tanz* erhoben sich die Schrammeln weit über das Niveau heutiger Stimmungsmusiker; sie waren Virtuosen des Wiener Liedes.

Franz Lehár, * 30. 4. 1870 Komorn, † 24. 10. 1948 Bad Ischl, Komponist, Hauptvertreter der sog. Silbernen Ära der Wiener Operette. Kam 1899 als Militärkapellmeister nach Wien, fand mit seinen ersten Operetten *(Wiener Frauen, Rastelbinder)* 1902 Beifall und quittierte den Militärdienst. *Die lustige Witwe* (1905) brachte ihm Welterfolg. Die 2. Schaffensperiode, die zu triumphalen Erfolgen führte, begann 1925 mit *Paganini* und setzte sich mit *Der Zarewitsch, Das Land des Lächelns* und *Giuditta* fort. Lehár schrieb auch zahlreiche Walzer, Märsche, Lieder und Tänze und vertonte eine Reihe von Filmen.

Franz Grillparzer, * 15. 1. 1791 Wien, † 21. 1. 1872 Wien, Dichter. Seit 1832 Direktor des Hofkammerarchivs. Burgtheaterdramaturg Joseph Schreyvogel ermunterte ihn zur Abfassung von Theaterstücken; bereits die Aufführung der *Ahnfrau* (1817) ließ Grillparzer als einen der größten Dichter seiner Zeit erkennen. Mit *König Ottokars Glück und Ende* (1825) entstand das erste hist. Drama. Der Mißerfolg des Lustspiels *Weh dem, der lügt* (1838) und dauernde Schwierigkeiten mit der Zensur führten zu verbitterter Zurückgezogenheit; seine 3 Altersdramen wurden erst nach seinem Tod aufgeführt.

Johann Nestroy, * 7. 12. 1801 Wien, † 25. 5. 1862 Graz, Dramatiker, Sänger, Schauspieler. Debütierte 1826 als Bassist am Kärntnertortheater, wandte sich dann dem Sprechstück zu (Komiker am Theater an der Wien) und begann seine grandiose Laufbahn als Theaterdichter (*Lumpazivagabundus, Der Talisman, Einen Jux will er sich machen* usw.). 1838–45 spielte er gleichzeitig, seither ausschließlich am Carl-Theater (Direktor 1854–60). Nahm in Volksstücken, Lokalpossen und Parodien mit dialektischem Humor menschliche Schwächen und politische Strömungen satirisch aufs Korn; beendete die große Epoche der Alt-Wiener Volkskomödie.

Hugo von Hofmannsthal, * 1. 2. 1874 Wien, † 15. 7. 1929 Rodaun b. Wien, Dichter. Studierte an der Wiener Universität Philosophie und arbeitete dann als freier Schriftsteller. Gemeinsam mit Max Reinhardt baute er die Salzburger Festspiele auf; sein *Jedermann* wurde zu deren integrierendem Bestandteil. Hofmannsthals dichterisches Talent war überwiegend lyrisch-epischen Charakters, aber auch seine Lustspiele gehören zum Wertvollsten österr. Dichtkunst; die größten Erfolge waren seine Librettos, wobei die kongeniale Zusammenarbeit mit Richard Strauss eine entscheidende Rolle spielte.

Karl Kraus, * 28. 4. 1874 Jičin (Böhmen), † 12. 6. 1936 Wien, Dramatiker, Satiriker, Lyriker. Studierte in Wien, wurde zunächst Schauspieler, dann ausschließlich Journalist und Schriftsteller. Bekämpfte mit Essays, Glossen, Satiren und Gedichten die Auswüchse der literarischen Cliquen seiner Zeit, den Journalismus und die Sprachverwilderung; wurde durch kompromißlosen Kampf gegen die geistige und wirtschaftliche Korruption berühmt. 1899 gründete er die Zeitschrift *Die Fackel*, die er bis zu seinem Tod leitete. Veröffentlichte Gedichtsammlungen, Essaybände und Dramen (bes. *Die letzten Tage der Menschheit*).

BEDEUTENDE MEDIZINER IN WIEN

Theodor Billroth, * 26. 4. 1829 Bergen, † 6. 2. 1894 Abbazia, Bahnbrecher der Chirurgie. Kam 1853 nach Wien, wo er sich 1856 habilitierte. 1860–67 Prof. in Zürich, widmete sich danach in Wien pathologisch-anatomischen Forschungen, veröffentlichte zahlreiche wissenschaftliche Werke und bildete als begeisterter Lehrer viele bedeutende Schüler aus (u. a. Anton v. Eiselsberg). Wurde durch neue Methoden in der Chirurgie weltberühmt (u. a. erste *Kehlkopfexstirpation*). Gründer des *Rudolfinerhauses* und Förderer der Freiwilligen Rettungsgesellschaft. Enge Freundschaft mit Johannes Brahms.

Sigmund Freud, * 6. 5. 1856 Freiberg (Mähren), † 23. 9. 1939 London, Neurologe. Nach Beendigung seines Medizinstudiums in Wien begann er mit der Erforschung des Nervensystems, habilitierte sich 1885 für Neuropathologie und wandte sich in den 90er Jahren der Erforschung seelischer Erkrankungen ohne organischen Befund zu, wobei er völlig neue Theorien entwickelte. Wurde zum *Begründer der Psychoanalyse* und der Tiefenpsychologie. Gab seit 1913 die *Internationale Zeitschrift für Psychoanalyse* heraus und wurde 1919 o. Prof. an der Universität Wien. 1938 emigrierte Freud nach England.

Julius Wagner-Jauregg, * 7. 3. 1857 Wels, † 27. 9. 1940 Wien, Psychiater. Förderung durch den Pathologen Salomon Stricker, 1883 Anstellung in der NÖ. Landesirrenanstalt. Wandte sich gänzlich der Psychiatrie zu, habilitierte sich 1885 für Neurologie und 1887 für Psychiatrie, wurde 1893 Prof. in Wien u. Direktor der Psych. Klinik. Entdeckte 1887 die Fiebertherapie zur Heilung progressiver Paralyse; bes. Verdienste um *Kropfforschung* (Errichtung einer Anstalt in Zeltweg aus eig. Mitteln, seit 1898 Verkauf von jodiertem Salz), *Erblichkeitslehre, forensische Psych. u. Somatologie*. Erhielt 1927 Nobelpreis.

MUSIK UND KONZERT

um 1150 Lieder des Kürenbergers und Dietmars von Aist
1177–1230 Hochblüte des Minnesangs am Wiener Hof unter den Herzogen Leopold V. (1177–94), Friedrich I. (1195–98) und Leopold VI. (1198–1230)
1195 Reinmar von Hagenau am Wiener Hof
1195–98 Walther von der Vogelweide in Wien
1198–1230 Neidhart von Reuenthal in Wien
1207 Reinmar von Hagenau in Wien gestorben
1230–46 Tannhäuser, Ulrich von Sachsendorf u.a. am Hof Herzog Friedrichs II.
1288 Die Musiker Wiens schließen sich zur Nikolaibruderschaft zusammen
1291 Erstmals Musiker in landesfürstlichen Diensten belegt
1334 Orgel bei St. Stephan nachgewiesen
1354 Errichtung des Spielgrafenamtes als oberster Musikantenbehörde
um 1400 Jörg Behaim baut in St. Stephan eine neue größere Orgel
1446 Schulordnung der Bürgerschule zu St. Stephan systemisiert Kantor und Subkantor
1460 Systemisierung eines dem späteren Domkapellmeister entsprechenden Postens in der Kantoreiordnung für St. Stephan
1498 Organisationsdekret für die Hofmusikkapelle in Wien, gleichzeitig Gründung der *Wiener Sängerknaben*
1507 Burghard Tischlinger erbaut die große Stephansorgel
1515 Schuldrama des Schottenabts Benedikt Chelidonius mit Musik
1526 Wiedererrichtung der 1519 vorübergehend aufgelassenen Hofkapelle
1544 Der Schottenschulmeister Wolfgang Schmeltzl gibt sein Liederbuch heraus
1603 Charles Laython wird Hofkompositor
1626 Sänger aus Mantua in Wien nachweisbar
1648 Wolfgang Ebners Klaviervariationen über ein Thema Ks. Ferdinands III.
1649 Erste Aufführung eines italienischen Oratoriums in Wien; Aufführung des *Drama musicum* von Ks. Ferdinand III.
1702 Johann Joseph Fux tritt über seine Kirchenmusik hinaus als dramatischer Komponist hervor
1715–40 Fux Hofkapellmeister; damit ist die italienische Prärogative für diesen wichtigen Posten im Musikleben Wiens endgültig beseitigt
1717–63 Gottlieb Muffat Hoforganist
1730 Pietro Metastasio als Hofdichter nach Wien berufen
1740–49 Joseph Haydn als Sängerknabe bei St. Stephan
1749–59 Haydn Musiklehrer und Korrepetitor in Wien
1752 Beginn des öffentlichen Konzertlebens in Wien in Form von Akademien, die an theaterfreien Tagen des Burgtheaters abgehalten werden
1759 Haydns I. Symphonie
1762 Wolfgang Amadeus Mozarts erster Aufenthalt in Wien
1767–69 Mozarts zweite Wiener Reise
1771 Gründung der Tonkünstlersozietät
1774 Antonio Salieri und Gluck Hofkompositoren
1781–91 Mozarts Wirken in Wien
1782 Mozart beteiligt sich an den *Liebhaberkonzerten* in der Mehlgrube am Neuen Markt und an den Augartenkonzerten; Tod Metastasios
1784–85 Große Subskriptionsakademien Mozarts
1787 Ludwig van Beethoven kommt nach Wien, um bei Mozart Unterricht zu nehmen; Mozart wird als Nachfolger Glucks ks. Kammerkomponist
1791 Mozart in Wien gestorben
1792 Beethoven verlegt seinen Wohnsitz von Bonn nach Wien
1793 Johann Georg Albrechtsberger, der Lehrer Beethovens, wird Domkapellmeister
1795 Erstes öffentliches Auftreten Beethovens bei einer Akademie der Tonkünstlersozietät
1797 Franz Schubert geboren (Vorstadt Lichtental); Haydns *Volkshymne* erstmals öffentlich gesungen *(Gott erhalte)*
1798 Uraufführung der *Schöpfung* von Haydn im Schwarzenbergpalais
1798–1802 Haydn komponiert seine großen Messen
1800 Beethoven tritt im ersten eigenen Konzert erstmals als Komponist großen Stils vor die Öffentlichkeit
1802 Beethovens *Heiligenstädter Testament* (heute im Staatsarchiv Hamburg)
1803 Beethoven komponiert die *Eroica*
1804 Johann Strauß Vater geboren
1806 Erstaufführung von Beethovens Violinkonzert im Theater an der Wien
1806–08 *Adelige Liebhaberkonzerte*
1808 Beethovens V. und VI. Symphonie im Theater an der Wien aufgeführt
1809 Haydn gestorben; Albrechtsberger gestorben
1811 Schuberts früheste Lieder
1812 Gründung der *Gesellschaft der Musikfreunde*
1813 Erstaufführung von Beethovens VII. Symphonie
1814 Erstaufführung von Beethovens VIII. Symphonie; Beethoven verabschiedet sich mit dem Klavierpart seines Trios op. 97 als Pianist von der Öffentlichkeit
1815 Schuberts großes Liederjahr (Ossiangesänge, Goethelieder, Erlkönig u.a.)
1816 Beethovens Liederkreis *An die ferne Geliebte;* Auflösung des Schuppanzigh-Quartetts
1817 Gründung des Wiener Konservatoriums als Singschule der Gesellschaft der Musikfreunde
1819 Schubert schreibt *Forellenquintett*
1822–49 Conradin Kreutzer (mit Unterbre-

chungen) Kapellmeister am Kärntnertortheater

1822 Konzert des elfjährigen Franz Liszt; Beethoven vollendet die *Missa solemnis;* Schubert schreibt die h-moll-Symphonie

1824 Uraufführung von Beethovens IX. Symphonie im Kärntnertortheater; mit dem Quartett op. 127 beginnt Beethovens Zeit der letzten Streichquartette

1825 Johann Strauß Vater trennt sich von Lanner und tritt mit eigener Kapelle auf

1827 Beethoven in Wien gestorben (Schwarzspanierhaus)

1828 Schubert in Wien gestorben; Paganinis Konzerte in Wien; Gründung der Klavierfirma Bösendorfer

1829 Frederic Chopin debütiert in Wien als Komponist und Virtuose; Joseph Lanner Musikdirektor der Redoutensäle

1832 Richard Wagner zum erstenmal in Wien

1834 Johann Strauß Vater spielt bei Hofbällen

1837 Clara Wieck konzertiert in Wien; Otto Nicolai Kapellmeister am Kärntnertortheater (mit Unterbrechungen bis 1847)

1838 Robert Schumann in Wien; Liszt-Konzerte

1839 Erste Aufführung eines Werkes von Felix Mendelssohn-Bartholdy

1840 Joseph Lanner dirigiert erstmals auf dem Hofball

1842 Otto Nicolai begründet die Philharmonischen Konzerte und leitet dieselben

1843 Gründung des Männergesangvereins; Joseph Lanner gestorben

1844 Johann Strauß Sohn (geboren 1825) debütiert mit eigener Kapelle beim *Dommayer* in Hietzing

1845 Hector Berlioz gibt mehrere Kompositionskonzerte

1846 Johann Strauß Vater wird Hofballmusikdirektor; Robert Schumann dirigiert in einem Konzert Claras seine B-Dur-Symphonie; Lortzing Kapellmeister am Theater an der Wien

1847 Meyerbeer dirigiert im Theater an der Wien

1848 Johann Strauß Vater schreibt den *Radetzkymarsch,* sein Sohn den *Revolutionsmarsch*

1849 Johann Strauß Vater gestorben; Quartett Hellmesberger beginnt seine Tätigkeit

1850–59 Joseph Hellmesberger übernimmt Leitung der Gesellschaftskonzerte

1854 Johann Strauß bringt in Konzerten die Tannhäuser- und die Rienzi-Ouvertüre von Richard Wagner; Schumanns Werke finden Eingang in die Gesellschaftskonzerte

1856 Franz Liszt dirigiert in Wien bei Mozart-Zentenarfeier

1859–64 Peter Cornelius in Wien (schreibt hier seinen *Cid*)

1859–70 Herbeck leitet die Gesellschaftskonzerte (nochmals 1875–77)

1860 Beginn der Abonnementkonzerte der Wiener Philharmoniker

1862 Brahms kommt nach Wien (erstes eigenes Konzert); Wagner dirigiert große Konzerte mit eigenen Werken

1863 Wiener Schubertbund gegründet; Johann Strauß Sohn Hofballmusikdirektor; Brahms übernimmt Leitung der Singakademie

1864 Beginn intensiver Bach-Pflege bei den Gesellschaftskonzerten

1866 Hector Berlioz dirigiert in Wien

1867 Johann Strauß schreibt Walzer *An der schönen blauen Donau*

1868 Anton Bruckner nach Wien berufen, nimmt hier ständigen Wohnsitz

1870 Erstes Konzert der Philharmoniker im neuen Musikvereinsgebäude

1872–75 Brahms leitet die Gesellschaftskonzerte

1875 Verdi dirigiert sein *Requiem* in der Hofoper; Hugo Wolf kommt nach Wien; Hans Richter wird Kapellmeister der Hofoper (bis 1898)

1876 Bruckner wird Lektor für Musiktheorie an der Universität

1881 Uraufführung von Bruckners IV. Symphonie

1883 Uraufführung von Bruckners VI. Symphonie durch die Wiener Philharmoniker

1887 Erste Liederhefte von Hugo Wolf

1888 *Mörikelieder* von Hugo Wolf

1893 *Tod und Verklärung* von Richard Strauss

1896 Hugo Wolf schreibt den *Corregidor*

1895 Peter Iljitsch Tschaikowskys *Pathetique* von den Wiener Philharmonikern aufgeführt

1896 Anton Bruckner im Wiener Belvedere gestorben

1897 Johannes Brahms gestorben; letztes Auftreten Hugo Wolfs

1898–1901 Mahler leitet die *Philharmonischen Konzerte*

1901–03 Joseph Hellmesberger leitet die Wiener Philharmoniker

1902 Mahlers IV. Symphonie in der Singakademie

1903 Hugo Wolf gestorben; Uraufführung von Bruckners IX. Symphonie

1904–20 Franz Schalk leitet Gesellschaftskonzerte

1905 Erstes Arbeiter-Symphonie-Konzert

1907 Kompositionskonzert von Arnold Schönberg; Gründung des *Tonkünstler-Orchesters* und des *Philharmonischen Chors;* Abschiedskonzert Mahlers

1908–27 Felix Weingartner leitet die Philharmoniker

1908 Verstaatlichung des Konservatoriums; Ziehrer Hofballmusikdirektor

1910 Erste zyklische Aufführung der Symphonien Bruckners

1913 Eröffnung des Konzerthauses

1917 *Das Lied von der Erde* Gustav Mahlers im Tonkünstler-Orchester

1918 Arnold Schönberg gründet den *Verein für private Musikaufführungen* (öffentliche Darbietungen seit 1921)

1923 Wiedererrichtung des Instituts der *Wiener Sängerknaben*

1927–30 Wilhelm Furtwängler ständiger Dirigent der Philharmoniker

1930 Clemens Krauss übernimmt die Wiener Philharmoniker

OPER UND OPERETTE

1631 Bei der Vermählung Ehz. Ferdinands (als Kaiser Ferdinand III.) mit Maria Anna von Spanien wird in Wien das Melodram *Allegrezze del mondo* aufgeführt
1639–57 Unter Kaiser Ferdinand III. Beginn der Pflege der Oper in Wien
1641 Claudio Monteverdi legt die Wiener Fassung seiner Oper *Il ritorno d'Ulisse* vor
1666 Der als Vizekapellmeister an die Hofkapelle verpflichtete Marcantonio Cesti komponiert zur Vermählung Leopolds I. mit Margarete von Spanien die Festoper *Il pomo d'oro*
1673 Antonio Draghi (Intendant der kais. Theatermusik, 1682 Hofkapellmeister) beherrscht mit seinen Werken Oper und Oratorium am Wiener Hof bis zur Jahrhundertwende
1716 Freilichtaufführung der Prunkoper *Angelica vincitrice d'Alcina* von Johann Joseph Fux im Garten der Favorita
1754 Christoph Willibald Gluck, dessen Opernreformwerk vom Burgtheater in Wien seinen Ausgang nahm, zum Hofkapellmeister ernannt
1757 Mit Giuseppe Scarlatti hält die Opera buffa Einzug in Wien
1761 Mit dem Ballett *La festin de Pierre* kommt Glucks erstes Reformwerk ans Burgtheater; Kärntnertortheater durch Brand vernichtet (1763 Wiederaufbau)
1762 Erste Aufführung von Glucks *Orfeo et Euridice*
1769 Glucks *Alceste* im Burgtheater aufgeführt
1774 Gluck zum Hofkompositeur ernannt
1782 Uraufführung der *Entführung aus dem Serail* von Wolfgang Amadeus Mozart im Burgtheater
1786 Erstaufführung von Mozarts *Le nozze di Figaro* im Burgtheater
1788 Erste Wiener Aufführung von Mozarts *Don Giovanni*
1790 Uraufführung von *Cosi fan tutte* von Mozart im Burgtheater
1791 Mozart in Wien gestorben; seine *Zauberflöte* im Freihaustheater auf der Wieden uraufgeführt
1794 Das Kärntnertortheater wird ausschließlich für Ballett, italienische und (später) deutsche Opernaufführungen verwendet
1801 Das von Emanuel Schikaneder erbaute Theater an der Wien eröffnet
1805 Ludwig van Beethovens *Fidelio* im Theater an der Wien erstaufgeführt
1805–06 Luigi Cherubini in Wien
1814 Letzte Fassung von Beethovens *Fidelio* im Kärntnertortheater uraufgeführt
1820 Aufführung von Gioacchino Rossinis *Barbier von Sevilla*
1821 Aufführung von Carl Maria v. Webers *Freischütz*
1822 Weber dirigiert persönlich seinen *Freischütz*, Rossini seine *Zelmira*
1823 Franz Schuberts *Rosamunde* im Theater an der Wien aufgeführt
1825 Johann Strauß Sohn geboren
1827 Beethoven in Wien gestorben
1839 Giacomo Meyerbeers *Hugenotten* im Josefstädter Theater und im Kärntnertortheater aufgeführt
1842 Gaëtano Donizetti wird Hofkompositor; Albert Lortzings *Zar und Zimmermann* im Kärntnertortheater aufgeführt
1843 Giuseppe Verdis *Nabucco* im Kärntner-

W. V. Krauss: Richard Strauss dirigiert in der Staatsoper, 1937

tortheater aufgeführt

1845 Mit der Direktion Franz Pokornys am Theater an der Wien beginnt die *Goldene Ära* der Wiener Operette; Friedrich v. Flotows *Stradella* im Theater an der Wien aufgeführt

1846 Albert Lortzing dirigiert seinen *Waffenschmied* im Theater an der Wien

1847 Meyerbeer dirigiert im Theater an der Wien *Vielka*; Aufführung von Lortzings *Undine* im Theater an der Wien und von Flotows für Wien geschriebener *Martha* im Kärntnertortheater

1852 Verdis *Rigoletto* erstmals am Kärntnertortheater aufgeführt

1853 Kärntnertortheater wird *K.k. Hofoperntheater*

1857 Erste Aufführung einer Oper von Richard Wagner in Wien: *Tannhäuser* im Thaliatheater in Neulerchenfeld

1858 Erste Aufführung einer Wagner-Oper im Hofoperntheater *(Lohengrin)*

1865 Franz v. Suppés *Schöne Galathee*

1867–71 Franz v. Dingelstedt Direktor der Hofoper

1868 Kärntnertortheater abgerissen

1869 Eröffnung des neuen Hofoperngebäudes am Ring (heutige Staatsoper) mit Mozarts *Don Giovanni*

1871 Johann Strauß Sohn schreibt seine erste Operette *(Indigo)*; Erstaufführung von Wagners *Rienzi* in der Hofoper

1874 Die *Fledermaus* von Johann Strauß wird im Theater an der Wien, Verdis *Aida* in der Hofoper aufgeführt

1875–80 Franz Jauner Direktor der Hofoper

1876 *Fatinitza* von Suppé

1879 *Boccaccio* von Suppé

1882 *Der Bettelstudent* von Carl Millöcker im Theater an der Wien uraufgeführt

1883 *Nacht in Venedig* von Johann Strauß; Wagners *Tristan und Isolde* in der Hofoper aufgeführt

1884 *Gasparone* von Carl Millöcker

1885 *Zigeunerbaron* von Johann Strauß

1888 Die *Puppenfee* von Josef Bayer in der Hofoper aufgeführt

1891 *Der Vogelhändler* von Karl Zeller im Theater an der Wien uraufgeführt; *Cavalleria rusticana* von Pietro Mascagni an der Hofoper aufgeführt

1894 *Der Obersteiger* von Karl Zeller

1896 *Till Eulenspiegel* von Richard Strauss

1897 Anna v. Mildenburg debütiert an der Hofoper

1897–1907 Gustav Mahler Direktor der Hofoper

1898 Adam Müller-Guttenbrunn übernimmt die Leitung der neueröffneten Volksoper; *Der Opernball* von Richard Heuberger

1899 Johann Strauß Sohn gestorben

1900 Franz Schalk an die Hofoper berufen; *Die Landstreicher* von Carl Michael Ziehrer im Etablissement *Venedig in Wien* im Prater uraufgeführt

1900–35 *Silberne Ära* der Wiener Operette: Franz Lehár, Edmund Eysler, Leo Fall, Bruno Granichstaedten, Emmerich Kálmán, Paul Abraham, Oscar Straus

1901 Leo Slezak debütiert an der Hofoper

1901–22 Wilhelm Karczag Direktor des Theaters an der Wien

1902 *Feuersnot* von Richard Strauss an der Hofoper aufgeführt; Lehár komponiert *Wiener Frauen* und *Der Rastelbinder*; Ziehrers *Der Fremdenführer* im Theater an der Wien aufgeführt

1903 Alfred Rollers Neuinszenierung von Wagners *Tristan und Isolde* an der Hofoper wird zu einem epochemachenden Ereignis; Giacomo Puccinis *La Bohème* an der Hofoper aufgeführt

1905 *Die Rose vom Liebesgarten* von Hans Pfitzner in der Hofoper, Lehárs *Lustige Witwe* im Theater an der Wien aufgeführt

1906–13 Enrico Caruso gastiert mehrfach an der Hofoper

1907 Richard Strauss komponiert die *Salome* (Erstaufführung an der Hofoper 1918); Falls *Dollarprinzessin* im Theater an der Wien aufgeführt

1908 Eugen d'Alberts *Tiefland* in der Hofoper aufgeführt

1908–11 Felix Weingartner Direktor der Hofoper

1909 Richard Strauss' *Elektra* in der Hofoper aufgeführt

1911 *Der Rosenkavalier* von Richard Strauss in der Hofoper erstaufgeführt; *Der Kuhreigen* von Wilhelm Kienzl, *Der Bergsee* von Julius Bittner; Gustav Mahler gestorben

1913 Erste Aufführung eines Werkes von Igor Strawinsky in der Hofoper *(Petruschka)*

1914 Wagners *Parsifal* in der Hofoper aufgeführt; Lotte Lehmann debütiert an der Hofoper

1916 Falls *Rose von Stambul*

1918–29 Schalk leitet die Staatsoper (1919–24 gemeinsam mit Richard Strauss)

1919 Richard Strauss' *Frau ohne Schatten*

1922–35 Hubert Marischka leitet das Theater an der Wien

1924 Richard Strauss Ehrenbürger der Stadt Wien; sein *Schlagobers* in der Staatsoper

1925 *Paganini* von Lehár leitet zweite Schaffensperiode des Komponisten ein

1928 *Oedipus rex* von Strawinsky und *Die ägyptische Helena* von Richard Strauss in der Staatsoper aufgeführt

1929–34 Clemens Krauss Direktor der Staatsoper

1930 Bergs *Wozzek* in der Staatsoper aufgeführt

1931 Franz Schalk gestorben

1934 Uraufführung von Lehárs *Giuditta* in der Staatsoper

1943–45 Karl Böhm Direktor der Staatsoper

1945 Staatsoper durch Bomben schwer beschädigt

1945–55 Wiederaufbau der Staatsoper; spielt im Theater an der Wien und an der Volksoper

1954–56 Karl Böhm Direktor der Staatsoper

1955 Wiedereröffnung der Staatsoper mit Beethovens *Fidelio*

1956–64 Herbert v. Karajan Künstlerischer Leiter der Staatsoper

1962 Theater an der Wien renoviert

THEATER UND SCHAUSPIEL

1652 Giovanni Burnacini, als Theaterarchitekt nach Wien berufen, errichtet ein Kulissentheater für den Hof
1667 Aufführung des großen Roßballetts *La contesa dell' aria e dell' aqua* im Inneren Burghof
1683 Aufführung der deutschen Schäferkomödie *Der thörichte Schäfer*
1697 Peter Hilverding gibt Vorstellungen in einer hölzernen Hütte auf dem Neuen Markt
1700 Bau eines Schauspielhauses für den Hof
1706 Der *Hanswurst* Josef Anton Stranitzky kommt von München nach Wien und errichtet 1708 eine Komödienhütte am Neuen Markt

1708 Eröffnung des von Francesco Galli-Bibiena erbauten neuen Hoftheaters auf dem heutigen Josefsplatz (in Betrieb bis 1744)
1709 Eröffnung des von Antonio Beduzzi im Auftrag Stranitzkys erbauten Kärntnertortheaters durch eine italienische Schauspielertruppe; Antonio Caldara am Wiener Hof
1709–26 Stranitzky Pächter des Kärntnertortheaters
1741 Einrichtung des Ballhauses bei der Burg als Theater (Burgtheater)
1748 Umwandlung des Theaters in der Hofburg in einen Redoutensaal
1761 Kärntnertortheater abgebrannt (Neubau 1763)
1776 Burgtheater durch Kaiser Joseph II. zum *Nationaltheater* erhoben
1781 Eröffnung des Leopoldstädter Theaters
1783 Emanuel Schikaneder kommt nach Wien
1788 Eröffnung des Theaters in der Josefstadt
1789 Schikaneder Leiter des 1787 eröffneten Freihaustheaters
1801 Eröffnung des Theaters an der Wien unter der Leitung von Schikaneder
1814 Ferdinand Raimund debütiert am Theater in der Josefstadt
1814–32 Erste Blütezeit des Burgtheaters unter Joseph Schreyvogel
1817 Premiere von Grillparzers *Ahnfrau* im Theater an der Wien
1821 Burgtheater offiziell *Hofburgtheater* benannt
1822 Eröffnung des durch Josef Kornhäusel umgebauten Theaters in der Josefstadt
1823 Beginn von Ferdinand Raimunds Tätigkeit als Theaterdichter; Erstaufführung des *Barometermachers auf der Zauberinsel* (Musik von Wenzel Müller) im Theater in der Leopoldstadt
1825–45 Carl Carl sichert dem Theater an der Wien die führende Stellung unter den Wiener Volksbühnen; er engagiert u.a. Johann Nestroy, Wenzel Scholz und Therese Krones
1826 Premiere von Raimunds *Bauer als Millionär*
1833 Premiere von Nestroys *Lumpacivagabundus;* Conradin Kreutzer Theaterkapellmeister in der Josefstadt
1834 Uraufführung von Raimunds *Verschwender* in der Josefstadt
1838 Carl Carl erwirbt das Leopoldstädter Theater
1842 Premiere von Nestroys *Einen Jux will er sich machen*
1847 Neueröffnung des Leopoldstädter Theaters als Carl-Theater
1850–67 Heinrich Laube Direktor des Hofburgtheaters; zweite Blütezeit
1852 Erstes Auftreten Marie Geistingers in Wien
1854 Johann Nestroy Direktor des Carl-Theaters
1856 Erstes Auftreten Josefine Gallmayers in Wien
1856–70 Das Thalia-Theater in Neulerchenfeld bringt Possen und Spektakelstücke
1862 Johann Nestroy gestorben
1871–84 Stadttheater auf der Seilerstätte (1884 abgebrannt)
1872 Franz Grillparzer gestorben
1874 Alexander Girardi debütiert am Theater an der Wien
1874–88 Bau des Burgtheaters am Ring durch Gottfried Semper und Carl Hasenauer
1881 Brand des Ringtheaters (größte Katastrophe in der Wiener Theatergeschichte, über 400 Todesopfer)
1887–89 Erbauung des Deutschen Volkstheaters
1893 Adam Müller-Guttenbrunn Direktor des neuerbauten Raimundtheaters
1899–1923 Josef Jarno Direktor des Theaters in der Josefstadt
1911 Hugo v. Hofmannsthal schreibt den *Jedermann*
1912–13 Bau des (neuen) Stadttheaters
1913 Deutschsprachige Erstaufführung von Molnárs *Liliom* im Theater in der Josefstadt
1923–33 Max Reinhardt Direktor des Theaters in der Josefstadt
1924 Uraufführung des Lustspiels *Der Schwierige* von Hofmannsthal
1929 Hofmannsthal gestorben
1936–38 Letzte Blütezeit des Theaters an der Wien vor dem Zweiten Weltkrieg
1937 Letzte Inszenierung Reinhardts im Theater in der Josefstadt
1945–55 Burgtheater spielt im ›Ronacher‹
1955 Wiedereröffnung des aufgebauten Burgtheaters
1952 Kammerspiele der Josefstadt eröffnet

MUSEEN, SAMMLUNGEN, GEDENKRÄUME

Übersicht über die Öffnungszeiten nach dem Stand vom 1. Januar 1976. Nähere Angaben über den Inhalt der Sammlungen unter den angegebenen Adressen im Lexikonteil. Führungen werden durch F, Kataloge durch K, regelmäßige Sonderausstellungen durch SA kenntlich gemacht. Geschlossen sind die meisten Museen und Sammlungen am 1. Januar, Karfreitag, Ostersonntag, 1. Mai, Pfingstsonntag, Fronleichnam, 1. November, 24. und 25. Dezember.

BILDENDE KUNST

Akademie der bildenden Künste 1, Schillerpl. 3. ***Gemäldegalerie*** (1. Stock): Di, Do, Fr 10–14, Mi 10–13, 15–18, Sa, So, Ftg 9–13; F (1.10.–30.6.) So 10.30, jeden 2. Mi im Monat 17; K. ***Kupferstichkabinett*** (Mezzanin): Mo–Fr (ausgen. Ftg) 10–12, 13–17, Sa 9–12; 15.7–15.8. geschl.

Albertina, Graphische Sammlung, 1, Augustinerstr. 1, Mo, Di, Do 10–16, Mi 10–18, Fr 10–14, Sa 10–13; F, K, SA.

Kunsthistorisches Museum 1, Burgring 5 (Besuchereingang: Maria-Theresien-Pl.). ***Gemäldegalerie:*** Di–Fr 10–15, Sa, So 9–13; Abendbeleuchtung: Di, Fr 19–21; F (deutsch, engl.), K ***Sekundärgalerie:*** Mi 10–15, Sa 9–13. ***Neue Galerie*** (in der Stallburg, 1, Reitschulg. 2): Di, Do 10–15, Sa, So 9–13. Weitere Sammlungen in der Burg (→ Geschichte, Kulturgeschichte).

Museum des 20. Jahrhunderts 3, Schweizergarten. Mo, Do–Sa 10–16, Mi 14–19, So 10–13; F (gegen Voranmeldung), K, SA.

Österreichische Galerie Belvedere. Di 12–16, Mi, Do, Sa 10–16, Fr, So, Ftg 9–13; F (1.10.–30.6.) So 10.30, K, SA. ***Museum mittelalterl. österr. Kunst*** Unteres Belvedere, Orangerie, 3, Rennweg 6a. F, K. ***Österr. Barockmuseum*** Unteres Belvedere, 3, Rennweg 6a. F, K. ***Österr. Galerie des 19. und 20. Jh.*** Oberes Belvedere, 3, Prinz-Eugen-Str. 27. F, K (für SA), SA.

GESCHICHTE, KULTURGESCHICHTE

Alte Backstube 8, Lange G. 34 (mit Kaffeehausbetrieb). Di–Sa 12–1, So 15–1.

Alte Schmiede 1, Schönlaterng. 9 (mit Libresso, Restaurant, Galerie). Mo–Sa 10–18.

Bundessammlung alter Stilmöbel 7, Mariahilfer Str. 88. Di–Fr 9–12, 14–16, Sa, So 9–12.

Esperanto-Museum, Internat. 1, Burg, Batthyánystiege (Michaelerkuppel), 3. Stock. Mo, Mi, Fr 9–15.30.

Erzbischöfl. Dom- und Diözesanmuseum 1, Stephanspl. 6. Mi–Sa 10–16, So, Ftg 10–13; F (nach Vereinbarung), K.

Feuerwehr-Museum, Wiener, 1, Am Hof 7. So, Ftg 9–12.

Fiaker-Museum 17, Veronikag. 12 (›Fiakerhaus‹, im Hof Fiaker-Denkmal). 1.5.–30.9. Mo 8–13, 1.10.–30.4. jeden 1. Mi. im Monat 8–13; F (nach tel. Vereinbarung; 432607), K.

Friedrich Julius-Bieber-Museum 13, Tuersg. 21/4. Nur gegen Voranmeldung (2 Tage zuvor).

Heeresgeschichtl. Museum 3, Arsenal, Objekt 18, Zugang Ghegastr. Mo–Do, Sa, So 10–16; F (So, Ftg) 10.15, 14.30, K (für SA), SA.

Historisches Museum der Stadt Wien 4, Karlspl. 8. Di, Mi, Fr 10–16, Do (ausgen. Ftg) 10–19, Sa 14–18, So 9–13; geschl. Mo (auch Ftg), 1.1., Karfreitag, 1.5., 2.11., 25.12.; F, K (auch für SA), SA. ***Römische Ruinen:*** *1, Am Hof 9,* So 10–12. *1, Hoher Markt 3,* Öffnungszeiten wie im Hauptgebäude. ***Pratermuseum*** (Sammlung Hans Pemmer) 2, Volksprater (Planetarium, nächst Riesenrad). Sa, So, Ftg 14–19. ***Uhrenmuseum*** der Stadt Wien 1, Schulhof 2. Di–Fr 10–16, Sa 14–18, So Ftg 9–13. ***Gedenkräume*** siehe unten.

Hoftafel- und Silberkammer 1, Burg, Batthyánystiege (Michaelerkuppel). Di, Fr, So 9–13.

Kaisergruft *(Kapuzinergruft,* unter der Kapuzinerkirche → Neuer Markt; Begräbnisstätte der habsburgischen Kaiser und ihrer Familienangehörigen) Eingang: 1, Tegetthoffstr. 2. 1.5.–30.9. tgl. 9.30–16, 1.10.–30.4. tgl. 9.30–12; F.

Kunsthistorisches Museum Öffnungszeiten (soweit bei den einzelnen Sammlungen nicht anders angegeben) Di–Fr 10–15, Sa, So 9–13, Mo geschl. (ausgen. Oster- und Pfingstmontag). **Hauptgebäude** (1, Burgring 5, Besuchereingang Maria-Theresien-Pl.): ***Ägyptisch-orientalische Sammlung*** F, K, SA; ***Antiken-Sammlung*** F, K; ***Sammlung für Plastik und Kunstgewerbe*** F, K; ***Münzkabinett.*** **Burg** (Zugang Schweizerhof): ***Schatzkammer*** (Geistliche u. Weltliche) Mo, Mi, Fr 10–15, Di, Do 13–17, So 9–13; F, K. **Neue Burg** (Zugang Heldenpl., Mittelrisalit der Neuen Burg): ***Waffensammlung*** F, K; ***Sammlung alter Musikinstrumente*** F, K (Saiteninstrumente); ***Ephesos-Museum*** (1976 in Aufstellung). **Schloß Schönbrunn** 13, Schönbrunner Schloßstr. (Zugang: Ehrenhof rechts): ***Wagenburg*** tgl. 10–17; F, K.

Museum für Völkerkunde 1, Neue Burg, Corps de Logis (Ringstraßentrakt, Zugang neben dem Äußeren Burgtor). Mo, Mi, Do, Sa 10–13, Fr 14–19, So 9–16 (1.10.–30.4. 9–13); F (1.10.–30.6.) So 11, K, SA.

Niederösterr. Landesmuseum 1, Herreng. 9. Di–Fr 9–17, Sa 9–14, So, Ftg 9–12; F, K, SA. Außenstellen in Niederösterreich.

Österr. Filmmuseum 1, Augustinerstr. 1. Filmvorführungen (nur für Mitgl.) Okt. bis Mai Mo–Sa 19.30.

Österr. Museum für angewandte Kunst 1, Stubenring 5. Di, Mi, Fr 10–16, Do 10–18, So 10–13; F (1.10.–30.6.) So 10.30, K (für SA), SA. – Außenstelle: ***Sammlung Sobek*** 18, Khevenhüllerstr. 2 (Besuchereingang 18, Pötzleinsdorfer Str. 102; Geymüller-Schlössel). F So 11, 15.

Österr. Museum für Volkskunde 8, Laudong. 15–19. Di–Fr 9–14, Sa 9–12, So 9–13; F, K. – Außenstelle: ***Sammlung Religiöse Volkskunst*** 1, Johannesg. 8 (ehem. Ursulinenkloster); ehem. Klosterapotheke. Mi 9–14, So 9–13; K.
Österr. Zirkus- und Clown-Museum 2, Karmeliterg. 9 (Bezirksmuseum Leopoldstadt). Mi 17–19, Sa 14.30–17, So 9–12; F (nach Vereinbarung), Prospekt.
Schatzkammer des Deutschen Ordens 1, Singerstr. 7, 1. Tor, 1. Stiege, 2. Stock. Tgl. 10–12, Di, Mi, Fr, Sa auch 15–17; F (nach Vereinbarung), K.
Schottenstift, Sammlungen 1, Freyung 6 (Zugang: Schottenhof, Stiftspforte). Stiftsführungen Sa 14, 16 (Ausnahmen mögl.).
Tabak-Museum 9, Porzellang. 51 (Austria Tabakwerke A.G.). Mo–Fr 10–12, 14–16; F (nach Möglichkeit).

NATURWISSENSCHAFT, TECHNIK

Globensammlung der Kartensammlung der Österr. Nationalbibliothek 1, Josefspl. 1. Mo–Fr 11–12; Studium einzelner Globen: Mo, Di, Do, Fr 9–15; F, K.
Haus des Meeres (Vivarium) 6, Esterházypark (Flakturm). Tgl. 9–18; Fütterung der Fische Mi, So 15; Fütterung der Schlangen u. anderer Reptilien So 10–11; K.
Kartensammlung der Geologischen Bundesanstalt 3, Rasumofskyg. 23. Mo–Fr 9–16.
Museum des Instituts für Geschichte der Medizin 9, Währinger Str. 25 (Josephinum). Di, Do (Ftg geschl.) 9–15; F (nach Vereinbarung), K.
Naturhistorisches Museum 1, Burgring 7 (Besuchereingang Maria-Theresien-Pl.). Mo, Mi–So 9–13; F So 10.30, Filmvorführungen (Kulturfilme) So 9.30, 11.15; K (für SA), SA.
Planetarium 2, Volksprater (zwischen Riesenrad und Hauptallee). Sa, So, Ftg 15, 17, 19, So 9.30 (Vorführungen).
Technisches Museum für Industrie und Gewerbe 14, Mariahilfer Str. 212. Di–Fr 9–15.30, Sa, So, Ftg 9–13; F (auch nach Vereinbarung), K, SA. – Angeschlossen: ***Österr. Eisenbahnmuseum, Post- und Telegraphen-Museum,*** Freiluftausstellung (Lokomotiven).
Tramway-Museum 16, Maroltingerg. 47–49 (Betriebsbahnhof Ottakring). So 14–17.

GEDENKSTÄTTEN, GEDENKRÄUME

Historisches Museum In der Schausammlung: *Wohnung Franz Grillparzers* (1, Spiegelg. 21); *Wohnung Adolf Loos'*. – Vom Museum betreute Erinnerungsräume (Öffnungszeiten entsprechend dem Museum):
Beethoven Erinnerungsräume 1, Mölkerbastei 8; Gedenkstätten 19, Döblinger Hauptstr. 92 (Eroica-Haus); 19, Probusg. 6 (Heiligenstädter Testament).
Heimito v. Doderer Gedenkstätte im Bezirksmuseum Alsergrund (9, Währinger Str. 43). So 10–12.
Haydn-Museum 6, Haydng. 19, 1. Stock (Wohn- und Sterbehaus).
Mozart Erinnerungsräume 1, Domg. 5 (Wohnung Wolfgang Amadeus Mozarts; ›Figarohaus‹).
Schubert-Museum 9, Nußdorfer Str. 54 (Geburtshaus); Sterbezimmer: 4, Kettenbrückeng. 6, 2. Stock.
Stifter-Museum 1, Mölkerbastei 8.
Villa Wertheimstein 19, Döblinger Hauptstr. 96. Salon Wertheimstein, Gedenkräume für *Eduard von Bauernfeld* und *Ferdinand von Saar*.
Hochschule für Musik und darst. Kunst 3, Lothringerstr. 18, 1. Stock, Zimmer 104 (Bibliothek). ***Gedächtnisraum Bruno Walter.*** Tgl. 9–12.
Hofkammerarchiv 1, Johannesg. 6. ***Grillparzer-Gedächtniszimmer*** (Direktorenzimmer 1848–56). Mo–Fr 9–15.30.
Österr. Nationalbibliothek 1, Josefspl. 1. Gedenkräume der Theatersammlung für ***Hermann Bahr, Anna Bahr-Mildenburg, Josef Kainz, Emmerich Kalmán, Caspar Neher, Max Reinhardt, Hugo Thimig, Carl Michael Ziehrer.*** Mo–Fr 11–12 (Anmeldung beim Portier der Nationalbibliothek).
Sigmund-Freud-Gedenkstätte 9, Bergg. 19 (ehem. Wohnung). Di–Fr 10–13, Sa, So 10–16.
Ehrengräber → Simmeringer Hauptstr. 234 (Zentralfriedhof).

BEZIRKSMUSEEN

Leopoldstadt 2, Karmeliterg. 9. Mi 17–19, Sa 14.30–17, So 9–12.
Landstraße 3, Sechskrügelg. 11. So 10–12 (1.10.–30.6.).
Mariahilf 6, Gumpendorfer Str. 4. So 9.30–12.
Josefstadt 8, Zeltg. 7. So 10–12. – Angeschlossen: ***Alte Backstube*** 8, Lange G. 34.
Alsergrund 9, Währinger Str. 43. So 10–12.
Simmering 11, Enkpl. 2. So 9–12.
Meidling 12, Kobingerg. 7. Mi 17–19, So 9–12.
Hietzing 13, Am Platz 2. So 9–12.
Penzing 14, Penzinger Str. 59. Mi 17–19, So 9–12.
Rudolfsheim-Fünfhaus 15, Rosineg. 4. 1. und 3. Mi im Monat 16–18.
Ottakring 16, Richard-Wagner-Pl. 19. So 10–12.
Hernals 17, Elterleinpl.
Währing 18, Währinger Str. 124. Do 18–20, So 10–12 (Juli, August geschl.). Astronomie (Universitätssternwarte), Theater (Volksoper).
Döbling 19, Döblinger Hauptstr. 96. Do 17–19.30, Sa 15–18, So 9–12.
Brigittenau 20, Raffaelg. 13. So 10–12 (Juli, August geschl.).
Floridsdorf 21, Prager Str. 33. Di–Sa 16–18, So 9.30–12.
Liesing 23, Perchtoldsdorfer Str. 2 (Besuchereingang Lehmanng. 1). Mi, Sa 9–11.

A

STADTFÜHRER UND HANDBUCH

LEXIKON DER KUNST- UND BAUDENKMÄLER

Vorbemerkung *Die Ordnung der Kunstdenkmäler und Sehenswürdigkeiten erfolgt nach deren Lage an Straßen und Plätzen von A bis Z. Schreibweise und Numerierung richten sich dabei nach dem amtlichen Wiener Straßenverzeichnis. Bei Kirchen ist die nächstliegende Hausnummer angegeben (z. B. Augustinerstraße bei 3). Halbfette Zahlen am rechten Rand der Überschriftszeile verweisen auf die Stadtbezirke. Bauwerke und Ausstattungsstücke, die wegen ihres künstlerischen Ranges, ihrer stadtgeschichtlichen Bedeutung oder stilistischen Eigenart besondere Beachtung verdienen, sind mit einem Stern* ausgezeichnet. Erklärungsziffern im laufenden Text, die mit rot oder schwarz gedruckten Legenden vieler Grundrisse und Schaubilder korrespondieren, sind halbfett oder kursiv wiedergegeben.*

AKADEMIESTRASSE 12 (Karlsplatz 4) **1**
Handelsakademie Von einem Verein Industrieller 1857 als höhere Handelsschule in der Renngasse begründet. Erbaut 1860–62 von *Ferdinand Fellner d. Ä.* (oberstes Geschoß 1909 von *Eduard Frauenfeld*). Hauptfront nicht zum Karlsplatz. Gotisierender Bau, Ecken durch 8eckige Pfeilervorlagen betont, Eingangsrisalit Akademiestraße, beiderseits des Portals Standbilder für Christoph Columbus und Adam Smith von *Josef Cesar* (1862). Einer der ältesten Ringstraßenbauten. Bmkw. Säulenhalle im Inneren.

ALBERTINAPLATZ **1**
Danubiusbrunnen (Albrechtsbrunnen), in einen erhalten gebliebenen Teil der nach 1857 demolierten Augustinerbastei eingebundene Brunnenanlage; Architektur von Moritz Löhr konzipiert, enthüllt 1869; Plastiken von Johann Meixner. Heutige Form nur noch Rest einer urspr. wesentlich weitläufigeren Anlage. Mittelgruppe: Danubius und Vindobona; von den ehem. in je 5 Nischen aufgestellt gewesenen Plastiken (Nebenflüsse der Donau) nur 2 erhalten; die übrigen nach dem 2. Weltkrieg bei Verkürzung der Albertinarampe entfernt (heute u. a. 5 im Schloßpark von Wieselburg, NÖ; die Drau auf dem Hauptplatz von Greifenburg/Osttirol). Auf dem Plateau der Rampe die *Albertina* (→ Augustinerstraße 1) und das *Erzherzog-Albrecht-Denkmal* (→ Augustinerbastei).

ALSER STRASSE 4 **9**
Allgemeines Krankenhaus Gründung Kaiser Josephs II. Anstelle eines seit 1733 bestandenen Großarmenhauses eingerichtet, das nach Verlegung seiner Insassen in andere städt. Gebäude abgerissen wurde. Am 16. August 1784 eröffnet. Mit dem Allgem. Krankenhaus das Gebär- und Irrenhaus vereinigt, 1806 das Findelhaus angegliedert. Der zur Unterbringung Geisteskranker erbaute ›Narrenturm‹, kreisförmiges Gebäude mit 5 Geschossen, im Volksmund seiner zylindrischen Form wegen ›Kaiser-Josephs-Guglhupf‹ genannt, seit 1865 anderen Verwendungszwecken zugeführt, bis heute erhalten. Der Gebäudekomplex umschließt außer dem großen Gartenhof (durch den Haupteingang) 12 kleinere Höfe, zumeist mit Anlagen. ***Denkmäler:*** *1. Hof:* Links vom Eingang Alser Straße Denkmal für den Chirurgen Franz Schuh (1804–65), mit Rokitansky und Skoda Begr. der 2. Wiener medizinischen Schule. Vierkantpfeiler mit Inschrift, darüber Büste von Alexander Miller (1875). Rechts von der Hauptallee Denkmal für den Arzt Johann Peter Frank (1745–1821), Direktor des Allgem. Krankenhauses (1795–1804) und Vorstand der Mediz. Klinik. Metallbüste von C. Danzer (1935). *2. Hof:* Denkmal für Kaiser Joseph II. von Richard Kauffungen (1884 anläßlich des 100jährigen Bestandes der Anstalt gestiftet). *9. Hof:* Denkmal für den Arzt Hermann Franz Müller (1866–98), Entdecker des Pestbazillus, der Selbstansteckung zum Opfer fiel. Vierkantsockel mit Relief (in Schlucht stürzender Reiter), darüber Büste Müllers von Richard Kauffungen (1899).

ALSER STRASSE 17 **8**
Minoritenkirche Zur Hl. Dreifaltigkeit Nach Lage in der seinerzeitigen Alservorstadt im Volksmund ›Alser Kirche‹ genannt; urspr. nach dem Orden der Trinitarier (auch Weißspanier) benannt, für den 1688–94 Kloster erbaut wurde. Gleichzeitig 1689 zunächst kl. Kapelle (anstelle der heutigen Sakristei, **13**), in der Altarbild ›Hl. Dreifaltigkeit‹. 1695–1702 wurde die Kirche erbaut. 1783 hob Joseph II. den Trinitarierorden auf, 1784 Kloster und Kirche den Minoriten übergeben, die auch Seelsorge des Allgem. Krankenhauses übernehmen. ***Äußeres:*** Klassischer Bau des Frühbarock mit 2türmiger Fassade und hohen Kuppeldächern. Unter dem linken Turm in der Schlösselgasse 2. der 7 Kreuzwegstationen erhalten **(15)**, die 1639 vom Wiener Domkapitel auf dem Weg vom Stephansdom zum Hernalser Kalvarienberg errichtet worden waren (Christus vor Annas). ***Inneres:*** Kreuzförmiger Grundriß mit Seitenkapellen an den Längsfronten, 1952 renoviert. Durch den Kreuzgang rechts in die Antoniuskapelle. ***Beschreibung:*** **1** *Hochaltar* ›Hl. Dreifaltigkeit‹ von Joseph R. v. Hempel, 1826, über dem Tabernakel von Johann Kastner ›Hl. Maria mit dem Jesuskind‹, Kopie nach Cignani. *Altäre im Querschiff:* **2** Marienaltar mit ›Unbefleckter Empfängnis‹ von Leopold Kupelwieser. Links Ölbild des hl. Dismas. **3** Franziskus-Altar mit ›Stigmatisation des hl. Franz v. Assisi‹ von P. Innozenz Moscherosch, 1746. Auch hier stilvoller, holzgeschnitzter und ver-

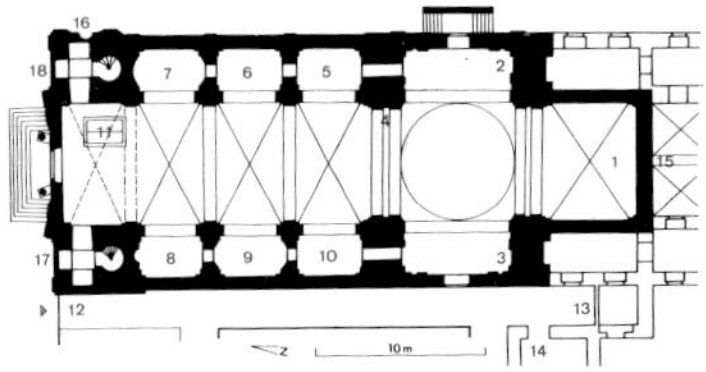

goldeter Reliquienschrein. **4** Klassizistische *Kanzel* mit Salvatorstatue auf dem Schalldeckel. *Linke Seitenaltäre:* **5** Altar mit Holzfigur der Schmerzhaften Muttergottes (aus der alten Minoritenkirche). **6** Josefsaltar von der Wies (Oberbayern). In Seitenaltärchen Gnadenbild des ›Gegeißelten Herrgotts‹. **7** Altar mit ›Anbetung der hll. drei Könige‹ von Martino Altomonte. *Rechte Seitenaltäre:* **8** Johann-Nepomuk-Kapelle mit Altarbild der hl. Anna. In verglaster Mauernische das bei den Trinitariern verehrte Marienbild ›Weinende Muttergottes‹, von Pedro de Mena y Medrano (1662/63), eine ungewöhnliche, aus Mahagoni- und Kiefernholz geschnitzte und äußerst naturalistisch gefaßte Büste. **9** Herz-Jesu-Altar mit Haupt-Christi-Bild. **10** Kreuz-Altar mit überlebensgr. holzgeschnitztem Kruzifix aus dem Kreis des Veit Stoß, 1708 von Herzogin Elisabeth Dorothea von Schleswig-Holstein der Kirche geschenkt; der ›Reliquien-Altar‹ (Gebeine eines Katakombenmärtyrers namens Viktor in sarkophagähnlicher Mensa), ein Schmuckstück theresianischen Barocks (errichtet 1761). *Krypta* unter der Kirche zeitw. zur Besichtigung geöffnet (Abgang **11**). **12** *Kreuzgang:* Glasmalereien mit Szenen aus dem Leben des hl. Antonius. **13** Pater Maximilian Kolbe-Gedächtniskapelle (Sgraffiti v. Ernst Degasperi, 1973). **14** ***Antoniuskapelle:*** Heute erweiterte Form von Hans Prutscher (1928), Umbau durch Hans Petermair (1956), dabei Deckenrelief ›Hl. Antonius und die hilfesuchenden Menschen‹ angebracht. Im Mittelpunkt Gnadenbild des hl. Antonius (1630 nach Wien gebracht) mit Lilie und Buch. Zu beiden Seiten 2 holzgeschnitzte barocke Reliquienkästen. Glasmalereien der 4 Kapellenfenster zeigen 4 Kardinaltugenden. An den Wänden der Kapelle und des Kreuzgangs über 4000 Votivtafeln. Unter der *Sakristei* **(15)** die Trinitariergruft. ***Bedeutung:*** Zentrum der Wiener Antoniusverehrung. In der Alser Kirche am 29. März 1827 Leichenfeier für *Ludwig van Beethoven* (Gedenktafel mit Bronzerelief von Tautenhayn, **16**), der am 26. März im Schwarzspanierhaus (9, Schwarzspanierstraße 15, heute Neubau) verstorben ist. *Franz Schubert* komponierte zur Glockenweihe der Kirche (1828) den Hymnus ›Glaube, Hoffnung und Liebe‹ (Gedenktafel mit Bronzerelief von Tautenhayn, **17**).

AM GESTADE 3, 5, 7 — 1

Frühneuzeitliche Wohnhäuser, das älteste (Nr. 3) erstmals bereits 1381 urkundl. genannt. Musterbeispiel sinnvoller Altstadterhaltung: Bewahrung der hist. Architektur mit bestmöglicher Modernisierung der Innenräume. Die revitalisierten Häuser (Eckhaus zum Tiefen Graben Polnisches Kulturinstitut) stehen auf ältestem Wiener Boden. Bereits in der Römerzeit der Tiefe Graben (durch den damals der Ottakringer Bach zur Donau floß) in die Wehranlagen einbezogen; im Hof des Hauses Nr. 5 noch Teil der mittelalterlichen Stadtmauer erkennbar, die zweifellos an der Stelle des römischen Lagerwalles erbaut worden ist. Die 3 Häuser (ähnlich Blutgassenviertel und Schönlaterngasse) von der Ekazent Realitätenverwertungsgesellschaft bis 1974 saniert.

AM HEUMARKT 1 — 3

Hauptmünzamt Erbaut 1835–38 nach Entwurf von *Paul Sprenger.* ***Geschichte:*** Das Hauptmünzamt hatte in ältester Zeit zunächst Sitz in Krems, 1208 durch Herzog Leopold VI. nach Wien auf den Platz Am Hof verlegt. Anstelle des heutigen Hauptmünzamtes im 17. Jh. das Münzscheidehaus. Der ***Grundriß*** weitgehend regelmäßig, ein rechteckiger Hof bildet das Kernstück des breit hingelagerten Baublocks. Gesamteindruck eines kubischen Baukörpers. Die ***Fassade*** zeigt schlichte klassizistische Ausführung. Der fünfachsige Mittelrisalit mit hohen Wandlisenen bekrönt durch eine *Attika* mit Schrifttafel und Standbildern von Joseph Klieber (Gold, Silber, Kupfer und Eisen symbolisierend, 1836/37); die in Halbkreisbogen schließenden Fenster bestimmend; flache Rustika am Sockelgeschoß. Dem 3teiligen Portal ist ein *Portikus* mit Doppelsäulen vorgelagert, die einen Balkon tragen. ***Bedeutung:*** Typ. Beispiel für den vom Hofbauamt bevorzugten klassizistischen Baustil. Das Gebäude enthält heute eine bedeutende *Sammlung von Plaketten, Münzen und Prägestempeln* und ist außerdem Sitz der Österr. Numismatischen Gesellschaft.

AM HOF — 1

Gebiet des Platzes Am Hof noch im 11. Jh. unverbautes Terrain zwischen einer westlich der Tuchlauben verlaufenden mittelalterlichen Mauer und der am Rand des Steilabfalls zum Tiefen Graben (durch den damals der Ottakringer Bach zur Donau floß) weitgehend aufrecht stehenden Mauer des römischen Militärlagers. Hierher verlegte Markgraf Heinrich II. Jasomirgott um 1155 seine *Residenz,* nachdem um 1135 Wien in den Einflußbereich der Babenberger gekommen war. Die Babenbergerpfalz war gegen die ›Altstadt‹, die nördlich entstandene Judenstadt und nach außen durch Tore begrenzt. Die Residenz war ein Häuserkomplex um einen freien Platz (ein „Hof“), mit dem Wohnhaus des Herzogs (Österreich seit 1156 Herzogtum) als Mittelpunkt. Hier 1165 Kaiser Friedrich I. Barbarossa auf seinem Weg ins Hl. Land 2 Wochen zu Besuch. Unter Herzog Leopold V. *Schauplatz glänzender Veranstaltungen,* mit den Minnesängern Reinmar von Hagenau und dessen Schüler Walther von der Vogelweide. Gegen Ende des 13. Jh. in den aufgelassenen Herzogshof die landesfürstliche Münze verlegt. In den *Münzhof* zogen schließlich 1386 die Karmeliter ein und begannen mit dem Bau ihrer Kirche. Der Platz Am Hof wurde schon frühzeitig als *Marktplatz* benützt, von 1842 bis 1918 auch als *›Christkindlmarkt‹*. Seit 1964 unter dem Platz Parkgarage. Am Wochenende Flohmarkt.

AM HOF 1
Mariensäule In Nachahmung der 1638 in München vollendeten Mariensäule nach einem Entwurf von Johann Jakob Pock geschaffen (1646), aufgrund eines Gelöbnisses Kaiser Ferdinands III. 1644 zur Erinnerung an die Schwedengefahr am Ende des 30jährigen Krieges. Die 1. marmorne Säule 1667 abgetragen und nach Schloß Wernstein/Inn, O.Ö., gebracht. Die heute bestehende 2. Säule 1664–67 von *Balthasar Herold* nach dem Vorbild der 1. in Bronze hergestellt. Die von *Carlo Martino Carlone* begonnenen Steinteile des Monuments vollendete *Carlo Canevale*. ***Beschreibung:*** Quadratischer Sockel, an dessen Ecken 4 geharnischte Bronzeputten die Ungeheuer Pest, Krieg, Hunger und Ketzerei bekämpfen. Ein 2. schmaler Sockel trägt Inschriftplatten. Auf einer Bronzesäule Bronzefigur Maria Immaculata über einem Drachen.

AM HOF 7 (Tiefer Graben 4) 1
Märkleinsches Haus Erbaut 1727–30 nach einem Entwurf von *Johann Lukas v. Hildebrandt* für Christof v. Märklein; 1935 umgebaut. Gegen den Platz Am Hof 4-, zum Tiefen Graben hin 6-stöckig. Heute hier Feuerwehr der Stadt Wien (ebenerdig Garagen). Im Haus selbst *Feuerwehrmuseum*. (Auf dem Areal zuvor Haus, in dem während der Türkenbelagerung am 10. September 1683 Bürgermeister *Johann Andreas v. Liebenberg* gestorben ist.) ***Äußeres:*** An beiden Fronten 9 Fensterachsen; 7achsiger Mittelrisalit mit Pilastergliederung und schönen Fensterbekrönungen. Das urspr. Am Hof vorhandene Portal mit Säulen und Pilastern mußte Garagen weichen. Die Fassade am Tiefen Graben im 19. Jh. überarbeitet. ***Inneres:*** Im 1. Stock *Hauptsaal* mit Stucchi aus der 1. Hälfte des 18. Jh. ***Bedeutung:*** Eines der schönsten bürgerl. Barockgebäude der Innenstadt. Fassadengliederung überträgt Elemente des Palastbaues auf das bürgerl. Wohnhaus. **Feuerwehrmuseum:** Fahrzeuge, Fahrzeugmodelle, techn. Geräte, Ausrüstungsgegenstände, Uniformen, Figurinen, Gemälde, Plastiken zur Gesch. des Feuerlöschwesens in Wien. Geöffnet: So u. Feiertag 9–12 Uhr.

AM HOF 8 (Tiefer Graben 6) 1
Schmales Haus Bau aus der 2. Hälfte des 16. Jh. auf schmaler Parzelle. Die *Fassaden*, bes. am Tiefen Graben, im 18. Jh. umgestaltet. Die Fassade Am Hof noch deutlich im Charakter des 16. Jh. Das Haus gehörte 1683 dem damaligen Stadtrat und späteren Bürgermeister *Jakob Daniel Tepser* (1741 hier auch gest.)

AM HOF 9 1
Ehem. Unterkammeramtsgebäude Bis ins 19. Jh. neben dem Amtssitz des Unterkämmerers (Städt. Baureferat) im 3. Stock auch Dienstwohnung des Bürgermeisters. In der Höhe des 1. Stocks überlebensgr. *Engelsfigur* mit Schild (von einer Kaiserkrone überhöhter Wiener Doppeladler). ***Römische Baureste:*** Besichtigung So 10–12.

AM HOF 10 1
Bürgerliches Zeughaus, heute Feuerwehrzentrale. ***Geschichte:*** Das Gebäude wurde zunächst in der 1. Hälfte des 16. Jh. in der Färbergasse erbaut und vor 1676 durch Einbeziehung des Nachbarhauses Am Hof erweitert. ***Fassade*:*** Schmale 3achsige Giebelfassade mit zentraler Flachnische nach Entwurf von *Anton Ospel* im Zuge eines größeren Umbaues (1731/32), von spanischen oder französischen Vorbildern abhängig. Über dem *Dreieckgiebel* mit Wappen und Trophäen hohe *Attika* mit Figuren der Beharrlichkeit und Stärke, die eine Weltkugel aus vergoldetem Metall tragen, von Lorenzo Mattielli. Im Hof (rechts) Wandbrunnen mit erneuerter Steinfigur der Minerva.

S. Kleiner: Bürgerliches Zeughaus, 1737

AM HOF 12 1
Urbanihaus mit Urbanikeller. Erbaut Anfang 18. Jh., ***Fassade*** um 1730 von einem Nachfolger des Johann Lukas v. Hildebrandt. Im 1. Stock in den 2 mittleren Achsen je 1 Runderker auf Konsolen, in den beiden Obergeschossen ornamentierte Hermen-Pilaster auf profilierten Lisenen. Reich ornamentierte Fenster mit gebrochenen und geschwungenen Giebeln und Bandelwerk. Über den Erkern (schwer beschädigtes) *Muttergottes-*

relief aus dem 17. Jh. Bemerkenswertes schmiedeeisernes *Gasthauszeichen* für das Kellerlokal (2. Hälfte des 18. Jh.).

AM HOF 13 (auch Schulhof 8) **1**
Collalto-Palais Erbaut um 1671; aus mehreren kleinen Häusern entstanden; vorher hier Judengarten der benachbarten Judenstadt. Palais mit der Altane der benachbarten Kirche Zu den 9 Chören der Engel mittels eines Bogens verbunden; darunter Verbindung vom Platz Am Hof zum Schulhof. ***Fassaden:*** *Hauptfassade* zwischen 1715 und 1725 erneuert unter Abtragung des bekrönenden Dreieckgiebels; schönes schmiedeeisernes Balkongitter. Klassizistische *Fassade zum Schulhof* (bmkw. Portal) von 1804. Gedenktafel der Mozartgemeinde erinnert an 1. öffentl. Auftreten *Wolfgang Amadeus Mozarts* im Oktober 1762 in diesem Haus.

AM HOF **1**
Ehem. Jesuitenkirche Zu den 9 Chören der Engel *Geschichte:* Herzog Albrecht III. übergab *ehem. Babenbergerpfalz* den *Karmelitern,* welche an der Stelle der vorm. romanischen Hofkapelle im Münzhof 1386–1403 3schiffige gotische Hallenkirche errichteten. Nachdem die Kirche während der Reformation verfallen war, übergab Ferdinand I. sie 1554 samt den angr. Häusern den *Jesuiten;* der 1. Kirchenrektor war der hl. Petrus Canisius. Nach Feuersbrunst 1607 Wiederherstellung bis 1610 im Stil des Jesuitenbarock; bei dieser Gelegenheit Anbau von 4 Kapellen an die Seitenschiffe, dadurch Eindruck einer 5schiffigen Hallenkirche, das gotische Aussehen des Gotteshauses völlig verloren. 1773, nach Auflösung des Jesuitenordens, Garnisonskirche, das Kloster Hofkriegskanzlei, später Kriegsministerium (heute an seiner Stelle eine Bankzentrale). 1798 klassizistische Umgestaltung des Chores durch Johann Aman. 1782–1908 Pfarrkirche, 1908–52 wieder Jesuitenkirche, seither dem Erzbisch. Ordinariat unterstellt. ***Fassade★:*** Großartige frühbarocke Westfassade mit bemerkenswerter Altane (Vorschiebung der Eingangshalle und der Seitenflügel), vollendet 1662 vielleicht von *Carlo Antonio Carlone* (nach anderer Meinung Abhängigkeit zur römischen Architektur des 17. Jh.) im Auftrag der Witwe Ferdinands II., Eleonore. Die niedrige Vorhalle sehr einfach, darüber Kirchen-Schauseite zurückgesetzt zwischen 2 vorspringenden Wohntrakten, von bes. Raumkraft, worauf die Wirkung der Kirche beruht. Die eigentl. Kirchenfassade mit Pilasterordnung, verkröpften Gesimsen, gesprengtem Segmentgiebel und großem Dreieckgiebel, den die Gottesmutter als Königin der 9 Chöre der Engel ziert; darunter Vertreter der Engelchöre. Über der Terrasse 4 überlebensgr. Figuren der bedeutendsten Heiligen der Societas Jesu. Der gotische Ostchor vom Schulhof her gut zu erkennen. ***Inneres:*** 3schiffige 4jochige gotische Halle mit 3 schlanken Pfeilerpaaren, oberflächlich barockisiert (weißer Stuck).

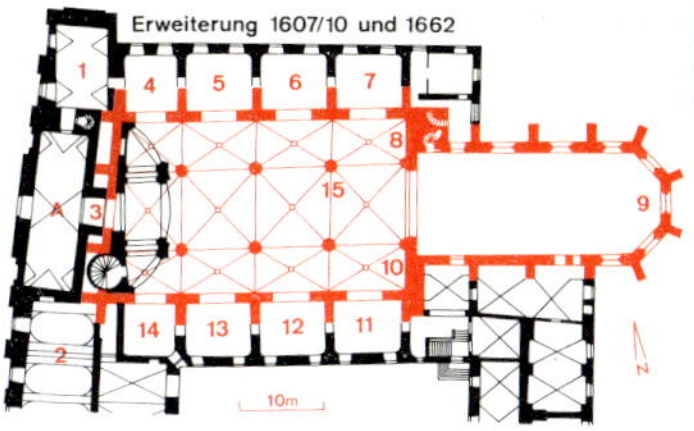

Das kassettierte Tonnengewölbe im 1schiffigen langen Chor (von Johann Aman, 1798) Beispiel nüchterner klassizistischer Dekoration. ***Beschreibung:*** Durch den Fassadenneubau entstand große quergelagerte Vorhalle **A** mit hölzerner Kreuzigungsgruppe aus dem 18. Jh. Von den beidseitigen Kapellen besteht nur mehr die linke, die *Leopolds-Kapelle* (gestiftet 1662 von Herzog Leopold Wilhelm, heute Versammlungsort bei kirchlichen Veranstaltungen) **1**. An die gegenüberliegende *Immaculata-Kapelle* **2** (heute Garage der benachbarten Bank) erinnern nur Inschrift und Fresko. Das *Innentor* der Kirche **3** mit hübschen Schneckenornamenten; rechts und links in Nischen Holzstatuen der Pestpatrone (hl. Rochus, hl. Sebastian). Unter dem Orgelchor an Pfeilern *2 Steinstatuen* aus dem 18. Jh.: links Maria Immaculata, rechts hl. Johann Nepomuk. 1607–10 dem Langhaus je 4 Seitenkapellen angefügt, die sich zur Kirche hin triumphbogenartig öffnen. *Linke Seitenkapellen:* **4** Judas-Thaddäus-Altar mit 3 Engelfiguren (3. Viertel des 18. Jh.). Seitenwände: Ölbilder aus dem 17. Jh. (Geburt Christi, Christus in der Wüste von Engeln gespeist). Hinter einer Gittertür Gnadenbild der hl. Anna (bmkw. Wachsarbeit). **5** Franziskus-Regis-Altar; Altarbild ›Hl. Katharina vor Maria‹. Seitenwände: Szenen aus dem Leben des hl. Franz de Regis. Deckenfresken ›Verherrlichung des hl. Franz de Regis‹, von Franz Anton Maulbertsch um 1752–53 (nach Kriegsbeschädigung 1946 wiederhergest.). **6** Liborius-Kapelle (gestiftet von Kaiserin Eleonore). Altarbild ›Hl. Liborius vor Maria‹ von Ludwig Carazzi (2. Hälfte 17. Jh.), darüber Bild des hl. Aloysius. Seitenwände: links Altarbild ›Hl. Bonifatius‹ von Johann Georg Schmidt (1719), rechts ›Kreuzigung mit Kaiser Leopold I. und seiner Familie‹ von Franz Leuyx. Deckenfresken mit Darstellungen heiliger Frauen und Jungfrauen (Anfang 17. Jh.). **7** Altar mit Bild des hl. Franz Xaver, dem Maria erscheint; links eine bedeutende Darstellung aus der Gründungszeit der Societas Jesu: Papst Paul II. übergibt dem hl. Ignatius und seinen Gefährten die päpstliche Bulle mit der Bestätigung des Ordens. Seitenwände: links Bild der hl. Familie, rechts Altar mit Bild des hl. Johann Nepomuk von Martin Johann Schmidt (um 1780), darüber Gemälde des hl. Leopold (17. Jh.). An der *Stirnfront des linken Seitenschiffes* **8** Marien-Altar (1764) mit dem alten Gnadenbild der Kirche, einer Kopie des römischen Gnadenbildes ›mater pietatis‹. Am Triumphbogen

Holzplastiken (Maria und Verkündigungsengel, 17. Jh.). **9** Der Hochaltar mit Bild ›Maria und die 9 Chöre der Engel‹ nach Skizze von Hubert Maurer von Johann Georg Däringer (1798). An der rechten Chorseite Fragment des ehem. Hochaltarbildes ›Himmelfahrt Mariens‹ von Andrea Pozzo (1709). An der *Stirnfront des rechten Seitenschiffes* **10** Altar mit Kreuzigungsgruppe von Josef Käßmann (1816). *Rechte Seitenkapellen:* **11** Ignatius-Kapelle. Altarbild ›Christus mit dem Kreuz erscheint dem hl. Ignatius‹. Seitenwände: Jesuitenheilige. Deckenfresken mit Szenen aus dem Leben des hl. Ignatius von Andrea Pozzo. **12** Pius X.-Kapelle. Altarbild: ›Verehrung des Allerheiligsten Altarsakraments‹, darüber ›Jesuskind mit einem Lamm‹, zuoberst Marienstatue. Seitenwände: ›Mannaregen‹ und ›Letztes Abendmahl‹, beide von Joachim von Sandrart. **13** Josefs-Kapelle. Das Altarbild Kopie des ältesten römischen Herz-Jesu-Bildes aus dem 17. Jh. **14** Petrus-Canisius-Kapelle. Altarbild ›Maria als Beschützerin der Witwen‹ sowie kleines Aufsatzbild des 1. Jesuitenrektors Petrus Canisius. Rechts kl. Andachtsbild der hl. Aya, die in komplizierten Rechtsstreitigkeiten um Fürbitte angerufen wird. Stuck, Wand- und Deckenbilder (Werke der Barmherzigkeit) von Carpoforo Tencala, 3. Viertel 17. Jh. **15** *Kanzel* mit klassizistischen Reliefs (Beginn des 19. Jh.). Die bedeutendsten Prediger Wiens, unter ihnen der hl. Clemens Maria Hofbauer, haben hier das Gotteswort verkündet. ***Bedeutung:*** 1. Jesuitenkirche Wiens und einzige Wiener Kirche im Stil römischer Jesuitenkirchen (Anlehnung an Il Gesú), Höhepunkt der Architektur des 17. Jh. Platzbeherrschende Wirkung der monumentalen Fassade. – Vom Altan der Kirche erteilte Papst Pius VI. am 31. März 1782 der Volksmenge den Segen ›Urbi et orbi‹; am 6. August 1806 von hier Verkündigung der Niederlegung der deutschen Kaiserkrone durch Franz II.

AM PLATZ 13

Hietzinger Pfarrkirche Mariä Geburt

Geschichte: Wallfahrts- und Lieblingskirche Maria Theresias; entstand aus einer vom Deutschen Ritterorden 1253 dem Stift Klosterneuburg überlassenen Kapelle. Die 1414–19 erbaute Kirche 1484 und 1605 durch die Ungarn, 1529 und 1683 durch die Türken verwüstet, jedoch immer wieder hergestellt. 1688–90 barocke Ausgestaltung von Langhaus und Chor, 1690 Leopolds-Kapelle angebaut, 1860–64 Langhaus erweitert. ***Äußeres:*** In der Außenarchitektur spätgotischer Charakter des 15. Jh. gut erhalten, nur Westfassade mit Glockenturm neugotisch von *Carl Rösner* (1865). ***Inneres:*** Stuckausstattung der Gewölbe im Langhaus und Chor von Dominicus Piazzol, Deckenbilder von Georg Greiner. *Deckenfresken* im Mitteloval **A** ›Die Unbefleckte Empfängnis Mariens‹, umrahmt von Szenen aus dem Marienleben: **B** ›Mariä Geburt‹, **C** ›Tempelgang Mariens‹, **D** ›Mariä Vermählung‹, **E** ›Mariä Verkündigung‹, **F** ›Mariä Heimsuchung‹, **G** ›Anbetung der Hirten‹, **H** ›Anbetung der Könige‹ und **I** ›Darstellung Jesu im Tempel‹. Auch Deckenbilder im Chor demselben Themenkreis gewidmet: **a** ›Mariä Geburt‹, **b** Grablegung‹, **c** ›Himmelfahrt Mariens‹ und **d** ›Krönung Mariens‹. ***Beschreibung:*** Der *Hochaltar* **1** gehört zu den schönsten Werken des Barockbildhauers Matthias Steinl (1698/99); in der Mitte des 18. Jh. durch die Einbeziehung einer plast. Darstellung der Ortslegende charakteristische Änderung: In der Mitte Gnadenbild, seit 1751 auf dem Altar eingefügt in die Blätterkrone eines stilisierten Baumes. An das Bild knüpft sich folgende Legende: Während der 1. Türkenbelagerung (1529) konnte die Marienstatue auf einem dichtbelaubten Baum verborgen werden. Die Türken nahmen Bewohner von Hietzing gefangen und banden vier von ihnen in Ketten an den genannten Baum. Die Gefangenen riefen die Gottesmutter um Hilfe an, die Fesseln und Ketten fielen ihnen von den Händen und Füßen. Links und rechts vom Tabernakel unter dem Baum Holzstatuen der 4 hilfeflehenden Hietzinger mit gesprengten Fesseln. *Die Seitenaltäre:* links **(2)** ›Christus am Kreuz‹, rechts **(3)** ›Der hl. Josef auf dem Sterbebett‹ von Johann Michael Rottmayr, 1712. Rechts **(4)** *Leopolds-Kapelle* (1690), darin schlichter Altar ›Hl. Leopold, auf den von einem Engel gehaltenen Plan der Klosterneuburger Kirche hindeutend‹, 1731, seitlich Statuen des hl. Josef und des hl. Johannes d. T.; Deckenfresko von Josef Kastner (1880). An der Nordseite der Kirche **(5)** *Johannes-Nepomuk-Kapelle* (1733) mit Altarbild ›Der hl. Nepomuk beim Tor der Gnadenkirche von Alt-Bunzlau, während ihm in den Wolken die Hl. Jungfrau erscheint‹. Am Chorhaupt spätgot. Bildstock **(6)**. (Kirche zwischen 12 und 15 Uhrgeschl.). Am Kirchenplatz schraubenförmig gewundene ***Immaculata-Säule***, aus Wolkenumrahmung Cherubimköpfe hervorlugend (1730).

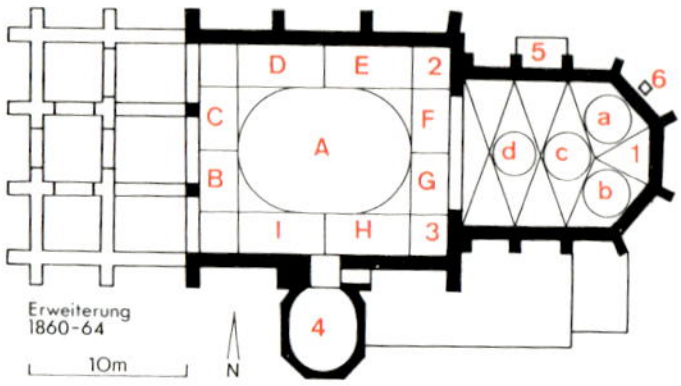

ANNAGASSE 1

Nebengasse der Kärntner Straße (als Pippingerstraße urkundl. bereits 1342 genannt); die zahlreichen aus dem 18. Jh. erhaltenen Gebäude geben der Gasse einheitliches Gepräge. In den Kellerlokalitäten des Hauses Annagasse 3–3a befand sich das um die Mitte des 19. Jh. berühmte ›neue Elysium‹, dessen weitläufige Räumlichkeiten der bekannte Kaffeesieder Josef Daum zu einem mit bes. Luxus ausgestatteten und damit eine Sehenswürdigkeit 1. Ranges bildenden Unterhaltungsetablissement gestalten ließ.

ANNAGASSE 3b **1**

Anna-Kirche Urspr. gotischer Bau (von außen noch erkennbar); zuerst Umbau im Renaissancestil, im 18. Jh. von den Jesuiten barockisiert. ***Geschichte:*** Hervorgegangen aus einem ›Pilgrimhaus‹ mit Kapelle der hl. Anna (angebl. Erweiterung einer seit 1320 bestehenden Kapelle), seit 1531 Klarissinnen-Kloster, 1573 den Jesuiten übergeben, die hier 1629 Noviziat einrichten. 1629–34 unter Erhaltung alter Teile grundlegender Umbau, 1715 Innenausstattung barockisiert, 1747 (nach Brand) Turm erneuert. Seit 1897 gehört die Kirche (in der seit Maria Theresia auch in franz. Sprache gepredigt wird) den Oblaten des hl. Franz v. Sales. ***Äußeres:*** Die Kirche mit schönem Turm ist schlicht und nur an ihrer Südseite frei sichtbar. Über dem Eingang *Holzgruppe ›Hl. Anna selbdritt‹* (Mitte 17. Jh., aus Artstetten, NÖ). Die Barockisierung stand unter der Leitung des Jesuitenbruders und Malers Christian Tausch, eines Schülers Andrea Pozzos, unter Mitarbeit von Daniel Gran und Johann Georg Schmidt. ***Inneres:*** 1schiffige, 4jochige Saalkirche mit basilikalem Querschnitt, Gurttonnengewölbe mit Stichkappen, zu beiden Seiten je 3 seichte Längskapellen, 2jochiger, etwas eingezogener Chor. Festliche Raumwirkung durch Stuckmarmorverkleidung und Vergoldung. ***Beschreibung:*** *Deckenfresken* um 1747/48 von Daniel Gran (Unbefleckte Empfängnis und die daraus erwachsende Erlösung). Von Daniel Gran auch Altarbild ›Hl. Familie‹ auf dem *Hochaltar* **1** (thematisch aus der 1694 durch Kaiser Leopold I. und seine Gattin nach der Geburt ihres Sohnes Josef bei der Kirche errichteten Bruderschaft zur hl. Anna erklärbar, die noch heute existiert). Links: Barocke Seitenaltäre aus Marmor mit reicher architekt.

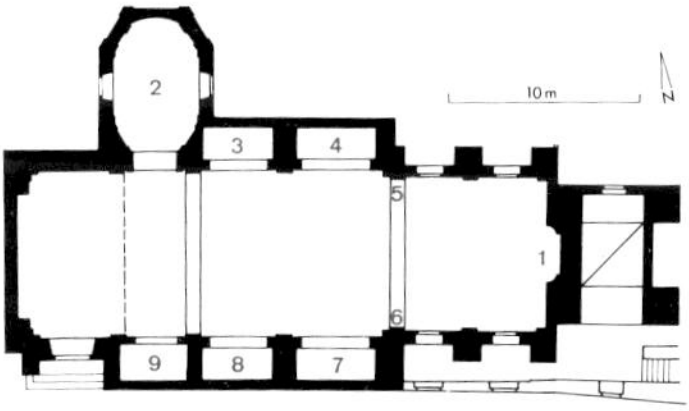

Ausgestaltung, guten barocken Gemälden und getriebenen Bronzereliefs. **2** *Franz-Xaver-Kapelle* (angeblich die alte Anna-Kapelle, 1679 umgebaut), ovaler Grundriß. Am Altar bmkw. Holzgruppe ›Hl. Anna selbdritt‹★ (um 1510), Rest der gotischen Ausstattung. Der Künstler ist nicht bekannt; Zuschreibung an den Nürnberger Veit Stoß (oder den Meister von Mauer bei Melk). **3** Altar mit Bild des hl. Josef von Johann Georg Schmidt. **4** Altar mit Bild der hl. Maria. **5** Holzgruppe ›Hl. Anna mit Maria‹ (Mitte 18. Jh.). Rechts: **6** *Kanzel;* schöne Kirchenbänke und Orgelemporenbrüstung aus der Mitte des

Hl. Anna selbdritt, um 1510

18. Jh., barocke *Orgel* aus ders. Zeit. **7** Altar mit Bild des hl. Ignatius v. Loyola von Johann Georg Schmidt (1719). **8** Altar mit Bild des hl. Sebastian vom selben Künstler. **9** Altar mit Bild des hl. Stanislaus Kostka. ***Bedeutung:*** Die Kirche ist eine alte Stätte der Wiener *Annenverehrung;* das Annenfest hier seit altersher feierlich begangen. Von Königinwitwe Maria Anna von Portugal gestiftete Reliquie (rechte Hand der hl. Anna in kostbarer Barockfassung, 1743 erw.), in der Oktav des Festes der Heiligen, am 26. Juli, ausgestellt.

ANNAGASSE 4 **1**

Kremsmünsterhof Ein seit 1372 in der damaligen Pippingerstraße nachweisbares Gebäude 1433 im Besitz des Hanns Kuenring, Abkömmling des berüchtigten Rittergeschlechts. 1601 von Stift Herzogenburg erworben. In der 1. Hälfte des 17. Jh. Neubau (viell. im Auftrage des Konvents von Säusenstein a. d. Donau, der den Besitz 1628 erwarb). 1675 durch Kauf an das Stift Kremsmünster, in dessen Auftrag um 1700 die *Fassade* in ihre heutige Form gebracht wurde.

ANNAGASSE 5 (Johannesgasse 6) **1**

Mariazellerhof Urspr. 2 Häuser, im Besitz von Rittern und Patriziern. Stefan Hohenberg d. J. schenkte den Besitz dem Kloster Kleinmariazell, das 1615 das ›Neue Stöckel‹ dazubaute. Der ältere Bau 1768 barock umgestaltet. Den *Trakt in der Johannesgasse* erbaute Paul Sprenger 1843–46 für das Hofkammerarchiv. Im 2. Hof berühmtes gotisches *Steinrelief* (1482): Stefan v. Hohenberg d. J. (Besitzer des 15. Jh.) vor Maria mit Jesuskind.

ANNAGASSE 6 **1**

Herzogenburgerhof Das Stift Herzogenburg besaß seit Ende des 14. Jh. in Wien einen Stiftshof. Kern des Hauses aus der Zeit um 1600, *Fassade* 1720–30.

ANNAGASSE 7 1
Mailbergerhof Kern des Hauses Ende des 16. Jh. (aus dieser Zeit das Portal), *Fassade* Anfang 18. Jh.

ANNAGASSE 8 1
Täubelhof (auch Täuberlhof, Teybelhof) Das bis in die Krugerstraße reichende Gebäude um 1730, wahrsch. nach Entwurf von Johann Lukas v. Hildebrandt erbaut und 1789 von Andreas Zach verändert. Im Hof *Wandbrunnen* mit Löwenkopf. Wenzel Fürst Kaunitz eröffnete in diesem Hof 1766 die neugeschaffene Zeichner- und Kupferstecherakademie, später Akademie der bildenden Künste; Schule 1789 in das Kloster St. Anna verlegt. Seinen verballhornten Namen erhielt der Hof nach der Besitzerin Anna Teubl. ***Bedeutung:*** Fassadentypus, der (ähnl. → Am Hof 7) Hildebrandts Auffassungen von der architekt. Form des aus dem Adelspalais abgeleiteten bürgerl. Wohnhauses bes. klar zum Ausdruck bringt.

ANNAGASSE 14 1
Wohnhaus Kern aus dem 17. Jh., 1814 von Karl Ehmann umgestaltet; erhielt 1823 sein oberstes Geschoß. Klassizistisches *Hauszeichen (Blauer Karpfen)* und *Puttenfries* am 2. Stockwerk der Fassade von Joseph Klieber.

Klassizistisches Hauszeichen Annagasse 14

ANNAGASSE 18 1
Zum römischen Kaiser Erbaut um 1730 in der Art des Johann Lukas v. Hildebrandt. Interessante *Fassade* mit 2 flachen, 2achsigen Seitenrisaliten, die Kanten durch dekorative Ortsteine betont.

ANTONSPLATZ 10
Antonius-Kirche Pfarrkirche zum hl. Antonius von Padua. Erbaut 1896–1901 nach Entwurf von *Franz v. Neumann.* Nach schweren Kriegsschäden (1944) bis 1960 wiederhergestellt. ***Äußeres:*** Monumentaler byzantinisierender *Kuppelbau in Backstein* mit großen Apsiden am Chor und an den Querschiffen. Auf der Vierungskuppel Riesenstatue des Erlösers. An den Apsiden Glasmosaikbilder von Heiligen mit bes. Beziehung zu Wien und Österreich: u.a. hl. Clemens Maria Hofbauer, hl. Petrus Canisius, hl. Anna, hl. Josef, hl. Leopold, hl. Severin und hl. Johann Capistran. Der Eingangsfront seitlich 2 campanileartige *Glockentürme* (51 m) angefügt. ***Inneres:*** Die einst reiche malerische Innenausstattung (Wandgemäldezyklus nach Kartons von August v. Wörndle) zur Gänze vernichtet. *Hochaltar:* Marmornes Altarziborium (Tabernakel aus der Bauzeit). In der Apsis Mosaik ›Christus als Weltenrichter‹ von Ernst Bauernfeind. Rechts vom Altar modernes Wandgemälde mit Szenen aus dem Alten und Neuen Testament von Hans Alexander Brunner. *Seitenaltäre* der Schmerzhaften Muttergottes (links) und dem hl. Antonius (rechts) geweiht. Die neue *Kanzel* mit Bronzereliefs von Heinz Satzinger, von dem auch die monumentale Antonius-Statue über dem Eingang der Kirche stammt. An einem Pfeiler des linken Seitenschiffes barocke Johann-Nepomuk-Statue. In der *Lourdes-Kapelle* Wandgemälde ›Hl. Familie‹ und 3 Medaillons, letzter Rest der urspr. malerischen Ausstattung. ***Bedeutung:*** Nach Vorbildern von San Marco in Venedig und Sant' Antonio in Padua erbaute Kirche. Stätte der Wiener Antoniusverehrung. Geöffnet tgl. 6–8, 11–12, 18–20 Uhr, sowie an Sonntagen zu den Messen.

ARGENTINIERSTRASSE 6 (Ecke Kreuzherrengasse) 4
Gluck-Denkmal Standbild des Komponisten Christoph Willibald R. v. Gluck (1714–87) auf Vierkantsockel von *Max Kremser* (1940) nach Original von *Vinzenz Pilz* (1865).

ARSENALSTRASSE 3
Arsenal Nach Niederschlagung der Revolution 1848 wird neben versch. anderen militärischen Bauwerken (Ringstraßenkasernen) auch der Bau einer verteidigungsfähigen Arsenal- und Kasernenanlage beschlossen. 1849–56 nach einem aus Wettbewerbsentwürfen von *Ludwig Förster, Theophil v. Hansen, Eduard van der Nüll, Carl Rösner und August Sicard v. Sicardsburg* entstandenen Plan in Formen des romantischen Historismus als Ziegelrohbau errichtet. Alle genannten Architekten auch an der Bauführung beteiligt. ***Äußeres:*** Das als Defensivkaserne errichtete Gebäude bildet ein kolossales Rechteck von 689 m Länge und 480 m Breite, dessen Randbebauung von hohen, turmartigen Kasernenbauten und niederen Depottrakten gebildet

A

Vogelschau über die ursprüngliche Anlage des Arsenals

wird. In der Mitte des Gevierts befanden sich einst Artilleriewerkstätten. Der ***Mitteltrakt*** gegen den Schweizergarten zu war als Kommandantur konzipiert; ebenso wie die Umfassungsbauten nach Plänen van der Nülls und Sicardsburgs in romanisierenden und gotisierenden Formen ital. Burgen erbaut, Fassadenplastiken von *Hans Gasser*. Das dahinter liegende → ***Heeresgeschichtl. Museum,*** das durch den Mittelhof erreichbar ist, 1850–57 nach Entwürfen von Ludwig Förster und Theophil v. Hansen in orientalisierenden und gotisierenden Formen erbaut. Das Museum enthält eine vorzügl. aufgestellte *Sammlung zur Heeres- und Kriegsgeschichte Österreichs: Erdgeschoß:* Epoche Kaiser Franz Josephs I. ab 1866, Artilleriesaal, Kriegsmarine. *Hauptgeschoß:* Zeitalter Wallensteins bis Prinz Eugen, Epoche Maria Theresias, Kriege gegen Frankreich, Epoche des Vormärz bis 1864. ***Inneres:*** Durch ein 3toriges Portal im Mittelrisalit gelangt man über ein festliches Stiegenhaus in den eigenartig belichteten Hauptsaal. Im *Vestibül* (sog. Feldherrnhalle) 32 Marmorstatuen österr. Feldherren, im Treppenhaus allegorische Fresken von Carl Rahl, in der *Ruhmeshalle* Fresken mit Themen aus der österr. Kriegsgeschichte von Carl Blaas (1859–71). Im 1. Stock *Rittersaal* mit zeitgen. Architekturmalerei. Die *Arkadenhallen* nach dem 2. Weltkrieg erbaut (1949–53 nach Entwürfen von Dreier und Nobis). ***Bedeutung:*** Ausgangspunkt der letzten großen kaiserl. Architekturepoche Wiens, die durch den Historismus geprägt wurde und als ›Ringstraßenarchitektur‹ weltbekannt wurde.

Arsenalkirche Maria vom Siege am Südostende der Mittelachse des Bauwerks. Erbaut nach Entwurf Carl Rösners (1853–56), erneuert durch Julius Lichtner (1955). *Hochaltar* mit bmkw. Steinplastik (1620?) vom ehem. kaiserl. Zeughaus in der Renngasse *(Zeughausmuttergottes)*.

ASPERN 22

Urkundl. spätestens im 13. Jh. erwähnt, wiederholt durch die (damals unregulierte) Donau verwüstet, heute verbautes Angerdorf des 22. Bezirks. Bedeutung durch Schlacht vom 21./22. Mai 1809, in der erstmals ein von Napoleon persönl. geführtes Heer keinen Sieg erringen konnte. **Löwe von Aspern** Vor der *Kirche Zum hl. Martin* auf einem Postament liegender Sandsteinlöwe von *Anton Dominik Fernkorn,* zum Andenken an die gefallenen österr. Krieger errichtet (1858). **Artilleristen-Denkmal** (Siegesplatz), Obelisk (krönender Doppeladler fehlt heute), errichtet 1909 von Richard Hillebrand zur Erinnerung an die 1809 gefallenen Artilleristen.

AUERSPERGSTRASSE 1 8

Palais Auersperg Barockes Gartenpalais am Rand der ehem. Vorstadt Josefstadt mit Front gegen das Glacis; an ders. Stelle im Mittelalter der Rottenhof. ***Geschichte:*** 1707 erwarb Reichsgraf Ferdinand Karl v. Weltz 3 kl. Häuser und vereinigte sie zu einem Komplex. Das Palais um 1710 angebl. nach Entwurf von Johann Lukas v. Hildebrandt erbaut (Zuschreibung umstritten). Mittelteil nach 1721 von Johann Christian Neupauer (der Trad. zufolge nach Plänen von Johann Bernhard Fischer v. Erlach) grundlegend verändert; baute auch Reitschule, Stall und Wagenremise. Mehrmaliger Besitzerwechsel: 1721 an Hieronymus Marchese Capece di Roffrano, 1732 Familie Kinsky, 1781 Johann Adam Fürst Auersperg, der es durch ital. Künstler ausschmücken ließ. ***Äußeres:*** Langgestreckte Fassade mit 3 kräftig vorspringenden Risaliten, *Mittelrisalit*★ polygonal; er besaß urspr. eine 3torige Einfahrt. Fassade im 19. Jh. durch Erhöhung des Straßenniveaus, Zufügung des Säulenvorbaues an den Mittelrisalit (1853) und Anbau des Flügels gegen die Lerchenfelder Straße (1882–86) stark verändert. 1953/54 durch Oswald Haerdtl letzte Umgestaltung. ***Inneres:*** Großräumiges *Stiegenhaus* mit 4 Atlanten, 2 barocke Wandbrunnen (mit Delphinen bzw. Löwen) und oben 2 Nischenfiguren (Musik und Tanz) von Anton Dominik Fernkorn (1853); ovales *Vestibül* mit erneuerter Decke und 8 antikisierenden Büsten (Anfang 19. Jh.); im 1. Stock ovaler *Hauptsaal* mit Pilasterordnung und Stuckornamenten von Johann Henrici. Einige zumeist *klassizist. Räume* nach Entwürfen von Heinrich Fischer (1802) mit Stuckverzierungen (engl. Vorbilder!), wertvollen Seidentapeten, Supraporten und Öfen. ***Bedeutung:*** Hier 1945 Sitz der österr. Widerstandsbewegung 05, die sich an der Wiedererrichtung der Republik Österreich beteiligte (Gedenktafel).

AUGUSTINERBASTEI 1

Erzherzog Albrecht-Denkmal Reiterdenkmal aus Bronze von *Caspar Zumbusch*, Sockel von *Karl König*, errichtet 1898/99. Zur Erinnerung an den ruhmvollen Feldherrn am 21. Mai 1899, dem 90. Jahrestag der Schlacht bei Aspern, enthüllt. ***Beschreibung:*** Ovalsockel auf 3 Stufen, daran schildtragende Engel, Eichenlaubsims, darüber Reiterstandbild des Erzherzogs; Inschriften nehmen auf seine Person Bezug.

AUGUSTINERSTRASSE 1 (Augustinerbastei 6) **1**

Albertina Benannt nach *Herzog Albert von Sachsen-Teschen*, Gemahl der Erzherzogin Christine (Grabdenkmal in der Augustinerkirche), einer Tochter Maria Theresias. ***Geschichte:*** Herzog Albert erwarb ein 1781 (nach jüngsten Forschungen bereits 1742–45?) erbautes Palais des Grafen Taroucca, ließ es 1801–04 durch *Louis v. Montoyer* umgestalten und unter Einbeziehung von Teilen des benachbarten Augu-

Albertina: Knabenbild von P. P. Rubens

stinerklosters erweitern. ***Äußeres:*** Das langgestreckte Gebäude mit Schmalfront zur Oper steht in erhöhter Position auf einstiger (1863 großteils demolierter) → Augustinerbastei, die sich vom Kärntnertor bis zur Hofburg erstreckte und sich an dieser Stelle noch erhalten hat. Die Fassaden 1867 und (Behebung von Bombenschäden) nach 1945 verändert. Nach dem 2. Weltkrieg auch die *Rampe* verändert (Verkürzung und Umbau zu Stiegenanlage); auf Geländerpodest der Freitreppe ›Liegender Jüngling‹ von Fritz Wotruba (1933). Vor der Schmalfront des Gebäudes *Erzherzog Albrecht-Denkmal.* ***Inneres:*** Innenräume z.T. klassizistisch (1. Hälfte 19. Jh.), andere nach dem 2. Weltkrieg völlig erneuert. *Vorhalle* und *Stiegenhaus* (letzteres erneuert) bmkw. Zeugnisse des Wiener Klassizismus, ebenso der *Säulengang* mit Sphingen und Kopien nach Antiken sowie die sog. *Minerva-Halle* mit ›Pallas Athene‹ von Joseph Klieber. Der heute der Graph. Sammlung als Benützerraum dienende *Hauptsaal*★ mit feiner spätklassizistischer Dekoration Kernstück des Gebäudes, von Josef Kornhäusel gestaltet; Skulpturen (Sandsteinfigur Apolls und weiße Marmorstatuen der 9 Musen) 1823/24 von Joseph Klieber. Eine Reihe kleinerer Räume dient der Graph. Slg. zur Unterbringung ihrer Bestände und zu Ausstellungszwecken. In einem der Ausstellungsräume Büste Herzog Alberts von Franz Xaver Messerschmidt. **Sammlungen: Graphische Sammlung Albertina**★ Größte Sammlung der Welt an Graphiken und Handzeichnungen (rd. 40000 Zeichnungen und Aquarelle, über 1 Million druckgraph. Blätter in allen Techniken von der Gotik bis zur Moderne), u.a. Albrecht Dürer, Peter Paul Rubens, Anthonis van Dyck, Jan Brueghel d.Ä., Claude Lorrain. – Spezialsammlungen: Einblattholzschnitte des 15. Jh. (größte Sammlung der Welt), Architekturzeichnungen, Miniaturen, Spielkarten, Wiener Ansichten, japanische Holzschnitte, Plakate; Zimeliensammlung. **Sammlungen der Österr. Nationalbibliothek *Papyrussammlung*** Papyri, Antiken, ägyptische Kunst. ***Musiksammlung.*** **Österr. Filmmuseum** Film- und Fotosammlung, Bibliothek, Filmvorführungen, Sonderveranstaltungen. **Wiener Goethe-Museum** Erinnerungsstücke an Goethe und seinen Freundeskreis, Entwürfe für Goethe-Denkmal, ärztl. Originalbericht über Goethes letzte Krankheit, Goethe-Ausgaben, Autographen, Medaillen.

AUGUSTINERSTRASSE BEI 3 1

Augustinerkirche Pfarrkirche (ehem. Hofpfarrkirche) hl. Augustinus, 1951 an die Augustinereremiten übergeben. ***Geschichte:*** Kloster 1327 von Herzog Friedrich dem Schönen neben der Burg gestiftet (angebl. aufgrund eines Gelübdes als Gefangener König Ludwig des Bayern auf Burg Trausnitz). Berief Beschuhte Augustiner und wies ihnen ein an die Mauer und den Garten der Burg grenzendes Grundstück zum Bau eines Klosters und einer Kirche zu; Bau des Langhauses 1330–39 durch den bayrischen Baumeister Dietrich Ladtner von Pirn (Weihe 1349). Kaiser Ferdinand II. übergab 1630 den Unbeschuhten Augustinern die Kirche (die Beschuhten Augustiner nun auf der Landstraßer Hauptstraße, Rochuskirche); 1634 zur Hofpfarrkirche erhoben; 1783 Stadtpfarrkirche. Turm 1652 von Georg Gerstenbrand. Heutige Gestalt der Kirche 1784/85 durch *Johann Ferdinand Hetzendorf v. Hohenberg*, der barocke Innenausstattung entfernte (Regotisierung). 1683 ließ Polen-König Sobieski hier Dank-Tedeum nach Türkenbesiegung anstimmen; 1810 Hochzeit Marie Louises mit Napoleon, 1854 jene Franz Josephs I. mit Elisabeth, 1881 Hochzeit Kronprinz Rudolfs mit Prinzessin Stefanie. ***Äußeres:*** Schlichte gotische Hallenkirche mit Strebepfeilern an der Augustinerstraße, Fenster der Maßwerke beraubt. Die *ehem. Hauptfassade* mit Strebepfeilern, Mittelfenster und Portal 1767–69 durch Flügel der Nationalbibliothek verbaut. **A** Quadratischer *Turm* an der Nordseite; der durch den Brand des Jahres 1848 beschädigte Turmhelm bis 1852 von Paul Sprenger aus Guß- und Schmiedeeisen wiederhergestellt. 1945 kriegsbeschädigt, bis 1950 Wiederherstellung. ***Inneres*★:** 3schiffige, sehr hohe und langgestreckte Halle **(B)** mit schlanken 8eckigen Pfeilern und Kreuzrippengewölben, 1schiffiger, sehr langer Chor **(C)** mit Netzrippengewölben. Kirche 1784/85 wieder gotisch eingerichtet; Kirchenbänke aus der Schwarzspanierkirche (um 1730) mit Reliefzyklus von Johann Baptist Straub (um 1730). ***Beschreibung:*** Neugotischer *Hochaltar* **1** des Würzburger Bildhauers Andreas Halbig (1857–70, urspr. für Votivkirche bestimmt) aus Sandstein, überreicher architekt. und plast. Schmuck, bescheidene Polychromierung und Vergoldung (Ersatz für einen Altar Hetzendorfs). **2** *Kanzel* von Johann Ferdinand Hetzendorf v. Hohenberg; von der alten Kanzel predigte Abraham a Sancta Clara, der im Kloster gelebt hat. Daneben Altarbild **(3)** ›Hl. Johann Nepomuk‹ von Johann Franz Greippel (1784). An der rechten Längswand neben dem Musikchor Altar **4** mit ›Vision der hl. Magdalena‹ von Johann Michael Rottmayr (um 1707), darüber Wolkengloriole mit Putti von J. B. Straub (um 1730). Über der Tür zur Loretto-Kapelle Ölgemälde **(5)** ›Jesus im Tempel‹ von Michelangelo Unterberger. Anschließend Altar **(6)** mit Bild ›Kreuzabnahme‹ von Johann Gottfried Auerbach nach Francesco Solimena und Altar **(7)** mit Bild ›Der sterbende hl. Franz Xaver‹ von Johann Franz Greippel. Hauptwerk *Marmorgrab der Erzherzogin Maria Christine*★, **(8)** flache Wand-

A. Canova: Grabmal der Ehz. Maria Christine

pyramide, von Antonio Canova (1798–1805); in das geöffnete Tor schreitet die Tugend mit der Urne, begleitet von 2 Mädchen mit Totenfackeln, denen die Liebe mit blindem Greis am Arm folgt; rechts Genius mit Löwe, oben Glückseligkeit mit Medaillon der Verstorbenen. Maria Christine, Tochter Maria Theresias, war Gattin des Herzogs Albert von Sachsen-Teschen, Begründers der Graph. Slg. Albertina; sie ließ die 1. Wiener Trinkwasserleitung erbauen (Albertinische Wasserleitung). An der rechten Schlußwand des Schiffes Altarbild **(9)** ›Huldigung der hl. drei Könige‹ von Vincenzo Damiani (aus der ehem. Bürgerspitalskirche). **10** Altarbild ›Tod des hl. Josef‹ von Franz Ferdinand Geer. An der linken Längswand Altar **(11)** mit Bild ›Maria und Anna‹ (Erziehung Mariens) von Johann Spillenberger (3. Viertel 17. Jh.), daneben Altarbild **(12)** ›Bekehrung des hl. Paulus‹ von Johann Franz Greippel (1784). An der linken Schlußwand Altarbild **(13)** ›Geburt Christi‹ (Anbetung der Hirten) von Peter Strudel nach Guido Reni. Orgel von Johann Hencke mit musizierenden Engeln von Johann Baptist Straub (um 1730) aus der Schwarzspanierkirche. Durch eine Tür (Schmiedeeisengitter Mitte 18. Jh.) in der Südostecke des rechten Schiffes in die **Loretto-Kapelle (14),** urspr. 1627 inmitten der Kirche, 1784 an die jetzige Stelle übertragen. Heute ohne künstlerischen Wert; die einst kostbare Ausstattung fiel der Silberablieferung während der

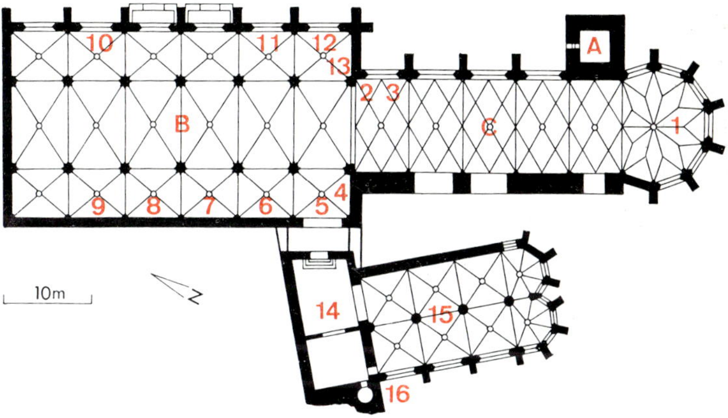

B

napoleonischen Kriege (1809) zum Opfer. Rechts neben dem Chor die **Georgs-Kapelle (15)** ★, erbaut 1337 durch Herzog Otto den Fröhlichen als Kapelle (Weihe 1341) und Versammlungsraum der von ihm begründeten St. Georgs-Ritterschaft. 2schiffig, jedes Schiff 3seitig geschlossen, mit bmkw. Schlußsteinen (Christus, Lamm, Phönix, Löwe mit Jungen, Evangelistensymbole). An der Westseite Wandgrab des Feldherrn Wirich Philipp Graf Daun (gest. 1741) von Jakob Schletterer (nach 1745); an der linken Längswand Wandgrab des Siegers von Collin, Leopold Graf Daun (gest. 1766), von Balthasar Ferdinand Moll: Sarkophag mit daraufstehender Pyramide, auf dieser ein Portraitmedaillon Dauns, darunter jenes Maria Theresias, seitlich Mars und Klio. Gegenüber *Hochgrab für Kaiser Leopold II.* (gest. 1792) von *Franz Anton Zauner* (err. 1799), Sarkophag aus grauem Marmor mit Statuen aus weißem Marmor, oben liegende Gestalt des Kaisers in voller Rüstung ohne Helm (urspr. für Kapuzinergruft bestimmt). In dieser Kapelle ruht auch Gerhard van Swieten, der Leibarzt Maria Theresias. Hinter der Kapelle in einer kl. Kammer das **Herzgrüftel (16)** mit 54 Urnen, in denen die Herzen der Mitglieder des Kaiserhauses von 1637 bis 1878 bewahrt werden. Unter der Augustinerkirche Gruftanlagen mit gotischen und barocken Grabsteinen, Grabkapelle mit bmkw. Schmiedeeisengittern und Metallsarkophagen des 17. und 18. Jh. (nicht zugänglich). ***Bedeutung:*** Für Wien ungewöhnlich langgestreckte hohe Hallenkirche. Erstes Beispiel einer Regotisierung nach Entfernung der Renaissance- und Barockausstattung, ausgeführt auf Anordnung Kaiser Josephs II. durch den Hofarchitekten Johann Ferdinand Hetzendorf v. Hohenberg.

BÄCKERSTRASSE **1**
Südl. Begrenzung des Marktplatzes der ehem. Handelsvorstadt vor dem Ungartor (→ Sonnenfelsgasse). Durch die Konkurrenz der nahegelegenen → Wollzeile, die zu einem Stadttor führte (Stubentor), verlor die Bäckerstraße bald an Bedeutung. Anläßlich der Umgestaltung der unteren Bäckerstraße durch die Jesuiten (18. Jh.) Verbindung zur Dominikanerbastei eröffnet, doch erfuhr der Straßenzug dadurch keine verkehrsmäßige Aufwertung. Hier zahlreiche interessante alte Gebäude erhalten, Bauzustand allerdings teilw. schlecht. Bes. hervorzuheben der einzige bürgerl. Renaissancearkadenhof, der sich in Wien erhalten hat (→ Bäckerstraße 7).

BÄCKERSTRASSE 1 → Lugeck 4

BÄCKERSTRASSE 2 **1**
Wohnhaus 4gesch. Bau des 17. Jh. mit Turmaufbau. Fassadenumgestaltung Anfang 18. Jh.; bmkw. Stuckmasken unter der Dachlinie und an den Fenstersohlbänken des 3. Stocks, Bekrönung des *Portals* Anfang 18. Jh., an den Ecken ornamentierte Ortsteine, rechts ovaler Steinrahmen für Marienstatue.

BÄCKERSTRASSE 3 (Sonnenfelsgasse 4) **1**
Wohnhaus 4gesch. Bau Ende 17. Jh., Fassadengestaltung 1. Viertel 18. Jh., Umbau 1855 durch Anton Grünn. *Hauptfront* (Bäckerstraße) mit geschwungenen Fensterbekrönungen, Putzfeldern und barockem Portal (über diesem Balkon mit schmiedeeisernem Gitter und Steinvasen); bmkw. Stiegenhaus.

BÄCKERSTRASSE 5 (Sonnenfelsgasse 6) **1**
Wohnhaus Urspr. 4gesch. Gebäude (erbaut 1670), Erker aus der Bauzeit, Fassade um 1730, Aufstockung 1799 durch Johann Öscher. *Hauptfront* (Bäckerstraße) mit Putzfeldern, Pfeifenornament und versch.artigen Fenstergiebeln; in der Sonnenfelsgasse schlichtere Fassade mit Relief eines Löwen.

BÄCKERSTRASSE 7 (Sonnenfelsgasse 8) **1**
Wohnhaus 4gesch. Bau mit dem spätesten bedeutenden *Renaissance-Arkadenhof* Wiens; toskanische und jonische Säulen und Säulenbalustraden, 2 Trakte mit Arkaden vor 1587 (vermauert und verglast), die beiden anderen Trakte (ohne Arkaden) im 18. Jh. dazugebaut. Fassade um 1748. An der westl. Hoffassade Muttergottesstatue (2. Hälfte 17. Jh.), in den südl. Arkaden des 1. Stocks Schmiedeeisenarbeiten (17. und 18. Jh.) aus der Slg. des Malers Friedrich Amerling (z. T. aus dem ehem. Amerling-Schlößl in Gumpendorf). ***Bedeutung:*** Eines der wenigen gut erhaltenen repräsentativen Bürgerhäuser des 16. Jh. Hof bis 19 Uhr zugänglich.

Arkadenhof Bäckerstraße 7

BÄCKERSTRASSE 8 (Essiggasse 3) **1**
Ehem. Palais Seilern 5gesch. Gebäude (1722), Barockfassade in der Art des *Johann Lukas v. Hildebrandt*.

BÄCKERSTRASSE 9 (Sonnenfelsgasse 10, Windhaaggasse 1) **1**
Ehem. Windhaagsches Stiftungshaus Urspr. 1559 vom späteren Bürgermeister Hanns v. Thau erbaut. Das 1944 zerst. Gebäude 1951/52 durch einen auf den alten Fundamenten stehenden und die alten Proportionen einhaltenden Neubau ersetzt. Erhalten und eingegliedert: *Portalbau* mit Inschrift (datiert 1559), Muttergottesstatue. Alter Arkadenhof zerst.

BÄCKERSTRASSE 10 (Essiggasse 4) **1**
Ehem. Palais Nimptsch Urspr. 3gesch. Bürgerhaus (1. Hälfte 17. Jh.), durch ein bis ins 18. Jh. erhaltenes Hausschild ›Allwo die Kuh am Brett spielt‹ bekannt (Kuh und Wolf, die miteinander spielten, sollten Protestanten und Katholiken symbolisieren). 1838 durch Adolf Korompay für die Grafen von Nimptsch (seit 1775 Besitzer) umgebaut (Aufstockung, Fassadenumgestaltung, Portalneubau). Interessant vor allem *Portal* mit Karyatiden (zur Entstehungszeit seltener Typ). Ein Vorgängerbau 1374–86 im Besitz des späteren Bürgermeisters Konrad Vorlauf (1408 hingerichtet).

BÄCKERSTRASSE 12 **1**
Wohnhaus Im Kern 15./16. Jh. Über dem Portal im 1. Stock *Renaissanceerker* auf Konsolen mit 2 Fenstern; Fassade 1. Hälfte 18. Jh. erneuert (Putzfelder); ausgebautes Dach mit Zwerchgiebeln; Einfahrtshalle.

BÄCKERSTRASSE 14 **1**
Wohnhaus Nach 1558 erbaut, Umbau 1700. 4gesch. Gebäude mit 8 Achsen, dar. 2 Doppelachsen, von denen eine als durchgehender, über 3 Geschosse reichender *Renaissanceerker* ausgebildet ist. Bmkw. das mit Halbsäulen geschmückte Tor; über dem 1. Stock in einer Nische Muttergottesstatue mit Jesuskind.

BÄCKERSTRASSE 16 **1**
Wohnhaus Barockbau nach 1712 mit gebändertem Sockel und Eckeinfassung; Hervorhebung der 3 Mittelachsen durch gebänderte Lisenen, deren Putzfelder und Fensterbekrönungen sich von den Seitenachsen unterscheiden (letztere mit Voluten und Kartuschen); schöne Einfahrtshalle.

BÄCKERSTRASSE 20 **1**
Wohnhaus Teil der Alten Universität, Portal 17. Jh.

BALLGASSE 8 **1**
Wohnhaus Ältestes Haus der Gasse. Hinter dem Himmelpfortkloster hier in der damals ›Auf der Dacken‹ benannten Gegend urspr. Ballspielhaus. In 3 privaten ›Ballhäusern‹ wurde das von Ferdinand I. aus Spanien eingeführte Ballspiel als Ersatz für Turniere und Lanzenstechen auch von den Bürgern gepflegt (Ballspielhaus des Hofes in der Nähe des Ballhausplatzes); 1658 von der Stadt Wien gemietet und im 18. Jh. gelegentlich ital. Komödianten überlassen, die hier auch komische Opern aufführten. Später Besitz des Johann Edlen v. Zoller, dann der Innung der Tischlermeister. An Stelle des alten Ballspielhauses auf Anordnung Maria Theresias das 1773 von *Peter Mollner* voll. heutige Gebäude. ***Beschreibung:*** Schlichter 5gesch. Bau, josephinischer Klassizismus, mit Zwerchgiebel (beachtenswert Bodentür und Aufzugsbalken). Über dem Tor die Bezeichnung *›Der bürgerlichen Tischler Herberg‹*; seinerzeit Herberge für arbeitslose Gesellen, bis 1893 von der Genossenschaft verwendet. Durch dunklen Hausflur gelangt man in den kleinsten Hof von Wien.

BALLGASSE **1**
Mittelalterlich anmutender Straßenzug mit gekrümmtem Verlauf (Verteidigungsmaßnahme!) und bmkw. Gebäuden aus dem 18. und 19. Jh., dar. das 1796 erbaute Haus *Zum neuen Blumenstock (Ballgasse 6)*, das sich seit 1825 im Besitz der Bankierfamilie Geymüller befand. Die Ausmündung der Ballgasse in die Rauhensteingasse war bis zur Aufhebung des Himmelpfortklosters Ende 18. Jh. durch das Klostergebäude abgeriegelt; die heutige kurze Blumenstockgasse bildete bis dahin einen Teil der Ballgasse und stellte die notwendige Verbindung her.

BALLHAUSPLATZ **1**
Bis 1754 durch das in diesem Jahr aufgelassene große Kaiserspital verbaut, an dessen Stelle ein Ballhaus (zur Pflege des von Ferdinand I. von Spanien nach Wien verpflanzten Ballspiels) errichtet wurde. Nach diesem Ballhaus erhielt der Platz seinen Namen. In seine Räumlichkeiten verlegte man später Abteilungen des Hofbauamtes; Ende 19. Jh. Gebäude abgerissen (bis heute unverbautes Grundstück Ecke Schauflergasse). Die beiden markanten Bauwerke des heutigen Platzes (dessen Name, ähnlich wie Quai d'Orsay oder Downing Street, als Synonym für Regierung und Außenministerium verwendet wird) sind die → Burg (C Amalienburg, D Leopoldinischer Trakt) mit dem Amtssitz des Bundespräsidenten und das Bundeskanzleramt (→ Ballhausplatz 2).

BALLHAUSPLATZ 2 **1**
Bundeskanzleramt Ehem. Geheime Hofkanzlei. ***Geschichte:*** Erbaut 1717–19 nach Plänen von *Johann Lukas v. Hildebrandt*, erweitert 1766 durch *Nikolaus Pacassi* unter Mitwirkung von Wenzel Fürst Kaunitz. Veränderungen 1881/82 durch den Anbau eines Flügels in der Löwelstraße und 1900–02 (nach Demolierung des Minoritenklosters) durch Anbau des *Haus-, Hof- und Staatsarchivs* (nach Plänen von Otto Hofer; → Minoritenplatz 1). ***Äußeres:*** Die *Hauptfassade*★ (der Hofburg zugekehrt) entspricht außer dem veränderten Dach und fehlender Attikafiguren noch dem Bau Hildebrandts. Die Fassade ist 7achsig mit 3achsigem Mittelrisalit, der durch

T. Lawrence: Fürst Metternich, 1815

Portal, gr. Pilasterordnung, reichere Fensterumrahmungen und Attika betont wird. Auch *Hoffront* bmkw. ***Inneres:*** Vestibül mit barocken Stucchi; Stuckdecke des Stiegenhauses nach Kriegsschäden rekonstruiert. Im 1. Stock Zimmer des Bundeskanzlers, Ministerratszimmer und Kongreßzimmer sowie eine Reihe von Empfangssälen bes. zu nennen. Die Einrichtung z. T. 19. Jh. ***Bedeutung:*** Das Gebäude heute *Sitz des Bundeskanzlers und der Bundesregierung,* die hier zu den Ministerratssitzungen zusammentritt. Bis 1938 im Trakt an der Löwelstraße auch der Amtssitz des Bundespräsidenten (heute im Leopoldinischen Trakt der Hofburg). Am 25. Juli 1934 hier während eines NS-Putschversuchs Bundeskanzler Dollfuß in seinen Amtsräumen erschossen. (Raumnutzung nach dem 2. Weltkrieg entscheidend verändert).

BANKGASSE 2 (Herrengasse 19) **1**
Palais Batthyány Das zwischen der damaligen Vorderen und Hinteren Schenkenstraße errichtete Palais bestand urspr. aus 3 kl. Häusern; eines davon (in der heutigen Herrengasse) ist ein zwischen 1692 und 1697 von Wolf Andre Graf Orsini-Rosenberg erbautes Palais. 1718 erwarb alle 3 Objekte Eleonore Gräfin Batthyány, Erbtochter des Hofkanzlers Theodor Graf Strattmann, Witwe des 1703 verst. Feldmarschalls Adam Graf Batthyány und später angebl. Whist-Partnerin des greisen Prinzen Eugen (›schöne Lori‹ genannt). ***Äußeres:*** Gräfin Batthyány ließ von *Christian Oedtl* die Fassade des nach 1716 durch Einbeziehung der beiden Nachbarhäuser erweiterten Palais einheitlich gestalten (Art des Johann Bernhard Fischer v. Erlach). Die 3 Bauteile weiterhin klar zu erkennen; Flügel in der Herrengasse (ehem. Palais Orsini-Rosenberg) erst 1766 angeglichen. Eigenartige Hoffassaden. Schönes *Hauptportal;* das Portal in der Herrengasse ebenfalls in Anlehnung an Johann Bernhard Fischer v. Erlach. ***Inneres:*** Vestibül mit Stuckreliefs.

BANKGASSE 3 **1**
Ehem. Verwaltungsgebäude der Österr.-ungarischen Bank, erbaut 1873–75 im Altdeutschen Stil nach einem Entwurf von *Friedrich v. Schmidt.*

BANKGASSE 4–6 **1**
Ungarische Botschaft Besteht aus dem ehem. Palais Strattmann-Windischgraetz und dem ehem. Trautsonschen Haus. ***Geschichte:*** 1692–94 für Hofkanzler Theodor Athletus Heinrich Graf Strattmann durch *Johann Bernhard Fischer v. Erlach* erbaut; (1. monumentale Palastfassade Fischers, nur in zeitgen. Stichen überliefert). 1676 das danebenliegende Trautsonsche Haus erbaut. Palais Strattmann 1728 an Leopold Graf Windischgraetz; 1747 zog die Ungarische Hofkanzlei in das neu adaptierte Palais ein. 1766 durch *Nikolaus Pacassi* umgebaut, vor allem Fassade grundlegend umgestaltet. Wenige Jahre danach mit dem angr. Trautsonschen Haus vereinigt. Die neuerliche Angleichung der Fassaden 1783/84 durch Franz Anton Hillebrand. ***Äußeres:*** 3gesch. Hauptfront mit 18 Achsen und großer Pilasterordnung. 2 Portalanlagen mit Balkonen und schmiedeeisernen Gittern (1784). Rückfront 17. Jh. ***Inneres:*** Bmkw. Treppenhaus, *Festsaal* mit klassizistischen Stuckdekorationen, 2 Zimmer mit Wandgemälden (Szenen von der Krönung Maria Theresias in Preßburg) von F. Meßmer und Wenzel Pohl (1768). Bes. hervorzuheben der *Ratssaal mit Deckenfresko* ★ von Franz Anton Maulbertsch (1768): Verleihung des Stephansordens durch Maria Theresia. Einige Räume mit Einrichtungen aus dem 4. Viertel des 18. Jh. (Rokoko und Klassizismus).

BANKGASSE 8 **1**
Palais Strattmann Rest des ehem. Althanschen Freihauses, errichtet Anfang 17. Jh. Frühbarocke Fassaden mit flacher, geometrischer Gliederung.

BANKGASSE 9 (Minoritenplatz 4, Löwelstraße 10) **1**
Palais Liechtenstein Liechtensteinsches Majoratshaus im Wiener Herrenviertel. Etwa gleichzeitig der Liechtensteinsche Sommerpalast in der Roßau (→ Fürstengasse 2). ***Geschichte:*** Dominik Graf Kaunitz erwarb 1691 ein mit der Front gegen den Minoritenplatz stehendes Haus von den Erben Albrechts v. Zinzendorf, danach das angr., zur Löwelstraße hin gelegene Haus Franz Christoph Graf Khevenhüllers, der sich an dieser Stelle ein Palais erbauen lassen wollte. 1694 begann in Kaunitz' Auftrag Antonio Riva nach Plänen von *Domenico Martinelli* Bau eines Palais; noch im selben Jahr durch Kauf an den Fürsten Johann Adam v. Liechtenstein. Ließ Bau unter Leitung und nach Angaben von *Gabriele de Gabrieli* aus Rovereto fortsetzen, der Baupläne modifizierte (v. a. Veränderungen im Stiegenhaus). 1697 Rohbau fertiggestellt, 1706 vollendet.

Palais Liechtenstein: Seitenportal von Johann Bernhard Fischer v. Erlach (?)

Äußeres: Großangelegter 4gesch. Bau um quadratischen Hof, repräsentative Hauptfassade in der Bankgasse mit 5achsigem attikabekröntem Mittelrisalit, beide Hauptgeschosse durch Pilaster zusammenfassend (Attikafiguren Giovanni Giuliani zugeschr.). Scharf profilierte Fensterumrahmungen und Gesimse auf glatter Wand. Monumentales *Hauptportal* (1698) mit Skulpturen, wohl ebenf. auf Entwürfe Giulianis zurückgehend (Venus, Vulkan, Putten). Prächtiges *Seitenportal*★ (am Minoritenplatz) von 1705, Entwurf strittig zwischen Johann Bernhard Fischer v. Erlach, Johann Lukas v. Hildebrandt oder einem 3. nahestehenden Künstler, ebenf. mit Skulpturen von Giuliani. ***Inneres:*** Schönes *Stiegenhaus* mit Stucchi von Santino Bussi, Skulpturen von Giovanni Giuliani. Im 1. Stock befanden sich 10 Deckengemälde auf Leinwand von Antonio Bellucci (heute Gartenpalast in der Roßau). Prunkvolle Einrichtung der Räume im 2. Stock (Ballsaal und Salons), Entwürfe P. H. Devigny 1836–47, Ausführung von C. Leistler und Michael Thonet; Paradebeispiel des sog. Zweiten Rokoko, das um 1840 dem späten Biedermeier folgte. Im angr. Saal Marmorkamin mit Statuen der Schwestern Napoleons (Antonio Canova zugeschr.). Im ***Hof*** *Tritonenbrunnen* von Giovanni Giuliani (nur teilw. erhalten). ***Bedeutung:*** Das Palais war wegen seiner Kunstschätze und wegen seiner Kuriositäten auf dem Gebiet der Kunstbautechnik, nicht zuletzt auch wegen seiner merkwürdigen mechanischen Vorrichtungen berühmt.

BAUERNMARKT 10 (Kramergasse 5) **1**
Grillparzerhof Erbaut 1894/95 anstelle des Hauses ›Zum goldenen Wagen‹, in dem 1791 Franz Grillparzer geboren wurde. Im Hausflur des Neubaues Büste des Dichters mit Gedenktafel.

BAUMGARTNER HÖHE 1 **14**
Heil- und Pflegeanstalt der Stadt Wien Am Steinhof Die weitläufige Anlage der 60 Pavillons umfassenden Heilanstalt (für Geistes- und Nervenkranke) auf den Hängen des Gallitzinberges geht auf Pläne von *Otto Wagner* zurück. Die urspr. vom Kronland NÖ eingerichtete ›Landesirrenanstalt‹ (eröffnet am 8. Oktober 1907) 1921 Eigentum der Stadt Wien, die umfangreiche bauliche Änderungen und Modernisierungen vornahm.
Anstaltskirche Am Steinhof Zum hl. Leopold. Als bekrönendes Zentrum auf der Kuppe des Gallitzinberges liegend, 1904–07 von *Otto Wagner* erbaut. ***Äußeres:*** Monumentaler, kreuzförmiger Zentralbau mit hoher Vierungskuppel (mit Kupferplatten gedeckt) aus kubischen Raumteilen. Außenwände mit weißen, mit Kupfernägeln genieteten Marmorplatten, (s. a. Postsparkasse) die dem Bauwerk ein eigenartiges Gepräge geben. Über der *Fassade*★ 2 niedrige, zierliche *Glockentürme,* auf diesen sitzende Bronzefiguren der Landespatrone von Richard Luksch (hl. Leopold und hl. Severin); bronzene Engelsfiguren auf den 4 Portalpfeilern von Othmar Schimkowitz. Durchlaufender ornamentaler Fries aus Kranzmotiven. ***Inneres:*** Überraschend lichter Raum mit völlig einheitl. Jugendstileinrichtung; Hauptakzente durch *Glasfenster* nach Entwürfen von Kolo Moser und *Altarmosaiken* von Remigius Geyling und Rudolf Jettmar. Die Kuppel ist innen bedeutend niedriger als außen, wodurch ein sehr harmonischer Raumeindruck entsteht. Der *Hochaltar,* von kuppelförmigem Bal-

Kirche Am Steinhof von Otto Wagner

B

dachin bekrönt, mit Altarbild in Mosaikform (›Hl. Leopold als Fürbitter vor dem Heiland‹) von Remigius Geyling; links und rechts Heilige. *Seitenaltäre:* Rechts Mosaik ›Mariä Verkündigung‹, links Schutzengelmosaik (beide nach Entwürfen von Rudolf Jettmar). Im großen, halbrunden Glasfenster: Adam und Eva knien vor Gott Vater. Die Heiligengestalten in den Fenstern (von Kolo Moser) symbolisieren die Werke der geistlichen und leiblichen Barmherzigkeit, charakterisiert durch starke Realistik der Auffassung. ***Bedeutung:*** Sakrales Hauptwerk des Wiener Jugendstils mit völlig stilreiner Einrichtung.

BECKGASSE 30 **13**
Wohnhaus Erbaut 1901 von *Josef Plečnik.* Die Fassade in der Putzfläche mit sehr reizvoller Gliederung durch Rosen.

BEETHOVENPLATZ **1**
Beethoven-Denkmal Von Verehrern Ludwig van Beethovens gestiftet; Enthüllung am 1. Mai 1880; zuerst gegen die Ringstraße (bzw. das Palais Gutmann) orientiert, seit der Einwölbung des Wienflusses (1899) auf diesen zugekehrt. ***Beschreibung:*** Bronzestandbild von *Caspar Zumbusch* (Sitzfigur Beethovens); am Sockel Gestalt des gefesselten Prometheus, Genius und Putten. ***Bedeutung:*** Das künstlerisch wohl bedeutendste Werk Zumbuschs. In der Hauptfigur drängen sich Michelangelo-Vergleiche auf, vor allem in der reichen Bewegung des sitzenden Komponisten.

BEETHOVENPLATZ 1 **1**
Akademisches Gymnasium Ein sog. ›Akademisches Gymnasium‹ 1552 von den Jesuiten im Dominikanerkloster eröffnet; es kam 1555 in das ehem. Karmeliterkloster Am Hof und 1622 in das Universitätsgebäude. 1773 nach Aufhebung des Jesuitenordens verstaatlicht, 1802 den Piaristen übergeben, 1850 mit weltl. Professoren besetzt. ***Äußeres:*** Strenger Baublock, nur der Mittelrisalit reicher gegliedert. Neugotischer Backsteinbau, nach Entwurf von *Friedrich v. Schmidt* 1863–66 erbaut. ***Inneres:*** *Prüfungssaal* in englisch-gotischem Stil mit offenem Dachstuhl, Wandgemälde von Josef Matthias Trenkwald; schöne *Schulkapelle* mit Glasfenstern von Remigius Geyling; *Brunnen.*

BELVEDERE **3**
Großer Baukomplex mit 2 Schlössern, Wirtschaftsgebäuden und dazwischen liegendem Park. Ehem. Gartenpalais des Prinzen Eugen v. Savoyen (1663–1736). 1693 erwarb der Prinz (dessen Stadtpalais in der → Himmelpfortgasse 4–8) Grundstück zum Bau eines Sommerpalais, mit dessen Errichtung er *Johann Lukas v. Hildebrandt* beauftragte. Zunächst Anlage des Parks, dann entstand 1714–16 das Untere Belvedere (Eingang Rennweg 6). Das weiter südlich und wesentlich höher auf einem zum Laaer Berg hin ansteigenden Terrain in beherrschender Lage

Oberes und Unteres Belvedere

erbaute Obere Belvedere (Eingang Prinz Eugen-Straße 27) erst 1721–23. Vom Oberen Belvedere urspr. unbehinderter Blick auf die befestigte Stadt und den diese umgebenden Glacisgürtel. Zur Bauzeit Lage des Schlosses über der Stadt wesentlich markanter; sie gab Anlaß zu der Meinung, der Prinz habe sein Schloß ›über‹ die Hofburg stellen wollen. Im Belvedere war die Menagerie Eugens untergebracht (nach seinem Tod nach Schönbrunn übertragen); an der Stelle des Tiergartens und einer Orangerie unter Franz I. Garten der österr. Flora angelegt, in dem bes. Alpenpflanzen kultiviert wurden. Die Schlösser enthalten heute die Österr. Galerie (Österr. Barockmuseum und Museum mittelalterl. österr. Kunst im Unteren, Österr. Galerie des 19. und 20. Jh. im Oberen Belvedere; siehe unten). **Park ★:** Für den 1700 beg. Park lieferte der bayerische Garteningenieur *Dominique Girard* Pläne und führte die wassertechnischen Anlagen aus. Der nördl. Teil ebenes Gelände mit Wasserbassins, anschl. kleiner Park mit Bosketten und Gartenplastiken, der bis zu einer steinernen Brunnenwand reicht. Von hier zum Oberen Belvedere hin terrassenförmig ansteigende Anlage, deren Charakter Wasserbecken mit Fontänen und eine große Kaskade entscheidend bestimmen. Die gärtnerische Durchführung oblag *Anton Zinner.* Der Park 1725 vollendet; heutige Form 1850–52. Die urspr. reiche *Gartenplastik* (Programm auf den Prinzen Eugen und die Bauwerke bezogen) nur z. T. erhalten. Die Statuen des unteren Parterres (8 Musen, Herkules-Kalliope, Apollo-Daphne, Allegorien Feuer-Wasser) urspr. in der Orangerie; bei den Treppen 12 Steinfiguren (die Monate symbolisierende Putten), möglicherweise von Hans Gasser (um 1850–52); Reste der seitl. Hermenreihen auf der Umfriedungsmauer des benachbarten Palais Lanckoroński.

B

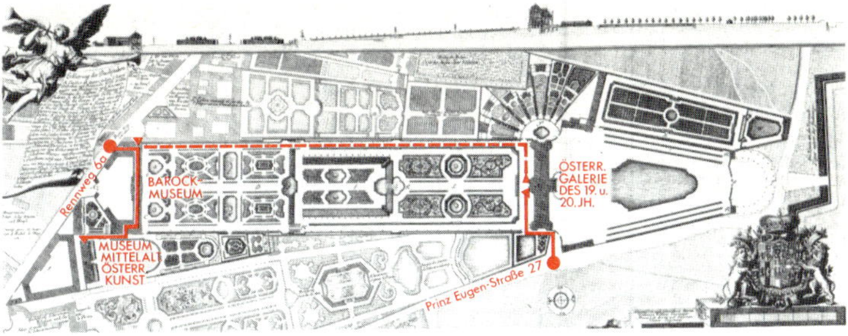

Unteres Belvedere *(Eingang Rennweg 6)* Erbaut 1714–16 nach Entwurf von *Johann Lukas v. Hildebrandt.* ***Äußeres:*** Langgestreckter 1gesch. Baukörper mit 7achsigem Mittelrisalit an der Hoffront, die 3 mittl. Achsen 2gesch.; Eckpavillons. Der im Norden gegen den Rennweg vorgelagerte Ehrenhof der Straßenführung angepaßt polygonal; triumphbogenartiges Eingangsportal. Auch Gartenfassade mit 7achsigem Mittelrisalit (ebenf. 3 mittl. Achsen 2gesch.). Reiche plast. Dekoration (viell. von *Giovanni Stanetti).* Im Westen Orangerie. ***Inneres:*** Prunkvolle Innenräume (Ausstattung Claude Le Fort du Plessy) i. Gegensatz zu bescheidener Außengestaltung. Im Zentrum 2gesch. *Marmorsaal*★ mit farbiger Fresko- und Marmordekoration: Deckenfresko (Allegorie auf die Verleihung päpstl. Ehrengaben an Prinz Eugen) von Carlo Carlone (oder Martino Altomonte?), angebl. unter Beteiligung Marcantonio Chiarinis (1716), Marmorkamine (darüber Trophäen und Stuckreliefs mit mytholog. Darstellungen), Wandfresken mit Scheinarchitektur von Gaetano Fanti. Hier die originalen Bleifiguren des Brunnens am → Neuen Markt von Georg Raphael Donner (1739). Im gartenseitig folgenden Saal an der Decke pompöse Architekturmalerei; Marmorgruppe Kaiser Karls VI. mit der Siegesgöttin. Im nächsten Saal 11 Bilder von Martin Johann Schmidt. *Ehem. Schlafgemach* (Donnersaal) mit Deckenfresken von Martino Altomonte (Apollo und Klythia, Luna und Endymion; 1716) und Scheinarchitektur (von Gaetano Fanti). *Groteskensaal* mit Wand- und Deckenfresken von Jonas Drentwett (3 Grazien und Schmiede des Vulkan in Mittelkartuschen, an der Decke 4 Jahreszeiten und 4 Elemente); aufgestellt 4 groteske Charakterköpfe von Franz Xaver Messerschmidt. Anschl. *Marmorgalerie*★ mit üppigem weißem und rotbraunem Stuck, lebensgroßen mytholog. Marmorstatuen von Domenico Parodi (um 1716) in den 7 Wandnischen, in der Mitte des Saales repräsentative Bleifiguren von Messerschmidt (Maria Theresia im Krönungsornat und Franz Stephan v. Lothringen als Kaiser Franz I.; 1766). *Goldkabinett*★ (Spiegelsaal), der üppigst ausgestattete Raum des Unteren Belvedere, Decke stuckiert und vergoldet, große Spiegelflächen an den Wänden, dazwischen vergoldete und mit reizvollen Groteskmalereien versehene Vertäfelung; auf Konsolen chinesische Vasen; in der Mitte des Raumes die berühmte 2,30 m hohe Marmorgruppe *Apotheose des Prinzen Eugen*★ von Balthasar Permoser (1718–21 in Dresden geschaffen, urspr. im Oberen Belvedere, seit 1922 am heutigen Standort).

Oberes Belvedere *(Eingang Prinz Eugen-Straße 27)* Erbaut 1721–23 von Johann Lukas v. Hildebrandt. Nach dem Tode Eugens (1736) erbte seine Nichte Viktoria (verm. Herzogin v. Sachsen-Hildburghausen) den Palast mit allen seinen Kunstschätzen, verkaufte jedoch den gesamten Besitz an den Hof, da sie nach Turin übersiedelte. In das Obere Belvedere ließ Joseph II. 1775–77 die bis dahin in der Stallburg untergebrachte Gemäldegalerie bringen, die 1890 im Kunsthist. Museum (→ Burgring 5) endgültigen Platz fand. Bis 1894 stand das Belvedere leer, dann Residenz für Thronfolger Franz Ferdinand (bewohnt 1904–14). Nach 1934 Dienstwohnung für Bundeskanzler Dr. Kurt Schuschnigg. Im Kustodentrakt wohnte bis an sein Lebensende (1896) Anton Bruckner. Kriegsschäden (1945) konnten behoben werden. 1950 ›Goldkabinett‹ im nordöstl. Eckpavillon durch

Unteres Belvedere: Marmorsaal

S. Kleiner: Oberes Belvedere, Sala terrena

Brand zerst.; 1954 als Kopie des nordwestl. Eckpavillons neu gestaltet. Heute im Oberen Belvedere Österr. Galerie des 19. und 20. Jh. (→ S. 43). Welthist. Bedeutung erlangte das Obere Belvedere durch den am 15. Mai 1955 im Marmorsaal unterzeichneten Österr. Staatsvertrag. ***Äußeres:*** Schmaler, langgestreckter *Baukörper* mit 3gesch. Mittelteil, 2gesch. 4achsigen Flügeln und vier 8eckigen kuppelbekrönten Eckpavillons. Hervorragend gegliedert und auf die Mitte hin komponiert; von der Ferne flächig wirkend, erschließt sich dem Nähertretenden eine meisterhaft plast. Fassadengliederung. An der Gartenfront polygonal vorspringender *Mittelrisalit*★. Die Fassade Ende 18. Jh. durch Johann Ferdinand Hetzendorf v. Hohenberg wesentl. verändert (Abmauerung der offenen Arkaden im Erdgeschoß des Mittelteils und der 2gesch. Seitenflügel). An der *Ehrenhoffront*★ zurückgesetzter Mittelteil, 3bogige Torhalle mit geschweiftem, plast. reich geschmücktem Giebel vorgezogen, zu der geschwungene Auffahrtsrampe emporführt. An die östl. Schmalfront schließen Reste der halbkreisförmigen ehem. Menagerie an. ***Inneres:*** Im Erdgeschoß des Mittelrisalits der Gartenseite *Sala terrena*★, Gewölbe von 4 mächtigen (urspr. nicht vorgesehenen) Atlanten getragen; 9jochiger, reich stuckierter, ganz in Weiß gehaltener Raum. Die Atlanten wahrsch. von Lorenzo Mattielli, Stuck von Santino Bussi (1722/23). Anschl. *Stiegenhaus*★ (zuerst einläufig, dann 2läufig); reicher Stuck (ganz in Weiß von Santino Bussi, (1722/23), Reliefs und Hermenpfeiler. Westl. neben der Sala terrena *Gartensaal*★; Wände und Decke vollständig bemalt, Deckenbild Apollo und Aurora (Sieg des Lichts über die Finsternis) von Carlo Carlone, Architekturmalerei von Gaetano Fanti. Weiter westl. bzw. östl. im Erdgeschoß *2 Pavillonkabinetts* (mit Grotesken aus der Nachfolge des Jonas Drentwett, seit 1946 Teile ergänzt). Im Hauptgeschoß *Marmorsaal*★ (großer Festsaal); Verkleidung in rotem Marmor und Stuccolustro, elegante Doppelpilasterordnung, plast. Tür- und Kaminaufsätze, farbenprächtige Dekoration und Deckenfresko Allegorie des Ruhmes (1. Hälfte 18. Jh.). *Goldkabinett* im nordwestl. Eckpavillon (Weiß-Gold); Pendant im südöstl. Eckpavillon nach Brand 1950 als Kopie wiederhergestellt 1954. In 2 Sälen des Ostflügels (Stuckdecken!) Deckenbilder auf Leinwand von Giacomo del Pò (1720 vollendet). *Kapelle* (im südöstl. Eckpavillon), Kuppelfresko Gottvater und Hl. Geist von Carlo Carlone (1723), Hochaltar (1723) mit Bild ›Auferstehung Christi‹ von Francesco Solimena. ***Bedeutung:*** Hauptwerk des Barockbaumeisters Johann Lukas v. Hildebrandt, eine der schönsten Schloßanlagen Europas. Das Obere Belvedere diente festlichen und repräsentativen Veranstaltungen (Lustschloß), das Untere Belvedere pflegte Prinz Eugen im Sommer zu bewohnen. Ab-

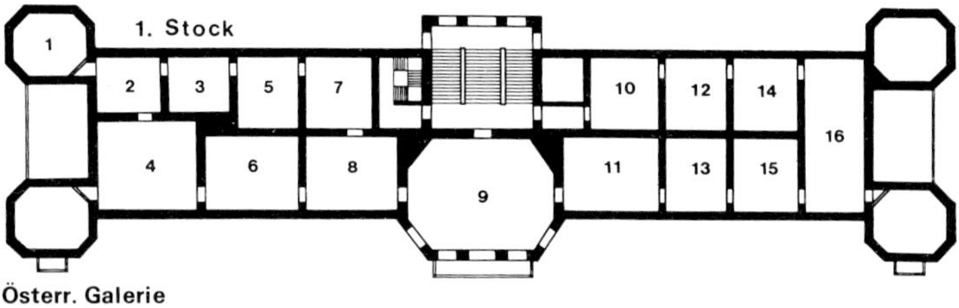

Österr. Galerie
1. Stock: **1** Kapelle **2** Waldmüller **3** Waldmüller **4** Waldmüller **5** Fendi **6** Amerling **7** Stifter-Gauermann-Schwind **8** Nazarener **9** Marmorsaal **10** Hörmann-T. Blau **11** Canon **12** Schindler **13** Romako **14** Schuch **15** Romako **16** Makart

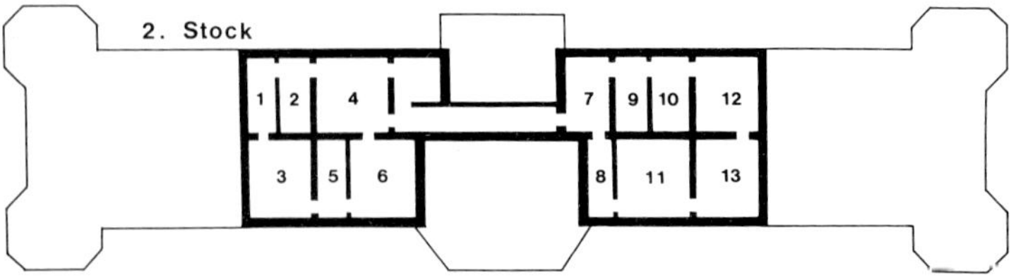

2. Stock: **1** Gerstl **2** Egger-Lienz **3** Schiele **4** Secession-Klimt **5** Secession **6** Klimt **7** Ehrlich-Frankl **8** Wechselnde Ausstellungen **9** Thöny **10** Faistauer **11** Boeckl **12** Kokoschka **13** Kolig-Wiegele

B

weichend von den üblichen Gewohnheiten übertrifft das Obere Belvedere den Wohnbau an Pracht und Größe.
Die Geschichte des Schlosses wird im Sommer abends im Park vor dem Oberen Belvedere in Freilichtaufführung von ›Son et Lumière‹ erzählt.

Museen der Österreichischen Galerie im Belvedere
Österr. Galerie des 19. und 20. Jahrhunderts 3, Prinz-Eugen-Str. 27 (Oberes Belvedere), Eingang in der Mitte der Gartenfront des Schlosses. ***Erdgeschoß*** *Mitte* Sala terrena (vgl. Baubeschreibung). *Nordflügel* (Saalfolge): Friedrich Heinrich Füger; Johann Baptist Lampi; Johann Anton Koch; Moritz v. Schwind. *Südflügel* Carlone-Saal; Wechselausstellung. ***1. Etage*** *Mitte* Marmorsaal (vgl. Baubeschreibung). *Nordflügel* Moritz v. Schwind, Friedrich und Jakob Gauermann, Adalbert Stifter; Peter Fendi; Ferdinand Georg Waldmüller; Friedrich Amerling, Kreis der Nazarener. *Südflügel* Theodor Hörmann, Tina Blau; Emil Jakob Schindler, Karl Schuch; Hans Makart; Anton Romako; Hans Canon. ***2. Etage*** *Nordflügel:* Gustav Klimt; Albin Egger-Lienz; Richard Gerstl, Egon Schiele; Gustav Klimt und Secessionisten. *Südflügel* Georg Ehrlich, Gerhard Frankl; Wilhelm Thöny; Anton Faistauer; Oskar Kokoschka; Anton Kolig, Franz Wiegele; Herbert Boeckl; Wechselausstellung. Durch den Park gelangt man zu den beiden anderen Museen der Österr. Galerie (Zugang auch 3, Rennweg 6 möglich): **Österr. Barockmuseum** (Die bei der Baubeschreibung gewählten Raumbezeichnungen werden hier in Klammern genannt) ***Durchfahrt:*** Plastiken von Johann Jakob Schoy und Balthasar Permoser (Flora, Bacchus). ***Raum I*** *Eingangsraum.* Plastiken von Franz Xaver Messerschmidt. ***II*** *Porträtraum.* Werke von Martin van Meytens (Maria Theresia), Messerschmidt (Maria Theresia, Franz I., Gerard van Swieten), Franz Werner Tamm (Blumenstück), Christian Seybold u. a. ***III*** *Rottmayr-Raum.* Werke von Johann Michael Rottmayr (Susanna und die beiden Alten, Opferung Iphigeniens, Tarquinius und Lukretia), Martino Altomonte (Susanna und die beiden Alten), Johann Meinrad Guggenbichler (Putto mit Granatapfel, Putto mit Feige) u. a. ***IV*** *Maulbertsch-Saal.* 13 Ölgemälde von Franz Anton Maulbertsch (dar. Vermählung Mariae, Hl. Sippe, Hl. Narzissus, Selbstbildnis). ***V*** *Troger-Saal (›Tafelzimmer‹).* Werke von Paul Troger (Hl. Sebastian und die Frauen, Tobias und Sarah, Hl. Franz Xaver unter den Pestkranken in Goa, Christus am Ölberg), Daniel Gran (dar. Aufnahme Dianas in den Olymp), Johann Baptist Hagenauer, Johann Peter Schwanthaler d. Ä. (Christus als Schmerzensmann), Giovanni Giuliani (Johannes d. T.) u. a. ***VI*** *Skizzenkabinett.* Werke von Franz Anton Maulbertsch (17 Werke, dar. Sieg des hl. Jakob von Compostela über die Sarazenen, Leben des hl. Josef v. Calasanz, Anbetungsszene) und Maria Immaculata-Statue

Österr. Galerie: ›Die Sinne‹ von H. Makart

von F. X. Messerschmidt. ***VII*** *(›Servicezimmer‹).* Balthasar Ferdinand Moll (Ks. Franz I.). ***VIII*** *(›Marmorsaal‹).* Originalbleifiguren des Brunnens am Neuen Markt von Georg Raphael Donner: Providentia, Ybbs (Flußnymphe mit Brunnenvase), Enns (Greiser Fährmann mit Ruder), March (Flußgöttin mit Flußmuschel), Traun (Fischstecher). ***IX*** *(›Anlegzimmer‹).* Peter Strudel (Christus am Kreuz), Martin Johann Schmidt, gen. Kremser-Schmidt (Martyrium des hl. Andreas), Paul Troger (Verkündigung, Anbetung des Lammes), Michael Zürn d. J. (Klagende Muttergottes) u. a.; Hausaltar mit hl. Johannes Nepomuk (um 1760; unbek. oberösterr. Bildschnitzer). ***X*** *Donner-Saal (›Schlafgemach‹).* Mit einer einzigen Ausnahme Werke G. R. Donners (dar. aus Marmor: Apotheose Ks. Karls VI., Christus und die Samariterin; aus Bronze: Urteil des Paris, Gundaker Graf Althan, Wierich Philipp Graf Daun, Venus in der Schmiede des Vulkan; aus Blei: Venus, Merkur, Mädchenkopf, Knabenkopf). ***XI*** *Kremser-Schmidt-Saal.* Werke von M. J. Schmidt (dar. Zwei Nymphen mit Amor, Schiedsspruch des Königs Midas, Venus in der Schmiede des Vulkan, Kreuzigung Christi, Judith mit Haupt des Holofernes, Himmelfahrt Mariae), Giovanni Giuliani (Hl. Sebastian, Hl. Rochus), Jakob Schletterer (Minerva) und (in der Raummitte) Lorenzo Mattielli (Hl. Sippe). ***XII*** Johann Georg Platzer (Samsons Rache), in der Tischvitrine Werke von Paul Haubenstricker, Friedrich Heinrich Füger (Bildnis einer jungen Frau), Johann Christian Brand (Landschaften) u. a. ***XIII*** *Landschaftssaal.* Neben Landschaften von Johann Christian Brand Werke von Anton Faistenberger, Christian Hilfgott Brand, Giovanni Giuliani, Franz Schwanthaler (Kreuzigung Christi), Johann Peter Schwanthaler d. Ä. (Beweinung Christi), Christian Wilhelm Beyer (Chronos enthüllt Veritas) u. a. ***XIV*** *Groteskensaal* (vgl. Baubeschreibung). ***XV*** *(›Marmorgalerie‹).* Werke von F. X. Messerschmidt (Ks. Franz I. in privatem Kaiserornat, Maria Theresia als Königin von Ungarn), Balthasar Ferdinand Moll (Feldmarschall Joseph Wenzel Fürst Liechtenstein) und M. J. Schmidt. ***XVI*** *(›Spiegelkabinett‹).* Apotheose des Prinzen Eugen von Balthasar Permoser. In Tischvitrine Medaillen (u. a. von Johann Bernhard Fischer v. Erlach, Georg Raphael Donner, Matthaeus Donner, Johann Martin Krafft, Johann Nepomuk Würth, Franz Xaver Würth, Ignaz Donner). ***XVII*** *(›Bücherkabinett‹).* Neben anderen Werke von Giovanni Giuliani (Hausaltärchen, Füllhorn mit Engel und Putto) und Martino Altomonte (Anbetung der Hl. Dreifaltigkeit). In der Orangerie befindet sich das **Museum mittelalterlicher österr. Kunst.** Unter den ständig gezeigten Werken gotischer Malerei und Plastik sind zu nennen: *Conrad Laib* (Kreuzigung Christi), *Rueland Frueauf d. Ä.* (Christus am Ölberg, Kreuztragung Christi, Geißelung Christi, Verkündigung an Maria, Himmelfahrt Mariae, Anbetung der Hl. Drei Könige, Bildnis eines jungen Mannes), *Michael Pacher* (Papst Sixtus nimmt Abschied vom hl. Laurentius, Vermählung Mariae, 2 Tafeln vom ehem. Hochaltar der Pfarrkirche in St. Lorenzen bei Bruneck im Pustertal), *Andreas Lackner* und *Friedrich Pacher;* der *›Schottenmeister‹* (Anbetung der hl. Drei Könige, Beweinung Christi), *›Albrechtsmeister‹* (Botschaft des Engels an Joachim, Heimsuchung, Zurückweisung des Opfers Joachims und Annas), *Meister der Donauschule* (Flügelaltar um 1520/30); *Meister des Friedrichsaltars, Meister des Andreasaltars, Meister des ›Krainburger Altars‹; Meister von Großlobming* (Hl. Bischof, Hl. Georg mit dem Drachen, Kniender Engel einer Verkündigungsgruppe, Evangelist Johannes, Auferstandener Heiland); *Meister der Passionstäfelchen* (Christus vor Kaiphas), *Meister der Wiener Anbetung* (Anbetung Christi); *Meister von Uttenheim; Meister der Veitslegende, Meister der Oswaldlegende, Meister der Crispinuslegende; Werkstatt Jakob Kaschauer; ›Wiener Schnitzaltar‹* (›Znaimer Altar‹, um 1440/50), *Meister der Flügelreliefs des Kefermarkter Altars* (Apostel Paulus), *Meister der Heiligenmartyrien* (Marter des sel. Thiemo, Marter des hl. Erasmus, Erbauung von Klosterneuburg) u. a.

BERGGASSE 19 **9**

Wohnhaus Sigmund Freuds Erbaut 1889. Der Schöpfer und Begründer der Psychoanalyse und Tiefenpsychologie wohnte hier 1891–1938. Wohnung und Ordination (mit Originalmöbeln eingerichtet) seit 1971 museal zugängl.

BLUTGASSE **1**

Unter verschiedenen Bezeichnungen seit dem 14. Jh. nachweisbare Gasse in einem der ältesten Stadtviertel Wiens; die Version, der

Sigmund Freud (1856–1939)

Name beziehe sich auf das 1312 bei der Erschlagung der Templer vergossene Blut, ist von Forschern widerlegt worden. Eine ganze Reihe histor. Gebäude, dar. *Trienter Hof* (Nr. 1, → Domgasse 4), in dem 1736 der Baumeister Franz Andrea d'Allio starb, *Domherrenhof* (Nr. 2, → Stephanspl. 5) und *Deutschordenshaus* (Nr. 4, → Singerstr. 7), in dem 1863–65 Johannes Brahms wohnte. Mittelalterl.-barockes Bürgerviertel, in den 60er Jahren des 20. Jh. teilw. renoviert und revitalisiert (→ Blutgasse 7).

BLUTGASSE 7 **1**

Fähnrichhof Komplex von mehreren Häusern. Der Sage zuf. sollen hier die Templer einen Hof besessen haben. Wir unterscheiden zwischen dem ›Kleinen Fähnrichhof‹ (Singerstr. 9–Blutgasse 9) und dem ›Großen Fähnrichhof‹ (Singerstr. 11–11a); Haus Blutgasse 5 Durchgang zum eigentl. Fähnrichhof. Eines der Gebäude des Komplexes war die Riemerherberge. Sowohl der Kleine wie auch der Große Fähnrichhof in ihrem Kernbau noch heute 15. und 16. Jh. (in der Anlage wohl 12. Jh.); beide Höfe 1702/03 durch die Clarissinnen umgebaut. ***Beschreibung:*** Der *Kleine Fähnrichhof* in der Singerstraße mit durchgehendem Renaissanceerker auf Konsolen über dem Erdgeschoß, hübsche, z. T. geschwungene Fensterbekrönungen mit zarter Barockornamentik. Die Fassade des *Großen Fähnrichhofes* 1753 nach Brand entstanden. Im 1. und 2. Stock 2achsige Renaissanceerker auf Konsolen, Dach mit Zwerchgiebel. Im 16. Jh. wohnte hier der Humanist Johannes Cuspinian. 1819 vollst. umgebaut, besteht seither aus 7 Häusern mit gr., unregelmäßigem Innenhof. Nach 1945 teilw. nicht bewohnbar. Die Stadt Wien kaufte die Häuser; Restaurierung (in Zusammenarbeit mit der Zentralsparkasse der Gemeinde Wien) 1962 beg. und 1965 abgeschl. ***Bedeutung:*** Der Fähnrichhof und das Blutgassenviertel Beispiel vorbildlicher Sanierung unter Erhaltung der alten Bausubstanz Im Areal neben Wohnungen auch eine Reihe von Künstlerateliers untergebracht. Der heute Fähnrichhof benannte Komplex umfaßt die Häuser Blutgasse 5, 7, 9 und Singerstraße 9, 11, 11a, 11b und 11c.

BRANDSTÄTTE 6 (Wildpretmarkt 2–4, Bauernmarkt) **1**
Haus Zacherl Erbaut von *Josef Plečnik,* einem Schüler Otto Wagners, und *Josef Tölk* (1903–05). Geglückte Verbindung von moderner Architektur mit Gliederung durch plastische Elemente, zugleich Geschäfts- und Wohnhaus. Das Gebäude zeigt interessante Ecklösungen; zwischen dem als Sockel ausgebildeten Erdgeschoß und dem schweren Dach feingliedrige Wand mit strengem, durchgehendem Raster, in welchem flächig die Fenster liegen. Bemerkenswert, daß zwischen Wohn- und Geschäftsbereich keine Trennung ersichtlich ist. Fassadenplastik am Obergeschoß (Karyatiden aus Steinzeug) von *Franz Metzner,* Statue des Erzengels Michael aus getriebenem Metall von *Ferdinand Andri.* ***Bedeutung:*** Eckhaus von beachtlich großstädtischer Note.

BRÄUNERSTRASSE **1**
Urspr. Obere Bräunerstraße (heute Habsburgergasse) und Untere Bräunerstraße (heute Bräunerstraße), parallel in den Graben einmündend. Beide Straßenzüge (seit 13. Jh. nachweisbar) ebenso wie die Seiler- und Spiegelgasse im Zuge der babenbergischen Stadterweiterung Ende 12. Jh. entstanden, als das Gebiet zwischen Graben und (heutiger) Augustinerstraße parzelliert wurde.

BRÄUNERSTRASSE 3 **1**
Wohnhaus Erbaut 1761, Barockportal, darüber Balkon mit reichverziertem Gitter. *Hof:* offene, von Konsolen getragene Gänge mit schmiedeeisernen Gittern und Masken; einfacher Wandbrunnen. Geburtshaus *Johann Nestroys* (Gedenktafel).

BRÄUNERSTRASSE 5 → Dorotheergasse 10

BRÄUNERSTRASSE 7 **1**
Ehem. Palais Walterskirchen Baukern wahrsch. 17. Jh. (damals kais. Kuhstall, erst 1787 aufgelassen); bmkw. Fassade 1. Hälfte 18. Jh., originelles wappengeschmücktes Portal vom Vorgängerbau erhalten (1684).

BRÄUNERSTRASSE 8 **1**
Ehem. Palais Cavriani Erbaut 1723 für Hofkammerrat Maximilian Graf Cavriani. Zählt mit seinen prächtigen Fensterädikulen und dem reichstuckierten Portal (mit darüber thronender Madonna) zu den prächtigsten Wohnhäusern seiner Zeit.

BRÄUNERSTRASSE 11 **1**
Wohnhaus Ehem. Hofkirchensches Haus (benannt nach Wilhelm Frh. v. Hofkirchen aus altem bayr. Geschlecht). Nach Entwurf von *Johann Ferdinand Hetzendorf v. Hohenberg* 1783 gemeinsam mit dem Palais Pallavicini (→ Josefsplatz 5) auf den Gründen des aufgelassenen Königinnenklosters erbautes Mietshaus in klassizist. Formen. Fassade kennzeichnend für den Palastcharakter eines bürgerl. Mietshauses seiner Zeit. Hier wohnte 1832–35 *Franz Grillparzer* und schrieb u. a. ›Der Traum ein Leben‹.

BURG (ehem. Hofburg) **1**
Ausgedehnte, unregelmäßige Gebäudegruppe; ihre einzelnen Teile zwischen dem 13. und 20. Jh. entstanden. Die oftmals aufgestellte Behauptung, die Anlage ginge bereits auf eine Burg des Babenbergerherzogs Leopold VI. zurück, läßt sich urkundl. nicht untermauern; bewiesen hingegen ein Baubeginn in der Zeit Ottokars II. Die *1. Bauphase* fällt in die Epoche der Gotik. Im 13. Jh. entstand der Schweizerhof, im 15. Jh. in seinem südwestl. Flügel umgestaltet. Von den gotischen Bauten sichtbar nur die (1296 erstmals erwähnte, 1447–49 vergrößerte) Burgkapelle erhalten. Im 16. Jh. kamen (noch isoliert stehend) die Renaissance-Stallburg *(2. Bauphase)* und kurz danach die Amalienburg *(3. Bauphase)* hinzu. Diese 3 Gebäude Ausgangspunkte der heutigen Burg. Im Barock durch weitere Gebäudekomplexe miteinander verbunden: Im 17. Jh. der die Amalienburg mit dem Schweizerhof verbindende frühbarocke Leopoldinische Trakt *(4. Bauphase),* im 18. Jh. großangelegte spätbarocke Umgestaltung *(5. Bauphase),* mit Reichskanzleitrakt, Hofbibliothek und Reitschultrakt. Zu Beginn des 19. Jh. der Zeremoniensaal (heute Kongreßzentrum) gebaut *(6. Bauphase).* Gegen Ende des 19. Jh. bildet Michaelertrakt *(7. Bauphase)* Abschluß im nördlichen Burgbereich. Die Stadterweiterung von 1857 ermöglicht schließlich Inangriffnahme des letzten großen Projekts: Bau

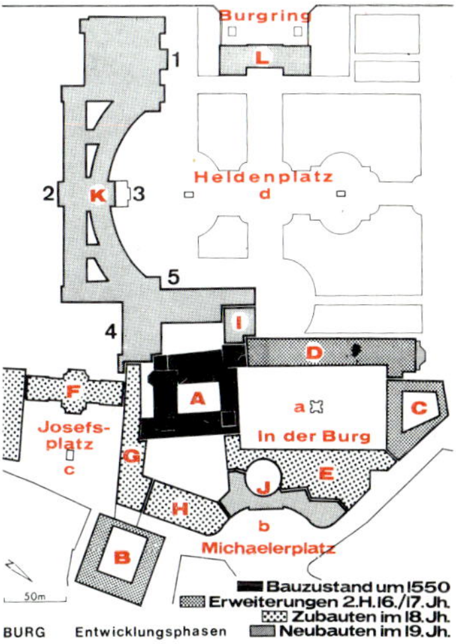

BURG Entwicklungsphasen

B

der ›Neuen Hofburg‹ *(8. Bauphase)*, deren westliches Pendant nicht zur Ausführung kam; das Konzept Gottfried Sempers für ein monumentales ›Kaiserforum‹ blieb Torso. Die Plätze des Burgkomplexes dokumentieren jedenfalls deren Entwicklungsphasen und Baustile: der Schweizerhof die Gotik, der Innenhof der Stallburg die Renaissance, der Platz In der Burg zum Teil den Frühbarock, der Josefsplatz den Spätbarock und der Heldenplatz die historisierende Ringstraßenära.

A Schweizerhof Ältester Trakt der Hofburg, fast quadratisch, die planvolle Symmetrie der urspr. Anlage bis heute bewahrend. Der Bau nicht, wie oft behauptet, vom Babenbergerherzog Leopold VI., sondern erst von König Ottokar II. Přemysl (möglicherweise im Zuge seiner Verteidigungsvorbereitungen gegen Rudolf v. Habsburg) begonnen; 1. urkundl. Nennung 1279. Aus der Gotik lediglich die im 15. Jh. in ihren heutigen Zustand gebrachte Burgkapelle erhalten. Friedrich III. wurde 1462 von den Wienern in der Burg belagert, Ferdinand I. verlegte seinen Wohnsitz hierher. Bezeichnung geht auf die z. Zt. Maria Theresias zur Bewachung der Burg eingeteilte Schweizergarde zurück. ***Äußeres:*** Urspr. 4 Trakte zwischen 4 Ecktürmen um rechteckigen Innenhof; Fundamente und (teilw. überbaute) Umfassungsgräben erhalten. Die kaum gegl. Fassade mit Renaissance-Fensterumrahmungen aus der Mitte des 16. Jh. (um 1547–52), nur Erdgeschoßzone des Hofes mit Blendarkaden. An der Westfassade über dem Burggraben marmorne Wappentafel mit Inschrift (1536). Das *Schweizertor* (Westportal) stammt aus einer späteren Bauperiode (bez. 1552 an der Außenseite bzw. 1553 an der Innenseite). Im Durchgang *Deckenfresken* (österr. Wappen und Grotesken mit Inschrift ›Batista Porti‹, 1553). Die Anlage wahrsch. von *Pietro Ferrabosco*. In einer anschließenden Laube (links) *Brunnenbecken* (mit kaiserl. Adler, 1552). Vor dem Tor bis in die 1. Hälfte des 18. Jh. Zugbrücke, deren Rollen für die Ketten noch zu sehen sind. Die steinernen Löwen vor dem Tor aus dem 18. Jh. Das Innere größtenteils erneuert. Die Botschafterstiege (nicht zugängl.) Mitte des 18. Jh. nach Entwurf von Jean Nicolas Jadot de Ville-Issey erbaut (Nischenplastik mit Jason und Medea von Joseph Käßmann, 1829). Ritterstube und Trabantensaal (Ausstattung um 1770, lothringische Gobelins nach Kartons von Charles Herbel, Ende des 17. Jh., mit Darstellung der Taten Karls V. v. Lothringen). Über die Säulenstiege gelangt man in die Weltliche und Geistliche Schatzkammer (→ S. 53ff.). In der Südostecke des Schweizerhofes: **Burgkapelle**★ Mariä Himmelfahrt. Kaiser Friedrich III. veranlaßte vergrößernden Umbau (1447–49) der alten gotischen Kapelle (urkundl. 1296). Weihe (1449) zu Ehren der Hl. Dreifaltigkeit, Mariä und aller Heiligen. Nach barocker Umgestaltung (17. und 18. Jh.) Innenraum 1802 regotisiert. ***Äußeres:*** Durch seitl. Anbauten nur 3 Seiten des 5/8-Chors mit Strebepfeilern, Fialen und maßwerkgefüllten Fenstern vom Kapellenhof aus sowie e. T. des Westgiebels über dem Dach sichtbar. Von der urspr. 2gesch. Anlage auch Unterkapelle erhalten (nicht zugänglich). ***Inneres:*** 1schiffig mit Netzrippengewölbe, 5/8-Chor und Emporen in 2 bzw. 3 Geschossen (1639 bzw. 1748), 1802 im Dekor verändert (klassizistische

Blick auf den Hofburg-Komplex

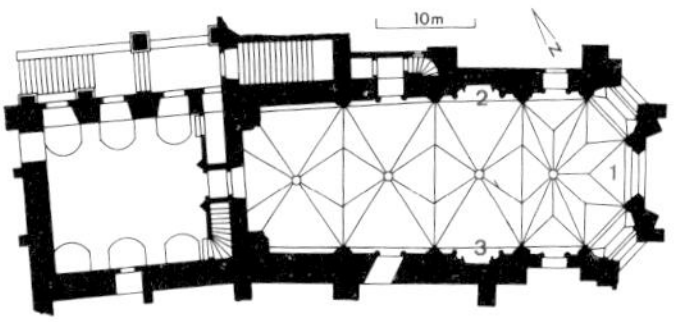

Gotik). Von der alten Ausstattung in den Pfeilerbaldachinen 13 Holzfiguren erhalten (1470/80, früher Niclas Gerhaert zugeschrieben); hervorzuheben eine ›Verkündigung‹ (um 1480). **1** *Hochaltar*. Mensa mit 2 betenden Engeln (2. Hälfte 18. Jh.), darüber Bronzekruzifix (von Johann Känischbauer, 1719). Rechts Steinrelief ›Maria mit Kind‹ von Johann Popeller aus München (1841). Links kleines silbergerahmtes Bild ›Hl. Antonius v. Padua‹ von Josef Moser (1742). Gotisierende *Seitenaltäre:* **2** Nach Entwurf von Louis v. Montoyer verändert; Holzfigur ›Maria mit Kind‹ (1. Drittel 15. Jh.), zugeh. Mosaikbild nach ital. Gemälde jetzt in der Prälatensakristei. **3** Altar mit Bild ›Verlobung der hl. Katharina‹ von Hubert Maurer (1803). ***Besichtigung:*** Dienstag und Donnerstag 14.30–15.30 (Führung nur ab 5 Personen).

B Stallburg Als selbständiger Komplex einer ›neuen‹ Hofburg jenseits der Augustinerstraße nordöstlich des Schweizerhofes 1558–65 als 4flügeliges Hofgebäude für den aus Spanien heimkehrenden Erzherzog Maximilian (später Kaiser Maximilian II.) erbaut. Nach 1565 Hofstallgebäude. ***Äußeres:*** Annähernd quadrat., 3gesch. Renaissanceschloß um einen *Innenhof*★ mit einfachen ungegliederten Außenfassaden; im Hof prachtvolle Arkadengänge in 3 Stockwerken (1956 im Zuge der Behebung von Kriegsschäden geöffnet), kräftige Pilastergliederungen und Gebälkzonen. Renaissancetor mit Wappen, Brunnen mit Schmiedeeisengitter (1675, aus der Amalienburg). Entlang der Reitschulgasse 1948 Arkadendurchgang geschaffen; das Innere erneuert. Das Gebäude diente als Stallung und beherbergte 1721–78 im obersten Stockwerk die Gemäldegalerie der kaiserl. Kunstsammlung. Ausstattung von Claude Le Fort du Plessy. ***Bedeutung:*** Wesentlichstes Bauwerk der Renaissance in Wien. Im Gebäude heute Stallungen der *Spanischen Hofreitschule*, die *Neue Galerie* (impressionistische Gemälde und Plastiken von Rodin u. a.) sowie die *Hofapotheke*. (›Neue Galerie‹ → S. 55.)

C Amalienburg 3. selbständiger Komplex der Hofburg, heute nordwestlicher Abschluß des Platzes In der Burg. Erbaut anstelle des Hauses der Grafen v. Cilli aus dem 15. Jh. (Cillierhof, im Hof noch Quaderreste sichtbar). Die Amalienburg 1575–77 im Auftrag Kaiser Rudolfs II. beg. und ab 1581 von *Pietro Ferrabosco* weitergeführt; 1600–11 Umgestaltung durch *Hans Schneider* und *Antonio de Moys*. Seinen Namen erhielt der Trakt nach der Gemahlin Kaiser Josefs I., Amalie, die ihn als Witwensitz benützte. ***Äußeres:*** 4-Flügel-Bau um trapezförmigen kl. Hof, urspr. freistehend. Schlichte Fassaden mit Rustikabändern und vermauerten Arkaden im Hof. Das oberste Geschoß in der 2. Hälfte des 17. Jh. aufgesetzt; wahrsch. bei dieser Gelegenheit der Turm verändert (8eckiges Türmchen anstelle eines älteren Uhrturms). Hoftor mit figuralen Renaissancebeschlägen, im Hof einfacher Renaissancebrunnen. ***Inneres:*** Innenräume im 18. Jh. unter Maria Theresia durch *Nikolaus Pacassi* neu gestaltet. Hervorzuheben: Alexander-Stiege und Alexander-Appartement und Elisabeth-Appartement → Schauräume S. 52f.

a In der Burg Platzanlage im Südosten vom Schweizerhof, im Südwesten vom Leopoldinischen Trakt, im Nordwesten von der Amalienburg, im Nordosten vom Reichskanzleitrakt umsäumt; in der Mitte Denkmal für Kaiser Franz II. Früher Turnier- und Theaterplatz. ***Kaiser-Franz-Denkmal:*** Im Auftrag Kaiser Ferdinands I. 1842–46 von *Pompeo Marchesi* in Mailand gegossen. 4 das Denkmal umgebende Kolossalstatuen symbolisieren Glaube, Stärke, Friede und Gerechtigkeit. Der Kaiser in antiker Gewandung; an den Seitenfronten des 8kantigen Pfeilers Reliefs mit Tätigkeiten des Volkes: Handel und Gewerbe; Berg- und Hüttenbau; Ackerbau und Viehzucht; Wissenschaft, Kunst und Heldentum. Die Aufschrift ››Amorem meum populis meis‹‹ (›Meine Liebe meinen Völkern‹) dem Testament des Herrschers entnommen. Inschriften auf dem Sockel von Josef C. Arneth, Direktor des Münz- und Antikenkabinetts.

D Leopoldinischer Trakt 1. Bau der unter Kaiser Leopold I. in Angriff genommenen und nach ihm benannten großzügigen barocken Erweiterung. Verbindungsbau zwischen Schweizerhof und Amalienburg, zugleich

Die Hofburg im Jahre 1672 von der Befestigung aus gesehen

südwestl. Begrenzung des heutigen Platzes In der Burg. Nach Plänen von *Philibert Lucchese* urspr. 1660–66 bestehender 6achsiger Verlängerungsbau im Anschluß an den Westturm des Schweizerhofes durch *Carlo Martino* und *Domenico Carlone* bis zur Amalienburg erweitert; nach Brand 1668 wurde der Trakt nach Plänen von *Giovanni Pietro Tencala* bis 1680 völlig erneuert und um 1 Stockwerk erhöht (Bauführer *Domenico Carlone)*. Im 19. Jh. durch Vorbau des Zeremoniensaales im Osten (1802–06) und durch Anbau mit Front zum Ballhausplatz im Westen (1875), der seither die Schmalseite verdeckt, vergrößert. Seit 1947 Amtssitz der Bundespräsidenten der Republik Österreich (Amtsräume nicht zugänglich). ***Äußeres:*** Flache, durch Wandlisenen gegl. frühbarocke Fassade von urspr. 29 Achsen (Anlehnung an die Münchner Residenz), Kranzgesims mit Maskenkonsolen, Balkon um 1750 hinzugefügt (Entwurf von Jean Nicolas Jadot?). ***Inneres:*** Heutige Ausstattung unter Maria Theresia (um 1750). *Bemerkenswerte Räume:* das Maria-Theresien-Appartement (1. Stock), die Appartements für die Eltern Kaiser Franz Josephs I., Franz Karl und Sophie (2. Stock), sowie die Josefs- oder Kammerkapelle mit Wandfresken von Franz Anton Maulbertsch und Deckengemälde von Vinzenz Fischer (1772).

E Reichskanzleitrakt Rund 4 Jahrzehnte nach Bau des Leopoldinischen Trakts ließ Kaiser Karl VI. anstelle eines seit 1550 dort bestehenden Buchhaltereigebäudes den abschl. nordöstl. Verbindungsflügel zwischen Amalienburg und Schweizerhof errichten. Der Neubau 1723 nach einem Entwurf von *Johann Lukas v. Hildebrandt* begonnen (Flügel in der Schauflergasse mit einfach gegl. Fassade). Der Trakt am Platz In der Burg anschließend 1726–30 nach Plänen von *Joseph Emanuel Fischer v. Erlach* gebaut, Teil der beabsichtigten architekt. Umgestaltung des Burghofs. Bis zum Ende des römisch-deutschen Kaiserreichs 1806 Sitz der Reichsbehörden, später versch. Hofämter. ***Äußeres:*** Prachtvolle flache, reichgegl. *Fassade*★ mit kolossalen Pilastern, Akzente durch *3 Risalite mit Portalen*★ (1727–29). Die Skulpturen an den Seitenrisaliten (4 Taten des Herkules) schuf *Lorenzo Mattielli*. ***Inneres:*** Großer Audienzsaal mit Wandgemälden von Peter Krafft (→ Schauräume S. 52f.), in 2 weiteren Räumen Wandgemälde von Johann Bergl (2. Hälfte 18. Jh.); ehem. Kaunitz-Zimmer mit Deckenbild aus der 2. Hälfte des 18. Jh. (Bildnismedaillon Maria Theresias und Franz Stephans v. Lothringen). In den Appartements des 1. Stocks residierte und wohnte Kaiser Franz Joseph I.

F Hofbibliothek Heute *Österreichische Nationalbibliothek* (Sammlungen → S. 55). Unter Einbeziehung eines von Kaiser Leopold I. geplanten, aber unvoll. gebliebenen gedeckten Reitschulgebäudes südöstlich des Schweizerhofs 1723–26 nach Plänen von *Johann Bernhard Fischer v. Erlach* begonnen und von seinem Sohn *Joseph Emanuel* fertiggestellt. 1763–69 von *Nikolaus Pacassi* Sicherungsarbeiten, 1767–73 nach einem von Fischer abweichenden Entwurf rechts und links am Platz die Flügelbauten mit neuen, stilist. angeglichenen Fassaden versehen. ***Äußeres:*** Die *Hauptfassade* von Mittelrisalit mit kuppelartigem Mansardendach beherrscht, der weit aus dem zarten Relief der Seitenflügel hervorragt. Auf der *Attika* Quadriga des Sonnengottes von *Lorenzo Mattielli* (um 1725). Über den Seitenflügeln Atlanten von *Hans Gasser*, die gewaltige Globen tragen (3. Viertel 19. Jh.). ***Inneres:*** Höhepunkt ist der die beiden Hauptgeschosse zur Gänze einnehmende *Prunksaal*★, dank seines hohen künstl. Wertes als schönster Bibliotheksraum der Welt bezeichnet. Zentrum ist ein querovaler Kuppelraum mit korinthischen Säulen und Wandpfeilern, anschl. Längsräume durch gr. Säulen in je 2 Abschnitte unterteilt.

Hofbibliothek: Prunksaal

Deckengemälde von Daniel Gran (voll. 1730; 1769 durch Franz Anton Maulbertsch restauriert); in der Kuppel ›Apotheose Karls VI.‹, darunter Marmorstatue Karls VI., umgeben von 8 Statuen habsburgischer Kaiser von Peter und Paul Strudel (um 1700). Im *ehem. Lesesaal* (urspr. Bibliothek des Augustinerklosters) Deckenbild ›Parnaß und 4 Fakultäten‹ von Johann Bergl. (1773). *Neuer Lesesaal* der Österr. Nationalbibliothek in der Neuen Burg (Zugang vom Heldenplatz). Im rechten Flügelbau am Josefsplatz

G Großer und Kleiner Redoutensaal Erbaut wahrsch. nach Entwurf von *Jean Nicolas Jadot de Ville-Issey* 1744–48 anstelle eines älteren Theatersaals. 1752 innenarchitekt. verschönert, 1760 von *Johann Ferdinand Hetzendorf v. Hohenberg* ausgeschmückt. Heutige Fassade 1767 als Pendant zum gegenüberliegenden Flügel der

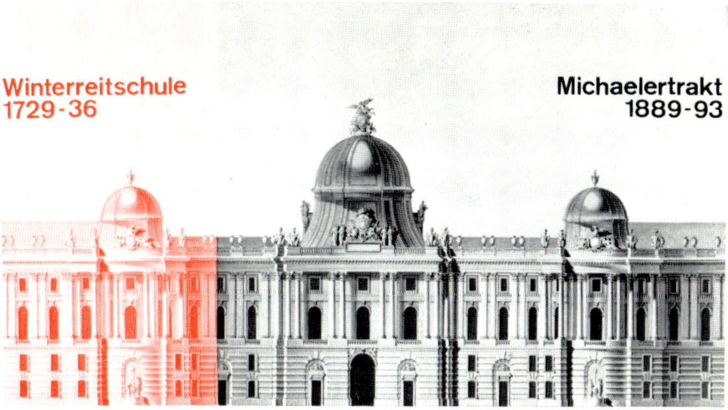

damaligen Hofbibliothek. *Großer Saal* (ca. 40x17 m) mit Empiremotiven; Dekoration mit Gobelins. *Kleiner Saal* (ca. 22,5x11 m) in schönen Proportionen, korinthische Säulen und Pilaster. Seit 1974 Kongreßzentrum.

H Winterreitschule Spanische Hofreitschule. Nordöstlich des Schweizerhofes anstelle des alten Paradeisgartels als Verbindung zur Stallburg 1729–35 errichtet; Pläne im Auftrag Kaiser Karls VI. von *Joseph Emanuel Fischer v. Erlach;* Bau nach Verdrängung der älteren Reitschule durch den Bau der Hofbibliothek notwendig geworden. Die Winterreitschule war Schauplatz glänzender Hoffeste, bes. während des Wiener Kongresses 1814/15. ***Äußeres:*** Flache Fassade mit betontem Sockelgeschoß, Blendfeldern und Pfeilern; bedeutender noch das ***Innere:*** In Weiß gehaltener Raum (57x19 m) mit Umgang und umlaufender, auf 46 Säulen ruhender Galerie; Kassettendecke. In der tempelartigen Hofloge Reiterbildnis Karls VI. (1. Hälfte 18. Jh.). ***Bedeutung:*** Der Innenraum in seinem Gesamtcharakter Höhepunkt der klassizistischen Richtung der Wiener Barockarchitektur, distanziert sich stark von Johann Bernhard Fischers v. Erlach Hofbibliothekssaal. Der Reitschulsaal, der sich durch das ganze Gebäude erstreckt, ist seit Karl VI. vornehmste Pflegestätte der span. Reitkunst; heute für *Vorführungen der weltberühmten Spanischen Hofreitschule* verwendet.

Burg: Winterreitschule

I Kongreßzentrum 1. Erweiterungsbau des 19. Jh., von *Louis v. Montoyer* 1802–06 im rechten Winkel an das Südostende des Leopoldinischen Trakts angebaut und damals weit in den Heldenplatz vorragend. ***Inneres:*** Hauptzugang am Heldenplatz durch ein weiträumiges *Vestibül* über *Prunkstiege* zu den *Festsälen im 1. Stock;* über die Botschafterstiege im Schweizerhof Zugang von der ›Altburg‹ her. Bes. beachtenswert der große ***Zeremoniensaal★,*** repräsentativer klassizist. Raum mit mächtigen korinthischen Säulen und Kassettendecke (beschränkt zugänglich). ***Bedeutung:*** Unter Wahrung seines hist. Charakters 1958 Räume dieses Traktes, verbunden mit hist. Räumen der ›Altburg‹ und einem Bürotrakt in der Neuen Burg, zu ***Internationalem Kongreßzentrum*** gestaltet *(Festsaal, Ratsaal* u.a.), mit modernsten technischen Anlagen.

J Michaelertrakt Die Stadtseite der Burg gegen den **b** → ***Michaelerplatz*** nach Bau des Reichskanzleitraktes noch unvollendet; erst unter Kaiser Franz Joseph I. nach beträchtl. verändertem Entwurf *Joseph Emanuel Fischers v. Erlach* (Teile der Wände des Kuppelraums gehen im Detail auf ihn zurück, sowie der linke Teil zur Reitschulgasse [Winterreitschule]) durch *Ferdinand Kirschner* 1889–93 ausgebaut. Großzügige Anlage, kann in ihrer Gesamtausführung ihr Entstehen in der Ringstraßenära nicht verleugnen. Unter der Kuppel Zugang zu *Kaiserappartements* (Schauräume → S. 52f.), (vom Michaelerplatz aus links) sowie zur *Hoftafel- und Silberkammer* (rechts → S. 55); im Durchgang zum Burghof links *Bühnentor des alten Burgtheaters,* das bis 1888 hier stand (Gedenktafel). ***Äußeres:*** Die 4gesch. Fassade (2 rustizierte Untergeschosse und 2 Obergeschosse mit Doppelpilasterordnung) mit dominierendem 3achsigem Mittelrisalit, Riesenportal und hoher Kuppel über der Eingangshalle folgt mit ihrer Konkavportalwand der Rundung des Michaelerplatzes. Der *Mittelrisalit* setzt mit Doppelsäulen und Monumentalskulpturen starke plastische

B

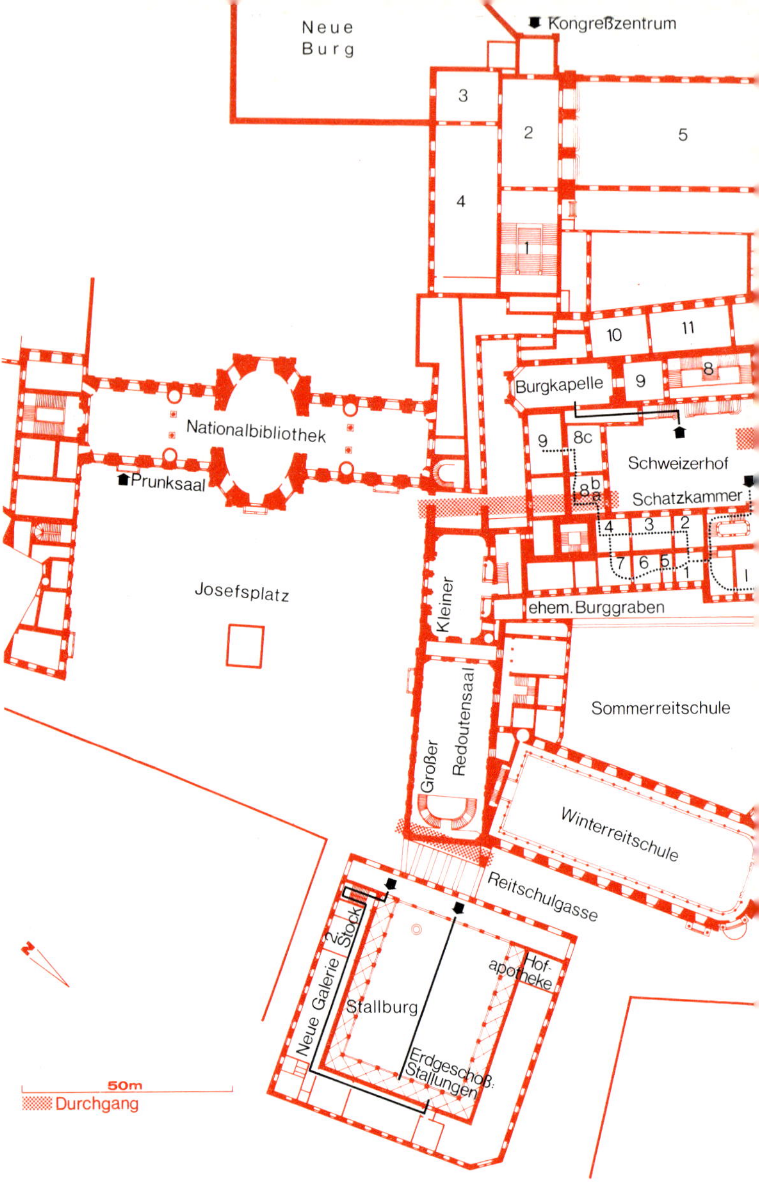

LEOPOLDINISCHER TRAKT (PRÄSIDENTSCHAFTSKANZLEI)

Maria-Theresien-Appartement

1 Erstes Bellariazimmer **2** Zweites Bellariazimmer **3** Rosenzimmer **4** Pietra-dura-Zimmer **5** Spiegelsaal **6** Miniaturenkabinett (Arbeitszimmer Maria Theresias) **7** Maria-Theresia-Zimmer (Sterbezimmer Maria Theresias)

Josef-II.-Appartement

8 Schlafzimmer des Kaisers (mit danebenliegender sogen. Bettlerstiege zum ›Kontrollorgang‹) **9** Grüner Salon (ehem. Arbeitszimmer von Josef II., heute Arbeitszimmer des Bundespräsidenten) **10** Empfangssalon (Arbeitszimmer des Kabinettsdirektors) **11** Wartezimmer **12, 13,** Durchgangszimmer **14** Audienzzimmer **15** Kabinett **16, 17, 18** Fremden-Appartement **19** Josefs- oder Kammerkapelle

REICHSKANZLEITRAKT

Franz-Joseph-Appartement Raum 1–12 → Schauräume;

AMALIENBURG

Elisabeth-Appartement Räume 13–17 → Schauräume; **Alexander-Appartement** Raum 18–22 → Schauräume.

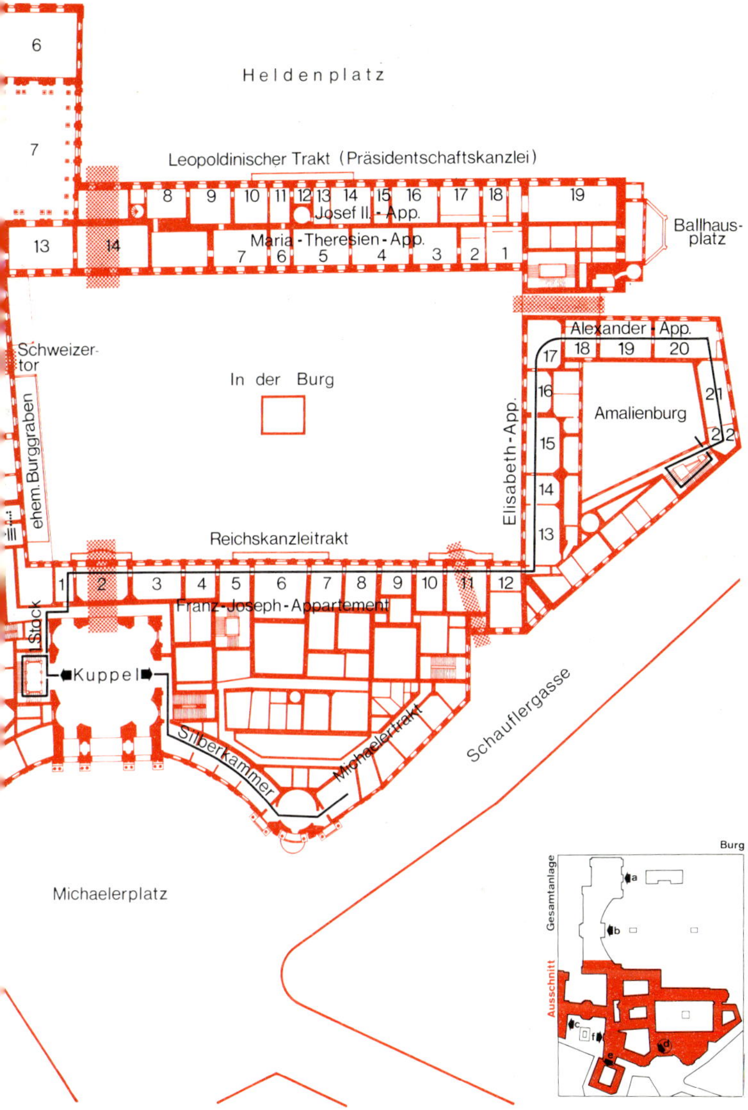

KONGRESSZENTRUM
1 Festsaalstiege **2** Vorsaal **3** Kleiner Saal **4** Kaisergarten **5** Festsaal **6** Wintergarten **7** Zeremoniensaal **8** Botschafterstiege **9** Entreezimmer **10** Trabantenstube **11** Rittersaal **12** Antekammer **13** Marmorsaal **14** Geheime Ratstube

SCHATZKAMMER
1–9 **Weltliche Schatzkammer** (Text s. S. 53)
I–VI **Geistliche Schatzkammer** (Text s. S. 55)

Vergleichsplan:
a Museum für Völkerkunde
b Antikensammlung
Lesesale der Österr. Nationalbibliothek
Waffensammlung, Sammlung alter Musikinstrumente, Ephesos-Museum
c Handschriftensammlung
d Kartenvorverkauf für Vorführungen der Spanischen Hofreitschule
e Stallungen der Spanischen Hofreitschule
f Zugang zur Morgenarbeit mit den Lippizanern

B

Akzente, deren Motive sich in den halbrunden Eckrisaliten wiederholen. Neben dem gr. Portal 4 Heraklesfiguren: Herakles erschlägt Hydra (v. Edmund Hofmann), Herakles befreit Prometheus (v. Josef Lax), Herakles und die Amazonenkönigin Hippolyta (v. Johann Scherpe), Herakles und Cerberos (v. Anton Paul Wagner). Seitlich 2 monumentale ***Wandbrunnen:*** links ›Macht zur See‹ von *Rudolf Weyr* (1895), rechts ›Macht zu Lande‹ von *Edmund Hellmer* (1897). Beide Brunnen mit gegl. Becken vor Wandnischen; Felsarchitektur; links gestürzter Gigant und Seeungeheuer, darüber 2 weibl. Kolossalfiguren an Schiffsbug, rechts 2 gestürzte bzw. sich auflehnende Giganten, darüber Adler und männlicher Kolossalakt. ***Inneres der Rundhalle:*** In Nischen symbol. Figuren nach kompliziertem archäolog. Programm. Der kl. Anteil der Rotunde, die noch dem Bau von 1737 angehört (›Oktogon‹), bekam 1890/95 4 Paare von Gestalten, welche Wahlsprüche der Bauherren symbolisieren: Karl VI.: Constantia et fortitudine (v. Anton Brenek), Maria Theresia: Justitia et Clementia (v. Richard Kauffungen), Joseph II.: Virtute et exemplo (v. Franz Karl Becher), Franz Joseph I.: Viribus unitis (v. Joseph Beyer). An den Wänden der Seiteneingänge Hochreliefs (Profectio Augusti v. Otto König, Adventus Augusti v. Stephan Schwartz).

K Neue Burg Beg. 1881 nach Plänen von *Gottfried Semper* und *Carl Hasenauer* (1. Plan 1871) in Formen der Renaissance, weitergeführt von *Emil Förster* 1897–99 (Änderung der Gartenfassade, der Fenster der Hauptfassade und der Freitreppe im Burggarten), *Friedrich Ohmann* 1899–1907 und *Ludwig Baumann* 1907–13 (Treppenhaus, Anschlußbau zum Leopoldinischen Trakt, Vollendung des Außenbaues). Bauwerk nur Teil einer wesentl. größeren, nicht realisierten Konzeption Sempers, des *Kaiserforums*. Das Projekt sah einen vor dem Leopoldinischen Trakt liegenden Mittelbau sowie 2 halbkreisförmig ausschwingende Flügel zur Ringstraße vor (von denen einer, die Neue Burg, ausgeführt wurde); beide Flügel sollten über die Ringstraße mit den beiden Hofmuseen verbunden werden. Die Neue Burg ist die letzte große Planung an der Hofburg. ***Äußeres:*** Geschwungene *Fassade*★ zum Heldenplatz mit rustiziertem Erdgeschoß, loggienartig zurückgesetzten Obergeschossen mit Doppelsäulengliederung und auffallendem *Mittelrisalit*. Einzelne Bauteile greifen verwirrend ineinander; unübersichtlich ihr Einbinden in den Altbestand der Burg. Vom Burgring aus unterscheidet man folgende Bauteile: **1 *Corps de Logis*** (Ringstraßentrakt oder Museumstrakt), annähernd quadrat. 4gesch. Palastbau von 70 m Seitenlänge mit glasgedecktem Innenhof. **2 *Burggartentrakt,*** mit annähernd gleicher Fassadengliederung wie Ringstraßentrakt; 170 m lange Palastfront mit monumentalem Säulen-Mittelrisalit, die seitl. Dachbalustraden überragend, reichgegl. Architrav mit aufgesetzten Figurengruppen. **3 *Segmenttrakt*** (Kolonnadentrakt, so genannt wegen der den beiden Obergeschossen vorgelagerten riesigen Säulenstellungen) zum Heldenplatz. **4 *Anschlußtrakt*** zur Nationalbibliothek, nordwestliche Begrenzung des Bibliothekshofes. Umfaßt heute Festsaalstiege, Neuen Saal, Kleinen Saal und Vorsaal; vom ›Kongreßzentrum‹ nicht eindeutig zu trennen. **5 *Festsaaltrakt,*** Heldenplatz gegen Nordosten begrenzend (Umbau und Erweiterung des alten ›Rittersaales‹ Louis v. Montoyers in den heutigen Zeremoniensaal. ***Inneres:*** Die Neue Burg heute weitgehend bibliothekarischen und musealen Verwendungszwecken gewidmet; enthält neben Teilen der *Österr. Nationalbibliothek* (Zugang zu den Lesesälen und Katalogräumen der Druckschriftenabteilung durch den Mittelrisalit am Heldenplatz, zum Bildarchiv und zur Porträtsammlung durch den Eingang im Corps de Logis) auch *Sammlungen des Kunsthist. Museums* (Waffensammlung, Sammlung alter Musikinstrumente und Ephesos-Museum. Zugang Mittelrisalit am Heldenplatz) sowie *Museum für Völkerkunde* (Zugang Corps de Logis).

L Äußeres Burgtor → Heldenplatz **(d).**

SCHAURÄUME (KAISERAPPARTEMENTS)

Führungen (über die Feststiege im Kuppelraum des Michaelertrakts) beginnen im Reichskanzleitrakt: ***Vorraum*** mit Brüsseler Wandteppichen (17. Jh.): Szenen aus dem Leben des römischen Kaisers Augustus. Im ***Speisesaal für Stabsoffiziere*** fanden Essen Kaiser Franz Josephs mit Militärs statt. Pariser Gobelins (17. Jh.) mit Szenen aus dem Leben des römischen Kaisers Konstantin (Entwürfe von Peter Paul Rubens), Mobiliar im Stil des 2. Barock; bmkw. japanische Lacktruhen, persische Bonbonnieren und Vasen aus chinesischem Porzellan. Im ***Cerclezimmer,*** in das sich der Kaiser nach dem Essen mit seinen Gästen zurückzuziehen pflegte, Brüsseler Wandteppiche (17. Jh.) mit Szenen aus dem Leben des Augustus. Porzellanvasen (mit Darstellungen der Berliner Schlösser), Geschenke des deutschen Kaisers Wilhelm II., ferner Marmorbüste des 23j. Kaisers Franz Joseph, Bronzestandbild des hl. Martin und Rokoko-Ofen. Im ***Rauchsalon*** Brüsseler Wandteppiche (17. Jh.), Szenen aus der griech.-röm. Geschichte; Büste Kaiser Maximilians I. (von Karl Costenoble); Bronzegruppe ›Des Sängers Fluch‹ (von Wilhelm Seib). In der ***Trabantenstube*** hielt die kaiserliche Trabantenleibgarde Tag und Nacht Wache. Ölgemälde stellen fast durchwegs Angehörige des Kaiserhauses dar, die Porzellanvase Geschenk des preußischen Garderegiments; beachtenswertes Modell der alten Burg, (Zustand des 14. und 15. Jh.). ***Großer Audienz-Saal*** (Warteraum der zur Audienz zugelassenen Personen) mit Wandgemälde von Peter Krafft (1833–37), Szenen aus dem Leben Kaiser Franz' I. Böhmischer Kristallluster aus der Zeit Maria Theresias, Marmor-

B

Burg: Schreibtisch Kaiser Franz Josephs

büsten Franz' I. und Karls V. Im ***Audienzzimmer des Kaisers*** Stehpult, neben dem der Kaiser stehend die Audienzwerber empfing. Gemälde von H. Wassmuth ›Franz Joseph I. im 85. Lebensjahr‹. Im ***Konferenzzimmer*** fanden unter dem Vorsitz des Kaisers die Ministerberatungen und der Kronrat statt. Mobiliar im Empirestil. Die Gemälde des Kaisers (im Alter von 35 Jahren) und der Kaiserin Elisabeth (im Alter von 28 Jahren) von Franz Xaver Winterhalter. Das ***Arbeitszimmer Kaiser Franz Josephs*** weist noch (wie die meisten Räume, die Franz Joseph bewohnte) die originale Einrichtung auf. Mobiliar aus Palisanderholz. Dieser Raum sowie das anschließende ***Schlafzimmer*** wurden nur von Familienmitgliedern oder Kammerdienern betreten. Mobiliar des Schlafzimmers aus Mahagoniholz. Beachtenswert das militärische Eisenbett und Betschemel mit Gemälde ›Taufe Christi im Jordan‹ (Kopie nach Perugino von J. Schell). Der ***Große Salon*** enthält Palisandermöbel mit vergoldeten Bronzebeschlägen im Stil Louis XV. Beachtenswert Büste und Säbel des Feldmarschalls Radetzky, der Appartement in der Hofburg bewohnte. ***Kleiner Salon,*** Frühstückszimmer ebenso wie Großer Salon mit einer Reihe bmkw. Gemälde ausgestattet, darunter Kaiser Maximilian von Mexiko und Kaiserin Charlotte von Mexiko, die Tochter König Leopolds I. von Belgien; Büste des Admirals Wilhelm v. Tegetthoff, der Leichnam Maximilians nach Wien brachte. Die folgenden Räume in der Amalienburg: ***Wohn- und Schlafzimmer der Kaiserin Elisabeth*** mit einfachem eisernen Bett, das tagsüber außerhalb des Zimmers abgestellt wurde. Auf dem Original-Schreibtisch Lesepult mit Stickereiarbeit von ihren Töchtern. Hausaltar aus Carraramarmor. Gemälde zeigt Franz Joseph im Alter von 20 Jahren (von C. Lemmermayer), ein Aquarell den Kaiser bei einer Ausfahrt aus Schloß Schönbrunn (von H. G. Wilda). Das ***Toilette- und Turnzimmer*** der Kaiserin Elisabeth mit Turngeräten, die die Kaiserin täglich benützte, obgleich dies bei Hof Mißfallen erregte. Der ***Große Salon der Kaiserin*** mit überaus reichem Schmuck an Gemälden (z. T. Landschaften, darunter auch der Obersee bei Berchtesgaden) und Plastiken. Der ***Kleine Salon*** Gedenkraum für die 1898 in Genf ermordete Kaiserin. In der Glasvitrine versch. Erinnerungsstücke. Gipsbüste (Elisabeth als ungarische Königin) von Victor Tilgner. Das Appartement von Kaiserin Elisabeth später von Kaiser Karl I. (letzter Kaiser von Österr., 1916–1918 reg.) benützt. Durch ***Vorzimmer*** (Durchgangszimmer), mit 4 Gemälden (Kinder Maria Theresias) aus der Schule des Hofmalers van Meytens sowie lebensgr., von 2 Alabastervasen aus Korfu flankierter Statue der Kaiserin Elisabeth (von H. Klotz) in das ***Alexander-Appartement.*** Im ***Vorraum*** Marmorbüsten von Kaiser Karl I. und seiner Gemahlin Zita. Der ***Rote Salon*** (Boucherzimmer) 1815 während des Wiener Kongresses Wohnraum des Zaren Alexander I., später Audienzsaal Kaiser Karls; in reinem Rokokostil, schöne Stukkaturen und Girlanden an der Decke und bei den Fensternischen. Wände mit Pariser Gobelins: Medaillons mit Schäferszenen nach Entwürfen von François Boucher. Das ***Arbeitszimmer Kaiser Karls I.,*** mit Schreibtisch, daneben sein Bildnis in der Uniform eines k.k. Feldmarschalls. Oberhalb der Alexander-Appartements befanden sich die Wohnräume der Eltern Franz Josephs. Im ***Speisesaal*** ›Allerhöchste Hoftafel‹ aufgebaut, wie sie unter Kaiser Franz Joseph für engste Familienangehörige und höchste Offiziere Verwendung fand.

MUSEEN IN DER BURG

Schatzkammer Zugang vom Schweizerhof der Burg über die Säulenstiege; Zugang zur Weltlichen Schatzkammer rechts, zur Geistlichen Schatzkammer links. Eintritt gegen Entgelt; Katalog. ***Weltliche Schatzkammer*** **1** *Insignien der Erbhuldigung (Nr. 1–44).* Erbhuldigung ist ein nur in den österr. Ländern vorkommender zeremonieller Akt; für den österr. Herrscher gab es keine Krönung, da er bis 1804 nur Erzherzog war; danach, im Erbkaisertum, war eine Krönung nicht vorgesehen (Krönung nur als Römischer Kaiser, König von Ungarn und Böhmen). *2* Reichsapfel (2. Hälfte 15. Jh.), *3* Szepter (Mitte 14. Jh.), *4* Lehensschwert (1496), *7* Österr. Erbpanier (1705), *8* Landesschild (1835), *9* Wappenrock und Stab für den Herold des Landes Österreich unter der Enns (18. Jh.), *43* Reichskammerrichterstab (16./17. Jh.?), *44* Main de Justice (17. Jh.). **2** *Geräte und Gewänder für die hl. Taufe (Nr. 45–54).* Nach Verkleinerung der Schatzkammer im 19. Jh. einziges Beispiel dafür, daß einst kostbarst ausgestattete Geräte für verschiedene repräsentative Feierlichkeiten einen wesentlichen Teil des Bestandes bildeten (das übrige Prunkgerät heute in der Sammlung für Plastik und Kunstgewerbe des Kunsthist. Museums). **3** *Die Habsburger als röm. Kaiser (Nr. 55–67).*

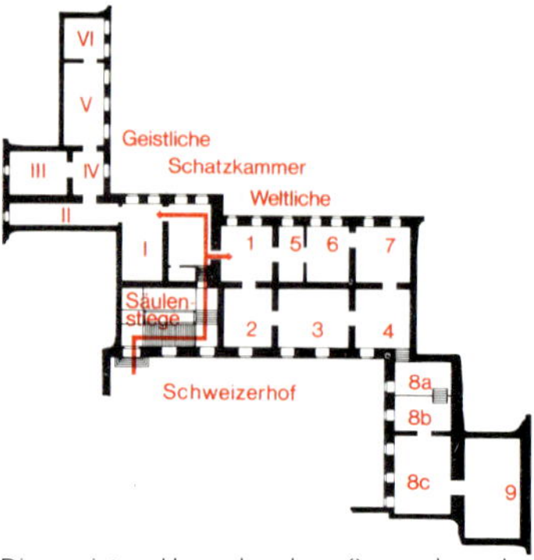

Schatzkammer: Österr. Kaiserkrone

Die meisten Herrscher besaßen neben den offiziellen Insignien auch private, die hinsichtlich des Reichtums an Material und künstlerischer Gestaltung jene oft an Wert übertrafen. *55* Krone Ks. Rudolfs II. (1602), *56* Reichsapfel (Anfang 17. Jh.), *57* Szepter (1612/15), *59* Krone Stephan Bocskays (türkisch, Anfang 17. Jh.), *61* Ornat Ks. Franz' I. (vor 1764). **4** *Kaisertum Österreich* (von Ks. Franz II. am 11. 8. 1804 proklamiert; *Nr. 68–79*). Zum Staatssymbol erhob Franz die Krone Rudolfs II., mit der das Szepter und der Reichsapfel des Ks. Matthias zu offiziellen Insignien aufstiegen. *69* Mantel des Kaiserornats (1830), *70* Degen (Anfang 17. Jh.), *75* Krönungsschwert des lombardo-venezianischen Königreiches (1838), *77* Ornat eines Ritters des ungar. St. Stephans-Ordens (um 1764) samt Collane (1836), *78* Ornat eines Ritters des österr. Leopolds-Ordens (1808) samt Collane (1836), *79* Ornat eines Ritters des österr. Ordens von der Eisernen Krone (1815) samt Collane (1836). **5** *Die beiden unveräußerlichen Erbstücke des Hauses Habsburg (Nr. 80–82)*. Wurden nach dem Tod Ferdinands I. 1564, als sich dessen Söhne über die Erbteilung nicht einigen konnten, als unveräußerliche Teile des Erbes erklärt. *80* Achatschale (Trier, 4. Jh.), *81* Ainkhürn (Narwalhorn, Länge 243 cm), dazu *82* Gobelin (Brüssel, 2. Viertel 16. Jh.). **6** *Schmuck- und Erinnerungsstücke (Nr. 83–113a)*. Nur wenige erhalten, da 1918 der kais. Privatschmuck ins Ausland gebracht wurde. *85* Großkreuz des Militär-Maria-Theresien-Ordens (1765), *87* Stern des St. Stephans-Ordens (1. Hälfte 19. Jh.), *93a* Schmuckstücke der Kaiserin Elisabeth (vor 1896), *96a* Juwelenbouquet der Kaiserin Maria Theresia (Mitte 18. Jh.), *105* Hyazinth ›La Bella‹ (1687), Gewicht 416 Karat, *107* Haaramethyst (17. Jh.), *108* Topas (2. Hälfte 16. Jh.), *113* Goldene Rose (1819). **7** *Erinnerungen an den Herzog von Reichstadt und an die Kaiserin Marie Louise (Nr. 114–122)*. Napoleon Bonaparte vermählte sich am 2. 4. 1810 mit Marie Louise, der ältesten Tochter Ks. Franz' I.; sie gebar ihm am 20. 3. 1811 einen Thronfolger, der schon bei seiner Geburt den Titel ›König von Rom‹ erhielt (gest. 22. 7. 1832 in Schönbrunn). *119* Wiegenbett, *120* Dreifuß mit Becken (1811), *121* Schmuckkassette der Ksin. Marie Louise. **8** *Burgunderschatz (Nr. 123–151)*. Die bedeutendsten Reste zweier berühmter spätmittelalterlicher Schatzbestände, die mit dem burgundischen Herzogshaus zusammenhängen: Schatz, der mit dem Erbe der Herzoge v. Burgund durch die Heirat der Hzin. Maria mit Ehz. Maximilian an die Habsburger fiel; Schatz des Ordens vom Goldenen Vließ (gegr. 1429 von Hz. Philipp d. Guten v. Burgund). **a** *Wappenröcke der Herolde des burgundischen Reiches*. *123* Burgund, *124* Brabant, *125* Limburg, *126* Luxemburg, *127* Hennegau, *128* Flandern, *130* Namur, *131* Geldern, *133* Artois. **b** *Ornate des Ordens vom Goldenen Vließ*. *134* Ornat eines Ritters (2. Hälfte 18. Jh.), *135* Wappenrock für den Herold (3. Viertel 16. Jh.). **c** *Burgunderschatz*. *143* Meßornat des Ordens vom Goldenen Vließ (2./3. Viertel 15. Jh.), *144* Schwurkreuz des Ordens (um 1400), *145* Wappenkette (Potence) für den Herold des Ordens (nach 1517), *147* Burgundischer Hofbecher (um 1453–1467), *148* Ainkhürn-Schwert (2. Hälfte 15. Jh.), *150* Brosche (um 1450). **9** *Insignien und Kleinodien des Heiligen Römischen Reiches (Nr. 152–186)*. Im Heiligen Römischen Reich lebte Idee des Imperium Romanum während des christlich-abendländischen Mittelalters weiter; die Stelle des Imperators nahm Christus ein. Bis zum 15. Jh. Kronschatz in der Verwahrung des Herrschers; 1424 auf Anordnung Ks. Sigismunds nach Nürnberg; 1800 (1796 vor den anrückenden Franzosen evakuiert) in die Schatzkammer. Drei mit dem Namen Karls d. Gr. verbundene Stücke (160–162) befanden sich im Aachener Münster. *152* Reichskrone (2. Hälfte 10. Jh. mit späteren Zufügungen), *153* Reichsapfel (letztes Viertel 12. Jh.), *154* Szepter (2. Drittel 14. Jh.), *155* Reichsschwert (Mauritiusschwert, Scheide 1. Hälfte 11. Jh., Schwert 1198/1218), *156* Reichskreuz (um 1024), *157* Heilige Lanze (karolingisch), *160* Reichsevangeliar (Aachen, Ende 8. Jh.), *161* Stephansbursa (Aachen, Anfang 9. Jh.?), *162* ›Säbel Karls des Großen‹ (Ungarn?, 2. Hälfte 9. oder 10. Jh.), *163* Krönungsmantel (Palermo, 1133/34), *165* Alba (Palermo, 1181), *172* Zeremonienschwert (vor 1220),

B

174–180 Reliquiare, *181* Futteral für die Reichskrone (nach 1350). ***Geistliche Schatzkammer*** **I** *Mittelalter und Renaissance (Nr. 1–18).* **II** *Paramentengang (Nr. 19–40, 106, 121). 37* Gebetbuch Ks. Ferdinands II. (1590). **III** *Gegenreformation (Nr. 41–85). 48* Hausaltärchen mit einer Darstellung der Verkündigung an die Hirten (München, Anfang 17. Jh.), *58* Hausaltärchen mit einer Kruzifixgruppe (Prag, 1. Viertel 17. Jh.). **IV** *Barock (Nr. 86–105, 107–110). 93* Gebetbuch der Ksin. Claudia Felicitas (1674), *108* Goldene Casula (18. Jh., persischer Goldbrokat letztes Viertel 17. Jh.). **V** *Barock und Rokoko (Nr. 111–120, 122–153). 122* Fragment einer Kreuzigungsgruppe von Matthias Steinle, *125* Pacificale von Johann Baptist Känischbauer von Hohenried (1726), *129* Meßkelch von Joseph Moser (1775), *132* ›Paperl‹-Ornat (um 1712–1740; ›Paperl‹ = Papagei), *149* Altargarnitur (Meißen, von Johann Joachim Kaendler, um 1737/41), *151* Kruzifix von Johann Baptist Hagenauer (1757). **VI** *19. Jahrhundert (Nr. 154–172). 165* Kruzifix mit Kreuzpartikel und Reliquien der Heiligen Petrus und Paulus (1815–1823), *169* ›Jubiläums-Ornat‹ (1849, gestiftet zur 400-Jahr-Feier der Weihe der Hofburgkapelle).

Sammlungen des Kunsthistorischen Museums (Neue Burg, Eingang Mittelrisalit): ***Waffensammlung*** Gebrauchs- und Prunkwaffen, Rüstungen, Turnier- und Jagdwaffen (14.–19. Jh.). ***Sammlung alter Musikinstrumente*** Entwicklung des Klaviers vom Spinett bis zum modernen Konzertflügel, Streich-, Zupf-, Blech- und Holzblasinstrumente (Renaissance bis 20. Jh.), Klaviere von Beethoven, Schumann, Brahms.

Ephesos-Museum (archäolog. Funde der österr. Grabungen in Kleinasien, in Aufstellung). **Neue Galerie in der Stallburg** Reitschulgasse 2. Spitzenwerke der internat. Malerei und Plastik (19. und beginnendes 20. Jh., Romantik bis Expressionismus). **Museum für Völkerkunde** Neue Burg, Heldenplatz, Corps de Logis (Ringstraßenflügel). Schwerpunkte der Daueraufstellung u. a. altmexikan. Sammlungen, Bronzen aus Benin, Sammlung James Cook (1776–80), Ozeanien. In Sonderausstellungen jeweils Spezialthemen einzelner außereurop. Kulturen. Keramik, Kostüme, kunstgewerbl. Arbeiten, Marionetten, Masken, Musikinstrumente, Skulpturen, Schmuck, Spielzeug, Trachten, Waffen. **Ehem. Hoftafel- und Silberkammer** Eingang unter Michaelerkuppel (vom Michaelerplatz aus rechts). Silber-, Bronze-, Glas- und Porzellangeschirr für Festtags- und Alltagsgebrauch des ehem. österr. Kaiserhauses, bes. bmkw. ›Mailänder Tafelaufsatz‹ (fast 30 m lang), ostasiat. Porzellan, Sèvres-Service, Vermeilservice (feuervergoldetes Silber) für 140 Personen, ›Panoramateller‹ mit Landschaftsbildern (Wiener und Meißner Porzellan), Goldschmiedearbeiten, Fayencen. **Österr. Nationalbibliothek** Bibliothek und Schausammlungen. ***Prunksaal*** → Burg, F (Hofbibliothek), Josefsplatz 2. ***Druckschriftensammlung*** und Zeitschriftensaal (Lesesäle) Neue Burg, Mittelrisalit. ***Handschriften- und Kartensammlung*** Josefsplatz 1. In der Kartensammlung *Globensammlung*. ***Theatersammlung*** Burg, Eingang Michelerplatz, Feststiege, oder Schweizerhof, Säulenstiege. *Gedenkräume der Theatersammlung* Josefsplatz 1. Gedenkräume für Hermann Bahr, Anna Bahr-Mildenburg, Josef Kainz, Emmerich Kalmán, Caspar Neher, Max Reinhardt, Hugo Thimig und Carl Michael Ziehrer (Besichtigung Mo–Fr 11–12 Uhr, nach Anmeldung beim Portier der Österr. Nationalbibliothek). Zur Sammlung gehörig das ***Theatermuseum*** in der Hanuschgasse mit halbjährig wechselnden Ausstellungen. ***Porträtsammlung und Bildarchiv*** Neue Burg, Corps de Logis (Ringstraßentrakt), letzter Stock. ***Internationales Esperanto-Museum*** Burg, unter Michaelerkuppel (Batthyánystiege). Plansprachensammlung (bes. Esperanto); Dokumentation der Geschichte, Verbreitung und Anwendung des Esperanto, Spezialsammlungen (Autographen, Fotos, Musiknoten, Schallplatten, Tonbänder, Zeitungsausschnitte, Plakate), Korrespondenz Zamenhofs. ***Papyrussammlung und Musiksammlung*** → Augustinerstraße 1.

BURGGARTEN **1**

Früher Kaisergarten gen., den Mitgliedern des Kaiserhauses vorbehaltener Park südöstl. der Neuen Burg. 1818 zugleich mit dem Volksgarten angelegt, als nach der Sprengung der Burgbastei durch die abziehenden französ. Truppen (1809) kleine Stadterweiterung vorgenommen wurde. Pläne von Hofbaudirektor *Ludwig v. Remy*. Der größte Teil des Kaisergartens 1894 beseitigt, um Platz für den Bau der Neuen Burg zu schaffen. Seit 1919 öffentlich zugänglich. **Mozart-Denkmal** Marmorstandbild von *Victor Tilgner*, enthüllt am 21. April 1896, 5 Tage nach Tilgners Tod, auf dem Albertinaplatz (hinter der Staatsoper). 1945 bei Bombenangriff auf die Oper stark beschädigt, 1953 (nach Restaurierung) auf heutigem Standort aufgestellt. ***Beschreibung:*** Auf Stufen vor Balustrade reliefgeschmückter Vierkantsockel mit Inschrift und Ornamenten, Masken und Kränzen. An den Seiten musizierende Putten, Reliefs mit Szene aus ›Don Giovanni‹ und ›Mozart im Kreise seiner Familie als Kind konzertierend‹. Als Bekrönung Standbild Mozarts (vor einem Notenpult). **Kaiser-Franz I.-Denkmal** Reiterstandbild Franz Stephans v. Lothringen in Bleiguß von *Balthasar Ferdinand Moll* (dem Schöpfer des berühmten Doppelsarkophags für Maria Theresia und Franz Stephan in der → Kapuzinergruft am Neuen Markt), 1781 (aufgestellt zunächst 1797 im dam. ›Paradeisgartl‹, 1819 hierher übertragen). ***Beschreibung:*** Rechteckiger, profilierter Sockel mit Inschrift, darauf Kaiser zu Pferd mit goldenem Vlies und Stab. Die Inschrift bezieht sich auf das Jahr der Aufstellung im Burggarten.

Bedeutung: Frühklassizistisches Werk, ältestes Reiterdenkmal Wiens. **Kaiser Franz Joseph I.-Denkmal** Bronzene Nachbildung der Steinstatue von *Johannes Benk* (1904) für die Breitenseer Kaserne (aufgestellt 1957). ***Beschreibung:*** Niedriger Vierkantsockel mit Inschrift, darauf Standbild des Kaisers in Uniform mit Befehlshaberstab. **Goethe-Denkmal** Denkmal für Johann Wolfgang von Goethe → Opernring. **Abraham a Sancta Clara-Denkmal** (Ecke Goethegasse – Hanuschgasse vor dem Eingang zum Burggarten). Steinfigur von *Hans Schwathe* (1928) auf Vierkantsockel, der berühmte Prediger und Volksschriftsteller z. Zt. der 2. Türkenbelagerung im Mönchshabit mit Rosenkranz. **Herkules mit dem Löwen** Bleifigur des Herkules mit steinernem Nemeischem Löwen auf Felssockel in flachem Teichbecken (um 1800); Künstler unbekannt. **Ausstellungsglashaus** (am nördl. Ende des Gartens), erneuert von *Friedrich Ohmann* in Formen des Jugendstils (Gewächshäuser).

BURGRING 5 **1**

Kunsthistorisches Museum Das monumentale Gebäude gemeinsam mit dem gegenüberliegenden Naturhist. Museum und dem Flügel der Neuen Burg ausgeführter Teil eines von Gottfried Semper in größeren Dimensionen geplanten Projekts (*›Kaiserforum‹*). ***Geschichte:*** Nach Wettbewerb (1866), an dem sich Gottfried Semper, Heinrich Ferstel, Theophil v. Hansen, Moriz Löhr und Carl Hasenauer beteiligten, von *Gottfried Semper* (der das Äußere, wie es Hasenauer entworfen hatte, entscheidend modifizierte) und *Carl Hasenauer* 1872–81 im Rohbau fertiggestellt (Semper verließ 1876 Wien). Sempers Planung hatte neben den beiden Museen auch 2 Flügel der Neuen Burg vorgesehen, die, durch Schwibbogen über die Ringstraße miteinander verbunden und durch eine neue Fassade vor dem Leopoldinischen Trakt gegen Norden abgeschlossen, ein riesiges ›Kaiserforum‹ umrahmen sollten. Bei beiden Museen geht die äußere Gestaltung auf Semper, die innere Ausstattung auf Hasenauer zurück. Die beiden riesigen Bauten symmetrisch einander zugeordnet, äußerlich völlig übereinstimmend in Formen der ital. Renaissance erbaut. Zwischen den Museen der → Maria-Theresia-Platz mit *Maria-Theresia-Denkmal.* ***Äußeres:*** 4gesch., prunkvolles Gebäude mit 2 Innenhöfen, über dem Mittelrisalit großer 8eckiger Kuppelturm mit 4 kleinen offenen Nebenkuppeln. Seitenfronten am Burgring und Messeplatz, langgestreckte Hauptfront (mit Zugang zu den Sammlungen) am Maria-Theresia-Platz. Attika mit Statuen besetzt, Berühmtheiten aus der Welt der Kunst. Am Haupteingang Sitzfiguren (Malerei, Bildhauerei, Baukunst, Kunstgewerbe); die das Gebäude bekrönende Bronzefigur der Pallas Athene von Johannes Benk. Die (z. T. während des 2. Weltkrieges zerst.) Bauplastik von verschiedenen bekannten Bildhauern der Ringstraßenära (Karl Kundmann, Edmund Hellmer, Victor Tilgner, Carl Zumbusch u. a.). ***Inneres:*** Erwähnenswert u. a. das großzügig konzipierte *Vestibül* und *Stiegenhaus.* Am *Podest* der Haupttreppe Marmorgruppe ›Theseus besiegt den Kentauren‹ von Antonio Canova (zuvor im Theseustempel im Volksgarten). Im Stiegenhaus *Deckengemälde* ›Apotheose der Kunst‹ von Michael Munkáczy, umrahmt von 12 Lünettenbildern von Hans Makart (gr. Maler mit ihren Lieblingsmodellen) und 40 Zwickelbildern von Ernst und Gustav Klimt sowie Franz Matsch. Das Treppenhaus führt in das Obergeschoß mit der weltberühmten *Gemäldegalerie* und mündet in einen Kuppelraum (hier mehrere Veduten aus dem Wien des 18. Jh., bes. Ansichten von Schloß Schönbrunn und der Freyung mit der Schottenkirche von Canaletto, 1759/60). Im Kuppelraum *Tambour mit Relieffries* ›Habsburgs Mäzene‹ von Rudolf Weyr.

Sammlungen Das Museum enthält im Hochparterre die Ägyptische Sammlung und die Antikensammlung (Westflügel) sowie die Sammlung für Plastik und Kunstgewerbe (Ostflügel), im 1. Stock die Gemäldegalerie, im 2. Stock die Sammlung von Medaillen, Münzen und Geldzeichen, die Ambraser Porträtsammlung und die Sekundärgalerie der Gemäldegalerie. **Hochparterre** ***Westflügel:*** Rechts vom Haupteingang die

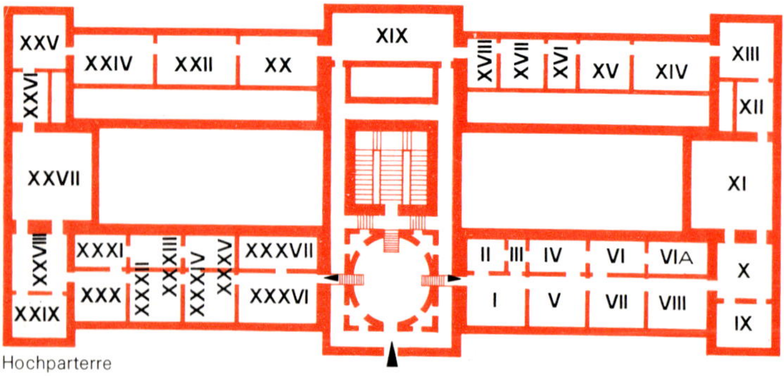

Hochparterre

Kunsthistorisches Museum: Hauptstiege

Ägyptische Sammlung, die einen ausgezeichneten Überblick über die gesamte ägyptische Kultur von der ältesten Zeit bis in die christlichen Jahrhunderte gibt. Bes. beachtenswert: *Saal I:* Sarkophag des königl. Schreibers Nes-schutfêne (250 v. Chr.). – *II:* Mumifizierte Tiere. – *III:* Kleine Plastiken. – *IV:* Mumiensärge. – *VIa:* Kultkammer des Prinzen Kaninisut bei Gisa (um 2450 v. Chr.) und männl. Porträtkopf aus Kalkstein aus dem Grab bei Gisa (um 2450 v. Chr.). – Anschließend die ***Antikensammlung.*** Bes. hervorzuheben: *VII und VIII:* Griechische und italische Tongefäße und Terrakotten. – *IX:* Denkmäler aus Zypern (Gefäße, Statuen, Sarkophagplatten). – *X:* Griech. Skulpturen des 5. und 4. Jh. v. Chr., u. a. Fuggerscher Amazonensarkophag (›Kampf der Amazonen und Griechen‹) und Jüngling v. Magdalensberg. – *XI:* Griech. und röm. Skulpturen des Hellenismus bis in die Spätantike (Reliefs, Sarkophage u. a.). *XII:* Griech. Bronzen – *XIII:* Altitalische, vornehmlich etruskische Kunst, dar. Tonstatue der Athena von Rocca d'Aspromonte (5. Jh. v. Chr., neben dem rechten Fenster), Bronzestatuetten u. a. – *XIV:* Bildlich verzierte Keramik (griech. Vasensammlung); vornehml. ostgriechische, attische und kretisch-mykenische Produkte. – *XV:* Röm. Kunst und Kultur, dar. die weltberühmte Gemma Augustea, ein äußerst kostbarer Kameo. – *XVI–XVIII:* Spätantike, altchristl., völkerwanderungszeitl. und frühmittelalterl. Denkmäler (*XVI:* Spätantike Kunst, u. a. Porträtbüste des Eutropius, 2. Hälfte 5. Jh.; *XVII:* Altchristl. Objekte, u. a. Schatzfunde 7. Jh.; *XVIII:* Frühmittelalterl. Schatzfunde, dar. Goldschatz von Nagyszentmiklós, sog. Schatz des Attila). ***Mitteltrakt:*** *XIX:* Steinschneidearbeiten u. Tapisserien.

Ostflügel Sammlung für Plastik und Kunstgewerbe Die Sammlung enthält einmalige Kunstwerke aus vielfältigem, kostbarem Material (Goldschmiedearbeiten, Prunkgefäße aus Bergkristall und Halbedelstein, Steinschneide- und Elfenbeinarbeiten, Kunstkammerobjekte, künstliche Automaten, astrologische Geräte, Uhren u. a.). Besonders hervorzuheben: *XX:* Skulpturen von Matthias Steinle. – *XXVII:* Salzfaß von Benvenuto Cellini. – *XXXIII:* Himmelsglobus von Georg Roll (Augsburg 1584). – *XXXIV:* Krumauer Madonna (um 1400). – *XXXVII:* ›Püsterich‹ (12. Jh.).

Gemäldegalerie. Westflügel: *Werke ital., span. und franz. Maler.* Hervorzuheben: *Saal I:* Ital. Maler der Renaissance (bes. Tizian mit Bildern Papst Pauls III. und ›Ecce homo‹). – *II:* Tintoretto (u. a. ›Hl. Hieronymus‹, ›Susanne im Bade‹). – *III:* Paolo Veronese (u. a. ›Lucrezia‹, ›Judith mit Haupt des Holofernes‹ und ›Salbung Davids‹). – *IV:* Werke von Guido Reni, David Crespi, Baroni u. a. – *V bis VII:* Ital. Barockmaler (u. a. Guido Reni, Caravaggio, Luca Giordano, Gianbattista Tiepolo, Bernardo Bellotto). – *Kabinette 1–4:* Venez. Schule des 16. Jh. (u. a. Palma Vecchio, Giorgione, Jacopo und Francesco Bassano, Tintoretto, Tizians ›Kirschenmadonna‹). – *5:* Perugino (u. a. ›Taufe Christi‹), Moretto. – *6:* Raffael (u. a. ›Madonna im Grünen‹ und ›Hl. Familie‹). – *7–9:* Ital. Meister des 16. Jh. (u. a. Correggio, Fra Bartolomeo, Parmigianino). – *10:* Ital. Maler des 17. Jh. – *11–12:*

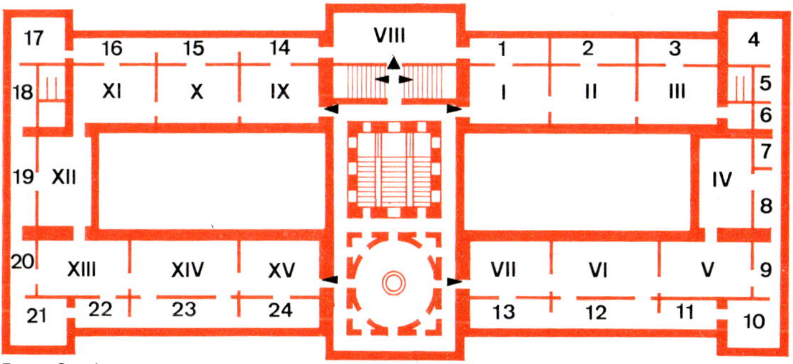

Erster Stock

Kunsthistorisches Museum: Bauernhochzeit von P. Brueghel d.Ä.

Velázquez (Bilder der span. Infantin Margareta Theresia) und andere span. Maler des 16. und 17. Jh. – *13:* Ital. Maler des 17. und 18. Jh. – ***Mitteltrakt:*** *Saal VIII:* Niederländer des 15. und 16. Jh. (bes. Hieronymus Bosch, van Eyck und Joos van Cleve). – ***Ostflügel:*** *Werke niederländischer, flämischer, altdeutscher und englischer Maler.* Hervorzuheben sind: *Saal IX:* Niederl. Schule des 16. Jh. (u. a. Jan Massys und Aertsen). – *X:* Größte Sammlung der Welt an Werken Pieter Brueghels d. Ä. (u. a. ›Turmbau zu Babel‹, ›Bauerntanz‹, ›Bauernhochzeit‹, ›Heimkehr der Jäger‹, ›Heimkehr der Herde‹, ›Bethlehemitischer Kindermord‹, ›Kampf zwischen Fasching und Fasten‹, ›Kinderspiele‹, ›Kreuztragung‹). – *XI:* Zeitgenossen von Peter Paul Rubens. – *XII:* Van Dyck (u. a. ›Samson und Delilah‹). – *XIII–XIV:* Peter Paul Rubens (u. a. ›Venusfest‹, ›Medusenhaupt‹, ›Selbstbildnis‹, ›Wunder des hl. Ignatius‹, ›Hl. Franz Xaver‹, ›Jesus, hl. Johanna und Engel‹). – *XV:* Niederländ. Landschaften und Stilleben (u. a. Ruisdael). – *Kabinette 14 und 16:* Cranach (›Hl. Hieronymus‹), Altdorfer und Niederländer des 16. Jh. – *15:* Albrecht Dürer (u. a. ›Maximilian I.‹). – *17:* Cranach (›Adam und Eva‹, ›Die Prinzessinen‹), Altdorfer, Wolf Huber u. a. – *18:* Holbein d. J. (u. a. ›Jane Seymour‹, ›Johanna Chamber‹, ›Direk Tybis‹). – *19:* Ital. Maler. – *20–23:* Niederl. und fläm. Maler des 17. Jh. (darunter *20:* Rubens, *23:* Selbstbildnis Rembrandts und ›Rembrandts Mutter‹): – *24:* Engl. Maler des 18. Jh. (Lawrence, Gainsborough, Write). ***Führungen:*** In deutscher Sprache Dienstag und Donnerstag um 11 Uhr, in engl. Sprache Mittwoch und Freitag um 11 Uhr. **Zweiter Stock *Sammlung von Medaillen, Münzen und Geldzeichen, Ambraser Porträtsammlung*** und ***Sekundärgalerie der Gemäldegalerie. Bedeutung:*** Weltbekannte kunst- und kulturhist. Sammlungen, die aus habsburgischen Kunstsammlungen hervorgegangen sind. Viertgrößte Gemäldegalerie der Welt mit hervorragender Sammlung von Werken Pieter Brueghels d. Ä. und beachtenswerten Beständen ital., span., holl., deutscher, franz. und engl. Maler. ***Weitere Sammlungen*** des Kunsthist. Museums sind außerhalb des Hauptgebäudes: In der Neuen Burg Waffensammlung, Sammlung alter Musikinstrumente und Ephesos-Museum, im Schweizertrakt der Burg Weltliche und Geistliche Schatzkammer, in der Stallburg die Neue Galerie (Museen in der Burg → 53ff.); im Schloß Schönbrunn Sammlung hist. Prunk- und Gebrauchswagen (→ Wagenburg S. 142).

BURGRING 7 1

Naturhistorisches Museum Geschichte und Lage → Kunsthist. Museum. ***Äußeres:*** 4gesch., prunkvolles Gebäude mit 2 Innenhöfen, über dem Mittelrisalit großer 8eckiger Kuppelturm mit 4 kleinen offenen Nebenkuppeln. Seitenfronten zum Burgring und dem Messeplatz, langgestreckte Hauptfront (mit Zugang zu den Sammlungen) am Maria-Theresia-Platz. Die *Attika* mit Statuen bedeutender Naturforscher und alleg. Darstellungen der Naturkräfte. Rampenauffahrten und Treppen führen zu 3torigem Haupteingang im vorspringenden Mittelrisalit, in beiden Geschossen durch Wandsäulenstellungen bereichert. Die Säulendekoration umzieht die gesamten Fassaden des Bauwerks. Am Haupteingang Sitzfiguren der Erdteile. Die das Gebäude bekrönende *Bronzefigur des Helios* von Johannes Benk. ***Inneres:*** Wie im Kunsthist. Museum großzügige Anlage des Vestibüls und des Stiegenhauses. (mit Deckengemälde ›Kreislauf des Lebens‹ von

Hans Canon). Am Podest der Haupttreppe Gemälde ›Franz I. mit den Vorständen der 4 wiss. Hofinstitute‹ (Gerard van Swieten, Johann R. v. Baillon, Valentin Duval und Abbé Johann Marcy) von *Franz Messmer* und *Jakob Kohl* (um 1760).

Sammlungen Eingang am Maria Theresien-Platz. ***Geschichte:*** Grundstock der Bestände die naturwissenschaftl. Sammlungen des Wiener Hofes, die 1748 von Franz Stephan von Lothringen, dem Gemahl Maria Theresias, begr. wurden. 1806 1. Blüte der ›Vereinigten k.k. Naturalien-Cabinete‹, bzw. ›Kaiserlichen Museums der Naturgeschichte‹. Unter Kaiser Franz Joseph I. entstanden das k.k. Zoologische, Botanische und Mineralogische Hof-Cabinet. Sammlungen im Laufe der Zeit durch Ankäufe, Sammlungs- und Forschungsreisen sowie durch Ausgrabungen vergrößert. Seit 1918 ›Naturhistorisches Museum‹. Seine Bestände zählen zu den größten naturwissenschaftl. Sammlungen Europas. Das Museum gliedert sich heute in *8 Abteilungen*: Mineralogie-Petrographie, Geologie-Paläontologie, Zoologie (I. Wirbeltiere, II. Insekten, III. Wirbellose) sowie Botanik, Anthropologie und Prähistorie. **Hochparterre** ***Mineralogie-Petrographie: Saal I:*** Allgem. Mineralogie. ***II–IV:*** Mineral-Systematik. ***V:*** Meteoriten- und Gestein-Sammlung. Eine der bedeutendsten Meteoriten-Sammlungen der Welt. Bes. beachtenswerte Stücke der Sammlung sind durch rote, für den Sammler bmkw. Stücke durch grüne Marken gekennzeichnet. ***Geologie-Paläontologie: Saal VI:*** Paläobotanik. ***VII:*** Tierwelt des Erdaltertums (Paläozoikum), allgemeine Geologie. ***VIII:*** Tierwelt des Erdmittelalters (Mesozoikum). ***IX:*** Tierwelt des Tertiärs (mit bes. reichhaltigen Beständen aus dem Jungtertiär). ***X:*** Tierwelt der Eiszeit. ***Prähistorie: Saal XI:*** Alt- und Jungsteinzeit. *Venus von Willendorf* (um 15.000 v. Chr.), eine matriarchalische Idolstatuette. Älteste Plastik der Welt aus den letzten Perioden der Eiszeit. ***XII:*** Bronzezeit. ***XIII:*** Ältere Eisenzeit. ***XIV:*** Ältere Eisenzeit (Fundort Hallstatt). Weltberühmte *Hallstätter Gräberfunde* (800–400 v. Chr.). ***XV:*** Jüngere Eisenzeit und Völkerwanderung. ***Anthropologie:*** Eine der größten *Schädel- und Skelettsammlungen* der Welt (über 20.000 Stück); hier auch Nachbildungen vorgeschichtl. Menschentypen und rassekundliche Sammlungen. **1. Stock** ***Botanik: Saal XXI:*** Bau, Leben, Ökologie und System der Pflanzen, Früchte und Stammformen, botan. Illustration. Besonders berühmt das sog. *Wiener Herbarium*, das in etwa 13.000 Bänden rund 2,5 Millionen Exemplare aus allen Teilen der Erde enthält. ***Zoologie:*** Die Tierwelt in systematischer Ordnung. Größte Fischsammlung, eine der umfangreichsten Insektensammlungen (in manchen Teilen führend), reiches Faunenmaterial aus dem Donaubecken und vom Balkan, bes. auch von Südamerika, Teilen Afrikas und Vorderasiens. ***Saal XXII:*** Schwammtiere, Korallentiere, Stachelhäuter, Würmer. ***XXIII:*** Weichtiere (Schnecken, Muscheln, Tintenfische). ***XXIV:*** Krebstiere, Spinnentiere, Insekten. ***XXV:*** Manteltiere, Fische. ***XXVI:*** Fische. ***XXVII:*** Lurche, Reptilien. ***XXVIII:*** Reptilien (Schildkröten, Krokodile). ***XXIX:*** Die Vogelwelt Österreichs. ***XXX–XXXII:*** Vögel. ***XXXIII–XXXIX:*** Säugetiere. ***Kuppelhalle:*** Das Gehirn bei Mensch und Tier.

DEUTSCHMEISTERPLATZ 1

Deutschmeister-Denkmal Anläßlich der Feier zum 200jährigen Bestand des Regiments ›Hoch- und Deutschmeister Nr. 4‹ (gegr. 1696, im Volksmund kurzweg ›Deutschmeister‹ genannt) gestiftet und nach 10jähriger Arbeit am 29. September 1906 enthüllt. Bronzeskulpturen (Deutschmeisterfahnenträger, Vindobona, treuer Kamerad, Grenadier von Landshut und 2 Reliefs mit Darstellungen aus den Schlachten von Zenta und Kolin) von *Johannes Benk*, Architektur von Anton Weber.

DÖBLINGER HAUPTSTRASSE 96 19

Wertheimstein-Villa Von Ludwig Pichl 1834/35 als vornehmes 2gesch. Landhaus erbaut. ***Geschichte:*** Ehem. Areal des Frauenklosters Traunkirchen, dann des Dominikanerinnenklosters in Tulln. 1833 an den kunstsinnigen Wiener Großindustriellen Rudolf v. Arthaber, der 1836 in der neuerbauten Villa seine berühmte Gemäldegalerie unterbrachte. Durch Ankauf des Nachbargrundstückes (ehem. Kamaldulenserfreihof) prachtvoller Park. 1867 an Leopold Ritter v. Wertheimstein verkauft. Dessen Tochter Franziska versammelte in ihrem Salon gr. Kreis hervorragender Persönlichkeiten des Wiener Geisteslebens. Im Kamaldulenserfreihof starb 1890 der Dichter Eduard Bauernfeld (Gedenktafel Döblinger Hauptstraße 94); im Park Denkmal für den Dichter Ferdinand v. Saar (Büste von Franz Seifert, 1914) und für Franz Keim (von Fritz Hänlein, 1924). Franziska v. Wertheimstein vermachte ihren Besitz testamentarisch der Gemeinde Wien. Im Park 1959 Blindengarten eröffnet. ***Äußeres:*** Einfaches 2gesch. Gebäude, Geschosse durch Sims getrennt; Hauptfront mit wenig vorspringendem, 3 Fenster breitem Risalit, im Untergeschoß gequadert, im Obergeschoß durch Pilaster eingefaßt. Dem Untergeschoß Vorhalle von 4 dorischen Säulen vorgelagert, zu der vom Garten Stufen emporführen; darüber im Obergeschoß Terrasse, auf die Balkontüren hinausführen. Flachgiebel über dem Mittelrisalit. Rundbogenfenster, im Obergeschoß von schmalen rechteckigen Fenstern flankiert. Rückfront schmucklos. Hohes Ziegelwalmdach. ***Inneres:*** Stiegenhaus nach Entwurf von Karl Rösner, allegorische Fresken von Moritz v. Schwind, Arabesken von Holle (1840); Salon seit 1912 museal eingerichtet; Bauernfeld-Zimmer und Saar-Zimmer museal eingerichtet. In den übrigen Räumen und im benachbarten Nonnenstöckl seit 1964 Bezirksmuseum Döbling. ***Bedeutung:*** Vorzügl. Beispiel vornehm bürgerl. Wohnkultur der Biedermeierzeit.

D

DR. IGNAZ SEIPEL-PLATZ 1

Jesuitenkirche (ehem. Universitätskirche). Mariä Himmelfahrt, hl. Ignatius und hl. Franz Xaver. ***Geschichte:*** Zusammen mit dem 1623 in Angriff genommenen Neubau der Universität stiftete Kaiser Ferdinand II. eine Kirche, die bis 1627 von einem unbekannten Architekten erbaut und den Jesuiten übergeben wurde. Heutiges Aussehen 1703–07 durch *Andrea Pozzo;* von ihm die Türme, die geänderte Fassade, im Inneren die Seitenkapellen und die Gewölbegliederung, der Hochaltar und die Deckenfresken. 1773 mußten die Jesuiten das Kolleg verlassen; bis 1857 von den Schwarzspaniern betreut, kam dann wieder an den Jesuitenorden zurück. ***Äußeres:*** Streng gegl. zweigesch. *Fassade*★ mit typ. frühbarocker, enger, horizontaler und vertikaler Gliederung; Fenster und Figurennischen, bekrönt von schmalem Mittelgiebel und seitlichen Voluten. I. G. dazu Pozzos hochbarocke Türme mit mächtigen Helmen. Kirche nur in ihrer Fassade sichtbar; flankiert von den Gebäuden der alten Universität (Jesuitenkolleg, rechts) und (durch die Sonnenfelsgasse getrennt) der Aula (heute Akademie der Wissenschaften, links). *Fassadenplastik* (jeweils von links nach rechts): oben hl. Katharina, Patronin der Philosophen, hl. Josef, hl. Leopold und hl. Barbara (alle 3. Viertel des 17. Jh.); unten hl. Ignatius und hl. Franz Xaver (beide Anf. 18. Jh.). ***Inneres:*** Trotz erkennbar gebliebener frühbarocker Gestalt Kircheninneres mit hochbarockem Gepräge. Die Decke des urspr. tonnengewölbten Raumes von Pozzo in einzelne Felder unterteilt und mit illusionistischer Malerei versehen, Höhepunkt in der täuschenden Scheinkuppel im westlichen Teil des Langhauses. Der 2jochige Chor mit polygonalem Schluß. *Deckenfresken* stark überarbeitet (1827 durch Peter Krafft, nochmals 1899). Die Themen im Gewölbe: **A** Anbetung der Hirten, **B** Engelsturz, **C** Scheinkuppel, **D** Lobpreisende Engel, **E** Ruhe auf der Flucht, **F** Dreifaltigkeit. Unter der Orgelempore die 3 theolog. Tugenden: Glaube, Hoffnung und Liebe. ***Beschreibung:*** **1** *Hochaltar* markanter Raumabschluß, Altarbild ›Mariä Himmelfahrt‹ von Andrea Pozzo (links unten Selbstporträt in seinem Namenspatron, dem Apostel Andreas). Tabernakel aus vergoldetem Metall. Im Langhaus je 4 tiefe Seitenkapellen in rundbogigen Arkaden, in deren Öffnungen Emporen mit vorschwingenden Brüstungen auf je einem abw. glatten und gedrehten Säulenpaar eingebaut sind. Alle Kapellen einheitl. ausgestattet mit jeweils 1 Altarbild und 2 seitlichen Bildern aus der Werkstatt Pozzos sowie 2 Beichtstühlen (um 1705). Die Seitenaltäre in den Kapellen thematisch paarweise geordnet. *1. Kapellenpaar:* **2** Lebensweihe: Kopie des Altarbildes ›Christus weist den hl. Ignatius nach Rom‹ (Original im Kloster); davor: Herz-Jesu-Bild von Leopold Kupelwieser (1857); seitlich: Abfassung des Exerzitienbuches in Manresa, Aussendung des hl. Franz Xaver. **3** Todesweihe: Altarbild ›Hl. Josef im Leben und Sterben‹; davor vielverehrtes Madonnenbild aus Peru (über Spanien nach Wien gelangt); seitlich: Hl. Familie, Flucht nach Ägypten (beide von W. Köberl). *2. Kapellenpaar:* **4** Schutz der Erzengel: Altarbild ›Erzengel Raphael‹; seitlich: Erzengel Gabriel (Ansicht von Alt-Wien?), Erzengel Michael. **5** Schutzpatron hl. Leopold: Altarbild ›Hl. Leopold, vor Christkind kniend‹; seitlich: Bau von Klosterneuburg, Schleierwunder. *3. Kapellenpaar:* **6** Hl. Ordensfamilie (Ordensgeneral hl. Franz Borgia): Altarbild ›Aufnahme des Novizen Stanislaus Kostka in den Jesuitenorden‹; seitlich: hl. Scholastiker Aloisius v. Gonzaga, hl. Märtyrer in Japan; Paul, Johannes und Jakob. **7** Hl. Familie (Maria mit ihren Eltern Joachim und Anna): Altarbild ›Hl. Anna mit Maria‹; seitlich: Geburt Mariä, Unterricht Mariä. *4. Kapellenpaar:* **8** Philosophie (Katharinenaltar): Altarbild ›Vermählung der hl. Katharina mit dem Jesukind‹; seitlich: Feuerwunder der hl. Hedwig (Kunigunde?); Segnung des hl. Kasimir. **9** Theologie (Kreuzaltar): Altarbild ›Kreuzigung‹; seitlich: 4 Kirchenväter; Kirchenlehrer Thomas von Aquin. Die Kanzel aus Nußholz mit Perlmutteinlage gearbeitet, umgeben von Skulpturen der 4 Evangelisten, der Tugenden und des hl. Franz Xaver. Auch Kirchenbänke durch reiche Einlegearbeiten geschmückt. *Orgel* barock. In der Mitte des Estrichs, in der Nähe der letzten Bänke, bezeichnet ein weißer Stein den Platz, von dem aus man das Kuppelgewölbe

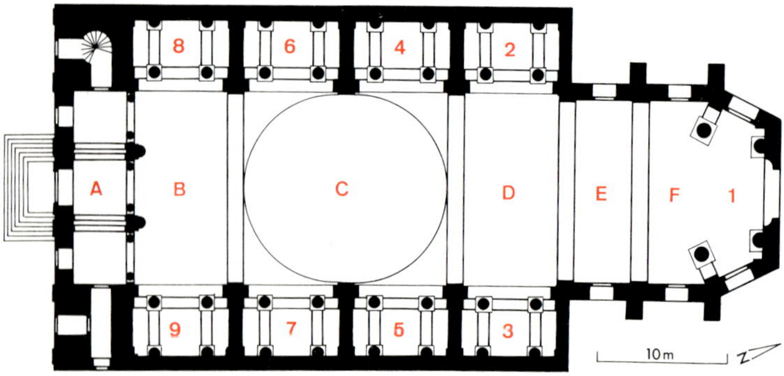

D

perspektivisch richtig sieht. ***Bedeutung:*** Markantes Beispiel einer frühbarocken Kirchenfassade. Im Inneren gelungener Versuch, mit Mitteln der Ausstattung den alten Längsraum im Sinne eines zu Beginn des 18. Jh. bevorzugten Zentralraumes umzugestalten. Zwischen 12 und 15 Uhr geschlossen.

DR. IGNAZ SEIPEL-PLATZ 1 **1**
Alte (ehemalige) Universität (auch Bäckerstraße 20). ***Geschichte:*** Die 1365 von *Rudolf IV.* gegr. Universität erhielt 1384 von *Papst Urban VI.* die Bewilligung zur Errichtung einer theolog. Fakultät. Urspr. war die Universität in versch. Gebäuden gegenüber den Dominikanern in der heutigen Postgasse untergebracht. Im Laufe der nächsten Jahrzehnte Vergrößerung, bis ein neues Universitätsgebäude 1425 der Benützung übergeben wurde. 1623 übertrug Kaiser Ferdinand II. kraft einer von ihm erlassenen Pragmatischen Sanktion die phil. und die theol. Fakultät der Universität an die *Jesuiten,* verpflichtete diese jedoch, bei gleichzeitiger Bewilligung zum Bau eines Kollegiums, eines Seminars und einer Kirche, die nötigen baulichen Veränderungen vorzunehmen. Noch in den zwanziger Jahren des 17. Jh. grundlegende Umgestaltungen: Teile der alten Universität 1623–27 zu einem *Akademischen Kollegium* umgebaut (heute Sitz des Ordens in Wien; um 1725 erfolgte eine Aufstockung); im gleichen Zeitraum unmittelbar daneben Kirche (→ *Jesuitenkirche*) errichtet. Der Universitätsplatz (Dr.-Ignaz-Seipel-Platz) erhielt seine heutige Form allerdings erst im 18. Jh. (neue Fassade der Jesuitenkirche, Neubau der → Aula.) ***Äußeres:*** Ungegl. *Fassade* mit einfachem Portal. Am Flügel in der Postgasse noch Unterbau des ehem. astronomischen Turms erkennbar. Der *Bibliotheksflügel* 1827–29 durch Josef Kornhäusel erweitert.

DR. IGNAZ SEIPEL-PLATZ 2 **1**
Ehemalige Aula der Alten Universität, heute Sitz der Österr. Akademie der Wissenschaften. ***Geschichte:*** Nach Entwürfen von *Jean Nicolas Jadot de Ville-Issey* 1753–55 durch Johann Enzenhofer, Daniel Christoph Dietrich und Johann Adam Münzer erbaut; 1758 kleinere Restaurierungen durch Nikolaus Pacassi. An dieser Stelle zuvor das Collaltosche Haus, Heimstatt der juridischen Fakultät. Nachdem die Aula 1848–56 teilw. als Kaserne gedient hatte, am 29. Oktober 1857 der Akademie der Wissenschaften übergeben. ***Äußeres:*** Freistehender Baublock von archit. Geschlossenheit. 5achsige *Hauptfassade*★, in den 1achsigen Eckrisaliten *2 Wandbrunnen* (Skulpturen um 1755 von Franz Joseph Lenzbauer?). Der 3achsige Mittelteil im Hauptgeschoß als Loggia mit Freisäulengliederung zurückgezogen, attikaartiges Obergeschoß. *Giebel der Seitenrisalite* von allegorischen Figurenpaaren bekrönt (links 2 weibliche Figuren mit Retorte und Urne als Repräsentanten der Medizin, rechts

Deckenfresko im Festsaal der Aula

2 weibliche Figuren mit Buch und Szepter als Repräsentanten der Jurisprudenz), dazugehörige Embleme dieser beiden Fakultäten (denen das Haus urspr. gewidmet war) an den darunterliegenden Fensterbekrönungen. Putten auf der Balustrade mit dekorativem Charakter (Pflanzenmotive als Betonung der Erde, Kontrast zum Wasser der Brunnen?). *Kopfmasken* an den Keilsteinen der Erdgeschoßbogen (von denen Blumengehänge ausgehen) von großer Ausdruckskraft; 3 männliche Masken, durch Hörner und Grimassen dämonisch verzerrt und die Zunge zeigend, über Portal und Brunnen (Rückfall in die plastische Ausgestaltung des Barock, dem Zeitgeist bereits widersprechend), über den Fenstern weibliche Köpfchen in herzförmiger Muschelform. 17achsige *Seitenfronten;* zwischen zwei 7achsige Trakte schiebt sich ein durch Bänderung und Verkröpfung hervorgehobener 3achsiger Mittelrisalit, der im Erdgeschoß durch hohe Rundbogentore mit darüberliegendem Balkon sowie Pilastergliederung mit Dreieckgiebel akzentuiert wird. Giebel in der Bäckerstraße mit ungarischem Wappen, in der Sonnenfelsgasse mit böhmischem Löwen. Figürlicher Schmuck auf weibliche Kopfmasken in den seitl. Achsen und männliche Köpfe beschränkt, die als Träger der Balkone fungieren (stark durchfurchte Physiognomien mit satyrhaften Zügen). ***Inneres:*** In der Querachse des Gebäudes *Eingangshalle* mit Säulengruppen und 2 davon ausgehenden Stiegen. Im Hauptgeschoß ★*Festsaal* mit reichen Rokoko-Wanddekorationen aus Kunstmarmor und Stuck, allegorischen Plastiken und Wandnischen sowie *Deckenfresken* nach einem Programm von Pietro Metastasio 1755 von Gregorio Guglielmi (Allegorien der 4 Fakultäten, 1961 durch Brand zerst., jedoch bis 1964 durch P. Reckendorfer u. a. rekonstruiert). Im *ehem. Theologiesaal* Decken-

D

gemälde ›Taufe Christi‹ von Franz Anton Maulbertsch (um 1756), im *ehem. Ratssaal* ein fragmentarisch erhaltenes Deckengemälde ›Allegorie der bildenden Kunst‹ von Maulbertsch und Kaspar Franz Sambach (1759). Reste des seinerzeit im Hause untergebrachten Observatoriums im Dachgeschoß erhalten. ***Bedeutung:*** Wichtigster im Stile des Rokoko ausgestalteter Monumentalbau Wiens, errichtet in Anlehnung an den Pariser Palastbau, etwa dem Typus des Palais Royal entsprechend.

DR. KARL LUEGER-PLATZ 1

Lueger-Denkmal 1913–16 von *Josef Müllner* geschaffen, erst 1926 enthüllt; von politischen Freunden Dr. Karl Luegers (1844–1910; 1897–1910 Bürgermeister) in Auftrag gegeben und durch Spenden finanziert. ***Beschreibung:*** Stehende Figur des Bürgermeisters auf 8kantigem Sockel über einem 3stufigen Podest; der Sockel mit 4 Hochreliefs, Darstellungen des Wirkens Luegers. An den Ecken des oberen Sockelteils 4 überlebensgr. Figuren (junger Arbeiter mit Gasrohr, jugendlicher Landarbeiter, trauernde Frau mit Kindern, Greis), die auf Leistungen aus Luegers Amtszeit hinweisen (Bau des Gaswerks, Schaffung des Wald- und Wiesengürtels, Witwen- und Waisenfürsorge, Bau des Lainzer Versorgungsheimes).

DR. KARL LUEGER-RING 1 1

Universität Erbaut 1873–83 von *Heinrich Ferstel* in Formen ital. Renaissance. Die Universität 1365 von Hz. Rudolf IV. dem Stifter gegr. (→ Dr. Ignaz Seipel-Platz 1), Kriegsschäden (1944/45) bis 1953 behoben. ***Äußeres:*** Gewaltiger Baublock (161 x 133 m), der einen großen Arkadenhof (3300 m²) und 8 kleinere Höfe umschließt. Die *Hauptfront*★ der Ringstraße zugewandt, die *Fassade zur Reichsratsstraße* (Bibliothekstrakt) mit mehrfach erneuerten Sgraffiti. Die *Ringstraßenfassade* gekennzeichnet durch den Hauptmittelrisalit mit schiefergedecktem kuppeligem Mansardendach; die 4 Eckrisalite des Gebäudes tragen kleine Kuppeln. Der Mittelgruppe (Portikus mit giebelbekrönter Loggia) Freitreppe mit 2 seitlichen Rampen vorgelagert. Im vorderen Giebelfeld Reliefgruppe ›Geburt der Pallas Athene‹ von Josef Tautenhayn, bekrönt durch eine ›Viktoria‹ und 2 Sphingen; in der Loggia reich stukkierte Kassettendecke. Auf den Balustraden der Ringstraßenfront sowie auf den Eckrisaliten der Seitenfronten 38 Figuren, in Nischen der Eckrisalite Statuen, über diesen in kreisrunden Medaillons Köpfe berühmter Wissenschaftler. ***Inneres:*** Im Vordertrakt hauptsächlich Repräsentationsräume. Durch den Haupteingang gelangt man zuerst in die *Aula* mit 12 Monolithsäulen und *Kriegerdenkmal* für die in den beiden Weltkriegen gefallenen Studenten (von Josef Müllner); an den Wänden die ›Rektorenfasten‹ (Marmortafeln mit den Namen ehem. Rektoren, 1893). Die in beiden Trakten liegenden Stiegenhäuser erreicht man durch Vorräume (mit je 8 Monolithsäulen), die den Arkadenhallen des großen Hofs entsprechen. Der Raumaufteilung im Haus folgend links die *›Juristen-Stiege‹* (nach schweren Kriegszerst. nur in vereinfachten Formen wiederaufgebaut; am Oberende überlebensgr. Standbild Kaiser Franz Josephs I. von Caspar Zumbusch, 1886), rechts *›Philosophen-Stiege‹*. Im großen Hof, von Arkadengängen mit zahlreichen Professorendenkmälern umgeben, 1910 *Kastalia-Brunnen* von Edmund Hellmer aufgestellt. Die Denkmäler von bekannten Künstlern (neben Franz Xaver Messerschmidt und Johann Martin Fischer auch Franz Anton Zauner, Victor Tilgner und einige andere Ringstraßenbildhauer). Im 1. Stock über der Aula der 2 Gesch. einnehmende große Festsaal★ (mit Seitenlogen, zwischen denen Säulen stehen, die die Galerie stützen); beiderseits des Podiums Statuen Rudolfs IV. und Maria Theresias. Von den übrigen Repräsentationsräumen der *Kleine Festsaal*, der *Senatssaal* und das *Empfangszimmer des Rektors* zu nennen. Im Hintertrakt die *Universitätsbibliothek* (Lesesaal-Halle mit Glasdach) und das *Institut für österr. Geschichtsforschung*. Im Zuge des Wiederaufbaues in vielen Teilen des Gebäudes das über 7 m hohe Hauptgeschoß durch Zwischenböden unterteilt. ***Bedeutung:*** Älteste Universität im heutigen deutschen Sprachraum. Gutes Beispiel des monumentalen historisierenden ›Ringstraßenstils‹.

DR. KARL LUEGER-RING 2 1

Burgtheater Als kaiserl. Hoftheater 1874–88 nach Plänen von *Gottfried Semper* und *Carl Hasenauer* erbaut. Das neue Burgtheater ersetzte das alte, von Joseph II. 1776 zum ›Nationaltheater‹ erhobene Theater auf dem Michaelerplatz, das dem Ausbau der Hofburg zum Opfer fiel. Stilistisch an Sempers Dresdner Opernhaus anschließend, jedoch

Burgtheater: Nördl. Feststiege

größer. Außenbau in Formen der ital. Hochrenaissance nach den Baugedanken Sempers, das Innere mit üppiger barockisierender Dekoration eines der markantesten Beispiele für die Ausstattungen Hasenauers. ***Äußeres:*** Mächtiger, gegen die Ringstraße vorgewölbter Mittelbau mit 3achsigem geradem *Mittelrisalit*★. Auf der hohen Attika 18 m langes Basrelief ›Bacchantenzug‹ von Rudolf Weyr, darüber auf der Balustrade Kolossalgruppe ›Apollo und die Musen des tragischen und komischen Dramas‹ (Melpomene und Thalia) von Carl Kundmann. Oberhalb der Fenster des 1. Ranges im Mittelbau von Victor Tilgner geschaffene Kolossalbüsten (links: Calderon, Shakespeare, Molière; Mitte: Goethe, Schiller, Lessing; rechts: Halm, Grillparzer, Hebbel), darunter in den Zwickeln Gestalten aus den Dramen dieser Dichter von Rudolf Weyr. Zu beiden Seiten des Mittelbaues weit ausladende 2gesch. *Seitenflügel* (u. a. die beiden Logentreppen aufnehmend), an deren äußeren Enden Durchfahrten mit darüberliegenden Loggien. An den Stirnseiten der Flügeltrakte und an der Rückseite *Allegorien von Johannes Benk* mit Tugenden und Leidenschaften, die das Leben und das Drama beherrschen (Liebe und Haß, Heroismus und Egoismus, Demut und Herrschsucht); an den Seitenfassaden in Nischen: Prometheus und Genoveva von Josef Gasser, Hanswurst, Falstaff, Phaedra und Don Juan von Victor Tilgner. ***Inneres:*** *Verbindung von Logen- und Rangtheater.* Die Räume des Zuschauerhauses 1945 weitgehend durch Bomben zerst.; Neugestaltung des Zuschauerraumes z. T. aufgrund erhalten gebliebener konstruktiver Elemente von *Michael Engelhart.* Erhalten die prachtvollen *Feststiegen*★ in den Seitenflügeln mit Deckenmalereien von Gustav und Ernst Klimt, Franz Matsch u. a. Die Logentreppenhäuser gleichen einander (abgesehen vom plast. und maler. Schmuck) völlig. Auf den Mittelpodesten der Stiegenhäuser Büsten bedeutender Dichter. Im oberen Foyer Schauspielerporträts. ***Bedeutung:*** Bedeutendste Sprechbühne des deutschen Sprachraums.

DR. KARL LUEGER-RING 14 (Schottengasse 11) **1**

Ephrussi-Palais Die Ecke Ring – Schottengasse beherrschendes Gebäude, von *Theophil v. Hansen* 1872/73 für Ignaz R. v. Ephrussi erbaut. Bis zum 2. Weltkrieg von beachtl. Ensemblewirkung durch das anschließende Wohnhaus von Carl Tietz und das Doppelhaus Dr. Karl Lueger-Ring 10–12, beide in Fassadengestaltung und Gesimshöhe dem Palais angepaßt (das Eckhaus 1966 nach schweren Kriegsschäden durch einen architektonisch guten, aber denkmalpflegerisch wegen der gestörten Ensemblewirkung stark angefochtenen 7gesch. Stahlbeton-Skelettbau von *Carl Appel* ersetzt). ***Äußeres:*** 5gesch. Haus mit 2 um ein Stockwerk höher aufragenden Eckrisaliten. Das 3. und 4. Geschoß in roten Klinkerziegeln mit vorgestellten Pilastern, das 5. Geschoß (wie die 2 untersten) verputzt, mit vorgestellten Karyatiden. ***Inneres:*** Glasgedeckter Innenhof mit *Brunnen,* über diesem Terrakottafigur des Apollo. Portalanlage mit 4 Säulen, darauf Balkon. *Prunkstiege* zur Beletage.

DR. KARL RENNER-RING 1 **1**

Stadtschulratsgebäude, *ehem. Palais Epstein.* Erbaut nach Entwurf von *Theophil v. Hansen* 1870–73 in Formen ital. Renaissance für Gustav v. Epstein. Seit 1902 Staatsbesitz, bis 1922 Verwaltungsgerichtshof, nach 1922 Stadtschulrat, 1938–45 Reichsbauamt, 1945–55 Sowjet. Kommandanturgebäude. ***Äußeres:*** 4gesch. Baublock mit zurückhaltend gegliederten Fassaden, *Haupteingang* (mit Säulenvorbau und 4 riesigen Karyatiden von Vinzenz Pilz) gegen die Ringstraße. Das oberste Geschoß mit Terrakotta verkleidet; zwischen den Fenstern je 3 das Hauptgesims tragende *Hermenpilaster* (ebenf. von Vinzenz Pilz). An der Ringstraßenfront Gedenktafel für *Otto Glöckel,* der in den 20er Jahren entscheidende Schulreformen durchgeführt hat. ***Inneres:*** Glasgedeckter Innenhof mit *Hygieia-Brunnen* von Vinzenz Pilz, reich ausgestattete *Feststiege* mit gr. Säulen und Wandpilastern.

DR. KARL RENNER-RING 3 **1**

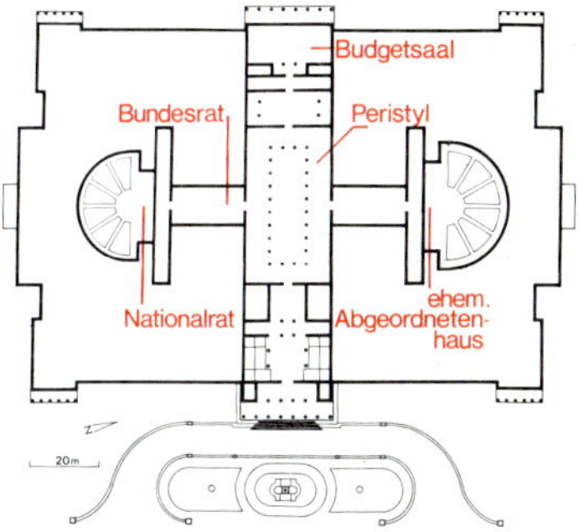

Parlament Erbaut 1873–83 nach Plänen von *Theophil v. Hansen* in hellenischen Formen, jedoch in durchaus eigenständigem Charakter. Mit 13.100 Quadratmetern überbauter Fläche eines der größten Ringstraßenbauwerke. 1945 durch Bomben schwer beschädigt, bis 1956 durch Max Fellerer und Eugen Wörle wiederaufgebaut. Früher Sitz des Abgeordnetenhauses und des Herrenhauses, seit 1918 *Sitz des Nationalrates und des Bundesrates.* ***Äußeres:*** 2gesch. Anlage um mehrere kleine Höfe, mit 4 pavillonartig vorspringenden Eckrisaliten und erhöhten Flügelbauten; auf beiden Seiten annähernd würfelförmige Saalbauten, zwischen beiden langgestreckter Giebelbau, Hauptfassade dem Ring zugewandt. Der *Mittelrisalit*★ monumental hervorgehoben durch geschwungene, doppelläufige Auffahrtsrampe mit Sitzfiguren von Philosophen und 8säuligem Portikus mit skulpturengeschmücktem Dreieckgiebel. Die

Flügelbauten haben an den Schmalseiten (Schmerlingplatz, Rathausplatz) Mittelrisalite mit Korenvorhallen. Das Erdgeschoß ist ungegliedert, das Hauptgeschoß mit korinthischen Säulen- und Pilasterordnungen. Die überhöhten Attikageschosse der *Saalblöcke* mit Reliefs, oben auf den Balustraden überlebensgr. Marmorfiguren bedeutender Griechen und Römer (insgesamt 60). Jede der Ecken von gewaltigem bronzenem Viergespann bekrönt. Im Giebelfeld des *Mittelportikus* Figurengruppe ›Kaiser Franz Joseph verleiht den 17 Kronländern die Verfassung‹ von Edmund Hellmer; im linken Giebelfeld ›Allegorie der Justiz‹ (von Hugo Haerdtl), im rechten ›Allegorie der inneren Verwaltung‹ (von Johannes Benk). Vor dem Mittelportikus auf den Rampen *8 antike Autoren,* links Griechen, rechts Römer (1900 aufgestellt): Herodot (von Karl Schwerzek), Polybius (von Alois Düll), Xenophon (von Hugo Haerdtl) und Thukydides (von Richard Kauffungen); Livius (von Josef Lax), Tacitus (von Karl Sterrer), Caesar (von Josef Beyer) und Sallust (von Wilhelm Seib). Am Beginn der Auffahrtsrampen zu beiden Seiten bronzene *Rossebändiger* von Josef Lax (1899). ***Inneres:*** Durch den Portikus mit 11,5 m hohen Säulen (Durchmesser 124 cm) zum *Haupttor,* das dem Athener Erechtheion nachgebildet ist. In der Vorhalle des Portikus *Bronzebüste Theophil v. Hansens* von Hugo Haerdtl. Das *Untere Vestibül* mit unterem Tor zur Durchfahrt; von hier 2 Prunktreppen ins *Obere Vestibül* im 1. Stock. In Wandnischen Nachbildungen bedeutender altgriechischer Skulpturen (Zeus, Hera, Athene, Apollon, Hephaistos, Ares, Poseidon, Hermes, Diana, Demeter). Kernraum des Hauses ist das *Peristyl,* eine Halle (41 x 25 m) mit 24 Monolithsäulen aus Marmor (korinthische Kapitelle mit reicher Vergoldung); 2 Säulen zerbombt und ersetzt. Im Inneren des Peristyls 2 Giebelgruppen von Hugo Haerdtl (›Vaterlandsliebe‹) und Karl Sterrer (›Einigkeit‹). – Der nördl. Saalblock enthielt *Abgeordnetenhaus* (im alten Bestand erhalten). Die Stirnwand, wie beim antiken Theater, von einer Säulenstellung eingenommen, darüber hoher Fries und Figuren-Giebel. Zwischen den Säulen 10 lebensgr. Marmorfiguren römischer Staatsmänner (Numa Pompilius, Cincinnatus, Quintus Fabius Maximus, Cato, Gajus Gracchus, Cicero, Manlius Torquatus, Augustus, Seneca, Konstantin). Der südl. Saalblock enthielt *Sitzungssaal des Herrenhauses.* 1945 völlig zerstört, danach in modernen Formen unter sparsamer Verwendung von Marmor neu errichtet; dient heute dem Nationalrat als Sitzungssaal. Von den übrigen Räumlichkeiten der *Empfangssalon* des Nationalratspräsidenten, *Sitzungssaal des Bundesrates* und *Budgetsaal* zu nennen. ***Führungen*** durch das Parlament werden (sofern keine Sitzungen stattfinden; in diesem Fall werden auf den Fahnenmasten vor dem Gebäude Flaggen aufgezogen) regelmäßig abgehalten (während der Sommermonate zwischen 10 und 16 Uhr zu jeder vollen Stunde). ***Bedeutung:*** Typisches Bauwerk des Historismus. Wiederbelebung griech. Architekturelemente, obwohl die Gesamtkonzeption des Baukörpers in Form eines großen Atriumhauses (als Verbindung der beiden Häuser des Parlaments) mit beherrschender Tempelform an der Ringstraßenfassade der Antike unbekannt war. Der Atriumbau sollte Würde und Monumentalität des Bauwerks unterstreichen. Die Wahl des Baustils liegt nicht nur im Lebenswunsch Hansens begründet, ein monumentales Gebäude dieser Stilrichtung zu bauen, sondern bezieht sich symbolhaft auch auf die Regierungsform der Demokratie, die in Griechenland ihren Ursprung hat; dabei ist zu berücksichtigen, daß Hansen voraussetzt, man könne eine Verbindung zwischen der griech. Polis und der konstitutionellen Monarchie erkennen (in Österreich gab es zur Bauzeit noch kein allgemeines Wahlrecht). Der Repräsentation zuliebe Beschränkung auf 2 Geschosse, wobei die Sockelfunktion des Unterteils durch die Rampe bes. hervorgehoben wird.

Parlament: Säulenhalle im Mittelbau

Pallas-Athene-Brunnen Nach Entwurf *Theophil v. Hansens* (1870) erst 1898–1902 erbaut. Bildhauerische Arbeiten *Carl Kundmann, Josef Tautenhayn* und *Hugo Haerdtl.* ***Beschreibung:*** In der Mitte einer großen Brunnenschale architekt. reich gestalteter Sockel mit allegorischer Darstellung der wichtigsten Flüsse der Monarchie: vorne Donau und Inn (von Haerdtl), hinten Elbe und Moldau (von Kundmann); an den Seiten auf Delphinen reitende Knaben (von Haerdtl). Weiter oben 2 allegorische Frauenfiguren, die gesetzgebende Gewalt (im Norden) und die ausübende Gewalt (im Süden) von Tautenhayn. Auf einer Säule mit hohem Phantasiekapitell stehende Pallas Athene von Carl Kundmann.

DOMGASSE 2 → Stephansplatz 5

DOMGASSE 3 → Schulerstraße 6

DOMGASSE 4 (Blutgasse 1) 1
Trienter Hof Urspr. Besitz des Erzstiftes Trient, dann des Wiener Bistums. Erbaut 1753–55 von *Johann Enzenhofer*, im 19. Jh. stark verändert. ***Äußeres:*** 5gesch. Bau mit leicht gebogener Front, Gliederung durch Bänderung im Erdgeschoß, Ortsteine und Hervorhebung des Mittelteils durch gebänderte Lisenen. Porträtmedaillon über dem Portal. Breite Einfahrt in geräumigen Hof.

DOMGASSE 5 (Schulerstraße 8) 1
Figarohaus (auch Camesinahaus). Jetziger Zustand auf Umbau 1716 durch A. S. Carove zurückgehend. Seit 1775 Besitz der Stukkateurfam. Camesina, der auch der bekannte Wiener Lokalhistoriker Albert Camesina R. v. San Vittore angehörte. Hier wohnte 1784–87 Wolfgang Amadeus Mozart und schrieb u. a. seine Oper ›Die Hochzeit des Figaro‹. Die Wohnung Mozarts zu einem Gedenkraum (→ S. 25) ausgestaltet (vom Hist. Museum der Stadt Wien betreut). ***Beschreibung:*** 5gesch. Gebäude mit ausgebautem Mansardendach. Fassade mit den für das späte 17. Jh. charakteristischen Rasterputzfeldern. In der Schulerstraße im 1. Stock Erker auf Konsolen. In der Mozart-Wohnung Kabinett mit reicher Stuckdekoration, wohl von dem Stukkateur Albert Camesina, zw. 1720 und 1740.

DOMGASSE 6 1
Ehem. Kleiner Bischofshof Erbaut 1760/61 vom dam. Besitzer, Baumeister *Mathias Franziskus Gerl*. ***Beschreibung:*** 5gesch. Gebäude mit großzügiger Fassadengliederung (Pilaster); über dem Mittelfenster im 1. Stock Kartusche mit türkischen Trophäen. Die Behauptung, daß sich in diesem Haus Koltschitzkys 1. Kaffeehaus befunden habe, ist hist. in keiner Weise haltbar (Koltschitzky starb übrigens Domgasse 8, im Trakt zur Grünangergasse).

DOMGASSE 7 (Schulerstraße 10) 1
Zum König von Ungarn Bau des 15. und 16. Jh., Fassade Ende 18. Jh., im Innern mehrfach verändert. Alter Einkehrgasthof.

DOMGASSE 10 → Grünangergasse 4

DONAUTURM 22
Anläßlich der ›Wiener Internationalen Gartenschau 1964‹ auf überwiegend unkultiviertem Brachland Donaupark angelegt; nach Schließung der Ausstellung öffentlich zugänglich, seither stark frequentierter Erholungsraum. Im Park 1962–64 unter der Gesamtleitung von Hannes Lintl (Statik Robert Krapfenbauer) von privater Seite ein 252 m hoher Aussichtsturm erbaut. In 169,4 m Höhe Aussichtsterrasse, von der aus (in 2 Etagen übereinander untergebracht) ein Restaurant und ein ›Wiener Kaffeehaus‹ erreicht werden können, die sich langsam um die Turmachse drehen; dadurch während des Aufenthalts Rundblick nach allen Himmelsrichtungen. Schnellift.

DOROTHEERGASSE 1
Ehem. Färberstraße, um 1300 urkundl. genannt (›unter den Verbern‹, Bezeichnung für den gegen den Graben zu gelegenen Teil der Gasse). Nach Gründung des Dorotheerklosters (→ Dorotheergasse 17) wandelte sich (spätestens 1414) der Name in Dorotheergasse. Im 16. Jh. von Hofwürdenträgern bevorzugt, gewann im 17. Jh. endgültig Charakter einer Hof- und Klostergasse, wurde im 18. Jh. zu einer der vornehmsten Palaststraßen der Stadt.

DOROTHEERGASSE 2–4 → Graben 11

DOROTHEERGASSE 9 1
Ehem. Palais Starhemberg Erbaut unmittelbar nach 1702, stilist. von *Domenico Martinelli* beeinflußt, 1720–24 umgestaltet; Fassade mit großer Pilasterordnung, Kapitellen und dekorativen Fensterumrahmungen in Anlehnung an das Liechtensteinpalais in der Roßau (9); Relieffelder zwischen den Geschossen weisen auf das Lobkowitzpalais hin.

DOROTHEERGASSE 10 1
Ehem. Palais Dietrichstein In der 2. Hälfte 17. Jh. erbautes Barockpalais, 1683 an Sigmund Gf. Dietrichstein, 1688 an Hartmann Fst. Liechtenstein. Typus einer Torumrahmung aus unterbrochener Rustika (17. Jh.), übrige Fassade Anfang 18. Jh. erneuert.

DOROTHEERGASSE 11 1
Ehem. Palais Nako In der 2. Hälfte des 18. Jh. erbautes Barockpalais (Portal aus der Bauzeit); Fassade klassizistisch mit gr. Pilasterordnung und Dreieckgiebel (um 1830). Im 18. Jh. unter den Besitzern des Palais die Familien Daun, Harrach, Dietrichstein, Esterházy, Kaunitz, 1820 Bernhard Frh. v. Eskeles, der es im Inneren gründlich renovieren ließ; in seinen Salons empfing Eskeles die vornehme Welt Wiens, v. a. Persönlichkeiten der Kunst und Wissenschaft. 1827 Besitz von Alexander Gf. Nako de Szent Miklos, seit 1936 Dorotheum (→ Dorotheergasse 17).

DOROTHEERGASSE BEI 16 1
Evangelisch-reformierte Kirche H.B. Erbaut 1783/84 von *Gottlieb Nigelli*. Grundlegende Umgestaltung 1887 durch *Ignaz Sowinski* (Bau der neobarocken Fassade mit Turm). ***Inneres:*** 2jochiger Saalraum mit Pendentifkuppeln, in den seitl. Nischen Emporen, in der Wölbungszone ornamentale Grisaillen. Altartisch (Ende 18. Jh.) und Kanzel klassizistisch (diese 1887 umorientiert, urspr. an der heutigen Eingangsseite gelegen). Im anschl. Pfarrhof Teile des ehem. Königinklosters (→ Dorotheergasse 18).

DOROTHEERGASSE 17
(Spiegelgasse 16) 1
Dorotheum Hier urspr. Kirche zur hl. Dorothea zwischen dem Augustinerkloster und dem Dorotheerhof. Die Kirche 1787 entweiht;

E

Türme abgebrochen, Außenfront ihres Schmuckes entkleidet und gleich dem Stiftsgebäude dem Versatzamt eingeräumt. Das Versatzamt, urspr. mit offiziellem Nachfrage- und Auskunftsbüro für kommerzielle Angelegenheiten (Fragamt) verbunden, 1707 von Josef I. begr., hatte zuletzt Sitz in der Annagasse; sein Gewinn kam dem städtischen Armenhaus zugute. 1898–1901 grundlegender Umbau nach Plänen Emil v. Försters unter Leitung von Sylvester Tonna, 1930 aufgestockt. ***Äußeres:*** Monumentalbau in barocken Formen. Im Hof des Neubaues, in der das Gebäude vom angr. Klosterneuburger Hof trennenden Abschlußmauer (›Kielmannsegg-mauer‹), Baureste und Grabsteine (meist 16. Jh.) aus der ehem. Dorotheerkirche.

DOROTHEERGASSE 18 **1**

Evangelische Kirche A.B. Von Elisabeth, Witwe König Karls IX. von Frankreich und Witwe Kaiser Maximilians II. 1581 gestiftet, 1582/83 als Klosterkirche der Klarissinnen (›Hl. Maria, Königin der Engel‹) von Hofbaumeister Jacob Vivian erbaut (›Königinkloster‹). 1782 Kloster von Joseph II. aufgehoben. Teil des Klosters erwarb Moriz Gf. Fries, der sich dort 1783/84 Palais erbauen ließ (→ Josefsplatz 5; Palais Pallavicini). Kirche mit Terrain des Frauenklosters der Augsburger Konfession zur Errichtung eines Bethauses käuflich überlassen (seit 1783 Ev. Kirche). ***Äußeres:*** Der gegen die Gasse gekehrte Chor der einstigen Klosterkirche wurde 1876 durch Umorientierung der Kirche nach Plänen von *Otto Thienemann* zur Hauptfassade umgestaltet. Fassade 1948 nach Kriegsbeschädigung erneuert. ***Inneres:*** Bmkw. kreuzförmiger Spätrenaissance-Raum (Wirkung durch spätere Emporeneinbauten beeinträchtigt). Tonnengewölbe mit aufgelegten Stuckrippen. *Hochaltar* Ende 18. Jh. (Holzaltar mit Bild ›Kreuzigung‹ von Franz Linder, 1783; Kopie nach van Dyck), davor Taufstein; hinter dem Altar 2gesch. Holzempore. Kanzel um 1820. *Sakristei:* Rest eines gemalten Fensters (1583). *Hof:* Querschiff-Fassaden mit spitzbogigen Fenstern und runden Blenden, Grabsteine 16.–18. Jh.

DUMBASTRASSE 3 **1**

Musikvereinsgebäude von *Theophil v. Hansen* 1867–69 für Gesellschaft der Musikfreunde erbaut; Umbau 1911. ***Äußeres:*** Nach 4 Seiten freistehendes, bis zu 4 Stock hohes Gebäude, Mittelbau die Seitenflügel um 1 Geschoß überragend; basilikale Anlage, frei gehandhabte Mischung antiker Bauelemente. Die Hauptfront (Haupteingang) mit vorkragendem Mittelrisalit wendet sich dem Künstlerhaus zu. Die Flügelbauten tragen rundum Balustraden aus Terrakotta mit Statuen. (von Franz Melnitzky u. a.). Die überwiegend in Rot gehaltenen *Fassaden* teils antikisierend, teils renaissancehaft gegliedert. ***Inneres:*** Von den Foyers führen 2 geradläufige Prunktreppen zu den Vorräumen des Großen Saals im Mitteltrakt. *Großer Saal* ★ mit

Musikvereinsgebäude, Großer Saal

prunkvoller Dekoration und wertvoller Decke; die Galerie von je 16 vergoldeten Karyatiden (aus getriebenem Blech nach Gipsmodellen von Franz Melnitzky) scheinbar getragen; Deckengemälde Apollo und 9 Musen von August Eisenmenger. In den Seitenflügeln *Brahmssaal* (Kleiner Saal) mit einer Brahmsbüste (von Trebst, 1897) und 2 Figurengruppen in den Giebeln sowie der *Kammersaal*. Im Foyer 4 überlebensgr. Statuen (von Vinzenz Pilz) und 4 Gipsbüsten bedeutender Musiker. ***Bedeutung:*** Bau im Stile ›griechischer Renaissance‹. Zentrum des Wiener Konzertlebens von internat. Rang.

EINWANGGASSE 30 **14**

Penzinger Pfarrkirche Zum hl. Jakob. Wiener Jakobskult möglicherweise seit dem 11. Jh. Nach der Sage 1190 holzgeschnitzte Jakobsstatue durch den Wienfluß angeschwemmt (später verloren). Für Penzing galten im Mittelalter dieselben Ablässe wie für die berühmte Jakobswallfahrt nach Campostela in Spanien. ***Geschichte:*** Urkundl. 1267 erstmals als Vikariat genannt, 1365 der Propstei von St. Stephan unterstellt. Während der 2 Türkenbelagerungen beschädigt, 1756 durch *Matthias Gerl* grundlegend umgebaut, im Laufe des 19. Jh. verschiedentlich restauriert. **Äußeres:** Spätgotische, urspr. 2schiffige Kirche mit Strebepfeilern und hohem Dach. *Turm* (nach Brand 1945) wieder mit Keildach anstelle des barocken Zwiebelhelms. ***Inneres:*** 3jochiges Langhaus mit Netzrippengewölbe und umlaufenden Emporen, die in Strebepfeiler eingespannt sind, breiter 1jochiger Chor mit Kreuzrippengewölbe. Im Zuge der Restaurierung nach dem 2. Weltkrieg alle barocken Zutaten entfernt. ***Beschreibung:*** *Hochaltar* mit Altarbild des Kirchenpatrons, des hl. Jakob (1776). 2 *Seitenaltäre* mit Altarbildern von Johann Höfel (links Kreuzigung, rechts hl. Dominikus; beide 1845). *Kanzel* klassizistisch (um 1780). *Orgel* von 1776. Das Orgelgehäuse zeigt Übergang vom Rokoko zum Klassizismus.

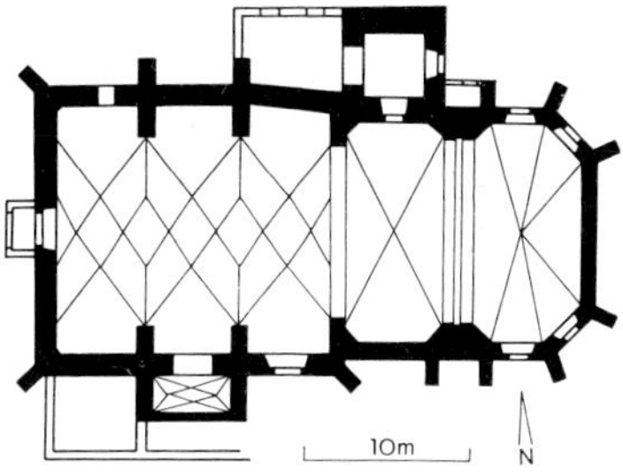

Grabmal der Barbara Rottmann 1812 von Carlo Finelli, einem Schüler Antonio Canovas; Theodor Körner widmete ihm das Sonett ›Vor dem Grabmal zu Penzing‹. An den Emporenbrüstungen 16 barocke Darstellungen aus der Passion Christi. *Seitenkapelle:* Im Zuge der Innenrestaurierung nach dem 2. Weltkrieg alte gotische Seitenkapelle wiederhergestellt und zugänglich gemacht; als Herz-Jesu-Kapelle in Verwendung. ***Lichtsäule:*** Vor der Kirche achteckige Lichtsäule mit gotischem Spitzdach, im Tabernakel der Gekreuzigte zwischen Maria, Johannes und 2 Engeln (15. Jh.).

ENGELSPLATZ **20**
Wohnhausanlage Nach Friedrich Engels benannte Wohnhausanlage der Gemeinde Wien, 1930–33 von *Rudolf Perco,* Schüler Otto Wagners, erbaut. Repräsentativ wirkendes ›Portal‹ zum Mitteltrakt der Anlage, das die Wagner-Schule bes. deutlich macht. Markantes Beispiel des Sozialen Wohnhausbaues am Ende der 1. Republik.

ERZHERZOG-KARL-PLATZ **2**
Franz v. Assisi-Kirche (Jubiläumskirche) Erbaut zur Erinnerung an 50j. Regierungsjubiläum Kaiser Franz Josephs I. nach Plänen von *Viktor Luntz* (1898–1913), Pfarr- und Trinitarierkirche; fertiggestellt unter Leitung August Kirsteins (ab 1900). ***Beschreibung:*** Basilikaler Werksteinbau in neuromanischem Stil, 2 Fassadentürme, Vierungsturm, reich gegl. Chor. 4jochiges basilikales Langhaus mit Kreuzgewölben, Vierung mit 8eckiger Pendentifkuppel, Apsis mit Umgang und Kreuzrippengewölben. Im nördl. Querschiff Kaiserin-Elisabeth-Gedächtniskapelle (Nachbildung der Aachener Pfalzkapelle). Einrichtung nur teilw. aus der Bauzeit. Hochaltar aus der Stiftskirche Seckau übertragen (1964). Links hölzerner Baldachinaltar (Jugendstil), beim Eucharistischen Weltkongreß (1912) verwendet, dahinter Bild der sel. Anna Maria Taigi, rechts barocker Tabernakelaltar.

FLEISCHMARKT **1**
Gehört zu den ältesten Verkehrswegen Wiens und wird bereits 1220 als »carnifices Wiennensis« erwähnt. Hier war nicht nur der älteste Marktplatz für Fleisch, sondern auch der älteste Sitz der Fleischhauer (1333 auch Innungshaus). Die Verkaufsstände übersiedelten 1282 auf den Lichtensteg. Das Aussehen der Gegend veränderte sich durch die Errichtung der Universität in der Nähe des Ostendes des Straßenzuges und durch Studentenhäuser. Im Hochmittelalter zahlreiche Stadthäuser vermögender Patriziergeschlechter (darunter viele Fleischhauer). Von Bedeutung wurde der Zuzug von Griechen, welche den Handel auf den Balkan und in die Levante in ihre Hand brachten (Griechenbeisel, → Fleischmarkt 11). Danach Entwicklung zu vornehmem Straßenzug mit barocken Wohnhäusern und Hotels (dar. ›Zum weißen Ochsen‹, Fleischmarkt 28, wo 1762 Vater Mozart mit seinen Kindern Wolfgang Amadeus und Nannerl, später auch Lessing, Liszt und Richard Wagner abstiegen).

FLEISCHMARKT 9 (Griechengasse 10) **1**
Wohnhaus *Zur Mariahilf.* Baukern 15./16. Jh., Trakt in der Griechengasse 16./17. Jh., Fassade und Portalbekrönung um 1700. 4gesch. gekrümmte Fassade mit gotischem *Erker,* der ebenso wie *Arkaden* im Hof und ein *Muttergottesrelief* mit Jesuskind noch vom urspr. Renaissancebau (16. Jh.) stammt. Durch *Schwibbogen* mit dem Haus → Fleischmarkt 11 verbunden; in der Griechengasse alte Prellsteine, an der Fassade zum Fleischmarkt bmkw. alte Tafel mit Verkehrsvorschrift für Fuhrleute.

FLEISCHMARKT 11 (Griechengasse 9) **1**
Griechenbeisel (*Zum roten Dachel,* urspr. Reichenbergerbeisel) Got. Baukern 15. Jh. (schmale, tiefe mittelalterl. Parzelle), Ausbau 17. Jh., Fassade 1709 bzw. 1784 (Umbau). *Spätgot. Erker* (zum Fleischmarkt) und die Fassade barockisiert; zwischen den Geschossen Ortsteine und Bänder, im Inneren Rundstiege. Im urspr. Reichenbergerbeisel (Stammlokal der Reichenberger Tuchhändler) soll der *Volkssänger Augustin* (bekannt als ›Lieber Augustin‹) häufig verkehrt und der Sage nach hier sein später sehr verbreitetes Lied »O du lieber Augustin« verfaßt haben (Hauszeichen!). Im 18. Jh. Bezeichnung Griechenbeisel. Im 19. Jh. als Gäste u. a. Wagner, Strauß, Brahms, Waldmüller, Grillparzer, Nestroy, Lueger.

FLEISCHMARKT 13 **1**
Griechische nichtunierte Kirche und Schule ›Zur hl. Dreifaltigkeit‹. Erbaut 1782–87 von *Peter Mollner.* 1858–61 durch einen in byzantinisierenden Formen gehaltenen Vorbau erweitert (Entwurf von *Theophil v. Hansen*). ***Äußeres:*** Fassade (Rohziegelbau) mit Wohntrakten (Schule) verbunden, oben 8seitiger Turm mit kuppeliger Haube. ***Inneres:*** 1schiffiger Raum mit Tonne und rechteckigem Chor. *Vorhalle* mit Wandgemälden von Carl Rahl (um 1860), ausgeführt von Eduard Bitterlich, Christian Griepenkerl und August Eisenmenger. *Fresken* von Ludwig Thiersch. *Ikonostasis* und übrige Einrichtung 2. Hälfte 18. Jh.

FLEISCHMARKT 15 1

Wohnhaus Geburtshaus des Malers *Moritz v. Schwind* (* 21. Jänner 1804, † 8. Februar 1871 in München). Erbaut 1718, 1783 von *Peter Mollner* umgebaut. 5gesch. Haus mit ausgebautem Giebelwalmdach über Hauptgesims, 5achsige reich dekorierte barocke Fassade (geschwungene und geknickte Fenstergiebel, im 1. und 2. Stock Kartuschen), im obersten Geschoß Lisenen; unter dem Gesims Ornamentstreifen. *Barockportal* mit *Madonnenrelief* in ornamentalem Rahmen.

FLEISCHMARKT 16 1

Wohnhaus Zur weißen Rose. Erbaut 1802–04 von *Franz Wipplinger*. 5gesch. Haus mit gebändertem Sockel, gut gegl. Fassade und reliefgeschmückten Halbkreislünetten über den Fenstern des 1. Stocks. Fenster des 1. und 2. Stocks mit geraden Verdachungen und teilw. mit Reliefs; vorspringendes Kranzgesims.

FLEISCHMARKT 18 (Wolfengasse 2) 1

Toleranzhaus Erbaut 1793, umgestaltet 1830 (von Ernest Koch?). 6gesch. Wohnhaus mit 11 Achsen, von denen 7 als Risalit leicht vorgezogen sind (reichere Gliederung, im 1. und 2. Stock Lisenen, im 3. und 4. Stock Pilaster, im 5. Stock Doppelkonsolen). Interessantes *Portal* (im Giebel des Fensters darüber Wappen). *Inschrift* über dem 3. Stock »Vergänglich ist dies Haus, doch Josephs Nachruhm nie, Er gab uns Toleranz, Unsterblichkeit gab sie!« Medaillon Josephs II.

FLEISCHMARKT 19 1

Hauptpostgebäude *Ehem. Dominikanerinnen-Kirche und Kloster* ›Zum hl. Laurenz‹. Joseph II. hob 1783 das Kloster auf, die Kirche wurde 1816–19 demoliert. Das gegenwärtige Gebäude entstand unter teilweiser Verwendung des Altbestandes. Nüchterner Bau mit figuraler Giebelplastik von Joseph Käßmann (um 1820).

FLEISCHMARKT 20–22 (Wolfengasse 1) 1

Wohnhaus Erbaut 1823–25 von Ernest Koch für den Bankier *Simon Georg Frh. v. Sina* (dessen Palais szt. Hoher Markt 8); er ließ als kgl. griech. Gesandter 1858 durch Theophil v. Hansen die Kirche der nichtunierten Griechen erbauen (→ Fleischmarkt 13). 5gesch. Gebäudekomplex mit Hauptfront zum Fleischmarkt, 2 Höfen und 2 Haustoren; Bänderung im 1. Stock, Halbkreislünetten über den Fenstern des 2. Stocks, 7achsiger Mittelrisalit mit reicherer Gliederung.

FRANZISKANERPLATZ 1

Der Platz vor der Franziskanerkirche, in dessen Mitte sich der Mosesbrunnen befindet, erst 1624 bei Gestaltung einer besseren Zufahrt zur Kirche entstanden. Dafür das Haus ›Zur blauen Lilie‹ demoliert, das bis dahin den Eingang zur Kirche blockiert hatte. Vom Franziskanerplatz gelangt man durch einen Torbogen in die → Ballgasse.

FRANZISKANERPLATZ 1

Franziskanerkirche Zum hl. Hieronymus. ***Geschichte:*** 1. Wiener Ordenshaus der Franziskaner zu St. Theobald im heutigen 6. Bezirk, 1451 von ital. Ordensbrüdern in Besitz genommen, während der Türkenbelagerung 1529 zerstört. Erst 1589 wurde ihnen das aus dem 14. Jh. stammende Büßerinnenkloster (erbaut 1383–87) samt der dabei liegenden Kirche ›Zum hl. Hieronymus‹ überlassen. Ließen anstelle des Büßerinnenhauses und ihnen geschenkweise zugekommener Häuser Kirche und Kloster erbauen. Am 14. August 1603 Grundstein zur neuen Kirche gelegt (Weihe 1611, Vollendung des Turms 1614). Errichtung des Klosters 1616–21 durch Abraham Mall. ***Äußeres:*** Kirche 1603–14 viell. von *Pater Bonaventura Daum* im süddeutschen Renaissance-Stil (vgl. München, St. Michael) mit gotischen Nachklängen erbaut. Turm östlich hinter dem Chor. Ein urspr. vorhandenes Querschiff abgetragen. Schlichte *Westfassade* mit Rund- und Spitzbogenfenstern, *Südfassade* mit strengem Portal Anfang des 17. Jh. und kleinem Turm. Am *Renaissancegiebel* Statuen und Obelisken, ganz oben Statue mit Symbol der Hl. Dreifaltigkeit (1604). *Portal* (Anfang 17. Jh.) durch Vorbau mit Statue des hl. Hieronymus (um 1750) verdeckt. ***Inneres:*** **A** Einschiffiger, langgestreckter Raum mit polygonalem Chorschluß. Gotischen Eindruck vermitteln die eingezogenen Strebepfeiler zwischen den Kapellen (auch im Chorschluß) sowie die Stuckrippen der Gewölbe; die sonstige Stuckierung an den Pfeilern und an der Orgelempore barock (18. Jh.).

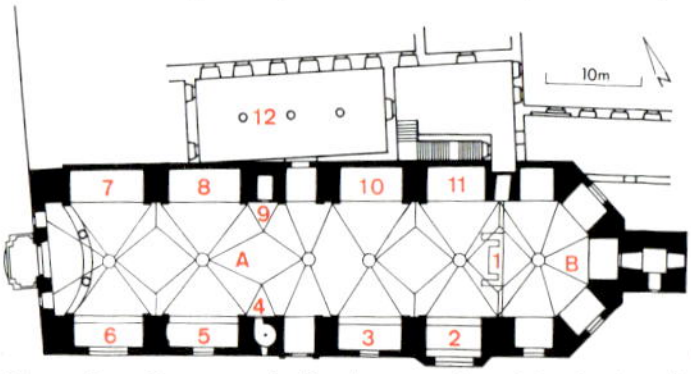

Beschreibung: **1** Bedeutender *Hochaltar*★ von Andrea Pozzo (1707) in Triumphbogenform; die vorderen Säulen plastisch, der hintere Teil illusionistisch gemalt, einen Baldachin vortäuschend. Gnadenbild am Altar qualitätvolle Holzfigur (Madonna mit Kind, um 1500), der Überlieferung nach aus Grünberg in Böhmen; eine Hacke in ihrer linken Schulter erinnert an den Versuch, sie während der Reformationszeit zu vernichten. Hinter dem Altar *Mönchschor* **B** (Zugang durch die Sakristei), in der Mitte *Barockorgel* von Johann Wöckerl (1643) mit teils gemalten, teils geschnitzten Flügeltüren (außen hl. Cäcilia, innen links Stigmatisation des hl. Franziskus, rechts hl. Antonius), links Marmorgrabmal für Dr. Stephan Engelmayr (gest. 1590) mit Relief ›Geißelung‹, rechts Marmorgrabmal für Kaspar Schönau (gest. 1525) mit Relief ›Jüngstes Gericht‹. Bmkw. Lesepult aus dem 17. Jh. *Rechte Seitenaltäre:* **2** Altar mit Bild ›Hl. Petrus v. Alcantara, verehrt von Kaiser Leopold I. und seiner Familie‹ von Matthäus Managetta (1672), davor ›Hl. Johann Nepomuk‹ (1672). **3** Altar mit Bild ›Kreuzigung‹ von Carlo Carlone (1. Hälfte 18. Jh.), Figuren Maria und Johannes, davor in Schrein barockes Vesperbild. **4** *Plastische Gruppe* ›Martyrium des hl. Johann Nepomuk‹ (1735). **5** Altar (Ende 17. Jh.) mit Bild ›Christus als guter Hirte‹ von Ignaz Heinitz v. Heinzenthal. **6** Altar (angebl. bez. 1674) mit Bild ›Hl. Antonius‹ von unbek. Künstler (2. Hälfte 18. Jh.). *Linke Seitenaltäre:* **7** Altar mit Statue des hl. Sebastian (Entwurf von Matthias Steinl?, 1696) und Aufsatzbild ›Maria Immaculata‹ in der Art des Johann Michael Rottmayr. **8** Altar von Matthias Steinl (1723) mit Bild ›Marter des hl. Johannes Capistran‹ von Franz Xaver Wagenschön und Statuen des hl. Georg und Florian. **9** *Kanzel* (1726). **10** Altar mit Bild ›Unbefleckte Empfängnis‹ und Aufsatzbild ›Engelsturz‹ von Martin Johann Schmidt (um 1725). **11** Franziskus-Altar mit Bild von Martin Johann Schmidt (1722). – Nördlich anschl. das **Franziskanerkloster,** an dessen Fassaden die Dekoration mit vertieften Kreisfeldern auffällt. Das sog. *Kapitelhaus* **12** im 17. Jh. zu einer 2schiffigen Kapelle umgestaltet.

FRANZISKANERPLATZ **1**
Moses-Brunnen Im Auftrag der Gemeinde Wien 1798 von *Johann Martin Fischer* errichtet. ***Beschreibung:*** Stufensockel mit 8eckigem Becken und darin befindlichem Vierkantsockel (an der Ostseite Tiermaske als Wasserspeier, an der Westseite Relief). Als Bekrönung Figur des *Moses mit Stab,* im Begriffe, aus dem Felsen Wasser zu schlagen.

FRANZ-JOSEFS-KAI (unterhalb der Ruprechtskirche) **1**
Lessing-Denkmal In der Grünfläche neben der zur Ruprechtskirche führenden Stiegenanlage stehendes überlebensgr. Bronzedenkmal für Gotthold Ephraim Lessing (1729–81) in idealisierter Darstellung von *Siegfried Charoux* (1. vom selben Künstler stammendes Lessing-Denkmal auf dem Judenplatz 1938 von den Nationalsozialisten entfernt); neu geschaffen 1962–68.

FREYUNG **1**
Platz vor der Schottenkirche (→ Freyung 6) hieß urspr. ›bei den Schotten‹; für den Teil gegen die Strauchgasse zu im 15. Jh. auch die Bez. ›auf dem Mist‹ und ›am Bühel‹, 1547 ›auf'm Steinfeld‹ belegt. Der Name ›Freyung‹, der sich im Mittelalter noch nicht nachweisen läßt, dürfte mit der 1181 dem Schottenstift verliehenen Befreiung von der landesfürstlichen Gerichtsbarkeit zusammenhängen. Die Freyung war lange Zeit Tummelplatz von Gauklern und Marktschreiern. 1721 produzierte sich hier auch Josef Stranitzky, der ›Wiener Hanswurst‹; 1772–1841 ›Christkindlmarkt‹. 1856 die Häuser, die zwischen der Freyung und dem Platz Am Hof nur eine schmale Gasse freigelassen hatten, demoliert.

FREYUNG **1**
Austria-Brunnen Errichtet von der Wiener Bürgerschaft zu Ehren Kaiser Ferdinands I., 1844–46, enthüllt 16. Oktober 1846. Bronzefiguren von *Ludwig Schwanthaler* (Guß von Ferdinand Miller in München). An dieser Stelle im 14. Jh. die von Jakob Chrust 1304 gestiftete Philipp- und Jakob-Kapelle, seit der 1. Türkenbelagerung als Pulvermagazin verwendet; 1648 abgebrochen. ***Beschreibung:*** Vierpaßförmiges Brunnenbecken auf Stufensockel, in dessen Mitte auf halber Höhe rund um eine von Eichen umrankte Säule 4 allegorische Figuren (Hauptflüsse der Monarchie: Donau, Po, Elbe, Weichsel), darüber als Säulenbekrönung Standbild der Austria mit Mauerkrone, Lanze und Wappenschild. Modell für die Austria soll Alma v. Goethe († 1844) gewesen sein.

FREYUNG 1 (Strauchgasse 2) **1**
Ehem. Palais Hardegg Anstelle von 2 älteren Häusern, 1694–97 im Besitz der Familie Kaunitz, 1806 der Grafen Metternich, wollte 1844 Franz Munsch, ein bekannter Gastwirt, ein Hotel erbauen. Hingegen ließ Gf. Hardegg nach Plänen der Architekten *Johann Romano* und *August Schwendenwein* 1847 palaisartiges Mietshaus erbauen. ***Bedeutung:*** Typ. Beispiel des Übergangs vom Palais zum Mietshaus.

FREYUNG 2 → Herrengasse 14

FREYUNG 3 **1**
Palais Harrach Nach 1690 (oder 1702?) für Ferdinand Bonaventura Gf. Harrach nach Entwurf von *Domenico Martinelli* erbaut oder umgebaut (vermutl. anstelle jener aus der 2. Hälfte des 15. Jh. stammenden Häuser, die zu Beginn des 17. Jh. zusammengebaut, jedoch 1683 durch Brand im Schottenkloster gänzlich zerst. worden waren). ***Äußeres:*** Starke Veränderungen seit der Bauzeit. Um 1725–30 an der Ecke zur Freyung Bau eines Pavillons nach Entwurf von Johann Lukas v. Hildebrandt. 1845 Entfernung der Giebel der Hauptfassade und Verbauung der Hoffassaden durch Franz Beer. Nach schweren Bombenschäden (1944) Wiederherstellung unter Rekonstruktion des barocken Zustands (1948–52); Pavillon abgetragen. Gliederung des Baukörpers durch Hervorhebung 2er Eckrisalite gegen einen 1gesch., etwas zurücktretenden Trakt, dessen Mitte durch Portal und Balkon betont wird. Schlicht gegliederte Front in der Herrengasse zeigt noch am besten die ältere Gestalt und weist deutlich auf den Zusammenhang mit dem Wiener Profanbau des späten 17. Jh. hin. ***Inneres:*** Querovale Einfahrt, prunkvoller Aufgang zu den Repräsentationsräumen im 1. Stock. Räume mit versch.farbiger Stuccolustro-Ausstattung, 1. Raum mit Panneaux von Johann Christian Brand, Galerie mit Deckenbild (1. Hälfte 18. Jh.). Kapelle (›Mariä Empfängnis‹, 1703 geweiht) mit Hochaltarbild ›Maria Immaculata‹ von J. Höfel (1815) und Decken-

fresko ›Maria Immaculata‹ in der Art des Johann Michael Rottmayr. Die bedeutende Gemäldegalerie, die sich lange Zeit im Palais befunden hatte, jetzt auf Schloß Rohrau (NÖ.).

FREYUNG 4 1

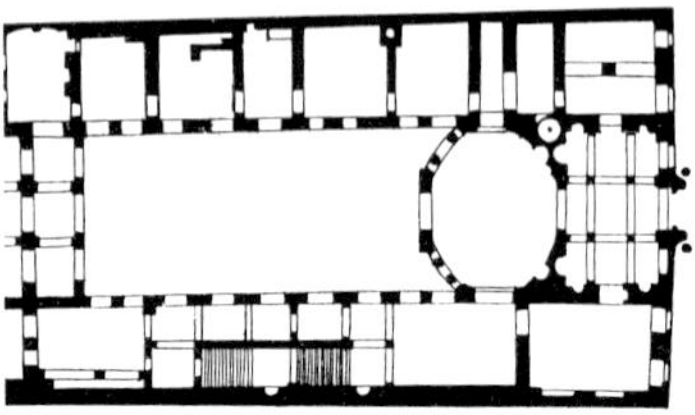

Palais Kinsky Reichsgraf Wirich Philipp Laurenz von und zu Daun ließ das Palais 1713–16 nach einem Entwurf von *Johann Lukas von Hildebrandt* anstelle von 2 alten Häusern erbauen; der Bauherr, unter Prinz Eugen, später dessen Nachfolger in Italien (1719–25 Stadtkommandant von Wien), starb hier 1741. 1705 im Palais sein Sohn Leopold Joseph geboren, siegreicher Feldherr unter Maria Theresia. Das Palais kam 1746 an Johann Joseph Reichsgraf Khevenhüller, 1784 an Gräfin (spätere Fürstin) Rosa Kinsky, in deren Salon sich das vornehme Wien traf. 1745–48 lag hier die Schweizer Leibgarde Maria Theresias. ***Äußeres:*** 7achsige Fassade★ mit 3 Geschossen und Mezzanin; die 3 Mittelachsen mit reich geschmücktem Portal (Fenster in der Achse mit Wappen mit einbezogen) und figurengeschmückter Attika bilden flach vorspringendes Zentralmotiv. Auffallend die ornamentierten Hermenpilaster. ***Inneres:*** Eingangshalle führt durch eine überkuppelte Halle zum

Palais Kinsky: Stiegenhaus

seitl. liegenden Stiegenhaus★. Bmkw. 2läufige Treppe mit Figurengruppen spielender Putten am Geländer. Das Hauptgeschoßpodest saalartig erweitert (umlaufende Galerie für das oberste Geschoß). Hervorzuheben die reichen Stuckdekorationen, Nischenplastiken und Deckenfresko ›Glorie eines Helden‹ von Marcantonio Chiarini; Scheinarchitekturen von Gaetano Fanti (1716). Im ovalen Hauptsaal über dem Vestibül Fresken und Deckengemälde von Carlo Carlone. ***Bedeutung:*** Einer der bedeutendsten Barockpaläste Wiens. Die Fassade eine Meisterleistung feiner Wandgliederung, Zeugnis der dekorativen Begabung des Architekten.

FREYUNG 6 1

Schottenkirche★ Benediktiner-Abtei- und Pfarrkirche ›Unserer Lieben Frau‹. ***Geschichte:*** Vom Babenberger Heinrich II. Jasomirgott als bayerischem Herzog (Privilegium minus, Niederlegung des bayr. Herzogtitels und Erhebung Österreichs zum Herzogtum 1156) irische Mönche aus St. Jakob in Regensburg nach Wien berufen (Irland hieß im Mittelalter auch Neuschottland, daher Bez. Schottenkloster); überließ ihnen ausgedehnten Grundbesitz vor den Mauern im Nordwesten der Stadt und stattete das Kloster mit zahlreichen Pfarreien aus (darunter St. Ruprecht, St. Peter und Maria am Gestade). Bald nach 1155 Bau der Kirche begonnen, Ostteil 1177 vollendet; um 1200 Schlußweihe. In Anlehnung an die Regensburger Kirche St. Jakob 3schiffige romanische Pfeilerbasilika mit wenig vortretendem Querschiff und Vierungsturm, größer in seinen Dimensionen als heutige Kirche. Nach Stadtbrand 1276 frühgotische Westfassade, spätestens 1317 vollendet. Seit 1310 Klosterschule nachweisbar. 1418 Stift im Einvernehmen mit Papst Martin V. deutschen Benediktinern der Melker Reform übergeben; der Name ›Schottenstift‹ allerdings bis heute erhalten. 1443 durch Erdbeben beschädigt, 1446–49 Neubau eines gotischen Chores, 1449–54 jener des Mittelschiffs und des Querhausgewölbes. In der Folge auch die Altartafeln für den gotischen Hochaltar in Auftrag gegeben (→ **1**). Der Einsturz des Vierungsturmes (1637) führte zur Abtragung des gotischen Chores. Danach Neubau der Kirche auf den romanischen und gotischen Mauern begonnen (1638–41); Errichtung des Chores und des dahinterliegenden Ostturms unter Leitung von Carlo Antonio Carlone und Marco Spazzio. Bei dieser Gelegenheit Umbau der alten Krypta zu weitläufiger Gruft. Unmittelbar danach 1643–48 unter Leitung von Andrea d'Allio d. Ä. und Andrea d'Allio d. J. sowie (seit 1645) von Silvestro Carlone Umbau des Langhauses und der Westfassade zu heutiger Gestalt; Veränderungen 1692–94 durch Erneuerung des Ostturmes und 1732 durch Erneuerung der Westtürme, die lange unvoll. blieben und 1893 mit den heutigen Helmen abgeschlossen wurden. Reste des romanischen Baues

B. Bellotto: Auf der Freyung, um 1760

seitl. des Presbyteriums in der *›Finsteren Sakristei‹* **12** und in der *›Romanischen Kapelle‹* **(13)** erhalten, u. zw. Teile des nördl. und südl. Seitenschiffs (Pfeiler und Wandvorlagen aus dem letzten Viertel des 12. Jh.). ***Äußeres:*** Trotz der zahlreichen baulichen Veränderungen ein geschlossenes Ganzes. 2gesch. durch Gesimse und Pilaster gut gegliederte Westfassade mit angedeutetem, giebelbekröntem Mittelrisalit (an seiner Spitze kreuztragender Engel von Josef Breitner), den die beiden Türme nur leicht überragen. Fassadenfelder durch bandartige Pilaster gerahmt. Westportal 1652 von Bartholomäus Kohl (darüber in der Nische Marienfigur von Tobias Kracker, 1651). Südfront urspr. nur durch Lisenen gegliedert, erst 1892 zu Seitenfassade ausgestaltet; Figuren auf der Balustrade Glaube, Hoffnung, Liebe. Am südl. Querschiff Denkmal für Herzog Heinrich II. Jasomirgott von Josef Breitner (1893). ***Inneres:*** Eindrucksvoller 3jochiger barocker Saal mit basilikalem Querschnitt, Tonnengewölbe mit Gurten und Stichkappen, zu beiden Seiten je 3 tiefe Kapellen mit darüberliegenden Oratorien, wenig vorspringendes Querschiff, eingezogenes Eingangsjoch mit Orgelempore und ebenfalls eingezogener 2jochiger Chor (mit geradem Schluß). Dekoration und Ausstattung von *Heinrich Ferstel* im Auftrag von Abt Ernest Hauswirth 1883–89 teilw. verändert (Ersatz der barocken Altäre durch solche im Stil der Renaissance unter weitgehender Beibehaltung der Altarbilder). Wände teilw. mit Stuccolustro verkleidet; Stucchi aus der 2. Hälfte des 17. Jh. in den Seitenkapellen, im Querschiff, am Triumphbogen und im Chor von Andrea Bartilotti (Bartolotti?). *Deckengemälde* im Langhaus (**A** Gründung des Klosters, **B** Anbetung durch die Hirten, **C** Beweinung Christi, **D** Auferstehung Christi) und in der Vierung (**E** Hl. Benedikt vor Maria) von Julius Schmid (1887–89). ***Beschreibung:*** **1** *Hochaltar* von Heinrich Ferstel (1883) mit Innsbrucker Glasmosaik (Maria mit Heiligen) von Michael Rieser. (Vom ehem. gotischen Hochaltar 19 der urspr. 24 Tafeln der Flügel in der Galerie des Schottenstifts verwahrt; auf der um 1469 entstandenen Tafel *›Flucht nach Ägypten‹*★ im Hintergrund Ansicht der Stadt Wien von Süden, ältestes Abbild der Stadt, das topographisch verwertbare Hinweise auf das Aussehen Wiens im 15. Jh. gibt). Am *Triumphbogen* Altäre mit Bildern von Joachim v. Sandrart: **2** links ›Kreuzigung Christi‹ (1654), **3** rechts ›Abschied der Apostel Petrus und Paulus‹ (1652). **4** *Linker Querschiffaltar* (19. Jh.) mit altem Bild ›Himmelfahrt Mariä‹ von Tobias Pock (um 1655). Über dem Tabernakel des Altares älteste marianische Gnadenstatue Wiens (um 1250), das hochverehrte Gnadenbild der Wiener Schottenabtei. **5** *Rechter Querschiffaltar* mit Bild ›Martyrium des hl. Sebastian‹ von Tobias Pock (um 1655). **6** Einfache Kanzel (um 1883/87). *Linke Seitenaltäre:* **7** Altar mit Bild ›Hl. Gregor‹ von Georg Bachmann (1652). **8** Fresko ›Hl. Wolfgang‹ von Tobias Pock, um 1655 (letzter Rest der urspr. malerischen Ausstattung der Kirche). **9** Altar

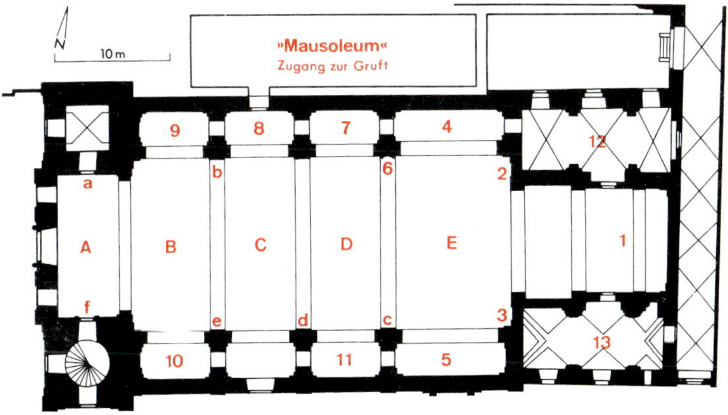

F

(1883–87) mit Bild ›Martyrium der hl. Barbara‹ von Johann Schmidt d. Ä. (1659). *Rechte Seitenaltäre:* **10** Altar mit Bild ›Hl. Anna‹ von Jeronimus Joachims (1659). **11** Altar mit Bild ›Tod des hl. Benedikt‹ von Tobias Pock (1654). Von den zahlreichen *Grabdenkmälern* sind bes. hervorzuheben: **a** Hölzerner Totenschild des Frh. Philipp Friedrich v. Breuner († 1638). **b** Grabdenkmal für Leopold Graf Windisch-Graetz († 1746) mit bmkw. Metallfiguren trauernder Frauen. **c** Grabdenkmal für Wolfgang Andreas Orsini-Rosenberg († 1695) von G. Vilsecker, Metallguß von Kaspar Kippo. **d** Grabdenkmal für den Verteidiger Wiens während der 2. Türkenbelagerung (1683), Ernst Rüdiger Graf Starhemberg († 1701), wahrsch. nach Entwurf von Joseph Emanuel Fischer v. Erlach (um 1725); der Sarkophag in der Gruft. Die Verkörperung der Stadt Wien mit der Mauerkrone hält den Schild mit dem Bildnis des Verteidigers und wird von einem Engel mit dem Lorbeer bekränzt. Zu ihren Füßen unter Fahnen und Trophäen ein gefesselter Türke. **e** Grabdenkmal für Ludovicus Andreas Graf Khevenhüller († 1744) von Jakob Schletterer. Am Turmaufgang **f** Grabdenkmal der Familie Windisch-Graetz (1780). *Besichtigung:* Die Kirche ist in den Sommermonaten von 12 bis 16 Uhr, in den Wintermonaten von 12 bis 15 Uhr geschlossen. In der 1959/60 zu einer monumentalen **Gruftkirche** mit einem dem hl. Josef geweihten Sarkophagaltar **(A)** aus Salzburger Marmor gestalteten Krypta befinden sich **(B)** die Grabstätte Hz. Heinrichs II. Jasomirgott (Gründer der Kirche), seiner Gattin Theodora und Tochter Agnes (**C** alter Zinnsarkophag des Herzogs), **(D)** der Sarg des Malers Paul Troger (?), das Grabmonument Georg Friedrichs v. Schickh **(E)** und das Grabmal für Ernst Rüdiger v. Starhemberg **(F)**.

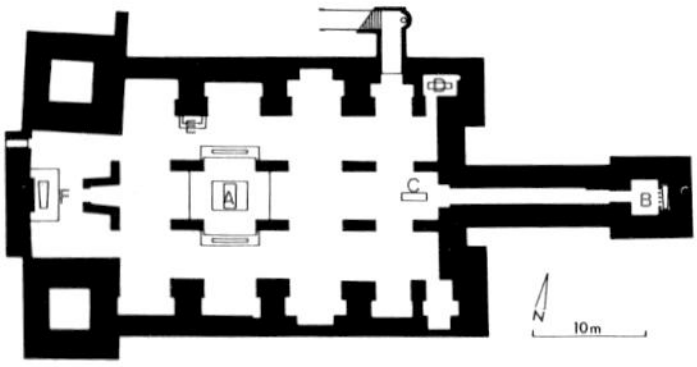

Schottenstift Ähnlich der Kirche auch beim Stiftsgebäude mehrere Umbauten. Aus uneinheitl. mittelalterlichem Komplex erst im 19. Jh. der heutige ›Schottenhof‹ entstanden: Unter Abt Andreas (1807–31) erbauten *Josef Kornhäusel* und *Josef Adelpodinger* 1826–32 anstelle des gotischen Kreuzganges neues Konventgebäude (Aula und Johannes-Kapelle im Erdgeschoß, eindrucksvolle 2gesch. Bibliothek mit Tonnengewölbe auf Säulen und Exedra, mit Fresken von Weiner und Reliefs von Joseph Klieber [alleg. Darst. der Wissenschaften und Künste, 1830/31]) in klassizistischem Stil, statt der Wirtschaftsgebäude ein 3stockiges weitläufiges Mietshaus. Im 1. Stock *Gemäldegalerie:* Hier die 19 Tafeln des ehem. gotischen Hochaltars vom sog. Schottenmeister, dar. ›Flucht nach Ägypten‹ mit Südansicht der Stadt und ›Heimsuchung‹ mit Darst. einer Parallelgasse der Kärntner Straße). Prälatensaal mit Stuckdekoration von Peregrinus Postel, Plastiken von Jakob Schroth. ***Kulturelle Bedeutung:*** *Gemälde des sog. Schottenmeisters* in der Gemäldegalerie (Hochaltar), älteste Beschreibung Wiens (›Lobspruch der Stadt Wien‹) vom Schottenschulmeister Wolfgang Schmeltzl (1547); *Schottengymnasium* (seit 1807), an dem Söhne großer Adelshäuser (wie Liechtenstein, Schwarzenberg, Hohenlohe u. a.) ebenso studiert haben wie Viktor Adler, Johann Strauß, Johann Nestroy, Ferdinand v. Saar, Moritz v. Schwind, Julius Wagner-Jauregg u. a. (Gedenktafel).

FREYUNG 7 **1**
Schubladkastenhaus Prioratshaus des Schottenstiftes, im Volksmund so benannt wegen seiner angeblichen Ähnlichkeit mit einem in der damaligen Zeit gebräuchlichen Möbelstück. 1773/74 von *Andreas Zach* auf e. T. des bereits 1751 aufgelassenen Klosterfriedhofs ›Im Vogelsang‹ erbaut. Zu ebener Erde bis 1807 die Klosterschule, im 1. Stock wohnte der Prior. ***Beschreibung:*** 5gesch. Gebäude, dessen Fassade durch eine 2 Stockwerke umfassende Sockelzone in eine für die Elemente der Säulenordnung notwendige Proportion gebracht wurde. Bes. glückliche architekt. Lösung dieser Art. Josef Kornhäusel folgte bei der Fassade des Schottenstifts (→ Freyung 6) dem Vorbild Zachs.

FRIEDRICH-SCHMIDT-PLATZ **1**
Friedrich-Schmidt-Denkmal Am Nordende der Parkanlage hinter dem Rathaus. Denkmal für den Erbauer des Rathauses, Dombaumeister *Friedrich v. Schmidt* (1825–91), von *Edmund Hofmann* (Architektur von *Julius Deininger*), aufgestellt 1896 in der Mitte des Parks, während des 2. Weltkrieges entfernt und 1951 an seinem heutigen Standort wieder aufgestellt.

FRIEDRICH-SCHMIDT-PLATZ 3 **8**
Bundesamt für Eich- und Vermessungswesen Vormals Militärgeographisches Institut. Erbaut 1840–42 von *Franz v. Mayern* und *Johann Straberger* (mit kl. Sternwarte), 1861/62 Aufstockung um 1, teilw. um ein 2. Geschoß, 1870/71 Neubau des Turms und der Dachbalustrade. 5gesch. Gebäude, über den beiden unteren (Rustikaimitation) Kordongesims; Mittelrisalit mit 4 kannelierten Lisenenpfeilern, über dem Hauptgesims Balustrade; in der Mitte turmartiger Pavillon mit Kuppel und Globus (2,4 m Durchmesser), auf dem Turm Uhr, darunter (kaum erkennbar) Kepler-Relief.

FRIEDRICHSTRASSE 12 **1**
Secession Von *Joseph Maria Olbrich* 1897/98 als Ausstellungsgebäude für die 1897 gegr. ›Vereinigung bildender Künstler

Österreichs Secession‹ errichtet. 1964 grundlegend restauriert. ***Äußeres:*** Strenger, kubischer Baukörper mit eigenwilliger Bekrönung durch eine sich über der eckigen Tornische erhebende kugelige *Mittelkuppel* aus eisernen, vergoldeten Lorbeerzweigen. Die Ornamentik trägt wesentlich zur Gestaltung der Kuppel und der Reliefs der Flachpfeiler bei, ist aber ganz untraditionell. Die *Metalltüren* entwarf szt. Gustav Klimt, der führende Maler der Secession. ***Inneres:*** In der Vorhalle vergoldete Stuckreliefs von Adolf Böhm. Innenräume heute stark verändert. ***Bedeutung:*** Eines der wesentlichsten Werke des Jugendstils um 1900, den Weg der neuen Architektur kennzeichnend (Reduzierung auf klare Kuben, Ornament zur Betonung architektonischer Gedanken).

Marc-Anton-Gruppe In der Parkanlage neben der Secession 1901 provisorisch (!) aufgestelltes Bronzebildwerk von *Artur Strasser*, urspr. für die Pariser Weltausstellung geschaffen. ***Beschreibung:*** Rechteckiger Sockel, darauf Triumphwagen mit 3 Löwen als Gespann, dahinter ein weiterer Löwe; Kaiser Marc Anton auf dem Wagen sitzend (fälschlich oft als Marc Aurel bezeichnet!).

FÜRSTENGASSE 2 — 9

Palais Liechtenstein Gartenpalais in der dam. Vorstadt Roßau, im Auengebiet der noch unregulierten Donau (in der heutigen Porzellangasse floß ein Donauarm). Seit 1689 befaßte sich *Domenico Martinelli* mit Planung eines Gartenpalais für Johann Adam Andreas Fürst Liechtenstein, seit 1696 leitete er den Bau. Hauptbau 1704 im Rohbau vollendet, 1705–11 Nebengebäude, 1711 am Nordende des Parks ein Gartenbelvedere nach Plänen von *Johann Bernhard Fischer v. Erlach*, an dessen Stelle *Heinrich Ferstel* bis 1875 einen neuen Gartenpalast erbaute (Alserbachstr. 14–16). Das Hauptgebäude Sitz des Österr. Bauzentrums. ***Äußeres:*** Monumentaler 3gesch. Hauptbau mit 13achsiger *Hauptfassade*★ bzw. Gartenfront und 7achsigen Seitenfronten mit je 2 weit vorspringenden Eckrisaliten und zurückgestuften Mittelteilen. Die 2 Obergeschosse durch gr. Pilasterordnung zusammengefaßt. Die Hauptfassade mit 5achsigem, etwas erhöhtem Mittelrisalit betont, dessen 5 gr. vergitterte Arkadenöffnungen zum Vestibül führen. ***Inneres:*** Von der 5achsigen Durchfahrt *(Sala terrena)* gelangt man in 2 *Stiegenhäuser* mit 2läufigen marmornen Prachttreppen, die in das 1. Stockwerk führen. In der *Sala terrena* 26 Freskomedaillons (Mythologische Szenen und Allegorien) von Johann Michael Rottmayr (1705–08). In den Treppenhäusern Statuen von Jakob Philipp Prokop (›Freundschaft‹ und ›Wohltätigkeit‹). In der Mitte des Obergeschosses *Marmorsaal*★ mit Halbsäulenordnung und eingelassenen Supraportenbildern; das bmkw. Deckenfresko (›Apotheose des Herkules‹) von Andrea Pozzo (1704-08), die Stuckdekorationen von Santino Bussi. 6 Deckengemälde in *Bibliothek und Archiv* (Alleg.-mytholog. Szenen) von Rottmayr (1705–08). Die ehem. hier aufbewahrte Bibliothek, das Archiv und die sehr bedeutende Kunstsammlung heute in Vaduz. ***Bedeutung:*** Einer der schönsten Vorstadtpaläste Wiens aus der Zeit nach der 2. Türkenbelagerung. Heute Sitz und Ausstellungen des Bauzentrums.

GEORG-COCH-PLATZ 2 — 1

Postsparkassenamt Erbaut von *Otto Wagner* 1904–06, erweitert 1912. Hier auf den Resten der alten Dominikanerbastei bis 1898 die nach 1848 in Auftrag gegebene Franz-Josephs-Kaserne. ***Äußeres:*** Bestimmend die Granit- und Marmorplattenverkleidung mit auffallender Nietung. Schlichte, schmucklose Fassaden; lediglich der 7achsige Mittelteil mit 5türigem *Haupteingang* (zur Ringstraße) setzt architekt. Akzent. An den Ecken oben 2 Aluminiumfiguren von Othmar Schimkowitz (Genien), Mittelteil der Attika durch dekoratives Motiv von Kränzen hervorgehoben. ***Inneres:*** Großer *Kassensaal* in noch heute modern anmutender Gestaltung (Umbau 1974/75). ***Bedeutung:*** Eines der Hauptgebäude Wiens im Stil der Secession, charakterisiert durch völlige Sachlichkeit und kubische Architekturform im Äußeren, strengen Funktionalismus im Inneren.

GEYMÜLLERGASSE 1 — 19

Pötzleinsdorfer Schloß Heute Jugendgästehaus der Stadt Wien. Der Bankier Johann Heinrich Geymüller kaufte 1797 Schloß und ließ es vollständig erneuern. Aus dem Schloßgarten der Vorbesitzerin, Philippina Gräfin Herberstein durch Einbeziehung und Bepflanzung des Nordabhangs des Schafberges mit Hilfe des Kunstgärtners des Fürsten Rasumofsky, Konrad A. Rosenthal, zu einem der schönsten Parks engl. Charakters in Wien gestaltet. Einzelne Bauwerke aus der Entstehungszeit erhalten (Alxinger-Stein, Gedenkstein für den Dichter Johann Baptist v. Alxinger, einen Nachahmer Wielands; Gartenhäuser in Tempelform; 4 Attikastatuen vom ehem. Ringtheater; barockes Schmiedeeisengitter am Parkeingang). Der letzte Besitzer von Schloß und Park, der Großindustrielle Leo Schmidt, vermachte den Besitz der Gemeinde Wien, die den Park (Flächenausmaß über 33 ha) der Öffentlichkeit zugänglich machte. Nach dem 2. Weltkrieg das Schloß nach Plänen von *Roland Rainer* zu Jugendgästehaus umgestaltet (1949/50).

GLORIETTEGASSE 14–16 — 13

Haus Primavesi Villa von *Josef Hoffmann*, erbaut 1913–15. ***Äußeres:*** Große, symmetrisch aufgebaute Villa, unter Heranziehung von Bildhauern ausgestaltet (Plastiken von *Anton Hanak)*; bemerkenswert die einheitl. Durchbildung aller Details. ***Bedeutung:*** Kostbarstes aller Hoffmann-Häuser in Wien, mit klassizistischen Anklängen (Giebel, säulenartige Gliederungen).

G

GRABEN 1

Durch Hinausrücken der Stadtmauern am Ende des 12. Jh. der *Graben des Römerlagers* in die Stadt einbezogen bzw. zugeschüttet und verbaut. 1294 erstmals erwähnt, 1295 auch als *Marktplatz* genannt. Die Besiedlung ging vom neuen Herrenviertel nächst der Burg aus. Seit dem 14. Jh. stets Standort versch. Märkte. Im 15. Jh. Brotbänke und Fleischbänke, im 17. Jh. Gemüsemarkt (*›Grüner Markt‹*). Seit Ende des Mittelalters entstanden *vornehme Bürgerhäuser*, 1455 ließ die Stadt einen Brunnen errichten. Ein neuer Mittelpunkt im 17. Jh. die von Kaiser Leopold I. 1679 gestiftete *Dreifaltigkeitssäule* (Pestsäule). Eine wesentl. Veränderung seines Charakters erhielt der Platz durch Inanspruchnahme bei Abhaltung kirchlicher und höfischer *Feste* (u. a. Erbhuldigungszüge und Fronleichnamsprozessionen). Unter Maria Theresia und Joseph II. Mittelpunkt des großstädtischen Lebens. Aus der Barockzeit allerdings nur Palais Bartolotti-Partenfeld (*→ Graben 11*) erhalten. Später hier bekannte Kaffeehäuser. In den folgenden Jahrzehnten verschwanden die beiden begrenzenden Baublöcke gegen den Kohlmarkt (nach 1840) bzw. gegen den Stock-im-Eisen-Platz (nach 1866), wodurch der Graben seinen Platzcharakter weitgehend einbüßte. Die wesentlichsten Veränderungen der Zeit bis zum 1. Weltkrieg betrafen den Grabenhof (→ Graben 14–15) und den Neubau des Trattnerhofes (Graben 29–29a); dieser wurde 1911 von Rudolf Krausz anstelle des vom Hofbuchdrucker und Buchhändler Johann Thomas Edl. v. Trattnern 1773–76 errichteten Palais erbaut (gleichzeitig entstand die gleichnamige Passage zwischen den beiden Neubauten). Im alten Hof hatten u. a. 1784 Wolfgang Amadeus Mozart und 1883/84 (gemeinsam in einem Studentenzimmer unter dem Dach) Hermann Bahr und Hugo Wolf gewohnt. Seit November 1971 ist der Graben Fußgängerzone.

J. C. Hackhoffer: Graben mit Pestsäule, 1705

GRABEN 1

Pestsäule (Dreifaltigkeitssäule) Aufgrund eines von Kaiser Leopold I. während der Pestepidemie 1679 abgelegten Gelübdes noch im selben Jahr von *Joseph Frühwirth* errichtet; urspr. hölzerne Säule mit 9 Engelsfiguren am Sockel und einer bekrönenden Dreifaltigkeitsgruppe. 1682 an ihrer Stelle marmorne Säule in Auftrag gegeben, Ausführung *Matthias Rauchmiller*. Nach seinem Tod 1686 von *Johann Bernhard Fischer v. Erlach* weitergeführt; architekt. Grundgedanke von Fischer in seinem Auftrag vom Theateringenieur Lodovico Burnacini Entwurf für die Wolkenpyramide. 1687 das von Fischer v. a. im unteren Teil veränderte Projekt angenommen (reinigte den bereits begonnenen Sockel von allem Beiwerk, schmückte ihn nur durch Reliefs und ließ damit die Architektur allein wirken), der obere Teil unter Leitung *Paul Strudels* von diesem und anderen Bildhauern ausgeführt. 1693 Säule geweiht. ***Beschreibung:*** 3gesch. Sockel in Form dreier radial gestellter Flügel, darüber eine aus Wolken aufsteigende schlanke 3seitige Pyramide, von der Hl. Dreifaltigkeit gekrönt. Mit zahlreichen Figuren, Reliefs, Wappen und Inschriften geschmückt, die alle in Zusammenhang mit der Dreieinigkeit stehen. Das komplizierte ikonographische Programm vom Jesuitenpater *Franciscus Menegatti*, dem späteren Beichtvater des Kaisers. An den Seitenflächen des Sockels in 2 Absätzen je 6 von Fischer beg. und von Johann Ignaz Bendl vollendete Reliefs, über diesen Embleme von Joseph Frühwirth. Darstellungen auf den *unteren Reliefs*: Schöpfung, Pest in Wien, Passahfest, Letztes Abendmahl, Sintflut, Pfingstwunder. Darstellungen auf den *oberen Reliefs*: Himmelskugel mit Tierkreis und Gestirnen, Erdkugel mit den 4 Winden, Lamm Gottes mit der Osterfahne, von Cherubim getragener Kelch mit Hostie, mit eherner Rute auf die Gesetzestafeln zeigende Hand Gottes, geflügeltes flammendes Herz. An den Stirnflächen der 3 Flügel des Unterbaues die Wappen Österreichs, Ungarns und Böhmens, darüber Engel mit entrollten Pergamenten, auf denen die Worte ›Deo Patri Creatori‹, ›Deo Filio Redemptori‹ und ›Deo Spiritui Sanctificatori‹. Auf der Wolkensäule selbst in 3 Absätzen je 3 große Engelsfiguren mit versch. Attributen, die Engelschöre verkörpernd; im oberen Teil kleinere Engel bis hinauf zu der hochentrückt auf Wolken thronenden Dreifaltigkeit. Vor der reliefgeschmückten Sockelzone an der Südseite Figurengruppe *›Der Glaube besiegt die Pest‹*★ von Paul Strudel, darüber betend Kaiser Leopold I. (ebenfalls von Strudel). ›Tücher‹ aus Kupferblech mit lat. Widmungsschrift, die der Kaiser selbst verfaßt haben soll, hängen vom Kordongesims des Unterbaues herab. Von Strudel selbst auch die bekrönende Dreifaltigkeit aus feuervergoldeter Bronze (nach seinem Modell vom Augsburger Johann Kilian gegossen). Als einziger Künstler an der Säule inschriftl. verewigt. An der Ausführung des figuralen Schmucks neben Strudel, Rauchmiller und Frühwirth auch Tobias Kracker und Matthias Gunst beteiligt. ***Bedeutung:*** In der Verschmelzung von Festlichkeit und Monumentalität ein glänzendes Beispiel der architekt. Plastik des Hochbarock.

GRABEN 10 (Spiegelgasse 2) **1**
Wohnhaus Späterer Bau *Otto Wagners* (1894); konstruktiv-technisch durchdachtes Gebäude mit vorgehängter Glasfassade in den Sockelgeschossen und Atelier im Dachaufbau (urspr. für Wagner selbst bestimmt, dzt. von Friedensreich Hundertwasser benützt).

GRABEN 11 (Dorotheergasse 2–4) **1**
Palais Bartolotti-Partenfeld Entwurf für die Hauptfront in der Dorotheergasse (1720) stilist. *Johann Lukas v. Hildebrandt* zuzuweisen (4. Geschoß später). Akzent liegt auf hübschem *Barockportal.* Im rechten Stiegenaufgang interessante Johannes von Nepomuk-Statue. Wandgliederung zeigt dekorativ-zeichnerischen Stil Hildebrandts, der sich bei bürgerl. Wohnhausbauten des Architekten zu dieser Zeit (Täubelhof → Annagasse 8; Märkleinsches Haus → Am Hof 7) wiederfindet; Verzicht auf Pilastergliederung, dekoratives Hauptgewicht auf Fensterbekrönungen. 1967 stilgerechter Umbau des Erdgeschosses. ***Bedeutung:*** Übertragung des Palazzo-Stils der Stadtpaläste auf das große Wohnhaus kündigt Verbreitung der architektonischen Kunst Hildebrandts an. Einziger erhaltener Barockbau des 18. Jh. am Graben.

GRABEN 14–15 **1**
Grabenhof Erbaut 1874–76 nach Plänen von *Otto Wagner und Otto Thienemann.* Mit seinen Ecktürmen und der Gliederung des Baukörpers Verbindung zur Architektur Theophil v. Hansens. Ecke Bräunerstraße stand bis 1874 eines der schönsten Renaissancegebäude des 16. Jh., das ›Arkadenhaus‹ mit rundbogigen Arkaden und schöner Schneckenstiege im Hof.

GRABEN 21 **1**
Sparkassengebäude Verwaltungsgebäude der Ersten österr. Spar-Casse, erbaut 1835–38 von *Alois Pichl.* 5gesch. Gebäude, dessen 3 Obergeschosse durch Pilaster (an den Hausecken und den Begrenzungen des 9achsigen Mittelrisalits) zusammengefaßt werden, zugleich Basis eines Dreiecksgiebels. Die Obergeschosse nehmen nach der Höhe zu ab und werden im Rahmenwerk der Fenster anspruchsloser. Sparkassenmuseum. ***Bedeutung:*** Typ. Bau für die Architektur des Neoklassizismus im Vormärz. Zu vergleichen mit der architekton. Auffassung Kornhäusels beim Schottenhof (→ Freyung 6), der seinerseits auf Zachs Schubladkastenhaus (→ Freyung 7) zurückgeht. In beiden Fällen das Giebelmotiv zur Unterstreichung eines neuen soziologischen Status des Bürgertums benützt.

GRIECHENGASSE **1**
Name nach den im Mittelalter in dieser Gegend wohnenden griechischen Kaufleuten. Im Hof des mehrfach umgebauten Hauses **Nr. 4** (Steyrerhof) gotischer Wappenstein mit Inschrift (1476), **Nr. 7** im Hof got. Wohnturm.

GRIECHENGASSE 5 **1**
Griechische nichtunierte Kirche Zum hl. Georg. Erbaut 1803 unter Bauleitung *Franz Wipplingers.* ***Äußeres:*** 1898 verändert (Hinzufügung des Giebels mit der Plastik des hl. Georg). ***Inneres:*** Flachgedeckter saalartiger Raum mit Orgelempore und Kuppel mit Laterne. *Ikonostasis* mit Reliefs (um 1780) und Ikonen (1. Hälfte 19. Jh.), im Sanktuarium und Vorraum Ikonen (18. und 19. Jh.).

GRIECHENGASSE 9 → Fleischmarkt 11

GRIECHENGASSE 10 → Fleischmarkt 9

GRINZING **19**
Bekanntester Teil des Bezirkes Döbling, bis 1892 selbständige Vorortgemeinde. Ortschaft reicht ins 12. Jh. zurück (1. urkundl. Erwähnung 1114). Damals bereits blühendes Dorf, in dem mehrere Bistümer und Klöster Besitzungen hatten. Das alte *Ortsbild* (um dessen Bewahrung man derzeit von öffentl. Seite sehr bemüht ist) weitgehend erhalten (alte Gebäude aus dem 16. und 17. Jh.). Bes. malerisch das *›Alte Haus‹ (Himmelstraße 35)* und der Hof des Hauses *Kobenzlgasse 9.* Von hist. Interesse der *›Trummelhof‹ (Kobenzlgasse 30),* alter Edelsitz des Geschlechts der Grunzingen, unter den Babenbergern landesfürstliches Eigentum. Heutiges Aussehen durch Freiherr Managetta von Lerchenau (Wappen oberhalb des Eingangstores). ***Bedeutung:*** In aller Welt als typ. Wiener ›Heurigenort‹ bekannt.
Grinzinger Pfarrkirche (Himmelstraße 2) Zum hl. Kreuz. 1426 von der Gemeinde Grinzing erbaut, später barockisiert, erst 1783 Pfarre. Mit ihrem Zwiebelturm bildet die Kirche einen markanten Punkt im Ortsbild. Die Einrichtung neugotisch, Wandbilder von Franz Tomaschu. ***Bedeutung:*** Typ. spätgotische Landkirche.

GRINZINGER STRASSE 64 **19**
Beethoven-Grillparzer-Haus Erbaut Ende 18. Jh., 2gesch. mit 3 Fenster breiter Gassenfront; feine Lisenen- und Feldergliederung, Segmentbogentor mit Keilstein. Hier wohnten 1808 (?) Ludwig van Beethoven und Franz Grillparzer zur selben Zeit (Gedenktafel). Beethoven schuf in diesem Landhaus u. a. die ›Pastorale‹.

GROSSE PFARRGASSE 15 **2**
Leopoldskirche 1670 wurden die Juden (erst 1625 in Getto im dam. Unteren Werd, heute Leopoldstadt, angesiedelt) auf Betreiben der Gattin Kaiser Leopolds I., der span. Prinzessin Margareta Theresia, ausgewiesen. Anstelle der Synagoge 1670/71 vermutl. von

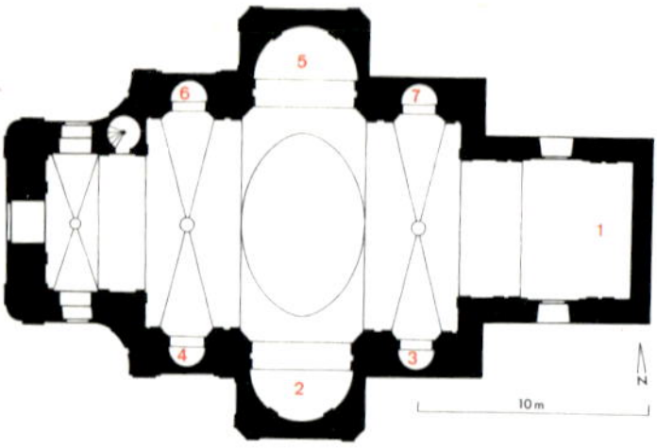

Carlo Canevale eine dem Landespatron, dem hl. Leopold, geweihte Kirche erbaut, die der ganzen Vorstadt Namen gab. Nach starker Beschädigung während der 2. Türkenbelagerung (1683) 1722–24 nach Entwürfen von *Anton Ospel* Neubau (Weihe erst 1779). Bombenschäden des 2. Weltkrieges 1946–61 behoben. ***Äußeres:*** Breiter Fassadenturm mit barockem Turmhelm, zu Seiten Steinfiguren (hl. Florian, hl. Leopold; 2. Hälfte 17. Jh.), bis 1776 an der Kirche Am Hof. ***Inneres:*** Kreuzförmiger Grundriß aus tonnengewölbtem Langhaus mit quadrat. Chor und 2 seitl. angeordneten Kapellen; Schnittpunkt durch Ovalkuppel betont. Am *Hochaltar* **(1)** freie Kopie des Altomonte-Gemäldes ›Hl. Leopold als Beschützer Wiens‹ von Hans Alexander Brunner. Über dem Tabernakel Gnadenbild ›Maria, Trösterin der Betrübten‹, Nachbildung des Gnadenbildes in der Kaiserkapelle der Kapuzinerkirche (von Wolfgang Karl Hauer). Am Triumphbogen kaiserlicher Doppeladler. Am *rechten Seitenaltar* **(2)** gr. barocke Kreuzigungsgruppe mit Johannes und Maria, beiderseits kleine Altarnischen: die linke **(3)** Johannes d. T. geweiht (Bild von Johann Georg Schmidt), die rechte **(4)** dem hl. Florian (Bild von Matthias Mölk, 2. Hälfte 18. Jh.). Am *linken Seitenaltar* **(5)** Altarbild ›Himmelfahrt Mariä‹ (von Otto Rüdenauer, 1963), beiderseits ebenf. kl. Altarnischen: links **(6)** Bild des hl. Bruders Klaus von der Flüe (von Lucia Jirgel), davor Kopie des Gnadenbildes der Schmerzhaften Muttergottes aus der Alserkirche; rechts **(7)** Altarbild ›Hl. Johannes von Nepomuk‹ (von Johann Georg Schmidt). Neue *Orgel* von Ferdinand Holzer. In der *Vorhalle* Statuen des hl. Antonius (rechts) und des hl. Judas Thaddäus (links) von Franz Barwig.

GROSSE PFARRGASSE 19 **2**
Wohnhaus Baukern 17. Jh., Fassade 1736, Grabendach, Hauszeichen; im Stiegenhaus barocker Johannes v. Nepomuk. ***Bedeutung:*** Im Baukern letzter Rest der Gebäude im Leopoldstädter jüdischen Getto (1625–1670).

GRÜNANGERGASSE 1 **1**
Neubergerhof Seit 1331 Besitz des steiermärk. Zisterzienserstiftes Neuberg (Geschenk der Herzoge Albrecht und Otto des Fröhlichen), im 16. Jh. Sitz bekannter Wiener Buchdrucker (Aquila, Zimmermann, Steinhofer). Unter Joseph II. Kloster aufgehoben, 1790 Privatbesitz. Altbau 1796 von Ernest Koch grundlegend verändert, 1846–48 von Ignaz Lossl aufgestockt und adaptiert. 1805 wohnte hier der franz. Marschall Oudinot; am 28. Dez. 1805 den Wienern von hier aus der Friede von Preßburg verkündet. ***Beschreibung:*** 5gesch. Gebäudekomplex mit glatter Fassade und modern verändertem Erdgeschoß. Portal im Charakter des 17. Jh. (mit Wappen). Einfahrtshalle und behäbiges Stiegenhaus.

GRÜNANGERGASSE 4 (Domgasse 10) **1**
Palais Fürstenberg Erbaut um 1720 in der Art des *Johann Lukas v. Hildebrandt.* ***Äußeres:*** 4gesch. 7achsige Hauptfront mit rustiziertem Sockelgeschoß (bmkw. die stark vergitterten Fenster), reichen Fensterumrahmungen in den Obergeschossen und prächtigem Portal (Windhunde als Portalplastik). ***Inneres:*** Eingangshalle mit Deckenstucchi und Kamin (mit Reliefbildnis Josephs II.) 2. Hälfte 18. Jh. Treppenhaus mit Steinplastiken (Venus, Merkur, Minerva, Herkules) in der Art des Georg Raphael Donner. Hauptsaal mit barocker Stuckdecke (allegorische Darstellungen). ***Bedeutung:*** Sockelgeschoß mit rustikaartigen Struktur- und Diamantquadern von der röm. Palastarchitektur abhängig, ab 1. Stock typ. Hildebrandtsche Wandgliederung.

GRÜNANGERGASSE 8 (Sackgasse 3) **1**
Zum grünen Anger Seit 1458 hier das Bäckergewerbe heimisch (›Kipfel- oder Bäckerhaus‹). Das 4gesch. Haus nach 1705 für Hans Fischer erbaut; Fischer erzeugte mürbe Kipfel, ein im 18. Jh. noch seltenes Luxusgebäck. ***Äußeres:*** Fensterumrahmungen mit Putzfeldern verbinden die Fenster in der Vertikalen, an den Ecken Ortsteine; Portal mit geschwungener Bekrönung, darüber Hauszeichen (Relief mit alten Gebäckformen).

GRÜNANGERGASSE 10 **1**
Zum grünen Anker Erbaut 1784. 5gesch. Gebäude mit einfacher Fassadengliederung (Gesimse und Plattendekor bei den Fenstern). Altes Gasthaus.

GUMPENDORFER STRASSE bei 109 (Ecke Brückengasse) **6**
Gumpendorfer Pfarrkirche Zum hl. Ägidius. ***Geschichte:*** 1244 in Gumpendorf erstmals eine dem Jagdpatron, dem hl. Ägidius, geweihte Kapelle urkundl. erwähnt. Die romanische Kapelle an einen älteren Westturm aus Quadersteinen mit eingestreuten römischen Inschriftsteinen aus der Zeit Trajans angebaut. Lage am Steilrand gegen den Mühlbach (Nebenarm des Wienflusses)

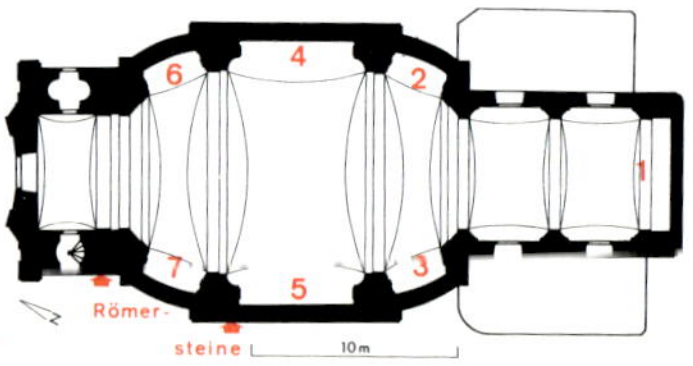

spricht für einen ehem., an einer Furt durch die Wien gelegenen römischen Wachtturm. Zwischen 1239 und 1353 an das romanische Langhaus gotischer Chor angebaut. Nach Zerst. 1529 wieder aufgebaut. Die heutige Kirche nördl. der alten 1765–70 nach Entwürfen des Hofarchitekten *Franz Sebastian Rosenstingl* erbaut, 1792 nach Plänen von *Josef Reymund* die Hauptfassade an der Nordseite und der Turm hinzugefügt, der das Aussehen der Kirche prägt. Die urspr. dem Zisterzienserstift Baumgartenberg inkorporierte Kirche (1360), 1678 an das Wiener Schottenstift; seit 1946 von den Eucharistinern betreut. ***Äußeres:*** Eintürmige, leicht konkav geschwungene Fassade mit gr. Pilasterordnung, längsovaler Baukörper mit abgeflachten Seiten. An der Fassade 2 Steinstatuen des hl. Josef und des hl. Leopold von Steinmetz Fögalle (1825). Im Sockel an der Westseite 2 eingemauerte Bruchstücke einer monumentalen röm. Inschrift. ***Inneres:*** Ovaler Hauptraum, seitl. je 3 seichte Nischen, 2jochiger, gerade abschließender Chor, Eingangsjoch mit Orgelempore. ***Beschreibung:*** **1** *Hochaltar* von Joseph Klieber und Baumeister Lechner (1826), die Plastiken Dreifaltigkeit, Petrus und Paulus von Klieber, die 2 Engel unter der Leitung von Franz Anton Zauner; Tabernakel von Anton Högler (1808). Altargemälde von Joseph Abel (1800): Die Verherrlichung des hl. Ägidius, der den Benediktinerhabit trägt. Künstlerisch am bedeutendsten die Altarblätter der *Seitenaltäre:* **2** Altar ›Jesus bei Maria und Martha‹ (1771), mit Bild von Theodor Jachimowicz (1838); darunter ein kl. Bild ›Hl. Josef‹ von Martin Johann Schmidt. Altar ›Unbefleckte Empfängnis Mariens‹ (1779), mit Bild vom ›Kremser-Schmidt‹; links die um 1540 entstandene Gnadenstatue ›Unsere liebe Frau von Gumpendorf‹. **4** Altar ›Taufe Christi‹ (1780), mit Bild vom ›Kremser-Schmidt‹; darunter ›Hl. Anna‹ vom ›Kremser-Schmidt‹; 2 Statuen (hl. Josef und hl. Michael) und 4 Reliefs (Maria bei Elisabeth, Maria mit Jesus und Johannes, Johannes predigt am Jordan, Enthauptung des Johannes) an den Pfeilersockeln von Johann Georg Dorfmeister. **5** Altar ›Christus am Kreuz‹ (1782) von Josef Redl (1802); darunter Maria-Hilf-Bild (Kopie nach Lukas Cranach); 2 Statuen (Maria und Johannes) und 4 Reliefs (Ölbergszene, Geißelung, Dornenkrönung, Kreuztragung) an den Pfeilersockeln von Dorfmeister. Klassizistische *Kanzel* nach Entwurf von Adam Vogl (1803). Orgel von Friedrich Deutschmann (1812), spätbarocke Kirchenbänke. Über den Beichtstühlen Gemälde von P. Cosmas de Castrofranco **(6)** (›Hl. 3 Könige‹) und Jan Erasmus Quellinus **(7)** (›Hl. Franz Xaver als Wundertäter‹, 1661), letzteres aus der Schwarzspanierkirche. ***Bedeutung:*** Am 1. Juni 1809 hier (während der Besetzung Wiens durch Napoleon) die Einsegnung des am 31. Mai 1809 verst. Joseph Haydn vorgenommen. Bedeutend u. a. die Gemälde vom ›Kremser-Schmidt‹.

HAMERLINGPLATZ 5–6 **8**

Handelsakademie 1905 von *Wunibald Deininger* für die Wiener Kaufmannschaft erbaut. ***Äußeres :*** Repräsentatives Gebäude mit reich gegliederter *Fassade*★, i. G. zur schmuckfeindlichen Tendenz der Zeit. Keramik-Reliefs bilden zusätzl. Schmuck.

HAYDNGASSE 19 **6**

Wohn- und Sterbehaus Joseph Haydns Erbaut 1793, im selben Jahr von Joseph Haydn erworben, 1794/95 aufgestockt und 1797 bezogen. 2gesch., 9 Fensterachsen (Plattenrahmung bei den Fenstern). Haydn lebte hier mit seinem Diener Josef Elßlor (Vater der berühmten Tänzerin Fanny Elßler) bis zu seinem Tod (31. Mai 1809). In diesem Haus entstanden u. a. die Oratorien ›Die Schöpfung‹ (1798) und ›Die Jahreszeiten‹ (1801). Im Haus Haydn-Museum des Hist. Museums der Stadt Wien → S. 25.

HEILIGENSTÄDTER STRASSE 82–92 **19**

Karl-Marx-Hof Erbaut 1927–30 von *Karl Ehn.* Die über 1 km lange Anlage enthält 1325 Wohnungen. ***Äußeres:*** In der Mitte der Straßenseite ein gr., eingezogener Hof, an dessen Rückfront die Hauptfassade mit Türmen über riesigen Bogen-Durchfahrten bes. Akzente setzt. Der gesamte Bau von eigenwilliger, spätexpressionistischer Gestaltung. ***Bedeutung:*** Repräsentativste Wohnhausanlage der Gemeinde Wien aus der Zeit der 1. Republik. Typ. Beispiel der in den 20er Jahren üblichen ›Superblockbauweise‹. Bedeutendes Beispiel expressionist.-kubist. Baustils.

Sämann von *Otto Hofner* (1929), überlebensgr. Bronzefigur in der Gartenanlage vor dem Mitteltrakt.

HELDENPLATZ **1**

Als die Franzosen 1809 Wien verließen, sprengten sie die militärisch längst bedeutungslos gewordene Burgbastei. Nach längeren Überlegungen entschloß man sich, das Terrain vor der Burg als Erholungsraum zu erschließen. Im Zuge dieser Arbeiten entstand auch ein neues äußeres Burgtor. Der *Heldenplatz*★ urspr. nach Entwurf von Ludwig

Remy 1819–23 angelegt. Damals entstanden das Cortische Kaffeehaus (1820 nach einem Entwurf von Pietro Nobile), der Theseustempel im Volksgarten (1820–23 ebenfalls nach einem Entwurf von Pietro Nobile errichtet) und der dem Kaiserhaus reservierte → Burggarten (angelegt 1818). Siehe auch → Burg (D Leopoldinischer Trakt, I Kongreßzentrum, K Neue Burg). Prächtiger Rundblick. **Erzherzog-Carl-Denkmal** An der Westseite des Platzes stehendes *Reiterstandbild* aus Bronze von *Anton Dominik Fernkorn* auf einem von Eduard van der Nüll gestalteten Steinsockel. Inschrifttafeln und ein reich ausgebildeter Sims mit Wappenkartuschen erinnern an die Feldzüge des Erzherzogs, der durch seinen Sieg über Napoleon in der Schlacht bei Aspern am 21./22. Mai 1809 weltberühmt wurde. Das Denkmal hätte am 50. Jahrestag der Schlacht bei Aspern enthüllt werden sollen, doch trat wegen der Kriegsereignisse des Jahres 1859 eine Verzögerung um ein Jahr ein. **Prinz-Eugen-Denkmal** An der Ostseite des Platzes (bei der Neuen Burg) stehendes *Reiterstandbild* aus Bronze von *Anton Dominik Fernkorn* auf einem von Eduard van der Nüll gestalteten Steinsockel. Inschrifttafeln erinnern an die militärischen Erfolge des Prinzen Eugen, an der Sockelrückseite das Savoyerwappen mit Löwen. Das Denkmal wurde am 202. Geburtstag Eugens, am 18. Oktober 1865, enthüllt. **Burgtor** Zur Erinnerung an die Völkerschlacht bei Leipzig errichtet, 1821 von *Luigi Cagnola* begonnen, 1824 von *Pietro Nobile* vollendet und am 18. Oktober feierlich eröffnet. 1933/34 unter der Regierung Dollfuß von Rudolf Wondracek zu Ehren der Gefallenen des 1. Weltkrieges zu *Heldendenkmal* umgestaltet. Der Krieger in der Krypta, die Köpfe an der Ehrenstiege und die Wappen im Ehrenraum u. a. von Wilhelm Frass; in der oberen deckenlosen Halle Kunststeinschnitte mit Themen der Geschichte der österreichisch-ungarischen Armee von Herbert Dimmel und Leopold Schmid. ***Äußeres:*** Wuchtiges Tor von festungsartiger Wirkung mit dorischer Säulenordnung und Ziegelmauerwerk. Das Tor trägt den Wahlspruch des Kaisers Franz ››Justitia regnorum fundamentum‹‹ (››Gerechtigkeit ist das Fundament der Herrschenden‹‹).

HERRENGASSE **1**

Schon in der Römerzeit bekannter Verkehrsweg (Teil der röm. Limesstraße), urkundl. erstmals 1216 erwähnt. Noch im 15. Jh. die Strecke zwischen Freyung und Lobkowitzplatz (damals Schweinemarkt) als *Hochstraße* bez. Nach Zuzug des Adels und nachdem die Stände (›Herren‹) 1513 hier das Landhaus *(Herrengasse 13)* erbaut hatten, Name in Herrengasse geändert. Anstelle des heutigen Hochhauses *(Herrengasse 8)* bis 1913 das Liechtensteinpalais, in dem seit 1872 der *Bösendorfer-Konzertsaal* war. Hier traten Liszt, Rubinstein, Hellmesberger, Bülow u. v. a. erstrangige Künstler auf.

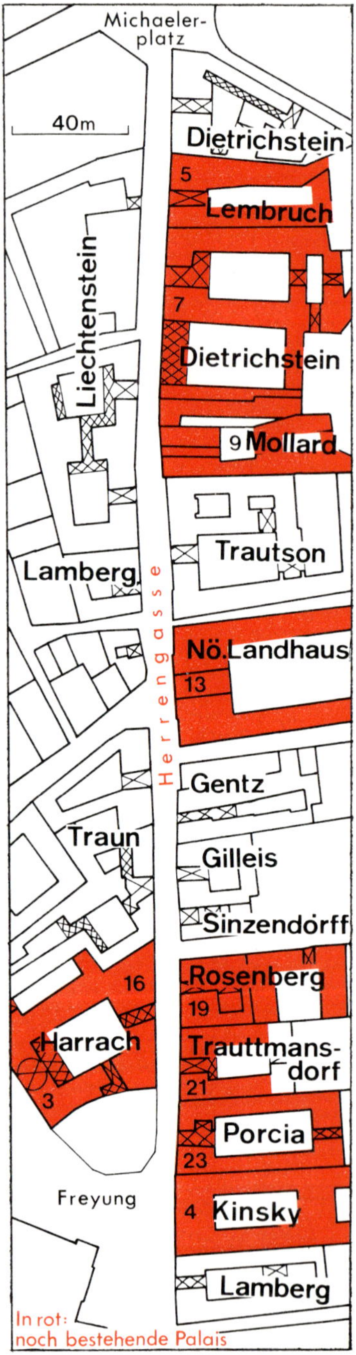

HERRENGASSE 1–3 (Schauflergasse 2) 1
Ehem. Herberstein-Palais Erbaut 1897 von *Karl König* (anstelle eines älteren Gebäudes aus dem Jahre 1815). Im Vorläuferbau befand sich ein halbes Jahrhundert (1847–97) das berühmte *Literatencafé Griensteidl,* in dem sich u. a. auch die Vertreter von ›Jung-Wien‹ (Bahr, Hofmannsthal, Schnitzler, Kraus, Altenberg, Salten) zu treffen pflegten. Zum Abbruch schrieb Kraus ›Die demolierte Literatur‹. Heute Bankgebäude.

HERRENGASSE 5 1
Wilczek-Palais Urspr. *Palais Lembruch.* Nach Plänen von *Anton Ospel* (?) vor 1737 erbaut. ***Äußeres:*** 7achsige, 4gesch. Fassade mit gr. Pilasterordnung im Mittelrisalit, vertieftem Mittelteil und durchbrochenem Giebel, bmkw. Portal, Balkon und Schmiedeeisengitter. Verwandte Züge zum Zeughaus (→ Am Hof 10).

HERRENGASSE 7 1
Innenministerium Ehem. *Palais Modena,* seit 1842 Staatsbesitz; zunächst Ministerratspräsidium. Das Gebäude geht im Kern auf 2 kleine Häuser aus dem 16. Jh. zurück. Heutige Form erst 1811, als der Komplex von Maria Beatrix von Modena angekauft wurde. Pläne von *Giacomo Quarenghi,* von Alois Pichl verändert. ***Äußeres:*** Streng klassizistische 3gesch. 18 Achsen lange *Fassade* mit gr. Pilasterordnung, begrenzt von 2achsigen Eckrisaliten mit Dreieckgiebeln; 2 Portale. ***Inneres:*** Gedrücktes Vestibül, *Festsaal* mit Säulen Glanzstuckverzierung und Grisaillemalerei an der Decke; *Goldkabinett* mit Reliefmedaillons; Kapelle. Nach Kriegsschäden (1944) die Innenräume (1945–50) z. T. erneuert.

HERRENGASSE 9 1
Niederösterreichisches Landesmuseum Ehem. Palais Mollard-Clary. Das von Reichsgraf Franz Maximilian Mollard nach 1689 umgestaltete Gebäude 1760 von Graf Clary-Aldringen erworben. ***Äußeres:*** Reizvolle 5achsige *Fassade*★ mit rustiziertem Erdgeschoß, nach 1760 verändert. Akzente durch die beiden leicht vorspringenden Seitenachsen und durch 2 die Portalachse einrahmende Riesen-Pilaster. Das große *Mittelportal* mit rustizierten Säulen erhielt nach 1760 durch den darüberliegenden vorschwingenden Balkon und Zwickelskulpturen wesentliche Bereicherung. Das 4. Geschoß erst 1947–50 aufgesetzt. ***Sammlungen:*** Geschichte, Kunst, Volkskunde, Naturkunde, Landeskunde von Niederösterreich.

HERRENGASSE 11 (Minoritenplatz 8) 1
Landeshauptmannschaft (Statthaltereigebäude) Heute Amtsgebäude der Niederösterr. Landesregierung. Erbaut nach Plänen von *Paul Sprenger* 1846–48. ***Äußeres:*** 2 Hauptfassaden ohne jede Risalitbildung, durch Ortsteine eingefaßt, in ihrer Proportion auf das Konsolengesims unter dem Dach abgestimmt. Betonung der Portale durch von Säulen getragene Balkonvorbauten (am Minoritenplatz flankierende Figurennischen). Reihen gleichartiger Fenster in jedem Geschoß, im 1. Stock mit plast. Fruchtgehängen aus Terrakotta, obere Geschosse einfacher; Vertikalgliederung durch die Fensterachsen, in Verbindung mit Horizontalen der Geschosse Eindruck eines Rastersystems. 1951–52 aufgestockt. ***Inneres:*** Bmkw. *Stiegenhaus* gegen den Minoritenplatz zu. Im *Festsaal* (sog. Marmorsaal) Deckenfresken von Leopold Kupelwieser mit Szenen aus der Geschichte Österreichs von 1848–50. *Kleiner Sitzungssaal* mit Bildern der Statthalter (1891). ***Bedeutung:*** Fassadenanordnung in Anlehnung an Kornhäusel (Nachklang des Biedermeier); durch neue Elemente (Intensivierung des Oberflächenreliefs der Fassade durch Farbigkeit, Verdachung der Fenster durch Segmentbogen, abgeschlossener Fassadenspiegel durch Ortsteine) Unterscheidung von Mietshäusern der Biedermeierzeit.

HERRENGASSE 13 (Minoritenplatz 7) 1
Niederösterreichisches Landhaus★ Ehem. Haus der niederösterreichischen Stände, heute Sitz des Niederösterr. Landesarchivs und verschiedener Dienststellen des Amtes der Niederösterr. Landesregierung. **Geschichte:** Die Stände erwarben 1513 ein an dieser Stelle stehendes Liechtensteinsches Freihaus und ließen von Steinmetzen der Wiener Dombauhütte (viell. unter Leitung von Anton Pilgram) einen 1516 voll. Neubau aufführen. Dieser älteste (gotische) Teil stand am Minoritenplatz (1. Bauphase). Im 3. Viertel des 16. Jh. erfolgte Um- und Ausbau durch Dombaumeister Hans Saphoy (2. Bauphase) im Renaissancestil, der Kernteil des Gebäudes mit Vorhalle, Großem Saal, Verordnetenstube u. a. Die Barockzeit (3. Bauphase) begnügte sich mit Innenausstattungen. 1837 faßten die Stände den Beschluß, ihr Haus durch einen Neubau zu erweitern (4. Bauphase). Bau nach Plänen von Alois Pichl errichtet; 1839 in der Herrengasse, 1843 am Minoritenplatz, 1848 in der Regierungsgasse vollendet. ***Äußeres:*** Der spätklassizistische Bau schließt alle älteren Teile ein. Fassade gegen die Herrengasse zeigt gr. Säulenordnung über rustiziertem Sockelgeschoß und schwere Attika, gegen den Minoritenplatz Pilaster-Gliederung und über 2 Geschosse reichende Rundfenster. ***Inneres:*** Vom gotischen Bau ist die ehem. *Torhalle*★ mit reichem Netzrippengewölbe (heute Kapelle), die danebenliegende Pförtnerstube (heute Sakristei) sowie im 1. Stock das Gotische Zimmer erhalten geblieben. Aus der Renaissancezeit (Saphoy) stammt eine Reihe bedeutender Innenräume: Das *Handschriftenzimmer* mit einem urspr. für die Vorhalle bestimmten Marmorportal (1571) von Hans Saphoy mit den Figuren des Überflusses und der Mütterlichen Liebe (unten), im Aufsatz: Austria, über Landwirtschaft und Handel gebietend. In der *Verordnetenstube* ein noch reicheres, hölzernes

Portal von Georg Haas (1571/72) mit Karyatiden, im Aufsatz der von Symbolen weltlicher Tugenden umgebene Kaiseradler. Bemerkenswert auch die kunstvolle Kassettendecke. Die Ausstattung des *Großen Sitzungssaals*★ (um 1570) stammt aus der Barockzeit: Das Deckengemälde (die Größe Österreichs) in z.T. illusionistisch überschnittenen Feldern und die neue Stuckierung schuf Antonio Beduzzi (1710), den Stuckmarmordekor Balthasar Haggenmüller. Barock ist auch der Justizthron im *Rittersaal*, vermutl. von Claude Le Fort du Plessy. Ausgestaltung des Rittersaales, des Herrensaales und des Prälatensaales von Dombaumeister Leopold Ernst (1845/46). Im Hof *Danubia-Brunnen* von Joseph Klieber (um 1845). ***Bedeutung:*** Die Säle des Landhauses seit dem 16. Jh. Schauplatz politischer Beratungen und glanzvoller Feste. Im Großen Sitzungssaal früher musikalische Akademien und symph. Konzerte. Die Revolutionsereignisse 1848 nahmen vom Landhaus ihren Ausgang.

Niederösterr. Landhaus: Landtagssaal

HERRENGASSE 14 (Strauchgasse 2, Freyung 2) **1**

Ehem. Österr.-ungar. Bank 1856–60 an der Stelle des ehem. Palais Abensberg-Traun (1670) von *Heinrich Ferstel* auf kompliziertem Grundstück (unregelmäßiges Vieleck am Zusammenstoß Herrengasse – Strauchgasse mit langgestreckter Parzelle zur Freyung hin) in romantischen Mischformen errichteter Mehrzweckbau (Elemente der Romanik und Frührenaissance). Neben der Notenbank (bisher Herrengasse 17) in dem weitläufigen Gebäude Börsensäle, Geschäftslokale und ein Kaffeehaus untergebracht; Lage inmitten eines ausgeprägten Bankviertels. ***Äußeres:*** Reichgeschmückte steinverkleidete Fassaden, 12 Fassadenstatuen von *Hans Gasser* (Nationen Österreichs). ***Basarhof:*** Interessante Drehscheibenfunktion des 6eckigen, glasgewölbten Brunnenhofes, welche die Knickung der ›Passage‹ auffängt. Bronzebrunnen von *Anton Dominik Fernkorn* (1861): Becken mit reich ausschwingendem Rand, darin 3 Nixen, darüber 3 Wasservögel als Speier unter Schale, über diesen 3 männl. Gestalten mit Fischernetz, Werkzeug und Buch; als Bekrönung weibl. Figur mit Fisch (Donaunixe). Im Basar Hermen von Fernkorn (1858). ***Bedeutung:*** Gelungenes Beispiel, das Dynamische des Börsengeschäfts in Architektur von großer Beweglichkeit einzufangen. Der städtebaulichen Situation durch eine für das 19. Jh. charakteristische ›Passage‹ Rechnung getragen, deren Kommunikationssystem besondere Beachtung verdient.

HERRENGASSE 19 **1**

Palais Batthyány → Bankgasse 2

HERRENGASSE 21 **1**

Palais Trauttmansdorff Einfacher Bau Mitte des 17. Jh. mit etwa 1 Jh. späterer Fassade. 1834–38 Anbau in der Schenkenstraße.

HERRENGASSE 23 **1**

Palais Porcia Kurz nach 1546 für den Grafen v. Salamanca-Ortenburg von unbek. Architekten erbaut; das Palais 1750 vom Staat gekauft, umgebaut und zur Unterbringung verschiedener Ämter verwendet. ***Äußeres:*** Schlichte 7achsige, 3gesch. *Fassade* mit schmalen Doppelfenstern, Felderreihen zwischen den Geschossen und einfachen Fensterbekrönungen von dekorativ-zeichnerischem Charakter, für die weitere Stilentwicklung der Renaissance-Architektur in Wien von maßgebender Bedeutung. Das in der Mittelachse angelegte bemerkenswerte *Portal* ist mit seinen toskanischen Säulen und reliefartigen Voluten über den Kapitellen im Gegensatz zu ital. Vorbildern recht einfach (Plastiken über dem Portal nach 1750). ***Inneres:*** Von großer Bedeutung der von der ital. Bauweise übernommene *Innenhof*, dessen Arkaden urspr. in 2 Geschossen offen waren; beachtenswert die plast. Zwickelfüllungen mit Trophäen und Musikinstrumenten, an der Brüstung Wappen und Löwenköpfe. ***Bedeutung:*** Ohne wesentl. Änderungen aus dem 16. Jh. erhaltene Fassade von ital. Typus; Beispiel eines weitläufig angelegten, aber schlichten Renaissancegebäudes.

HETZENDORFER STRASSE 79 **12**

Schloß Hetzendorf Sitz der *Modeschule der Stadt Wien*. ***Geschichte:*** 1694 von Sigismund Graf Thun nach Plänen von *Johann Lukas v. Hildebrandt* als Jagdschloß erbaut; 1712 für Anton Florian Fürst Liechtenstein, ebenf. von Hildebrandt, umgebaut. 1742 von Maria Theresia als Sommersitz für ihre Mutter Elisabeth v. Braunschweig erworben; ab 1743 durch *Nikolaus Pacassi* umgestaltet. Joseph II., der es durch den Anbau von Nebengebäuden vergrößerte, diente es in seinen letzten Lebensjahren zeitw. als Resi-

Sphinx am Schloß Hetzendorf

denz. Während der Oktoberrevolution 1848 Hauptquartier des Fürsten Windisch-Graetz. ***Äußeres:*** 2gesch. Haupttrakt mit zurückspringendem, erhöhtem *Mittelteil*★, Attika von Figuren bekrönt; bei den seitl. Eingängen Steinsphingen von Lorenzo Mattielli. Niedrigere Nebengebäude bilden Ehrenhof, daneben weitere Höfe und Wirtschaftsgebäude. Hinter dem Schloß kl. Park. ***Inneres:*** *Vestibül* mit Stuckreliefs (Taten des Mucius Scaevola und Marcus Curtius) und Deckenfresko ›Aurora‹ von Daniel Gran (1746/47). Zum Garten *Galerie* mit Deckenbild ›Putten und Genien‹ von Peter Joseph Huber (1753?). Im 1. Stock (nach Norden) *Festsaal*★ mit Wand- und Deckenfresken von *Daniel Gran* (um 1746/47; auch Carlo Carlone zugeschrieben): Apoll im Sonnenwagen. *Japanischer Salon*★ mit kostbarer Holzvertäfelung, Speckstein-Reliefs und vergoldeten Ornamenten; Galerie mit Spiegeln und Porträts. **Schloßkapelle** Zur Allerheiligsten Dreifaltigkeit. 1schiffiger, saalartig wirkender Raum mit flacher Wandgliederung, Errichtung durch Leonora Barbara Fürstin Liechtenstein, geb. Thun, testamentarisch verfügt. Im Zuge des Schloßumbaues 1743–45 neu errichtet, in das Schloß einbezogen, äußerlich in keiner Weise erkennbar. *Fresken* nach Entwürfen von Daniel Gran (1744), *Hochaltar* mit Altarbild ›Hl. Dreifaltigkeit‹ von Karl Auerbach (1745).

HIMMELPFORTGASSE 1

Nachweisbar seit dem 13. Jh., urspr. wechselnde Bezeichnungen, schließlich benannt nach dem hier gelegenen Himmelpfortkloster (heute Nr. 9) samt Klosterkirche (Nr. 7), einem von der Tochter Belas III. und Witwe Ottokars II. v. Böhmen, Constantia, 1230 gegr. Frauenkonvent, der durch Joseph II. 1783 aufgehoben wurde. Die Gasse weist noch heute eine Reihe bmkw. Gebäude auf (16.–18. Jh.). Hervorzuheben sind: *Nr. 6* Gebaut in der Art des Johann Lukas v. Hildebrandt (1720, Umbauten im 19. u. 20. Jh.). *Nr. 9* Stammt aus dem 17. Jh. (Straßenfront 2. Hälfte 18. Jh.), bmkw. Details (Grabstein 1624, Brunneneinfassung 17. Jh., gemalte Sonnenuhr im Hof 1716). *Nr. 10* Baukern 1. Viertel 16. Jh., in der Einfahrt spätgot. Gratgewölbe, Fassade klassizist. (18. Jh.). *Nr. 11* Baukern 17. Jh., Fassade klassizist. (18. Jh.), bedeutsames Renaissanceportal. *Nr. 15* Giebelhaus 17. Jh., Renaissanceportal. *Nr. 17* Spätbarocke Fassade.

HIMMELPFORTGASSE 4–8 1

Ehem. Stadtpalais des Prinzen Eugen von Savoyen (1663–1736). ***Geschichte:*** Das Palais an der Stelle mehrerer kleiner, vom Prinzen 1694 und 1695 angekaufter Häuser 1694–1724 in versch. Bauperioden durch *Johann Bernhard Fischer v. Erlach* und *Johann Lukas v. Hildebrandt* erbaut. Fischer errichtete 1695–98 die 7 Mittelachsen samt dem Mittelportal; ob (urspr.) Planung 7 oder bereits 12 Achsen mit 2 Portalen umfaßte (vgl. Fischers ›Historische Architektur‹ 1712), muß ungewiß bleiben (die Nachbargrundstücke erst 1703 bzw. 1719 angekauft). 1702 übernahm Hildebrandt den Bau: er fügte an den Mittelteil 1708/09 im Osten (gegen die Seilerstätte) 5 Achsen an, 1723/24 5 Achsen im Westen (gegen die Kärntner Straße). Die Innenausstattung übernahm 1707 Claude Le Fort du Plessy. Nach Eugens Tod (1736) verkaufte dessen Erbin Viktoria v. Sachsen-Hildburghausen 1752 das Palais dem Staat, der es weiter ausbaute und versch. Ämter unterbrachte. Seit 1848 bis heute Sitz des Finanzministeriums. ***Äußeres:*** 4gesch. rustizierte flache *Fassade*★, für die Frühzeit Fischers typisch. Die 2 oberen Geschosse durch genutete Pilaster zusammengefaßt. Im

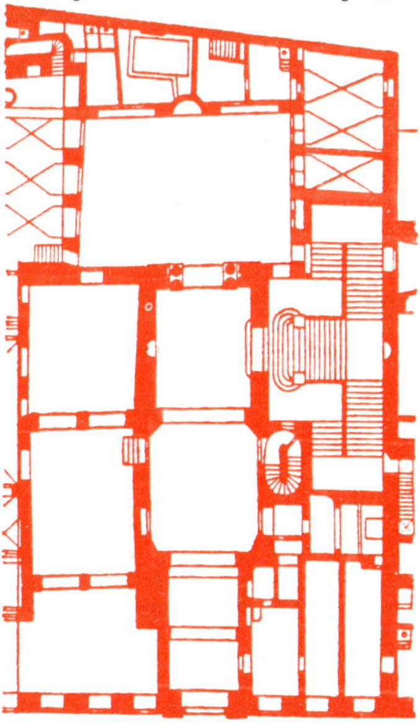

Ehem. Palais des Prinzen Eugen, Mittelteil

Ehem. Palais des Prinzen Eugen, urspr. Bau in rot, Erweiterungen in schwarz

Kontrast dazu die 3 Portale mit stark plast. Schmuck von Santino Bussi und Balkonen; (auch Attika urspr. mit figürlichem Schmuck). ***Inneres:*** Durch Mittelportal führen Einfahrt und 2 Vestibüle bis zum Hof; hofseitig rechts Zugang zum *Stiegenhaus*★, einem der reizvollsten und originellsten seiner Art. Fischer gelang hier, auf verhältnismäßig engem Raum eine Stiege von bes. räumlicher Ausgewogenheit zu schaffen. Die Treppe beginnt unten einläufig, teilt sich dann nach einem Absatz in 2 Läufe, die in den oberen Teil hinaufführen; die den unteren Lauf flankierenden prächtigen 4 Atlanten (Giovanni Giuliani) tragen das obere Podest, das i. G. zum dunklen Unterlauf blendend hell erscheint. Stuckdekorationen und Stucksupraporten mit Darstellungen der Taten des Herkules von Santino Bussi, Deckengemälde von Louis Dorigny (Apoll im Sonnenwagen, Fama, Sturz des Ikarus; nach Bombentreffer 1945 ebenso wie Stuck restauriert). ***Prunkräume im 1. Stock:*** ein im Stil Louis XVI gehaltener *Tanzsaal* (Schlachtenbildersaal) und *Blauer Saal* (Bildnisse von Auerbach), beide urspr. Bibliothek; *Goldkabinett*★, mit reicher vergoldeter Decken- und Wandgestaltung aus dem Anfang des 18. Jh., dazw. Leinwandbespannung mit Putten und Blumengirlanden (nach 1750); *Roter Saal* (Deckengemälde Raub der Oreithyia von Louis Dorigny) urspr. zus. mit anschl. *Gästezimmer* Große Galerie; ehem. *Schlafzimmer* des Prinzen Eugen (Architekturmalerei von Marcantonio Chiarini, Deckengemälde Vermählung des Herkules mit Hebe von Louis Dorigny); *Arbeitszimmer* (Deckenbild auf Leinwand von Peter Strudel). Innenräume seit Mitte des 18. Jh. mehrfach verändert; von der urspr. Ausstattung in einigen Prunkräumen die Deckenfresken (Darstellungen aus der Herkulessage) und Wandverkleidungen mit reicher Groteskenmalerei auf Goldgrund. ***Bedeutung:*** Die Fassade (ihrem Charakter nach ein Werk Fischers), vor allem aber die prunkvolle Innenausstattung, machen den Bau zu einem der schönsten der Barockzeit in Wien. Innenräume schwer zugänglich.

HIMMELPFORTGASSE 13 **1**

Palais Erdödy-Fürstenberg Urspr. Besitz der Grafen Erdödy. Vor 1724 wohl nach Entwurf jenes Architekten erbaut, dem auch das nahegelegene Palais Neupauer-Breuner (→ Singerstraße 16) zugeschrieben wird. Hier wie dort verbinden sich versch. Architekturelemente. Während sich die 5achsige, 5gesch. Fassade eng an das Palais Breuner und damit an die Art des *Johann Lukas v. Hildebrandt* anlehnt, ergeben sich beim Portal (mit Hermenpfeilern) Parallelen zu den Portalen *Johann Bernhard Fischers v. Erlach* an der ehem. Böhmischen Hofkanzlei (→ Wipplingerstr. 7).

HOFBURG → Burg

HÖHENSTRASSE **19**

Aussichtsstraße, bereits im Zuge der Schaffung des Wald-und-Wiesen-Gürtels 1905 geplant, jedoch erst 1934–38 tatsächlich gebaut; verbindet die Höhen des Kahlengebirges mit Grinzing und Neustift am Wald. Zum Kahlenberg verläuft die Straße z. T. auf der Trasse der einstigen Kahlenberg-Zahnradbahn, vom Cobenzl über den Sattel zwischen Latisberg und Pfaffenberg, an den Hängen des Latisbergs zur Rohrerwiese, führt sodann auf den Dreimarkstein (›Häuserl am Roan‹) und erreicht ihren Endpunkt auf dem Sattel, auf dem die von Salmannsdorf kommende Hameaustraße mit Sommerhaidenweg und Artariastraße zusammentrifft.

HOHE WARTE (Ecke Grinzinger Straße) **19**

Heiligenstädter Pfarrkirche Zum hl. Michael. Urkundl. bereits 1256 genannte Kirche. Der heutige Bau 1894–98 durch Richard Jordan, Martin und Josef Schömer auf altem Grundriß errichtet. ***Äußeres:*** Fassade mit 4 Strebepfeilern, davor Johann-Nepomuk-Figur, 1. Viertel 18. Jh.; hohes Satteldach. ***Inneres:*** 3schiffiges basilikales Langhaus mit Netzrippengewölben, stark erhöhter, durch Triumphbogen abgetrennter Chor mit 3 Kreuzgewölbejochen und 5/8-Schluß; Hauptachse abweichend, Chor stark nach links gerückt. Neugotische Einrichtung. Seitenaltar rechts im Langhaus mit Statuen der hl. Katharina und der hl. Elisabeth, Altarbild ›Hl. Sebastian‹ (2. Hälfte 17. Jh.).

HOHER MARKT **1**

Ältester Platz Wiens. Hier stand das Prätorium, Palast des römischen Lagerkommandanten von Vindobona, in welchem Marc Aurel längere Zeit wohnte und wo er möglicherweise 180 n. Chr. gestorben ist. Im Mittelalter nördlich des Hohen Marktes der Berghof, zusammen mit der Ruprechtskirche (→ S. 136) und dem Kienmarkt eigentliches *Zentrum des ältesten Wien*, d. h. der die Stürme der Völkerwanderung überdauernden sog. Reststadt. In den folgenden Jh. der Hohe Markt (nach Süden urspr. bis zur Landskrongasse) Brennpunkt städt. Lebens. Neben zahlreichen Bürgerhäusern hier auch viele *Zunfthäuser;* 1325 erstmals die (alte)

Schranne, das städt. Gerichtsgebäude erwähnt *(Nr. 11),* nach Brand (1437) Ecke Tuchlauben wieder aufgebaut *(Nr. 5).* Mit der Schranne verbunden der *Narrenkotter* und der *Pranger,* wogegen das *Fischbrunnenhaus* mit der 2. Funktion des Platzes, dem Markt, verbunden war; insbes. der *Fischmarkt* gewann im Mittelalter gr. Bedeutung. Aus diesem Grund erhielt im 16. Jh. auch die älteste Wiener *Wasserleitung* hier öffentl. Auslauf. Im 15. und 16. Jh. mit den angr. Straßenzügen zum vornehmsten Teil Wiens entwickelt; zahlreiche Honoratioren, darunter auch Bürgermeister, hatten am Hohen Markt oder seiner Umgebung Stadthäuser. Mitte und Ende des 19. Jh. wesentl. Umgestaltungen, wobei man auf Reste der ältesten (babenbergischen) Stadtmauer stieß, entlang der Rotgasse. Der größte Teil des Hausbestandes 1945 zerst. (darunter das bekannte Sina-Palais, *Nr. 8,* wogegen das schwerbeschädigte Ankerhaus, *Nr. 11,* mit der berühmten ›Anker-Uhr‹, wiederhergestellt wurde). ***Römische Ruinen*** unter dem Hohen Markt (Abgang bei *Nr. 3,* 1949/50 museal eingerichtet, betreut vom Hist. Museum der Stadt Wien). ***Ankeruhr*** (auf einem die Rotgasse zwischen den Häusern 10 und 11 überspannenden Schwibbogen), nach Plänen des Malers *Franz v. Matsch* gebaute Kunstuhr, Figurenparade 12 Uhr.

HOHER MARKT

Vermählungsbrunnen Auch *Josephsbrunnen* genannt. 1702 gelobte Kaiser Leopold I., eine Säule zu Ehren des hl. Josef zu errichten, wenn sein erstgeborener Sohn, Joseph I., die belagerte Festung Landau einnähme und glücklich aus dem Krieg heimkehre. Nach Josephs siegreicher Rückkehr begannen Arbeiten nach Entwurf von *Johann Bernhard Fischer v. Erlach;* der Tempel mit der Vermählung Mariens war aus Holz gestaltet und 1706 vollendet. Karl VI. ließ das Denkmal 1725 wegen Baufälligkeit abtragen und an seiner Stelle 1729–32 in veränderter Gestalt Tempel aus weißem Marmor nach Zeichnung *Joseph Emanuel Fischers v. Erlach* errichten. ***Beschreibung:*** Kolossaler Rundsockel, von 4 kräftigen Voluten mit Engeln und Vasen flankiert, zwischen den Voluten an der Ost- und Westseite Rundbecken mit Springbrunnen, an der Nord- und Südseite Steinbalustraden. Am Sockel Vermählungsgruppe (Maria, Josef, Hohepriester), darüber ein Baldachin aus Bronze (von Johann Duval), der von 4 auf den Voluten aufsitzenden Säulen getragen wird, bekrönt von der Hl. Dreifaltigkeit im Strahlenkranz. Die Marmorfiguren vor den Säulen und unter dem Baldachin von *Antonio Corradini,* die Brunnenbecken von *Lorenzo Mattielli.*

HÜTTELBERGSTRASSE 26 14

Erste Villa Wagner Später Villa Ben Tiber. Repräsentatives Gebäude, das *Otto Wagner* 1886–88 für sich selbst errichtete. Entgegen kursierenden Gerüchten niemals für Kronprinz Rudolf bestimmt. Heute Besitz des Malers Ernst Fuchs. In Formen der dam. geforderten ›freien Renaissance‹ mit offenem Portikus und Pergolen seitlich, von eingeschränkter Bewohnbarkeit. Die linke *Pergola,* 1900 zu Atelier umgebaut, mit Glasfenster ›Herbstlandschaft im Wienerwald‹ nach Entwürfen von Adolf Böhm.

HÜTTELBERGSTRASSE 28 14

Zweite Villa Wagner Moderne Stahlbetonkonstruktion mit freiem asymm. Grundriß in guten Proportionen, erbaut 1912/13; durch eigenwillige Fenster und stark ausladende Gesimse charakterisiert. Die *Mosaiken* in der Loggia und die Fenster über dem Eingangstor gestaltete Kolo Moser.

JAURÈSGASSE 2 3

Russisch-orthodoxe Kirche 1893–1899 als Botschaftskirche erbaut (von Luigi v. Giacomelli nach Entwürfen von *Grigorij Ivanovič Kotov*). ***Geschichte:*** Um die Jahrhundertwende eine Reihe russisch-orthodoxer Kirchen im Ausland errichtet, unter denen die Wiener St. Nikolaus-Kirche durch Größe, Architektonik und Ausstattung hervorragt. ***Grundriß:*** Fünfkuppelbau (Hauptkuppel in der Mitte, 4 kleinere an den Ecken mit Zwiebelhauben) rechteckiger Baukomplex als Basis, geteilt in Ober- und Unterkirche, deren Ausführung sich durch versch. Material (untere, niedrigere Zone aus grauem Stein, darüber liegende mit roten Ziegeln und farbig glasierten Kacheln) unterscheidet. ***Äußeres:*** 2gesch. *Backsteinbau* in russisch-spätbyzantinischen Formen, tektonische und ornamentale Teile aus Haustein bzw. Terrakotta. *Portal:* Mosaik (Auferstehung Christi) venezianisch. Über gedeckte Stiege **(A)** durch ein mächtiges, metallbeschlagenes Holztor in vorhallenähnlichen Umgang **(B),** der den Innenraum an drei Seiten umgibt. ***Inneres:*** Gesamte Inneneinrichtung aus Rußland. Beim Eingang Westempore **(1)**, auf der der Kirchenchor seinen Platz hat. Kunstvoll gearbeiteter Kronleuchter inmitten der Kirche, darunter die *Kathedra* **(2)** für den Bischof mit ›Adler-Teppich‹. 3 Stufen führen zum *›Ambon‹* **(3)**, einer Erhöhung vor der *Ikonostasis* **(4)**, der Bilderwand: In der Mitte ›Zarentür‹, rechts davon Ikone des Erlösers, links der Gottesmutter; an den Seitentüren die hl. Diakone Stephanus (links) und Laurentius (rechts); darüber 2 dreiteilige Ikonen (als Brustbilder):

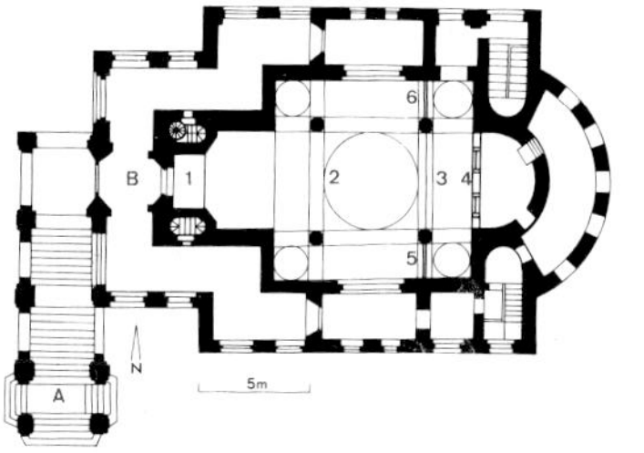

die Dreifaltigkeit, durch 3 Engel dargestellt, nach der Bibel Gäste bei Abraham, bzw. die Deësis. Die obere Reihe der Ikonostasis zeigt Ikonen von 10 Hauptfesten des Jahres (von links nach rechts: Mariä Geburt, Tempelgang, Christi Geburt, Darstellung im Tempel, Taufe Christi, Einzug in Jerusalem, Christi Himmelfahrt, Pfingstfest, ›Entschlafung‹ Mariä). Seitlich befinden sich in hohen reichgeschnitzten und vergoldeten Holzaufbauten die *Ikonen der Kirchenpatrone:* **5** rechts der Patron der Oberkiche (hl. Nikolaus), **6** links der Patron der Unterkirche (Fürst Alexander Nevskij). Die **Unterkirche** straßenseitig durch eigenen Eingang zu betreten. Breite, quadrat. Pfeiler stützen sehr niedrige Kreuzgratgewölbe. Auf den 2 östlichen fast lebensgroße Ikonen Christi und der Gottesmutter, daneben (wie in der Oberkirche, aber kleiner) je ein Aufbau aus geschnitztem Holz mit den Ikonen des hl. Alexander Nevskij (rechts) bzw. der Maria Magdalena (links). Die *Ikonostasis* in einen Bogen gestellt. Ikonen der unteren Reihe: hl. Nikolaus, Gottesmutter (links) bzw. Christus und Johannes d. T. (rechts). Nordtür (links) Slavenapostel Cyrill und Method, Südtür (rechts) Erzdiakon Stephanus (beide auf Leinwand). Obere Reihe: Mitte Abendmahl, links Verkündigung und Christi Geburt, rechts Taufe Christi und ›Entschlafung‹ Mariä.

JEDLESEER STRASSE 66–94 **21**

Karl-Seitz-Hof Von *Hubert Gessner* 1926 erbaute städt. Wohnhausanlage, nach dem bedeutendsten Wr. Bürgermeister der 1. Republik, Karl Seitz (1923–34), benannt. Großzügig gestalteter Bau mit halbkreisförmigem Platz vor dem Hauptportal. Starke Betonung der Horizontalen, gestaffelt aufgebaute Türme, geschickte Gestaltung der Innenhöfe. Auf dem Vorplatz Denkmalbüste für Karl Seitz von *Gustinus Ambrosi* (1951). ***Bedeutung:*** Eine der besten architekt. Lösungen der 1. Periode des Sozialen Wohnhausbaues der 20er Jahre; Gestaltung entsprechend dem Repräsentativempfinden der Bauzeit.

JODOK-FINK-PLATZ **8**

Piaristenkirche Pfarr- und Ordenskirche Maria Treu. ***Geschichte:*** 1697 siedelten sich die Piaristen in Wien an und bauten zunächst eine Kapelle. Die heutige Kirche entstand seit 1716 viell. nach Plänen von *Johann Lukas v. Hildebrandt;* der Bau nach verändertem Plan bis zur Mitte des 18. Jh. wahrsch. von Kilian Ignaz Dientzenhofer weitergeführt und 1751–53 (wohl unter Bauführung von *Matthias Gerl*) abgeschlossen (Schlußweihe 1771). Die Türme erst 1858–60 von *Franz Sitte* (der auch den Giebel veränderte) ausgebaut. ***Äußeres:*** *Fassade*★ mit leicht konvex vorgewölbtem Mittelteil und gr. Säulengliederung, seitl. pilastergerahmte Risalite, die sich oben in 2 Türmen fortsetzen. Steinplastiken (Glaube, Hoffnung, Engel) von J. Christoph Mader (1752). Der abgerundete Chor stößt bis zur Lederergasse vor. Die Kirche bildet den Mittelpunkt, das *Piaristen-*

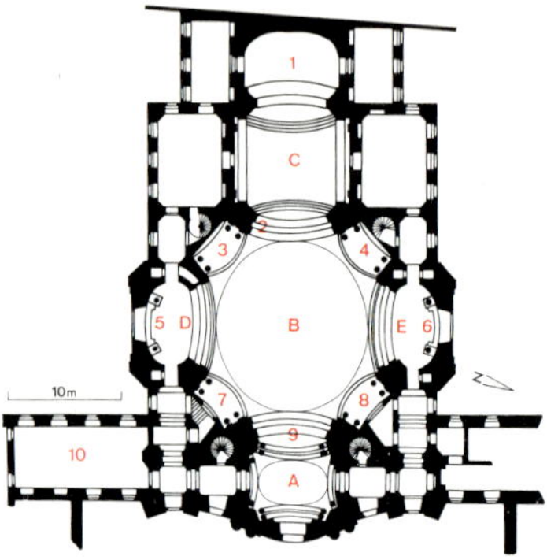

kolleg den linken, das *Löwenburgkonvikt* den rechten Flügel des ansehnlichen, einst von 8 Heiligenstatuen und Bäumen abgeschl. vorgelagerten Kirchenplatzes, in dessen Mitte sich eine Säule erhebt. ***Inneres:*** Schöner *Innenraum*★ auf äußerst kompliziertem Grundriß: Kreuzförmiger Zentralraum, dessen Zentrum ein fast kreisförmiges Oval mit flacher Kuppel bildet; an die Längsachse schließen die Vorhalle mit der Orgelempore und der Chor, an die Querachse je eine größere ellipsoide Seitenkapelle, an die Diagonalen 4 kleinere Seitenkapellen. Die Begrenzung des Mittelraums in den Diagonalen konvex: die Wände schwingen nach innen, wodurch ein ungewöhnlicher Raumeindruck hervorgerufen wird. *Deckenfresken*★ von Franz Anton Maulbertsch (1752/53), imposantes Frühwerk des Malers. Über der Orgel Engelsturz **(A)**, in der großen Mittelkuppel **(B)** Themen von ›Adam und Eva‹ bis zur ›Krönung Mariä‹, in der Chorkuppel **(C)** ›Himmelfahrt Mariä‹, in deren Zwickeln die Evangelisten, in der linken Kapelle **(D)** ›Jakob wälzt den Stein vom Brunnen‹, in der rechten Kapelle **(E)** ›Guter Hirte‹. ***Beschreibung:*** **1** *Hochaltar* mit Bild ›Vermählung Mariä‹ von Carl Rahl (1841), 4 Heiligenfiguren, Engelfigur in der Art des Georg Raphael Donner und Tabernakelaufsatz mit Andachtsbild ›Maria Treu‹. Älteres Hochaltarbild von Franz Anton Maulbertsch verschollen. Im Chor 2 Kommuniongitter, Chorgestühl aus der 2. Hälfte des 18. Jh. und Oratorien. **2** *Kanzel* von Johann Josef Rössler (1772). **3** Altar mit Bild ›Christus am Kreuz‹ von Franz Anton Maulbertsch (1772). **4** Altar mit Bild ›Hl. Johann Nepomuk‹ von Karl Hemerlein (Mitte 19. Jh.). **5** Altar mit Bild ›Hl. Joseph v. Calasanz‹ von Carl Rahl (1840) und Plastiken von Johann Josef Rössler (1758/59). **6** Altar mit Bild ›Hl. Familie‹ von Felix Ivo Leicher und Statuen Abrahams und Davids von Johann Josef Rössler (1762/63). **7** Altar mit Bild ›Martyrium des hl. Sebastian‹ von Heinrich Karl Brand (?), 2. Hälfte 18. Jh. **8** Altar mit Bild ›Enthauptung der hl. Barbara‹ von Heinrich Karl Brand (?). Die *Orgel* **(9)** (von Carl Buckow) klanglich bes. wertvoll; Anton Bruckner und Franz Liszt

J

Piaristenkirche: Deckenfresko Maulpertschs

haben auf dieser Orgel musiziert. Kirchenbänke aus der 2. Hälfte des 18. Jh. Links vom Eingang: **10** *Schmerzens-Kapelle* (Stucchi aus dem Anfang des 18. Jh.), Altar (um 1760) mit Vesperbild ›St. Maria de Malta‹ (1. Hälfte 15. Jh.).

Kloster Der schlichte Bau 1698 begonnen und in mehreren Bauphasen im 18. Jh. vollendet. Der bemerkenswerteste Raum das sog. *Sommerrefektorium,* 1731–34 von Paulus Friede (?) errichtet, ein 2jochiger Saalraum mit 2 Deckengemälden (›Christus am Brunnen‹ und ›Christus bei Martha und Maria‹, 1761) und 8 Grisaillenmedaillons von Franz Anton Maulbertsch. Das *Löwenburgkonvikt* (rechts von der Kirche, Piaristeng. 45) von Johann Jakob Graf Löwenburg, kais. geheimer und Hofkammerrat, 1731 testamentarisch begründet. Daraufhin errichteten die Piaristen seit 1732 auf einem ihnen gehörenden Gartengrund ein eigenes Gebäude, das 1748 eröffnet und 1765–69 ausgebaut wurde. 1791 erhielt es den Namen ›Theresianisch-Leopoldinische Akademie‹, 1797 aufgelöst, jedoch 1802 in urspr. Gestalt wiederhergestellt. Die *Hauskapelle* mit Einrichtung aus der Zeit um 1770, in der Bibliothek Deckenbild von Franz Anton Maulbertsch (um 1770).

Mariensäule Errichtet von *Jakob Philipp Prokop* (1713). Von einem schmiedeeisernen Gitter umgeben; innerhalb dieser Umfriedung, im Dreieck angeordnet, auf Sockeln Statuen der Eltern Mariens (Joachim und Anna) und Josefs, in der Mitte (auf einem Rundsockel, an den 3 engelbekrönte Voluten mit Schriftfeldern angesetzt sind) eine von einem Wolkenband mit Engelköpfen umwundene Rundsäule. Auf dieser (über Weltkugel, Schlange und Mondsichel) Maria mit Sternenkranz. Die Säule verdankt dem Erlöschen der Pest im Jahre 1713 ihr Entstehen; auf diesen Umstand weist auch eine Inschrift auf der Säule hin.

JOHANNESGASSE 2 1

Kommendehaus des Malteserordens Erbaut 1837–39. Bmkw. Stiegenhaus, vom Hof Blick auf den got. Chor der Malteserkirche (→ Kärntner Straße bei 37).

JOHANNESGASSE 5–5a 1

Palais Questenberg-Kaunitz Erbaut ab 1701 wahrsch. nach Entwurf von *Johann Lukas v. Hildebrandt* (erweitert 1723). Während des 2. Weltkrieges beschädigt (Spiegelsaal zerst.), heute vom Bundesministerium für Finanzen benutzt. ***Äußeres:*** Langgestreckte Fassade mit gebändertem Rustika-Sockelgeschoß und 2 Obergeschossen, 2 Portalrisaliten mit gr. Pilasterordnung. Attikafiguren abgetragen. ***Inneres:*** 3schiffiges *Vestibül* mit toskanischen Säulen und bemerkenswerten Stukkaturen. *Treppenhaus* mit barocker Nischenplastik und Stucchi von Santino Bussi (1705).

JOHANNESGASSE 6 1

Hofkammerarchiv Teil des ehem. Mariazeller Hofes (→ Annagasse 5). 1843–49 von *Paul Sprenger* umgebaut. Bei dieser Gelegenheit das alte, meisterhaft gearbeitete *Steinbasrelief* ›Muttergottes mit dem Kind‹ unter gotischem Thronbaldachin mit vielen Figuren im Hofraum eingemauert. 1832–56 war Franz Grillparzer Direktor des Hofkammerarchivs; sein Arbeitszimmer ist erhalten (Gedächtniszimmer).

H. Angeli: Grillparzer im Alter von 73 Jahren

JOHANNESGASSE 7 1

Palais Corbelli-Schöller Vermutlich Frühwerk von *Johann Lukas v. Hildebrandt;* erbaut vor 1700, Umbau 1909–12 durch *Franz v. Krauß und Egon v. Leuzendorf.*

JOHANNESGASSE 8 1

Ursulinenkirche Von Kaiserin Eleonore 1660 für die aus Lüttich nach Wien berufenen Ursulinen gestiftet, heutige Kirche 1665–75 erbaut. Das Kloster reichte urspr. von der Seilerstätte weit in die Johannesgasse und mit e. T. in die Annagasse hinein. Die Nonnen unterhielten eine Mädchenschule. 1795 Neubau des Klosters. ***Äußeres:*** Fassade mit großer Pilasterordnung in der Straßenflucht; Aufsatz, Voluten und Giebel. ***Inneres:*** Kurzer, hoher Saal mit Tonnengewölbe und Stichkappen, zu beiden Seiten 2 Kapellen mit darüberliegenden Emporen. 1jochiger, gerade geschl. Chor mit Tonnenwölbung. Stuck aus dem 17. Jh., die 2gesch. Empore an der Eingangsseite erst im 18. Jh. eingebaut. ***Beschreibung: 1*** *Hochaltar* mit Holzfiguren aus der 2. Hälfte des 17. Jh. (hl. Aetherius, hl. Cordula, Maria mit Kind, hl. Augustinus, hl. Karl Borromäus) und Altarbild ›Martyrium der hl. Ursula‹ von Johann Spillenberger (um 1675). Am *Triumphbogen* links ***(2)*** Altar mit Holzplastik ›Schmerzhafte Muttergottes‹ (1. Hälfte 18. Jh.); rechts ***(3)*** Altar mit Holzplastik ›Brückensturz des hl. Johannes Nepomuk‹. *Seitenaltäre* klassizistisch. Links: ***4*** Altar mit Bild ›Hl. Angela Merici‹ von Franz Xaver Wagenschön (?) und ***5*** Altar mit Bild ›Hl. Klemens Maria Hofbauer vor Maria‹ mit romantischer Ansicht Wiens im Hintergrund (1. Hälfte 19. Jh.). Rechts: ***6*** Altar mit Bild des hl. Ignatius v. Loyola und ***7*** Altar mit Bild ›Herz Jesu‹ von A. v. Wörndle (1879). *Besichtigung* nur im Rahmen von Veranstaltungen der Hochschule für Musik und darstellende Kunst möglich. ***Ursulinenkloster:*** Teil gegen die Seilerstätte mit bmkw. Portal Anfang 18. Jh. Refektorium mit barocken Gemälden. Das Gebäude 1960 an die Republik Österreich verkauft. Im Kloster heute Teil der Hochschule für Musik und darstellende Kunst untergebracht.

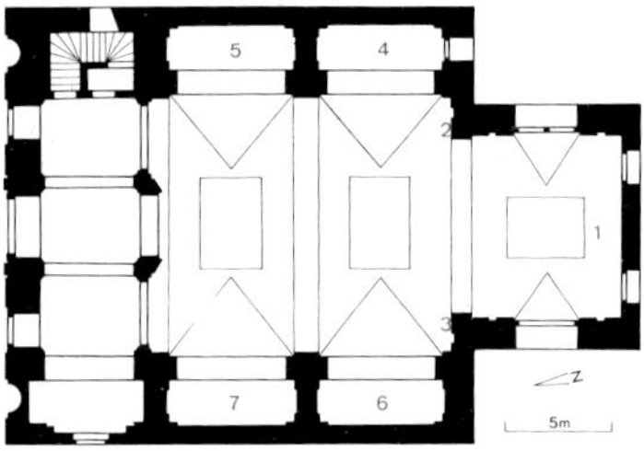

Sammlung Religiöse Volkskunst mit der alten Klosterapotheke im ehem. Ursulinenkloster, Außenstelle I des Österr. Museums für Volkskunde. ***Raum I:*** *Christusverehrung.* Darunter Ölgemälde ›Christus als Apotheker‹, in den Vitrinen Museumsstücke zur Geburt und Kindheit Christi, der Jesuskind-Verehrung, der Passion Christi u. a. ***Raum II:*** *Die Apotheke.* Die Offizin zu ebener Erde im Westflügel des Konventtraktes des ehem. Klosters. Raum mit Tonnengewölbe und Belichtung vom offenen Klosterhof her. Beachtenswert die eingebauten *Apothekenmöbel, Bilder* (Ölbild ›Christus als Apotheker‹, 1747, und ›Gegeißelter, kleidersuchender Christus‹, 1. Hälfte 18. Jh.), *Apothekergerät* und *Standgefäße* (in den Regalen), letztere durchwegs 1. Hälfte 18. Jh. ***Raum III:*** *Marienverehrung.*

›Christus als Apotheker‹

Ölgemälde, in den Vitrinen Museumsstücke zum Leben Mariens und zur Marienverehrung (darunter in *Vitrine 12* Mariazell, in *Vitrine 13* Mariahilf und in *Vitrine 14* Maria Taferl). ***Raum IV:*** *Heiligenverehrung. Vitrine 15:* Hl. Joseph. *16:* Hl. Florian. *17:* Pestpatrone (hl. Sebastian, hl. Rochus, hl. Rosalia). *18:* Hll. Dreifaltigkeit. *19:* Hl. Anna. *20:* Johannes d.T. *22:* Hl. Johann Nepomuk. *23:* Ordensheilige. *Besichtigung* nur Mi 9–14, So 9–13 Uhr.

JOHANNESGASSE 15 **1**

Savoysches Damenstift Ehem. Palais der Herzogin von Savoyen-Carignan, 1688 durch Zusammenschluß 3er Häuser erbaut (an der Ungleichheit der Fensterachsen noch erkennbar). ***Äußeres:*** Fassade mit geometrischer Felderteilung und 2 bmkw. Portalen, von denen das rechte vermauert ist. In einer Fassadennische *Bleistatue*★ der Maria Immaculata mit Engeln von *Franz Xaver Messerschmidt* (1767/68). An der Nordseite des Hofes großartiger *Wandbrunnen*★ (1766–70), Halbovalbecken auf Steinstufen, in einer Nische *Bleifigur der Witwe von Sarepta* (Krug als Wasserspeier, ihr zu Füßen 2 Putten mit 3 Vasen) von *Johann Martin Fischer* und *Franz Xaver Messerschmidt;* ihre Anteile nicht genau festzulegen: Möglicherweise stilistisch Messerschmidt an Georg Raphael Donner angeschlossen. In der giebelartigen Bekrönung des Wandbrunnens Relief mit dem Propheten Eliseus, neben dem Brunnen 2 liegende Löwen aus Blei. An der Wand über dem Brunnen Fresko (Darst. der Weisheit, die die Strahlen göttlicher Erkenntnis spiegelt).

JOHANNESGASSE 26
(Lothringerstraße 13) **1**

Palais Larisch-Moennich Erbaut 1867/68 nach Entwürfen von *Eduard van der Nüll* und *August Sicard v. Sicardsburg* in franz. Renaissanceformen von Paul Wasserburger, fertiggestellt von Stadler. 4gesch. Eckhaus mit Innenhof, Schauseite zum Stadtpark, Ecke zur Lothringer Straße durch kuppelbekröntes Ecktürmchen markiert. Portal von rustizierten Säulen flankiert. Mittelrisalit Johannesgasse mit Attika, überhöhter Beletage und reichem ornamentalem Schmuck. ***Bedeutung:*** Eines der wenigen Palais altfeudalen Typs, die nur für die Hofhaltung einer Familie gebaut wurden.

JOSEFSPLATZ 1
Gilt wegen seiner architektonischen Geschlossenheit als schönster Platz Wiens; Teil des Hofburgkomplexes (→ Burg), einheitliche Renaissance- und Barockverbauung. Urspr. z.T. Friedhof der nahegelegenen Augustinerkirche (→ Augustinerstraße bei 3). Bis 1360 an der Südseite des tangentialen Straßenzuges eine Häuserzeile über den Platz hinweg bis zur Reitschulgasse, danach eine Mauer. 1460 unter Friedrich III. Reitschule angelegt, unter Ferdinand I. Lustgarten. Nach Bau der Hofbibliothek 1723–26 (→ Burg) spätestens seit Maria Theresia bis Anfang 19. Jh. Bibliotheksplatz genannt. Im Zentrum (Blick nach Süden) und links Bibliotheksgebäude, rechts Redoutensäle, an der Straßenseite die Palais Pallavicini (→ Josefsplatz 5) und Palffy (→ Josefsplatz 6); in der Nordwestecke Blick auf die Stallburg; links vorne Eingang zur Augustinerkirche, links hinten Zugang zum Prunkraum bzw. zu Abteilungen der Österr. Nationalbibliothek (u. a. Handschriftenabteilung), rechts hinten Durchgang über den Kapellenhof zum Schweizerhof (mit Burgkapelle und Schatzkammer) und weiter zum Platz In der Burg (→ Burg). Joseph II. ließ 1783 die von der Augustinerkirche bis zum Schwibbogen der Stallburg verlaufende Begrenzungsmauer abbrechen und den Platz freilegen; er heißt seitdem Josefsplatz.
Denkmal Kaiser Josephs II. Bronzenes Reiterdenkmal von *Franz Anton Zauner,* von Kaiser Franz II. in Auftrag gegeben; 1795–1807 entstanden. Dem berühmten Standbild des Marc Aurel auf dem Kapitol in Rom nachgebildet (der Kaiser als römischer Imperator). ***Beschreibung:*** Am Sockel bmkw. Reliefs (Hebung des Handels und des Ackerbaues); an den Ecken 4 Rundpfeiler mit je 4 Medaillons (Reliefs mit Szenen aus Leben und von Taten des Herrschers), dazwischen Ketten. Die lateinischen Inschriften von Michael Denis, S.J., Kustos der Hofbibliothek. Modell des Denkmals im Schönbrunner Schloßpark (Botan. Garten, westl. vom Palmenhaus). ***Bedeutung:*** Ältestes Reiterdenkmal Wiens auf einem öffentlichen Platz.

JOSEFSPLATZ 2 1
Nationalbibliothek → Burg, S. 48

JOSEFSPLATZ 5 1
Palais Pallavicini An dieser Stelle ehem. Majoratshaus des Grafen Niklas Salm, des Verteidigers von Wien während der 1. Türkenbelagerung. 1559 an den Hof verkauft, von Königinwitwe Elisabeth mit anderen Häusern 1592 zur Erbauung des von ihr gegründeten *Königinklosters* gestiftet. Nach Aufhebung durch Joseph II. ließ Bankier Moriz Graf Fries durch *Johann Ferdinand Hetzendorf v. Hohenberg* 1783/84 das heutige Palais erbauen, nachdem er den östlichen Teil des Klosters, das ehem. Salmsche Haus, dazuerworben hatte. Das Palais kam später in den Besitz des *Marquis Alphons v. Pallavicini,* in dessen Familie es verblieb. ***Äußeres:*** 3gesch. klassizistische *Fassade*★ von 11 Achsen, im Erdgeschoß Rustikabänder, zusammenfassende Fensterumrahmungen in den Stockwerken darüber auf glattem Putz. Die *Karyatiden des Portals* (1786) und die *Attikaplastik* (Statuen ›Handel‹ und ›Freiheit‹, 1783) von Franz Anton Zauner.

Palais Pallavicini: Portal

JOSEFSPLATZ 6 1
Palais Palffy Hier gegen Ende des 14. Jh. die ›österreichische Kanzlei‹. Im 16. Jh. unter den Besitzern des dam. Gebäudes Angehörige der Fam. Herberstein, Kinsky und Lambach; um 1575 entstand das heutige Palais (Architekt unbekannt). 1684 wurde es Majorat der Fürstlich-Palffyschen Familie. Nach Kriegsschäden 1956 wiederhergestellt. ***Äußeres:*** Schlichte, 3gesch. *Fassade;* Portal klassizistisch (1. Hälfte 19. Jh.). ***Inneres*** völlig neu gestaltet. Der *›Figarosaal‹* erinnert daran, daß hier nach der Überlieferung Wolfgang Amadeus Mozart in privatem Kreis seinen ›Figaro‹ vorgestellt hat.

JOSEFSTÄDTER STRASSE 26 8
Theater in der Josefstadt Eines der bedeutendsten Privattheater Wiens. ***Geschichte:*** Im Haus ›Zum Bauernfeind‹ in der Josefstadt 1776 Schauspielhaus eröffnet, das später Johann Adam Fürst Auersperg zu Privattheater umgestaltete. Mehrmaliger Besitzwechsel, 1822 Umbau durch *Josef Korn-*

K

häusel. Mit dem Gelegenheitsstück, ›Die Weihe des Hauses‹, zu dem Ludwig van Beethoven eine von ihm selbst dirigierte Ouvertüre komponiert hatte, eröffnet. 1833 gastierte Ferdinand Raimund, 1834 Erstaufführung von Conradin Kreutzers ›Nachtlager von Granada‹. 1899–1923 leitete Josef Jarno die Bühne; er bevorzugte Strindberg und Wedekind; ein theatergesch. beachtenswerter Erfolg die Aufführung von Molnárs ›Liliom‹ (1913). 1923 Pachtvertrag mit Max Reinhardt (u. a. Uraufführung des Lustspiels ›Der Schwierige‹ von Hugo v. Hofmannsthal, 1924). Der Straßenteil 1841 hinzugefügt; dahinter die bemerkenswerte *alte Fassade* erhalten. Ausstattung mit barocken Gemälden, Einrichtungsstücken und Schauspielerbildnissen 1924. ***Sträußelsäle:*** Im Zuge des Umbaues durch *Josef Kornhäusel* (1822) errichtet und mit dem Theater in der Josefstadt derart verbunden, daß man von dessen Parterre direkt in die Säle gelangen konnte. Zuerst konzertierten hier Johann Strauß Vater und Josef Lanner, später Volkssänger. 1885 wegen ihres baulichen Zustandes gesperrt. *Max Reinhardt* ließ sie 1924 durch Carl Witzmann renovieren und verwendete sie für Theaterempfänge. Heutiger Zustand aufgrund einer Renovierung *Otto Niedermosers* (1954).

JUDENPLATZ **1**
Bildete unter der Bez. „Schulhof" bis 1421 Mittelpunkt der dam. Judenstadt. Hier befanden sich das Judenspital (heute Judenplatz 10), die Synagoge, die Badestube, das Haus des Rabbi und die Judenschule. Benennung Judenplatz seit 1437. Das Haus *Nr. 8* wurde 1682 erbaut (Fassade mit schlichtem Portal 1. Hälfte 18. Jh.), *Nr. 10* (seit 1684 „der bgl. Schneider Zech- und Herbergshaus") 1837/38 Ignaz Ramm.

Hauszeichen am Haus ›Zum großen Jordan‹

JUDENPLATZ 2 **1**
Haus ›Zum großen Jordan‹ Hausschild eines auf schmaler spätma. Parzelle stehenden Hauses am einst. jüd. Schulhof. Kern aus dem 15. Jh. (Hoftrakt 1. Hälfte 18. Jh.). ***Äußeres:*** Glatte Fassade mit Ortsteinen und schlichten Fensterrahmen mit Sohlbank. In der Höhe des 2. Stocks gotisches Relief: Taufe Christi mit Engel und hl. Georg. Darunter lat. Inschrift, die sich auf die Vertreibung der Juden im Jahre 1421 und ihre Verbrennung auf der Gänseweide vor dem Stubentor bezieht; in Transskription (nach Peter Pötschner): ››Im Jordanfluß (d. h. durch die Taufe) wird der Leib von allen Übeln gereinigt. / Da weicht selbst verborgene Sündhaftigkeit. / Im Jahre 1421 tobte Rachgier durch die Stadt, / die furchtbaren Verbrechen der hebräischen Hunde zu sühnen. / Die Welt wurde einst durch die Deukalionische Flut (d. h. Sintflut) gereinigt. / Doch diesmal wurde die Schuld in den Flammen gebüßt.‹‹ ***Bedeutung:*** Ältestes Haus am Judenplatz.

JUDENPLATZ 11 → Wipplingerstraße 7

KAHLENBERG **19**
Bis gegen Ende des 17. Jh. Name des heutigen → Leopoldsberges (älteste Nennung als ›Chalenperg‹ 1231). Bis 17. Jh. unbewohnt, bis 1780 Schweins- oder Sauberg gen. (Wildschweine in den dichten Eichenwäldern!). Ferdinand II. errichtete den Kamaldulensern Eremitage (1629–39), 1683 zerst., kleiner aufgebaut, 1782 aufgehoben. ***Kirche*** Zum hl. Josef 1783 geweiht (Dörfchen nach Joseph II. Josefsdorf ben.), Gemälde ›Engelgruppe‹ von Friedrich Schilcher (1852) hinter gr. Kruzifix. In angr. Kapelle sog. Sobieski-Altar (Bez. zu Unrecht, da die hist. Messe 1683 auf dem → Leopoldsberg gehalten wurde). *Kahlenbergrestaurant* von Erich Boltenstern (1935 im Zuge des Baues der → Höhenstraße err.).

KAISERSTRASSE bei 7 **7**
Lazaristenkirche Nach Plänen von *Friedrich v. Schmidt* 1860–62 in neugotischem Stil für die 1855 nach Wien berufenen Lazaristen erbaut. ***Äußeres:*** Backsteinbau mit 68 m hohem 8eckigem Vierungsturm. ***Inneres:*** Langhaus 3schiffig, Halle mit Rundpfeilern, Querschiff und Chor der Zisterzienserarchitektur nachempfunden: die große Chorkapelle mit dem Hochaltar seitl. von je 2 Kapellen begleitet. ***Beschreibung:*** Hochaltar aus Stein mit Statue der Unbefleckten Empfängnis Mariä. Die 4 *Choraltäre* dem hl. Vinzenz von Paul, der hl. Anna, dem hl. Josef und dem

hl. Kreuz geweiht; an letzterem sog. ›*Bärenkreuz*‹★ des spanischen Bildhauers Calixo, unter Kaiser Karl VI. aus einem span. Kloster nach Wien gebracht. Im linken Seitenschiff in kleiner Nische Altar des sel. franz. Märtyrers Perboyr. Bmkw. *Kanzel*, 14 Leidensstationen: In der *Hauskapelle des Pfarrhauses* Fresko mit Kreuzigungsgruppe von Anton Lehmden (1970).

KARL-BORROMÄUS-PLATZ **3**

Karl-Borromäus-Brunnen Zentrum des intimen Platzes mit Magistratischem Bezirksamt für den 3. Bezirk; nach Konzeption von *Josef Plečnik* (1909), Plastik von *Josef Engelhart*. Vom Bezirk Landstraße dem Wiener Bürgermeister Dr. Karl Lueger anläßlich seines 60. Geburtstages (1904) gewidmet. ***Beschreibung:*** Kern ein 3seitiges, nach oben abgeschrägtes Prisma, an dessen Fuß ergießt sich aus 3 Löwenmäulern Wasser in ein mehrgliedriges Bronzebecken. Auf dem Becken 3 Gruppen, das Wirken des hl. Karl Borromäus symbolisierend: 1. Pest in Mailand, 2. Edeldame, Frau und Jüngling, 3. Heilung von Siechen (unter den Gruppen Inschriften). Das Becken trägt am Rand als Speier phantastische Tiergestalten und wird an den 3 Ecken von je 5 nackten Kindern getragen, die ihrerseits über dem untersten Becken stehen. Die gesamte Brunnenanlage liegt muldenartig in den Platz eingebettet.

KARLSPLATZ **1, 4**

1894–1900 im Zuge der Einwölbung des Wienflusses und des Baues der Wientallinie der Stadtbahn entstanden. Das Gebiet außerhalb des ehem. Kärntnertores alter hist. Boden (Vorstadt Wieden, heute 4. Bezirk, urk. 1211); südl. des Wienflusses durch Hz. Leopold VI. und seinen Arzt Meister Gerhard A. 13. Jh. Heiligengeistspital, nördl. Mitte 13. Jh. durch Wiener Bürger Bürgerspital gestiftet. Bis zu 1. Türkenbelagerung (1529) vor der Ringmauer Gärten, Weinschenken und Handwerkerhäuser; im 15. Jh. Weiher des Wienflusses (1456 bei der heutigen Karlskirche Permansweiher, 1478 Weiher hinter dem Heiligengeistspital). Bedeutendste Brücke über die Wien im Mittelalter die Steinerne Brücke vor dem Kärntnertor, an deren Stelle zuvor Holzbrücke; über sie führte Fernhandelsstraße nach Süden (Ausgangspunkt Kärntner Straße und Neuer Markt). Nach der 1. Türkenbelagerung war das Karlsplatzgebiet Glacis. 1713 und 1781 Pläne zur Regulierung der Wien (nicht ausgeführt); das Interesse militärischer Stellen führte 1817 zu Regulierung zwischen Schönbrunn und Stubentor (heute Landstraßer Hauptstraße). Um diese Zeit Abschluß nach Süden durch Bau der Technischen Hochschule (→ Karlsplatz 13). Endgültige Regulierung und teilw. Überwölbung der Wien (auch am Karlsplatz) um die Jahrhundertwende. Seither schwierige städtebauliche Planungen, zahlreiche unausgeführte Entwürfe (u. a. von Otto Wagner, der den Bau der Stadtbahn leitete). Im Zuge der Verbauung der Ring-

Ansicht des Karlsplatzes, Anfang 19. Jh.

straßenzone Begrenzung des Platzes durch Baublöcke gegen die Stadt zu (u. a. Handelsakademie, Künstlerhaus, Musikvereinsgebäude); Veränderungen im östl. Teil jüngeren Datums (Hist. Museum 1959, Bürohaus links von der Karlskirche 1975). Seit 1969 U-Bahn-Bau (5gesch. unterirdisches Verkehrsbauwerk als Schnittpunkt von 3 U-Bahn-Linien); Stadtbahnhaltestelle Karlsplatz von Otto Wagner wird restauriert.

KARLSPLATZ (Resselpark) **4**

Brahms-Denkmal Marmordenkmal von *Rudolf Weyr* (1908); Johannes Brahms (1833–97) sitzend, breiter Sockel mit Stufen, dem Komponisten zu Füßen liegende weibliche Gestalt mit Lyra. (Brahms lebte 1872–97 in unmittelbarer Nähe, Karlsgasse 4, wo er auch starb). **Madersperger-Denkmal** Büste des Erfinders der Nähmaschine, Josef Madersperger (1768–1850), auf Vierkantsockel von *Carl Philipp* (1933). **Tilgner-Brunnen** Nach Modell von *Victor Tilgner* angefertigt, von der Gemeinde Wien zu seinem Andenken 1902 errichtet. Über reichgegl. Schale (mit Fröschen) Säule mit 2 Putten, von denen der eine Ente, der andere Fisch hält (Speier); Inschriftband rings um die Säule mit Trauben geschmückt.

KARLSPLATZ **4**

Karlskirche Pfarrkirche hl. Karl Borromäus, 1738 dem Kreuzherrenorden übergeben, 1783 kaiserl. Patronatspfarre. ***Geschichte:*** Während einer 1713 in Wien wütenden Pestepidemie gelobte Kaiser Karl VI., dem Pestheiligen Karl Borromäus eine großartige Kirche zu errichten. Im Februar 1714 Ausschreibung eines Wettbewerbs, bei dem *Johann Bernhard Fischer v. Erlach* Sieger (beteiligt auch Johann Lukas v. Hildebrandt und Ferdinando Galli-Bibiena). Nach Fischers Tod (1723) führte sein Sohn *Joseph Emanuel* den Bau zu Ende: Größerer schöpferischer Anteil an der dekorativen Ausgestaltung des Inneren. Kuppel 1725 vollendet, Einweihung durch *Kardinal Sigismund Graf Kollonitsch* am 28. Okt. 1737. ***Lage:*** Kirche z. Zt. ihres Baues noch jenseits des kaum regulierten

Karlskirche: Säulenrelief

Wienflusses (an den Ufern Auwäldchen, dahinter Weingärten). Beherrschte bis zur Mitte des 19. Jh. das unverbaute Glacis vor dem Kärntnertor und war auf *frontale Fernwirkung* berechnet, nämlich in der Verlängerung des Straßenzuges Herrengasse–Augustinerstraße und am Weg des Kaisers von der Hofburg zu dem kaiserl. Lustschloß Favorita. ***Äußeres:*** Zentraler, kuppelbekrönter Bau mit breit vorgelagerter *Fassade*★ von einzigartiger Komposition, die auch in allen Schrägansichten (Rundgang um die Kirche empfehlenswert) immer neue eindrucksvolle Blickpunkte eröffnet: ein ››Werk von allerhöchstem Rang und überdies geradezu ein Kompendium barocken Bau- und Symboldenkens‹‹ (Sedlmayr). Der *Kirchenvorhalle* ein griechischer *Tempelportikus* **(a)** vorgesetzt, hinter dem aus der Attika Kuppel herauswächst. Zu beiden Seiten schwingt die Fassade konkav zurück. Hier die beiden *Triumphsäulen*★ **(b)** mit Spiralreliefs, ganz außen *2 Glockentürme* **(c)** stadttorartig ausgebildet, als seitl. Abschluß. Fassade erinnert an versch. Vorbilder: die Glockentürme scheinen asiatisch beeinflußt, die Triumphsäulen weisen auf die römische Trajanssäule (zugleich aber Stellung wie Minarette) und beziehen sich auf die Devise Karls ››Constantia et fortitudine‹‹; der ganze Bau zeigt gewisse Ähnlichkeit mit dem salomonischen Tempel. Am plastischen Schmuck der Fassade die besten Bildhauer Wiens tätig. Zusammengehalten werden die aufstrebenden Teile der Fassade durch einheitl. Horizontalabsetzung der Unterzone und der Attika sowie die Einstellung der Säulen in die vorspringenden Bauteile. An der Freitreppe 2 gewaltige *Engelsfiguren mit Bronzekreuzen* (von Franz Caspar); der linke Engel symbolisiert das Alte Testament (Vorbild des Kreuzes mit der ehernen Schlange in Händen), der rechte das Neue Testament (Kreuz der Erlösung, die Schlange zerschmettert am Boden). *Giebelrelief des Portikus* mit Szenen aus Wien im Jahr der Pest (hervorragende Arbeit von Giovanni Stanetti): von links nach rechts Grab und Grablegung eines Pesttoten, dahinter eine tote, von ihrem hilflosen Kindchen beweinte Mutter; Betende, dahinter eine Ansicht Wiens, darüber der Todesengel mit dem Richtschwert; Erteilung des Sterbesakraments durch einen Priester an eine Sterbende; ein zu Gott flehender Kranker; Grabtragung eines jungen Mannes durch einen Totengräber, der eben selbst von der Pest befallen wird. Die Säulenhalle durch bewegte Figur des *hl. Karl Borromäus* bekrönt, der mit großer Gebärde sein Herz himmelwärts öffnet. 4 große Plastiken (4 Tugenden) ihm zur Seite Bußfertigkeit (mit Schlange), Barmherzigkeit (mit Pelikan), Gebetseifer (mit Hahn) und Religion (mit Einhorn). Der hl. Borromäus und die Attikafiguren von Lorenzo Mattielli. Die spiralförmigen *Reliefs an den beiden Triumphsäulen* unter Mitarbeit von Johann Baptist Straub und Jakob Schletterer von Johann Christoph Mader (1724–30); die bekrönenden Kaiseradler der Säulen wie die den runden Mittelbau umstehenden und umschwebenden Engelfiguren wiederum von Lorenzo Mattielli. Plast. Verzierung am Außenbau u. a. mit in die Wand eingebundenen Blumengirlanden, Flügeln an den beiden seitl. Uhren als Symbole der rasch enteilenden Zeit, große Steinvasen, aus denen Flammen schlagen, geflügelte Engelsköpfchenpaare an den Fensteröffnungen der seitlichen Pavillons. ***Grundriß:*** Längsovaler Hauptraum mit hohem Tambour und Kuppel mit Laterne; in der Längsachse Vorhalle und Chor, in der Querachse je 1 rechteckige Kapelle, in den Diagonalen ovale Kapellen mit darüberliegenden Emporen. Kräftiges, umlaufendes Gebälk am Ansatz des Tambours von Pilasterordnung getragen. ***Inneres:*** Der Innenraum gegenüber der Front kühl, die Kuppelfresken dominierend. Die Wölbung des weiten Raums erscheint durch die perspektivische Scheinwirkung des Längsovals noch höher gestreckt, durch Details (wie den nach auswärts gewölbten Triumphbogen, die Überschneidung der beiden Kuppelraumgebälke oder die Verkleinerung der oberen Pilaster) verstärkt. *Farbwirkung* bestimmt durch die roten Marmorsockel, die rosenholzfarbenen Stuckmarmorpilaster mit vergoldeten Kapitellen und die tonig gestufte Gebälk- und Kuppelzone (samt Kuppelfresko). Die perspektivisch gemalten Scheinarchitekturen am unteren Rand der Hauptkuppel und in den Nebenkuppeln von Gaetano Fanti, die kleinen seitl. Bilder und das *Kuppelfresko* **(A)** (Glorie des hl. Karl Borromäus mit Maria, die Hl. Dreifaltigkeit um Erlösung von der Pest bittend), von Johann Michael Rottmayr (1725–27). In einem gewaltigen Spiralreigen Hoffnung, Liebe und Glaube (mit versch. Attributen), Kampf des Lichts gegen die Finsternis, Erlösung, Fleiß, Glück und Heilung, dazw. Engel und Putten, am unteren und oberen Kuppelrand Symbole von Frieden und Sieg, über allem der Hl. Geist. Im Chorbogen **(B)** Allegorie der Anrufung des göttlichen Lammes, in der linken Kapelle **(C)** ›Vertrauen‹, in der rechten Kapelle **(D)** ›Ergebung in den Willen Gottes‹, über der Orgel **(E)**

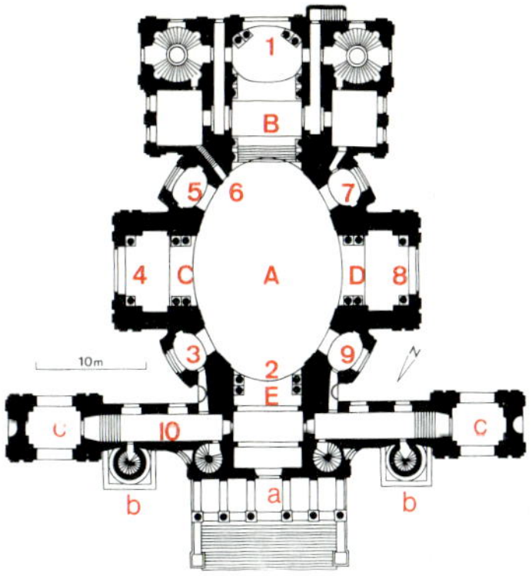

›Danksagung der hl. Cäcilia‹ (alle von Johann Michael Rottmayr). Stukkaturen von Albert Camesina (seit 1725), plast. Wolkendekoration über dem Hochaltar geht auf Entwurf Fischers zurück (Modell von Ferdinand Brokoff, 1728). ***Beschreibung:*** Der *Hochaltar* **(1)** in seiner Gesamtkonzeption sicherlich von Johann Bernhard Fischer v. Erlach. Den Tabernakel bekrönt ein barockes Kruzifix, die beiden vergoldeten Engel von Lorenzo Mattielli. Stuckfigur des von Engeln und Putten umgebenen, auf einer Wolkenspirale himmelwärts schwebenden hl. Karl Borromäus von Albert Camesina. Seitl. auf dem Gebälk die 4 Kirchenväter. Die Seitenwände, durch Halbsäulen gegliedert, tragen die vornehm verzierten Kaiseroratorien, seitl. auf dem Gebälk Putten mit 4 Medaillons (Stuckporträts der Evangelisten). **2** *Orgelempore* mit Säulenvorbau, von posaunenblasenden Engeln getragenem kaiserlichen Wappen und Barockorgel, seitl. auf dem Gebälk Putten mit Musikinstrumenten. *Rundgang* vom Eingang hinten links: **3** *Taufkapelle* mit kl., reizvoll bemalter ovaler Kuppel (Scheinarchitektur und Blumen) von Gaetano Fanti; durch Kuppelöffnung sieht man in die Kuppel des Obergeschosses. Altarbild ›Christus und der römische Hauptmann‹ von Daniel Gran (1736), links neben der Kapelle spätbarocker Betstuhl (um 1750) mit Reliefszene ›Anbetung der hl. 3 Könige‹ an der Rückenlehne. **4** *Linker Seitenarm:* Altarbild ›Himmelfahrt Mariens‹ von Sebastiano Ricci (um 1734), auf dem Altar 2 Liegefiguren (Tugenden). Seitl. 2 kunstvolle, spätbarocke Beichtstühle, wohl nach Entwurf von Claude Le Fort du Plessy (nach 1730), darüber 2 qualitätvolle Stuckmedaillons (links ›Verkündigung‹, rechts ›Mariä Heimsuchung‹). *Links vorne:* **5** Ovalkapelle mit Ölbild ›Jesus heilt einen Gichtbrüchigen‹ von Giuseppe Antonio Pellegrini, davor barocke Kopie des Gnadenbildes der Mariazeller Muttergottes. **6** *Kanzel* mit reich vergoldeten Ornamenten (Rocaillen, Blumengirlanden) und weit übergreifendem Baldachin, auf Schalldeckel 2 Putten (Attribute Kreuz, eucharistischer Kelch). *Rechts vorne:* **7** Ovalkapelle mit Altarbild ›Hl. Lukas, die Gottesmutter malend‹ von Jakob van Schuppen. **8** *Rechter Seitenarm:* Monumentales Altarbild ›Hl. Elisabeth von Thüringen unter den Armen weilend und diese beschenkend‹ von Daniel Gran (1736), auf dem Altar 2 Liegefiguren (Tugenden). Seitl. 2 spätbarocke Beichtstühle, darüber 2 Stuckmedaillons (Szenen aus dem Leben der hl. Elisabeth). *Rechts hinten:* **9** Ovalkapelle mit Altarblatt ›Christus erweckt den Jüngling von Naim‹ von Martino Altomonte (1731), seitl. eine kl. künstlerisch bemerkenswerte Barockplastik des hl. Judas Thaddäus aus Lindenholz. Im linken Eingangsflügel der Kirche klassizistisches *Grabmal* **(10)** für den Dichter *Heinrich J. Collin* (1771–1811) mit Bildnismedaillon nach Entwurf von Heinrich Füger von Johann Sauthner (1812). Beachtenswert auch die aus der Bauzeit stammenden geschnitzten Betbänke sowie die Schränke in der Sommer- und Wintersakristei mit Einlegearbeiten. ***Bedeutung:*** Bedeutendstes sakrales Bauwerk des Barock in Wien; urspr. auf frontale Fernwirkung als Blickpunkt von der verlängerten Herrengasse aus berechnet. Fischer vereinigte die klassische Architektur von Rom, Griechenland und Konstantinopel in genialer Synthese und schöpferischer Umwertung. Mit Nachdruck wird dem Beschauer vor Augen geführt, daß es sich hier um ein kaiserliches Bauwerk von universell kirchlichem und imperialem Anspruch in der Residenz eines Weltreiches handelt. Diese Symbolik beherrscht das ganze Bauwerk. Die Karlskirche ist Fischers letzter Kirchenbau und zugleich sein architektonisches Hauptwerk.

KARLSPLATZ 4 → Akademiestraße 12

KARLSPLATZ 5 **1**

Künstlerhaus Repräsentatives *Ausstellungs- und Versammlungsgebäude* der (1861 konstituierten) Genossenschaft der bildenden Künstler Wiens, erbaut auf Anregung von Friedrich Stache 1865–68 von *August Weber* im Stil der ital. Renaissance, seither durch An- und Umbauten mehrfach erweitert und verändert (Architekten *Friedrich Schachner, Andreas Streit, Eduard van der Nüll* und *August Sicard v. Sicardsburg*). Beliebte Künstlerfeste im Fasching (vor allem die ›Gschnasfeste‹). Seit 1949 in einem Seitentrakt Kino. ***Äußeres:*** Urspr. rechteckiger, 2gesch. Bau mit 3achsigem, von Säulen flankiertem Eingangsvorsprung. Später die gegen die Bösendorferstraße hin zurückgerückten 1gesch. Flügelbauten sowie die 1gesch. Verbindungstrakte zwischen Hauptbau und Flanken hinzugefügt. Am Karlsplatz zu beiden Seiten des Haupteingangs *8 Künstlerstatuen* aus Marmor (4 urspr. auf den Flügelbauten angebracht): Dürer (von Anton Schmidgruber, 1877), Michelangelo (von Anton Paul Wagner, 1882), Raffael (von Johann Silbernagl, 1882), Rubens (von Victor Tilgner, 1882), Leonardo da Vinci (von Edmund Hofmann, 1900), Velazquez (von

Anton Břenek, 1909), Bramante (von Emmerich Alexius Swoboda, 1910) und Tizian (von Hans Scherpe, 1913).

KARLSPLATZ 6 → Dumbastraße 3

KARLSPLATZ 8 **4**

Historisches Museum der Stadt Wien Bau anläßlich des 80. Geburtstags von Bundespräsident Theodor Körner 1953 vom Wiener Gemeinderat beschlossen und 1954–59 nach Plänen von *Oswald Haerdtl* ausgeführt. 1. Planungen für ein Stadtmuseum bereits um die Jahrhundertwende, als sich u. a. auch Otto Wagner mit entspr. Projektierungen befaßte. Das Hist. Museum zuvor in Räumlichkeiten des 1883 vollendeten (neuen) Rathauses untergebracht. ***Äußeres:*** Moderner 3gesch. Stahlskelett-Pfeilerbau mit glatten, natursteinverkleideten Fassaden.

Hist. Museum: Turmbekrönung von St. Stephan

Sammlungen: ***Erdgeschoß:*** *Urgeschichte; Römerzeit:* Legionslager, Ausgrabungen, Funde; *Völkerwanderung; Mittelalter:* Romanische Bauplastik, gotische Bauteile und Bauplastiken v. a. von St. Stephan (14./15. Jh.) u. a.; Glasgemälde, Fresken, Baurisse von St. Stephan (ab 1450, bes. Nordturm). Ältester Stadtplan u.v.a. ***1. Stock:*** *Wien im 16./17. Jh.:* Erinnerungen an die Humanisten, die 1. Türkenbelagerung; Stadtansichten, Vermessungsgeräte; *Renaissance:* Harnische, Waffen u. a.; 3. Vogelschauplan Jakob Hoefnagels 1683, Prospektstiche u. a.; Gemälde, Pläne und Darstellungen der 2. Türkenbelagerung, Beute aus dem Türkenlager. *Wien im 18. Jh.:* Pläne, Stichserien, Veduten; amtliche Maße und Gewichte; Ladenschilder, Hauszeichen; Barockgemälde; Barockplastik; Kunstgewerbe (Porzellan der Wiener Manufaktur, Goldschmiedearbeiten, Hinterglas- und Emailmalereien); Modell der Stadt Wien vor dem Fall der Basteien (1852/54) ***2. Stock:*** *Wien im 19. und 20. Jh.:* Ära Napoleons; Porträts, Plastiken; Empiresalon (Pompejanisches Zimmer aus dem Geymüller-Palais Wallnerstraße 8); Empireporzellan; Biedermeiergläser (von Gottlob Samuel Mohn und Anton Kothgasser); Malerei: Stadtansichten, Porträts und Genrebilder (Ferdinand Georg Waldmüller u. a.), Stilleben und Landschaftsbilder; Porzellan, Glas; Wohnung Franz Grillparzers (Spiegelgasse 21); Revolution 1848; versch. Künste und Malerei 2. Hälfte 19. Jh. (u. a. Makart, Klimt, Schiele); Wohnzimmer von Adolf Loos; Entwürfe von Loos und Otto Wagner; ›Wiener Werkstätte‹ von Josef Hoffmann, Glas und Silbergerät; Musikleben (Strauß, Bruckner, Brahms, Mahler, Wolf, Schönberg, Berg, Webern); zeitgenössische Malerei. Modell der Stadt Wien (1898).

KARLSPLATZ 13 **1**

Technische Universität Anstelle des Palais Losy von Losymthal 1816–18 nach Plänen der Hofbaudirektion unter Leitung von *Joseph Schemerl v. Leytenbach* für das 1815 begr. ›Polytechnikum‹ erbaut. Mehrfach erweitert: 1835–39 Mitteltrakt (heute Bibliothek) und Trakt in der Paniglgasse, 1835 im Hof Pavillon der Industrieausstellung, 1867 östl. Seitentrakt, 1907/08 Anbau Karlsplatz 12 (von *Carl König*). ***Äußeres:*** Urspr. 3gesch. Bau, 1895–98 bei gleichzeitiger Hebung des Daches 4. Geschoß aufgesetzt. Klassizistische Fassade mit hohem Mansarddach, Mittelrisalit über dem Sockel – Geschoß mit 6 Säulen. Über der hohen Attika Figurengruppe von Joseph Klieber (1818). Die beiden Eckrisalite schwächer. Vor der Hauptfront auf Marmorsockeln *8 Bronzebüsten berühmter Techniker:* die Professoren Stampfer (von Franz Seifert), Burg (von Theodor Charlemont), Schrötter v. Kristelli (von Alfons Canciani), Rebhann (von Richard Luksch), Ferstel (von Artur Kaan), Hochstetter (von Richard Jakitsch), Radinger (von Richard Kauffungen) und Prechtl (von Rudolf Weyr). In der *Aula* Kriegerdenkmal von Franz Barwig (1965). Der *Anbau Karlsplatz 12* mit typischer Ringstraßenfassade, Übergang zwischen der klassizistischen Fassade der Hauptfront und der reich gegl. Karlskirche. 3achsiger Mittelrisalit mit 4 hohen jonischen Säulen, oben 4 allegorische Figuren von Theodor Khuen (Architektur, Ingenieurwesen, Mathematik, Naturwissenschaft).

KARLSPLATZ 14 **4**

Evangelische Schule Von *Theophil v. Hansen* 1860–62 in Formen der ital. Renaissance, Ziegelrohbau. 7achsiger 4gesch. Mitteltrakt, die Seitenflügel um 1 Geschoß überragend. Im Mitteltrakt 3 von 4 Säulen flankierte Eingangstore, auf dem Gebälk *4 Evangelistenstatuen* von Vinzenz Pilz. Glasgedeckter *Arkadenhof.* Innenausstattung im Zuge des Wiederaufbaues und teilw. Umbaues nach Brandschäden 1945 durch F. Albrecht stark verändert.

KARMELITERPLATZ **2**

Karmeliterkirche Zum hl. Joseph seit 1783 Pfarrkirche. ***Geschichte:*** Bereits Rudolf IV. hatte die Karmeliter 1360 nach Wien berufen.

Die von den Karmelitern unter Albrecht III. anstelle der herzoglichen Münze Am Hof erbaute Kirche ging in der Reformation ein und kam später an die Jesuiten. Mit Kaiser Ferdinands II. Unterstützung entstanden Kirche und Kloster im Unteren Werd (1623–27); Kirche 1639 erweitert; Kloster 1783 aufgehoben und teilw. demoliert, 1898 nach Döbling verlegt. ***Äußeres:*** 3gesch. frühbarocke Fassade mit Pilastergliederung, verjüngten Obergeschossen, Voluten und Dreiecksgiebel. Über dem Portal in einer Nische Marienstatue mit Jesuskind, seitl. Statuen der beiden Kirchenpatrone hl. Josef und hl. Theresa von Avila, darüber Steinfiguren der Propheten Elias und Elisäus und der Patres hl. Angelus von Jerusalem und Albert. Kirchenturm nördl. des Chores. An der Ostwand der Kirche (Taborstraße) Sgraffito von Georg Samwald (Geschichte der Taborstraße). Auf der Orgel soll Joseph Haydn gespielt haben. ***Inneres:*** Frühbarocker Innenraum mit Vierungskuppel (ohne Tambour). **1** *Hochaltar:* Nach Entwürfen von Jakob Schletterer, Altarbild ›Vision der hl. Theresia‹ von Martin Johann Schmidt, 1771. Statuen der Propheten Elias und Elisäus als ›Stammväter‹ des Ordens, des hl. Cyrillus, des 3. Generals des Ordens, und des hl. Andreas Corsini. An der Schwelle zwischen Chor und Querschiff Statuen des hl. Erasmus (links) und des Hl. Johann Nepomuk (rechts). *Seitenaltäre:* **2** Dreifaltigkeitsaltar von der Kaiserin Eleonore gestiftet (1702) mit Bild der Hl. Dreifaltigkeit. Über bmkw. Tabernakel Kopie des Gnadenbildes aus der Döblinger Karmeliterkirche. **3** Josef-Altar mit Bild ›Vermählung Josefs mit Maria‹ (2. Hälfte 17. Jh.). Über dem Tabernakel in Glasschrein Nachbildung des Prager Jesulein (wohl älteste in Österreich befindl. Kopie des Prager Originals, aus der Karmeliterkirche ›Maria vom Siege‹). **4** *Kanzel* mit reichem plast. Schmuck

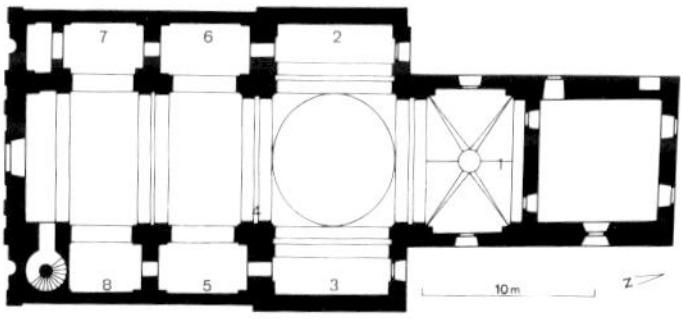

(hl. Hieronymus und hl. Augustinus, Maria, hl. Therese und hl. Johannes vom Kreuz; 1. Hälfte 18. Jh.). **5** Albert-Altar mit Bild ›Albert vor Maria‹ (1658), gestiftet von der Familie Herberstein. **6** Anna-Altar mit Bild ›Tod der hl. Anna‹ (1657), gestiftet von Anna Gräfin Harrach. **7** Johannes-vom-Kreuz-Altar mit Bild ›Christusvision des Heiligen‹ von Johann Ignaz Bendl (?). In einer Vitrine auf der Altarmensa Nachbildung der Mariazeller Muttergottes. **8** Skapulier-Altar mit Bild ›Hl. Therese vor der Gottesmutter betend‹ (1667). ***Bedeutung:*** Für die Zeit der Gegenreformation charakteristisch. (Gotteshaus von 10 bis 17.30 Uhr geschlossen).

KÄRNTNER RING 1 (Kärntner Straße 55) **1**
Hotel Bristol Erbaut 1913 von *Fiedler und Palumbo,* Umbau 1948 von *Appel und Mayr.* 6gesch. Gebäude mit Balkonen an der Ringstraßenfront und verglasten Erkern an der Ecke zur Kärntner Straße (hier die szt. berühmte ›Sirk-Ecke‹, Zielpunkt der sonntäglichen Promenade aller jener, die sehen und gesehen werden wollten).

KÄRNTNER RING 4 **1**
Wohnhaus Erbaut 1862 von *Johann Romano vom Ringe* und *August Schwendenwein* für Bankier Jonas Königswarter; seit 1907 Besitz Baron Kiss v. Ittebe bzw. Katharina Schratt. Betont einfaches, 4gesch. Privatpalais, über dem Haustor Balustradenbalkon. Im Hof Brunnen (20 m tiefer Brunnenschacht), Figur Mädchen mit Amphore. Ehem. Schratt-Wohnung im 3. Stock.

KÄRNTNER RING 9–13 **1**
Ehem. Grand Hotel Heute Internat. Atom-Energie-Kommission (IAEA). Zusammenbau eines alten Trakts (Kärntner Ring 9, erbaut 1861 von *Carl Tietz*) und eines neuen Trakts (Kärntner Ring 11–13, erbaut 1869 von *Carl Tietz*) zu neuem Grand Hotel 1911–13. 5gesch. Hotelbau mit vorspringendem und überhöhtem Mittelrisalit.

KÄRNTNER RING 16 **1**
Hotel Imperial Ehem. Palais des Herzogs Philipp v. Württemberg. Erbaut 1862–65 von *Arnold Zanetti* und *Heinrich Adam*, Umwandlung in Hotel 1872/73, Aufstockung um 2 Geschosse 1928, Umbau des Haupteingangs 1946. ***Äußeres:*** 5gesch. Baublock mit 6achsigem schwach vortretendem Mittelrisalit. Im *Giebel* Figurengruppe: Frauengestalt auf Triumphwagen mit Hirschen und Löwen (württembergische Wappentiere). Gedenktafel für Richard Wagner von Robert Ullmann, 1933. ***Inneres:*** Bmkw. Foyer, Feststiege (auf dem Podest in halber Höhe reich ausgestattete Ädikula mit ›Donauweibchen‹ von Hans Gasser, Wiederholung der Brunnenfigur im Stadtpark), Große Halle (glasüberdachter Hof), Festsaal und Marmorsaal. ***Bedeutung:*** Prominentenhotel, bei offiz. Anlässen (Staatsbesuchen) benützt.

KÄRNTNER RING 18 → Schwarzenbergplatz 17

KÄRNTNER STRASSE **1**
Ausgangspunkt der im letzten Drittel des 12. Jh. fertiggestellten Fernhandelsstraße nach Süden (Kärnten, Triest). 1234 wird der im Zuge städtebaulicher Veränderungen (Stadterweiterung) Hz. Leopolds V. entstandene → Neue Markt in der Nähe der Kärntner Straße urk. genannt, 1257 diese selbst (als ››Strata Carinthianorum‹‹). In der frühen Neuzeit Sitz bedeutender Bürgergeschlechter. Die Johanniterkommende mit Pilgerherberge, das Bürgerspital, bedeutende Gasthöfe und das Chaossche Waisenhaus gaben der Straße

lange Zeit das Gepräge. In der Gründerzeit (2. Hälfte 19. Jh.) Verlängerung ins Stadterweiterungsgebiet (Ringsstraßenzone) und Entwicklung zu Hotel- und Geschäftsstraße von internat. Rang. Heutige Straßenbreite erst seit Jh.wende. 1945 weitgehend zerst., Wiederaufbau abgeschlossen. Seit 1974 Fußgängerzone.

KÄRNTNER STRASSE 37 **1**
Malteserkirche Hl. Johannes d.T. ***Geschichte:*** Herzog Leopold VI. berief um 1200 Mitglieder des Malteser-Ritter-Ordens nach Wien und ließ ihnen eine kleine Kirche samt Pilgerhaus erbauen. Nach Stadtbrand 1258 Kapelle um 1265/69 wiederhergestellt. ***Äußeres:*** Unter Ordenskomtur Graf Colloredo 1806/08, schmale *Empirefassade* mit korinthischen Pilastern in der Art des Louis v. Montoyer. Dreieckgiebel mit Relief ›Taufe Christi‹, Attika und Glockentürmchen. ***Inneres:*** 1schiffiger, 3jochiger gotischer Kirchenraum mit 5/8-Chorschluß und Kreuzrippengewölben (wohl Mitte 14. Jh.). *Hochaltar* mit Gemälde ›Hl. Johannes d.T.‹ von Johann Georg Schmidt, 1. V. 18. Jh. Links Marmordenkmal des Großmeisters Jean de La Valetta, Verteidiger der Hauptstadt der Insel Malta (1806); im Relief die Festung La Valetta auf Malta und die kämpfende Flotte, darüber Porträt des Großmeisters und Standbilder zweier gefesselter Türken. Gegenüber kl. Kruzifixus, von Kaiser Ferdinand I. und seiner Gemahlin Marianna dem Ritterorden geschenkt. An den Seitenwänden und an der maßwerkgezierten Orgelempore Wappenschilde der Komture der Wiener Kommende. Beachtenswert der prachtvolle, farbig gefaßte Schlußstein unter der Orgelempore mit einem Löwen, der seine Jungen anbrüllt und zum Leben erweckt (Symbol für Christus, der der Menschheit das ewige Leben schenkt).

KÄRNTNER STRASSE 41 **1**
Palais Esterházy Urspr. Palais Grundemann von Falkenberg. ***Äußeres:*** Bau aus der Mitte 17. Jh., die Fassade 1785 in Einzelheiten verändert (Anbringung des Balkons).

KÄRNTNER STRASSE 51 **1**
Palais Todesco An der Stelle des alten Kärntnerturmes der babenbergischen Stadtbefestigung, bei dem am 14. Oktober 1529 die letzten Angriffe der türkischen Belagerer abgeschlagen wurden. 1861–64 von *Ludwig Förster* und *Theophil v. Hansen* für den Bankier Eduard Todesco erbaut. Im Palais verkehrten u. a. Beust, Schmerling, Halm, Dingelstedt, Laube und Hofmannsthal; hier auch vielbeachtete Theateraufführungen. Das Nebenhaus (Walfischgasse 4, nach Kriegsschäden vereinfachte Fassade) ließ sich Eduards Bruder Moriz Todesco erbauen (1862). Im Palais lebte er mit Jetty Treffz, nach 1862 Johann Strauß' Sohn Gattin. Seit 1947 Haus der Österr. Volkspartei. ***Beschreibung:*** 5gesch. Baublock im Stil der Renaissance mit glasgedecktem Innenhof (Brunnen). Im 1. Stock vorkragender Wintergarten, im obersten Gesch. zwischen den Fenstern Karyatiden, Dach mit Balustrade und Vasen. Eckrisalite, im 1. Stock an beiden von Karyatiden getragene Erker. ***Inneres*** im Stil der Zeit mit Festsaal, Tanzsaal und Wintergarten; ein Raum ›Kanzlerzimmer‹ (Erinnerung an Julius Raab). Deckengemälde von Carl Rahl und Gustav Gaul. ***Bedeutung:*** Für die Entstehungszeit typischer Repräsentationsbau der Ringstraßenzone.

Kärntner Straße, Fußgängerzone

KHEVENHÜLLERSTRASSE 2 **18**
Geymüllerschlössel Nach 1808 für Bankier Johann Heinrich Geymüller erbaut. Grundriß zeigt Nachwirkung barocker Motive, Fassaden verbinden gotisierende und ägyptisierende Formen. ***Bedeutung:*** Interessantes Beispiel der Wiener Spätempirearchitektur. Hier die **Sammlung Sobek** mit Alt-Wiener Uhren in Empire- und Biedermeierinterieurs untergebracht (Hauptbestand der Zeit 1780–1850). Nur mit Führung zugänglich (Di 11, Do 15, So 11 und 15 Uhr, Dezember bis Februar geschl.), Zugang Pötzleinsdorfer Straße 102.

KHLESLPLATZ 10 **12**
Altmannsdorfer Pfarrkirche Hl. Oswald. 1819 erwarb der Wiener Bürger *Johann B. Hoffmann* die Herrschaft Altmannsdorf, bis 1812 Besitz der Beschuhten Augustiner. Nach Lotterietreffer ließ er 1838 von Franz Lössl die heutige kl. Kirche erbauen. ***Beschreibung:*** *Hochaltar* mit 2 knieenden Engeln von Johann Schaller und Altarblatt ›Hl. Oswald‹ von Johann Matthias Ranftl, darüber Glasgemälde ›Hl. Dreifaltigkeit‹ von Leopold Kupelwieser. Am *linken Seitenaltar* Bild ›Hl. Johannes d.T. in der Wüste‹ von Joseph v. Führich (1839), am *rechten Seitenaltar* Bild ›Hl. Anna‹ von Eduard Steinle (1838/39). 2 kl. Gemälde ›Jesus vertreibt die Geldwechsler aus dem Tempel‹ und ›Jesus heilt Kranke‹, künstlerisch beachtenswert, Maler unbekannt. *Kreuzwegbilder* (Künstler unbe-

kannt) aus der Schönbrunner Schloßkapelle. Vor der Kirche überlebensgr. *Steinfigur des hl. Augustinus* (früher über dem Brunnen vor der Kirche), 1723.

KOHLMARKT 1
Bereits im frühen 13. Jh. entstandener Straßenzug, um 1230 als ›Witmarkt‹ nachweisbar; wie der Name besagt (wit = Holz), Verkaufsplatz für Brennholz (zu Beginn des 14. Jh. vorübergehend für Holzkohlen). Der Kohlmarkt urspr. Verbindung vom Peilertor (einem babenbergischen Stadttor, etwa an der Ecke Tuchlauben-Bognergasse) zu der nach Westen führenden Fernhandelsstraße (Mariahilfer Straße); der Straßenzug kreuzte am heutigen Michaelerplatz die römische Limesstraße (Herrengasse-Augustinerstraße). Ausgestaltung des Kohlmarkts nach der am Ende des 12. Jh. durchgeführten Stadterweiterung in den Jahren Herzog Leopolds VI. Im Laufe der Zeit zu einer der vornehmsten Straßen Wiens geworden. Prozessionen und Erbhuldigungszüge nahmen hier ihren Lauf.

KOHLMARKT 9 1
Wohn- und Geschäftshaus Erbaut 1901/02 von *Max Fabiani* für die seit dem Ende des 18. Jh. überwiegend in diesem Haus untergebrachte Firma Artaria. Zeigt eine für die Wiener Secession überraschende Einfachheit.

KOHLMARKT 11 (Michaelerplatz 4) 1
Großes Michaelerhaus Um 1720 von unbek. Architekten als Mietshaus der Barnabiten erbaut, denen 1625 die benachbarte Michaelerkirche übergeben worden war. ***Äußeres:*** 5gesch. Haus mit 11achsiger gut gegl. Fassade, teilw. geschwungenen Fensterbekrönungen (mit Pfeifenornamenten) und Putzfeldern. Portal und stuckierte Einfahrtshalle in bewegten barocken Formen, hübscher Hof (interessanter Blick auf die Michaelerkirche) und Brunnen. ***Bedeutung:*** Frühes Beispiel der Vorstufe des josephinischen Plattenstils an der Fassade. Wohn- und Sterbehaus von Pietro Metastasio. Seit 1748 wohnte hier durch mehrere Jahre der junge Joseph Haydn in einer Bodenkammer beim Mesner der Michaelerkirche.

KOLONITZPLATZ 3
Weißgerber Pfarrkirche Zum hl. Othmar. Auf Anordnung Kaiser Leopolds I. ab 1690 eine der hl. Margareta geweihte Kapelle erbaut (zur Erinnerung an seine verstorbene Gattin gleichen Namens); sie stand etwa Ecke

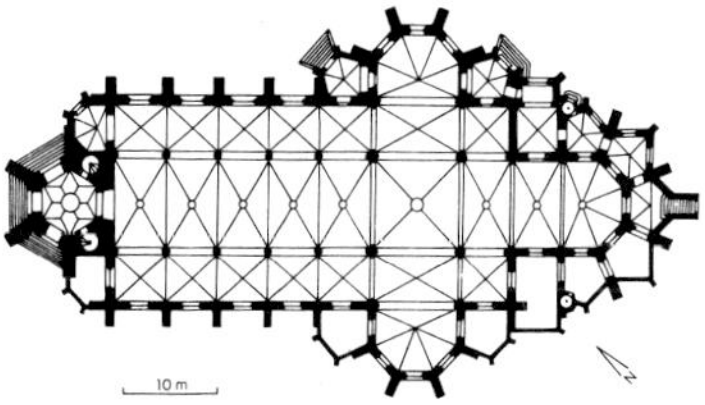

Radetzkystraße-Löwenstraße, 1875 (gemeinsam mit dem Pfarrhof) aus Verkehrsrücksichten abgebrochen. Heutige Kirche von *Friedrich v. Schmidt* 1866–69. ***Beschreibung:*** Freistehender neugotischer Backsteinbau mit Bauformen aus Haustein. Schlanker, 6eckiger Fassadenturm. Vornehmer Innenraum (Wirkung nach Renovierung 1956 durch getönte Glasfenster noch erhöht). Kreuzförmige basilikale Anlage, 3schiffiges und 5jochiges Langhaus mit hohen Seitenschiffen, Rundpfeilern und Kreuzrippengewölben, Querschiff mit 5/8-Schlüssen, 2jochiger Chor mit 5/8-Schluß und Chorkapelle, reichgegl. Chor, Orgelempore. Reicher plast. Schmuck. *Hochaltar* umgeben von Statuen der Hll. Severin, Josef, Othmar und Leopold. *Abschluß des linken Seitenschiffes vorne:* Herz-Jesu-Altar, i. Hgr. Heilige, bes. Verehrer des Heiligsten Herzens oder des Allerheiligsten Sakramentes; hl. Tarcisius, hl. Agnes, hl. Gertrud, sel. Heinrich Suso, hl. Margareta Alacoque, hl. Franz v. Sales. *Abschluß des rechten Seitenschiffes vorne:* Margareta-Altar, umrahmende Bilder (von Rudolf Holzinger) zur Entstehungsgesch. der Margareta-Kapelle, Skulpturen von E. Grienauer. Steinaltar mit polychromierter Skulptur ›Krönung Mariä‹. Im linken Oratorium Altarbild ›Hl. Margareta‹ (1767) aus der urspr. Kapelle, im rechten Bild ›Hl. Familie‹ von J. Giavaci (1860, stark beschädigt). Auf Postamenten unter Baldachinen Statuen der 4 Evangelisten mit ihren Symbolen (von Franz Melnitzky), in der Hl.-Grab-Kapelle Muttergottesstatue von Franz Barwig sen. Bmkw. Kreuzweg (Seccobilder unterhalb der Fenster) von Rudolf Holzinger sowie ein Hl. Josef von F. Stuflesser (Grödener Schnitzwerk).

KRIEMHILDPLATZ 15
Christus-König-Kirche Seit 1935 Pfarrkirche von Neu-Fünfhaus, der Kongregation der Oblaten des hl. Franz von Sales inkorporiert, als *Seipel-Dollfuß-Gedächtniskirche* ben. Betonbau, 1933 nach Plänen von *Clemens Holzmeister* beg. Sept. 1934 geweiht. Bau auf Initiative von Hildegard Burjan, Gründerin der ›Sozialen Hilfe‹ und der ›Caritas Socialis‹, die Bundeskanzler-Ignaz-Seipel-Gedächtnisbau errichten wollte (Tafel im Vorraum der Kirche mit Reliefkopf Hildegard Burjans und entspr. Inschrift). Neben dem Haupteingang der Kirche Gedenkstein für Seipel und Dollfuß mit Bronzeplastik der Göttl. Liebe. ***Beschreibung:*** *Hochaltar* aus grünem Marmor, an der Wand dahinter riesiges Mosaik ›Christus, der König‹ nach Entwurf von Karl Sterrer (1936). *Seitenaltäre:* Links romanische Marienstatue, von Bundeskanzler Dollfuß gespendet; rechts Bild ›Hl. Hildegard‹ von Hammer. Bmkw. Kreuzaltar im linken Seitenschiff. *Kreuzweg* Geschenk Benito Mussolinis (Bronzerelief von Dobner). *Taufbrunnen* Geschenk der kath. Studentenverbindung ›Norica‹. *Stuckdecke* nach Entwürfen von Lotte Baudisch. Im Vorraum ›*Pietà*‹, Werk des kriegsblinden ital. Künstlers

Masuelli, gestiftet von Engelbert Dollfuß. In der *Krypta* bis 1938 Sarkophage der beiden Bundeskanzler Dr. Ignaz Seipel und Dr. Engelbert Dollfuß; die Nationalsozialisten ließen Sarg Dollfuß' auf den Hietzinger Friedhof, den Seipels auf den Zentralfriedhof bringen.

KURRENTGASSE 2 **1**

Stanislaus-Kostka-Kapelle (im 1. Stock des ehem. Pfarrhofs der Kirche Am Hof). Das Zimmer des 1564 aus Polen nach Wien gekommenen Heiligen 1582 in Kapelle umgewandelt. Heutiges Aussehen durch Umgestaltung 1742. ***Beschreibung:*** Reizvoller kl. Raum mit Flachtonne und reicher Stukkierung. Auf dem Altar Bild ›Die Engelskommunion des hl. Stanislaus Kostka‹ von Franz Stecher 1840 (1566 soll ihm ein Engel, da der Hausherr den Zutritt eines Priesters verweigerte, die hl. Kommunion gebracht haben). Die Blumenarrangements an den Türen der Wandschränke vermutl. von Joachim v. Sandrart. Deckengemälde: ›Flucht des Heiligen aus Wien und seine Aufnahme in den Jesuitenorden durch Franz Borgia‹ von Hans Fischer 1927.

LAINZER TIERGARTEN **13**

Schon frühzeitig als Gehege für Rotwild und Wildschweine errichtet, unter Ks. Karl VI. umzäunt, unter Ks. Joseph II. erweitert und mit 22,6 km langer Steinmauer umgeben. Reservat seltener Flora und Fauna innerhalb des Stadtgebiets. Seit 1919 frei zugängl. Letztes Stück unverbauten und naturbelassenen Wienerwalds (seit 1941 unter Naturschutz). Im östl. Teil die ***Hermesvilla.*** Erbaut von *Carl Hasenauer* für Kaiserin Elisabeth (1882–86). Giebelgruppe von *Rudolf Weyr,* Prometheusrelief von *Anton Scharff.* Innenausstattung architekton. von Hasenauer, Malerei von *Hans Makart,* August Eisenmenger und Gustav Klimt. Im Gartenparterre Hermes-Statue von Ernst Herter. Heute museal genutzt.

LANDESGERICHTSSTRASSE 9A–11 **8**

Landesgerichtsgebäude (Landesgericht in Strafsachen I) Erbaut 1831–39 auf Gründen der alten bürgerl. Schießstätte und des 1784 aufgelassenen sog. Neuen Stephansfriedhofes durch *Johann Fischer,* wahrsch. unter Einfluß von Pietro Nobile. 1872–79 in der Alser Straße Trakt mit Schwurgerichtssaal angebaut, 1905/06 3. Stockwerk aufgesetzt. In der NS-Zeit richtete man hier zahllose österr. Widerstandskämpfer hin. Erwähnenswert das von Heinz Geißler eingerichtete Gefangenenhausmuseum. ***Äußeres:*** Mächtiger 4gesch. spätklassizistischer Bau, festungsartig abgeschrägtes Sockelgeschoß, stark betontes Rustikamauerwerk.

LANDSTRASSER HAUPTSTRASSE 4A **3**

Elisabethinen-Kirche und Kloster. Klosterkirche hl. Elisabeth. ***Geschichte:*** Die Elisabethinen 1709 aus Graz berufen. Kloster 1710–18 (viell. von *Franz Jänggl*) erbaut, 1743–54 von *Franz Anton Pilgram* wiederhergestellt und erweitert, 1796–99 von *Joseph Gerl* nochmals vergrößert. ***Äußeres:*** Charakterisiert durch die Verschmelzung von Kirche und Klostergebäude. *Fassade:* Längsseite der Kirche von Franz Anton Pilgram ab 1743 zu Schauseite gemacht; gr. Pilastergliederung, geschwungener Giebel mit Figuren und Turm. ***Inneres:*** Kraftvoller, noch rokokoferner Barock. *Hochaltar:* Am Sockel 6 vergoldete Reliefs (Szenen aus dem Leben der hl. Elisabeth), vor den Säulen 4 Heiligenstatuen (Franziskus, Josef, Anna, Antonius), das bmkw. Altarbild (›Aufnahme der hl. Elisabeth in den Himmel‹) viell. von Johann Cimbal d. Ä. (1711). *Seitenaltäre:* Links ein naturalistisch anmutendes Kruzifix vor Armeseelenbild von Johann Georg Herrmann (1824). Rechts Altarbild ›Hl. Livinus‹ von Johann Georg Baumgartner (1711). In der Kapelle an der Rückseite der Kirche lebensgr., an eine Martersäule gekettete Christusfigur. (Von den Handeisen berichtet die Legende, die hl. Elisabeth habe einen schuldlos Verurteilten, der auf seinem letzten Weg vor dem offenen Kapellenfenster ihre Hilfe erflehte, von diesen in wunderbarer Weise befreit; man schenkte ihm daraufhin das Leben und er opferte zum Dank die Ketten.) Haupt und Beinreliquien der hl. Elisabeth kamen in das im 16. Jh. gestiftete Klarissinnenkloster, nach dessen Aufhebung unter Joseph II. (1782) ins Elisabethinenkloster, wo sie in einem gläsernen Schrein mit Silberfassung aufbewahrt werden (in der Klausur, am 19. Nov. [Oktav des Festes] auf dem linken Seitenaltar zur öffentl. Verehrung ausgestellt).

LANDSTRASSER HAUPTSTRASSE bei 56 **3**

Rochuskirche Pfarrkirche Hll. Rochus und Sebastian. ***Lage:*** An der ehemaligen Via regia (heute Landstraßer Hauptstraße), die sich seitl. über dem Wienfluß nach Osten zog. Kirche an der Gabelung der Landstraßer Hauptstraße und Erdbergstraße. Vor ihr lag der alte Friedhof, auf dem u. a. 1741 Georg Raphael Donner bestattet wurde. ***Geschichte:*** Eine Sebastiankirche hier angebl. bereits 1206 erbaut; 1529 durch die Türken zerst. 1642 legte Kaiser Ferdinand III. Grundstein zur neuen Kirche für die aus der Stadt hierher gezogenen Augustinereremiten, die unter dem Schutz des Hl. Rochus stand. 1679 hier eine Pestbruderschaft errichtet. ***Äußeres:*** Frühbarocke Anlage, heutige Form durch die Restaurierung nach der 2. Türkenbelagerung. Flächige Fassade mit 2gesch. Mittelteil, 1711–21 nach Entwurf von *Anton Ospel* durch Bauführer Tobias Kollmann v. Collenau; gr. Pilasterordnung über hohem

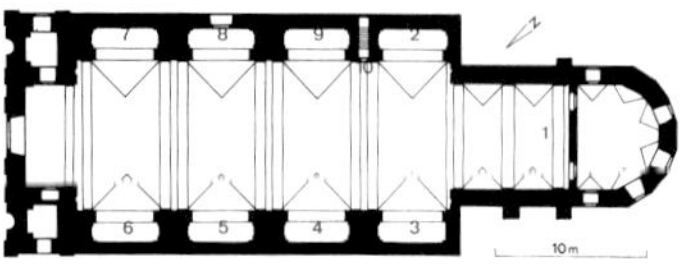

Sockel, interessant kombinierte Giebel und 2 Türme. In den Nischen *Fassadenplastiken* von G. Anton Eberl: **1** hl. Augustinus, **2, 3** Augustinereremiten, **4** Maria, **5** hl. Sebastian, **6** hl. Rochus, **7** hl. Ulrich v. Augsburg, **8** hl. Rosalia. ***Inneres:*** Saalraum mit Emporen und Seitenkapellen, das 4. Langhausjoch querschiffartig erweitert. Qualitätvolle Einrichtung, vorwiegend aus dem späten 17. Jh. **1** *Hochaltar:* Von Kaiser Leopold I. 1689 gestiftet, Bild ›Vertreibung der Pest über Fürbitte der Pestheiligen und Maria vor der Dreifaltigkeit‹ (von Peter Strudel, um 1690). Oberhalb des Tabernakels Gnadenbild ›Maria vom guten Rat‹, Kopie des römischen Gnadenbildes, aufgestellt 1759. Die 4 überlebensgr. Heiligen versinnbildlichen die 4 heiliggesprochenen Herrscher des Hauses Österreich (darunter der hl. Leopold). Zu beiden Seiten 2 Bronzekandelaber von Johann Kippo, 1687. *Querschiffaltäre:* **2** Altar der Hl. Familie (Altarbild von Josef Kastner, Mitte des 19. Jh.). **3** Thomas-Altar (Altarbild mit Bischof Thomas von Villanova aus dem Augustinereremitenorden). *Rechte Seitenaltäre:* **4** Nikolaus-Altar (Altarbild ›Hl. Nikolaus von Tolentino, vor der Dreifaltigkeit‹). **5** Apollonia-Altar (Ende des 17. Jh.). **6** Barbara-Altar (Altarbild ›Enthauptung der hl. Barbara‹ von Hans Adam Weißenkirchner, Ende 17. Jh.). *Linke Seitenaltäre:* **7** Antonius-Altar (Altarbild von Anton Schoonjans?, um 1700), davor Glasschrein mit Reliquien des hl. Bonatus. **8** Altar mit Altarblatt ›Ecce homo‹ von Johann Michael Feichtmayr (?) (Anfang des 18. Jh.). **9** Marien-Altar (Altarbild ›Hl. Antonius vor Maria mit dem Kind‹, von Hans Adam Weißenkirchner, 1689). Davor Kopie des Gemäldes *›Christus als Schmerzensmann‹* von *Lukas Cranach* (Original im Dom- und Diözesanmuseum). **10** Kanzel (1695).

LAUDONGASSE 15–19 **8**

Ehem. Palais Schönborn Seit 1917 *Österreichisches Museum für Volkskunde* 1706–11 Umbau eines älteren Baues nach Entwurf von *Johann Lukas v. Hildebrandt* zu Gartenpalast für den Grafen Schönborn. Im Laufe der Zeit versch. Verwendungszwecken zugeführt (im 19. Jh. sog. Pasqualati-Theater, eine Liebhaberbühne, dann Hochschule für Bodenkultur bzw. Oberlandesgericht). ***Äußeres:*** 2gesch. Fassade mit 5achsigem repräsentativem Portalrisalit, einheitl. Pilasterordnung vom Erdboden an, Wappengiebel mit plast. Simsdekor, späteres Balkongitter über dem Portal; klassizistisch verändert (Vergrößerung des Giebels von Isidor Canevale [?]). ***Inneres:*** Bmkw. Stiegenhaus mit feinem Balustradendekor, Puttengruppen und Vasen. Nur Stiegenhaus und Vestibül im urspr. Zustand erhalten. Im ehem. Bilderzimmer Stuckdecken mit eingelassenem Deckenbild ›Opferung der Tochter Jephtas‹ von Peter Strudel, Supraporten und Reste der niederländischen Gemäldevertäfelung. **Sammlungen:** Museum 1895 durch die Wiener Ethnographen Michael Haberlandt und Wilhelm Hein gegr. Nach 1945 Wiederaufstellung mit Betonung der Bestände im heutigen Österreich. ***Erdgeschoß:*** *Raum I:* Trockengerüste und Speicherbauten. *II:* Hausbilder und Hausmodelle. *III:* Altertümliches hausverwandtes Mobiliar. *IV:* Volksreligiöse Plastik des Mittelalters. *V:* Almerische Volkskunst. *VI:* Oberinntaler Stube. *VII:–XI:* Möbel. *XII:* Bildnisse und Votivbilder 17./18. Jh. *XIII:* Bildnisse 19. Jh. (auch von Wiener Bürgern). *XIV:–XVI:* Möbel. *XVII:* Küchen- und Kellergerät. *XVIII:* Nordtiroler Möbelstube. *XIX:* Schlitten. *XX:* Uhren und Uhrständer, Lebkuchenmodeln. ***Garten:*** An den Hauswänden Hauszeichen (bes. schmiedeeiserne Wirtshauszeichen), an der Gartenmauer schmiedeeiserne Grabkreuze (17./18. Jh.), hölzerne Hofkapelle aus dem Innviertel (1805). Altar hinter schmiedeeisernem Gitter, Wand mit hölzernen Totenbrettern, Sandsteinplastik Schmerzensmann (15. Jh.), Hütten mit Bienenstöcken. ***Obergeschoß:*** *Raum I:* Einführung. *II:* Süddeutsche Volkskunst (Bayern, Franken, Schwaben, Hessen). *III:* Religiöse Volkskunst. *IV:* Volksbrauch. *V:* Volksschauspiel und Maskenwesen. *VI:* Volksmusik. *VII:* Möbel und Keramik. *VIII:* Weihnachtskrippen. *IX:* Puppentheater und Kinderspielzeug. *X:* Zeugnisse des Gemeinschaftslebens, Zunftwesen. *XI:* Südtiroler Volkskunst. *XII:* Südtiroler Trachten. *XIII:* Vorarlberger Volkskunst. Geöffnet Di bis Fr 9–14, Sa 9–12, So 9–13 Uhr.

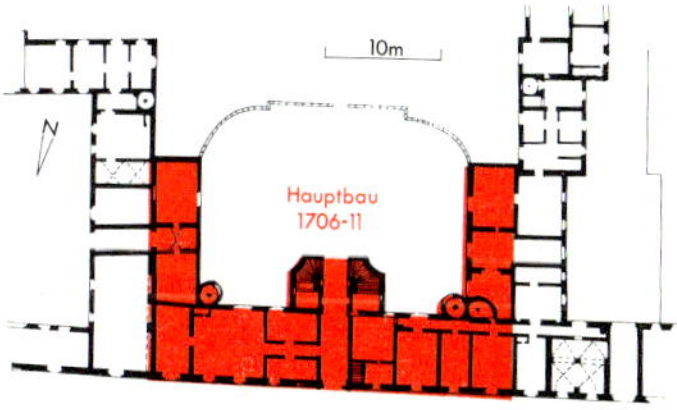

L

Mozarts Grabmal

LEBERSTRASSE 3

St. Marxer Friedhof Einer der 5 alten Kommunalfriedhöfe, die bei Eröffnung des Zentralfriedhofes (1874) aufgelassen wurden. Malerische Anlage 18. Jh. mit bmkw. Grabdenkmälern (Begräbnisstätte von Wolfgang Amadeus Mozart, Georg Raphael Donner, Josef Madersperger u. a.). Friedhof 1784–1874 in Benützung. Seine Rettung Verdienst des Heimatforschers Prof. Hans Pemmer; 1936/37 durch Arch. Waldhauser instandgesetzt, 1937 für Besucher freigegeben; Kriegsschäden nach 1945 behoben; heute eigenartige Verbindung von Friedhof und Parkanlage. Viele der szt. hier Begrabenen wurden inzwischen in Ehrengräber auf dem Zentralfriedhof überführt (Josef Strauß, Josef Kornhäusel, Pietro Nobile, Alois Negrelli u. a.). ***Bedeutung:*** Einziger erhaltener Biedermeierfriedhof Wiens.

LENAUGASSE 8

Straßenzug in der ehem. Vorstadt Josefstadt, Verbauung typisch für Vorstadtgasse aus der 1. Hälfte des 19. Jh. (Klassizismus und Biedermeier). Gassenseite mit geraden Nummern *2 bis 18* Mietshäuser der Jahre 1839–41. Auf der gegenüberliegenden Seite Haus *Nr. 3* von 1711 nach Entwurf von *Donato Felice d'Allio* (im Hof Renaissance-Herme aus Stein). Haus *Nr. 7* (erbaut um 1800) mit gut gegl. Fassade mit flachem 3achsigem Mittelrisalit; Mittelteil durch Bänderung im Erdgeschoß, Lisenen in den Obergeschossen und dreieckige Giebel im 1. Stock betont. Nachbarhaus *Nr. 9* erbaut 1704 (umgebaut und aufgestockt 1861), durch barock geschwungenes Portal und geschwungene Fensterbekrönungen im 1. Stock sowie ornamentale Putzfelder unter den Fenstern gekennzeichnet. Haus *Nr. 11* mit interessantem Stiegenhaus, klassizistische Fassade mit Plattendekoration bei den Fenstern (erbaut 2. Hälfte 18. Jh., verändert 1818). Haus *Nr. 19*, mit Straßentrakt von 1847, enthielt die berühmte Wallishausersche Buchdruckerei; im Hoftrakt (erbaut vor 1776) ehem. Collegium St. Michael untergebracht. Hier wohnte 1848–58 der spätere Wiener Bürgermeister Dr. Cajetan Felder.

LEOPOLDSBERG 19

Letzter Gipfel des Kahlengebirges mit steilem Abfall zur Donau, oftmals mit dem heutigen Kahlenberg verwechselt: Der heutige Leopoldsberg trug bis z. Zt. der 2. Türkenbelagerung den Namen ›Kahlenberg‹ und wurde erst umbenannt, als die Kirche zum Hl. Leopold (Weihe 1693) erbaut wurde. **Burg:** Der Legende nach von Markgraf Leopold III. auf dem Gipfel des Berges Residenz erbaut; der vom Söller durch einen Windstoß entführte Brautschleier seiner Gemahlin Agnes habe nach dessen Auffindung zur gelobten Gründung des Stiftes Klosterneuburg geführt. Die Burg mehrfach Mittelpunkt kriegerischer Auseinandersetzungen (für Herzog Albrecht I. 1287/88 Zuflucht vor den aufständischen Wienern). Die Wachtstation wohl v. a. durch König Ottokar II. ausgebaut. Während der 1. Türkenbelagerung (1529) schwere Schäden. **Leopolds-Kirche** An Stelle des 1557 gesprengten Hauptturmes mit der von Johanna v. Pfirt gestifteten und dem hl. Georg geweihten Kirche, in der 1683 Marco d'Aviano die berühmte Messe vor dem Entsatz von Wien in Anwesenheit des Polenkönigs Jan Sobieski und des Herzogs Karl von Lothringen las. Kleiner *Zentralbau mit Kuppel* über griech. Kreuz **(A)**, erbaut 1679–93 unter Leopold I. und 1730 nach Entwurf von *Antonio Beduzzi* an die Kreuzarme durch Galerien verbundene Hoforatorien angebaut, im Westen *Vorhalle* **(B)** *mit Empore* und 2 Türmen vorgelegt. ***Äußeres:*** 2türmige Fassade mit Pilastergliederung, Attika und Giebel. Turmhelme (im 19. Jh. versch. verändert) nach schwerer Beschädigung im 2. Weltkrieg in barocken Formen wiederhergestellt. Das Äußere der Kirche auf Fernwirkung berechnet. ***Inneres:*** Kreuzförmiger Hauptraum mit Vorhalle. **1** *Hochaltar* aus der 1. Hälfte des 19. Jh. mit Altarbild ›Hl. Leopold‹ von Christian Sambach (um 1790) und Statuen des hl. Augustinus und des sel. Hartmann. *Seitenaltäre:* **2** Links, mit Bild ›Hl. Anna lehrt Maria die Bibel lesen‹, **3** rechts, mit Bild ›Die Christin Irene zieht

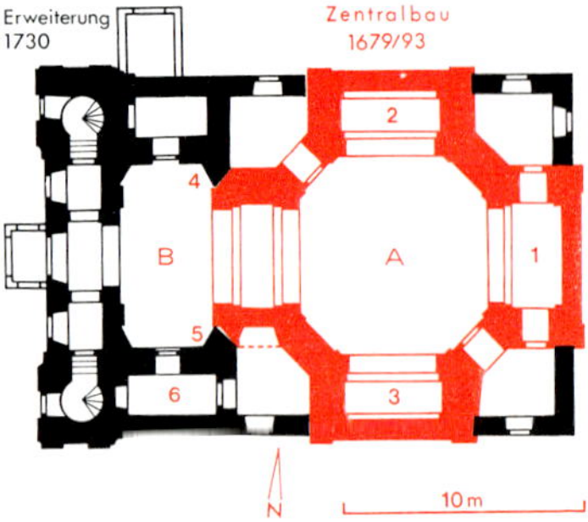

dem hl. Sebastian einen Pfeil aus der Wunde‹, beide von J. Lorenz Deisinger (Mitte 18. Jh.). In der Vorhalle 2 kleine barocke Andachtsaltäre: Links **(4)** mit Statue des hl. Johann Nepomuk (um 1740), rechts **(5)** mit Statue des hl. Johannes d.T. Von hier in die dem Entsatz von Wien 1683 gewidmete *Gedächtniskapelle* **(6)** (im Vorraum versch. zeitgen. Darstellungen der 2. Türkenbelagerung).

LERCHENFELDER STRASSE bei 111 7
Altlerchenfelder Kirche Zu den heiligen 7 Zufluchten. (die Hll. Dreifaltigkeit, der gekreuzigte Heiland, das Hl. Altarsakrament, die Muttergottes, alle Heiligen, die Schutzengel und die Armen Seelen im Fegefeuer). ***Geschichte:*** Die Kirche geht auf eine 1753 von Bäckermeister Michael Knorr in der heutigen Lerchenfelder Straße gestiftete *Michaelskapelle* zurück: (Patrone: Rochus, Sebastian, Rosalia und Michael). Die Bezeichnung ›Zu den hl. 7 Zufluchten‹ möglicherweise auf eine Bruderschaft zurückzuführen. 1779 bewilligte Maria Theresia, da die Kapelle für die angewachsene Bevölkerung der Vorstadt Altlerchenfeld zu klein geworden war, Bau einer Kirche (1781/82), für die ein Altarbild mit der Darstellung der 7 Zufluchten zur Verfügung gestellt wurde. Der heutige Bau nach Plan von *Paul Sprenger* 1848 begonnen und bis zur Sockelhöhe geführt, dann von dem bei Ziebland in München ausgebildeten *Johann Georg Müller* unter Leitung von *Eduard van der Nüll* in romanisierenden Formen weitergeführt. Nach seinem Tod, 1849, von Franz Sitte, den Müllerschen Plänen getreu, vollendet. ***Äußeres:*** Einheitl. romantisches Gesamtkunstwerk. Kreuzförmiger, basilikaler Backsteinbau mit flächiger 2türmiger Fassade, teilweise verputzt, oktogonaler Vierungsturm mit Zeltdach, hohe Apsis; romantische Bauplastik an Portalen und Gesimsen. ***Inneres:*** 3schiffiges Langhaus mit Kreuzrippengewölben, Querschiff und 1jochiger Chor; entgegen der Tradition nach Westen orientiert. Alle Wandflächen polychromiert. Nach Gesamtprogramm von Joseph v. Führich unter Beteiligung zahlreicher Künstler ein thematisch vom ›Ersten Schöpfungstag‹ bis zum ›Jüngsten Gericht‹ reichender *Freskenzyklus,* bedeutendstes Zeugnis der Nazarener

Altlerchenfelder Pfarrkirche

in Wien. Nach Führichs Kartons malten Eduard Engerth das Apsisfresko und Leopold Kupelwieser das ›Jüngste Gericht‹ und den ›Engelsturz‹ an der Eingangswand. Selbständig arbeiteten Karl Blaas und Franz Dobiaschofsky, auch Engerth und Kupelwieser steuerten eigene Entwürfe bei. Einrichtung: Eduard van der Nüll; Orgel: Alois Hörbiger (1858–60). ***Freskenzyklus:*** **A** *Vorhalle* (meist nicht zugängl.): Schöpfungsgeschichte von Joseph Binder. Die 7 Schöpfungstage auf 7 Wandfelder verteilt; die Monats-Himmelszeichen im Gewölbe gehören zur Schöpfung des 4. Tages. Über den Seitentüren Sündenfall und Vertreibung aus dem Paradies. Das Kircheninnere der neu- und alttestamentlichen Geschichte gewidmet. **B** Im *Mittelschiff:* Lebensgeschichte Christi. An der *linken Wand* **1** Verkündigung, **2** Geburt, **3** Taufe Christi, **4** Bergpredigt (von Karl Blaas), an der *rechten Wand* **5** Ölberg, **6** Auferstehung, **7** Himmelfahrt, **8** Pfingsten (von Karl Mayer), auf beiden Seiten zwischen den Fresken Darstellungen Christi ››in versch. Beziehungen seiner Eigenschaften und seiner Würde‹‹, in den Rahmungen (jeweils 2 der

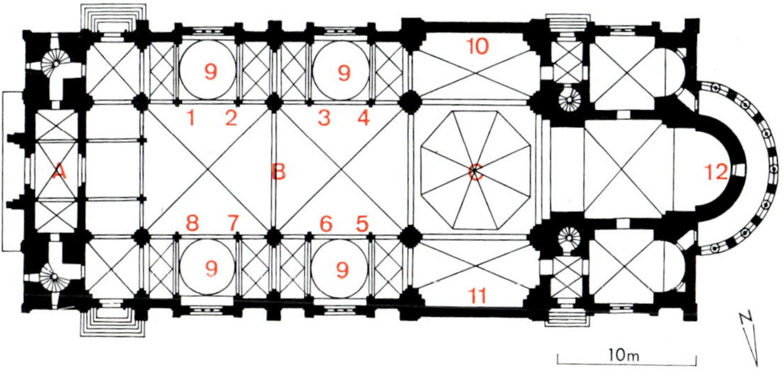

L

neutestamentlichen Bilder zusammenfassend) Christussymbole und Begebenheiten aus dem Leben Christi. Darüber, in den sternenbesetzten Feldern der Wölbung, Tugenden, im *Vierungsturm* **(C)** allegorisch verbildlichte Seligkeiten. Unter den Mittelschiffresken 8 sog. kl. Propheten. Die *Seitenschiffe* dem Alten Testament vorbehalten (die 4 gr. Propheten in den 4 Flachkuppeln **9**). Das linke Seitenschiff malte Eduard Engerth, das rechte Seitenschiff Joseph Schönmann (beide 1857). Im *Querschiff* von Leopold Kupelwieser: an der linken Stirnwand das Abendmahl **(10)**, an der rechten ein Muttergottesbild **(11)** (›Wiener Madonna‹ mit Kahlenberg im Hintergrund). Für die Gemälde im *Presbyterium* **(12)** Entwürfe von Joseph v. Führich, von Engerth ausgeführt (vollendet 1858). Im *Apsisbild* Dreifaltigkeit über der Muttergottes mit Josef und Johannes d.T. an ihrem Thron (zu Seiten die Apostel), Heilige und Märtyrer als zentrales Thema der 7 Zufluchten (die Armen Seelen und die Schutzengel auf seitl. Bildfelder verwiesen). ***Bedeutung:*** Großartiges Monument der Architektur des 19. Jh., bildet den Höhepunkt der österr. Romantik; der Malerei lassen sich nur die Fresken der Apollinariskirche zu Remagen an die Seite stellen. In der Vereinigung aller Künste ein überzeugendes Gesamtkunstwerk, in dem das Ideal der religiösen Romantik zur vollen Entfaltung gekommen ist. Mit dieser Kunstrichtung wurde der josephinische Rationalismus überwunden.

LINKE WIENZEILE 6 **6**

Theater an der Wien Im Auftrag Emanuel Schikaneders (der zuvor das Freihaustheater geführt hatte) 1798–1801 von *Franz Jäger* erbaut und am 13. Juni 1801 mit der Oper ›Alexander‹ von Franz Teyber eröffnet. Nach mehrfachem Besitzwechsel und versch. Restaurierungen 1902 das Vorderhaus niedergerissen. 1803 wohnte Beethoven im Theatergebäude; er komponierte für das Theater ›Fidelio‹; auch sein Violinkonzert hier uraufgeführt (Gedenktafel neben Papagenotor). Direktor Carl Carl (1825–45) sicherte dem Theater die führende Rolle unter den Wiener Volkstheatern, v. a. durch Johann Nestroy, Wenzel Scholz und Therese Krones berühmt. Viele Stücke Nestroys, seit 1831 dem Theater ständig zur Verfügung, hier uraufgeführt. Unter Direktion Franz Pokornys (1845–50) ›goldene Operettenzeit‹ (bis 1900). Direktor Steiner (1869–75) gelang es, Johann Strauß (Sohn) für die Operette zu gewinnen. Seit 1874 gehörte Alexander Girardi dem Theater an. Ur- bzw. Erstaufführungen der Werke von Johann Strauß, Karl Millöcker, Karl Zeller und Richard Heuberger gaben dem Programm das Gepräge. 1900–1935 sog. ›silberne Operettenzeit‹, Direktor Wilhelm Karczag (1901–22); Franz Lehár, Edmund Eysler, Leo Fall, Bruno Granichstaedten, Emmerich Kálmán, Paul Abraham und Oscar Straus zählen zu Karczags Entdeckungen. Zur Zeit der Wirtschaftskrise mußte das Theater schließen. 1936–38 letzte Blüte mit Zarah Leander in Ralph Benatzkys ›Axel vor der Himmelstür‹. 1945–55 Ausweichbühne der bombenbeschädigten Staatsoper. Nach langjähriger Diskussion über den Weiterbestand entschloß sich die Gemeinde Wien, das Theater käuflich zu erwerben und es nach Plänen *Otto Niedermosers* grundlegend zu restaurieren. 1962 zunächst als ›Wiener Festspielhaus‹ eröffnet, schon bald Musicalbühne von europ. Format. ***Äußeres:*** Von bes. Interesse das *Papagenotor*★ in der Millöckergasse, ein klassizist. zierliches Seitenportal aus der 1. Bauzeit (um 1800) mit plast. Gruppe (Emanuel Schikaneder als Papageno und seine Kinder). ***Inneres:*** Fußbodenmosaiken von Wolfgang Hutter und Roman Haller, Bronzegruppe ›Singende Kinder‹ von Georg Ehrlich, im Foyer; gemalter Vorhang ›Tamino und Pamina‹ (um 1800?) bzw. Johann Nestroy als ›Sansquartier‹ (1864, von Friedrich Schilcher hinzugefügt).

Theater an der Wien: Papageno-Tor

LINKE WIENZEILE gegenüber 18 **6**

Naschmarktkapelle 1660 erbaut, 1786 erneuerte Marienkapelle, einst Vorbau der Rosalienkapelle im nahegelegenen Freihaus (dam. Wien 4, Wiedner Hauptstraße 10). 1916 an ihren heutigen Standort versetzt. Reliefbüste (Madonna?) wohl um 1786.

LINKE WIENZEILE 38 **6**

Wohnhaus Secessionistischer Bau von *Otto Wagner* (1898/99) mit interessanter Ecklösung. Urspr. vergoldete Halbfiguren (›Ruferinnen‹) über der Traufe von *Othmar Schimkowitz*, vergoldete Medaillons an der Fassade von *Kolo Moser*. Durch die 1973 vom Bundesdenkmalamt angeregte Neuvergoldung sämtl. Stuckteile der Fassade glanzvolle Wirkung vollst. wiedergewonnen.

LINKE WIENZEILE 40 **6**

Wohnhaus Sog. *Majolikahaus*. Secessionistischer Bau von *Otto Wagner* (1898/99) mit eigenwilliger Fassadendekoration (witterungsunempfindliche Verkleidung mit Majo-

L

Palais Lobkowitz: Fassade mit Mittelportal von Johann Bernhard Fischer von Erlach

likaplatten mit pflanzlichen Ornamenten). Bmkw. Stiegenhaus mit interess. Geländern und Lifttüren.

LINZER STRASSE 375 **14**
Villa Vojcsik Erbaut 1900/01 von *Otto Schönthal,* mit interessanter, stark secessionistisch geprägter Jugendstilfassade, eigenwilligen architektonischen Formen und bemerkenswerten Ornamenten. ***Bedeutung:*** Bmkw. Typus einer Jugendstilvilla.

LOBKOWITZPLATZ 2 **1**
Palais Lobkowitz Um 1685–87 wahrsch. von *Giovanni Pietro Tencala* für Philipp Sigismund Graf Dietrichstein erbaut, 1716 Besitz von Johann Wenzel Graf Gallas, 1753 von Wenzel Fürst Lobkowitz. Seit 1945 Sitz des Franz. Kulturinstituts. ***Äußeres:*** Langgestreckte, durch Konsolen und eigenwillige Rustizierung auffällige Fassade; wenig gegliedert, niedrig, noch auf den Palasttypus der Zeit vor der 2. Türkenbelagerung weisend. Nur die mittleren 7 Fensterachsen risalitartig vorgezogen, durch *Johann Bernhard Fischer v. Erlach* um 1710 mit schönem *Balkonportal* und mächtiger Attika noch stärker akzentuiert. *Wappenkartusche* von *Joseph Emanuel Fischer v. Erlach.* ***Inneres:*** Im *Vestibül Herkules-Brunnen* Ende 17. Jh. Schöner Innenhof, Hoffassaden mit Felderteilung. Ehem. offenes Stiegenhaus mit schönem Stuck des frühen 18. Jh. und Deckenbild mit Putten. *Festsaal* in der 1. Hälfte des 18. Jh. umgestaltet mit Deckenfresko in der Art des Jakob van Schuppen (Allegorie der Künste); Scheinarchitektur von Marcantonio Chiarini. ***Bedeutung:*** Besonders im 19. Jh. Zentrum kulturellen Lebens. Hier erklang 1803 in privatem Rahmen Beethovens ›Eroica‹ zum 1. Mal.

LÖWELSTRASSE **1**
Hier und auf dem Terrain des Burgtheaters urspr. Löwelbastei (1544–47; Bau von Reichsständen finanziert). Nach Umbau (1630) 1649 dem Stadtguardiaobristen Hans Christoph Löbl zu Nutz und Gebrauch auf Lebenszeit überlassen (›Löblbastei‹). Während der 2. Türkenbelagerung (1683) hier Hauptangriff (Gedenktafel am Haus Löwelstraße 20); Ravelin und Bastion in Trümmerhaufen verwandelt, e. T. der Anlagen durch türkische Minen zum Einsturz gebracht. Wegen Uneinnehmbarkeit von den Türken ›Zauberhaufen‹ genannt. Auf der Löwelbastei, wie sie später hieß, urspr. das Paradeisgartel mit dem Cortischen Kaffeehaus (→ Volksgarten). Reste der Bastei 1874/75 abgebrochen; in der rechten Vorfahrt des Burgtheaters Quader der alten Basteianlage eingemauert (MDXXXXIIII).

LÖWELSTRASSE 6 **1**
Palais Montenuovo Schlichtes klassizist. Palais, Fassaden 1829 von *Alois Pichl (?)* erneuert.

LÖWELSTRASSE 20 **1**
Amtsgebäude der NÖ. Landesregierung (ehem. Bodencreditanstalt) Altbau 1884–87 von *Emil v. Förster,* Zubauten 1904–06 und 1915. ***Beschreibung:*** Groß angelegte Palastfassade im Stil Florentiner Frührenaissance (Anlehnung an Palazzo Strozzi) mit Rustikafassaden und Rundbogenfenstern (Balkone anachronistisch). Nur bei flüchtiger Betrachtung von einheitl. Aussehen, aus 3 versch. Teilen bestehend: **Teinfaltstraße 8** das alte ›Palais‹, **8a** Anbau mit etwas anderer Sockelausbildung und auffallend hohen Schlußsteinen des Souterrains, **10** (Löwelstraße 20) Neubau von Alois Augenfeld (1915).

M

LOTHRINGERSTRASSE bei 10 4

Donner-Denkmal Das von *Richard Kauffungen* geschaffene Denkmal (enthüllt 1906) zeigt den Barockbildhauer Georg Raphael Donner (1693–1741) mit Modell der Statue der ›Providentia‹ für den Brunnen am → Neuen Markt.

LOTHRINGERSTRASSE 18–20 3

Konzerthaus Von der Wiener Konzerthausgesellschaft nach Plänen von *Ferdinand Fellner* und *Hermann Helmer* 1912/13 erbaut. ***Äußeres:*** 5gesch. Gebäude, in seinem östl. Trakt das eigentl. Konzerthaus (Lothringerstraße 20), in seinem westl. Trakt Teil der Hochschule für Musik und darst. Kunst mit dem Akademietheater (521 Plätze, Filialbühne des Burgtheaters). Plastiken am Gebäude von Ernst Hegenbarth. ***Inneres:*** Großer Konzerthaussaal (2080 Plätze) und 2 kleine Konzertsäle (900 bzw. 400 Plätze). Im Großen Saal vom Balkon ausgehend 22 mit Kunstmarmor überzogene Säulen. Im Foyer 1927 anläßlich der Beethoven-Zentenarfeier das Originalmodell des sich am → Beethovenplatz befindlichen Denkmals aufgestellt.

LUGECK 1

Ursprung des Namens nicht hinreichend geklärt. 1. urkundl. Nennung des Platzes, der am Beginn der sich bereits um 1100 vor dem sog. Ungartor (am Liechtensteg) ausdehnenden Handelsvorstadt (zwischen den heutigen Verkehrsflächen der Sonnenfelsgasse und der Bäckerstraße) lag, erst 1378. **Gutenberg-Denkmal** Bronzestandbild von *Hans Bitterlich* (1900) auf Sockel von *Max Fabiani* für den Buchdrucker Johannes Gutenberg. ***Beschreibung:*** Stufenpodest, 4kantiger Sockel mit Inschriften und Reliefs (schlafende Gestalt vor aufgehender Sonne, Säulen, Wappen, usw.), darauf die Figur Gutenbergs.

LUGECK 4 1

Ehem. Warenhaus Orendi An der Stelle des mittelalterlichen Regensburger Hofes 1897 von *Franz v. Neumann* erbaut. Bemühte sich, die charakt. Bauformen des hist. Gebäudes (urspr. Niederlassung der Regensburger Kaufleute, im 15. Jh. zugleich Hotel mit Repräsentationsräumen; Bürgermeister Niklas Teschler empfing hier 1470 Kaiser Friedrich III. und den Ungarnkönig Matthias Corvinus) möglichst beizubehalten; Fassade mit 2 Runderkern auf Konsolfiguren, Statue Kaiser Friedrichs III. von *Theodor Friedl* in Fassadennische.

LUGECK 5 (Wollzeile 5, Durchhaus) 1

Wohnhaus Älterer Bau 1795 von Josef Reymund d. J. überbaut, Fassaden 1. Hälfte 19. Jh. (starke Gesimse, kräftig profilierte 3eckige und gerade Fensterüberdachungen). Hausname ›Zum schmeckenden (= riechenden) Wurm‹, abgeleitet von der Sage, im Keller habe man ein lindwurmartiges Ungeheuer gefunden, das einen widerlichen Gestank verbreitete; eine ähnliche Legende rankt sich um das Basiliskenhaus (→ Schönlaterngasse 7).

LUGECK 7 (Rotenturmstraße 6) 1

Ehem. Großer Federlhof Neubau 1846/47 von *Leopold Mayer*. Hier bis 1845 einer der traditionsreichsten Höfe des alten Wien; Peter v. Edlasperg ließ ihn 1497 umbauen, schuf damit 1. Renaissancebauwerk auf Wiener Boden (Reste des Renaissanceportals in der Einfahrt; dort auch Relief ›Krönung Mariä‹, 17. Jh.). Angebl. hier Philippine Welser (um 1558), Paracelsus, Wallenstein (um 1633; wohl Besuch beim Astrologen Andreas Argoli, der im Turm des Hofes Sternwarte eingerichtet hatte) und Barbara Blomberg, die Geliebte Kaiser Karls V., gewohnt; sicher 1713/14 Gottfried Wilhelm Leibniz hier logiert sowie Carl R. v. Ghega, Erbauer der Semmeringbahn, 1860 hier gest. (Gedenktafel).

MARGARETENGÜRTEL 5

Nach dem 1. Weltkrieg Verbauung des sog. Draschegürtels (Großgrundbesitz des Ziegelindustriellen Drasche) durch Wohnhausbauten der Gemeinde Wien, unter denen der Reumannhof (Nr. 100–110) von Hubert Gessner (1926) bes. Beachtung verdient (Nachempfindung der barocken Palastarchitektur mit ehrenhofartigem Mittelteil).

MARIAHILFER GÜRTEL 15

Maria vom Siege Fünfhauser Kirche. Erbaut 1868–75 nach Entwurf von *Friedrich v. Schmidt*. Zustandekommen des Kirchenbaues auf Betreiben des Kardinals Joseph Othmar v. Rauscher, des seinerzeitigen Erziehers Kaiser Franz Josephs I. und Führers der antijosephinischen Bewegung. Titel der Kirche leitet sich von Sta. Maria della Vittoria

Pfarrkirche Fünfhaus

in Rom ab; diese Basilika 1858 Kardinal Rauscher als Titelkirche verliehen. ***Äußeres:*** Neugotischer Kuppelbau aus Backstein. Formen mittelalterlicher Zentralbauten mit dem barocken Motiv der schräggestellten Türme (Peterskirche!) verbunden. 8seitiger Zentralbau mit Klostergewölbe über 24-Eck, mehrfach abgestufte Nebenräume (Umgang- und Kapellenkreuz), 2 schräggestellte Türme (von denen Strebebögen gegen die Kuppel gehen), Strebepfeiler mit reichem Fialenschmuck, reichgegliederte Chorpartie. ***Inneres:*** 8eckiger Zentralraum mit Bündelpfeilern, Tambour und Klostergewölbe mit Rippen. Umgang mit flachen Kapellen, dazwischen kl. Polygonalräume (Seitenkapellen und Seiteneingänge). Eingangsjoch mit Orgelempore. Chor aus 6 Seiten eines Achtecks. Polychromiertes Inneres; Wandmalereien und Einrichtung aus der Bauzeit. *Hochaltar:* Statue ›Maria vom Siege‹, thronend mit dem Jesuskind, das Zepter in der Linken.

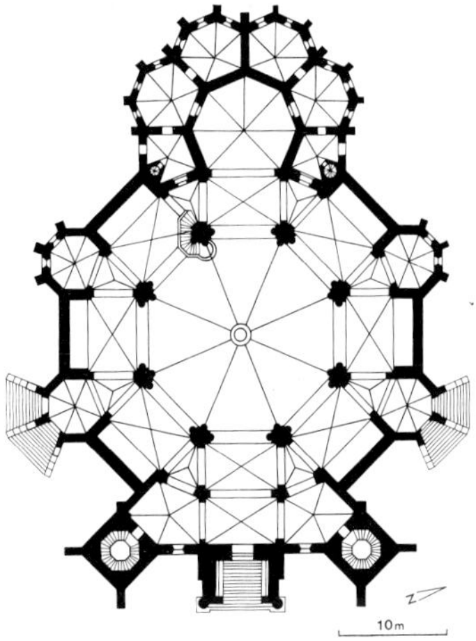

Bedeutung: Imposanter Kuppelbau, in bewußtem Gegensatz zu den mit himmelwärts strebenden Türmen versehenen Kirchen. Vorbilder dafür St. Gereon in Köln und Sta. Maria della Salute in Venedig.

MARIAHILFER STRASSE **6, 7, 14, 15**
Hauptausfallstraße nach Westen, dam. über den Kohlmarkt zur Stadt (Peilertor etwa zwischen Graben, Nagler- bzw. Bognergasse). Ehem. Poststraße nach Linz; Zufahrtsstraße zum Schloß Schönbrunn. Begrenzte bzw. durchzog die alten Vorstädte Laimgrube, Windmühle, Neubau und Mariahilf und erreichte beim Mariahilfer Linientor (etwa an der Kreuzung mit dem Gürtel) die Vororte. Heute eine der Hauptgeschäftsstraßen Wiens, Grenze zwischen dem 6. und 7. Bezirk. Benannt nach der Vorstadt Mariahilf (entstanden 2. Hälfte 16. Jh.). 1663 das 1. Wirtshaus erbaut (›Zum goldenen Engel‹, heute Mariahilfer Straße 51), 1666–70 setzte stärkere Besiedlung der Vorstadt ein.

MARIAHILFER STRASSE (Rahlstiege) **6**
Gänsemädchen-Brunnen Bronzefigur von *Anton Paul Wagner,* 1865/66 auf der Brandstätte nächst dem Stephansdom aufgestellt, auf der regelmäßig der Gänsemarkt abgehalten wurde. 1878 Transferierung vor die Mariahilfer Kirche, mußte dort jedoch dem Haydn-Denkmal weichen; seit 1886 am oberen Ende der Rahlstiege. ***Beschreibung:*** 8eckiger Sockel, bekrönt von Gänsehirtin mit Gans, nördlich und südlich am Sockel 2 weitere Gänse als Wasserspeier über zwei 8eckigen, an den Sockel angesetzten Becken.

MARIAHILFER STRASSE bei 24 **7**
Stiftskirche Garnisonkirche Zum hl. Kreuz. ***Geschichte:*** Erbaut 1739 für das hier bestehende Chaossche Stiftungshaus, viell. nach Plänen von Joseph Emanuel Fischer v. Erlach. Aus dieser Zeit nur der untere Teil der Kirche, der obere Teil des *Turmes*★ 1772 nach Entwurf von Johann Henrici. 1785–99 als Militärdepot in Verwendung. 1921–38 Garnisonkirche des österr. Bundesheeres. ***Äußeres:*** Schmale, 3achsige barocke *Fassade* von 1739 mit Nischenplastiken; der reizvolle, durchbrochene *Turmhelm* darüber wichtiger Blickpunkt in der unteren Mariahilfer Straße. ***Inneres:*** 1schiffiger Raum, trotz seiner geringen Ausmaße von bedeutender Wirkung. Barocker, klassizistisch veränderter Saal mit Platzelgewölben, geradem Schluß und Doppelempore an der Eingangsseite. Wanddekoration mit streng korinthischen Säulen und Pilastern ausgeprägt klassizistisch. Die beiden *Seitenaltäre* mit jeweils 2 in tiefen Nischen angeordneten guten *Stuckplastiken* aus dem 2. Viertel des 18. Jh. (*links:* Geißelung, Kreuztragung, *rechts:* Dornenkrönung, Christus am Ölberg); außerdem links Altarbild ›Auferstehung Christi‹, rechts ›Geburt Christi‹ von Vinzenz Fischer, Ende des 18. Jh. *Hochaltar:* Altarbild ›Kreuzigung‹ von Johann Michael Heß (1799). Aufsatzbild

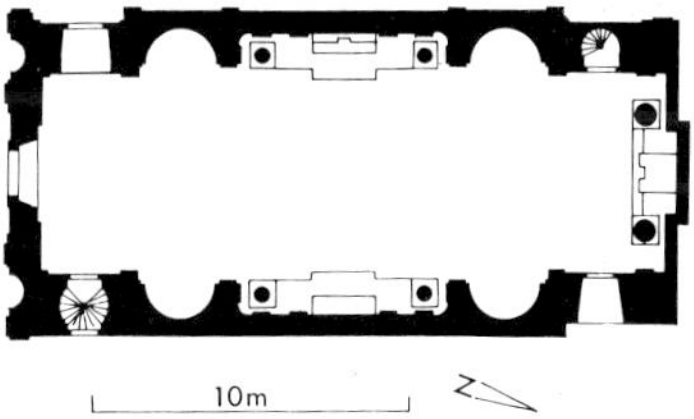

›Gottvater in den Wolken‹ von Hubert Maurer. *Kanzel* aus dem Beginn des 19. Jh. *Orgel:* (klanglich bes. wertvoll) 1. Viertel 19. Jh. Nach Behebung von Kriegsschäden aus Verkehrsrücksichten der Gehsteig durch die Vorhalle der Kirche geführt, ohne daß die Erscheinung des Kirchenraumes beeinträchtigt worden ist. ***Bedeutung:*** Versuch einer Verbindung von barocken und klassizistischen Stilformen.

MARIAHILFER STRASSE 45 **6**
Raimunds Geburtshaus (›Zum goldenen Hirschen‹). Erbaut Ende 18. Jh., 1863 umge-

baut (Änderung der Fassade) und aufgestockt. Hauszeichen (Goldener Hirsch) über dem Portal. Hier am 1. Juni 1790 der Volksdichter und Schauspieler *Ferdinand Raimund* geboren.

MARIAHILFER STRASSE zwischen 55 u. 57 **6**

Mariahilfer Kirche Mariä Himmelfahrt. ***Geschichte:*** Nach Auflassung des Michaelerfriedhofs in der Stadt hier zunächst Friedhof, in dessen hölzerner Kapelle der Barnabit Don Coelestin Joanelli eine Kopie des Passauer Mariahilf-Bildes aufstellte (seinerseits Kopie des Lukas Cranach-Bildes in Innsbruck). Eine von den Barnabiten errichtete steinerne Kapelle 1683 Opfer der Türkenbelagerung. Danach 1686–89 von *Sebastiano Carlone* Kirche erbaut. Auf den Grundmauern dieses Baues (Grundriß ähnelt griechischem Kreuz) e. T. der heutigen Kirche, deren Bau 1711 nach Plänen von *Franz Jänggl,* des Bauführers Johann Lukas v. Hildebrandts, begonnen wurde (1714 Umbau des Chors und Errichtung des Langhauses, 1715 Fertigstellung der Türme der Westfassade im Rohbau; Presbyterium und Chor blieben von der alten Kirche erhalten). Fertigstellung 1721–26 (Anbau der Kreuzkapelle zur Aufnahme der Kalvarienberg-Gruppe vom ehem. Strafgefangenenhaus in der Rauhensteingasse, 1722). Friedhof 1784 aufgelassen.

Fassade: 1achsiger Mittelteil zwischen *2 Fassadentürmen,* zwischen den Türmen das Eingangsjoch mit der Orgelempore. Starke Betonung der Vertikalen in der Turmfassade (Turmhöhe 52 m). Im linken Turm ›Schustermichel‹, eine in die Geschichte Wiens eingegangene Glocke (Gewicht 4445 kg, gegossen 1720), vom Schuhfabrikanten Michael Sailer gestiftet. Auf der Fassade in einem *großartig konzipierten plastischen Programm* die Himmelfahrt Mariens: im Mittelpunkt **(2)** Gruppe ›Mariä Himmelfahrt‹, zu deren Füßen **(3)** 2 zu Maria aufblickende Engel, über der Hauptgruppe auf dem Giebel **(1)** der Apostel Paulus. Zu Seiten der Hauptgruppe Sonne und Mond als Symbole Mariens: rechts **(4)** die Sonne mit der kaum erkennbaren Umschrift ››Electa ut sol‹‹ (Erlesen wie die Sonne), links **(5)** der Mond mit gleichartiger Umschrift ››Pulchra ut luna‹‹ (Schön wie der Mond). Über dem Eingangsportal **(6)** nochmals 2 Engel, die eine Kartusche mit der Inschrift ››Maria Hülf‹‹ tragen. In den Nischen zu Seiten des Portals die Heiligen Karl Borromäus **(7)** (rechts) und Franz v. Sales **(8)** (links). Die Statuen von Ignatius Gunst und dem Maler Johannes Jakob (um 1725). Die Türme durch goldene, Maria und Jesus symbolisierende Sonnen bekrönt. ***Inneres:*** Die farbenfrohen *Deckenfresken* (um 1759/60) dem Leben und der Verherrlichung Mariens gewidmet (vom Musikchor beginnend: **A** Mariä Geburt, **B** Verkündigung, **C** Heimsuchung, **D** Jesus im Tempel, **E** Krönung Mariä); unter der Leitung Paul Trogers von Johann Hauzinger und Franz Xaver Strattmann geschaffen, durch virtuose Scheinarchitektur, kostümreiche Figuren, phantastische Landschaften, Rokokoformen mit naturalistischem Rankenwerk und klassizistische Motive charakterisiert. An den Pilastern 6 Medaillons von Johann Franz Greippel (1792): die Apostel Petrus und Paulus sowie die Kirchenlehrer Hieronymus, Ambrosius, Augustinus und Gregorius. ***Beschreibung:*** **1** *Hochaltar* 1757/58 nach Entwurf von Sebastian Haupt aus Memmingen; Tabernakelaufbau mit Engelfiguren von Johann Georg Dorfmeister (1774). Beherrschend im Blickfeld das *Gnadenbild ››Mariahilf‹,* freie Kopie des Passauer Mariahilf-Bildes, in Strahlenkranz. Unter dem Gnadenbild die *Sippe Mariens:* links hl. Anna und hl. Joachim, rechts hl. Josef und hl. Elisabeth. *Linkes Querschiff:* **2** Alexander Sauli-Altar von Jakob Mösl, Altarbild ›Hl. Alexander Sauli in der Glorie‹ von Paul Troger. Statuen von Johann Georg Dorfmeister (links hl. Sebastian, rechts hl. Rochus). *Rechtes Querschiff:* **3** Anna-Altar von Jakob Mösl, Altarbild ›Engel verkündet Joachim und Anna die Geburt Mariens‹ von Johann Michael Rottmayr (1700). Statuen: links hl. Dorothea, rechts hl. Barbara. **4** *Kanzel* nach Entwurf von Antonio Beduzzi 1720 von Ignatius Gunst ausgeführt (1794 klassizistisch umgestaltet). Als Gegenstück zur Kanzel, ebenf. von Gunst, *Schutzengelgruppe* mit Baldachin **(5)** (um 1730). *Rechte Seitenkapellen:* **6** Paulus-Altar mit plast. Gruppe ›Hl. Paulus tauft die hl. Thekla‹ von Johann Georg Dorfmeister (1771), daneben Schrein mit Wachsfigur der hl. Philomena. **7** Josefs-Altar mit Altarbild ›Tod des hl. Josef‹ von Georg Riedler (1822). **8** Michael-Altar mit Altarbild aus der 1. Hälfte des 18. Jh. rechts kleiner barocker Judas Thaddäus-Altar. *Linke Seitenkapellen:* **9** Antonius-Altar mit Altarbild 1. Hälfte 18. Jh., links Gnadenstuhlbild (wahrsch. von Martin Knoller). **10** Johann-Nepomuk-Altar mit Altarbild von Johann

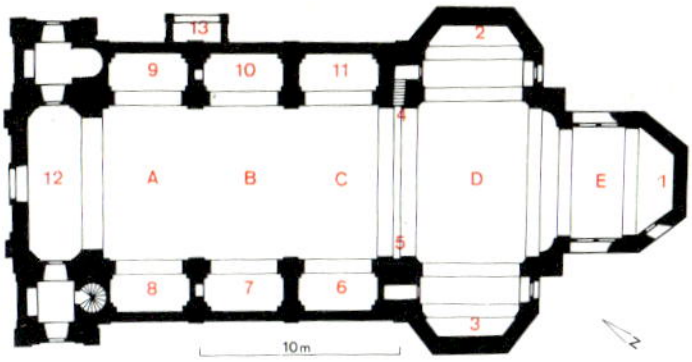

Michael Heß (1830); auf dem Altar Kopie der ›Schmerzhaften Muttergottes‹ vom Herzogspital in München. **11** Kreuz-Altar mit plast. Kreuzgruppe von Johann Georg Dorfmeister (1770), daneben 2 Grabsteine aus dem ehem. Mariahilfer Friedhof. **12** *Orgel* als Pendant zum Hochaltar entstanden. Das Rokokogehäuse, eines der schönsten Wiens, von Bildhauer Leitner, Musikwerk von Orgelbauer Johann Hencke (1763); 1894 umgestaltet. ***Anbauten*** (in der Barnabitengasse): **13** Kreuz-Kapelle mit Kreuz von Kaspar Gerbl (um 1680), Maria und Johannes (um 1710); Sakristei. ***Bedeutung:*** Die Kirche Mariahilf gab dem ganzen 6. Bezirk seinen Namen; hatte von Anfang an als Wallfahrtskirche größte Bedeutung (1733 empfingen beispielsweise 97692 Wallfahrer hier die hl. Kommunion).

MARIAHILFER STRASSE vor 65 6
Haydn-Denkmal Denkmal von Heinrich Natter, errichtet von Verehrern des Meisters der Wiener Klassik (gest. 31. Mai 1809 in Wien). ***Beschreibung:*** Innerhalb einer reich gegl. Balustrade (straßenseitig kunstvoll ornamentiertes Schmiedeeisengitter) Standbild des Komponisten, mit Notenblatt in der Hand, auf mehrfach gestuftem Vierkantsockel mit abgeschrägten Ecken und reich profilierten Simsen.

MARIAHILFER STRASSE 88 7
Bundessammlung alter Stilmöbel
(Sammlung österr. Stilmöbel, Teppiche, Bilder und anderer Einrichtungsgegenstände vom Barock bis zum Ende des Biedermeier). Gegr. Mitte 18. Jh. durch Maria Theresia als Sammlung sämtlicher Mobilien aus dem Besitz des Kaiserhauses (k.k. Hofmobilienmagazin), seit 1920 in neuerbautem Haus in der Mariahilfer Straße untergebracht und öffentl. zugänglich. ***Sammlung:*** *Teil 1: Frühbarock bis Empire.* U. a. ›Schloßhofer Zimmer‹ des Prinzen Eugen (u. a. Textilien aus der Türkenbeute); Schreibtisch Josephs II.; Empire-Schlafzimmer Franz' I. *Teil 2: Biedermeier.* Reichhaltigkeit der Sammlung für Österr. einmalig (15 eingerichtete Räume, u. a. Musiksalon, Speisezimmer, Frühstückszimmer, Schlafraum); *Thronarrangement* aus der Geheimen Ratstube der Hofburg (Franz Joseph I.).

MARIAHILFER STRASSE 212 14
Technisches Museum für Industrie und Gewerbe. Erbaut von *Hans Schneider* 1909–13, Mischstil. Bei Wettbewerb eigentl. 1. Preis an Otto Wagner, von Erzherzog Franz Ferdinand (kompromißloser Gegner moderner Architektur) Ausführung unterbunden. Das Museum enthält gr. Anzahl von Einzelschaustücken, Sammlungen und Ausstellungsreihen, die Entwicklungsgesch. der Technik, Industrie und Gewerbe anschaulich machen. Hauptstücke u. a. Prunkuhr mit Planetarium (1555), Schreibautomat von Knauß (1760), Rechenmaschine aus der Zeit Karls VI., Dampfmaschine von James Watt (um 1790), Zeichnungen und Modelle Josef Ressels zur Erfindung der Schiffsschraube (1812–29), Tischkameras von Johann Friedrich Voigtländer (1841), Originalnähmaschine von Josef Madersperger (1815), Handskizzen des Entwurfs Alois Negrellis zum schleusenlosen Durchstich der Landenge von Suez (1847), frühe Schreibmaschinen, Benzinkraftwagen von Siegfried Marcus (1875), Gleitflugzeug von Otto Lilienthal (1891), Originalflugzeugmodelle von Wilhelm Kreß (1877–1901). In der Eingangshalle Büsten von Josef Ressel und Carl R. v. Ghega. **Österr. Eisenbahnmuseum** (Zugang von der gr. Mittelhalle des Erdgeschosses). Anfänge und Entwicklung des Eisenbahnwesens im Ausland und in Österreich. Brücken-, Hoch-, Ober-, Unter- und Tunnelbau; Fahrbetriebsmittel (Originale, Modelle, Bildmaterial, Originallokomotive ›Ajax‹ 1841, Pferdebahnwagen ›Hannibal‹ der 1. öffentl. Eisenbahn auf dem europ. Festland von Linz nach Budweis); Lokal-, Straßen-, Industrie-, Zahnrad-, Seilbahnen; Fernmeldewesen, Sicherungswesen, Elektro-, Zugförderungs- und Werkstättendienst; Dioramen und Modellanlagen österr. Bahnstrecken; Fahrkarten, Eisenbahnnotgeld, Eisenbahnbriefmarken, Uniformen. **Post- und Telegraphenmuseum.** Eisenbahn- und Postwesen, Fernmeldewesen, Modelle, Uniformen, Sonderausstellungen.

Techn. Museum: Schreibmaschine Mitterhofers

MARIA-THERESIEN-PLATZ 1
Maria-Theresien-Denkmal Auf Kosten des Stadterweiterungsfonds 1874–88 von *Caspar Zumbusch* (Architektur von *Carl Hasenauer*) errichtet. Das gewaltig konzipierte Denkmal über verbauter Fläche von 632 m², Höhe 19,4 m; Figuren aus Bronze, Gesamtgewicht 44 Tonnen. Das figurale Programm vom Direktor des Haus-, Hof- und

Staatsarchivs, *Alfred v. Arneth.* ***Beschreibung:*** Plateau, von Pfeilern mit Ketten umrahmt, darauf 3stufiger *Podest,* auf diesem 4seitiger *Kolossalsockel.* Der weitausgreifende Unterbau trägt einen hohen prismatischen *Aufbau mit gekoppelten Säulen* an den Kanten, darüber *Sitzfigur Maria Theresias* (auf Thronsessel). ***Das figurale Programm:*** Auf dem Kranzgesims 4 allegorische Figuren (Kraft, Weisheit, Gerechtigkeit, Milde). Auf den Flügeln des Unterbaues 4 Reiterstandbilder; von rechts vorne im Uhrzeigersinn: Laudon, Daun, Khevenhüller und Traun. Vor dem mittleren Aufbau freistehende Figuren: Fürst Kaunitz, General Haugwitz, Fürst Liechtenstein, Leibarzt van Swieten. In den Bogenfeldern 16 Hochreliefs: Bartenstein, Starhemberg, Mercy, Lacy, Hadik, Nadasdy, Eckel, Prayberg, Gluck, Haydn, Mozart, Grassalkovich, Brückenthal, Rieppen, Martini und Sonnenfels.

Rossebändiger Die Aufgangsstufen vom Park zum Messeplatz (Südwestseite) flankiert von 2 gr. (1892 aufgestellten) Figurengruppen *Theodor Friedls.*

Tritonenbrunnen In den Ecken des um das Maria-Theresien-Denkmal angelegten Parks 4 kleine Teiche mit Brunnengruppen von *Najaden und Tritonen.* Die beiden nordöstlichen Brunnen (Seite zur Ringstraße) von *Anton Schmidgruber,* die beiden anderen (Seite zum Messeplatz) von *Edmund Hofmann v. Aspernburg* (Südwesten) bzw. *Hugo Haerdtl* (Nordwesten).

MARKTGASSE 40 — 9

Lichtentaler Pfarrkirche Zu den hl. 14 Nothelfern, seit 1723 Pfarre. Anstelle einer vom Verwalter des Fürsten Liechtenstein 1711 erbauten Anna-Kapelle 1712–18 ein von der Bruderschaft zu den hl. 14 Nothelfern finanzierter Neubau, zu dem Kaiser Karl VI. (mit seiner Gemahlin und Mitgliedern der kaiserl. Familie der Bruderschaft angehörend) Grundstein gelegt hatte (Weihe 1730). Pläne für den heutigen Bau von Josef Ritter und Thaddäus Adam Karner (1769–73); die Kirche erfuhr eine Vergrößerung und Neueinwölbung. ***Äußeres:*** 2türmige schlichte Fassade mit großer Pilasterordnung, rechts vom Eingang Kruzifix von Joseph Klieber (1827). ***Inneres:*** 2jochiger weitläufiger Saalraum mit Flachkuppeln und etwas eingezogenem geradem Chor. *Deckenfresken* in den *Flachkuppeln des Langhauses und Chores* **(A, B, C)** (›Die 7 Bitten des Vaterunsers‹) von Franz Zoller (1772/73), über der *Orgel* **(D)** (›Vertreibung der Wechsler aus dem Tempel‹) von Franz Singer; unter der Orgelempore Fresko ›Gleichnis vom Pharisäer und Zöllner‹ von Franz Sigrist (Ende 18. Jh.). Zeitgenössische Stucchi von Martin Karl Kelber (1772). ***Beschreibung:*** **1** *Hochaltar* in klass. Architekturformen nach Entwurf von Johann Ferdinand Hetzendorf v. Hohenberg (1776/77) mit Altarbild ›14 Nothelfer‹ von Franz Zoller, links und rechts Statuen des hl. Petrus und des hl. Paulus von Johann Martin Fischer (1778). *Seitenaltäre:* **3** Altar von Franz Jäger (1777) mit ›Kreuzigung‹ von Leopold Kupelwieser (1832) anstelle eines älteren Bildes von Franz Anton Maulbertsch. **4** Altar mit Bild ›Hl. Familie‹ von Leopold Kupelwieser (1841), ebenf. anstelle eines älteren Bildes von Maulbertsch. **5** In einer Nische links *Pietà* von Franz Böck (1725). **6** Altar mit Bild ›Hl. Johann Nepomuk‹ von Franz Zoller (1772). **7** Altar mit Bild ›Tod des hl. Franz Xaver‹ von N. Goll (?), davor ›Maria mit Kind‹ (2. Hälfte 18. Jh.). *Kapellen:* **8** Johannes-Altar im Nordturm, **9** Anna-Altar im Südturm (1711). **10** Taufkapelle mit Stuckplastik ›Taufe Christi‹. **2** *Kanzel* von Anton Drach (1774). ***Bedeutung:*** In der Taufkapelle der am 31. Jänner 1797 im Pfarrsprengel (9, Nußdorfer Straße 54) geborene *Franz Schubert* getauft. Schuberts Vater wirkte längere Zeit als Organist an der Kirche. 1814 schrieb Franz Schubert zum 100. Jubiläum der Kirche eine große Messe in F, 1815 die Messe in G. Von Musikliebhabern daher nur als ›Schubertkirche‹ bezeichnet.

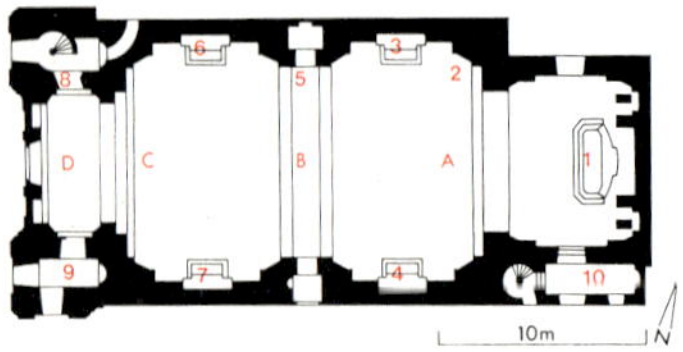

MAUERBACHSTRASSE 43 — 14

Schloß Laudon (Hadersdorfer Schloß) Urkundl. erstmals 1130 genannt, im 15. Jh. landesfürstliche Burg. Nach mehrfachen Verwüstungen (1529, 1666, 1683) von *Andreas Schellerer* wiederhergestellt (1689) und 1775 unter General Ernst Gideon Frh. v. Laudon zur heutigen Anlage umgebaut. ***Äußeres:*** Reizvolles Wasserschloß mit gemauerter Brücke; Torbau im Kern spätgotisch mit barockem Mansardendach und 2 seitlichen Rundtürmen. 2gesch. Hauptgebäude, Erdgeschoß rustiziert, Obergeschoß mit spätbarocker Pilastergliederung. ***Inneres:*** Ausstattung im Stil von Rokoko und Klassizismus, teilw. farbiger Stuck. Raum mit Fresken von Johann Bergl (3. Viertel 18. Jh.): exotische Pflanzen und Personifikationen der 4 Erdteile. Bemerkenswerte Bibliothek, Einrichtung um 1800. Umbau zu Hotel 1962.

MAXINGSTRASSE 15 — 13

Hietzinger Friedhof Vornehmster Friedhof Wiens, unmittelbar an den Park von Schönbrunn angrenzend, berühmt durch seinen stimmungsvollen Zauber, schöne Empire- und Biedermeiergrabsteine und die Mausoleen zahlreicher Familien des österr. Hochadels und gehobenen Bürgerstandes. Grabstätten von Karl Auer v. Welsbach, Alban Berg, Dr. Engelbert Dollfuß, Fanny Elßler, den Schwestern Fröhlich-Bogner, Franz Grillparzer, Conrad v. Hötzendorf, Gustav Klimt, Katharina Schratt, Otto Wagner u. v. a.

M

MAXINGSTRASSE 18 13

Wohnhaus von Johann Strauß Sohn Gebäude in typ. Spätbiedermeierstil, das Johann Strauß 1862–78 mit seiner 1. Gattin Henriette Treffz bewohnte (seit 1870 sein Eigentum). Hier komponierte er seine berühmteste Operette, die ›Fledermaus‹ (Gedenktafel).

MESSEPLATZ 1 7

Ehem. Hofstallgebäude Unter Kaiser Karl VI. 1719 am Rand des Glacis' gegenüber dem äußeren Burgtor nach Entwurf von *Johann Bernhard Fischer v. Erlach* begonnen und 1723 (unter Veränderung des väterlichen Planes) von dessen Sohn *Joseph Emanuel* vollendet; zur Aufnahme von 600 Pferden des kaiserl. Hofstalls bestimmt. 1850–54 (unter Mitwirkung des Ringstraßenarchitekten *Carl Hasenauer*) grundlegende Umgestaltung und Erweiterung: der hintere Trakt und jener an der Mariahilfer Straße zugebaut, die Terrassenaufbauten an den äußersten Risaliten abgetragen. Damals entstand im gr. Hof die Reitschule, langgestreckter 16achsiger Bau mit Vorhallen und Dachbalustrade (vermutlich Hochzeitsgeschenk Kaiser Franz Josephs I. an Elisabeth v. Bayern). ***Äußeres:*** Langgestreckter, größtenteils 2gesch. Komplex, in den äußeren Dritteln durch jeweils symmetrische Giebelrisalite nahe den Ecken und Zwischenrisalite, im mittleren Drittel durch eine 5teilige, sich in der Höhe axial steigernde Komposition belebt. Mittelrisalit erinnert an Palais Trautson (→ Museumstraße). Im Inneren bmkw. Hauptsaal. Seit dem 1. Weltkrieg von der Wiener Messe-A.G. für ›Wiener Internationale Messe‹, sowie Sonder- und Spezialmessen benutzt. Die vor dem Gebäude stehende *Johann-Nepomuk-Statue* 1760 errichtet. ***Bedeutung:*** Spätwerk Johann Bernhard Fischers v. Erlach, bei dem er (ähnlich der Hofbibliothek) auf das flache, unsichtbare Dach verzichtet.

MICHAELERPLATZ 1

An der Kreuzung der römischen Limesstraße (Währinger Straße–Herrengasse–Augustinerstraße–Rennweg) mit dem von der Altstadt kommenden Kohlmarkt, der in die nach Westen führende Fernhandelsstraße (Mariahilfer Straße) mündete, schon im 12. Jh. *kl. Vorstadt* (Lucke) und in unmittelbarer Nähe Kirche (*Michaelerkirche*). Unweit davon (2. Hälfte 13. Jh. unter Přemysl Ottokar II. beg.) der älteste Teil der Burg (*Schweizertrakt*). Platz bis ins späte 19. Jh. in seinem westlichen und südlichen Abschnitt grundlegend anderes Aussehen, weil sich der Kohlmarkt mit seiner westlichen Häuserfront bis über die Schauflergasse hinzog. Am alten Platz das 1776 zum Nationaltheater erhobene *Hofburgtheater* (Bühnenzugang im Kuppelraum des Michaelertraktes erhalten) und (Ecke Herrengasse–Schauflergasse) das berühmteste Literatenkaffeehaus Wiens, das *Café Griensteidl*. Als gegen Ende des 19. Jh. der *Michaelertrakt der Burg* mit seinen beiden Monumentalbrunnen von Rudolf Weyr gebaut wurde, erhielt der Platz seine heutige Form.

MICHAELERPLATZ 1 → Burg

MICHAELERPLATZ 3 1

Looshaus Kombination von *Geschäftshaus* (unten) und *Wohnhaus* (oben). Aufgrund eines Wettbewerbs von *Adolf Loos* 1910/11 erbaut. Große Schwierigkeiten mit den Behör-

Der Michaelerplatz mit Reitschultrakt, altem Burgtheater und Rotunde den wegen der völlig glatten Putzfläche und wegen der ohne Umrahmung gesetzten Fenster. Das Haus – das erste, das Loos vollendete – spiegelt die Prinzipien des Architekten wider und wirkte revolutionierend auf den weiteren Zweckbau. ***Äußeres:*** 5gesch. Gebäude, dessen obere 4 Geschosse betont schlicht ausgeführt sind (ohne Gliederung und Ornament); das untere Doppelgeschoß durch mächtige monolithe Pfeiler und Gebälk sowie kostbare Verkleidung in grünem Marmor repräsentativ hervorgehoben. ***Bedeutung:*** Wegweisender Bau aus der Frühzeit der modernen Architektur.

MICHAELERPLATZ 4 → Kohlmarkt 11

MICHAELERPLATZ 5 1

Michaelerkirche Ehem. Hofpfarr- und Barnabitenkirche Zum hl. Michael. ***Geschichte:*** Möglicherweise Vorläuferbau aus der Zeit um 1100, der bereits die gleiche Größe und Gestalt einer 3schiffigen Querhausbasilika gehabt haben muß. Stiftung des heutigen Baues in einer (gefälschten) Urkunde in das (viell. richtige) Jahr 1221 verlegt. Die ältesten Teile (Chor in seiner urspr. Gestalt und Querschiff) im 2. Viertel des 13. Jh. von der Bauhütte des romanischen Westwerks von St. Stephan errichtet, das 3schiffige Langhaus im 3. Viertel des 13. Jh., das Mittelschiffgewölbe und die Westfassade wohl erst nach Brand von 1276, mit der Weihe 1288 abgeschlossen. ***Äußeres:*** Vom *romanischen Außenbau* Teile des aufgehenden Mauerwerks mit den typischen Rundbogenfriesen vom Michaelerdurchhaus und vom Hof des Hauses Kohlmarkt 11 gut zu sehen. Lisenenartig flache Strebepfeiler charakteristisch für eigenartige *Übergangsform zur Gotik*. Im Michaelerdurchhaus in einer Nische an der Außenseite der Kirche monumentales, farbig

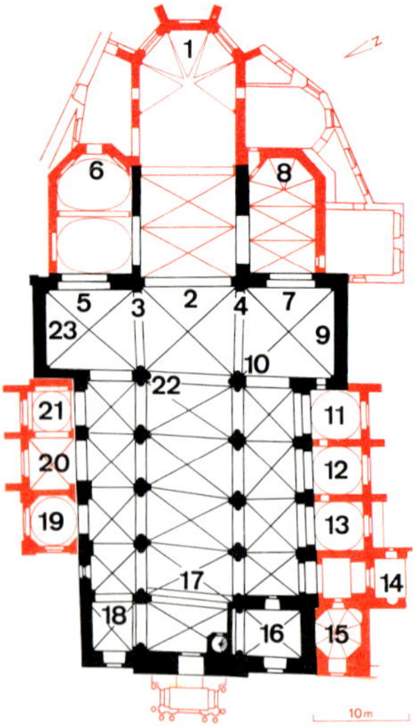

gefaßtes *Ölbergrelief* (Kalkstein, 1494). *Klassizistische Fassade* von E. Koch mit gr. Mittelfenster und Pilasterordnung, kl. Aufsatz mit Dreieckgiebel und Vasen (1792). *Portalvorbau* mit toskanischen Säulen von Antonio Beduzzi (1724/25), die Sandsteingruppe ›Engelsturz‹ von Lorenzo Mattielli (1724/25). ***Inneres:*** 3schiffige, kreuzrippenüberwölbte Pfeilerbasilika mit 5jochigem Langhaus, Querschiff und 3jochigem Hauptchor (darin noch das romanische Quadrat) samt 2 Nebenchören (Kapellen), alle mit 5/8-Schluß. Bestimmend für den Gesamteindruck die bereits spitzbogig geformten spätromanischen Arkaden des Übergangsstils im schweren Quadermauerwerk des Mittelschiffes sowie der zur Architektur kontrastierende barocke Hochaltar; von bes. Interesse die spätromanischen Kapitelle im Langhaus und im Querschiff mit Laub- und Drachenformen. ***Beschreibung:*** **1** *Hochaltar*★, nach originellem Plan von Jean Baptiste d' Avrange 1781, bühnenartig vorgezogen, Figuren der Evangelisten von Johann Martin Fischer (1781), hl. Sebastian und hl. Rochus von Jakob Philipp Prokop. An der Chorwand über dem Altar bis ins Gewölbe reichende Stuckreliefs mit Darstellung des Engelsturzes von Karl Georg Merville (1782): Glanzleistung des Spätbarock. Im Betchor 9 Bronzereliefs mit Darstellungen aus dem Leben Mariä von Karl Georg Merville (1782). Auf dem Altartisch seit 1673 italo-kretisches Marianisches Gnadenbild aus dem 16. Jh. Rechts Grabmal Leopold Donat Trautson von Joseph Emanuel Fischer v. Erlach und Ferdinand Brokoff (1727). Am Triumphbogen **(2)** Wandgemälde ›Weltgericht mit Christus und den Aposteln‹ (Mitte 14. Jh.). *Seitlich des Zugangs zum Presbyterium* Altäre von J. Zobel mit Bild ›Pfingstwunder‹ **(3)** (links) und ›Vierzehn Nothelfer‹ **(4)** (rechts) von Tobias Pock (um 1643). Am Triumphbogen des nördlichen Nebenchores Wandgemälde ›Christus mit Engeln‹ **(5)** (Mitte 14. Jh.). Im *Chor* **(6)** barocker Altar mit Bild ›Anbetung des Kindes‹ von Franz Anton Maulbertsch und Tabernakel mit Schildpattintarsien. Hier Grabdenkmäler für Pietro Metastasio (gest. 1782), Georg v. Herberstein (1570) und Johann v. Werdenberg (1643) mit Bronzerelief ›Gekreuzigter mit Stiftern‹ vom Augsburger Christoph Neidthardt (1646). Am Triumphbogen des südlichen Nebenchores Wandgemälde **(7)** ›Christus mit Engeln‹ (Mitte 14. Jh.). Der südliche Nebenchor **(8)** 1450 gestiftet; kleiner 2jochiger Raum mit 5/8-Schluß, schönen Maßwerkfenstern, 3 bmkw. Schlußsteinen (um 1350; Christuskopf, Maria mit Kind, hl. Nikolaus); 3teilige Sitznische und Sakramentsnische 1973 freigelegt. Zur künstlerischen Ausstattung der Erbauungszeit gehören 2farbig gefaßte Sandsteinstatuen der hl. Katharina und des hl. Nikolaus in Baldachinnischen. Hinter dem Altartisch Holzkruzifix von Hans Schlais (1510/20). Im *rechten Querschiffarm* **9** Julius-Altar von Johann Zobel (1826) mit Statue des Heiligen von Franz

Käßmann. Links das ehem. Hochaltarbild ›Engelsturz‹ von Michelangelo Unterberger (1751). Am südwestl. Vierungspfeiler Epitaph **(10)** für Georg v. Liechtenstein (1548) mit bmkw. Relieffigur. *Südliche Seitenkapellen:* **11** Altar mit Bild ›Hl. Anna mit Maria und Joachim‹ von Johann Georg Greippel. **12** Vesper-Kapelle mit Gnadenstatue ›Maria auf der Säule‹, Kopie nach dem verehrten Kultgegenstand der Kirche Nuestra Senora del Pilar in Zaragossa (Spanien); interessante frühbarocke Stuckdekoration. **13** Altar mit Bild ›Hl. Blasius‹ von Tobias Pock, Mitte 17. Jh. Im südl. Seiteneingang vom Michaelerdurchgang überlebensgr. Sandsteinfigur **(14)** ›Schmerzensmann‹ (um 1430). Von hier aus: **15** *Taufkapelle* (mit barockem Altar und Taufstein). Links und rechts des Haupteinganges: **16** *Turmkapelle* mit romanischen Wandsäulen und gotischem Kreuzrippengewölbe; an der Südwand 2 Freskenfragmente (hll. Cosmas, Thomas und Damian, um 1300; Leonhards-Messe, Mitte 14. Jh.). **18** Judas-Thaddäus-Altar (um 1825), rechts kl. Arme-Seelen-Altar (um 1825). Größte *Barockorgel* Wiens **(17)** (darunter Gedenkinschrift auf den Tod Kaiser Maximilians I., gest. 1519). *Nördliche Seitenkapellen:* **19** Antonius-Altar (Ende 18. Jh. mit Bild von Michelangelo Unterberger 2. Hälfte des 18. Jh.). In der Kapelle Denkmal für Kaiser Karl I. von Hans Schwathe (1928). **20** Altar der hl. Therese vom Kinde Jesu (um 1825). **21** Paulus-Kapelle mit barockem Deckengemälde ›Chor der Engel‹ von Carlo Carlone, Altar um 1825. **22** *Kanzel* (Anfang 19. Jh.). Im *linken Querschiffarm* **23** Kreuz-Altar von Johann Zobel (1823) mit Kreuzigungsgruppe von Franz Käßmann. Zahlreiche Grabplatten vom 14. bis 17. Jh. im Fußboden der Kirche eingelassen oder an den Wänden aufgestellt. In der jeweils nur am 1. und 2. November (Allerheiligen und Allerseelen) zugängl. ***Gruft*** Zinn-, Kupfer- und zahlreiche Holzsärge aus dem 17./18. Jh. (Taschenlampe mitnehmen).

MICHAELERPLATZ 6 **1**

Kleines Michaelerhaus (ehem. Michaelerbierhaus). Mehrgliedriger Komplex aus dem 18. Jh.; der Trakt gegen den Michaelerplatz vor 1735 erbaut, urspr. Mansardendach (1848 zu Stockwerk ausgebaut). ***Äußeres:*** 5gesch. Fassade zum Michaelerplatz mit flachem Mittelrisalit und reicher Fensterverzierung; Trakt zur Habsburgergasse nur 2gesch., besitzt jedoch eine durch flache Putzfelder gegliederte Front mit hübscher Dachlinie, die den Blick auf die Michaelerkirche freigibt. Im Durchgang des Hauses Ölbergrelief, gestiftet 1494 von Hans Hueber.

MINORITENPLATZ **1**

Einer der stimmungsvollsten Plätze der Inneren Stadt, von der Minoritenkirche beherrscht. Der Platz von bedeutenden Palais und von den Rückseiten des Landhauses und der Statthalterei in der Herrengasse begrenzt. In seiner heutigen Form erst nach der in den ersten Jahren des 20. Jh. erfolgten Demolierung des alten Minoritenklosters, das sich nach Süden unmittelbar an die Minoritenkirche anschloß.

Rudolf von Alt-Denkmal Überlebensgr. Sitzfigur des Malers (1812–1905) von *Hans Scherpe;* im Mantel und mit Skizzenblock in einem Sessel (1912). **Figl-Denkmal** Porträtrelief des Bundeskanzlers Leopold Figl (1902–65) auf moderner Stele von *Obermoser und Franz Coufal* (1973). **Clemens Maria Hofbauer-Denkmal** Bronzebüste von *Virgil Rainer* für den 1808–13 an der Minoritenkirche wirkenden Reformer des Katholizismus (1751–1820), enthüllt 1913.

MINORITENPLATZ **1**

Minoritenkirche Maria Schnee (benannt nach der für den Hochaltar gemalten Kopie des in der Kirche Sta. Maria Maggiore auf dem Esquilin in Rom verehrten Bildes ›Maria Schnee‹). Ital. Nationalkirche. ***Geschichte:*** Die Fratres minores durch Babenbergerherzog Leopold VI. 1224 nach Wien berufen, errichteten zwischen Burg und Schottenkloster nahe der neuen Stadtmauer auf einem ihnen überlassenen Gelände kl. Konvent (Kloster urkundl. 1234 erstmals erwähnt) samt einer (erst 1251 geweihten) Kapelle Zum hl. Kreuz; 1316–28 wurde der Ludwigschor angebaut. Zwischen 1340 und 1400 Kirche und Kloster neu erbaut (Hauptportal aus der Zeit um 1350). 1569–1620 protestantisch. Während der 2. Türkenbelagerung (1683) verlor der Turm seinen Helm. 1783 Kloster aufgelöst; die Minoriten kamen in das Trinitarierkloster in der Alser Straße, die Kirche erhielt die ›Ital. Kongregation‹ (1784). 1784–89 durch *Johann Ferdinand Hetzendorf v. Hohenberg* tiefgreifend umgestaltet (Beseitigung der barocken Ein- und Umbauten, der aus dem 14. Jh. stammende Ludwigschor im Süden zugunsten eines flachpolygonalen Ostabschlusses über die ganze Breite aufgegeben und in Mietshaus umgebaut). Damals nach dem neuen Hochaltarbild die Bezeichnung ›Maria Schnee‹; der die Kirche umgebende Friedhof aufgelassen, das Klostergebäude nahm kaiserl. und ständische Kanzleien auf. Der Platz in seiner heutigen Form entstand erst, als das Kloster 1902 infolge des Neubaues für das *Haus-, Hof- und Staatsarchiv* (Minoritenplatz 1) demoliert werden mußte. Im Zuge einer anschl. Restaurierung (1902–09) Anbau des chorähnlichen Sakristeihauses im Südosten und des kreuzgangähnlichen Arkadenganges im Süden. 1957 wieder den Minoriten übergeben. ***Äußeres:*** Prismatischer Baublock mit hohem Satteldach, *Westfassade* mit 2 schräggestellten Strebepfeilern an den Seiten und 2 weiteren an den Nahtstellen der Seitenschiffe; 3 Portale. Das *Mittelportal*★ (um 1350) wahrsch. von Frater Jacobus Parisiensis gestaltet (am Mittelpfosten Maria mit Kind, an den Gewänden je 3 Heiligenfiguren, im 3teiligen Tympanonrelief der Gekreuzigte mit dem Hauptmann und den trauernden Frauen) unter franz. Einfluß. Das linke Portal schmück-

M

Minoritenkirche: Tympanon des Mittelportals, um 1350

los und vermauert; das rechte, gleichfalls vermauert, aus dem 3. Viertel des 14. Jh., besitzt (beschädigte) Reliefs der Stigmatisation des hl. Franziskus und von Franziskaner-Heiligen mit 2 Klarissinnen, an den Konsolen Apostelköpfe. Über den Portalen 3 gr. maßwerkgefüllte Fenster. Die *Ostfassade* von imponierender Wirkung: anstelle eines Mittelchores der schlanke, hohe Turm mit flachem Zeltdach (am Übergang zum Achteck Konsole mit Figur eines bärtigen Mannes, vermutlich der Baumeister, um 1360?). Unverändert der nördliche 5/8-*Chor* mit seinen Strebepfeilern und hohen Fenstern und die 5achsige Nordfassade erhalten (die Oberteile der Fenster geöffnet). An den Langseiten teils spitzbogige, teils als Rundfenster gearbeitete Maßwerkfenster (teilw. ergänzt). Im Norden kl. Rest der Anbauten aus der 2. Hälfte des 18. Jh., bekrönt von barockem Steinkruzifix. Am Anbau Nische mit Kopie der 1964 aus dem Stephansdom zurückversetzten frühgotischen Steinfigur Maria mit Kind. Im Inneren des Anbaues das Nordportal: Tympanonrelief mit thronender Maria, Engeln und Stifterfigur (Friedrich der Schöne und Isabella von Aragon, vor 1328?) vom Eingang des Ludwigschores. Aus der Zeit der Restaurierung zu Beginn des 20. Jh. stammen das Treppentürmchen an der Südwestecke, der komplette Arkadenbau der Südseite (mit zahlreichen Grabsteinen und Baufragmenten aus dem 14. bis 18. Jh.) und der an die Stelle des alten Ludwigschores getretene 4gesch. polygonal geschlossene Sakristeiflügel. ***Inneres:*** Hohe 3schiffige 5jochige Halle mit ungefähr gleich breiten und gleich hohen Schiffen, Kreuzrippengewölben über reich profilierten, hochsockeligen Bündelpfeilern, die kapitellos in die Gewölbe übergehen. Der Raum erhält durch die reichen, teilw. noch originalen Maßwerkfenster Licht. ***Beschreibung:*** **1** *Hochaltar* romantisch-gotisierend, nach Entwurf von Johann Ferdinand Hetzendorf v. Hohenberg mit Altarbild ›Maria Schnee‹ von Christoph Unterberger (um 1785). Seitlich 4 Stuckfiguren: hl. Leopold, hl. Johannes d. T., hl. Johannes Ev. und hl. König (Ende 18. Jh., aus der Schwarzspanierkirche). Im Mittelschiff: **2** *Kanzel* aus der Zeit Hohenbergs, davor auf modernem Postament Freskofragment ›Hl. Franziskus‹ (16. Jh.); gegenüber am Pfeiler des Langhauses **(3)** Steinfigur ›Maria mit Kind‹ (um 1350), bekannt als *›Madonna della Famiglia‹*. In der Mitte der linken (nördlichen) Seitenwand: **4** Mosaikkopie in Originalgröße nach *Abendmahl Leonardo da Vincis* von Giacomo Raffaelli (1806–14), von Napoleon I. in Auftrag gegeben, nach dessen Sturz von Kaiser Franz I. erworben (aufgestellt 1845–47), mit gotisierender Marmorumrahmung von August v. Stache. Links davon Steinrelief **(5)** des Generals Dampierre vor dem Gekreuzigten (Grabsteinrest nach 1620); darüber Bild ›Glorie des hl. Johann Nepomuk‹ von Bartolomeo Altomonte (1. Hälfte 18. Jh., aus der Schwarzspanierkirche). Rechts: **6** Bild ›Hl. Leopold gründet Klosterneuburg‹, von Martino Altomonte (1. Hälfte 18. Jh., aus der Schwarzspanierkirche). In der Mitte der rechten (südl.) Seitenwand: **7** Pestbild mit den hll. Karl Borromäus und Rochus (Ende 18. Jh., viell. von Johann Steiner), darunter Marien-Altar mit 2 Putti aus Blei (2. Hälfte 18. Jh.). Links: **8** Marmordenkmal für den in der Micha-

M

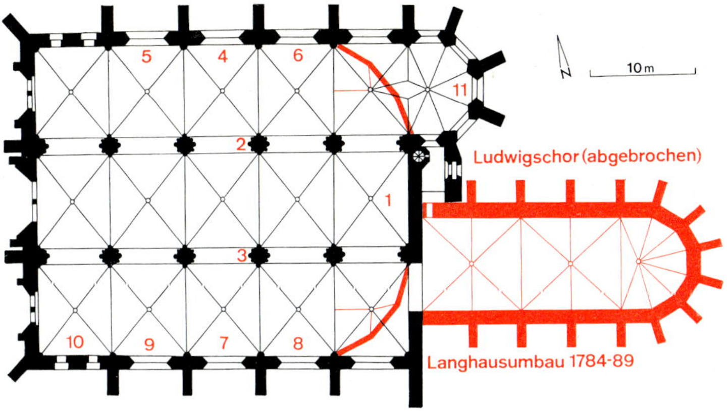

elerkirche begrabenen Hofdichter *Pietro Metastasio* von Vincenzo Luccardi mit lebensgr. sitzender Marmorfigur, am Sockel Reliefs mit Szenen aus dem Leben des Dichters (vorne sein Tod, 1855); darüber Ölgemälde ›Hl. Familie‹. Rechts davon **(9)** Bild ›Hl. Benedikt nimmt Maurus und Placidus in den Orden auf‹, von Daniel Gran (vor 1750, aus der Schwarzspanierkirche); **10** Bild ›Wunder des hl. Nikolaus‹ von Daniel Gran (aus der Schwarzspanierkirche); barocker Judas-Thaddäus-Altar unter der Orgelempore; die Orgelempore aus der Zeit Hohenbergs, dort Wappenschilder vornehmer Wiener Familien, die in der Kirche beigesetzt waren. Der ehem. Chor des nördl. Seitenschiffs unter Hohenberg durch Einziehen einer Zwischenwand vom Kirchenraum abgetrennt: **11** *Antonius-Kapelle*, neben dem Eingang gotischer Taufstein. In der Kapelle barocker Marmoraltar (1. Hälfte 18. Jh.). Sakristeieingang: Freskofragment mit dem hl. Antonius v. Padua aus dem 16. Jh. sowie Rest des Lettners vor dem Ludwigschor (nicht zugänglich).

MINORITENPLATZ 1 1
Österr. Staatsarchiv Schon zur Zeit Maximilians I. in der Hofburg ein Platz, an dem wichtige Dokumente aufbewahrt wurden. 1769 Archiv im Reichskanzleitrakt. 1900–02 nach Plänen von J. Pokorny und Otto Hofer Neubau für das *›K.u.k Haus-, Hof- und Staatsarchiv‹* (heute Teil des Österr. Staatsarchivs) errichtet, dem das alte Minoritenkloster zum Opfer fiel. *Wechselausstellungen.*

MINORITENPLATZ 3 1
Palais Dietrichstein Aus dem 17. Jh. stammender Bau 1755 nach Plänen von *Franz Hillebrand* teilw. umgestaltet. Zartgegliederte 4gesch. Fassade mit Giebel und Giebelplastik, 2 Rokokoportale.

MINORITENPLATZ 4 → Bankgasse 9.

MINORITENPLATZ 5 1
Palais Starhemberg Heute Sitz der Bundesministerien für Unterricht und Kunst, Wissenschaft und Forschung. Anstelle eines älteren Gebäudes (um 1550) im Auftrag von Konrad Balthasar Graf Starhemberg durch unbek. Architekten 1650 oder 1661 neu erbaut, 1895 Hinzufügung von 3 Achsen gegen die Abraham a Sancta Clara-Gasse; dadurch Fassadeneindruck verändert (Portal urspr. nicht in der Mittelachse). ***Äußeres:*** Flächige *Fassade*★ mit Lisenen, Blendfeldern und stark betonten Fensterbekrönungen (gesprengte Rundgiebel), Kranzgesims mit von Putten getragenen Konsolen unter vorspringendem Dach. Schlichtes Hauptportal mit rustizierten Säulen und gesprengtem Rundgiebel; Portal in der Bankgasse von Andreas Zach. ***Inneres:*** Ausstattung nach Entwürfen von Andreas Zach (1784), im 19. Jh. umgestaltet. Im Treppenhaus Plastiken von Joseph Klieber. Festsaal mit Ausgestaltung des späten Empire. ***Bedeutung:*** Charakteristisches Beispiel für die Palastfassadenarchitektur des 17. Jh.

MINORITENPLATZ 7 → Herrengasse 13

MINORITENPLATZ 8 → Herrengasse 11

MÖLKERBASTEI 1
1535 als Schottenbastei errichtet, 1656 unter Kaiser Ferdinand III. umgebaut und nach dem großen Besitz des Stiftes Melk (Melker Hof → Schottengasse 3–3a) benannt. 1861–72 größtenteils abgetragen, Teile bis heute erhalten.

MÖLKERBASTEI 8 1
Pasqualatihaus Der Arzt Johann Benedikt Pasqualati von Osterburg vereinigte 1791–98 zwei kleine Basteihäuser zu stattlichem Mietshaus. Sein Sohn, *Johann Baptist Frh. v. Pasqualati*, stellte *Ludwig van Beethoven* eine Wohnung im 4. Stock des Hauses, von der man einen Ausblick über das Glacis auf die Vorstädte hatte, zur Verfügung. Beethoven wohnte in dieser mehrfach zwischen 1804 und 1815 und schuf hier eine Anzahl seiner bedeutendsten Werke, so 1805 die Oper ›Fidelio‹, später die Leonoren-Ouvertüren, das Klavierkonzert in G-dur, die 4. Symphonie und das Violin-

M

S. Decker: Beethoven im Alter von 54 Jahren

konzert. Beethovens Wohnung zu einem vom Hist. Museum der Stadt Wien betreuten Gedenkraum (→ S. 25) ausgestaltet; das Haus enthält auch ein Adalbert-Stifter-Museum.

MÖLKERBASTEI 10 1
Wohnhaus In dem aus dem Anfang des 19. Jh. stammenden Haus wohnte Ottilie v. Goethe und starb Alma v. Goethe.

MUSEUMSTRASSE 2 A (Ecke Burggasse) **7**
Volkstheater Erbaut 1888/89 von den Theaterarchitekten *Ferdinand Fellner* und *Hermann Helmer*, 1907 erweitert, 1939 Fassaden vereinfacht und Außenplastiken entfernt. ***Beschreibung:*** Bau steht diagonal in einem unregelmäßig trapezförmigen Grundstück. Mittelrisalit stark gegl., über Einfahrt Loggia mit 4 Säulen. Die szt. über dem Mittelfoyer befindl. hohe Kuppel mit Schieferdach 1945 zerst. und nicht wieder aufgebaut. ***Bedeutung:*** Anordnung des Zuschauerraums und der vielen Ausgänge ins Freie war vorbildlich für viele Theaterbauten der Österr.-ungar. Monarchie. Heute eines der bedeutendsten Privattheater Wiens.
Denkmäler in der Umgebung des Theaters: **Raimund-Denkmal** (Ecke Neustiftgasse) von *Franz Vogl* (1898). Der Dichter auf einer Bank, zu der Stufen führen, beiderseits Wangenpfeiler mit Schalen, dahinter Felsen und Genius. **Girardi-Denkmal** (Ecke Neustiftgasse; vorübergehender Aufstellungsort) von *Otto Hofner* (1929). Auf niedrigem Sockel Standbild des Volksschauspielers, mit Hut in der Hand. **Niese-Denkmal** (Burggasse) von *Josef Müllner* (1952). Auf Stufe niedriger Vierkantsockel mit Inschrift, darauf Halbfigur der Volksschauspielerin Hansi Niese.

MUSEUMSTRASSE 7 7
Palais Trautson In den Jahren 1710–12 von Christian Alexander Oedtl nach Plänen und unter Leitung von *Johann Bernhard Fischer v. Erlach* in der Vorstadt St. Ulrich für Leopold Donat Graf Trautson erbautes Gartenpalais. Nach Aussterben der Familie Trautson 1760 von Maria Theresia erworben, der von ihr gegr. Ungarischen Garde zugewiesen. Nach deren Auflösung (1848) hier zunächst bis 1867 NÖ. Landesarmeekommando, 1867 Ungarische Garde (anläßl. Krönung Franz Josephs I. zum König von Ungarn) reaktiviert, erhielt Palais zurück. Sein Bestand erst zu Beginn der 60er Jahre des 20. Jh. gesichert (Ankauf durch den Staat 1961). 1965 störende Vorbauten an der Lerchenfelder Straße und Museumstraße abgebrochen (Blick auf die Gartenfront wieder frei), doch an deren Stelle bald provisorische Fertigteilhäuser für die UNIDO (1967). ***Äußeres:*** Langgestreckter 3gesch. Rechteckbau, Hauptfassade an der Schmalseite. Die Gartenfassade (westl. Längsfront) aufwendiger als die einfache Straßenfassade (östl. Längsfront) an der Neustiftgasse. 11achsige *Hauptfassade*★ (Museumstraße) durch kräftig vorspringenden 3achsigen Mittelrisalit mit 3 Portalen (bmkw. Schmiedeeisenarbeiten in den Bogenöffnungen, Mitteltor von figurenbekr. Doppelsäulen flankiert) Festsaalfenster, flacher Pilasterordnung, von Dreieckgiebel (Stuckrelief mit olympischer Szene) und Attikaplastik beherrscht, läßt klassizistische Einflüsse erkennen; die jeweils 4achsigen *Seitenrisalite* mit ihrer etwas niedrigeren Attika treten zurück. Beachtenswert die meisterlichen Proportionen des rustizierten Erdgeschosses und der durch die Pilasterordnung zusammengefaßten Obergeschosse, in deren Ausgewogenheit Spätstil Fischers deutlich. Details treten merkbar zurück. Im 1. exedraartig ausgeweiteten *Innenhof*, mit einer konkav eingeschwungenen Wand abschließend, 2 Wandbrunnen. ***Inneres:*** Einfahrt, Hof und Stiegenhaus haben größtes Gewicht. Im *Vestibül* 4 Gruppen von je 4 toskanischen Säulen. *Sala terrena* mit Quadraturmalerei von Marcantonio Chiarini und Gaetano Fanti (1972–74 weitgehend erneuert). Links vom Vestibül monumentales *Treppenhaus* mit 2 Sphingen und 4 Atlanten,

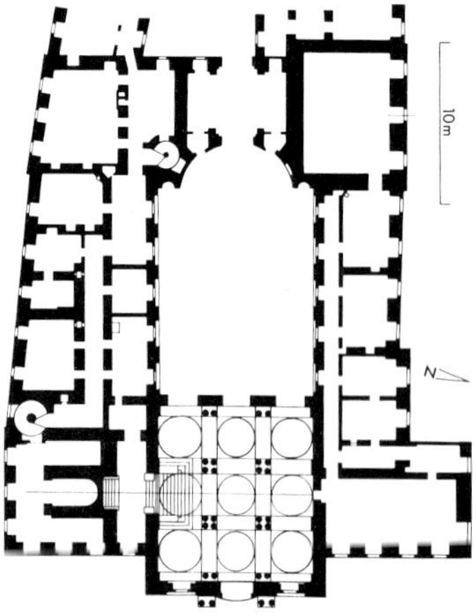

N

S. Kleiner: Palais Trautson

am obersten Podest Ölgemälde Maria Theresias, möglicherweise von Martin van Meytens (nach 1765). Die Skulpturen vermutl. Werkstatt *Giovanni Giulianis.* In der Eingangshalle treten die klassizistischen Merkmale noch deutlicher zutage als an der Fassade. 2gesch. *Festsaal* mit monumentaler Pilaster- und Nischenordnung, kleinerer Saal mit barockem Deckenstuck; die Innenräume weitgehend modernisiert. ***Bedeutung:*** Wesentlichster Profanbau des älteren Fischer v. Erlach in Wien, eines der prächtigsten Palais des Wiener Barock. Fischer hat das Fassadenschema des palladianischen Klassizismus übernommen, jedoch unter Verwendung französischer Stilelemente (Anlehnung an das 1661 entstandene Amsterdamer Stadthaus!) harmonisch gestaltet.

NAGLERGASSE 1

Urspr. ›Unter den Nadlern‹, die hier im 14. Jh. ihr Gewerbe ausübten (›Nadel-Schmiede‹). Die Bez. ›Naglergasse‹ (seit dem 16. Jh.) Verballhornung der alten Bez. Anfangs nur auf der Seite gegen den Hof Häuser (dort auch die zum Herzoghof gehörige Pankrazkapelle); dahinter schmaler Weg an der im Mittelalter noch aufrechtstehenden römischen Lagermauer entlang, der die Gasse (ebenso wie der östlich gelegene → Graben) folgt (der Bogen zum Heidenschuß entspricht einer abgerundeten Ecke des Römerlagers). Südlich der Mauer der Stadtgraben; er wurde am Graben um 1200 planiert, in der Gegend des Haarmarktes (wo ein Bächlein entsprang, das durch den Tiefen Graben zur Donau floß) noch heute an einer Senke zu erkennen. Bes. an der Südseite der Gasse guterhaltene Front spätmittelalterlicher bzw. frühneuzeitlicher Häuser.

NAGLERGASSE 7 (Körblergasse 2) 1

Wohnhaus Baukern 16./17. Jh. (Giebelhaus) auf schmaler Parzelle, in der Renaissancezeit verändert. Mittelachse als durchgehender Erker auf Konsolen ausgebildet. Klassizistische Fassade Ende 18. Jh., durch Lisenen und Platten gegliedert. In der Körblergasse Barockportal mit geschwungenem Giebel.

NAGLERGASSE 9 (Haarhof 1) 1

Wohnhaus Klassizistischer Bau aus dem beginnenden 19. Jh., wahrsch. von Karl Ehmann errichtet. Zusammenfassung kleinerer Bauten aus dem 18. Jh., die zum ehem. Esterházyschen Fideikommiß in der Wallnerstraße gehörten. Die 2. Achse von jeder Seite im Erdgeschoß durch hohen, vertieften Blendbogen gegliedert, darüber 3teilige Fenster mit Pilastergliederung; Front gegen Haarhof einfacher (Eingang zu den Gewölben des Esterházy-Kellers). Bänderung und hübsche Fensterrahmen machen den Bau zu einem der besten seiner Zeit.

NAGLERGASSE 13 (Haarhof 4) 1

Wohnhaus Hausschild ›Zur Hl. Dreifaltigkeit‹. Gotischer Baukern 15./16. Jh., Umbau (neue Fassade) 2. Hälfte 17. Jh., ausgebauter Giebel. Fassade mit Ortsteinen, Gesimsen und Fensterparapeten, über dem Portal Hauszeichen ›Krönung Mariä‹ (1. Hälfte 18. Jh.).

NAGLERGASSE 15 1

Wohnhaus Gotischer Baukern 15. Jh. auf schmaler Parzelle, um 1700 adaptiert (neue Fassade mit Ortsteinen); Betonung der Vertikale durch Fensterparapete, geschwungener Giebel.

NAGLERGASSE 17 1

Wohnhaus Gotischer Baukern 15./16. Jh. auf schmaler Parzelle. 5gesch. Giebelhaus mit reicher Barockfassade (1704), Putzfeldern und pflanzlichem Dekor in den geschwungenen Fenstergiebeln. Giebel mit balustradenartigen Seitenteilen, Vasen und Büste originell gestaltet.

NAGLERGASSE 19 1

Wohnhaus Baukern 16./17. Jh., 5gesch. Giebelhaus mit Renaissanceerker auf Konsolen in der Mittelachse des 1. Stocks. Glatte Fassade mit Ortsteinen, geschwungener Giebel.

NAGLERGASSE 21 1

Wohnhaus Erbaut um 1720 (oberstes Geschoß später aufgesetzt). Sehr gute Barockfassade (reich ausgebildete, alternierende Fenstergiebel mit kräftig profilierten Voluten und reicher Ornamentierung), schönes Portal (im Giebel des darüberliegenden Fensters Hauszeichen ›Maria Immaculata‹, 1. Hälfte 18. Jh.).

NAGLERGASSE 23 1

Wohnhaus Gotischer Baukern 15./16. Jh. auf schmaler Parzelle, 4gesch. Giebelhaus mit schöner Fassade (im 17. Jh. erneuert); neben der Tür Stein (1779).

NAGLERGASSE 25 1

Wohnhaus Baukern (2 Häuser) Ende 16. Jh. (Zusammenbau 18. Jh.), 5gesch. Bau mit Bänderung im 1. Stock und Dreieckgiebel im 2. Stock. Um 1800 Umbau (neue Fassadengestaltung).

N

NAGLERGASSE 27 1

Wohnhaus Gotischer Baukern 15./16. Jh., 5gesch. Haus mit einfach gegliederter Fassade von Lorenz Lechner (1790).

NEUER MARKT 1

Obwohl erst 1234 urkundl. erwähnt, wohl Entstehung bei babenbergischer Stadterweiterung Ende des 12. Jh. Namengebung (urspr. ›novum forum‹), da Wiens ältester Marktplatz, der → Hohe Markt, infolge der Zunahme der Bevölkerung größenmäßig nicht mehr ausreichte und ein 2. Marktplatz notwendig wurde. Der Neue Markt bald *Zentrum des Warenverkehrs* von und nach Süden und Hauptumschlagplatz für Getreide und Mehl. Anfangs von wesentlich größerer Ausdehnung als heute, erstreckte sich von der Kärntner Straße bis zur Seilergasse. In der Mitte des Marktplatzes um 1450 der *Pranger* (für jene, die wegen Betrugs an Maß und Gewicht bestraft wurden). Im 15. und 16. Jh. hier auch *Turniere* und andere Festlichkeiten. An der Wende des 17. zum 18. Jh. am Neuen Markt *Marionettenspieler,* Seiltänzer und Glückshafenbesitzer, 1708 errichtete der ›Wiener Hanswurst‹ Stranitzky hier seine *Komödienhütte.* Seither beeinflußte allerdings auch die Kapuzinerkirche den Charakter des Platzes. Im 18. Jh. veranstalteten Hof und Adel auf dem Neuen Markt die beliebten Hofschlittenfahrten (die letzte im Kongreßjahr 1815). Bereits im 16. Jh. auf dem Neuen Markt 2 *Brunnen:* der eine 1738 zur Gänze abgetragen, an die Stelle des anderen nunmehr allerdings in der Mitte des Platzes, der Providentia-Brunnen. Der Neue Markt durch Jahrhunderte einer der schönsten Plätze Wiens, war lange Zeit mit prächtigen Palästen, Etablissements und Bürgerhäusern einheitlich verbaut. Seit Ende 19. Jh. (bes. nach dem 2. Weltkrieg) Aussehen entscheidend verändert. Am Südende des Platzes bis 1894 Stadtpalais der Familie Schwarzenberg (zwischen Kärntner Straße und Tegetthoffstraße), Zentrum kulturellen Lebens (gründerzeitl. Häuserzeile nach 2. Weltkrieg durch Parkgarage stark beeinträchtigt). Anstelle der Mehlgrube (urspr. städtischer Mehlkasten, im 18./19. Jh. bekanntes Vergnügungsetablissement) Hotel Ambassador, an jener des ebenf. beliebten Bürgerspitalkellers zunächst Hotel Meißl & Schadn (in dessen Speisesaal 1916 österr. Ministerpräsident Graf Stürgkh von Friedrich Adler erschossen), nach 1945 Hotel Europa. Von der barocken Platzgestaltung nur Häuserzeile zwischen Plankengasse und Kupferschmiedgasse erhalten.

NEUER MARKT 1

Kapuzinerkirche Zur hl. Maria von den Engeln. Kirche 1618 von Kaiserin Anna, der Gemahlin Kaiser Matthias', gestiftet, der für die Kapuziner gr. Grundkomplex zwischen Neuem Markt und Spiegelgasse erworben hatte; zu diesem Komplex gehörten der Schaumburger Hof (damals kaiserl. Hofstall), der Altenburger Hof und der Seckauer Hof; Matthias starb noch vor Baubeginn. 1622 legte Kaiser Ferdinand II. Grundstein zur Kirche, die 1632 vollendet und geweiht wurde. In das früher aufgelassene Kloster der Kapuziner in St. Ulrich zogen Mechitaristen ein (→ Neustiftgasse). 1691 Brand. 1699 verstarb im Kloster Marco d'Aviano (hier auch begraben. Bronzefigur von Hans Mauer links vom Kircheneingang in einer Nische, 1935). Unter Joseph II. Teil des Klosters und der größte Teil des Klostergartens zu Wohnhäusern verbaut. 1842–44 Außenseite des Klosters renoviert und Kirche mit neuer Fassade versehen; 1933–36 in Anlehnung an alte Ansichten Fassade durch die Architekten Wytrlik und Tremmel rekonstruiert. Bereits Kaiser Matthias und seine Gattin Anna stifteten auch die unter der Kirche liegende Kapuzinergruft, in der sie als erste Mitglieder des Hauses Habsburg ihre letzte Ruhestätte fanden (1633). ***Äußeres:*** Glatte Giebelfassade mit Fresken von Rudolf Holzinger und Hans Fischer (1936), Portalvorbau 1760. ***Inneres:*** Schlichter, 1schiffiger Saal mit Tonnengewölbe und Stichkappen, links und rechts je 1 kl. Kapelle angefügt, wodurch sich eine kreuzförmige Anlage ergibt; diese Einteilung entspricht (ebenso wie die intarsierten Altäre) den Baugewohnheiten der Kapuziner. ***Beschreibung:*** Intarsierter *Hochaltar* 1. Hälfte des 18. Jh. mit Altarbild ›Verleihung des Portiunkula-Ablasses‹ von Johann Baumgartner (Pater Norbert), ebenso die seitl. Bilder (›Hl. Josef Leonissa‹ und ›Fidelis von Sigmaringen‹). Am Triumphbogen links Altar mit Bild ›Hl. Antonius‹, rechts Altar mit Bild ›Hl. Felix‹, beide von J. Baumgartner (Altäre 1. Hälfte 18. Jh.). An der linken Seite des Langhauses *Kaiserkapelle,* quadratischer Raum mit guter architekt. Gliederung, schönen Stucchi und Marmoraltar (1751) mit Gnadenbild ›Maria, Trösterin der Betrübten‹, in reicher Silberrahmung (von Josef Moser); in den Ecknischen Holzstatuen von Habsburgern (17. Jh.): Ferdinand IV., Ferdinand III., Matthias und Ferdinand II. (die beiden letzten von Leonhard Worster). An den Wänden Gemälde ›Mariä Geburt‹ und ›Verkündigung‹ (beide genuesisch, 1658). Gegenüber Kapelle mit Marmoraltar von Johann Lukas v. Hildebrandt (1712) mit figuraler Darstellung

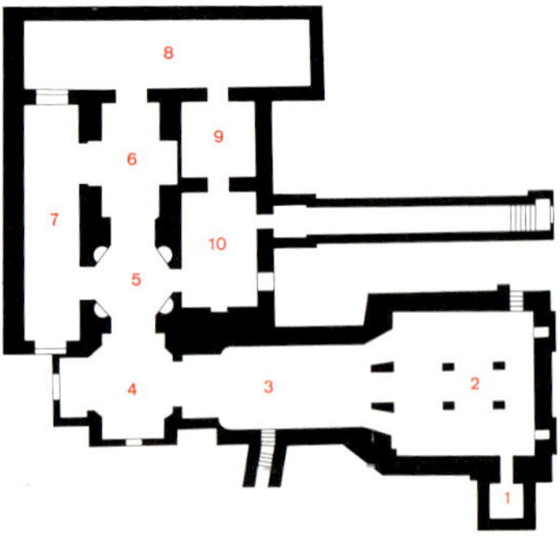

Kapuzinergruft: Deutsche Kaiserkrone am Sarkophag Kaiser Karls VI.

›Schmerzhafte Maria‹ von Peter (?) Strudel und Matthias Steinl, dahinter Gemälde ›Mariä Opferung‹ von Johann Baumgartner. Vor dem Altar Grabplatte des Marco d'Aviano, links *Marco-d'Aviano-Denkmal* von Rieser (1891). ***Kloster:*** In den Gängen bmkw. Gemälde aus dem 17. und 18. Jh., im Refektorium ›Letztes Abendmahl‹ von Joseph v. Führich (1842), in der ehem. Schatzkammer kl. Konventmuseum. (Schwer zugänglich.) ***Kaisergruft*** (als ›Kapuzinergruft‹ bekannt): Von Kaiser Matthias und seiner Gattin Anna gestiftet, vom 17. bis zum 20. Jh. sukzessive erweitert. Die Gruft enthält insgesamt 138 Metallsärge (seit 1790 aus Kupfer). **1** *›Gründergruft‹ (Engelsgruft)* unter der Kaiserkapelle, angelegt 1622–33; Särge für Matthias (mit Adlerkrallenfüßen von Balthasar Moll, 1755) und Anna (ebenfalls von Moll, 1755). **2** *Leopoldinische Gruft* (1657, erweitert 1701, 16 Särge, darunter für Ferdinand III. und 12 Kindersärge). **3** *Karolinische Gruft* (1720). 7 Särge, darunter für Leopold I. und Josef I., beide nach Entwurf von Johann Lukas v. Hildebrandt von Tobias Kracker; für Kaiser Karl VI. von Balthasar Ferdinand Moll, 1753, mit schöner Gestalt der trauernden Austria von Johann Nikolaus Moll, 1742. **4** *Maria-Theresien-Gruft* (das Zentrum der Anlage): 1753/54 nach Entwurf von Jean Nicolas Jadot de Ville Issey, Kuppelraum mit Deckenfresko ›Vision des Ezechiel‹ von Josef Ignaz Mildorfer, hervorragender Doppelsarkophag★ aus Zinn für Franz Stephan v. Lothringen und Maria Theresia (Hauptwerk B. F. Molls, 1753). Auf dem Sarkophag ruht, halb aufgerichtet, das lebensgr. kaiserl. Paar, ein Putto hinter ihnen verkündet als Allegorie des Ruhmes den Triumph des Glaubens; an den Ecken des Sarkophags 4 weibl. Klagefiguren, die Kronen von Österreich, Ungarn, Böhmen und Jerusalem haltend. Vor diesem Sarkophag einfacher Kupfersarg Josephs II. und 15 bmkw. Rokokosärge von B.F. Moll (bis 1770), darunter auch jener für die einzige Nicht-Habsburgerin, die Erzieherin Maria Theresias, Gräfin Fuchs. **5** *Franzensgruft:* nach Entwurf von Johann Aman, 1824; Kupfersarg für Kaiser Franz I. von Pietro Nobile sowie Särge für seine 4 Gemahlinnen. **6** *Ferdinandsgruft:* 1840–42 von Johann Höhne errichtet; u. a. Sarg für Ferdinand I. **7** *Toskana-Gruft:* 1840–42 ebenf. von Johann Höhne für Seitenlinie des Hauses Habsburg gestaltet. **8** *Neuer Gruftraum:* 1959/60 von Karl Schwanzer errichtet (26 Sarkophage, darunter für Kaiser Maximilian von Mexiko, Kaiserin Maria Louise). **9** *Franz-Josephs-Gruft:* 1908/09 von Caje Perisič errichtet, die figürl. Reliefs von Emanuel Pendl (Sarkophage u. a. für Kaiser Franz Joseph I., seine Gattin Elisabeth und Kronprinz Rudolf). **10** *Gruftkapelle.*

NEUER MARKT **1**

Providentia-Brunnen Im Auftrag der Gemeinde Wien 1737–39 von *Georg Raphael Donner* errichtet, aufgrund eines Wettbewerbs, an dem auch Lorenzo Mattielli beteiligt. 1770 auf Befehl Maria Theresias die nackten, aus Bleiguß gefertigten Figuren abgetragen; sie kamen ins Materialdepot des Bürgerl. Zeughauses, dort dem Bildhauer Johann Martin Fischer zum Einschmelzen übergeben. Dieser bewahrte sie jedoch, in der vollen Erkenntnis ihres hohen künstlerischen Wertes, ließ sie restaurieren und veranlaßte 1801 Wiederaufstellung. 1873 die Figuren durch Bronzeabgüsse ersetzt. Originalfiguren seit 1921 als Leihgabe des Hist. Museums der Stadt Wien im *Barockmuseum im Unteren Belvedere.* ***Beschreibung:*** Wasserbecken, zu dem 2 Stufen führen, in dessen Mitte, auf einem Säulenstumpf sitzend, die Figur der Providentia (Vorsehung). Den Sockel der Statue umgeben 4 Putten, am Rand des Bassins 4 Figuren, die Nebenflüsse der Donau symbolisierend: die Enns als Greis, die March und Ybbs als Frauengestalten, die Traun als Jüngling. Für die Figuren schuf Donner nur die Modelle; die Ausführung oblag *Johann Nikolaus Moll.* ***Bedeutung:*** 1. von öffentl. Seite initiierte Brunnenanlage von rein profanem Charakter.

NEUER MARKT 15 **1**

Wohnhaus Maysederhaus. Fassade 2. Hälfte 18. Jh., vor älteren Bau aus der Mitte des 16. Jh. gesetzt, mit Grabendach und Renaissanceerker, geziert mit Rokokoornamenten und schönen schmiedeeisernen Gittern (Portalgitter datiert 1768). Im Hausflur datierter Quaderstein (1548). Der Hausname erinnert an den Violinvirtuosen Josef Mayseder, in der 1. Hälfte des 19. Jh. Besitzer des Hauses. ***Bedeutung:*** Haus am Neuen Markt, das noch den architekt. Eindruck der barocken Verbauung des Platzes im 18. Jh. widerspiegelt.

NEUSTIFTGASSE 2–4 → Museumstraße 7

O

NEUSTIFTGASSE BEI 4 7

Mechitaristenkirche hl. Maria. Ehem. Kapuzinerkirche (→ Neuer Markt). Erbaut 1603, nach Zerst. durch die Türken 1684 wiederhergestellt, 1813 als Mechitaristenkirche umgestaltet. Die hl. Messe wird in dieser Kirche in altarmenischer Sprache und nach altarmenischem Ritus gefeiert; röm.-kath. Gläubige können jedoch ebenfalls die Sakramente empfangen. 1871–73 nach Entwurf von Camillo Sitte in Formen der Renaissance erneuert. ***Äußeres:*** Rustizierte Fassade mit reichem Portal an der Straßenfront. ***Inneres:*** 3jochige Saalkirche mit Tonnengewölbe und 1jochigem geradem Chor. Hochaltar von Heinrich Ferstel mit Fresko ›Maria Schutz‹ von J. Kleinert. Auf den Seitenaltären Bilder von G. B. Gagliardi (1886), V. Reichel (1877), und G. Teibler (1895). Orgel von C. Hesse (1874). ***Kloster:*** Von der Mechitaristengasse Zugang in das 1835–37 nach Entwurf von Josef Kornhäusel neu erbaute Kloster. Gemälde von Ludwig Schnorr v. Carolsfeld und Johann Schindler in den Hauskapellen, ›Speisung der Fünftausend‹ von Ludwig Schnorr v. Carolsfeld im Refektorium. Reichhaltige Bibliothek mit Handschriften und Armenica, Münzensammlung und kleines Museum. Der Orden fördert Studium und Kenntnis orient. Sprachen und betreibt wissenschaftl. Arbeiten.

NUSSDORFER STRASSE 54 9

Geburtshaus Franz Schuberts Hausschild ›Zum roten Krebs‹, erbaut 18. Jh., Umbau Ende 18. Jh. 2gesch. 5achsiges Haus mit hübscher Portalbekrönung, langgestreckter Hof mit den für die Bauzeit typ. Hoftrakten (Pawlatschengänge). In den 60er Jahren von der Stadt Wien grundlegend renoviert und in

Schuberts Geburtshaus

den Stand wie zu Lebzeiten Schuberts gebracht. Franz Schubert hier am 31. Januar 1797 geboren; 1801 übersiedelte die Familie Schubert in das nahegel. Schulhaus Säulengasse 3. Seit 1912 im Haus das Schubert-Museum (Neueröffnung 1969, vom → Hist. Museum der Stadt Wien betreut).

OBERE AUGARTENSTRASSE 1 2

Augarten mit Augartenpalais Kaiser Matthias ließ 1614 im ausgedehnten Auengebiet der (unregulierten) Donau Jagdschloß erbauen. Ferdinand III. legte Garten an (1649/50), den Leopold I. beträchtlich vergrößern ließ. Um 1677 kaufte er ein ca. 1654 erbautes Lustgebäude (ehem. Palais Trautson) und ließ es umbauen. 1683 steckten die Türken das Gebäude in Brand; seither als Ruine belassen. Ende 17. Jh. das heutige Hauptschloß (ehem. Palais Löw); 1712 ließ Karl VI. Park von Jean Trehet erneuern. Joseph II. ließ den Augarten vergrößern, wohnte hier oft in einem Stöckl (›Kaiser-Joseph-Stöckl‹ auf dem ehem. Gartengrund des Kroatischen Konvikts), machte Augarten 1775 der Allgemeinheit zugänglich (aus

Staatsoper: Fassade zur Ringstraße

diesem Jahr triumphbogenartiges Eingangsportal von Isidor Canevale). ***Gebäude:*** Saalgebäude, jetzt Sitz der Porzellanmanufaktur Augarten, 1gesch. schlichter Bau mit querovalen Oculi über den Fenstern, an der linken Mauerecke Pilaster und Fenster vom alten Bau (Palais Trautson), innen barocke Stuckdecken, erbaut 1704–06 (?). Hauptschloß (ehem. Palais Löw), in der Art des Johann Bernhard Fischer v. Erlach. Mitteltrakt mit Ovalsaal (an den Fassaden vortretend), Flügel und oberstes Geschoß später. Inneres stark erneuert, querovaler Kuppelsaal. Decken mit Stucchi und Fresko in der Art des Jonas Drentwett (1. Hälfte 18. Jh., 8 Tugenden und 4 Weltteile darstellend). Kapelle mit Altarbild ›Hl. Maria‹ (um 1700) und barocker Einrichtung. Kaiser-Joseph-Stöckl, erbaut nach Entwurf von Isidor Canevale (?) 1781. ***Kulturelle Bedeutung:*** Seit 1772 hier die sog. ›Morgenkonzerte‹, die ab 1782 eine Zeitlang Wolfgang Amadeus Mozart dirigierte, später auch Ludwig van Beethoven. 1820–47 vielbesuchte 1.-Mai-Konzerte, überwiegend mit Musik von Johann Strauß Vater (1833–37 gab er selbst stark frequentierte Konzerte). Nach 1867 Wohnung des Obersthofmeisters Konstantin Fst. Hohenlohe; Künstlerabende u. a. mit Richard Wagner, Franz Liszt und Hans Makart. Im ehem. Palais Löw (Hauptschloß) Sitz der Wiener Sängerknaben.

OPERNRING 2 **1**

Oper K.k. Hofoper, seit 1919 *Staatsoper.* Bevor das auf dem Areal des heutigen Hotel Sacher stehende alte Kärntnertortheater demoliert wurde, Planung und Erbauung eines neuen Opernhauses in der Stadterweiterungszone am Platz neben der (verlängerten) Kärntner Straße am Ring. Bau steht halb über dem alten Stadtgraben vor dem Kärntnertor, z. T. auf Resten der alten Stadtmauern (dem östl. Abschnitt der Kärntnerbastei). Oper nach Plänen von *Eduard van der Nüll* und *August Sicard v. Sicardsburg* 1861–69 errichtet. Der 1. fertiggestellte Monumentalbau der Ringstraßenzone; nach dem Tod der Architekten 1868 durch die Architekten *Gustav Gugitz* und *Josef Stoerck* vollendet. Am 25. Mai 1869 mit Mozarts ›Don Juan‹ eröffnet. Durch Brand nach Fliegerangriff am 12. März 1945 bis auf die Hauptmauern, das gr. Stiegenhaus und Teile des Vorbaues am Ring völlig zerst. Seit 1949 das äußere Gesamtbild wahrender Wiederaufbau durch *Erich Boltenstern,* Zeno Kosak, Otto Prossinger und Felix Cewela; Neubau der Bühne durch Bundesministerium für Handel und Wiederaufbau. Am 5. Nov. 1955 mit Ludwig van Beethovens ›Fidelio‹ eröffnet. ***Äußeres:*** Freistehende, klar gegl. Baugruppe in romantisch-historisierenden Formen. Durch sehr versch., scharf voneinander abgesetzte Höhen deutliche vertikale Gliederungen. Langgestreckter *Mittelbau,* an der Ringstraßenfront *Vorbau* mit Durchfahrt und darüberliegender *Loggia* mit 5 gr. offenen Arkadenbogen und 5 Bronzefiguren von Ernst Julius Hähnel (Allegorien von Heroismus, Drama, Phantasie, Komik und Liebe); in der Loggia *Wandgemälde*★ von Moritz v. Schwind (Szenen aus der Zauberflöte, 1865–68). Auf den beiden Postamenten oberhalb der Loggia 2 Pegasusgruppen von Hähnel. Hinter dem Vorbau der zentrale Baukörper, *Hauptstiegenhaus* (mit e. T. der Logenstiegen), Zuschauerraum, Bühne samt Hinterbühne unter gemeinsamem hohem Dach. Diesem Mittelbau zu beiden Seiten Querflügel angesetzt, 1 Stockwerk niedriger, außerdem noch niedrigere Seitentrakte, nur

Staatsoper: Zuschauerraum vor der Zerstörung 1945

P

die 2 vorderen von außen her sichtbar. Sicardsburg übernahm die bautechnische Gestaltung der Oper, van der Nüll die Dekoration (neue Stilrichtung durch Verbindung von Elementen der venez. und span.-franz. Gotik, der florentinischen und franz. Renaissance und antikisierender Details). Beiderseits der Loggia *2 Brunnen* von Hans Gasser: links (Operngasse) unter der bekrönenden Figur der Musik Allegorien von Freude, Ernst und Leichtsinn; rechts (Kärntner Straße) oben Loreley, darunter Allegorien von Trauer, Liebe und Rache. ***Inneres:*** *Treppenhaus* (Originalausstattung) mit reichgegl. Marmorgeländer. In die Hinterwand des Stiegenhauses später oben 2 Hochreliefs von Johann Preleuthner eingelassen (›Oper‹ und ›Ballett‹), darunter Medaillonreliefs von van der Nüll und Sicardsburg (von Josef Cesar). Die Balustraden der Hauptstiege von 7 Marmorpfeilern unterbrochen, darauf allegorische Figuren der 7 freien Künste aus weißem Marmor von Josef Gasser (1869). Im *Foyer* (Promenadensalon) 14 Lünetten (Opernszenen) und 2 Deckenbilder (Amoretten), Tempera auf Leinwand, nach Kartons von Moritz v. Schwind (1867 vollendet). Im ***1. Stock*** zwischen Stiegenhaus und Loggia zur Ringstraße langgestreckter, nach den Gemälden von Schwind benannter Raum (*Schwind-Foyer*, nicht zu verwechseln mit den Fresken Schwinds in der Loggia!), vom Stiegenhaus her durch 5 gr. Rundbogentore zugängl. In den Feldern über den Türen in Rundmedaillons eingesetzte Büsten berühmter Komponisten. Zu beiden Seiten des Hauptstiegenhauses große Pausensäle: zur Operngasse der *›Marmorsaal‹* mit Supraporten und Wandintarsien von Heinz Leinfellner, zur Kärntner Straße der *Gobelinsaal*. Der noch im Originalzustand erhaltene *Teesalon* mit seinen beiden Marmorkaminen der einzige Repräsentationsraum, der den Bombenkrieg unbeschädigt überstanden hat. ***Bedeutung:*** Die Wiener Oper, eine Bühne von internat. Rang, hat wesentlich dazu beigetragen, den Ruf Wiens als Musikstadt in aller Welt zu festigen. Das Orchester der Oper sind die *Wiener Philharmoniker*. Zur Oper gehört auch das *Staatsopernballett*. Die *Bühne* eine der größten Europas; Zuschauerraum mit Fassungsvermögen von 2209 Personen (davon 1642 Sitzplätze). Große Musiker waren an der Oper als *Direktoren* oder *Dirigenten* tätig: Gustav Mahler, Felix Weingartner, Bruno Walter, Franz Schalk, Richard Strauss, Clemens Krauss, Wilhelm Furtwängler, Karl Böhm und Herbert v. Karajan. Die Zahl bedeutender Regisseure, Sängerinnen und Sänger ist unübersehbar. Jeweils am letzten Donnerstag des Faschings findet der *Opernball* (die repräsentativste Veranstaltung des Wiener Faschings) statt, für den Zuschauerraum und Bühne in eine Ebene gebracht werden.

Führungen: 1.7.–31.8. tgl. 9, 10, 11, 13, 14, 15; 1.10.–31.3. So 14, 15; 1.4.–30.6., 1.–30. 9. tgl. 14, 15 (an probefreien Tagen).

OPERNRING 10 (Goethegasse 3) **1**
Palais Schey v. Koromla Erbaut 1863/64 von *Johann Romano R. vom Ringe* und *August Schwendenwein*. 5gesch. Eckhaus mit glasgedecktem Innenhof. Die 2 unteren Geschosse rustiziert, Beletage durch in die Fensterparapeten eingesetzte Balustraden hervorgehoben, stark vortretendes Hauptgesims mit aufgesetzter Balustrade; Hauptportal (Goethegasse) von je 2 Säulen und Ziervasen eingefaßt, darüber mächtiger Balkon. Einer der wenigen Ringstraßenbauten, bei dem die urspr. Bogen im Erdgeschoß erhalten sind.

OPERNRING (Ecke Goethegasse) **1**
Goethe-Denkmal Denkmal von *Edmund Hellmer* (enthüllt 1900). Johann Wolfgang v. Goethe (1749–1832) in einem Prunksessel sitzend, über 3stufigem Podest auf einem vorn vorbuchtenden Sockel.

OPERNRING 13–23 **1**
Wohn- und Geschäftshäuser Mit Ausnahme von Nr. 19 (7gesch. Jugendstilhaus von Eugen Felgel, erbaut 1912/13) aus der Frühzeit der Ringstraßenverbauung (1861–63) stammende, für den damaligen Baustil typ. Gebäude von gr. Einheitlichkeit (5- bzw. 6gesch., vielfach Balkone, Erker, Fensterparapeten und sonstige Fassadendekoration), versch. Architekten (13, 15: Anton Ölzelt; 17: Carl Schumann; 21: Andreas Schegar; 23: Anton Baumgartner).

OTTO WAGNER-PLATZ 3 **9**
Oesterr. Nationalbank Gegründet 1816, anfangs im Bancogebäude in der Singerstraße, dann Herrengasse 17 (erbaut 1821–23). Als das Gebäude zu klein wurde und auch die Börse nach geeigneten Lokalitäten suchte, die dem alten Bankgebäude gegenüberliegenden Traunschen Häuser (in deren einem die Börse untergebracht war) angekauft und an ihrer Stelle neues Bankgebäude errichtet (→ Herrengasse 14). Seit 1878 führte die Nationalbank Titel ›Österr.-ungar. Bank‹, 1923 ›Oesterreichische Nationalbank‹ gegr. Nach 1913 beg. Planungen, durch den 1. Weltkrieg unterbrochen, 1918–25 im Stil eines gemäßigten österr. Spätklassizismus von *Leopold Bauer* (Schüler Otto Wagners) auf den Gründen der ehem. Alser Kaserne errichtet. ***Äußeres:*** Gliederung durch mächtige Pfeiler, zwischen denen die Fenster stark zurücktreten. ***Bedeutung:*** Letzter gr. Hausteinbau Wiens.

PARKRING **1**
Stadtpark Auf den Gründen des ehem. Wasserglacis mit Mineralwassertrinkanstalt (bei Anlage der Ringstraße verschwunden) nach Planskizze des Landschaftsmalers *Josef Selleny* und nach Plänen des Stadtgartendirektors *Rudolf Sieböck* in engl. Landschaftsstil angelegt (Eröffnung 1862); von Bürgermeister Andreas Zelinka (Denkmal im Park) bes. gefördert. **1** ***Kursalon*** nach Entwurf von *Johann Garben* (1865–67). **2** ***Trinkhalle***

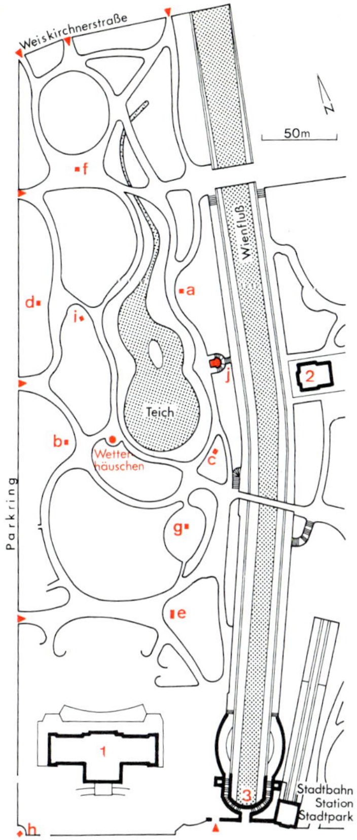

jenseits des Wienflusses von *Friedrich Ohmann* und *Josef Hackhofer* (1903); auf dieser Seite des Parks seit 1965 im Sommer Freiluftausst. moderner Plastik (›*Grüne Galerie*‹). *Ohmann und Hackhofer* gestalteten im Zuge der Wienflußregulierung auch sog. ***Wienflußportal*** neben der Stadtbahnhaltestelle Stadtpark **3** (1906): Jugendstil-Hemizykelanlage mit Freitreppen zu Uferpromenaden entlang des Wienflusses (dort dekorat. Plastikenschmuck von Franz Klug), 2 seitl. Pavillons und architekt. und plast. geschmückter Gartenmauer. Den Stadtpark zieren eine Reihe von Denkmälern und ein Wetterhäuschen (err. 1883). **a Bruckner-Denkmal** Von *Victor Tilgner* (Büste) und *Franz Zerritsch d. Ä.* (Muse). Auf Stufe 4kantiger, nach unten verjüngter Inschriftsockel, davor Muse mit Lorbeerzweig und Lyra, darauf Büste des Komponisten *Anton Bruckner* (1824–96); enthüllt 1899. **Makart-Denkmal** (**b**) Von *Victor Tilgner*, err. aus privaten Mitteln. Vierkantsockel mit Inschrift, darauf Standbild des Malers *Hans Makart* (1840–84), dem bekanntesten Historien- und Bildnismaler der Gründerzeit, vor Sessel und Palette; enthüllt 1898. **c Schindler-Denkmal** Von *Edmund Hellmer*. Profilierter Rechtecksockel mit Inschrift und Sitzfigur des Malers *Emil Jacob Schindler* (1842–92), Hauptvertreter einer gemäßigten Wiener impress. Landschaftsschule; enthüllt 1895. **Schubert-Denkmal** (**d**) Von *Karl Kundmann* (Sockel von *Theophil v. Hansen*), err. vom Wiener Männergesang-Verein. Sockel mit 3 Reliefs (vorne musik. Phantasie, links Darst. der Instrumentalmusik, rechts der Vokalmusik), darauf der Komponist *Franz Schubert* (1797–1828) sitzend mit Notenheft und Bleistift; enthüllt 1872. **e Johann-Strauß-Denkmal** Von *Edmund Hellmer*. 3stufiger Podest, darauf als Hintergrund ein mit Blättern und schwebenden Paaren reliefierter Marmor-Bogen, davor der Walzerkönig *Johann Strauß Sohn* (1825–99) stehend mit Geige als Bronzefigur auf Inschriftsockel. Die 1. Vorbereitungen zur Err. des Denkmals bereits nach dem Tod von Strauß; enthüllt erst 1921. **Zelinka-Denkmal** Von *Franz Pönninger*. (**f**) Büste des Bürgermeisters *Dr. Andreas Zelinka* (1802–68, Bürgermeister 1861–68) auf gegl. Sockel (im oberen Teil Inschrift, Putten, Masken usw.); enthüllt 1877. **g Donauweibchen-Brunnen** (nächst Kursalon). Von *Hans Gasser* (1948 durch Kopie ersetzt). Vierkantpfeiler mit 4 angesetzten Rundbecken, darüber 4 Kopfmasken als Wasserspeier; auf Pfeiler Donaunixe aus Stein. 1. plast. Schmuck des Stadtparks (enthüllt 1865). **h Canon-Denkmal** (beim Eingang Johannesgasse). Von *Rudolf Weyr* für den Historien- und Porträtmaler *Hans Canon* (1829–85) geschaffenes, von Kunstmäzenen gestiftetes Bronzestandbild (enthüllt 1905). Figur des Künstlers auf profiliertem, nach der unteren Vorderseite geschwungenem Sockel. **Amerling-Denkmal** (**i**) Diese von *Johannes Benk* geschaffene Büste des Biedermeier-Porträtmalers *Friedrich v. Amerling* (1803–87) auf seitl. ausschwingendem Vierkantsockel (mit Inschrift und Relief einer Palette und Büste); enthüllt 1902.

PARKRING 8 **1**

Palais Erzherzog Wilhelm In strengen Renaissanceformen 1864–67 von *Theophil v. Hansen* als Privatpalais für Erzherzog Wilhelm erbaut, der die Würde des Großmeisters des Deutschritterordens bekleidete; 1870 an das Meistertum des Ritterordens verkauft (seit 1894 Palais des ›Hoch- und Deutschmeisters‹), seit 1938 Eigentum der Gemeinde Wien. 1945–75 Sitz der Bundespolizeidirektion Wien. ***Äußeres:*** Ausgewogene Gliederung, 5gesch. Palastbau mit 5achsigem Mittelrisalit und je 3achsigen, um ein Stockwerk niedrigeren Seitenteilen; Hinterfront (Cobdengasse) einfaches Mauerwerk in bes. edlem Steinschnitt. Parterre und Mezzanin der *Ringstraßenfront* durch Rustikaquaderung zusammengezogen, dem extrem hohen 1. Stock im Mittelrisalit Säulen vorgelagert. Über dem Hauptgesims Balustrade. Im Mittelteil *Attikageschoß* mit Karyatiden (6 Ordensherolde) von Josef Gasser, die das Gebälk des oberen Gesimses tragen; darüber nochmals Balustrade mit Sockeln, auf denen Ordenshochmeister (ebenfalls von Josef Gasser) stehen. ***Inneres:*** Überglaster Innenhof, vornehm ausgestattete Prunktreppe, die ins Hauptgeschoß führt; hier befanden sich die Wohnräume des Erzherzogs. Beachtenswert die Festräume, bes. der *Große Festsaal* mit überreicher Ausstattung. ***Bedeutung:*** Auffallend auch innerhalb der Ringstraßenarchitektur wegen der bes. Dominanz der Beletage.

PARKRING 14 (Weihburggasse 32) **1**
Palais Henckel v. Donnersmarck Mächtiges Palais mit Souterrain und 4 Geschossen, erbaut 1871/72 von *Johann Romano* und *August v. Schwendenwein*. Erdgeschoß Rustikanachahmung, 2. und 3. Geschoß mit überschweren Fensterbekrönungen, im 3. Geschoß von stehenden Karyatiden zu seiten jedes Fensters getragen. Gr. *Portalgruppe* gegen Weihburggasse (8 Säulen, darüber Balkon über 3 Fensterachsen); in der Hauptachse über dem Portal Dachpavillon mit Kartusche.

PARKRING 16 (Himmelpfortgasse 31–33) **1**
Palais Leitenberger Wohnpalais mit Souterrain und 5 Geschossen, erbaut 1871 von *Ludwig Zettl*. Über Eingangstor Balkon mit Balustrade. Front Himmelpfortgasse durch 2 je 3achsige Risalite schwach gegl. Bes. schwere Fensterbekrönungen im 2. Geschoß. *Portalflügel* durch Vielfältigkeit der Reliefierung und Sensibilität der Form bes. Qualität.

PENZINGER STRASSE 34 **14**

Töpfelhaus 2gesch. 7achsiges Wohnhaus Mitte 18. Jh. in der Art des Johann Lukas v. Hildebrandt mit großer Toreinfahrt in der Mitte, von seitl. gestellten Pilastern eingefaßt, die flache Segmentbogen mit kartuschförmigen Keilsteinen tragen, seitl. flankiert von übereck gestellten Pfeilerbündeln, die über kämpferartigen Gliedern geschwungenen Rundgiebel tragen. Dieser in der Mitte von muschelartiger Kartusche gekrönt, über den Flügeln Schmuckvasen. Im Giebelfeld Medaillon mit Reliefbüste. 1. Stock durch vorladendes Gesims abgetrennt, Gliederung durch Wandpfeiler mit jonischen Kapitellen. Fenster mit ornamentierten Schmucktafeln und verschieden geformtem Sturz. ***Bedeutung:*** Typ. Beispiel eines Vorort-Bürgerhauses.

PETERSPLATZ **1**
An der Gabelung der Tuchlauben mit der Kühfußgasse entstand bereits um 1000 ein Marktplatz. Die Kühfußgasse zweigte zur Peterskirche ab, die zu einer innerhalb der alten Römermauern gelegenen Siedlung gehörte. Einer der ältesten Plätze Wiens. Hier urspr. (rund um die Kirche) Friedhof (erstmals 1276 gen.). Dam. Platz gegen das Hubhaus (Petersplatz 7) wesentl. größer; dies änderte sich erst nach Neubau der Peterskirche im 18. Jh. Als der Friedhof 1783 aufgelassen wurde, hier Eiermarkt abgehalten; später auch Grünwaren und Geflügel; wo im 14. Jh. Ölhändler Standplätze hatten, etablierte sich der Schneckenmarkt. Bmkw. sind: *Nr. 6* (Peterspfarrhof), erb. 1697 viell. nach Entwurf von Gabriel Montani (urspr. 3gesch. Gebäude mit nur 2 Fenstern Front, neben dem ein schmales Gäßchen zu den Tuchlauben verlief); Statue hl. Petrus. *Nr. 9:* Hotel Wandl, *Nr. 10:* erb. 1730 viell. von Anton Ospel, altes Hausschild ›Zum Bauerndantz‹ (erinnert an Bauernkrieg 1595); im Volksmund ›Zum Peterbäcken‹ gen.

PETERSPLATZ **1**
Peterskirche Kollegiat- und Stadtpfarrkirche. ***Geschichte:*** Urspr. viell. Saalkirche spätrömischen Ursprungs aus der 2. Hälfte des 4. Jh. (Oettinger). Die Legende führt auf Karl d. Gr. zurück (Gründung 792). Seit 1158 Filialkirche der Schottenabteipfarre. Im 11. Jh. romanisch umgebaut, 1276 Brand. 1399–1421 Anbau der Valentinikapelle (im Osten der romanischen Kirche). 1555–57 ließ Wolfgang Lazius die Kirche auf eigene Kosten renovieren, 1643 kam Franziska Gräfin Palffy für die Kosten einer neuerlichen Renovierung auf. Nach Brand (1661) notdürftig wiederhergestellt. Als Kaiser Leopold I. im Pestjahr 1679 gelobte, bei Erlöschen der Seuche auf dem Graben eine Dreifaltigkeitssäule zu erbauen, durch den Superintendenten der Dreifaltigkeitsbruderschaft, Franz v. Cischini, zu repräsentativem Kirchenneubau gedrängt. 1701 Altbau abgebrochen, am 29. Oktober 1702 Grundsteinlegung für den von Gabriel Montani entworfenen Neubau. Ab 1703 (nach verändertem Plan) wahrsch. von Johann Lukas v. Hildebrandt fortgesetzt (1707 Fertigstellung der Kuppel, 1708 Vollendung im Rohbau und 1. Gottesdienst). Das Kupferdach spendete 1722 Kaiser Karl VI. Veränderung des Chores und Vollendung der Türme 1730–33. ***Äußeres:*** 2gesch. Fassade von gedrungener Wirkung, stark plastisch, 1722. Schräg gestellte Türme flankieren den konkav einschwingenden Mittelteil, der von der Kuppel des Zentralbaues überragt wird. Sandsteinfiguren in den Turmnischen (Apostel Petrus und Simon, Johannes Ev. und Judas Thaddäus). Der Portalvorbau **(A)** von Andrea Altomonte (1751–53). Hauptportal: Reiches Schnitzwerk und schöne Beschläge, Inschrift zur Erinnerung an das kaiserliche Pestgelöbnis. Die Bleifiguren über dem Portal schuf Franz Kohl, ein Schüler Georg Raphael Donners (Glaube, Hoffnung, Liebe). ***Inneres:***

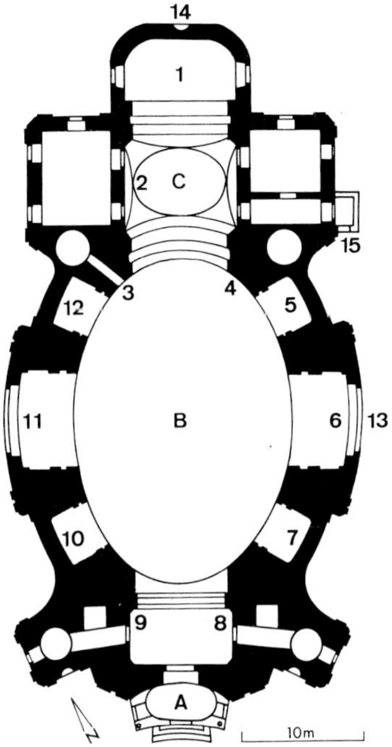

Zylindrischer Zentralraum auf längsovalem Grundriß. Größere Kapellen in der Querachse **6, 11,** kleinere in den Diagonalachsen (darüber Emporen; **5, 7, 10, 12**). Raum mit Stuccolustro in Ocker und Gold verkleidet, reiche ornamentale Stucchi von Albert Camesina, im Kuppeltambour von Matthias Steinl, um 1716, im Chor von Santino Bussi, um 1730. ***Beschreibung:*** *Kuppelfresko*★ **(B)** von Johann Michael Rottmayr (Himmelfahrt Mariens, 1713/14). In den Zwickeln zwischen den Fenstern die 4 Evangelisten und die 4 Kirchenväter von Johann Georg Schmidt. *Chorkuppel* **(C)**: Scheinarchitektur von Antonio Galli-Bibiena. *Hochaltar* **1**: Plan von Antonio Galli-Bibiena, ausgeführt von Santino Bussi und Franz Jänggl. Rechts und links vom Altartisch Reliefs (Pauli Enthauptung und Petri Befreiung). Altarblatt von Martino Altomonte (Heilung des Lahmen an der Schönen Pforte des Tempels). Silber-Tabernakel Opfer der Napoleonischen Kriege; als Ersatz ›Immakulata‹ von Leopold Kupelwieser, 1836; darüber (schlecht erkennbar) Gnadenstuhl aus dem 15. Jh. Links: **2** Denkmal für Joachim Georg von Schwandner und seine Frau (Gemeinschaftsarbeit von Andrea Altomonte, Franz Rosenstingl und Johann Joseph Niedermayr). **3** *Kanzel:* von Matthias Steinl um 1716. *Altar*★ **(4)** Pendant zur Kanzel: Sturz des hl. Johann Nepomuk in die Moldau (vergoldete Holzgruppe von Lorenzo Mattielli, um 1729); darüber ›Madonna in Glorie‹ von Matthias Steinl. Über dem Chorbogen kaiserlicher Adler mit dem Wahlspruch ›Consilio et industria‹. Orgel 1751 von Schwandner gestiftet. Unter der Orgelempore rechts: **8** Grabstein für Franz v. Cischini, 1708, links: **9** Grabstein für Dr. Wolfgang Lazius mit Reliefbildnis, 1586. ***Kapellen rechts:*** **5** Michael-Kapelle, ›Engelsturz‹ von Martino Altomonte, Unterbild ›Mutter vom guten Rat‹, Geschenk Papst Leos XIII. Im Glassarg der Katakombenheilige Benedikt (von Kardinal Sigismund Graf Kollonitsch aus Rom nach Wien gebracht). Statuen: Erzengel Gabriel und Raphael. **6** Franz-von-Sales-Kapelle. Bild und Fresken (Erweckung der Toten durch den hl. Franz) von Johann Michael Rottmayr, Tabernakel mit Herz-Jesu-Bild von Leopold Kupelwieser, 1836. Statuen: Nikolaus, Georg, König Wenzel, Wolfgang. **7** Antonius-Kapelle. Altarblatt ›Hl. Antonius vor der Madonna‹ von Martino Altomonte (?), ›Herz-Maria‹-Bild von Leopold Kupelwieser. Statuen: Johann Ev. und Judas Thaddäus. ***Kapellen links:*** **10** Gemälde ›Enthauptung der hl. Barbara‹ von Franz Karl Remp. Statuen: Clara und Therese von Avila. **11** Gemälde ›Martyrium des hl. Sebastian‹ von Anton Schoonjans, 1714. Über dem Tabernakel: ›Maria-Hilf‹-Bild von Sebastian Rosenstingl, 1766. Statuen: Leopold, Karl Borromäus, Rochus, Ludwig. **12** Kapelle der Hl. Familie (Gemälde von Martino Altomonte). Unterbild: Hl. Anna mit Kind Maria. Statuen: Zacharias und Elisabeth (mit kl. Johannes d. T.). Im Glassarg der Katakombenmärtyrer Donatus (von Kollonitsch aus Rom mitgebracht). Gegenüber der Goldschmiedgasse ein Relief von Rudolf Weyr **(13)** (Karl d. Gr. als Gründer von St. Peter, 1906), an der Rückseite des Chores **(14)** 2 Statuen von Lorenzo Mattielli (um 1730): Hl. Petrus, darüber Hl. Michael als Seelenwäger. In der ***Unterkirche*** **(15)** ein Wasserspeier aus dem 13. Jh. (einziges Stück der Romanik) und zwei Sandsteinaltäre vom Beginn des 16. Jh. (Barbara- und Valentin-Altar). ***Bedeutung:*** Der Gründung nach zweitälteste Kirche Wiens nach der ebenfalls innerhalb der Mauern des römischen Kastells liegenden Ruprechtskirche.

PFARRPLATZ 2 **19**

Beethovenhaus Im 17. Jh. erbautes Doppelhaus, beide Flachgiebelfronten durch eine Mauer mit großem Rundbogentor miteinander verbunden; Schindelsatteldächer.

Beethovenhaus in Heiligenstadt

Schöner Hof mit mehreren gedeckten Treppen und Weinreben. Gegen Eroicagasse folgt Hausfront der Gassenkrümmung. In Nische an der Kante gegen den Platz polychromierte Holzstatue des hl. Florian. Hier wohnte Ludwig van Beethoven 1817 (Gedenktafel). ***Bedeutung:*** Trotz eines nur sehr kurzen Aufenthaltes eine der berühmtesten Beethoven-Erinnerungsstätten, u. a. wegen ihres dörflichen Aussehens und stimmungsvollen Hofes.

PFARRPLATZ 3 **19**

Jakobskirche (Heiligenstädter Kirche) Um die Mitte 13. Jh. erstmals urkundl. erwähnt, während beider Türkenbelagerungen zerst., jedoch wiederhergestellt und 1752 mit Turm versehen. Romanische (später barockisierte) Anlage (nicht vor 12. Jh.). ***Beschreibung:*** Langhaus mit Chorquadrat, außen Konsole mit Gesichtsmaske (nicht vor 12. Jh.). Triumphbogen und Rundbogenfenster im Langhaus und Chor 13. Jh., 2 gotische Spitzbogenfenster. Neugestaltung des Presbyteriums 1952–54 durch *Robert Kramreiter* (Glasfenster von Margret Bilger-Biljan und Paul Meissner, Kruzifix von Toni Schneider-Manzell). *Langhaus:* Altar mit Bild ›Maria mit dem Kinde und dem kleinen Johannes‹ von Philipp Veit, gestiftet anläßl. der Völkerschlacht bei Leipzig 1813; Altar mit Bild ›Hl. Severin‹ von A. Kröll (1745), dar. Severins-Reliquiar. In nordseit. Langhausfenster vier Fragmente spätgot. Glasmalereien. ***Bedeutung:*** 1952 bei Renovierungsarbeiten unter dem Boden der Kirche (östl. Joch des Langhauses) *spätantik-frühchristl. Baureste,* im Südosteck der Kirche frühchristl. Grab entdeckt. Hypothese, daß Kirche und Grabstelle als ›locus sanctus‹ direkt mit Ortsnamen Heiligenstadt bzw. mit Grab des hl. Severin in Verbindung; die neuere Forschung lehnt diese Theorie allerdings ab. Unbestritten die *älteste erhaltene Kirche außerhalb der Innenstadt.* **Besichtigung** der Ausgrabungen Sonn- und Feiertag 15–18 Uhr.

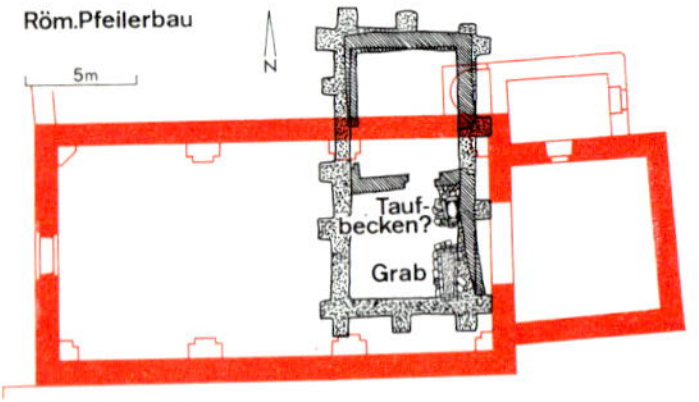

Pfarrhof der Jakobskirche Nach legendärer Überlieferung hier Sitz der Tempelherren; der unregelmäßig angelegte Baukomplex überwiegend Ende des 17. Jh. Nur das zugehörige Kooperatorenhaus 16. Jh.

PHILHARMONIKERSTRASSE 2–6 **1**

Hotel Sacher Z. gr. T. auf dem Areal des ehem. Kärntnertortheaters. Das *Stammhaus (Philharmonikerstraße 4)* 1874–76 von *Wilhelm Fraenkel* für den Restaurateur Eduard Sacher errichtet. Lokale Berühmtheit erlangte seine Gattin *Anna Sacher* (Sachertorte), die nach seinem Tod (1892) die alleinige Leitung des Hotelbetriebs übernahm und diesen zu einem der berühmtesten Europas machte. Das Hotel wurde Treffpunkt der höchsten Gesellschaftskreise, aber auch von Politikern und Künstlern aus aller Welt. ***Beschreibung:*** 5gesch. Bau, Erdgeschoßfassade in Säulen aufgelöst; oberhalb des Portals 2 Atlanten. Fassade rustiziert. 1875 Nachbargebäude Philharmonikerstraße 2 und 6 und Maysedergasse 1 und 5 weitgehend in das Hotel einbezogen; *Nr. 2* erb. 1874 von Heinrich Ferstel, *Nr. 6* erb. 1873 von Anton Baumgartner.

POSTGASSE 4 **1**

Dominikanerkirche Sta. Maria Rotonda, seit 1783 Pfarrkirche, seit 1927 Basilica minor. ***Geschichte:*** Die 1226 nach Wien berufenen Dominikaner von Herzog Leopold VI. Grundstück nächst dem Stubentor für Bau eines Klosters und einer Kirche erhalten, die 1237 geweiht wurde. Nach 2maligem Brand im 13. Jh. 1283–1302 Bau einer wesentl. größeren gotischen Kirche eingeleitet; Langhaus erst 1458–74. Durch 1. Türkenbelagerung (1529) schwere Schäden. Der Grundstein zu einer 3. Kirche mit Hilfe Kaiser Ferdinands II. am 5. Mai 1631. Architekt unbekannt (Beteiligung eines Tencala?), Bauführer der Kremser Jakob Spatz und 2 Italiener, Cipriano Biasino und Antonio Canevale. Am 1. Okt. 1634 Rohbau fertiggestellt; Kuppel und Fassade erst 1666–74 vollendet. Um die Mitte des 19. Jh. umfassende Restaurierung der Kirche und Regulierung des Dominikanerplatzes. Abtragung des Terrains vor der Kirchenfassade in der Postgasse (1847) machte Errichtung einer Freitreppe notwendig (1851), durch die allerdings Proportionen der Fassade verändert wurden (Verlust der Breitenwirkung); durch weitgehende Beseitigung der Befestigungsanlagen Trakt der Kirche gegen Bastei freigelegt. ***Äußeres:*** Kräftig gegliederte *Fassade* vom Typus des römischen Frühbarock; durch Mittelgesims in 2 Geschosse geteilt, Voluten verbinden schmaleren Oberteil mit Unterbau zu einer dreieckigen Umfassungslinie. Die Pilaster flach, ihre klar profilierte Ordnung i. G. zur plast. Umrahmung des Portals. Überdiesem im Mittelfeld des unteren Geschosses Rosenkranzkönigin, verehrt von der hl. Katharina von Siena und der hl. Agnes. *Fassadenplastiken* (Heilige des Predigerordens): In den Nischen oben die Statuen des hl. Hyacinth, des Missionars der Polen, Litauer und Ukrainer (links) und des hl. Vinzenz Ferrerius, des Apostels Spaniens im 15. Jh. (rechts), unten jene des hl. Ludwig Bertrand, des ›Apostels Neugranadas‹ (links) und der hl. Rosa von Lima, der Schutzheiligen Südamerikas (rechts). Die Eckrisalite durch Statuen der beiden größten Kirchenlehrer, des hl. Albertus Magnus (links) und des hl. Thomas von Aquin (rechts) geschmückt. Die urspr. der Bastei zugewandte Ostseite als 2.

Dominikanerkirche: Inneres

Schauseite mit 2 niedrigen Türmen mit barocken Zwiebelhelmen. Die Seitenfronten schmucklos. ***Inneres:*** *Grundriß* der Kirche entspricht lateinischem Kreuz, gut proportionierte Saalkirche mit seitl. Kapellen, seichten Querarmen und einer flachen Vierungskuppel; über den Kapellen Emporen. Stuckdekoration (1666–75) aus dem Wiener Frühbarock. Die *Deckenfresken* von Matthias Rauchmiller (1686 Langhaus), Nikolaus van Hoye (**A** Kuppelfresko ›Maria von Engeln umgeben‹, 1836 durch Fresko von Franz Geyling ersetzt) und Carpoforo Tencala (Chor, 1676). Die Themen im Langhaus: **B** Opferung Mariä, **C** Engelreigen, **D** Mariä Vermählung, Propheten und Sibyllen. Im Chor: **E** Szenen aus dem Marienleben und Schlachten bei Muret und Lepanto. ***Beschreibung:*** **1** Der *Hochaltar* 1840 von Carl Rösner im span. Stil erbaut. Altarblatt ›Maria als Königin des Rosenkranzes‹, von Leopold Kupelwieser, behandelt die Einsetzung des Rosenkranzfestes durch Papst Gregor XIII. (links der Papst, der auf die Schlacht bei Lepanto hinweist und die Einsetzungsbulle des Festes in Händen hält, rechts der hl. Dominicus); darüber ›Gottvater, über den Wolken schwebend‹. Auf der Altarmensa Rosenkranzstatue (Ersatz für die einstige überlebensgr. Marienstatue aus getriebenem Silber, Opfer der Silberablieferung während der napoleonischen Kriege). Zu beiden Seiten des Altars Freskobilder, Sieg über die Albigenser in der Schlacht bei Muret (links) und Seesieg über die Türken bei Lepanto (rechts, beide von Carpoforo Tencala, 1676). *Kapellen im Querschiff:* **2** Namen-Jesu-Kapelle mit Altarblatt von Johann Spillenberger (›Wunder der hl. Nacht‹ und ›Anbetung der Hirten‹, oben ›Beschneidung des Herrn‹). 4 Medaillons an den Seitenwänden des Altars mit Mitgliedern der gräfl. Stifterfamilie von Abensberg und Traun, deren Familienwappen über den 2 Durchgängen angebracht sind. An Seitenwänden und Decke der Kapelle Bilder des Schmerzhaften Rosenkranzes (die 2 untersten 1838 von Geyling). Standbilder der 4 Evangelisten am Altar (Mittelfeld: links Matthäus, rechts Markus; oberhalb der Pilaster: links Lukas, rechts Johannes). **3** Dominikus-Kapelle, urspr. der Hl. Dreifaltigkeit geweiht. Adam von und zu Liechtenstein ließ Altarbau beginnen; die vor dem Altar befindliche Gruft Familiengrabplatz. Als 1676 überraschend die 2. Gattin Kaiser Leopolds I., Claudia Felicitas, starb, die auf eigenen Wunsch hier begraben werden wollte, Ausschmückung des Altares auf Kosten des Herrscherhauses vollendet (Grabplatte gegossen von Balthasar Herold). Mächtiger goldener Kaiseradler über dem Altarbild, der auf dem Brustschild das Monogramm CL (Claudia – Leopold) tragt, weist auf kaiserl. Grabstätte hin. Das Altarblatt zeigt den hl. Dominicus in Verzückung (von Tobias Pock); Abschluß des Altars Erzengel Michael. Das kl. Bild unter Glas Kopie des Gnadenbildes ›St. Dominicus von Soriano‹. In den Seitennischen hl. Leopold und hl. Florian, in den oberen Nischen die hl. Barbara (Schutzpatronin des Gebets) und die hl. Katharina v. Alexandrien (Schutzpatronin des Studiums). Fresken mit Episoden aus dem Leben des hl. Dominicus. **4** *Kanzel* um 1680 von der Rosenkranz-Bruderschaft gestiftet (von der auch die 1654 von Balthasar Herold gegossene Rosenkranzglocke stammt) und um 1695 von einem heimischen Künstler (M. Steinl) geschaffen. An ihrer Stelle dam. der *Johann-von-Nepomuk-Altar* **(5)**, jetzt der Kanzel gegenüber aufgestellt, ein Spätbarockwerk, angeblich von Lorenzo Mattielli (um 1724). Altarblatt mit Brückensturz des hl. Johann Nepomuk. Über dem Bild sein Namenspatron, Johannes d. T. Um die Altarsäulen Statuen des hl. Antonius von Padua, des hl. Vinzenz, des Apostels Paulus und des hl. Severin, über den Kapitellen jene der hl. Barbara und der hl. Katharina v. Alexandrien. Die *Kapellen rechts vom Kirchenschiff:* Hinter dem Johann-von-Nepomuk-Altar in der gleichnamigen Kapelle **6** Katharinen-Altar. Das urspr. Altarbild von Tobias Pock (›Martyrium der Heiligen‹, 1668, heute im Dom- und Diözesanmuseum) 1836 durch ›Tod der hl. Katharina‹ (von Karl Mayer) ersetzt. Die beiden Statuen stellen wieder die hl. Katharina und die hl. Barbara dar. Wände und Decke mit 5 Bildern von Tobias Pock, Geschehnisse aus dem Leben der hl. Katharina. Zu den großen Wohltätern der Kapelle gehörte die gräfl. Fam. Khevenhüller. **7** Vinzenz-Kapelle, zeigt die reichste Ausschmückung; der Grund hierfür ist in der gr. Volksverehrung des Heiligen zu suchen. Die im rötlichen Stuckmarmor ausgestaltete Kapelle wurde durch François Roettiers errichtet, der 1726 auch das Altarbild (›Hl.

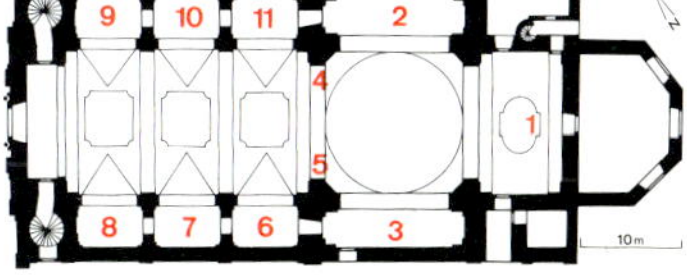

P

Vinzenz erweckt einen Toten‹) malte (darunter ›Verspottung Christi‹). 2 Statuen des hl. Hieronymus und der hl. Maria Magdalena. Das handgeschmiedete Rokoko-Eisengitter vor der Kapelle Werk von Ordensbrüdern, wahrsch. Martin Ecker und Raymund Schrob (1769). **8** Anna-Kapelle, Stiftung des Grafen von Hochburg. Altar- und Kapellenbilder von unbek. Maler (Altarblatt ›Hl. Familie mit den Eltern Mariens‹); Wand- und Deckengemälde mit Szenen aus dem Leben von Anna, Joachim, und Maria. Zu beiden Seiten des Altars Statuen des hl. Johannes d. T. und der hl. Barbara. Die *Kapellen links vom Kirchenschiff:* **9** Rosa-von-Lima-Kapelle (auch Herz-Jesu-Kapelle genannt), gestiftet von der Rosenkranzbruderschaft, 1671–76 errichtet. Das urspr. Altarblatt, ›Die hl. Rosa wirkt Wunder‹, 1840 durch das Bild ›Krönung Mariä‹ von Karl Mayer ersetzt. 5 Ölbilder veranschaulichen Szenen aus dem Leben der Heiligen. Zu beiden Seiten des Altars Statuen des hl. Hyacinth und des hl. Ludwig Bertrand. **10** Thomas-von-Aquino-Kapelle, gestiftet von der gräfl. Fam. von Werteman (Wappen über den Kapellendurchgängen). Altarbild ›Christus lobt den hl. Thomas‹ von Franz Leuyx (Luycx) aus Antwerpen (1638), ebenso die übrigen Bilder der Kapelle (1649–51). Von bes. Interesse der als Hintergrund des Bildes gemalte Blick in das Kircheninnere mit jener Kuppel, wie sie nach dem urspr. Bauplan hätte ausgeführt werden sollen. **11** Katharina-von-Siena-Kapelle, gestiftet von der gräfl. Familie von Löbl um 1660 (Wappen über dem Altarbild). Das Altarbild ›Göttlicher Bräutigam tauscht sein Herz für das Katharinas ein‹ (von Roettiers?) schildert ebenso wie die Wand- und Deckenbilder Szenen aus dem Leben der Heiligen. Zu beiden Seiten des Altars Statuen des hl. Martin und des hl. Georg. Die *Orgel* weist in ihrer Anlage auf einen Meister des süddeutschen Orgelbarock hin. Unter der Orgelbrüstung Rosenkranzbild von unbek. Maler. Grabdenkmäler, u. a. für Angehörige der bei den Kapellen erwähnten Grüfte von Stifterfamilien und die Epitaphe für François Roettiers (gest. 1742, mit Bildnismedaillon) und seine Gattin Johanna (gest. 1734) unter der Orgelempore.

POSTGASSE 10 **1**

Griechische (unierte) Kirche Hl. Barbara. Urkundl. 1572 erwähnt; die Jesuiten besaßen an der Hinterseite ihres Kollegiums Konvikt mit der hl. Barbara geweihter Kapelle; beide 1652–54 erweitert (heutiger Baubestand). Bis 1773 (Aufhebung des Ordens) Jesuitenkirche, 1775 Übergabe an die griechisch-unierte Gemeinde. ***Beschreibung:*** Romanisierende *Fassade* von *Paul Sprenger* (1852), in die Straßenfront (Hauptpostamtsgebäude) eingefügt. 1schiffiger Innenraum, Tonnengewölbe mit Gurten und Stichkappen, Gliederung durch kräftige toskanische Wandpfeiler; halbkreisförmiger Chor später. Figurale Malereien in der Halbkuppel; Kanzel mit Gemälden, Ikonostasis, Taufstein und übrige Einrichtung 2. Hälfte 18. Jh. Gemälde des hl. Nikolaus (von Johann Kastner, Mitte 19. Jh.) und der hl. Barbara (2. Hälfte 18. Jh.). Reliquien des hl. Josaphat Kuncewycz, Erzbischof von Polock.

PRATER **2**

Naturpark und Vergnügungszentrum (Volksprater). 1403 urkundl. nachweisbar. 1537/38 ließ Ferdinand I. Kastanienalleen pflanzen (Teil der Hauptallee vom Praterstern zum Lusthaus). 1560 ausgedehntes landesfürstliches Jagdgebiet, mit Zäunen abgeschlossen. Unter Maximilian II. Eintritt in den Prater verboten; Maria Theresia lockerte diese Bestimmung für Equipagenbesitzer und Kavaliere zu Pferd, die unter gewissen Bedingungen an einigen Nachmittagsstunden den Prater benützen durften, erst Joseph II. gab ihn 1766 der gesamten Bevölkerung zur Benützung frei. Dadurch Anlage des ›Wurstelpraters‹ (Volkspraters) ermöglicht; neben Wirtshäusern (bis dahin, wie etwa das der Gemeinde Wien gehörende ›Stadtgut‹, vor dem Eingang zum Prater) siedelten sich zahlreiche Kegelbahnen, Ringelspiele (darunter das berühmte des Basileo Calafati), Schaubuden und andere Vergnügungsetablissements an. In der Hauptallee 1786–90 drei Kaffeehäuser errichtet. Seit Karl VI. in dieser Allee an jedem 1. Mai Rennen der herrschaftlichen Laufer (zuletzt 1847); ein Ereignis bes. Art die jeweils am selben Tag stattfindende ›Praterfahrt‹, gr. Wiener Frühlingsfest, bei dem prunkvolle Wagenauffahrt privater Equipagen im Mittelpunkt des Interesses. 1873 errichtete Carl Hasenauer das Weltausstellungsgelände (mit 1937 abgebrannter Rotunde, mächtigem Kuppelzentralbau), darauf heute die Wiener Internat. Messe. Seit 1886 alljährlich Blumenkorso, 1925 erstmals Autoblumenkorso. Seit 1890 Maifeiern der Wiener Arbeiterschaft im Prater. Seit 1938 Eigentum der Gemeinde Wien. Der Volksprater im April 1945 weitgehend zerst. und nach Kriegsende in modernisierter Form wiederaufgebaut. Gelände seit der 2. Hälfte des 19. Jh. des öfteren beschnitten (Winterhafen, Öllager, Atomreaktor); hier befinden sich außerdem Golf- und Tennisplätze, eine Sauna, Gelände der Champagne-Reitergesellschaft, Radsportplatz und Hundedressurplatz. Wahrzeichen des Praters das *Riesenrad* **(1)**, erbaut 1896/97 durch Ing. Hitchins von der engl. Firma Walter Basset (67 m hoch); 1945 verbrannten alle Waggons; man ersetzte jeden 2. durch einen neuen (Betriebsaufnahme 1947). *Betriebszeiten:* 1.4.–30.9. tgl. 9–23 Uhr; 1.3.–31.3. und 1.10.–31.10. tgl. 10–22 Uhr. Zu Füßen des Riesenrades z. Zt. seines Baues das weitläufige Gelände von ›Venedig in Wien‹, später großangelegte Hochschaubahn. Beim Riesenrad betritt man den *Wurstelprater* **(2)** *(Volksprater)* mit seinen zahlreichen Vergnügungsstätten und Wirtshäusern. In unmittelbarer Nähe das *Planetarium mit dem Pratermuseum* **(3)**, erbaut

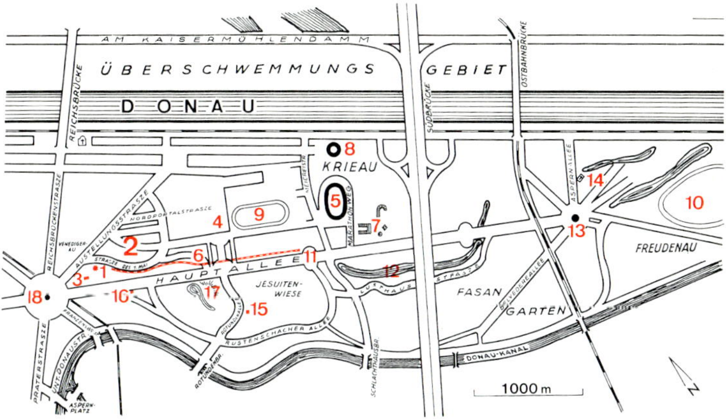

1962–64, mit ehem. Sammlung Hans Pemmer (→ S. 24). Vom Riesenrad über das *Messegelände* **(4)** zum *Stadion* **(5)** verkehrt *Liliputbahn* **(6)**. Das Stadion (in der Krieau) 1931 von Otto Erich Schweizer erbaut und 1959 durch Theodor Schöll erweitert (Fassungsraum rund 72.000 Personen). In unmittelbarer Nähe das *Stadionbad* **(7)**. Weitere Sportstätten: *Radstadion* **(8)**, *Trabrennplatz* **(9)** in der Krieau, *Rennplatz Freudenau* **(10)**. Am Ende der *Hauptallee* **(11)**, die z. Zt. ihrer Anlage beim heutigen *Heustadelwasser* **(12)** endete, das *Lusthaus* **(13)**, vor 1566 als Jagdschlößchen errichtet, 1781–83 nach Entwurf von Isidor Canevale an seinem heutigen Platz neu gebaut; im oberen Geschoß Wandmalereien in Grisailletechnik (Jagddarst. mit Diana, 1. Hälfte 19. Jh.); heute Kaffeehaus. Unweit davon in der Aspernallee die *Wallfahrtskirche Maria Grün* **(14)**, erbaut 1924 nach Plänen von Josef Münster. In der Rotundenallee *Kallinich-Denkmal* **(15)**, kl. Obelisk mit Helm (zur Erinnerung an Oberleutnant Johann Kallinich, der im Kampf gegen die Aufständischen 1848 gefallen ist, nach der Niederwerfung der Revolution aufgestellt), in der Hauptallee *Ziehrer-Denkmal* **(16)** (zur Erinnerung an Carl Michael Ziehrer, Komponisten und Dirigenten der Wiener Operettenzeit), von Robert Ullmann 1959 (enthüllt 1960). An die Weltausstellung 1873 erinnert der im Zuge der dam. Bauarbeiten aufgeschüttete *Konstantinhügel* **(17)**. Auf dem → *Praterstern* **(18)** das *Tegetthoff-Denkmal* **(19)**.

PRATERSTERN **2**

Tegetthoff-Denkmal Zur Erinnerung an den bedeutendsten Admiral der österr.-ungar. Kriegsmarine, Wilhelm v. Tegetthoff (1827–71), Sieger über die ital. Flotte in der Seeschlacht bei Lissa (1866). Architektur von *Carl Hasenauer*, Bronzebildwerke von *Carl Kundmann*, vollendet 1886. Das Denkmal sollte urspr. vor der Votivkirche aufgestellt werden. ***Beschreibung:*** Bronzestandbild des Admirals auf 16 m hoher Säule, beiderseits mit 3 Schiffsschnäbeln besetzt, welche als Gallionsfiguren Siegesgöttinnen tragen. An der Vorderseite der Säule Bronzeembleme (Seemannsgeräte darstellend), an den Seiten des reich gegl. Sockels Sieges- bzw. Ruhmesgöttin, deren Wagen von Seepferden gezogen wird.

PRINZ-EUGEN-STRASSE 27 → Belvedere

PROBUSGASSE 6 **19**

Beethovenhaus Malerisches Häuschen, Mitte des 18. Jh., in dessen Gartentrakt Ludwig van Beethoven ab April 1802 bei Kur in Heiligenstadt gewohnt haben soll. (Nachricht beruht nur auf mündlicher Überlieferung.) Hier hätte demnach Beethoven die 2. Symphonie geschrieben (Gedenkstätte). ***Bedeutung:*** Am 6. Oktober 1802 verfaßte Beethoven in Form eines an seine Brüder gerichteten Schreibens das erschütternde ›Heiligenstädter Testament‹, offenbar unter dem Eindruck geschrieben, daß die bis dahin halbjährige Kur für seine Schwerhörigkeit keine Besserung gebracht hatte.

RAINERGASSE 11 **4**

Starhemberg-Schönburg-Gartenpalais Erbaut wahrsch. nach Entwurf von *Johann Lukas v. Hildebrandt* für Thomas Gundacker Gf. Starhemberg (1705/06). Mittelteil mit querovalem Vestibül, z. T. verändert; gr. Pilasterordnung, quadratische Seitenflügel (Obergeschoß 19. Jh.), am Garteneingang 2 Sphingen (1. Hälfte 18. Jh.). ***Bedeutung:*** Trotz Kriegsschäden typ. Aussehen eines Gartenschlosses des 18. Jh. noch gut erkennbar.

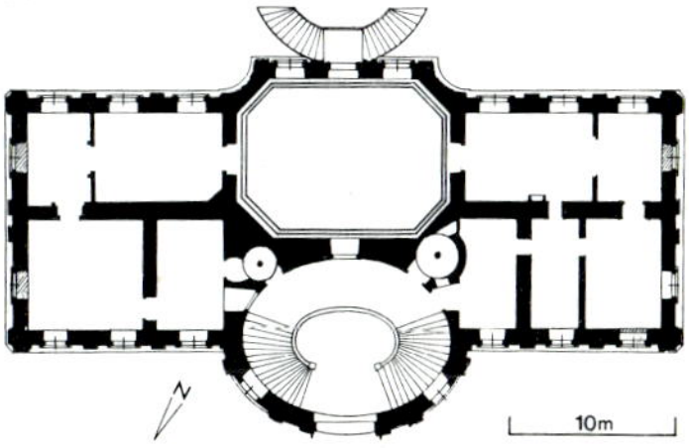

R

RASUMOFSKYGASSE 23–25 3

Ehem. Palais Rasumofsky (Geologische Bundesanstalt). Für den russischen Gesandten Andreas Kyrillowitsch Fst. Rasumofsky 1806/07 nach Entwurf von *Louis v. Montoyer* errichtet; in Richtung Donaukanal großartiger Park (Entwurf Konrad A. Rosenthal, im Laufe der Zeit verbaut). Das Palais war durch seine Ausstattung mit erlesensten Kunstschätzen berühmt. 1814 gaben Rasumofsky (ein bes. Gönner Ludwig van Beethovens) bzw. Zar Alexander I. den Teilnehmern am Wiener Kongreß einen Ball, in dessen Verlauf ein Feuer ausbrach, dem das ganze Palais mit allen Einrichtungsgegenständen und Sammlungen zum Opfer fiel. Nach Rasumofskys Tod das inzwischen wiederhergestellte Palais Besitz Johann Fst. Liechtensteins, der hier als Mäzen Kreis von Künstlern (unter ihnen Füger, Krafft, Lampi) versammelte. Seit 1851 Sitz der Geolog. Reichsanstalt. Nach Schäden während des 2. Weltkrieges (1944) wiederhergestellt (1949–51). ***Beschreibung:*** Strenge, klassizistische Fassade nach Pariser Vorbildern, in der Mitte *Säulenvorbau*★. Kreisrunder *Kuppelsaal*★ (vor dem Festsaal) mit Pilasterordnung und kassettierter Kuppel, bemerkenswerte dekorative Stuckplastik (wahrsch. von Franz Christian Thaller). *Großer Saal* mit korinthischen Säulen, Bibliothek mit Vertäfelung, repräsentative und reich dekorierte Raumfolge an der Gartenseite. ***Bedeutung:*** Ein in Wien seltenes Werk des reifen Empire.

RATHAUSPARK 1

Zu beiden Seiten der Zufahrtsstraße vom Burgtheater zum Rathaus 1872/73 von Stadtgartendirektor *Rudolf Sieböck* geschaffen, zählt zu den schönsten Parkanlagen Wiens. Enthält Denkmäler, je 1 *Springbrunnen* in den beiden Parkteilen, *Wetterhäuschen* (von Maria Biljan-Bilger, 1955) und 2 Naturdenkmäler (im Südpark eine 1898 anläßl. des 50j. Regierungsjubiläums Kaiser Franz Josephs I. gepflanzte *Linde*, im Nordpark eine 1906 für Bürgermeister Dr. Karl Lueger gepflanzte *Eiche*).

Denkmäler im Nordpark (Universitätsseite): **Waldmüller-Denkmal** Von *Josef Engelhart;* 1913 als einer der 1. öffentl. Aufträge der Gemeinde Wien err. ***Beschreibung:*** Der Maler Ferdinand Georg Waldmüller (1793–1865) sitzend, den Skizzenblock in der linken Hand betrachtend; hinter ihm junge Frau mit Kind im Arm, an seiner Schulter vorbei auf die Skizze blickend. Kreisrunder Sockel mit Inschrift. **Mach-Denkmal** Von *Heinz Peteri,* enthüllt 1926. Büste des Physikers und Philosophen Ernst Mach (1838–1916) auf Vierkantsockel. **Seitz-Denkmal** (gegenüber Burgtheater) Von *Gottfried Buchberger,* enthüllt 1962. Standbild des Wiener Bürgermeisters Karl Seitz (1869–1950, Bürgermeister 1923–34), profiliertester Vertreter des demokr. Sozialismus der 1. Republik, eigentl. Schöpfer der Wohnbau- und Sozialpolitik der 20er und 30er Jahre.; ***Entlang der Zufahrtsstraße*** (bei der Ringstraße beginnend): **Herzog Leopold VI.** Standbild des Babenbergerherzogs (1198–1230) mit Schwert, Bulle und Krone von *Johann Preleuthner* (1867, seit 1902 auf dem Rathausplatz). **Graf Niklas Salm** Standbild des Verteidigers Wiens gegen Sultan Soliman (1529) in Rüstung mit Schwert, Helm zu Füßen, von *Matthias Purkartshofer* (1867, seit 1902 auf dem Rathausplatz). **Leopold Graf Kollonitsch** Standbild des Kardinals (1631–1707) mit erhobenem Kreuz von *Vinzenz Pilz* (1867, seit 1902 auf dem Rathausplatz). **Josef Frh. v. Sonnenfels** Standbild des Staatswissenschaftlers und Ratgebers Maria Theresias und Josephs II. von *Hans Gasser* (1867, seit 1902 auf dem Rathausplatz); mit Perücke, Hand mit Schriftrolle, auf eine Säule gestützt. Das 1940 von den Nationalsozialisten entfernte Denkmal 1947 wieder aufgestellt. ***Denkmäler im Südpark*** (Parlamentsseite): **Strauß-Lanner-Denkmal** Von *Franz Seifert* (Architektur von *Robert Oerley*) für Johann Strauß Vater (1804–49) und Josef Lanner (1801–43), Schöpfer der neuen Wiener Tanzmusik des Vormärz. ***Beschreibung:*** Nach vorn gewölbter, teilw. mit Rosen bestreuter Inschriftsockel, überlebensgr. stehende Figuren: Lanner mit Geige und Bogen, Strauß mit Notenheft, dahinter segmentartig gebogene Wand mit Reliefs (Walzer tanzende Paare). Enthüllt 1905. **Popper-Lynkeus-Denkmal** Von *Hugo Taglang* für den Sozialphilosophen Hugo Popper-Lynkeus (1838–1921), enthüllt 1926. Nach unten verjüngter Vierkantsockel mit Steinbüste. **Körner-Denkmal** (gegenüber Burgtheater) Von *Hilde Uray,* enthüllt 1963. Standbild des Wiener Bürgermeisters (1945–51) und Bundespräsidenten (1951–57) Theodor Körner (1873–1957), der in Wien Wiederaufbau nach dem 2. Weltkrieg leitete; zum Zeitpunkt des Abschlusses des Österr. Staatsvertrages (1955) Staatsoberhaupt. **Renner-Denkmal** (Ecke Stadiongasse–Ringstraße gegenüber Parlament) Von *Alfred Hrdlicka* (Architektur Josef Krawina) in modernen Formen gestaltetes Denkmal für Bundespräsident Dr. Karl Renner (1870–1950), Begr. der 1. und 2. Republik; entstanden 1965–67. Büste auf Steinpostament im Zentrum eines Steinpodiums; um das Denkmal 6 m hohe Stahlrahmenkonstruktion. ***Entlang der Zufahrtsstraße*** (bei der Ringstraße beginnend): **Herzog Heinrich II. Jasomirgott** Standbild des Babenbergerherzogs mit Kirchenstiftungsplan in der Hand (1147–77, Herzog seit 1156) von *Johann Melnitzky* (1867, seit 1902 auf dem Rathausplatz). **Herzog Rudolf IV. der Stifter** Standbild des Habsburgers (1358–65, Begr. der Wiener Universität) mit Krone, Urkunde und Schwert von *Josef Gasser* (1867, seit 1902 auf dem Rathausplatz). **Ernst Rüdiger Graf Starhemberg** Standbild des Verteidigers Wiens während der 2. Türkenbelagerung (1683) von *Johann Fessler* (1867, seit 1902 auf dem Rathausplatz). **Johann Bernhard**

Fischer v. Erlach Standbild des Barockbaumeisters (1656–1723) von *Josef Cesar* (1867, seit 1902 auf dem Rathausplatz).

RATHAUSPLATZ 1

Rund um den → Rathauspark durch 3 öffentl. Gebäude eine Art Ehrenhof: im Zentrum das neugotische *Rathaus* (→ Rathausplatz 1), links das gräzisierende *Parlament* (→ Dr.-Karl-Renner-Ring 3), rechts die *Universität* im Stil der Renaissance (→ Dr.-Karl-Lueger-Ring 1). Die Baustile sind nicht willkürlich gewählt: das Rathaus erinnert an die Hochblüte des Bürgertums im Zeitalter der Gotik, das Parlament stellt eine Beziehung zur griechischen Demokratie her, die Universität knüpft an die Bildung des Humanismus und damit an die Renaissance an. Das gesamte Areal zwischen Ringstraße und ›Lastenstraße‹ (Friedrich-Schmidt-Platz) bzw. Stadiongasse und Universitätsstraße 1858 aus der Planung der Ringstraßenzone ausgeklammert (Gebiet weiterhin als Exerzier- und Paradeplatz beansprucht). Bürgermeister Dr. Cajetan Felder gelang es 1870, von Kaiser Franz Joseph I. Zustimmung zur Auflassung desselben zu erlangen. Rund um das Rathaus nach einheitl. Konzeption Baublocks mit reicher Fassadengliederung (überwiegend 1877–89), darunter die von Franz Neumann d. J. (Mitarbeiter des Rathauserbauers Friedrich v. Schmidt) geplanten *›Arkadenhäuser‹* (Reichsratsstraße 7–17, Rathausplatz 2–4, 7–9) bes. Platz (›Rathausviertel‹); Ecke Rathausplatz-Felderstraße das *›Felderhaus‹* (nach Cajetan Felder benannt), nach Kriegsschäden 1964 von Erich Boltenstern wiederaufgebaut (bmkw. architekt. Lösung: Vermehrung der Stockwerksanzahl unter Beibehaltung wesentl. horizontaler Gliederungen!), dzt. Sitz der UNIDO. Das ›Rathausviertel‹ = 8 Baublöcke zu je 4 und 6 zu je 6 Häusern, dazu ein trapezförmiger Block gegen den Schmerlingplatz (8 Häuser) sowie das Institutsgebäude der Universität (Universitätsstraße 7, vorm. Generalkommando), insgesamt somit 77 Häuser von weitgehender architekt. Einheitlichkeit. Für den Bau strenge Vorschriften, Häuserblöcke bzw. die noch größeren Einheiten der Häusergruppen einander weitgehend ähnlich, dadurch monumentaler Gesamteindruck, den man für die Umgebung der großen öffentl. Gebäude anstrebte. Architekten hatten nur begr. Möglichkeiten des Fassadenschmucks und der Portalgestaltung (meist mit vorgesetzten Säulen); die Beletage bes. hervorgehoben (Balkone, Säulen, Pilaster), Eckrisalite meist durch Dachpavillons und Kuppeln betont. Elemente der hist. Fassadengestaltung am deutlichsten im Vergleich mit (nach Kriegsschäden) abgeräumten Fassaden erkennbar (vgl. Reichsratsstraße 11 und 13!). In den Arkaden Felderstraße 6–8 *Wehrmann in Eisen,* Denkmal der Hilfsbereitschaft für Soldaten, Witwen und Waisen des 1. Weltkriegs (›Kriegsnägelaktion‹), von Josef Müllner (1915).

RATHAUSPLATZ 1 1

Rathaus Erbaut 1872–83 von Dombaumeister *Friedrich Schmidt* in überwiegend neugotischem Stil. ***Geschichte:*** Bau eines neuen Rathauses bereits in der Ausschreibung für Stadterweiterungsplan gefordert, da das seit 1316 bestehende, des öfteren erweiterte alte Rathaus (→ Wipplingerstraße 8) den Ansprüchen in keiner Weise mehr entsprach. Urspr. Standort hinter der heutigen Börse geplant, dann gegenüber dem Stadtpark; erst 1870 gelang es Bürgermeister Cajetan Felder, von Kaiser Franz Joseph I. Zustimmung zum Bau auf dem damaligen Exerzier- und Paradeplatz zu erlangen. Aus Konkurrenzausschreibung Dombaumeister Friedrich v. Schmidt mit Projekt ›Saxa loquuntur‹ als Sieger hervorgegangen. ***Äußeres:*** *Hauptfassade*★ von monumentaler Wirkung mit vorspringendem, erhöhtem Mittelrisalit, in der Mittelachse durch fast 98 m hohen Turm und durch vier 61 m hohe Seitentürme betont. Im Erdgeschoß offene Arkaden, im Hauptgeschoß Loggien mit Maßwerkgliederungen. Auf den mittleren Teilen der Fassade kräftige Aufbauten, auf den Ecken steil ansteigende Mansardendächer. *Fassade der Westseite* und *Seitenfassaden* mit kräftigen Mittelrisaliten, gleichf. von hohen Dächern mit Firstgittern abgeschlossen. *Fensterformen* wechseln in den Stockwerken, beginnend mit Halbkreisfenstern unten bis zu Spitzbogenfenstern in den Obergeschossen, dadurch Aufstreben der Masse in den Fassaden betont. im 1. Stock versch. zierliche Balkone. Auf dem Unterbau die 7,5 m hohe Beletage, der 2. Stock bildet friesartigen Aufbau. Bei den Mittelteilen der Haupt- und Rückfassade die oberen Etagen zusammengefaßt, hinter denen die 2 größten und bedeutendsten Räume, vorne der Festsaal, hinten der Gemeinderatssitzungssaal, liegen. Über dem Hauptgesims das Gebäude von einer auf hoher Attika ruhenden *Galerie* umzogen, die auf Postamenten reichen plast. Schmuck trägt. ***Plastischer Schmuck:*** Veranschaulicht die polit. Stellung Wiens, bezieht sich auf hervorragende Begebenheiten aus der Stadtgeschichte und symbolisiert die wichtigsten Elemente des bürgerlichen Lebens. Zu Seiten des Haupteingangs unter dem *Turm* 2 Statuen von Franz Gastell (Stärke, Gerechtigkeit). Am Turm 3 Hochreliefs mit Reiterfiguren: an der Stirnseite Kaiser Franz Joseph I. (von Caspar Zumbusch), rechts König Rudolf I. von Habsburg (von Karl Kundmann), links Herzog Rudolf IV. der Stifter (von Josef Gasser). Unterhalb Baumeisterbildnisse: am Schlußstein vorne Porträtkopf Friedrich v. Schmidts, nördl. und südl. Köpfe seiner Mitarbeiter (Franz v. Neumann, Viktor Luntz). *Figuren auf der Brüstung:* An der Hauptfassade in der Mitte, flankiert von Bannerträgern mit Wappen Wiens und der Monarchie, die ›Vindobona‹ (von Josef Fritsch); beiderseits je 18 Statuen: Bürgersoldaten aus der Zeit der Türkenbelagerungen und Franzosenkriege, Freiwillige aus den Jahren 1797 bis 1859 sowie Schild-

Rathaus: Gemeinderatssitzungssaal

träger mit den Wappen von Wiener Vorstädten oder Kronländern der Monarchie. An der Rückfront in der Mitte ebenf. ›Vindobona‹ (von Edmund Hellmer), daneben rechts Allegorien der Gerechtigkeit, Stärke, Kunst und Wissenschaft, links der Weisheit, Treue, Erziehung und Wohltätigkeit. An den Seitenfassaden Standbilder, versch. bürgerl. Gewerbetreibende darstellend. Im *Arkadenhof* an der Fassade des Erkers Standbilder der Babenberger Heinrich I. und Leopold VI. Unterhalb des Erkers Steinmetzzeichen und Künstlerwappen Friedrich v. Schmidts. ***Inneres: Schmidthalle*** (ehem. ›Gemeinderatsvestibül‹) Zugang vom Friedrich-Schmidt-Platz. Ausgangspunkt der Rathausführungen. Kunsthandwerklich bedeutsame *Gittertore* aus der Bauzeit; über *Äußeres Vestibül* in 3schiffige *Halle* mit 12 schlanken Säulen und Kreuzgewölben. Über 2 seitliche *Stiegenaufgänge* (zum Gemeinderatssitzungssaal) die Inschriften ››Quidquid agis, prudenter agas et respice finem‹‹ (››Was du beginnst, beginne es klug und bedenke das Ende‹‹) bzw. ››Suaviter in modo, fortiter in re‹‹ (››Milde in der Art, stark in der Tat‹‹). Von der Schmidthalle in den ***Arkadenhof***, in den auch Einfahrten von beiden Seiteneingängen münden. Der 81 x 35 m gr. Hof mit über 5 m breiten spitzbogigen Arkaden auf kräftigen Säulen. Darüber gekuppelte Segmentbogenfenster des Hauptgeschosses, ganz oben, 3teilige, einfacher konzipierte Fenster des 2. Stockwerks, vom Hauptgesimse und von luftigen Dacherkern überlagert. Im Osten überragt der große Turm die steilen Dächer des Vordertraktes mit seinen 2 gr. Sälen (im Erdgeschoß Volkshalle, im 1. Stock Festsaal). Im Westen erinnert chorartig vorspringender *Erker* an den aus Kostengründen aufgegebenen Plan einer Rathauskapelle. Die langen Fronten im Süden und Norden durch *Balkone* aufgelockert, vor dem Stadtsenatssaal (im Süden) und einem der Wappensäle (im Norden). Im Arkadenhof während der Sommermonate ›Arkadenhofkonzerte‹. ***Volkshalle*** Kann vom Arkadenhof und vom Rathausplatz betreten werden und sollte Vertretern der Bürgerschaft Möglichkeit geben, sich zur Beratung von Gemeindeangelegenheiten zusammenzufinden. Reichgestaltete Pfeiler, ansprechend gegl. Gewölbe und Maßwerkfenster an den Längsseiten verleihen dem langgestreckten Raum (44 x 11 m) perspekt. Reiz. *Schlußsteine* des Kreuzgewölbes teilw. mit Porträtreliefs der Mitglieder der städt. Rathausbaukommission. An den Stirnseiten der Halle *Feststiegenvestibüle* mit Feststiegen. Feststiege I (Zugang von der Lichtenfelsgasse) zum Stadtsenatssaal, Feststiege II (Zugang von der Felderstraße) zu den Wappensälen; über beide der im Vordertrakt gelegene Festsaal zu erreichen. Die ***Feststiegen*** imposante architekt. Lösungen, äußerst reichhaltig gegliedert. Gestaltung des Stiegenabschlusses in der oberen Etage mit System freier Säulen und Pfeiler und entlang der einen Fensterwand sich hinziehendem offenem Korridor zählt zu den besten Konzeptionen Friedrich v. Schmidts. Im *Vestibül der Feststiege I* 3 Bronzetafeln (Entwurf von August Kirstein) zum 50j. Regierungsjubiläum Kaiser Franz Josephs I. (1898). ***Festsaal*** Am oberen Ende der Feststiege I nächst dem Saaleingang in Nischen überlebensgr. *Marmorbüsten Friedrich v. Schmidts* und *Cajetan Felders* von Karl Kundmann, über den Türen in Stein gemeißelt Wappen, das Kaiser

Friedrich III. 1461 der Stadt Wien verliehen hat. Der Festsaal der größte Saal Österreichs (71 m lang, 20 m breit, über 17 m hoch). Tonnenartiges Gewölbe (in der Art der Renaissance), aus dekorativen Gründen durch reiches Rippensystem belebt, an den Längswänden Lünetten mit 3teiligen Arkaden. Zum Rathauspark offene *Loggia* vorgelagert; erkerartiger Vorbau bildet integrierenden Bestandteil des gr. Turms (in der linken Erkerwand Schlußstein mit Datum 12. Sept. 1883). Abschlußwände ruhen auf spitzbogigen Arkaden, gegen die Loggia mit Glasfenstern geschl. An 3 Seiten *Galerien*, über bes. Stiegen vom Festsaal aus erreichbar. An den Schmalseiten apsidenartige *Nischen für Orchester*, in den Bogenwinkeln Reliefbilder von Otto König (Mozart, Haydn, Gluck, Schubert). Den künstlerischen Hauptschmuck bilden *10 Standbilder hist. Persönlichkeiten*. Außenwand (von Norden nach Süden): Bürgermeister Konrad Vorlauf (hingerichtet 1408) und Bürgermeister Wolfgang Treu (während der Türkenbelagerung 1529), beide von Johannes Benk; Niklas Gf. Salm und Ernst Rüdiger Gf. Starhemberg (Verteidiger während der Türkenbelagerungen von 1529 bzw. 1683), beide von Franz Erler; Bürgermeister Johann Andreas v. Liebenberg (während der Türkenbelagerung 1683) und Johann Frh. v. Chaos (Begründer des 1. Wiener Waisenhauses), beide von Anton Paul Wagner. Innenwand: beim Eingang von der Feststiege I (Süden) Johann Peter Frank (Hygieniker und Direktor des Allgem. Krankenhauses) und Bürgermeister Josef Georg Hörl (1773–1804), beide von Werner David; beim Eingang von der Feststiege II Herzog Albert von Sachsen-Teschen (Begr. der Graph. Sammlung Albertina) und Bürgermeister Stephan von Wohlleben (1804–23), beide von Viktor Tilgner. ***Steinerner Saal*** (Vorsaal zum Stadtsenatssaal) mit gr. Gemälde von Anton Hlaváček (Blick auf Wien, 1890) und Gobelin mit Wiener Stadtwappen. ***Stadtsenatssaal****★* Reich vergoldete, künstlerisch gestaltete *Holzdecke*, Wände aus grünem Seidendamast, einer der repräsentativsten Säle des Rathauses. Gegenüber dem Eingang *Majolikakamin* (Geschenk der Keramikerinnung) mit Inschrift ››Sapientia aedificabitur, prudentia gubernabitur Domus MDCCCLXXXV‹‹ (››Mit Weisheit wird das Haus gebaut, mit Klugheit regiert werden, 1885‹‹). An den Wänden Teile der *›Bürgermeistergalerie‹* (Ölgemälde in prunkvollen Rahmen). Der zuletzt verst. Bürgermeister erhält jeweils den Ehrenplatz an einer Schmalseite des Saales. Die Sammlung der Bürgermeisterbilder begann bereits 1853 (Johann Kaspar Seiller von Friedrich Amerling gemalt). ***Gemeinderatssitzungssaal*** Mitte der Rückfront, amphitheatralisch angeordnete Sitzreihen (Einrichtung 1964), Höhe 14 m. Kassettierte, mit Rosetten geschmückte, reichvergoldete *Edelholzdecke* von Hofbildhauer Franz Schönthaler. Ornamentaler, in kräftigen Farben gehaltener *Fries* von den Brüdern Jobst, *Fresken* von Ludwig Mayer (Schüler Kupelwiesers), *Luster* (3200 kg schwer, 260 Lampen) nach Entwurf von Friedrich Schmidt. *Freskenzyklus:* Rechte Saalseite Ereignisse des 13. bis 16. Jh. (im äußeren Eckfeld Rudolf I. und Albrecht I., an der Seitenfront Zeit Rudolfs IV. und Albrechts III., in der Bildmitte Gründung der Universität, im inneren Eckfeld Friedrich III. und Maximilian I.), linke Saalseite Ereignisse des 17. bis 19. Jh. (im inneren Eckfeld Leopold I. und Prinz Eugen, an der Seitenfront Zeit Maria Theresias und Josephs II., im äußeren Eckfeld Franz I. und Erzherzog Karl, Sieger in der Schlacht bei Aspern über Napoleon). In den Bogenfeldern der Besuchergalerie Allegorien der vielfältigen Aufgaben der Stadtverwaltung. ***Wappensäle*** 2 Repräsentationsräume, von denen einer mit Wappentüchern der österr. Bundesländer, der andere mit jenen der Landeshauptstädte geschmückt. ***Rathausturm*** Von der Loggia vor dem Festsaal zu besteigen. Auf seiner Spitze der Rathausmann, Standartenträger von Alexander Nehr (Gipsmodell von Franz Gastell), ohne Fahnenstange 3,40 m hoch, 1800 kg schwer, Geschenk des Schlossermeisters Wilhelm Ludwig an die Gemeinde Wien. Im Rahmen von *Rathausführungen* im allg. nur der Gemeinderatssitzungssaal, der Stadtsenatssaal und der Festsaal zu besichtigen (ev. Turmbesteigung); Schmidthalle, Arkadenhof, Feststiegen und Volkshalle frei zugänglich. ***Führungen:*** Mo–Fr 9, 10, 13, 14 (Ausgangspunkt: Schmidthalle, Zugang vom Friedrich Schmidtplatz oder vom Arkadenhof); Repräsentationsräume nur mit Führung zugänglich.

RENNGASSE 1 **1**

Ehem. Hotel Zum römischen Kaiser Urspr. *Gasthof ›Zu den 3 Hacken‹*, seit 1769 in adeligem Besitz, 1844 von Salomon Mayer Frh. v. Rothschild erworben. Das Hotel eines der vornehmsten Absteigequartiere für Kavaliere aus österr. Provinzen. 1816/17 wohnte hier Ludwig van Beethoven; hist. Kammermusikabende des berühmten Schuppanzigh-Quartetts (Schuppanzigh war Beethovens Violinlehrer). 1818 trat hier Franz Schubert mit einer Ouvertüre in ital. Stil erstmals als Komponist an die Öffentlichkeit (Gedenktafel). Seit 1887 in Verwendung von Banken oder Versicherungsgesellschaften.

RENNGASSE 4 **1**

Palais Batthyány-Schönborn (Mexikanische Botschaft) Unter Verwendung älterer Bauteile im Auftrag Adams Gf. Batthyány 1699–1706 nach Plänen *Johann Bernhard Fischers v. Erlach* erbaut. 1740 erwarb Friedrich Karl Fst. Schönborn das Palais; ein Plan von Johann Lukas v. Hildebrandt zum Umbau des Hauptgeschosses und des Portals nicht ausgeführt. ***Beschreibung:*** 11achsige flach genutete *Fassade★*, von der die mittleren 5 Achsen als flacher Risalit mit großer Pilasterordnung (Hermenpilaster, bmkw. Kapi-

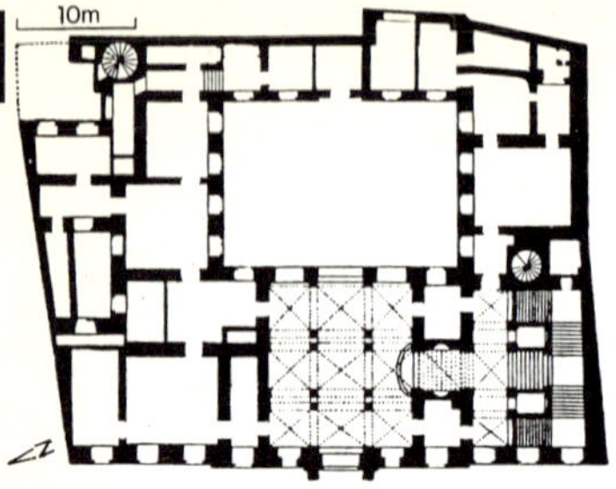

telle, Stuckreliefs) und strenger Gliederung hervorgehoben sind; eigenartiges Mittelportal, in den seitl. ovalen Nischen Vasen. Weiträumige 3schiffige *Eingangshalle* mit toskanischen Säulen, von der (nach rechts) das doppelläufige *Stiegenhaus*★ abzweigt (strenge Dekoration in der Art Fischers v. Erlach). Innendekoration von Peter oder Ludwig van Roy (bald nach 1740).

RENNGASSE 12 1
Palais Windisch-Graetz Erbaut 1703 (?). *Fassade* jener des Palais Clary (→ Herrengasse 9) verwandt, *Portal* mit toskanischen Pilastern, bmkw. Stiegenhaus.

RENNWEG 3
Anfänge des Weges in frühgeschichtl. Zeit; wohl urspr. Saumpfad durch die Uferlandschaft. Entlang des Rennwegs zahlreiche Römerfunde. Unter Herzog Albrecht III. das sog. Scharlachrennen (1382), eine Art Volksfest, jährlich 2x (Christi-Himmelfahrts-Tag und Tag der hl. Katharina) abgehalten (ähnlich auch in München!). Als es 1534 abgeschafft wurde, kam an den Rennweg eine Bürgerschießstätte. Nach den Zerstörungen von 1683 neue Ansiedlung, die unter Maria Theresia größere Ausdehnung erlangte.

RENNWEG 2 3
Palais Schwarzenberg Heinrich Franz Fürst Mansfeld-Fondi beauftragte 1697 *Johann Lukas v. Hildebrandt* mit dem Bau eines am Beginn des Rennwegs mit der Front gegen das damalige Glacis und dem Blick auf die Innenstadt gelegenen Gartenpalais (Vollendung im Rohbau 1704). 1716 erwarb Adam Fürst Schwarzenberg das unvoll. Gebäude und ließ den Bau 1720–23 durch *Johann Bernhard Fischer v. Erlach* weiterführen (geringfügige Änderungen im Inneren, jedoch Durchbrechung der Hildebrandtschen Fassadengestaltung auf der Gartenseite durch den vorgewölbten Festsaaltrakt); Fertigstellung 1723–28 durch Fischers Sohn *Joseph Emanuel*. 1751 nach Plänen von *Andrea Altomonte* Reitschule und Orangerie gebaut. Das etwas erhöht gelegene Palais beherrscht den Schwarzenbergplatz, diese Wirkung durch das Befreiungsdenkmal von 1945 beeinträchtigt. ***Äußeres:*** Hauptbau ein langrechteckiger Block, tritt an der Gartenseite mit den 3 mittl. Achsen des Hauptsaals halbrund vor. An der *Hofseite*★ vor dem Saal 3bogiger Arkadenvorbau, zu dem geschwungene Fahrrampen emporführen; darüber ringförmige Krone der Saalkuppel deutlich erkennbar. Der hinter der Eingangshalle liegende Mitteltrakt springt gegenüber den beiden Seitenflügeln mit großer Pilasterordnung leicht zurück. Symmetrisch vorgelagerte Nebenbauten bilden Ehrenhof und betonen stärker die Fassade. Über den Seitenflügeln mächtige Attika, über dem Mittelteil vorgewölbter Mauerkranz mit Ovalfenstern und verblendeter Kuppel. Lebendige Akzentuierung der einzelnen Baukörper durch Vor- und Zurücktreten der Fassaden, das Wandrelief verhältnismäßig flächig, zugunsten einer feineren Hell-Dunkel-Belebung weitgehend ohne plast. Durchbildung. *Gartenseite*★ ebenfalls durch Flügelbauten (Orangerie, Reitschule) eingerahmt. Hier springt der Mittelteil halbrund vor (veränderte Fenstergestaltung durch Johann Bernhard, Relief am Treppenbau durch Joseph Emanuel Fischer v. Erlach). Darüber tambourartige Erhöhung über dem Festsaal wie an der Hofseite. ***Inneres:*** Nach schweren, während des 2. Weltkriegs erlittenen Schäden wiederhergestellt (Eingangshalle verändert, Innenausstattung vereinfacht). Die *Marmorgalerie*★ (Gemäldegalerie) mit Stuckreliefs (Wissenschaften und Künste symbolisierend) von Johann und Balthasar Hagenmüller (1725) noch im urspr. barocken Zustand; Bilderanordnung nach Konzeption Joseph Emanuel Fischers v. Erlach (in symm. Disposition in die Wandfelder gruppiert). Deckenfresko von Daniel Gran (1726) mit Apoll, umgeben von Tugenden, Wissenschaften und Künsten, über Dummheit und Bosheit triumphierend; in den Kehlen der Schmalseiten Alternativen der menschlichen Betätigung (Knabe empfängt von den Grazien die Leuchte des Wissens, Jüngling erschlafft in Orgien). Deckenfresko im *Kuppelsaal* von Daniel Gran (1724) während des 2. Weltkriegs weitgehend zerst.; erhalten 2 Lünetten-Fresken (Urteil des Paris, Venus und Adonis). Im Zuge der Wiederherstellung der Kuppel diese mit einfacher Stuckdekoration versehen. *Kapelle* 1715 nach Plänen von Johann Lukas v. Hildebrandt vollendet (ovale Galerie auf Pendentifs, Flachdecke, Stukkaturen in Weiß und

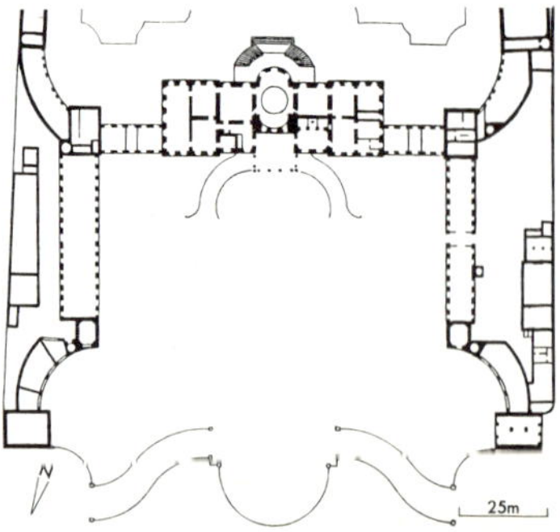

R

Gold). ***Park:*** Parallel zum Belvederegarten verlaufend (nicht öffentl. zugängl.). Nach 1697 von *Jean Trehet* angelegt, durch *Joseph Emanuel Fischer v. Erlach* verändert. Im unteren Parterre (vor dem Palais) 4 Statuengruppen (das Thema Frauenraub variierend) von *Lorenzo Mattielli* (Anfang 18. Jh.). Der in Richtung Belvedere ansteigende Garten in mehrere Terrassen zerlegt, im Stil des Engl. Parks umgestaltet. ***Bedeutung:*** Erstes Hauptwerk Johann Lukas v. Hildebrandts, des 2. großen Barockarchitekten Wiens neben Johann Bernhard Fischer v. Erlach. In der mehr optischen Art der Dekoration äußert sich bereits Hildebrandts Gegensatz zu Fischers Architekturauffassung.

RENNWEG 3 **3**

Ehem. Palais Hoyos (Jugoslawische Botschaft) Von *Otto Wagner* 1889 nach eigenen Plänen für sich selbst erbaut, später an Gräfin Marie Hoyos verkauft. Hier zuvor das aufgehobene Dreifaltigkeitsspital, in das Joseph II. die adelige polnische Leibgarde verlegt hatte. 1890/91 baute Otto Wagner auch die benachbarten Häuser Nr. 1 und 5. Die prunkvolle ***Fassade***★ historisierend, sticht jedoch positiv von der Häuserfront ab.

RENNWEG 5a **3**

Gardekirche Kirche der Resurrektionisten zu Ehren des gekreuzigten Heilands, polnische Nationalkirche. Gestiftet als Kirche des dam. Kaiserspitals, 1782 der polnischen Leibgarde übergeben, seit 1897 auch Kirche des Resurrektionistenklosters. Erbaut 1755–63 durch *Nikolaus Pacassi*. ***Äußeres:*** Rechteckiger, im Außenbau klassizistisch leicht veränderter Baublock, mit Giebel gekrönte Portalfront, konkav rückschwingende Frontflügel. Heutige Form 1769 durch *Peter Mollner*. ***Inneres:*** *Zentralbau* auf leicht gedehntem Kreisgrundriß mit tief sitzender flacher Rippenkuppel (4 Ochsenaugen und ovale Laterne mit 8 Fenstern). Zu beiden Seiten je 3 flache Nischen, querovaler Chor. Raum ganz in Weiß gehalten. Vorzügl., teilw. durch Vergoldung hervorgehobene Rokoko-*Stuckdekoration*★. **1** Klassizistischer *Hochaltar* mit Bild ›Christus am Kreuz‹ von Peter Strudel (1712). **2** Linker Seitenaltar (um

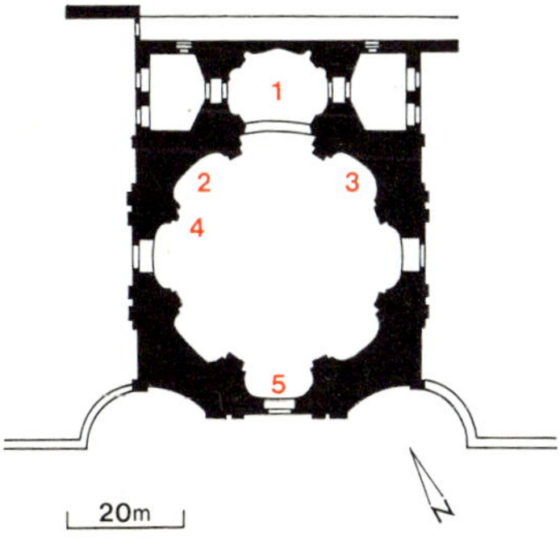

1795) mit Bild ›Tod des hl. Joseph‹ von J. D. Heinitz (1. Hälfte 18. Jh.), **3** rechter Seitenaltar mit Bild ›Hl. Elisabeth‹ (Ende 17. Jh.), davor ›Trauernde Maria‹, angebl. von Jusepe Ribera (2. Viertel 17. Jh.). *Orgelgehäuse* **(4)** von J. F. Ferstl (1764), klassizist. *Kanzel* **(5)**. ***Bedeutung:*** Letztes vorzügliches Beispiel der Rokokoarchitektur in Wien, Hauptwerk Pacassis.

RENNWEG 6 → Belvedere

RENNWEG 10 **3**

Salesianerinnen-Kirche Kirche des Ordens der Heimsuchung Maria, gestiftet 1717 von Kaiserin Amalia Wilhelmine, Witwe

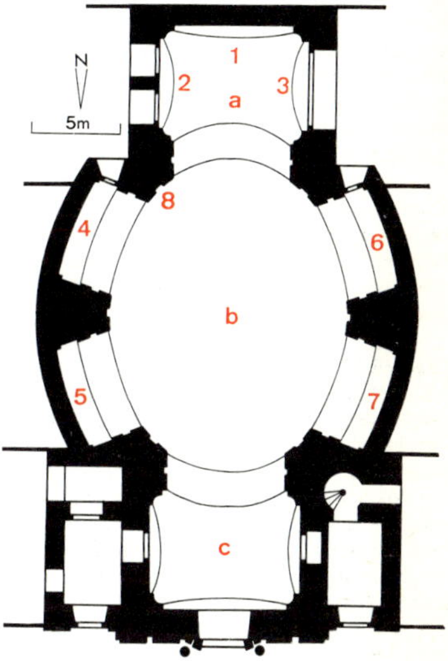

Josephs I., erbaut unter Leitung von *Donato Felice d'Allio* (Rohbau 1719, voll. 1730), Fassade unter Mitwirkung von *Joseph Emanuel Fischer v. Erlach*. ***Äußeres:*** Hinter Straßenmauer mit interessanten Portalen, Gittertoren und Hof reizvolle 2gesch. *Fassade*★ mit gr. Pilasterordnung, Oberteil mit Voluten und Steinfiguren und 3eckigem Giebel (auf diesem Steinfigur ›Maria Immaculata‹, auf den Voluten hl. Augustinus und hl. Hieronymus). Flankierende Klostergebäude bilden gegen den Rennweg kleinen *Ehrenhof*. Die 48 m hohe *Kuppel* am besten vom Oberen Belvedere aus sichtbar. ***Inneres:*** Hoher Längsovalraum mit Tambour, darüber Kuppel und Laterne; in der Längsachse Eingangsjoch (mit Orgelempore) und Chor. Wände und Pilaster mit Stuccolustro überzogen. *Fresken:* **a** Chorgewölbe: Engelsglorie (von Jakob van Schuppen?), **b** Kuppel: Mariä Himmelfahrt (von Giovanni Antonio Pellegrini, 1725-27), **c** Orgelempore: allegorische Darstellung. **1** *Hochaltar* mit Altarbild ›Heimsuchung Mariä‹ von Antonio Bellucci, an der linken Chorwand ›Mariä Verkündigung‹ **(2)**, an der rechten ›Anbetung des Kindes durch die Hirten‹ **(3)** (beide von Jakob van Schuppen). *Linke Seitenaltäre:* **4** Altar mit Bild ›Kreuzabnahme‹ von Viktor Honoré Janssens (um 1720), am Pfeiler Figur hl. Antonius von Padua (18. Jh.), **5** Altar mit Bild ›Schlüsselübergabe‹ von Giovanni Antonio Pellegrini. *Rechte Seitenaltäre:* **6** Altar mit Bild ›Hl. Franz v. Sales‹ (1. H. 18. Jh.), davor bmkw. Marienbild, am Pfeiler Johannes-von-Nepomuk-Statue (18. Jh.), **7** Altar mit Bild ›Noli me tangere‹ von Julie Mihes-Primisser (1856). **8** *Kanzel* in Schwarz-Gold (um 1720/30). **Salesianerinnen-Kloster** Vollendet 1730, nach Kriegsschäden (1945) wiederhergestellt. St.-Jacques-Kapelle mit steinerner Marienstatue aus dem ehem. Augustiner-Chorfrauenstift St. Jakob (Anfang 14. Jh.).

RENNWEG 27 3
Ehem. Palais Metternich (Ital. Botschaft) Ein Vorgängerbau (›Villa Metternich‹, erbaut 1815, erweitert 1835 durch Pietro Nobile) 1873 abgetragen. Das heutige Palais nach Entwürfen von *Johann Romano R. vom Ringe* und *August Schwendenwein* 1846/47 daneben erbaut. Der weitläufige Garten in den 70er Jahren des 19. Jh. parzelliert, dadurch neue Straßenzüge des sog. Botschafterviertels entstanden.

RENNWEG 31 3
Sacré Cœur Klosterkirche (›Zum hl. Josef‹) und Erziehungsanstalt der Ordensfrauen vom Heiligsten Herzen. Erbaut nach Plänen von Ferdinand Zehengruber in neuromanisch-gotischen Mischformen (1875–77). Außen bmkw. Wappen der Ordensgenossenschaft (Herzen Jesu und Mariä, umgeben von Lilienkranz, Wahlspruch ›Cor unum et anima una in Corde Jesu‹). Hochaltar mit lebensgr. Darst. des Herzens Jesu von Anna Maria v. Oer, Seitenaltäre Maria und dem hl. Josef geweiht; in der linken Seitenkapelle Grabstelle des geistigen Vaters der ›Religieuses du Sacré Cœr‹, P. Léonor François de Tournély.

RENNWEG 91 3
Waisenhauskirche Pfarrkirche Mariä Geburt. ***Geschichte:*** Als Kirche des Waisenhauses erbaut. Erste Kirche von Matthias Gerl 1759–63 (Waisenhaus 1742–45 und 1759–63 erweitert). Seit 1783 Pfarrkirche. Waisenhaus 1785 aufgehoben, seit 1797 Artilleriekaserne (Gebäude heute zum Teil Gendarmerieschule). Heutige Kirche 1768–70 nach Entwurf von Thaddäus Karner durch Bauleiter Leopold Großmann errichtet. ***Fassade:*** Der monotone Verlauf der langgestreckten Front der heutigen ›Rennweger Kaserne‹ durch die hohe turmlose Kirchenfassade (Pilastergliederung und Segmentgiebel) unterbrochen. Fassade mit gr. Pilasterordnung, Segmentgiebel, über dem Chor kleiner Dachreiter. ***Inneres:*** 1schiffige breite Saalkirche mit flacher Decke, umlaufenden Emporen und querhausartiger, halbkreisförmiger Erweiterung. Bmkw. klassizistische Zopfstil-Stukkaturen in

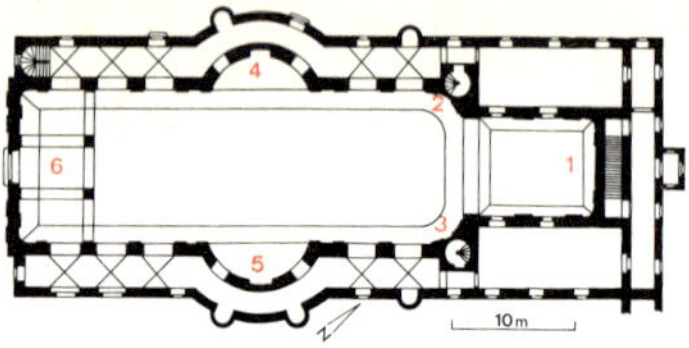

Weiß-Gold. ***Beschreibung:*** **1** *Hochaltar* (nur dieser bei Einweihung 1768 vollendet) mit Altarbild ›Mariä Geburt‹ von Franz A. Zoller. *Seitenaltäre:* 2 Altäre am Presbyterium in Turmform mit Quaderimitation, Symbol der wehrhaften Kirche: **2** Links ›Turm Davids‹, darüber Kreuzigungsbild, P. Norbert Baumgartner zugeschr. (Geschenk Josephs II., früher Burgkapelle); **3** rechts ›Elfenbeinerner Turm‹, darüber Schmerzhafte Muttergottes (ebenf. Baumgartner zugeschr.). Ungewöhnlich die beiden Seitenaltäre in der Mitte der Kirche. **4** Links: ›Leiden-Christi-Altar‹: Unter Glas geschnitzte Kreuzigungsgruppe, darunter Gruppe ›Christus in der Vorhölle‹, rundherum 16 Medaillons mit Szenen vom Leiden, Sterben und der Auferstehung Christi (Altarbild: hl. Theresia von Karl Auerbach). **5** Rechts: Krippenaltar. Unter Glas holzgeschnitzte Krippe, rundherum Holzreliefs mit Darstellungen aus der Kindheit Jesu. Darüber Altarbild ›Mariä Heimsuchung‹ (Schule Auerbachs) mit Episode aus dem Waisenhaus: Von Fahnenjunkern angeführte Zöglinge paradieren vor P. Ignaz Parhamer, dem sog. ›Pater Kindergeneral‹. **6** *Orgelempore:* Für kirchenmusikalische Aufführungen bestimmt. Für das Fest der Einweihung der Kirche komponierte der 12jährige *Wolfgang Amadeus Mozart* eine Messe in c-Moll (K. V. 139), später als ›Waisenhausmesse‹ bez. An den durch Pilaster gegl. Seitenwänden 24 Heiligenstatuen auf Konsolen, Ende des 18. Jh.

RESSELPARK → Karlsplatz

RIEMERGASSE 2 (Wollzeile 26, Schulerstraße 21) 1
Wohnhaus Einfaches blockartiges 5gesch. Eckhaus, abgeschrägte Ecken mit Erkern vom 2. bis 4. Geschoß; Geschosse durch Gesimse getrennt. Reiche Gliederung durch gräzisierende Terrakotten. ***Bedeutung:*** Vermutl. ältester Bau Theophil v. Hansens in Wien.

RILKEPLATZ 4
Schutzengelbrunnen Nach Entwürfen von *Eduard van der Nüll* und *August Sicard v. Sicardsburg* auf Anregung und mit Unterstützung kunstsinniger Gemeindemitglieder von der dam. Gemeinde Wieden errichtet (1843–46), urspr. vor der Paulanerkirche, seit 1963 auf dem Rilkeplatz an jener Stelle, an der sich ein im 2. Weltkrieg zerst. Brunnen von Richard Kauffungen, der Rainer-Brunnen, befunden hatte. ***Beschreibung:*** 8seitige Steinsäule, darauf gußeisernes Standbild des Schutzengels mit betendem Kind (Modell von *Johann Preleuthner*, Guß von J. Glanz);

R

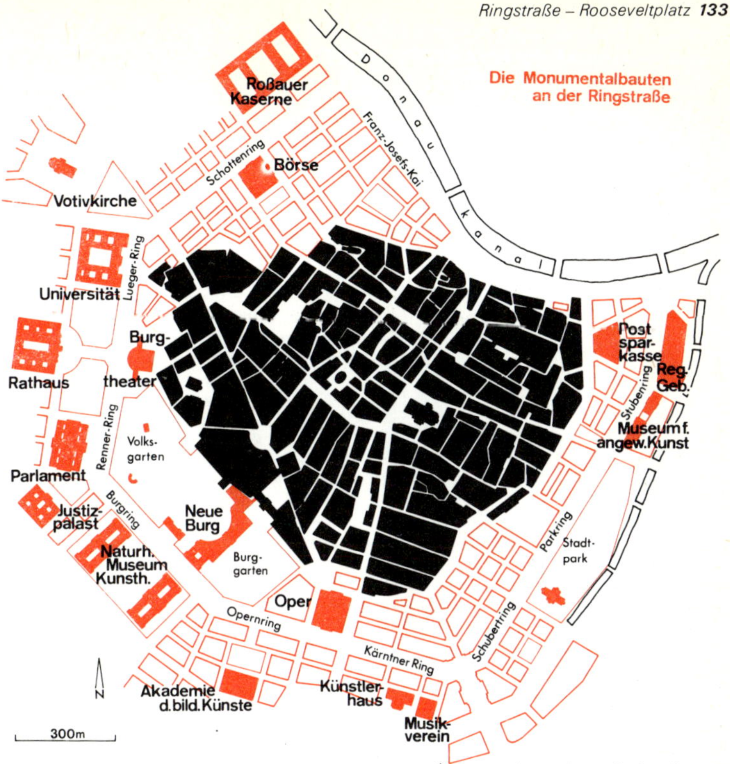

am Säulenfuß über dem 8eckigen Brunnenbecken 4 Drachen als Speier mit Wiener Wappen auf der Brust, der Säulenfuß selbst ornamental geschmückt.

RINGSTRASSE **1**

Nach Beschluß Kaiser Franz Josephs I., die aus der Renaissance stammenden Festungsanlagen (Basteien) niederreißen und das die Stadt umgebende Glacis verbauen zu lassen (1857), wurden umfassende Pläne für die Gestaltung der frei gewordenen Flächen erstellt. Unter anderem wurde die Anlage einer die Stadt polygonartig umschließenden Prachtstraße vorgesehen, an der die bedeutendsten öffentl. Gebäude ihren Platz finden sollten; im übrigen wurde die Verbauung der ›Ringstraßenzone‹ zur Domäne des Wr. Großbürgertums und des Hochadels, die ihre Ehre dareinsetzten, die kais. Residenzstadt zu verschönern. Die Ringstraße, eine der hervorragendsten Schöpfungen der ersten Stadterweiterung, ist rund 4 km lang, 57 m breit und von Alleen gesäumt; sie wurde 1858 begonnen und am 1. Mai 1865 feierlich eröffnet. Die Ringstraße, deren architektonische Bedeutung als weltberühmte Leistung des Historismus erst in jüngster Zeit volle Anerkennung gefunden hat, ist auf weite Strecken in voller Ensemblewirkung erhalten geblieben. Die Behandlung der wichtigsten Gebäude erfolgt unter den offiziellen Teilbezeichnungen (im Uhrzeigersinn beim Donaukanal beginnend) → Stubenring, → Parkring, → Schubertring, → Kärntner Ring, → Opernring, → Burgring, → Dr. Karl Renner-Ring, → Dr. Karl Lueger-Ring und → Schottenring. Die Verbindung am Donaukanal bildet der → Franz Josefs-Kai.

ROOSEVELTPLATZ **9**

Votivkirche Propsteipfarrkirche Zum gött-

Votivkirche Zum göttlichen Heiland

R

Grabplatte für Graf Niklas Salm

lichen Heiland. ***Geschichte:*** Gestiftet zum Dank für das Mißlingen eines Attentats auf Kaiser Franz Joseph I. am 18. Februar 1853, Anregung des Fürst-Erzbischofs Joseph Othmar Kardinal Rauscher. Initiator für Bau und Sammlung der Geldmittel Bruder des Kaisers, Ehz. Ferdinand Maximilian (später Kaiser von Mexiko). Bau nach Durchführung eines Künstlerwettbewerbs (75 Architekten bet.) dem dam. erst 26j. Heinrich Ferstel übertragen. Am 24. April 1856 Grundstein vom Ölberg in Jerusalem gelegt. Kosten für die Erbauung der 99 m hohen Türme (1860–68) übernahm die Stadt Wien. Weihe am 24. April 1879 (Silberhochzeit des Kaiserpaares). ***Äußeres:*** *Doppelturmfassade* mit 3 Figurenportalen und Fensterrose. **A** *Hauptportal:* Reicher figuraler Schmuck von Johannes Benk. Christ-König-Statue inmitten der Apostel, umgeben von Vorbildern aus dem Alten Bund (Abel, Noe, Melchisedech, Isaak, Samson, Aaron, Moses). Im Giebel darüber Darst. der Hl. Dreieinigkeit von Joseph Gasser; seitlich: 4 Evangelisten und österr.-ungar. Landespatrone von Franz Melnitzky und Peter Kastlunger: St. Koloman (NÖ), St. Vigilius (Südtirol), St. Ägydius (Kärnten), St. Josef (Steiermark), St. Leopold (NÖ), St. Wenzel (Böhmen), St. Spiridion (Dalmatien), St. Michael (Galizien), St. Georg (Krain), St. Rochus (Kroatien), St. Nikolaus von Bari (Venetien), St. Ladislaus (Siebenbürgen), St. Justus (Triest), St. Hedwig (Schlesien), St. Ruprecht (Salzburg) und St. Johannes von Nepomuk (Böhmen). Über der Rosette: Krönung Mariens von Gasser. *Seitenportale:* Reliefs von Gasser (**B** links ›Verkündigung Mariens‹, **C** rechts ›Auferstehung Christi‹). Unterhalb der ›Verkündigung‹ 4 Propheten: Jeremias, Isaias, David und Micheas (von Anton Schmidgruber), unterhalb der ›Auferstehung‹ Namenspatrone der kaiserlichen Familie: St. Franziskus, St. Elisabeth, St. Sophie (von Kastlunger). *Eingangsportale ins Querschiff* **(D)** Gott-Vater, **(E)** dem Hl. Geist gewidmet. An den Arkadenpfeilern 8 Propheten bzw. Kirchenväter. ***Inneres:*** 3schiffige, kreuzrippengewölbte Basilika, beiderseits 4 flache Seitenkapellen; 3schiffiges Querschiff und reicher Chor mit 7/12-Schluß, Kapellenumgang und Kapellenkranz. Wand- und Deckengemälde von Joseph v. Führich, A. v. Wörndle,

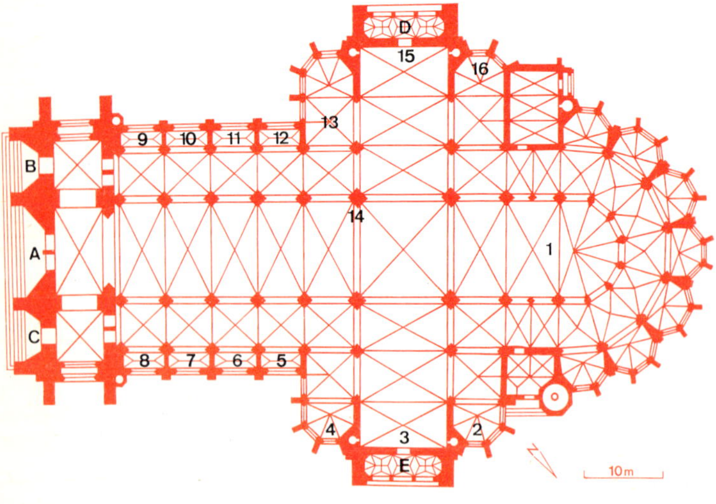

Karl Jobst und J. M. Trenkwald. **F** *Deckengewölbe* des Mittelschiffs: Stammbaum Christi von Franz u. Karl Jobst. Turmhalle, darüber Kirchenchor mit *Orgel* (1874–78 von E. F. Walcker u. Co. in Ludwigsburg). Die Orgel mit 3762 Pfeifen das einzige mech. Orgelwerk dieser Größe und Bauweise in Europa, das seit seiner Erbauung nicht verändert wurde. Auch Anton Bruckner hat hier gespielt. **1** *Hochaltar* aus weißem Marmor mit 6 ägypt. Alabastersäulen, fig. Schmuck v. Joseph Gasser, Robert Streschnak, Ferd. Laufberger (Kardinaltugenden im Gewölbe des Baldachins). Das Bildnis Mariä ließ Papst Pius IX. herstellen für die Stirnseite des Baldachins mit 4 Monolith-Säulen aus rotem Granit. Um den Hochaltar zur Emporengalerie überlebensgr. Apostelstatuen (von Franz Erler). In der Mitte des *Kapellen-Umgangs* (ständig gesperrt) Marien-Altar. Gemälde des Chorumganges und des Kapellenkranzes von Franz Jobst (Darst. Hauptfeste des Kirchenjahres, Wallfahrtsorte aus dem Bereich der gesamten Österr.-ung. Monarchie). **2** *Antwerpener Altar*★ bedeutendstes Werk der flämischen Schnitzkunst aus dem 15. Jh., kam über die Ambraser Sammlung nach Wien (aus Pfalzel bei Trier). Mittelteil: Kreuzigung Christi. Seitenstücke: Figuren des Kreuztragens, der Kreuzabnahme und die Beweinung des Leichnams Christi. Architekt. Aufbau mit geradem Abschluß und Predella mit bayer. Wappen spätere Zutaten. **16** *Kreuz-Altar. Rechte Seitenkapellen:* **4** Bischofskapelle (Kapelle vor dem Querschiff). Der Altar dem Göttl. Herzen Jesu geweiht. Grab Dr. Godfried Marschall, erster Propst der Kirche, später Weihbischof. Fenster: Bischöfe der österr. Kirchengeschichte. **5** Altar der Gottesmutter von Guadelupe. **6** Flügelaltar aus Zedernholz vom Libanon (Verlobung Mariens mit dem hl. Joseph; bei geschl. Flügeln: Verkündigung Mariä). **7** Barbarakerze (Patronin der Bergleute und Artilleristen); von Artilleristen aufgestellt (4 m hoch, Gewicht 264 kg). **8** Denkmal für im Beruf gefallene Angehörige der Exekutive. *Linke Seitenkapellen:* **11** Gotischer Kapellen-Schrein (Hl. Grab für die letzten Kartage). **13** Taufkapelle (Kapelle vor dem Querschiff): Taufstein aus ägypt. Marmor. *Hochgrab des Grafen Niklas Salm*★ von Loy Hering (?) um 1530–33, früher in der Dorotheer-Kirche (1548). Marmortumba mit 12 Flachreliefs (Darstellung: Kriegstaten Salms), auf dem Deckel der Graf vor dem Kreuz kniend. Niklas Salm leitete die Verteidigung Wiens während der 1. Türkenbelagerung 1529 und starb wenige Monate danach an einer während der Kämpfe erlittenen Verwundung. **14** *Kanzel:* Marmor. Auf Goldmosaik der Brüstung die 4 Kirchenväter und der lehrende Heiland. Kanzelfuß: Büste Heinrich Ferstels von Victor Tilgner. **15** *Querschiff:* Denkmal für die österr. Kaiserschützen-Regimenter. Kirchenfenster: Im 2. Weltkrieg zerst. Nur das ›Kaiser-Fenster‹ **(3)** von der Gemeinde Wien 1877 gespendet, von dieser erneuert. Die übrigen durch Figuralfenster ersetzt (zumeist nach Entwürfen von Christine Feldmann). *Themen:* **2** Leidensgeschichte Christi, **3** Fenster der Stadt Wien (›Kaiser-Fenster‹), **4** Bischöfe der österr. Kirchengesch., **5** Gesch. der Verehrung des Marienbildes von Guadelupe, **6** Gesch. der Verehrung des Marienbildes von Mariazell, **7** Gesch. der Verehrung des Marienbildes von Maria Pötsch, **8** Gesch. des wunderbaren Glasfensters von Absam in Tirol, **9** Der tiefgläubige Rudolf v. Habsburg, **10** Der kath. Kaiser Ferdinand II., **11** Der 23. Eucharistische Kongreß in Wien 1912, **12** Die Todesstiege im KZ von Mauthausen, **13** Bedeutende österr. Missionare, **15** Vertreter der kath. Sozialreform (Entwurf Prof. Hans Schweiger), **16** Ruhmreiche Verteidigung Österreichs im Jahre 1529 durch Johannes v. Gott (Begründer der Barmherzigen Brüder) links bzw. Ablehnung des nach Gewissensurteil ungerechten Krieges durch Franz Jägerstätter rechts. ***Bedeutung:*** Eines der hervorragendsten Beispiele historisierender Architektur als Imitation franz. Kathedralgotik des 13. Jh. Der Idee nach sollte die Kirche einerseits Dank- und Sühnekirche, andererseits geistl. Symbol des österr. Reichsgedankens werden; außerdem Idee eines österr. Pantheons. Die Votivkirche ist jedenfalls als eine österr. Ehrenhalle zu bezeichnen.

ROTENTURMSTRASSE 2 **1**

Erzbischöfliches Palais Urkundl. seit 1276 nachweisbar, der hintere Teil (an der Wollzeile) ehem. Pfarrhof von St. Stephan, dann Sitz der Bischöfe bzw. Erzbischöfe von Wien. Der heutige Bau angeblich 1632–41 nach Entwurf von *Giovanni Coccapani* unter Bischof Anton Wolfrath und Nachfolger Philipp Gf. Breuner erbaut (Kapelle 1638). Bibliothekstrakt im Hof (1641), oberstes Stockwerk Ende 19. Jh. Das Gebäude hieß urspr. Propsthof, seit etwa 1475 Bischofshof, seit 1723 (als Bischof Siegmund Gf. Kollonitsch zum Fürsterzbischof ernannt wurde) Erzbisch. Palais. ***Äußeres:*** Fassaden urspr. in einfachen Formen, 1716 durch Stuckdekoration bereichert. Am Stephansplatz ragt der gotische Chor der Kapelle über die Palaisfassade vor. Wirkung der Hofseiten-Fassade durch Vermauerung der offenen Arkaden des Bibliotheksflügels beeinträchtigt. Wandbrunnen mit Statue (17. Jh.). ***Inneres:*** Treppenhaus mit barocker Steinbalustrade, anschließend Säle mit Stuckdecken (um 1716). Im Bibliothekstrakt Saal mit Stuckdecke (17. Jh.). ***Kapelle:*** Alte Kapelle urkundl. 1271 erwähnt, heutiger Bau barock (1638), dem hl. Andreas geweiht. Hübsches Portal, Hochaltar Anfang 16. Jh. (aus der Augustinerkirche), Stuckdecke 17. Jh.; Turm der Kapelle Ende 18. Jh. abgetragen.

Dom- und Diözesanmuseum In der ehem. Wohnung des Dompropstes (Kapelle gehörte zur Wohnung, Altarbild aus dem Erzbischöfl. Palais), Zugang Stephansplatz 6. 3 Räume mit Stuckdecken (1716), gegr. 1933 von Kardinal Dr. Theodor Innitzer. ***Sammlungen*** Mittel-

Porträt Herzog Rudolfs IV. des Stifters

alterl. Kunstgewerbe (bes. Reste des ›Heiltumschatzes‹ von St. Stephan), kostbare mittelalterl. Textilien und Codices, got. Tafelbilder und Plastiken, barockes Mobiliar und Kunstgewerbe. Bes. hervorzuheben das Porträtbildnis Hz. Rudolfs IV. d. Stifters (um 1365), eines der frühesten Einzelbildnisse der abendländ. Kunst; Erlacher Madonna, ein Hauptwerk der niederösterr. Gotik (um 1330), lebensgr. Holzfigur; Dreifigurengruppe der Kreuzabnahme vom Passionsaltar der Stephanskirche (um 1340/50); gr. Flügelaltar Hans Schäufeleins aus dem Erzbischöfl. Schloß Ober-St. Veit (um 1507) u. a.

RUPRECHTSPLATZ **1**

Der kleine Platz vor der Ruprechtskirche (Fußgängerbereich) hieß im Mittelalter ›Kienmarkt‹ (erste urkundliche Nennung 1246, Ruprechtsplatz seit 1863); ehem. Katzensteig (heute → Seitenstettengasse; bis 1825 mit Babenbergertor der ältesten Ringmauer), ehem. Siebenbüchnergasse (heute Salzgasse), ehem. Preßgasse (heute → Sterngasse) und Judengasse münden in ihn ein. War Marktplatz der innerhalb der röm. Lagermauer bestehenden ›Reststadt‹. Im 15. Jh. am ›Kienmarkt‹, in den Straßenzügen der näheren Umgebung und am Hohen Markt mächtige Patrizierhäuser. Der Platz führte seinen Namen wahrsch. nach den hier feilgebotenen mit Harz durchtränkten Kienhölzern, die der ärmeren Bevölkerung Licht spendeten. 1622 gestattete Ferdinand II. den Juden, hier Synagoge zu erbauen. Ruprechtsplatz 1 (gegenüber der Kirche) urspr. das ›Praghaus‹ (einst landesfürstl. Besitz, Anfang 15. Jh. wurde hier König Wenzel IV. von Böhmen gefangengehalten), an dessen Stelle Mitte 16. Jh. das ›Große Salzamt‹ (1834 demoliert); von diesem führte die alte Ruprechtsstiege zum Donaukanal (seit der Römerzeit Anlegestelle der Salzschiffe); Stiegenanlage nach dem 2. Weltkrieg umgestaltet. In der Salzgasse hatten die Salzhändler ihren Sitz.

RUPRECHTSPLATZ **1**

Ruprechtskirche Nach der Legende karolingischen Ursprungs (Gründung angeblich um 740), seit dem 13. Jh. als die älteste Kirche Wiens bez. Berghof (Stadtburg), Kienmarkt (Wirtschaftszentrum) und Ruprechtskirche dürften nach der Zerst. des röm. Kastells das älteste Zentrum der während der Völkerwanderungszeit bestehenden ›Reststadt‹ gebildet haben. ***Geschichte:*** 1. urkundl. Nennung 1161. Das Langhaus und die 3 unteren Turmgeschosse entstanden wohl im 11. Jh. Um 1130/40 erfolgte eine 1., um 1160/70 2. Turmerhöhung; das oberste Geschoß in der 1. Hälfte des 15. Jh. aufgesetzt. Chor nach dem Stadtbrand von 1276, das südl. Seitenschiff 1434 hinzugefügt. ***Lage:*** Am Nordrand des röm. Kastells, am Steilabfall zur unregulierten Donau (der Salzgries war ein schiffbarer Donauarm mit einer noch in die Römerzeit zurückreichenden Anlegestelle). Die Fundamente bestehen offenbar aus röm. Baumaterial. ***Äußeres:*** Im Stadtbild der Wiener Altstadt von bes. Bedeutung. Die Sicht von Norden wurde erst nach dem 2. Weltkrieg freigelegt. Einfache romanische *Westturmkirche*, der mittlere Teil des Turmes in Quadern mit 5 romanischen rundbogigen Doppelfenstern, im obersten Geschoß gotische Fenster; schlichtes *Zeltdach*. An der Südseite einfach profiliertes gotisches *Portal*. ***Inneres:*** Kleine romanische Saalkirche mit polygonalem Chor und südlichem Seitenschiff. Triumphbogen, Chor aus 5 Seiten eines unregelmäßigen Achtecks mit

Ruprechtskirche

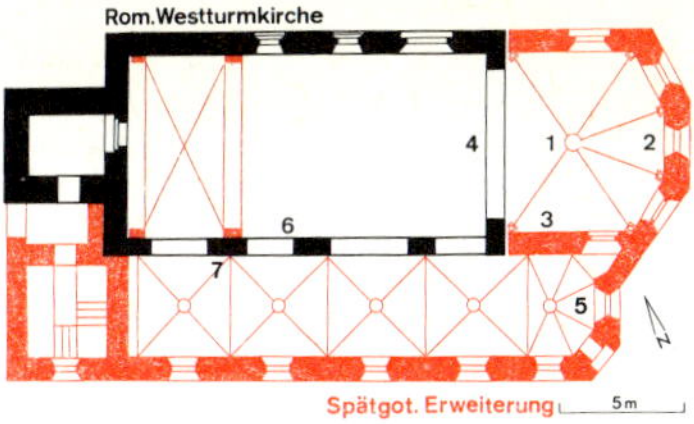

Rippengewölben aus der 1. Hälfte des 15. Jh., bemerkenswerte Konsolen Ende des 13. Jh. Das Seitenschiff mit Kreuzrippengewölben und ornamentaler Malerei aus dem 1. Viertel des 17. Jh. Orgelempore mit interessanter Maßwerkbrüstung, darauf der Wahlspruch Kaiser Friedrichs III. (AEIOU, bez. ›1439‹; dieses Datum oft fälschlich als Entstehungszeit der Empore angenommen). 1934–36 Wiederherstellung in alten architekt. Formen. Seitdem im Langhaus nach Entfernung des Tonnengewölbes mit Stichkappen einfache Holzdecke. 1946–48 neuerliche Innenrestaurierung. ***Beschreibung:*** **1** *Hochaltar:* romanischer Steintisch (?), barocker Tabernakel und barocke Holzfiguren. Das Mittelfenster des Chores enthält die ältesten *Glasmalereien* Wiens **(2)**, eine ›Kreuzigung‹ und eine ›Thronende Maria‹ aus dem Ende des 13. Jh. An der rechten Chorwand das *ehem. Hochaltarbild* ›Hl. Ruprecht‹ **(3)** von Johann Georg Schmidt. Vor dem Triumphbogen ein freischwebendes *Kruzifix* aus der 1. Hälfte des 18. Jh. **(4)**. **5** *Altar im Seitenschiff:* Holzfigur ›Maria mit Kind auf Mondsichel‹ (1. Hälfte 16. Jh.) und 2 Figuren aus dem 18. Jh. (Joachim und Anna), links davon Marienbild (Kopie von 1683). An einem Pfeiler Holzrelief ›Hl. Ruprecht‹ **(6)** aus dem 16. Jh., am nächsten Pfeiler gotisches Weihwasserbecken **(7)** (bez. 1500). Die sonstigen Plastiken und die Einrichtung durchwegs 18. und 19. Jh. ***Bedeutung:*** Älteste Kirche Wiens, Besichtigung nur vor und nach der Hl. Messe möglich.

SALVATORGASSE 5 — 1

Salvatorkirche Altkath. Kirche von Wien (seit 1871). Zugang durch das Alte Rathaus; Besichtigung vor und nach Gottesdiensten oder nach Vereinbarung. ***Geschichte:*** Kurz vor 1298 von Wiener Bürger Otto aus dem ritterlichen Bürgergeschlecht der Haimonen im Obergeschoß seines Hauses über einer von der Wipplingerstraße zur Salvatorgasse führenden Passage (nicht mehr bestehend) gegr. (urk. 1301) und mit einer Stiftung ausgestattet (Kapelle Unserer lieben Frau). Nach Beteiligung an mißglücktem Aufstand 1309 gegen Friedrich d. Schönen Güter Ottos eingezogen; Haus und Kapelle schenkte Friedrich 1316 der Stadt zur Vergrößerung ihres danebenliegenden Rathauses. Erst nach Ottos Tod Kapelle (erstmals 1342) als ›capella in domo consilii‹ bez. 1360/61 Umgestaltung (nunmehr öffentl. zugängl.), Fußboden auf Straßenniveau abgesenkt. Zwischen 1520 und 1546 Anbau des nördl. Kirchenschiffes (Salvatorgasse). Papst Leo X. ordnete 1515 Umbenennung nach einem auf dem Hochaltar befindl. hölzernen Salvatorstandbild an. Nach Kriegsschäden instandgesetzt und 1972/73 durch die Stadt Wien grundlegend renoviert. ***Äußeres:*** In den nordöstl. Trakt des Alten Rathauses eingefügt, nach außen wenig in Erscheinung tretend; in der Salvatorgasse 3 Rundbogenfenster mit Maßwerkverzierung, hofseitig Spitzbogenfenster zwischen schlanken Strebepfeilern; vom Hof Polygon des südl. Chores sichtbar. Unregelmäßiger Anbau (Sakristei und Aufgang zur Orgelempore), daneben Kapelleneingang. Schlanker Turm. *Eingangsportal*★ in der Salvatorgasse (meist geschl.) von unbek. Künstler, in oberital. Renaissanceformen, mit reicher Ornamentrahmung, vorgestellten Säulen (im unteren Drittel kanneliert, bmkw. versch. Embleme des Kriegshandwerks), rundbogigem Tympanon und doppeltem Architrav, darunter aus späterer Zeit Rollkartuschen mit den Stadtwappen (Doppeladler bzw. Kreuzschild). Die Schildträger daneben (auf löwenverzierten Sockeln) und die beiden Säulen Kopien (Originale im Hist. Museum d. Stadt Wien), ein Schildträger unrichtig kopiert (1929). Tympanon: Halbfiguren Christi und Mariä, dem Meister des Straub-Epitaphs zu St. Stephan nahestehend. ***Inneres:*** Mehrfach umgebaut, dem Charakter nach gotisch; hat nur Seiteneingänge; ungewöhnlicher Grundriß. Kl. Vorhalle unter Empore (massive Pfeiler), 2 zueinander geöffnete Kapellen (Verbindung Spitzbogen) von inkongruenter Gestalt. *Südkapelle* (älter): 2 kreuzrippengewölbte Joche und Chor mit 5/8-Schluß; klassizist. *Salvatoraltar* (Entwurf Gottfried Dötter, Ausführung Konrad Wohlgemuth) mit Altarblatt (Salvator mundi) von Johann Meidinger (1795). *Nordkapelle* (jünger): 3 netzrippengewölbte Joche, gerader Chor; unregelmäßiger Rechteckgrundriß, wesentl. niedriger, urspr. flach gedeckt; klassizist. *Kreuzaltar* mit Altarblatt (Kreuzigung Christi) von

Salvatorkirche: Renaissance-Portal

K. (Kristian?) Schwarz (Mitte 17. Jh.). An der Orgelempore *Christophorus-Relief* (1799), urspr. am Haus Salvatorgasse 10. An den Wänden *17 Grabsteine* (14.–18. Jh.) für Männer geistl. u. weltl. Standes. *Empore* (schwer zugängl.) mit Wandmalerei ›Christus am Ölberg‹ und Stifterfigur (viell. Gebhard v. Aschpach) in der Bogenlaibung (um 1370). ***Bedeutung:*** Eingangsportal eines der wenigen Zeugnisse der Renaissance in Wien.

SALVATORGASSE bei 12 **1**

Maria am Gestade Maria-Stiegen-Kirche, tschechische Nationalkirche. Einst nach dem Abladeplatz der Holzflößer ›Maria an der G'stetten‹, später ›Maria Stiegen‹ genannt. ***Geschichte:*** 1158 erstmals urkundl. genannt, gehörte bis 1302 zum Schottenkloster. Ein romanischer Altbau 1262 zerst., der gotische Neubau entstand im 14. und 15. Jh. teilw. über der röm. Stadtmauer. Chor und unterer Teil des Turmes 1330–69, Langhaus und oberer Teil des Turmes 1394–1414. Unter den Baumeistern *Michael Knab* (Langhaus) und *Konrad Ramperstorffer* namentlich bekannt. Kirche 1357–1784 dem Passauer Offizial unterstellt, 1785 neuerlich dem Schottenstift inkorporiert. 1809 profaniert (Militärmagazin der Franzosen), einige Jahre vom Abbruch bedroht, 1820 den Redemptoristen übergeben. 1817–24 im Inneren im Sinne der Gotik wiederhergestellt, 1890–94 Renovierung des Äußeren, 1897–1903 neue Portal- und Giebelplastiken. ***Lage:*** Am dam. Steilhang der Altstadt zum stadtnahen Donauarm (Salzgries) bzw. Ottakringer Bach (Tiefer Graben). Der Zugang zur Westfassade erfolgt heute über eine hohe Stiege vom Tiefen Graben aus (am Fuß der *Hannakenbrunnen,* rechts die denkmalpflegerisch renovierten Häuser Am Gestade). ***Grundriß:*** Durch Terrainunterschiede bedingte unregelmäßige Anlage, Chor und Schiff nicht in derselben Achse (leichter Knick). ***Äußeres:*** Eindrucksvolle, überschlanke *Westfassade* (9,7 m breit, 33 m hoch), über der sich ein Turm (56 m) mit 7eckigem Grundriß erhebt, bekrönt durch zierlichen steinernen Helm, der zu den schönsten erhaltenen Kunstwerken der Gotik auf Wiener Boden zählt. **A** *Hauptportal* (Westportal) mit kuppelartigem Steinbaldachin (Fialen zieren Verschneidungen, Krabben kriechen an den Kanten empor, Kreuzblume als Abschluß), darüber mächtiges Fenster. Der figurengeschmückte Giebel von 2 Fialentürmen flankiert. Über dem Eingang Relief, darstellend die beiden Johannes (um 1410), übrige Reliefs und Figuren neugotisch. Südfassade durch Turm unterteilt; Mauerfläche des Langhauses lediglich durch gr. Fenster aufgelöst, im unteren Teil Blendarkaden. **B** *Seitenportal,* von freitragendem Baldachin über 5eckigem Grundriß überragt; Türsturz und Engelfiguren um 1500, Reliefs neugotisch. **C** *Chorportal* mit Tympanonreliefs ›Schutzmantelmadonna‹ bzw. ›Krönung Mariä‹. ***Inneres:*** Man betritt die Kirche am besten durch das Seitenportal. Der Kontrast zwischen der dunklen Schlucht des 7jochigen Langhauses und weiträumigem hellem Chor (3 Joche, 5/8-Schluß) von überraschender Wirkung; dazw. (bedingt durch den Turm und die Kapellenanbauten) dämmrige, fensterlose Zone. Langgestreckter, 1schiffiger, sehr hoher Raum, überschlankes Langhaus mit Netzgewölbe, reiche Gliederung, ungewöhnlich plast. profilierte Pfeiler, bereichert durch Innenausstattung überwiegend aus dem 19. Jh. (neugotischer Hochaltar) und Statuen unter Baldachin (12 gotische Figuren, die übrigen aus dem 19. Jh.). Die Orgelempore (1515) über dem Westeingang (hängende Schlußsteine, originelle Konstruktion) scheint über seitl. Engelsfigürchen und 2 freihängenden Konsolen zu schweben, Brüstungsmauer durch zartes Maßwerk aufgelöst. Triumphbogen mit Bauinschrift ››1414‹‹. Das vorletzte östliche Langhausjoch durch Seitenkapellen querhausartig erweitert. ***Beschreibung:*** **1** *Hochaltar:* neugotisch, von Thomas Marzik (1845/46). Madonnenplastik (17. Jh.) und gr. Kruzifix vom barocken Hochaltar (um 1730) wiederverwendet. 4 Fenster im Chorschluß aus Überresten alter Kirchenfenster aus dem 14. Jh. und aus der Zeit bis um 1430 zusammengesetzt. Links zur *Perger-Kapelle* **(2)** mit 1520 von Johann Perger gestiftetem Steinaltar (Renaissance; Hochreliefs einer Madonna, eines hl. Johannes und hl. Nikolaus); in der Predella ein Veraikon (Schweißtuch Christi). *Linkes Langhaus:* **3** Kapellenraum mit neugotischer Einrichtung und moderner Plastik (hl. Alfons von Liguori) von Jakob Adlhart (1960). **4** Kapellenraum mit neugotischem Josefs-Altar (1878). Altarbild ›Mutter von der immerwährenden Hilfe‹ (Original in der Hauptkirche der Redemptoristen in Rom). *Rechtes Langhaus:* **5** Kapelle mit Altar des

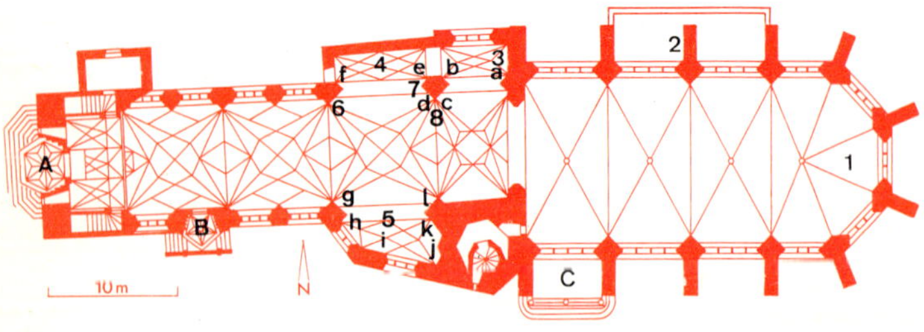

hl. Clemens Maria Hofbauer, des Stadtpatrons von Wien (1751–1820). In einem Schrein Reliquien des Heiligen; vor dem Altar lebensgr. Steinplastik von Hans Gasser (geschaffen als Liegefigur für den einstigen Marmorsarkophag, heute an der Wand aufgestellt), daneben gotischer Opferstock. Hofbauer hat den Redemptoristenorden nördlich der Alpen eingeführt; von Maria am Gestade aus verbreitete er sich in alle Welt. In der Kapelle auch Reste vom ehem. gotischen Hochaltar, einem Flügelaltar: vorne ›Krönung Mariä‹ (künstlerisch starke niederländische Einflüsse) bzw. ›Verkündigung‹, Rückseite ›Kreuzigung Christi‹ bzw. ›Christus auf dem Ölberg betend‹ (Farben restauriert). Die Altarflügel gehören zu den besten Werken ihrer Zeit. Kapelle mit bmkw. altem Glasfenster. *Kanzel* neugotisch (1818–20). *Plastiken im Langhaus* überwiegend 18. und 19. Jh., ausgenommen je 6 gotische und barocke Figuren. *Gotische Figuren:* **c** Johannes d. T. (15. Jh., überarbeitet), **d** Verkündigungsengel (um 1370), **e** und **j** 2 hl. Könige (um 1370), **k** Maria (um 1370) und **l** hl. Petrus (15. Jh., überarbeitet); *barocke Figuren:* **a** hl. Barbara, **b** hl. Georg, **f** Christus an der Geißelsäule, **g** hl. Sebastian, **h** Johannes Ev. und **i** Schmerzhafte Maria. ***Bedeutung:*** In städtebaulich interessanter Lage erbaute Kirche, deren gotischer Turm (Turmhelm) zu den bedeutendsten Schöpfungen des beginnenden 15. Jh. in Wien zählt.

SCHILLERPLATZ **1**

Hier ehem. Kalkmarkt, im Zuge der Verbauung der Glacisgründe auf die Wieden verlegt. Im Hinblick auf die bereits projektierte Aufstellung des Schiller-Denkmals beschloß der Gemeinderat 1870, den Platz nach dem Dichter zu benennen. Parkanlage 1877/78.

Schiller-Denkmal Aufgrund der Initiative eines Denkmalkomitees nach Modell von *Johannes Schilling* in der k.k. Kunsterzgießerei unter Leitung Franz Pönningers und Josef Rölichs ausgeführt (enthüllt 1876). ***Beschreibung:*** Über großem Podest und Dreistufensockel 4seitiger Kolossalpfeiler, an den Ecken vorgeschobene Podeste mit Figuren. Außer dem bekrönenden Bronzestandbild Friedrich Schillers (mit Stift und Schriftrolle) Allegorien der 4 Lebensalter und Hochreliefs mit allegorischen Darstellungen von Genie, Poesie, Wissenschaft und Heimatliebe.

Lenau-Denkmal Errichtet auf Anregung Ludwig August Frankls. Marmorstele mit Steinbüste von *Karl Schwerzek*, zu Füßen der Herme Putto mit Harfe und Sphinx (enthüllt 1891).

Anastasius-Grün-Denkmal Herme mit zerbrochenen antiken Säulen und Fackeln tragendem Genius am Fuß, vorne Relief mit schwebendem Apoll und Inschrift, darüber rosenbekränzte Steinbüste von *Karl Schwerzek* (enthüllt 1891).

Josef-Weinheber-Denkmal Marmorsockel von *Heribert Rath* mit Bronzebüste von *Josef Bock* (enthüllt 1975).

SCHILLERPLATZ 3 **1**

Akademie der bildenden Künste Erbaut 1872–76 nach Entwurf von *Theophil v. Hansen* in Formen der ital. Hochrenaissance. Strenge und großzügige Einheitlichkeit der Außenerscheinung. Schwere Artillerieschäden (1945) nach dem 2. Weltkrieg behoben. ***Äußeres:*** 4gesch. geschlossener Baublock mit stark vorspringenden Eckrisaliten, die mit Attika den Bau überragen. Kräftig rustizierte Untergeschosse, von den glatten Obergeschossen deutlich abgesetzt. Zwischen den Bogenfenstern *Nischen mit Figuren* (24 Kopien antiker Figuren in Terrakotta, nach Modellen von Akademieschülern in der Inzersdorfer Tonwarenfabrik hergestellt). Auch Gesimse, dazugehörige Kragsteine, Balustraden, Ziervasen und Greifen auf den Aufbauten der Eckrisalite aus Terrakotta. *Haupteingang* (Schillerplatz) mit 6 Säulen, die auf ihrem Gebälk Figuren tragen (außen Phidias und Perikles von Vinzenz Pilz, Mitte Allegorien der Architektur, Bildhauerkunst, Malerkunst und Graveurkunst von Franz Melnitzky). Vor dem Haupteingang auf 2 die Freitreppe begrenzenden Sockeln Bronzezentauren von Edmund Hofmann v. Aspernburg. Über den Torbogen des Eingangs Reliefs von Alois Düll, die Lehrfächer der Kunst darstellend. An der *Rückfront* (Getreidemarkt) urspr. Malereien von August Eisenmenger und Schülern, 1945 fast zur Gänze zerst. ***Inneres:*** Vom Portal aus Vestibül mit Säulen aus gelbem Jurakalk. Axial schließt die große neoklassizist. *Aula*★ an. Über roten Marmorsäulen auf gelben Basen Fries mit Abgüssen aus dem Parthenon; Mosaikfußboden; *Deckenbilder* von Anselm Feuerbach (Titanensturz, Venus, Prometheus, Gäa, Uranos, 1875–80); nach seinen Skizzen (voll. 1892) von Christian Griepenkerl (Prometheus als Herdgründer, Demeter) und H. Tentschert (Eros, Okeanos). In der rechten vorderen Ecke Denkmal für die im 1. Weltkrieg gefallenen Studenten der Akademie (Bronzeplastik von Josef Müllner, 1925), gegenüber Gedenktafel zum 70. Geburtstag Theophil v. Hansens (Bildnis von Karl Kundmann, 1883). ***Sammlungen: Gemäldegalerie***★ Erwachsen aus Aufnahmearbeiten der Mitglieder der Akademie und dem Legat des Galeriegründers Anton Franz de Paula Graf Lamberg-Sprinzenstein (1821); öffentl. seit 1837. Im *Vorraum* Bildnis des Galeriegründers (von Karl Kollonitsch, 1770). *Straßenseitige Galeriesäle: Eingangsraum:* Ital. Malerei des Quattrocento. **1:** Ital. Malerei des Cinquecento (u. a. Spätwerk Tizians, Tarquinius und Lucretia). **2:** Deutsche Malerei (Frühe Renaissance, 16. Jh.), bes. Lucas Cranach. **3:** Niederländ. Malerei 15./16. Jh. **4:** Rubens (u. a. Boreas entführt Oreithyia, Der Kampf um die Fahne, Die drei Grazien). **5** *und* **6:** Niederländ. Figurenmalerei 17. Jh. (u. a. Rembrandt, Bildnis einer sitzenden jungen Frau). **7:** Niederländ. Landschaftsmalerei (u. a. Waldlandschaften von Jacob van Ruisdael). **8:** Holl. Landschafts- und Genremalerei 17. Jh. **9:** Nie-

S

derländ. Maler der ital. Landschaft (17. Jh.). **10:** Holl. Interieur- und Genrebilder (17. Jh.). *Letzter Abschnitt der gr. Galerie:* Span. u. ital. Malerei 17. Jh. (u. a. Murillo, Würfelspielende Knaben). *Großer Ecksaal:* **1:** Ital. Malerei 17./18. Jh. (u. a. Luca Giordano, Urteil des Paris). **2:** Venez. Veduten von Francesco Guardi. **3:** Malerei 18. Jh. (u. a. Tiepolo, Allegorie auf den anbrechenden Tag; Daniel Gran, Entwurf eines allegor. Deckengemäldes; Franz Anton Maulbertsch, Allegorie auf das Schicksal der Kunst; Martin Johann Schmidt, Martyrium des hl. Sebastian). *Hofseitige Säle* (Zugang links vom Ende der gr. Galerie): **1:** Niederländ. Seestücke, Stilleben, Blumenstücke, Landschaften, Stadtbilder. **2:** Franz. und niederländ. Romanisten (u. a. Claude Lorrain). **3:** Fläm. und holl. Interieurs und Porträts (u. a. Antonis van Dyck, Jugendl. Selbstbildnis; Jacob Jordaens, Weibl. Bildnis). **4:** Niederländ. Landschaften. **5:** Niederländ. Skizzen gr. Kompositionen (u. a. Rubens, Madonnenbild wird von Engeln verehrt, Apotheose Jacobs I.). **6:** Ital. Malerei 16. Jh. **7:** Niederländ. und deutsche Porträts 16. Jh. **8:** Niederländ. Manieristen. **9:** Deutsche Meister um 1500 (u. a. Hans Baldung Grien, Ruhe auf der Flucht nach Ägypten). ***Bibliothek und Kupferstichkabinett***★ Etwa 28.000 Handzeichnungen und Aquarelle, etwa 70.000 Druckgraphiken 15.–20. Jh. (Stiche, Radierungen, Lithographien, Holzschnitte). Hervorzuheben: Werke von Jakob Matthias Schmutzer, Johann Christian Brand, Josef v. Führich, Friedrich Heinrich Füger; 800 Brasilien-Aquarelle von Thomas Ender; mittelalterl. Architekturzeichnungen aus der Bauhütte von St. Stephan; über 400 Blumenaquarelle von Moritz Michael Daffinger; Landschaftsstudien Friedrich Gauermanns; Nazarenerzeichnungen; Porträtbuch Julius Schnorrs v. Carolsfeld; Dürerstiche (Sammlung Hüsgen); Aquarelle von Rudolf v. Alt.

SCHLICKPLATZ 6 **9**

Roßauer Kaserne (Rudolfskaserne) Umfaßt Fläche zwischen Schlickplatz, Maria Theresien-Straße, Roßauer Lände und Türkenstraße. Eine der 2 nach der niedergeschl. Revolution 1848 im Ringstraßenbereich errichteten Kasernenanlagen (Pendant zur 1852–57 auf der Dominikanerbastei erbauten und 1898 abgebrochenen Franz-Josephs-Kaserne, dort heute Postsparkassenamt). Erbaut 1865–69 nach Plänen des Obersten im Geniestab *Karl Pilhal.* Defensivkaserne im Stil der ärarischen Kasernenbauten (Typus Arsenal). ***Äußeres:*** Mächtiger Ziegelrohbau von festungsartigem Charakter, in der Mitte jeder Front je 2 hohe zinnenbekrönte Türme, an den Schmalseiten halbkreisförmige Vorbauten (Geschützstellungen), schwach vorstehende Eckrisalite. Rundbogenfenster, entfernt an romanische Formen erinnernd. Durchgehende Attika mit Brustwehr, an den Eckrisaliten, Türmen und über den Fenstern pseudogotisches Blendmaßwerk aus Terrakotta. Heute Polizeikaserne.

SCHMERLINGPLATZ **1**

Beim Dr.-Karl-Renner-Ring:

Denkmal der Republik Anläßlich des 10. Jahrestages der Ausrufung der Republik Österreich am 12. Nov. 1928 enthüllt, nach dem 12. Feb. 1934 entfernt und erst am 12. Nov. 1948 wieder enthüllt. ***Beschreibung:*** Auf 3 Granitstelen Bronzebüsten von *Viktor Adler* (der auf dem Hainfelder Parteitag 1889/90 die Sozialdemokr. Partei einigte), *Jakob Reumann* (des 1. solzialdemokr. Bürgermeisters von Wien) und *Ferdinand Hanusch* (dessen Sozialprogramm die Entwicklung der 1. Republik maßgebend beeinflußte). Von den heute sichtbaren Büsten nur 2 (Adler von *Anton Hanak,* Reumann von *Franz Seifert*) original, die 3. (Hanusch) Nachbildung des zerstörten Originals von Carl Wollek durch *Mario Petrucci* (1948).

SCHMERLINGPLATZ 10 **1**

Justizpalast Sitz des Obersten Gerichtshofes und des Bundesministeriums für Justiz. Erbaut 1875–81 von *Alexander v. Wielemans* im Stil deutscher Renaissance. 1927 während einer Protestdemonstration der sozialdemokr. Arbeiterschaft in Brand gesteckt, Umbau 1928–31 durch Heinrich Ried. ***Äußeres:*** Großer Baukomplex (111 x 81 m) mit Hauptfront gegen Ringstraße (Schmerlingplatz). Mächtiger *Mittelrisalit* mit Säulenstellungen, nach Umbau jeweils über 2 Untergeschosse und über dem Kordongesims nochmals über 2 Stockwerke reichend; vor dem Mittelrisalit *Rampe und Freitreppe,* von riesigen Löwen (von Emanuel Pendl) flankiert. *Eckrisalite* vorkragend und reicher ausgestattet. Stark rustizierter *Unterbau,* die oberen Stockwerke über dem Kordongesims mit nachgeahmten Rustikaquadern. Fenster- und Torgewände aus Stein, Pilasterkapitelle u. a. Zierteile aus Terrakotta. *Veränderungen durch den Umbau:* Neugestalteter Mittelrisalit am Schmerlingplatz, neues Hauptgesims (an den Untersichten keramische Reliefs nach Modellen von Ferdinand Pitz), Aufsetzung des obersten Stockwerks (anstelle eines hohen Daches mit Aufbauten), Entfernung von Quertrakten (größere Höfe), Neugestaltung der Eingangshalle in der Museumstraße (Postamt). ***Inneres:*** ***Hauptvestibül*** Spiegelgewölbe auf 12 Marmorsäulen mit Postamenten. *Zentralhalle*★ Großer, glasüberdeckter Hof (31 x 15,6 m, Höhe 20,2 m), von Arkaden umgeben, im Erdgeschoß auf 18 viereckigen Rustikapfeilern aus Marmor; im 1. Stock Arkaden mit 14 Granitsäulen, die Arkaden des niedrigeren obersten Geschosses tragend. Mächtige *Haupttreppe* mit durchbrochenen Geländern, von Podest aus rechts und links seitliche Arme in gleicher Ausführung. Über dem Podest gr., an beiden Seiten von je 2 Säulen flankierte Nische mit riesiger Marmorfigur der *Justitia*★ von Emanuel Pendl (auf der Rückseite ausgehöhlt!); darunter Eröffnungsdatum des Baues (22. Mai 1881). Gegenüber der Justitia kl. halbrunder Balkon, dessen tragende Konsole den Bildniskopf Wielemans' trägt. *Fußboden* der Halle: buntes Marmorpflaster aus verschiedenfarbigem Marmor und grünem Serpentin. *Büste Wielemans'* (von Theodor Khuen) im Korridor vor den Zimmern 308/309.

SCHÖNBRUNNER SCHLOSSSTRASSE 13
Schloß Schönbrunn Urspr. kl. Jagdschloß, dann Sommer- bzw. Witwensitz, schließlich Hauptresidenz der Habsburger; seit 1918 Staatsbesitz. ***Geschichte:*** An der Stelle des Schlosses im 14. Jh. die *Kattermühle;* der Wiener Bürger Ehrenreich Khöppl ließ im 15. Jh. neben der Mühle Schlößchen, die *Katterburg,* in unmittelbarer Nähe des heutigen Meidlinger Tores erbauen. Nach Verwüstung durch die Türken (1529) wieder aufgebaut, kam an Peter v. Mollard, 1569 an Kaiser *Maximilian II.,* der Herrenhaus in Jagdschloß mit Garten und Teichen umbauen ließ. 1605 durch die Ungarn unter Bocskay in Brand gesteckt, unter *Kaiser Matthias* (der auch die Quelle, den ›Schönen Brunnen‹, entdeckte, die dem Besitz den Namen geben sollte) neu aufgebaut, 1637 Witwensitz der 2. Gemahlin Ferdinands II., *Eleonore von Gonzaga,* 1655 an *Ferdinand III.* und (1657) an dessen Witwe, *Eleonora Maria von Mantua.* 1683 durch die Türken vollst. zerst. blieb das damals bereits ausgedehnte 2stöckige, von einer hohen Mauer umgebene Schloß zunächst Ruine, bis *Leopold I.* den Entschluß faßte, für seinen Sohn und Nachfolger Joseph I., neue Sommerresidenz errichten zu lassen. *Johann Bernhard Fischer v. Erlach* lieferte 1692/93 1. Entwurf, geplante Lage auf der Anhöhe der Gloriette. Nach 2. (vereinfachtem) Projekt Fischers Bau 1695/96 an heutiger Stelle begonnen; 1700 Mitteltrakt im Rohbau vollendet, 1713 Seitenflügel bis auf die Eindeckung fertiggestellt. Joseph I., der eigentl. Bauherr des Schlosses, bewohnte den Mitteltrakt; nach seinem Tod Sommersitz seiner Witwe *Wilhelmina Amalia,* die bis 1722 für repräsentative Einrichtung sorgte. *Karl VI.* besuchte Schönbrunn kaum; *Maria Theresia,* die nach dem Tod ihres Vaters (1740) die von diesem bevorzugte Favorita nicht mehr betreten wollte, ordnete Umbau an; 1744–49 nach Plänen von Hofarchitekt *Nikolaus Pacassi* durchgeführt (brach Giebel ab, zog Mezzaningeschoss im Mittelrisalit ein, schuf die Pfeilerhalle und Anlage der Balkone, der seitl. Treppen und der 2 Galerien). *Innenausgestaltung* im *Rokokostil. Joseph II.* bewohnte Westtrakt und hielt als röm.-deutscher Kaiser (seit 1765) im Schloß prunkvolle Feste ab. 1766/67 *Schloßtheater* neu ausgestattet, 1775 vollendete Johann Ferdinand Hetzendorf v. Hohenberg die *Gloriette. Leopold II.* stattete die Gemächer mit Kostbarkeiten aus Florenz aus; nach seinem Tod 1 Jahrzehnt unbewohnt. 1805 und 1809 residierte in den Prunkräumen *Napoleon,* 1832 starb in Schönbrunn sein Sohn, der *Herzog von Reichstadt* und König von Rom. *Franz I.* ließ 1816–19 durch *Johann

Schönbrunn: Schloßanlage

Aman* die Fassaden des Schlosses abändern (Streckung der Pilasterordnungen). Seit seiner Zeit Schönbrunn dauernde Residenz der österr. Kaiser; *Franz Joseph I.* 1830 hier geb., 1916 auch hier gest. Ließ alle Innenräume restaurieren und Empiremöbel wieder durch Möbel im Rokokostil ersetzen. Kriegsschäden des 2. Weltkrieges nach 1945 beseitigt. 1945–48 Hauptquartier der sowjet., dann der brit. Besatzungstruppen in Wien. 1955 Festbankett anläßl. der Unterzeichnung des Österr. Staatsvertrages; seit 1960 festliche Empfänge durch die Bundespräsidenten. ***Zugänge:*** *Haupttor* (zum Schloßhof, Hauptgebäude, Schloßkapelle, Schloßtheater und Wagenburg); *Meidlinger Tor* (Stadtbahnhaltestelle Schönbrunn); *Hietzinger Tor* (Stadtbahnhaltestelle Hietzing): zum Palmenhaus, Botan. Garten und Tiergarten; *Maria-Theresien-Tor oder Tivolitor* (bei der Tivolibrücke über die Grünbergstraße; unmittelbar zur Gloriette), in der Mauer links neben dem Tor *Quellenstein,* Steinplatte mit Relief eines gekrönten Monogramms. **Beschreibung: 1 *Schloßhof★ (Ehrenhof)*** Man betritt ihn durch das *Haupttor,* mächtiges Schmiedeeisentor mit *2 Obelisken.* Der Hof, ehem. Paradeplatz (24.000 m²), dem Schloß nach Norden vorgelagert. Eine der herrlichsten Platzanlagen des Barock, rechts (gegen Westen) vom *Valerietrakt,* links (gegen Osten) vom *Kavaliertrakt* begrenzt (hier die seit 1700 bestehende Schloßhauptmannschaft untergebracht). *2 Brunnenbassins* inmitten der Rasenflächen: Brunnen rechts mit alleg. Figuren der Flüsse Donau, Inn und Enns (von Franz Anton Zauner), links Allegorie-Skulpturen der Vereinigung der Königreiche Galizien und Lodomerien (Wolhynien) mit Siebenbürgen (von Johann Baptist Hagenauer); errichtet im Auftrag Maria Theresias (beraten von Gartenarchitekt Adrian van Steckhoven und Architekt Johann Ferdinand Hetzendorf v. Hohenberg, 1776). In der nordwestl. Ecke des Ehrenhofs ***Schloßtheater★,***

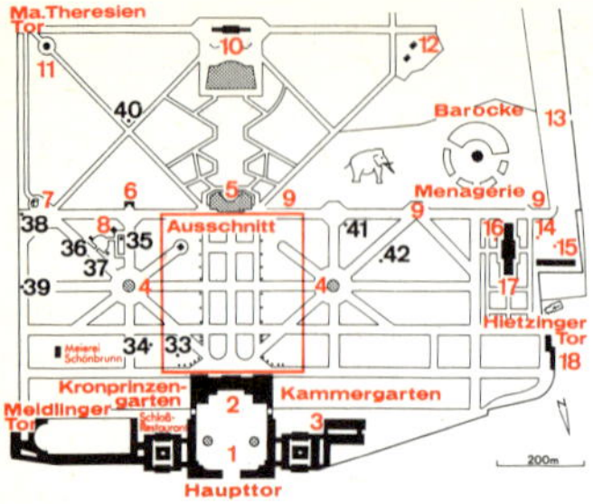

das *einzige noch bestehende Barocktheater Wiens*. Nach Plänen von *Nikolaus Pacassi* erbaut (Eröffnung 1747); Umbau durch *Johann Ferdinand Hetzendorf v. Hohenberg* 1767 (Ausstattung des Inneren mit reichem Rokokodekor und Deckenfresko). Hier dirigierten u. a. Joseph Haydn (1777) und Wolfgang Amadeus Mozart (1786). Seit 1919 öffentl. zugängl. (Besichtigung nur im Rahmen des Besuchs von Theateraufführungen), dient heute als Übungsbühne des Max-Reinhardt-Seminars und (während der Sommermonate) für Aufführungen der Wiener Kammeroper. **2** ***Hauptgebäude★*** Die äußere Erscheinung basiert (von obengenannten Veränderungen des Mitteltraktes abgesehen) auf dem *2. Entwurf Johann Bernhard Fischers v. Erlach*. 3gesch., breitgelagerter Bau mit großer Pilasterordnung und 5achsigem, 4gesch. Mittelrisalit. An der *Hoffassade* springen die Flügel 2mal stufenartig vor, 2teiliger Treppenaufgang bildet Zugang zur Großen und Kleinen Galerie im 1. Stock (über offener Durchfahrt in den Garten). *Gartenfront★* im Prinzip gleichgestaltet, Eckrisalite jedoch nur wenig vorspringend. Vom Durchgang (Foyer) links ***Schloßkapelle.*** Eingerichtet unter Joseph I. (um 1700), geringfügig umgestaltet unter Maria Theresia. Kirchenschiff durch korinthische Pilaster unterteilt, mit Stukkolustro ausgestattet, Tonnengewölbe mit Deckenfresko (›Verherrlichung Maria Magdalenas‹) von *Daniel Gran* (1744). In der Apsis Altarblatt im mittleren der 3 Marmoraltäre von *Paul Troger* (›Vermählung Mariä‹); Seitenaltäre der hl. Anna und dem hl. Johann v. Nepomuk geweiht, Bleiskulpturen (Mater dolorosa, hl. Johannes) von *Franz Kohl* (Schüler Georg Raphael Donners). ***Bergl-Zimmer*** Links vom Foyer aus zugängl. Räume. Komposition und Ausführung nach Intention Maria Theresias von *Johann Bergl* aus Böhmen, Schüler Paul Trogers (Temperamalerei 1769–77). Als Gartenappartements mit romantisch-exotischen Wandmalereien durch illusionist. Perspektiven und Stilisierung von Flora und Fauna Verbindung zum Park. In den Vitrinen Dokumente und Bilder zur Gesch. des Schlosses. Vom Ehrenhof aus Eingang zur **3** ***Wagenburg★*** des Kunsthist. Museums (ehem. Winterreitschule), *eine der größten Sammlungen hist. Prunk- und Gebrauchswagen*, Fahrzeuge des Wiener Hofes aus der Zeit von 1690 bis 1918 (u. a. Krönungskarossen, Leichenwagen, Reise- und Jagdwagen; in Vitrinen kostbare Schabracken und Reitzeuge). Zugang durch die rechten Arkaden. – Nach Durchschreiten des Foyers des Hauptgebäudes prächtiger *Blick auf das Gartenparterre* (abgeschl. durch Neptunbrunnen) und Gloriette, zu der 2 Serpentinenwege emporführen. Die strahlenförmig angelegten Wege geben in den Diagonalen Blick frei auf 2 Najadenbrunnen (**4** Plastiken von *Hagenauer*). **Schloßpark★** 1705/06 von *Jean Trehet* angelegt. Um 1750 entwarf *Jean Nicolas Jadot de Ville-Issey* den *Kammergarten* (rechts vom Hauptgebäude gelegener späterer Privatgarten Franz Josephs I. und seiner Gattin Elisabeth) und den *Kronprinzengarten* (links vom Hauptgebäude, ehem. Privatgarten für die Kronprinzen, zuletzt von Kronprinz Rudolf benützt, dessen Gemächer im östl. Flügel des Schlosses lagen; heute Schloßgärtnerei, nicht öffentl. zugängl.). Um 1765 nach Entwürfen von *Adrian van Steckhoven* und *Hetzendorf v. Hohenberg* Gesamtänderung nach franz. Vorbildern: geschnittene Baumwände, geometrisch angelegte Alleen und Teppichpflanzungen, Wandpartien, Akzente durch versch. Baulichkeiten: *Gloriette (→ 10), Neptunbrunnen (→ 5), Römische Ruine (→ 6), Obelisk (→ 7)* usw. Der Park südl. des Schlosses zunächst als Gartenparterre bis zum Neptunbrunnen, zieht sich dann den von der Gloriette bekrönten Hügel hinan; dahinter Fasangarten; abgegr. Teile: *Tiroler Garten* (→ 12) und *Botan. Garten* (→ 13). Am Rande des Gartenparterres links und rechts je 16 Steinskulpturen aus dem 18. Jh. (*siehe Detailskizze*), aufgestellt unter Gesamtleitung von *Wilhelm Beyer* (1781); die zugehörige Nummer jeweils an der rechten

›Schöner Brunnen‹

S

Sockelfläche der Statue ersichtlich. *1* Artemisia, um ihren Gatten Mausolos trauernd (Bildhauer Jakob Schletterer und Johann Baptist Hagenauer). *2* Calliope (Wilhelm Beyer). *3* Junius Brutus, vor Lukretias Leiche schwörend (Ignaz Platzer). *4* Ceres und Bacchus (Joachim Günther). *5* Aeneas, seinen Vater Anchises aus Troja rettend (Jakob Prokop). *6* Angerona, Göttin der Verschwiegenheit (Beyer). 7 Jason mit dem Goldenen Vlies (Beyer). *8* Aspasia, Gattin des Perikles (Beyer). *9* Omphale, Lydierkönigin, mit Löwenfell und Mantel des Herkules (Weinmüller). *10* Nymphe der Flora (Beyer). *11* Bacchantin (Beyer). *12* Apollo (Beyer). *13* Hygieia (Hagenauer). *14* Vestalin (Hagenauer und Leonhard Posch). *15* Paris als Hirte (Veit Kininger). *16* Hannibal nach der Schlacht bei Cannae (Hagenauer). *17* Meleager mit dem erlegten kaledonischen Eber (Beyer). *18* Merkur (Platzer). *19* Priesterin mit Opferschale (Weinmüller). *20* Sybilla Cumana (Vinzenz Lang und Hagenauer). *21* Aeskulap (Kininger). *22* Priesterin mit Opferkörbchen (Hagenauer). *23* Priesterin mit Opferkörbchen (Hagenauer). *24* Herkules im Dienste der Omphale (Platzer). *25* Perseus mit Schlangenhaupt der Medusa (Beyer). *26* Fabius Maximus Cunctator, röm. Feldherr (Hagenauer). *27* Flora (Beyer). *28* Raub der Helena durch Paris (Beyer). *29* Janus und Bellona (Beyer). *30* Mars und Minerva (Kininger). *31* Amphion mit Leier (Hagenauer). *32* Mucius Scaevola, röm. Held (Johann Martin Fischer). *In den Seitenalleen* weitere Skulpturen: *33* Olympia mit Sohn Alexander d. Gr. (Porträtähnlichkeit mit Kaiser Joseph II. und seiner Gattin Isabella von Parma!). *34* Bronzevase (→ 16). *35* Kybele (Beyer). *36* Cincinnatus, röm. Feldherr (Beyer). *37* Eurydike, Gattin des Orpheus (Beyer). *38* Röm. Matrone (Hagenauer). *39*

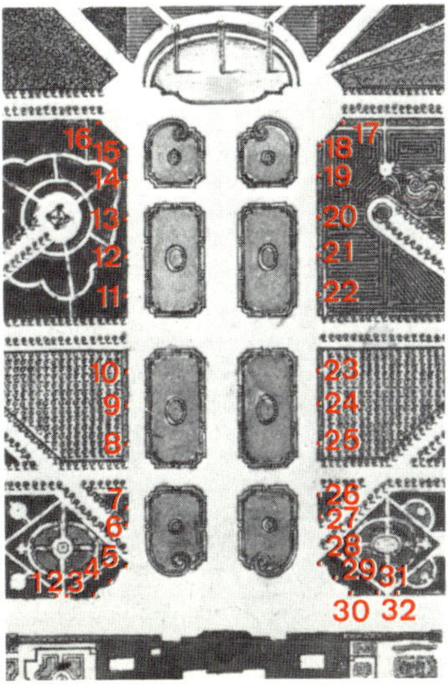

Gartenparterre mit Standort der Statuen

F. Waldmüller: Röm. Ruine im Schloßpark

Hesperia und Arethusa, Töchter des Riesen Atlas (Hagenauer). *40* Herkules mit Cerberus (Künstler unbek.). *41* Diana (Hagenauer). *42* Apollo als Sieger über einen Drachen (Hagenauer). **5** ***Neptunbrunnen*** Südl. Begrenzung des Gartenparterres, errichtet 1780. Mittelgruppe Steinskulpturen mit Motiv aus der griech. Mythologie (Thetis erfleht bei Neptun Hilfe für die Seefahrt ihres Sohnes Achilles), rossebändigende Tritonen und Najaden, Dekoration für Wasserspiele (Plastiken von *Franz Anton Zauner*). Die vor dem Neptunbrunnen verlaufende untere Querachse führt links zu: **6** ***Römische Ruine★***, Am Abhang des Gloriettehügels gelegene, 1778 von *Hetzendorf v. Hohenberg* errichtete romantische Ruinenanlage eines halb versunkenen Palastes; im verschilften Bassin Skulpturen der Flußgötter Elbe und Moldau (von *Hermann Bayer*). Am Ende der Querachse ***Kaskade mit Obelisk* (7)**, entworfen 1777 von *Hetzendorf v. Hohenberg*. Auf ehem. vergoldeten Schildkröten stehender ägyptischer Obelisk, Grotte mit Bassin als Unterbau, alleg. Steinskulpturen der Flußgötter Donau und Enns (von *Johann Christian Beyer* und *Benedikt Henrici*). Gegenüber der Röm. Ruine (→ 6) kl. grottenartiger Pavillon: ***Schöner Brunnen* (8)**. In seinem Inneren Statue der röm. Nymphe Egeria, aus Steingefäß Wasser spendend, das aus der Quelle am Berghang entspringt (Skulptur von *Johann Christian Beyer*). In der Querachse rechts vom Neptunbrunnen Eingänge zum ***Tiergarten* (9)** (Zoo). Bmkw. Anlage in Kreisform, von *Jean Nicolas Jadot de Ville-Issey* (1752), im 2. Weltkrieg schwer beschädigt, danach unter Entfernung von Veränderungen des 19. Jh. nach Entwürfen von *Michel Engelhart* wiederaufgebaut, teilw. Freigehege nach modernen Vorbildern ohne Gitter; Mittelpavillon von Jadot de Ville-Issey (1752), innen vertäfelt, Deckenbild von Vinzenz Fischer. Weitere Besichtigung führt zur ***Gloriette★* (10)**, zu der in Serpentinen links und rechts vom Neptunbrunnen breite Gehwege emporführen. Von hier Panoramablick auf die Schloßanlage und das Häusermeer von Wien. Die Gloriette 1775 von *Hetzendorf v. Hohenberg* als Abschluß der Parkanlage erbaut. Klassizist. Kolonnadenbau mit weit-

S

Schönbrunn: Palmenhaus

läufigen Stiegenaufgängen. Breitgelagerte offene Halle in Form eines 3bogigen Triumphtores mit seitl. 4bogigen Flügelbauten. Von der über Wendeltreppe erreichbaren Plattform *prächtige Aussicht*★. Bildhauerarbeiten von Benedikt Henrici, Trophäengruppen zu beiden Seiten von Hagenauer. Schwere Kriegsschäden (Ostflügel zerst.) 1947/48 behoben (Reste beschädigter Architekturteile östl. des Bauwerks im Park). Beiderseits der Gloriette die Obere Querachse. An ihrem Ende links die ***Kleine Gloriette* (11)**, Pavillon mit Wandgemälden und Deckenfresken (nach Entwurf von Nikolaus Pacassi?), erbaut wahrsch. von Hetzendorf v. Hohenberg (heute Buffet), rechts ***Tiroler Garten* (12)**, den Erzherzog Johann um 1800 anlegen ließ (Alpengarten mit seltenen Pflanzen und 2 Tirolerhäusern, heute Restaurant und Jausenstation). Im äußersten Westen des Schönbrunner Parks ***Botanischer Garten* (13)**, 1848 von Heinrich Schott angelegt; öffentl. zugängl. Hier *Modell des Reiterstandbildes Josephs II.* auf dem Josefsplatz (Wien 1) **(14)** von Franz Anton Zauner (aufgestellt 1808); **15** *Bronzebüste des Kaisers Franz I.*, im Auftrage Maria Theresias 1766 von Balthasar Ferdinand Moll; **16** *Bronzevase*, errichtet von Maria Karolina, Tochter Maria Theresias, und ihren Kindern. In unmittelbarer Nähe das ***Palmenhaus* (17)**, ein von Hofsekr. F. Segenschmid geplantes und von der Firma Gridl errichtetes Glashaus. 110 m lange, 28 m breite und 30 m hohe reine Eisenkonstruktion ohne Verwendung von Mauerteilen, Konstruktion überall sichtbar, doppelte Verglasung; bmkw. Beispiel früher Ingenieurbaukunst (err. 1882). Größte Sammlung an fremdländischen Pflanzen der dam. Zeit; in 3 versch. temperierten Abteilungen Raritäten aus allen Erdteilen. Die exotischen Pflanzen z. T. auf eigens hierfür entsandten Expeditionen beschafft. (Gegen Eintrittsgebühr zu besichtigen.) Beim Hietzinger Tor das ***Kaiserstöckl* (18)**, Mitte 18. Jh. erbaut, sommerlicher Wohnsitz der Außenminister der Monarchie (heute Postamt).

Schauräume★ Rokokoausstattung nach Entwürfen von Nikolaus Pacassi, J. Edl. v. Edlersberg, Isidor Canevale, Thaddäus Karner, Jean Pillement u. a. ***Rundgang:* 1** *Gardezimmer:* Raum der zum Schutz der Monarchen aufgestellten Leibgarde. **2** *Vorsaal* (Billardzimmer): Wartezimmer zu den Privataudienzen (Bez. nach dem hier aufgestellten Biedermeier-Billardtisch); Wandgemälde beziehen sich auf Stiftung des Maria-Theresien-Ordens. **3** *Nußbaumzimmer:* Audienzzimmer, Wandtäfelung aus Nußholz mit vergoldetem Zierat (1766), weißgoldener Prunkofen, echt vergoldeter geschnitzter Holzluster, Intarsienparkett (1890). **4** *Schreibzimmer Franz Josephs I.:* An den Wänden weiße Holztäfelung, mit tapezierten Feldern wechselnd. Gemälde: ›Kaiserin Elisabeth, 1863‹ und ›Kaiser Joseph I., 1708‹ von Franz Russ, ›Franz Joseph I. im Arbeitszimmer‹ von Franz v. Matsch. **5** *Schlafzimmer Franz Josephs I.:* Betont bürgerlich gehaltenes Interieur; der Kaiser in diesem Raum 1916 gest. Gemälde ›Huldigung der deutschen Fürsten 1908‹ und ›Kaiser Franz Joseph I. auf dem Totenbett‹ von Franz v. Matsch, ›Kronprinz Rudolf‹ von Hans Canon. **6** *Terrassenkabinett West:* Wände mit geblümtem Seidenbrokat, vergoldete Ornamentik an Decke und Wänden; über offene Terrasse Verbindung zum Valerietrakt. **7** *Stiegenkabinett:* Ostasiatischer Lackschrank (rechts), reiche Ausstattung mit Gemälden. **8** *Toilettezimmer:* Weiß getäfelt, mit altrosa Brokat tapeziert, zu den Gemächern der Kaiserin Elisabeth gehörend; an den Wänden Pastellbilder von Jean Étienne Liotard, den Maria Theresia an den Wiener Hof berufen hatte. **9** *Gemeinsames Schlafzimmer des Kaisers Franz Joseph I. und seiner Gattin Elisabeth:* Tapezierung mit blauer Seide (1854), Möbel aus Palisanderholz, Gemälde links über dem Betschemel von Guido Reni (›Maria mit Kind‹). **10** *Salon der Kaiserin Elisabeth:* Weiß-goldene Lambris, darüber Brokatbespannung an den Wänden, Pastellporträts der Kinder Maria Theresias von Jean Etienne Liotard. **11** *Marie-Antoinette-Zimmer:* Wände in mattem Weiß holzgetäfelt, kostbare Lackwandschränke, Gemälde links ›Erzherzogin Marie Antoinette‹, ›Erzherzogin Maria Josepha‹ (2. Gemahlin Josephs II.), ›Erzherzogin Maria Anna‹ und ›Kaiser Leopold II.‹ (alle von van Meytens oder aus seiner Schule, letzteres Kopie) sowie ›Kaiser Franz I. mit dem Orden vom Goldenen Vlies‹ (von Friedrich Amerling), rechts ›Kaiser Joseph II.‹ (Schule van Meytens) und über dem Palisanderschrank mit farbigen jap. Elfenbeinfiguren ›Maria Josepha‹. **12** *Kinderzimmer:* An den Wänden Porträts der Kinder Maria Theresias (von Martin van Meytens), Mobiliar mit feiner Intarsienarbeit, Porträtgemälde von Mitgl. des Kaiserhauses. **13** *Frühstückszimmer der Kaiserin Maria Theresia:* Weiß getäfelte Wände mit Golddekor, 24 Kartuschen mit Blumenbildern in Seidenstickerei auf gelber Seide unter Glas und in vergoldeten Rahmen eingelassen (Maria Theresia und deren Töchter dürften diese Stickereien selbst angefertigt haben); auf den Wandkonsolen ostasiat. Porzellan. **14** *Gelber Salon:* Hervorzuheben 2 Intarsienschränke mit chin. Motiven und Truhe mit plast. Lackarbeit; links Standuhr aus weißem Marmor mit vergoldeten Bronzen und napoleonischem Adler auf Alabasterkugel (Empire), Geschenk Napoleons III. (Werk von Ridel aus Paris; die Uhr zeigt Datum, Wochentag und Mondphase an). **15** *Balkonzimmer:* Heutige Ausstattung von 1854 (weiß-goldene Holztäfelung); an den Wänden Gemälde von einigen der 16 Kinder Maria Theresias (Schule van Meytens). Repräsentationsräume: **16** *Spiegelsaal:* Die in den Wänden eingelassenen Kristallspiegel gaben schon z. Zt. Maria Theresias dem Saal seine Bezeichnung; hier damals Vereidigung der Minister vorgenommen. **17** *Großes Rosa-Zimmer*★, **18–19** *Kleine Rosa-Zimmer:* Die Räume gehörten zu den Privatgemächern Kaiser Josephs I.; in die Wand eingelassene Gemälde von Josef Rosa im Gr. Zimmer idealisierte Landschaften aus Oberitalien und der Schweiz, links Ansicht der Ruine Habsburg im Aargau (1760–63), im 1. Kl. Zimmer Fluß- und Berglandschaften mit bukolischen Szenen (1762–65), im 2. Kl. Zimmer Landschaftsbilder (1763–69). **20** *Chin. Rundkabinett:* Urspr. Privatgemach Josephs I., 1760 Geheimkabinett bzw. ›Konspirationstafelstube‹ Maria Theresias; Geheimtreppe im Anschl. an diesen Raum erinnert an Staatskanzler Kaunitz, der in den oberen Etagen Gemächer besaß. Bes. Note durch ostasiat. Lackfüllungen (hergestellt aus Lackparaventtafeln). **21** *Kleine Galerie*★: Von Albert Bolla 1761 mit heraldischen und musikalischen Stuckmotiven geschmückter Saal, der für kleinere Diners des Kaiserhauses und für Cercles privés verwendet wurde; durch südl. Freitreppe Verbindung zum Park; schöner Blick auf Blumenparterre, Neptunbrunnen und Gloriette. Deckenfresko (das röm.-deutsche Kaisertum alleg. zum habsburgisch-lothringischen Erzhaus in Beziehung gesetzt) von Gregorio Guglielmi (1761); 2 Büsten aus Carraramarmor (Marie Antoinette und Maria Karoline, Töchter Maria Theresias). 3 Rundbogendurchgänge zur Großen Galerie (→ 41). **22** *Ovales chin. Kabinett:* Als Pendant zum Chin. Rundkabinett (20) konzipiert; zierliche Mittelrosette im Kuppelgewölbe, mattweiße Holztäfelungen, alternierend mit ostasiat. Lacktafeln in Goldmalerei. Auf Rokoko-Wandtisch Standuhr von P. Peuker (Wiener Arbeit). **23** *Rösselzimmer:* Auf Kupfer gemalte Pferdedarstellungen von Johann Georg v. Hamilton aus der 1. Ausstattung des Schlosses (1719–22); früher Spielzimmer. **24** *Zeremoniensaal:* Mattweiße Ausstattung mit vergoldetem Rocaillen- und Festonzierat, Decke mit vergoldeten Stuckornamenten, vergoldeter geschnitzter Kronleuchter; in die Wände eingesetzt Gemälde mit Goldrahmen von Martin van Meytens und seiner Schule: Feierlichkeiten im Hause Habsburg (Tauf- und Vermählungszeremonien, Investituren, insbes. Festivitäten anläßl. der Hochzeit Josephs II., 1760). **25** *Blauer chin. Salon* (ehem. Audienzzimmer der Regenten): Im 19. Jh. mit ›indianischen‹ Papiertapeten verkleidet; überwiegend jap. Mobiliar. In diesem Raum Übergabe der Regierungsgeschäfte durch Kaiser Karl I. 1918 (Ende der Monarchie). *Fremdenappartements (Gästezimmer):* **26** *Vieux-Laque-Zimmer*★: Privatgemach Maria Theresias, das sie nach dem Tode Franz Stephans (1765) bewohnte. Lacktafeln an den Wänden und in den Hohlkehlen der Decke sowie die 4 Supraporten aus Ostasien 1770 in wienerisches Rokoko eingefügt (Landschaften, Pagoden, florales Dessin in Goldmalerei); Fußboden mit Mittelrosette in Intarsienarbeit aus versch. farbigen Holzarten; Gemälde mit Darst. aus dem Kaiserhaus. **27** *Napoleonzimmer*★ (ehem. Schlafzimmer Maria Theresias): Mobiliar aus Nußholz; im Mittelpunkt Brüsseler Tapisserien aus dem 18. Jh. (›Szenen aus dem Soldatenleben‹ nach Kartons des Schlachtenmalers Hiacynth de la Pegna von Jacob van der Borcht), seit 2. Hälfte 19. Jh. in diesem Raum. Hier soll Napoleon 1805 und 1809 gewohnt haben, als er in Schönbrunn sein Hauptquartier hatte; später bewohnte der Herzog von Reichstadt den Raum. **28** *Porzellanzimmer* (ehem. Spiel- und Arbeitszimmer Maria Theresias): 213 blaue Tuschzeichnungen mit ostasiat. Motiven (einige davon Kopien nach Bildern von François Boucher und Jean Baptiste Pillemont, ausgeführt von Kaiser Franz I. und den Erzherzoginnen, 1765); Lüster und Standuhr aus Meißner Porzellan (1812), echtes Porzellan und blau-weiße Porzellanimitationen in Form von lackierten Holzgirlanden als Wandschmuck. **29** *Millionenzimmer*★: Intimer Salon Maria Theresias, ehem. Feketinzimmer ben. (nach der seltenen Holzart Ficatin aus Guayana und den Antillen, aus der die

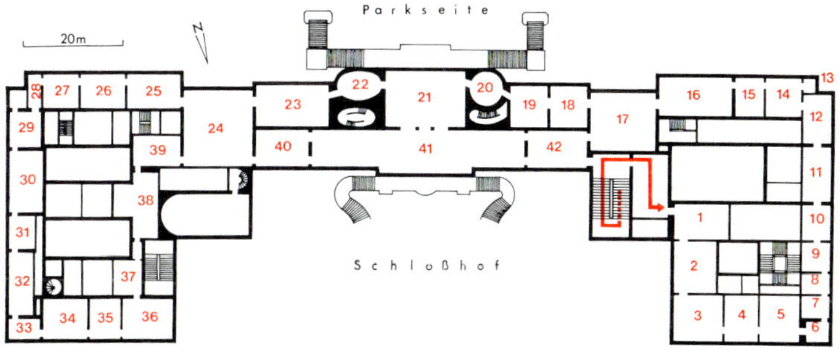

S

Wandtäfelung hergestellt ist); *Dokumentation reinsten Rokokos*, um 1760 (die kostbaren Materialien, die hier verarbeitet sind, gaben dem Raum seinen Namen). In die braune Wandtäfelung mit vergoldeten Rocailleornamenten 60 symm. und asymm. reich vergoldete Kartuschen eingefügt, unter Glas 260 Einzelbilder indischer Miniaturen mit Deckfarbenmalereien und Goldauflagen auf Pergament aus versch. Schulen (um 1627). Kamin mit Prunkuhr, netzförmiger Intarsienfußboden aus versch. Holzarten, reich geschnitzte vollplast. Rokokositzgarnitur. **30** *Gobelinsalon:* Audienzsalon mit 3 Brüsseler Tapisserien, 18. Jh., (niederländ. Volksszenen), bis 1850 in der königl. Burg in Ofen; Pendant dazu gewebte Bilder auf Sitz und Lehne der 6 Fauteuils (12 Monate); weißgoldener keramischer Ofen mit Rokokodekor, Intarsienfußboden, Rokoko-Wandtische. Schöner Ausblick auf den Kronprinzengarten. **31** *Gedenkzimmer* (ehem. Bibliothek): Der Erinnerung an den *Herzog von Reichstadt* gewidmet; in der Mitte dessen Totenmaske von Franz Klein (Kopie des Originals in Paris), links Gemälde des 5jähr. Herzogs. **32** *Roter Salon* (ehem. Bibliothek): Bmkw. Supraporten und Stuck in den Gewölbezwickeln. **33** *Terrassenkabinett Ost:* Wandmalereien von J. Zagelmann (1775, erst vor einigen Jahren unter der Wandverkleidung entdeckt und 1967 restauriert); Deckenfresko als Scheinarchitektur (Durchblick in einen Himmel mit spielenden Putten), kostbarer Konsoltisch mit Kupferplatte in Treibarbeit. *Suite für Erzherzog Franz Karl:* **34** *Geburtszimmer Kaiser Franz Josephs I.:* Weiß-goldenes Mobiliar, in Weiß gehaltener Deckenstuck oberhalb der 3 Supraporten mit weibl. Figuren aus der Mythologie; links Kopie von Tizians ›Kirschenmadonna‹ (von Maradoni). **35** *Schreibzimmer Erzherzog Franz Karls:* Kl. Gemäldegalerie der Familienmitglieder des Hauses Habsburg. **36** *Salon Erzherzog Franz Karls:* Dominierend 4 lebensgr. Gemälde von Martin van Meytens, auf Postamenten 2 Marmorbüsten von Le Roy aus Paris (1770), weißgoldener Kachelofen, Kronleuchter mit schwerem Kristallglasbehang. *Nebenräume:* **37** *Wildschweinzimmer,* **38** *Durchgangszimmer,* **39** *Maschinenzimmer* (erinnert an Maschinerie eines Personenaufzugs für Maria Theresia, heute Lastenaufzug). *Repräsentationsräume:* **40** *Karussellzimmer:* ›Anticamera‹ im Sinne des Hofzeremoniells, Bez. nach dem Gemälde ›Karussell‹ von Martin van Meytens, das sich bis Mitte 19. Jh. im Billardzimmer befunden hatte. **41** *Große Galerie*★: Über 11 Achsen reichender Repräsentationssaal (›Anticamera‹ vor den Audienzräumen), der sich zur Gartenseite in die Kl. Galerie (→ 21) öffnet; bildet den architekt. und funktionellen Mittelpunkt des Schlosses, Rahmen für Festtafeln, Festlichkeiten und Ballveranstaltungen der Monarchie (seit 1955 für Galaempfänge der Bundespräsidenten). Innenarchitektur (1702) von Albert Bolla (kannelierte Pilaster mit

Schönbrunn: Große Galerie

Akanthuskapitellen, vergoldete Wandornamente mit Motiven aus der Heraldik). Deckenfresken von Gregorio Guglielmi (1760; das östl. Kopie nach Kriegszerst.): Österreich im 7jähr. Krieg (1761), Allegorie auf die Kronländer und ihre Reichtümer, Werke des Friedens. In der Mittelwand korrespondierend zu den Fensterachsen Kristallspiegel, unterbrochen durch 3 Rundbogendurchgänge in die Kl. Galerie; rechts Ausgänge über die nördl. Freitreppe zum Schloßhof. **42** *Laternenzimmer:* Vorsaal der Großen Galerie. ***Besichtigung*** der Schauräume (nur mit Führung!) 1.10.–30.4. tgl. 9–12 und 13–16 Uhr; 1.5.–30.9. tgl. 9–12, 13–17 Uhr.

SCHÖNLATERNGASSE 1

Schmale, einen Winkel bildende Gasse von der Postgasse zur Sonnenfelsgasse, in einem der ältesten Viertel der Inneren Stadt, weist eine Reihe bedeutender alter Gebäude auf. Gassenname nach dem Haus ›Zur schönen Laterne‹ (Nr. 6), deren Besitzer einst dem nahegelegenen Heiligenkreuzer Hof (Nr. 5) Abgaben zu leisten hatte. Noch im 17. Jh. daher Bez. ›Beim Heiligenkreuzer Hof‹ oder ›Heiligenkreuzer Gasse‹.

SCHÖNLATERNGASSE 4 1

Wohnhaus 5gesch. Bau 2. Hälfte 17. Jh., an der Ecke charakteristischer, über dem Erdgeschoß auf Konsolen aufliegender *Runderker* über alle Stockwerke. *Fassade* mit Putzfeldern in üblicher Gliederung. ***Bedeutung:*** Eines der wenigen in Wien erhaltenen Häuser dieses Typs.

SCHÖNLATERNGASSE 5 1

Heiligenkreuzer Hof Anfänge des Hofes bisher nicht einwandfrei erforscht; dürfte jedoch aus mehreren Häusern entstanden sein, die das Stift Heiligenkreuz in der 1. Hälfte des 13. Jh. erwarb und die im 16. Jh. bereits zu gr. Baukomplex vereinigt waren. ***Äußeres:*** Der Hof besteht aus dem eigentl. *ehem. Stiftshof* (mit *Prälatur* und *Kapelle*) und einem *Mietshaus.* Neuere Untersuchungen deuten darauf hin, daß die unter der Prälatur gelegenen, an das Haus Schönlaterngasse 7 angr. Kellergewölbe viell. in das 12. Jh. zurückreichen. Gesichert im nordöstl. Bereich Bauteile aus dem Anfang des 13. Jh. (ein ziemlich vollständig erhaltenes *romanisches Haus* mit 4 Geschossen und Gurten- und Kreuzrippengewölben). Daran anschl. mittelalterliche Räume (Umbauten 14.–16. Jh. deutlich erkennbar) 1547 zu einem Baublock zusammengeschlossen. Eigentlicher Schöpfer des Heiligenkreuzer Hofes war Abt Clemens Schäffer. Ließ die seit langem bestehende *Kapelle des hl. Bernhard* neu erbauen (Einweihung 1662) und 1659–76 auch ausgedehnten, fast die gesamten Hofräumlichkeiten erfassenden Umbau zum Mietshaus durchführen (*Wandbrunnen* im gr. Hof mit Stiftswappen, Inschrift ››ACS (= Abt Clemens Schäffer) 1670‹‹, und darüber stehender Statue des hl. Bernhard, Inschrift im Hof 1676, Chronogramm am *Hofportal* 1677). *Heutiges Aussehen* der Gesamtanlage erst seit 1746. Anschließend das ›Zuhaus‹ erbaut (1754); hier 1768 vorübergehend Graveurakademie (1786 Transferierung nach St. Anna). Fassade in der Schönlaterngasse 1769–71 erneuert. (Aufstockung). Arkadenhof, Fassaden gegen den großen Hof, Trakt in der Schönlaterngasse mit Portal und reichverzierten Fenstern (Zopfdekor). Der Stiftshof zählte prominente Personen zu seinen Bewohnern: 1707 starb hier (nach 24jähr. Aufenthalt) Kardinal *Leopold Graf Kollonitsch,* 1745 der Maler *Martino Altomonte* (der hier seinen Lebensabend verbracht hatte; er zahlte zwar Miete und mußte ein Fresko kostenlos malen, durfte jedoch am Tisch des Abtes speisen), 1862 der Schriftsteller *Ignaz Franz Castelli* (u. a. auch Begründer des Wiener Tierschutzvereins). **Bernhardskapelle** In der Südostecke des Hofes gelegen (schwer zugängl.). Anstelle einer abgetragenen Kapelle aus dem 17. Jh. von Abt Robert Leeb in heutiger Gestalt errichtet (um 1730). Bei dieser Gelegenheit auch *Prälaturgärtchen* angelegt (Gartenmauer mit Skulpturen aus der Werkstatt Giovanni Giulianis, 1729). *Portal* (bez. 1662 bzw. 1730) mit Büste des hl. Bernhard und Putten von Giuliani (1729). ***Inneres:*** *Hochaltar* mit Bild ›Maria erscheint dem hl. Bernhard‹ von Martino Altomonte (1730), und 2 Figuren des hl. Leopold und des hl. Florian von Giuliani (um 1732). Am *linken Seitenaltar* ›Hl. Josef mit dem Jesuskind‹ (Werkstatt Giulianis, um 1732), am *rechten Seitenaltar* ›Hl. Anna unterrichtet Maria‹ (von Giuliani, um 1732). Ornamentale *Deckenfresken* von Antonio Tassi. ***Bedeutung:*** Malerische Erscheinung eines bis in die Zeit der Romanik zurückreichenden Hofes inmitten eines der ältesten Stadtviertel Wiens. Türmchen gibt der Gasse interess. Blickpunkt.

SCHÖNLATERNGASSE 6 **1**
Wohnhaus ›Zur schönen Laterne‹ Baukern 16. Jh., Umbau um 1680. 4gesch. Haus mit Grabendach; Fassade mit typ. Putzfeldern in Rastersystem, 1972 durch Kulturamt der Stadt Wien in barocker Farbgebung (2 Grautöne) restauriert, dabei 2 verborgene Wandbilder freigelegt. Die alte Hausbez. ›Zur schönen Laterne‹ (Hausschild gab Gasse Namen) bezieht sich auf eine schöne schmiedeeiserne Laterne (18. Jh., Original im Hist. Museum der Stadt Wien); 1972 eine von *Josef Schmirler* geschaffene und in die Obhut der Stadt Wien übergebene Kopie angebracht (dar. Gedenktafel).

SCHÖNLATERNGASSE 7 **1**
Wohnhaus ›Zum Basilisken‹ (Basiliskenhaus) Gotischer Baukern 13. Jh. (Mauern im Keller), Umbau 17. Jh., Fassade 1740, Hoftrakt 18. Jh. 4gesch. Gebäude mit Mansardendach, Fensterrahmen des 17. Jh. den gotischen Fenstern vorgelegt, unter den Fenstern ornamentale Putzfelder. 1. Erwähnung des Hauses (Wolfgang Lazius 1546) mit Sage verknüpft, daß am 26. Juni 1212 im Hausbrunnen des Bäckermeisters Martin Garhiebl ein unbek. Tier entdeckt worden sei, dessen giftiger Atem die Menschen bedroht habe; es sei schließlich als ein Basilisk (Kreuzung zwischen Hahn und Kröte!) identifiziert worden; wahrsch. handelte es sich um giftige Erdgase. In einer *Nische der Hausfassade* tierähnliche Ausformung eines Sandsteinkonglomerats als Hauszeichen angebracht, darunter malerische Darst. der Sage.

SCHÖNLATERNGASSE 7a **1**
Wohnhaus Gotischer Baukern, Umbau 16./17. Jh. 4gesch. Gebäude mit Giebeldach (Bodentüre) auf schmaler mittelalterlicher Parzelle. Einfache Fensterrahmen mit gerader Verdachung. In diesem Haus wohnte 1838/39 während seines Wiener Aufenthaltes *Robert Schumann* (Gedenktafel).

SCHÖNLATERNGASSE 8 **1**
Wohnhaus Alter Baukern, Umbau 1768 durch *Peter Mollner,* adaptiert 1856. 4gesch. 7achsiges Gebäude mit gutgegl. Fassade (Plattendekor bei Fenstern, Gesims zwischen 1. und 2. Stock über einzelnen Fenstern dekorativ aufgebogen).

SCHÖNLATERNGASSE 9 **1**
Wohnhaus Alter Baukern, Umgestaltung und Aufstockung 1799 durch *Peter Mollner* 5gesch. 5achsiges Gebäude, gutgegl. Fassade mit Plattendekor. ***Alte Schmiede*** (Begegnungszentrum) mit ›Libresso‹, einer Mischung aus Wr. Kaffeehaus und Literatur in Form einer speziell österr. Buchhandlung, ›Literarischem Quartier‹ für Lesungen und Gespräche, Alt-Wr. Weinkeller und Restaurant; eine im Haus befindliche, außer Betrieb gesetzte alte *Schmiedewerkstätte* mit allen Gerätschaften und Werkzeugen wurde original belassen. (Mo bis Sa 10–18 Uhr.)

SCHÖNLATERNGASSE 11 1
Alter Jesuitenhof In der 1. Hälfte 18. Jh. aus 6 kleinen Häusern zusammengebaut, 5gesch. mit schlichter Fassade; über dem Haustor Ölbild der Muttergottes, im Hof vermauerte Arkaden. In einem der alten Häuser urspr. die bekannte zur Universität gehörige Lilienburse, eine Studentenunterkunft.

SCHOTTENGASSE 2 → Freyung 6

SCHOTTENGASSE 3–3a 1
Melker Hof 1438 erwarb Stift Melk Haus des Andre Dietram, Kern des noch heute bestehenden Hofes. 1514 Kapelle geweiht. 1631 der Hof im Zuge einer Erweiterung mit 1 größeren und 1 kleineren Turm versehen. Nach nochmaliger Vergrößerung (1770) schuf Baumeister *Josef Gerl* bis 1774 aus allen Objekten den nunmehr sehr ansehnl. Melker Hof. ***Beschreibung:*** Frühklassizist. Hauptfassade mit 2 Portalen, oberstes Stockwerk 1862 hinzugefügt. ***Kapelle*** 1510 erbaut und 1514 durch Bischof Georg Slatkonia *den hll. Leopold und Koloman* geweiht. Nach Umbau des Melker Hofes Weihe *Mariä Himmelfahrt. Hochaltar* mit Bild ›Mariä Himmelfahrt‹ von Martin Johann Schmidt (›Kremser Schmidt‹, 1773), *linker Altar* mit Bild ›Marter des hl. Koloman‹ von M. J. Schmidt (1773), *rechter Altar* mit Bild ›Sterbender hl. Benedikt‹ von M. J. Schmidt (1773). Beim Hochaltar Skulpturen des hl. Petrus und des hl. Paulus (in der Art des Johann Georg Dorfmeister), zwischen Hochaltar und linkem Altar ein lebensgr. *Holzkruzifixus*★ von bes. Bedeutung (urspr. in der Ruprechtskirche), datiert um 1170/80, eine der ältesten Holzschnitzarbeiten Wiens. *Deckenfresko* ›Glorie der Himmelskönigin‹ von Johann Wenzel Bergl. Architektonisch gehört die Kapelle dem Rokokostil an, ebenso das Schnitzwerk der Altäre und die Skulpturen beim Hochaltar. *Sakristei:* Decken- und Wandgemälde von Bergl, Altar (17. Jh.) mit Bild ›Schmerzhafte Muttergottes‹ von Karl Kollonitsch (1. Hälfte 18. Jh.). *Zugang zur Kapelle:* 6. Stiege, 1. Stock (nur während der Sonntagsmesse zu besichtigen).

SCHOTTENRING 16 1
Börse Erbaut von *Theophil v. Hansen* 1874–77 (nach 1868 ausgearbeitetem Entwurf), Mitarbeit von *Karl Tietz.* Wiederherstellung nach Kriegsschäden 1947–50. ***Beschreibung:*** Allseitig freistehender, reichgegl. Baublock in an röm. Bauten erinnernden Formen. Erhöhter risalitartiger Mittelbau mit Rustikaquadersockel, Freitreppe und 2 vorgelegten freistehenden Säulenordnungen übereinander. Haupttrakt mit schwerer Attika (Reliefschmuck), darüber 2 Balustraden (ehem. figurenbesetzt), niedrigere Seitenflügel, von Eckrisaliten um 1 Stockwerk überragt (›Laternen‹). Mauern teilw. mit roten Tonplatten verkleidet. Plast. Schmuck von *Vinzenz Pilz* (Neptun im Triumphwagen; Schottenring) bzw. *Alois Düll* (Zeus und Neptun; Börseplatz), alle anderen Plastiken verloren. Nach dem 2. Weltkrieg auch für Verkaufsausst. verwendet; dabei 1956 durch Großbrand stark beschädigt (der gr. Börsensaal mit kunstvoller Kassettendecke vollst. vernichtet). Wiederaufbau 1957–59 nach Plänen von *Erich Boltenstern* (anstelle des Saales seither Innenhof).

SCHOTTENRING 30 1
Ringturm Nach Plänen von *Erich Boltenstern* 1953–55 für die Wiener Städt. Wechselseitige Versicherung errichtetes 20gesch. Bürohochhaus in städtebaulich markanter Lage (Einmündung der Ringstraße in den Franz-Josefs-Kai). Sitz der Generaldirektion der Wiener Stadtwerke. Das Gebäude von Wetterleuchtturm überragt, der auf elektron. Weg von der Zentralanstalt für Meteorologie und Geodynamik auf der Hohen Warte gesteuert werden kann und mittels Lichtzeichen die Wettervorhersage für den nächsten Tag signalisiert.

SCHREYVOGELGASSE 6 1
Wohnhaus Erbaut 1771, adaptiert 1810, 4gesch. Gebäude mit hübscher klassizist. Fassade, Bänderung; Flachgiebel im 1. Stock, runden Blendgiebeln im 2. Stock.

SCHREYVOGELGASSE 8 (Mölkersteig 2) 1
Wohnhaus Erbaut 3. Viertel 18. Jh., 2stöckiges Gebäude mit hübscher spätbarocker Fassade, geschwungene Fensterbekrönungen, im 2. Stock vergoldetes Hauszeichen ›Auge Gottes‹.

SCHREYVOGELGASSE 10 (Mölkersteig 1) 1
Sog. Dreimäderlhaus Am Aufgang zur (in Resten erhaltenen) Mölkerbastei gelegenes Haus, Fassade 1803 (saniert 1950). 2gesch. Gebäude mit hübscher Giebelfassade, die für das Stadtbild bedeutsam ist. Spätjosephinische Fassade mit reicher Dekoration im Zopfstil, hübsches Portal, Madonnenbild in Rahmen. Fälschlich mit Franz Schubert in Verbindung gebracht, wobei auf dessen angebl. Romanze mit 3 Töchtern des Glaser-

›Dreimäderlhaus‹

meisters Franz Tschöll, Hannerl, Hederl und Heinderl, Bezug genommen wird.

SCHUBERTPARK 18
Ehem. Währinger Ortsfriedhof Der von der Pfarre Währing 1769 auf ansteigendem Gelände zwischen der heutigen Währinger Straße, Karl-Beck-Gasse und Schulgasse errichtete Friedhof 1925 nach zahlreichen Exhumierungen als ›Schubertpark‹ öffentl. zugängl. Als kostbarste Erinnerungen an den aufgelassenen Friedhof bestehen die beiden urspr. Begräbnisstätten Ludwig van Beethovens und Franz Schuberts (durch den Wiener Schubertbund wiederhergestellt). Spätbarockes Friedhofskreuz (Ende 18. Jh. vom alten Nikolaifriedhof auf der Landstraße hierher übertragen) noch heute Zierde des ›Gräberhaines‹ vom alten Friedhof. Die sterbl. Überreste der beiden gr. Komponisten bereits 1888 in Ehrengräber auf den Zentralfriedhof überführt.

SCHULERSTRASSE 1
Zu den hist. bedeutsamen Straßen Wiens auf dem Boden der babenbergischen Stadterweiterung zählen Gr. und Kl. Schulerstraße. Name geht in die Zeit vor 1300 zurück, kann also nicht von der erst 1389 gegr. Juristenschule abgeleitet worden sein. Sicherlich jedoch Zusammenhang mit der in der Nähe gelegenen Bürgerschule zu St. Stephan (nachweisbar seit 1237) oder mit der (allerd. erst 1327 urkundl. belegbaren) Kantorei (Singschule) bei St. Stephan. Die Große (auch Vordere) Schulerstraße entspricht der heutigen Schulerstraße, die Kleine (auch Hintere) Schulerstraße hingegen der heutigen → Domgasse.

SCHULERSTRASSE 2 → Stephansplatz 5

SCHULERSTRASSE 6 (Domgasse 3) 1
Zum grünen Baum Zum kleinen Bischofshof (→ Domgasse 6) gehöriges Benefiziathaus aus dem 17. Jh., 3gesch. Gebäude mit glatter Fassade und barockem Tor (mit Wappen).

SCHULERSTRASSE 7 (Wollzeile 12) 1
Mädelspergerhof Durchhaus von der Schulerstraße zur Wollzeile, benannt nach der Familie Mädelsperger, die 1637 das früher hier stehende Haus erwarb. 1797 Besitz des Großhändlers Adam Albert Edl. v. Henikstein, der 1800–12 Neubau errichten ließ. ***Beschreibung:*** 5gesch. Gebäude mit großzügig gegl. Fassade, horizontalen Gesimsen und Mäanderband über 1. Stock; im Hof Brunnen mit Porträtbüste Henikssteins. Trakt Schulerstraße in alter Form erhalten, in der Wollzeile nach Kriegszerst. Neubau.

SCHULERSTRASSE 8 → Domgasse 5

SCHULERSTRASSE 10 → Domgasse 7

SCHULERSTRASSE 16 → Grünangergasse 1

SCHULHOF 1
Urspr. Bez. für heutigen Judenplatz, auf dem sich Synagoge, jüdische Schule und Kantorhaus befanden. Als einige Jahre nach der Vertreibung der Juden 1421 der Name ›Judenplatz‹ aufkam, die Bez. ›Schulhof‹ auf den ehem. Friedhof der Karmeliter übertragen.

SCHULHOF 2 1
Ehem. Palais Obizzi Heute *Uhrenmuseum der Stadt Wien* (Hist. Museum → S. 24). Vermutl. hier bereits im 11. Jh. kl. Häuschen; beim Hausbrunnen noch heute steinerner Trog aus der Römerzeit. Die eigenartige Grundrißform des Hauses, der örtlichen Situation und den alten Häusern der ›Kurrenten‹ (Steueraufseher z. Zt. Kaiser Leopolds I., die hier ihre Quartiere hatten; vgl. die nahegelegene Kurrentgasse!) anpaßte, trug ihm später Bez. ›Harfenhaus‹ ein. 1580 Besitz der Gräfl. Starhembergschen Familie, 1690 vom Kommandanten der Stadtguardia, Oberstlieutenant *Ferdinand Marchese von Obizzi*, erworben, der das 3. Stockwerk aufsetzte, die Giebelseite der Mansarde mit charakterist. Voluten und barocken Schneckenrollen versah und Innenausstattung erneuerte. 1901 erwarb das Gebäude die Gemeinde Wien in der urspr. Absicht, die Passage zu verbreitern, jetzt wertvolle Uhrensammlung Professor Rudolf Kaftans hier untergebracht. Das 1921 eröffnete Uhrenmuseum Teil des Hist. Museums der Stadt Wien, zählt zu den größten Spezialsammlungen dieser Art. ***Beschreibung:*** 4gesch. Gebäude auf schmal zulaufendem Grundriß, zwischen 2 sich gabelnden Gassen, durch seine 1achsige Giebelfront neben dem Chor der Kirche. Am Hof für das Stadtbild v. bes. Bedeutung. Giebelaufsatz mit Voluten, darüber Fenster mit Rundöffnung und Segmentgiebelabschluß; Ortsteine und ornamentale Parapeten unter den Fenstern betonen die Vertikale. ***Rundgang durch das Museum:*** *Hausflur* Mächtiges eisernes Zifferblatt von der Mariahilfer Kirchenuhr, gegenüber Zeiger der Turmuhr des Wiener Rathauses. ***Erstes Stockwerk*** *Raum 1:* Turmuhrzimmer, u. a. Turmuhr von St. Stephan, Turmuhrwerk vom Alten Rathaus in der Wipplingerstraße (um 1750). *Raum 2:* Eiserne und hölzerne Wanduhren, u. a. gotische Standuhr mit Schlagwerk (Stil 16. Jh.), eiserne Wanduhr mit holzgeschnitzter Zifferblattumrahmung (1563), eiserne Laternuhr mit beweglicher Zifferblattfigur (um 1600). *Raum 3:* ›Goldenes Zimmer‹ (Renaissanceuhren), u. a. trommelförmige Tischuhr mit aufgesetztem Weckerwerk (um 1540), Dosen-Halsuhr (um 1550), sog. ›Nürnberger Eierlein‹ (um 1680), Bergkristalluhr (um 1700), türmchenförmige Renaissanceuhren (meist 17. Jh.), Kruzifixuhr (um 1610), Monstranzuhr (um 1630). *Raum 4:* Barockuhren, u. a. Bodenstanduhren, Kommodenstanduhren, frühe Taschenuhren (Vitrine), astronomische Kunstuhr des Paters Cajetano (1769). *Raum 5:* Ebner-Eschenbach-Zimmer,

S

Taschenuhren mit Emailmalereien (meist 1790–1810). Viele der Uhren aus der einst viel größeren Uhrensammlung der Dichterin Marie von Ebner-Eschenbach (1830–1916). *Raum 6:* Klassizistik- und Empireuhren, u. a. signierte Empireuhren aus Wien (um 1800), Sägeuhr (um 1790), großkalibrige Taschenuhren (mittlere Rundvitrine), die auf der Fahrt mit der Postkutsche in der Reisetasche mitgeführt wurden, Satteluhren (für den reitenden Kurier), Reise-, Wagen- und Kutschenuhren (18. Jh.). *Raum 7:* Japan. Meßinstrumente (Zeitmesser, Reiseuhr, Standuhr) und holländisch-friesische Wanduhren. ***Zweites Stockwerk*** *Raum 1:* Astronomisch-chronologischer Mechanismus (um 1815), Goldrahmenuhren. *Raum 2:* Biedermeierzimmer, u. a. Stockuhren, Pendeluhren, Bodenstanduhren, Laterndluhren (der im Oberteil vorkragende verglaste Kastenaufsatz erinnert an eine Laterne), Zappler (Miniatur-Standuhren, in der Eckvitrine), Bilderuhren (dar. Altstadt Wien, Alte Kirche in Hietzing). *Raum 3:* Taschenuhrenzimmer (250 ausgewählte Stücke). *Raum 4:* Historismus, u. a. Neugotik, Neorenaissance (Bodenstanduhr, Majolika-Porzellan-Bodenstanduhr, Bergwerksuhr). ***Drittes Stockwerk*** *Raum 1:* Große Kunstuhr von Franz Zajicek (1873). *Raum 2:* Automatenwerke und Spieluhren. *Raum 3:* Schwarzwälder-Holzuhren. *Raum 4:* Seltene Kunstwerke und mechan. Raritäten, u. a. Chronoglobion (Weltall im Kleinen), Quarzchronometer, Werdegang des Selbstaufzugs, elektr. Armbanduhren und ›mysteriöse‹ Uhren (ohne leicht erkennbaren Antrieb oder Aufzug). Wissenschaftliche (nicht öffentl.) Bibliothek.

SCHULHOF 4 (Kurrentgasse 3) **1**
Wohnhaus Erbaut 1728 in der *Art des Johann Lukas v. Hildebrandt.* 5gesch. Gebäude (oberstes Geschoß später zugebaut) mit sehr guter Fassade, geschwungenen Fensterbekrönungen mit Bandelwerk und ornamental ausgestalteten Fensterparapeten. Prächtiges *Portal* mit Atlanten auf kannelierten Säulenstümpfen, darüber steinerner Balkon mit seitlichen Vasen. Im Hof hübscher Brunnen. Schönes barockes Stiegenhaus.

SCHULHOF 6 (Parisergasse 2) **1**
Wohnhaus Erbaut 2. Viertel 18. Jh. 5gesch. Gebäude, flach reliefierte Fassade mit flachen Wandlisenen, Bänderung, versch.artigen, vertikal geordneten Fensterumrahmungen mit Voluten-Giebeln und Plattendekor. Schönes *Portal* mit Kielbogenabschluß auf schräggestellten Pilastern. Am Schulhof in Wandnische *gotische Madonna* (15. Jh.). Heute Sitz des Tierschutzvereins. ***Bedeutung:*** Stilist. Verwandtschaft zu Bauten des Franz Anton Pilgram, typ. Architektur der Hildebrandt-Nachfolge.

SCHULTERGASSE 5 (Jordangasse 5) **1**
Ehem. Sternhof Älterer Baukern, 1782 umgebaut. 5gesch. Gebäude mit 10 bzw. 7 Achsen, gut gegl. reich geschmückte Fassade mit Bänderung und Fensterbekrönungen im Plattenstil. Benannt nach ehem. Besitzer Georg Stern (1612–20), Hauszeichen vergoldeter Stern; zwischen 1. und 2. Stock *Porträtmedaillon von Johann Bernhard Fischer v. Erlach* (mit Gedenktafel). Fischer hatte im dam. Haus gelebt und ist hier am 5. April 1723 gest.; seit 1803 wohnte im umgebauten Haus Johann Nestroy während seiner Jugendjahre.

SCHWARZENBERGPLATZ **1, 3, 4**
Im Zuge der Stadterweiterung (1857) entstandene Platzanlage, in deren Zentrum Denkmal für Feldmarschall Karl Fürst Schwarzenberg Aufstellung finden sollte. Als Ernst Julius Hähnel Auftrag für das Denkmal übernahm, wünschte er möglichst einheitl. architekt. Umrahmung. Das Innenministerium schloß sich dieser Überlegung an und forderte für die 4 Ecken des zwischen Ringstraße und Lothringerstraße liegenden Platzteiles dominante Eckbauten *(Schwarzenbergplatz 1, 3, 15 und 17),* zwischen denen die mittleren Gebäude *(Schwarzenbergplatz 2 und 16)* um 4 Klafter zurücktreten sollten. Während des 2. Weltkrieges diese architekt. Konzeption durch Vernichtung des Eckhauses Schwarzenbergplatz 3 wesentl. beeinträchtigt.

SCHWARZENBERGPLATZ **1**
Schwarzenberg-Denkmal Reiterstandbild aus Bronze für Feldmarschall Karl Philipp Fürst Schwarzenberg, Oberbefehlshaber der verbündeten Hauptarmee gegen Napoleon I. in der Völkerschlacht bei Leipzig 1813, von *Ernst Julius Hähnel* (1867). ***Beschreibung:*** Innerhalb einer Umrahmung aus Pfeilern und Ketten Kolossalsockel, vorn mit Inschrift (Bezug auf den Sieg bei Leipzig), darauf Reiterstatue.

SCHWARZENBERGPLATZ **3**
Befreiungsdenkmal Errichtet zur Erinnerung an die Befreiung Wiens durch die Rote Armee im April 1945 und zu Ehren der im Kampf um Wien gefallenen Rotarmisten. Entwurf von Major Jakowiew, Skulpturen von Leutnant Intazarin, Gesamtleitung Major Ing. Schönfeld. Das am 19. August 1945 enthüllte Denkmal am selben Tag der Gemeinde Wien übergeben, die sich verpflichtete, das Denkmal instandzuhalten, zu bewachen und notfalls zu restaurieren. ***Beschreibung:*** Sockel mit 3 Stufen, auf 20 m hohem Pfeiler 12 m hohe Statue eines Rotgardisten mit Fahne in der Hand. Im Hintergrund 8 m hohe halbkreisförmige Balustrade, an den Enden je eine Gruppe von 2 Kämpfenden.

SCHWARZENBERGPLATZ **3**
Hochstrahlbrunnen Anläßl. der Vollendung der 1. Wiener Hochquellenwasserleitung von *Anton Gabrielli* errichtet und am 24. Oktober 1873 in Betrieb gesetzt. Gabrielli hatte von seinem Verdienst als Bauunternehmer der Hochquellenwasserleitung 200.000 Kronen

für die Errichtung des Brunnens zur Verfügung gestellt. 1906 in einen *Leuchtbrunnen* umgestaltet. Der Erbauer des Brunnens Freund der Astronomie. Am Beckenrand 365 kl. Springbrunnen (die Tage des Jahres symbolisierend); die 6 Springbrunnen zwischen Beckenrand und innerer Insel (›Königsschlösser‹) und diese Insel entsprechen den 6 Wochentagen und dem Sonntag; 12 hohe Strahlen versinnbildlichen die Monate, 24 niedere Strahlen die Stundenanzahl des Tages und die 30 Strahlen in der mittleren Insel die Monatstage. Nach dem 2. Weltkrieg mit neuer elektr. Anlage versehen (1959).

SCHWARZENBERGPLATZ 1 **1**
Palais Erzherzog Ludwig Victor Erbaut 1863–69 von *Heinrich Ferstel* in Formen der ital. Renaissance. Da der Architekt auch Bauauftrag für gegenüberliegenden Eckpalast (→ Schwarzenbergplatz 17) erhielt, gewisse Anpassung. ***Äußeres:*** Pompöser 4gesch. Bau, zum Schwarzenbergplatz mit mächtigem 5achsigem *Mittelrisalit* mit gr. Säulenordnung; die 8 Säulen gehen über 2 rustizierte Untergeschosse und Hauptgeschoß mit 5 riesigen Fenstern und tragen im 3. Geschoß über dem Gesims 6 überlebensgr. *Figuren von Josef Gasser und Franz Melnitzky* (Niklas Salm, Rüdiger v. Starhemberg, Laudon, Sonnenfels, Fischer v. Erlach, Prinz Eugen); ornamentale Bildhauerarbeiten von Franz Schönthaler. In der Mittelnische (zwischen den Figuren) 2 Hermen, die das erzherzogliche *Wappen* flankieren. Über dem Hauptgesims Balustrade.

SCHWARZENBERGPLATZ 4 **3**
Haus der Industrie Von *Carl König* 1907–09 als Bürohaus erbaut. Pendant zu dem von Gotthilf einige Jahre zuvor errichteten Haus der Kaufmannschaft (→ *Schwarzenbergplatz 14*). 4gesch. Bau mit hohem 3achsigem Mittelrisalit und Eckrisaliten (zum Heumarkt hin abgerundet), über dem Hauptgesims zwischen den hochgezogenen Risaliten Balustraden, der gesamte Aufbau mit zahlreichen Vasen geschmückt.

SCHWARZENBERGPLATZ 12 **4**
Franz. Botschaft Erbaut 1906–09 vom Chefarchitekten des franz. Außenministeriums, *Georges-Paul Chédanne*. 3gesch. von Mauer umschlossenes Palais (Haupteingang im Hof) mit ausgebauter Mansarde, stark vorkragendem Eckrisalit und hoch geschwungenem Giebel mit Bronzerelief. ***Bedeutung:*** Hauptwerk des franz. Jugendstils (›Art Nouveau‹) außerhalb Frankreichs; mit seiner pariserischen Note den Häusern der Avenue Victor Hugo verwandt.

SCHWARZENBERGPLATZ 14 **4**
Haus der Kaufmannschaft Von *Ernst Gotthilf* ab 1905 als Bürohaus erbaut. Souterrain und 5 Geschosse mit reich gestalteter Fassade in neobarocken Formen. Über dem Portal Balkon, über dem gr. Mittelfenster des Festsaales Merkurbüste. Das Hauptportal (Schwarzenbergplatz) von 2 gr. Säulen flankiert, auf der hohen Attika in der Mitte Balustrade, an den Seiten alleg. Figuren von Josef Heu. Über Hochparterrefenstern (Schwarzenbergplatz) Keilsteine mit Köpfen.

SCHWARZENBERGPLATZ 15 **1**
Palais Victor Ofenheim R. v. Ponteuxin Heute Wohn- und Bürohaus. Erbaut ab 1868 von *Johann Romano* und *August Schwendenwein*. Pompöses Eckhaus, Portal mit 4 gr. jonischen Säulen auf hohen Sockeln, darauf Balkon.

SCHWARZENBERGPLATZ 17 **1**
Palais Ludwig R. v. Wertheim Heute Bürohaus. Erbaut 1864–68 von *Heinrich Ferstel*. ***Äußeres:*** 5gesch. Wohnpalais mit 5achsigem Mittelrisalit zum Schwarzenbergplatz, im obersten Stock Karyatiden. Oben großer Wappenaufsatz, von Figuren flankiert, darüber die Freiherrnkrone. Das 1. und 2. Stockwerk im Mittelrisalit durch Pilaster zusammengezogen (um eine gewisse Ähnlichkeit zum gegenüberliegenden Ludwig-Victor-Palais → Schwarzenbergplatz 1, herzustellen).

SCHWEIZERGARTEN **3**
Museum des 20. Jahrhunderts Von *Karl Schwanzer* als Österreich-Pavillon für die Brüsseler Weltausstellung 1958 errichtet, 1960 nach Wien transferiert, zweckentsprechend adaptiert und 1962 als Museum für Kunstwerke unseres Jahrhunderts eröffnet (im Erdgeschoß Wechselausstellungen, im Obergeschoß museumseigene Bestände). ***Beschreibung:*** Moderner Stahl-Glas-Bau.

SCHWERTGASSE 3 **1**
Wohnhaus Älterer Baukern (im 17. Jh. aus 3 Häusern zusammengebaut), um 1720 heutige palaisartige Form (viell. vom Baumeister des Palais Neupauer-Breuner → Singerstraße 16). ***Beschreibung:*** 4gesch. Gebäude mit gebändertem Erdgeschoß und Ortsteinen. Prächtiges Hauptportal mit Atlantenhermen, Wappenkartusche mit Krone und schwebenden Putten, darüber zwischen 2 Fenstern Nische mit Baldachin (Vorhang von Putten gehalten), darin Pietà-Gruppe. Seitenportal (in Richtung Wipplingerstraße) vermauert, gesprengter Giebel mit Wappenkartusche und 2 männl. Plastiken erhalten, darüber Doppelfenster mit reicher Bekrönung. Alle Fenster durch Putzfelder miteinander verbunden und mit Giebeln verziert (Muscheln, Voluten, Ranken). Einfahrtshalle in geräumigen Hof mit offenen Gängen. Hübsches Stiegenhaus (Steinfigur hl. Rochus, 1. Hälfte 18. Jh.).

SEILERSTÄTTE **1**
Nach der 2. Türkenbelagerung hier Arbeitsplätze der Seiler (Bez. ›Auf der Seil‹); sie stellten Seile und Tauwerk für die Donau-, Save- und Draukriegsschiffe her. Um die Mitte des 18. Jh. etablierte sich auf der Seilerstätte

ein Markt für Obst, Grünwaren, Butter und Geflügel bis zur Eröffnung der Zedlitzhalle 1871. Reich an hist. bedeutsamen Gebäuden.

SEILERSTÄTTE 3 **1**
Palais Coburg Aus mehreren (gegen die Befestigung hin gelegenen) kl. Soldatenhäusern und 2 weiteren (gegen die Seilerstätte hin gelegenen) Objekten entstanden, von denen eines Wohnung des jeweiligen Wiener Stadtkommandanten, bis es 1801 an Herzog Ferdinand von Sachsen-Coburg-Kohary kam. Hier starben 1766 Feldmarschall Daun und 1801 Fürst Lacy. Nach Arrondierung des Besitzes 1843–47 nach Entwurf des Fürstl. Liechtensteinschen Architekten *Karl Schleps* das heutige Palais erbaut. 1864 klassizist. *Gartenfassade*★ (zur dam. im Bau befindl. Ringstraße hin orientiert) mit gr. Säulenordnung (im Volksmund ›Spargelburg‹). Garten auf der Kasemattendecke eines Restes der alten Bastei angelegt, von der noch heute Teil der Kurtine erhalten ist.

Palais Coburg auf der ehem. Braunbastei, 1839

SEILERSTÄTTE 9 **1**
Etablissement Ronacher Anstelle e. T. des 1871/72 von *Ferdinand Fellner d. Ä.* erbauten und 1884 abgebrannten *Stadttheaters* errichteten *Ferdinand Fellner d. J. und Hermann Helmer* 1887/88 für Anton Ronacher das ›Concert- und Ballhaus Ronacher‹, das Theatersaal, Ballsaal, Hotel, Restaurant und Kaffeehaus vereinigte. Nach dem 1. Weltkrieg von der RAVAG (Hörfunk) benutzt, 1939 wieder Varietétheater, 1945–55 übersiedelte das Burgtheater (1945 Bühne am Ring zerst.) hierher, bis 1960 nochmals für Varietézwecke verwendet. 1955 übernahm das Fernsehen die Räumlichkeiten, 1960 auch die Bühne. ***Beschreibung:*** 4gesch. Bau. An der *Hauptfront* (Seilerstätte) 2gesch. Vorbau mit 2 flankierenden Türmen (für die Galeriestiegen) und 3 Eingangstoren; *Mittelrisalit* im Hauptgeschoß mit korinthischen Säulen, darüber Tympanon mit Reliefgruppe (›Versammlung der Götter‹), über dem Giebel Statue des Helios. An der Straßenecke (Himmelpfortgasse) *Rundturm* (urspr. zu ebener Erde Einfahrt), im Hauptgeschoß später verbaute Säulenloggia mit Dichterstatuen. Plast. Schmuck von Johann Meixner. ***Bedeutung:*** 1. deutsche Varietébühne.

SEILERSTÄTTE 26 → Johannesgasse 8

SEILERSTÄTTE 28 (Annagasse 11) **1**
Wohnhaus Zur schwarzen Katze, erbaut 1715 (Datum über dem Portal). 4gesch. Gebäude mit gut gegl., für die Erbauungszeit bmkw. sparsam dekorierter Fassade; betonte Fensterparapeten, geschwungene Portalbekrönung.

SEILERSTÄTTE 30 **1**
Palais Erzherzog Carl Älterer Baukern, Um- und Neubau 1720–30 durch einen Johann Lukas v. Hildebrandt nahestehenden Architekten, 1801–04 durch *Louis v. Montoyer.* Das Haus gehörte 1820 Erzherzog Carl, dem Sieger von Aspern (1809). *Gedenktafel für Otto Nicolai* (1810–49), Begr. der Philharm. Konzerte, der 1842 hier wohnte. ***Beschreibung:*** 5gesch. Gebäude mit 2 hübschen Barockportalen in der Seilerstätte und 1 Portal mit Balkon in der Annagasse. Fenster mit geschwungenen Bekrönungen und Bandelwerk, in der Krugerstraße Madonnenrelief (18. Jh.); in der Annagasse schönes klassizist. Stiegenhaus (Trakt Annagasse im Inneren Anfang 19. Jh. in der Art Josef Georg Kornhäusels umgebaut).

SEITENSTETTENGASSE **1**
Bildete älteste Verbindung zwischen Kienmarkt neben der Ruprechtskirche und dem am stadtnächsten fließenden Donauarm (seit 1598 Donaukanal), zu dem die Gasse (dam. Katzensteig gen.) steil bergab ging. Zwischen dem Pempflinger-Hof (→ Seitenstettengasse 4) und dem Gaminger Hof (→ Seitenstettengasse 5) urspr. Katzensteigtor der babenbergischen Ringmauer, eines der ältesten Stadttore Wiens (erst 1825 abgerissen, Gedenktafel am Haus Seitenstettengasse 6), dessen Name sich von ›Katze‹ = Kavalier, Teil einer Befestigung, ableitete. 1827 Teil des Katzensteigs in Seitenstettengasse umbenannt.

SEITENSTETTENGASSE 2 **1**
Wohnhaus Josef Kornhäusels Von Architekt *Josef Kornhäusel* 1825–27 für sich als Wohnhaus und Atelier (im sogen. Kornhäuselturm) erbaut. Das Biedermeierhaus soll urspr. von der Straße her keinen Eingang besessen haben und nur in Stockhöhe über aufziehbare eiserne Stiege betretbar gewesen sein. Kornhäusel hier am 31. Oktober 1860 gest. 1842–48 wohnte im Turm *Adalbert Stifter;* er erlebte auf dem Dach die totale Sonnenfinsternis, die er in ›Aus dem alten Wien‹ beschrieb (Gedenktafel). ***Beschreibung:*** 5gesch., gut gegl. klassizist. Baublock, seitliche Achsen durch flache Risalite und alternierende Giebel hervorgehoben. Gebänderte Sockelzone mit seitl. Rundbogen, hübsches Portal mit Pilastereinfassung, im 1. und 2. Stock Reliefs über den Fenstern.

SEITENSTETTENGASSE 4 **1**
Haus der Israelitischen Kultusgemeinde Ehem. Pempflinger-Hof, altes, ausgedehntes Gebäude, 1487 Besitz des Stadtrichters Christoph Pempflinger, 1555 des Kartographen Bonifaz Wolmuet, der 1547 Stadtplan von Wien verfertigt hat und enger Mitarbeiter des bekannteren Augustin Hirschvogel war. Nach Erdbeben von 1590 neu erbaut; Hof 1814 an die Israelitische Kultusgemeinde, die an seiner Stelle Synagoge errichten wollte. Hof daraufhin als baufällig erklärt. 1824–26 entstand (in paralleler Ausführung zum Nachbarhaus → Seitenstettengasse 2) Neubau von *Josef Kornhäusel,* in den Synagoge (erbaut 1825/26) einbezogen wurde (nach den im Vormärz geltenden Bauvorschriften durften nichtkath. Gotteshäuser nicht unmittelbar an der Straße stehen; die Synagoge daher in den Hof eingebaut). Die enge Verbauung mit Nachbarhäusern rettete die Synagoge 1938 als einzige Wiens vor der Vernichtung. ***Beschreibung:*** 5gesch. Bau mit 14 Fensterachsen und guter klassizist. *Fassade* (Bänderung und Rundbogen im Erdgeschoß); 3achsige flache *Seitenrisalite* mit reliefgeschmückten *Portalen* (das linke vermauert), über den Bogenfenstern des Erdgeschosses Kränze und Rundmedaillons, darüber stark vortretendes Gesims, in den oberen Stockwerken wechselnde Fensterbekrönungen (3eckig, halbkreisförmig mit Rankenreliefs, gerade).

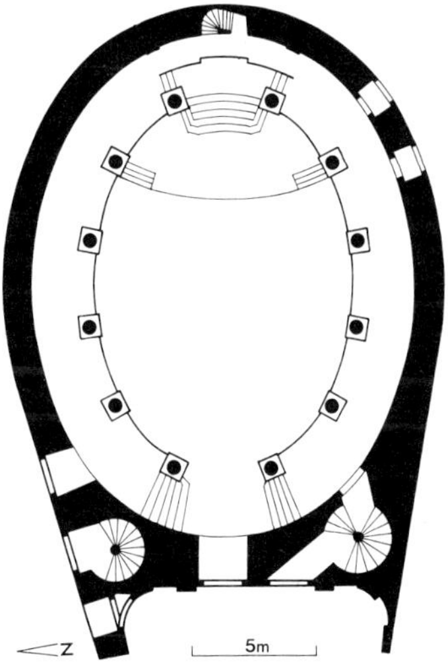

Synagoge: Ältestes jüdisches Gotteshaus in der Innenstadt seit der Judenvertreibung 1421. Elliptischer Bau mit Säulenumgang, Kuppel und Laterne.

SEITENSTETTENGASSE 5 (Ruprechtsplatz 3, Rabensteig 5) **1**
Seitenstettenhof Ehem. Gaminger Hof. Erbaut 1825–30 wahrsch. nach Entwurf von *Josef Kornhäusel.* Anstelle des Hofes urspr. 3 kl., der Patrizierfamilie Würffel gehörende Häuser, von den Herzögen Albrecht III. und Leopold III. 1372 für die von Albrecht II. 1330 gestiftete Kartause Gaming angekauft und in den letzten Jahren des 14. Jh. zu größerem Komplex auf dem dam. Katzensteig umgebaut; Neubau – Gaminger Hof – war mit dem gegenüberliegenden Pempflingerhof (→ Seitenstettengasse 4) durch Schwibbogen verbunden. Der Gaminger Hof grenzte urspr. an Friedhof der Ruprechtskirche und schloß mit anderen Gebäuden dieses Gotteshaus ein. Nach Aufhebung der Kartause Gaming durch Joseph II. 1782 an das Benediktinerstift Seitenstetten, das unter Einbeziehung anderer Häuser heutigen Bau errichten ließ. ***Beschreibung:*** Gr. vielteiliger, 5gesch. Baukomplex mit gut gegl. Fassade, wechselnden Fensterbekrönungen (3eckig, halbkreisförmig, gerade) und ornamentalen Fassadenreliefs.

SERVITENGASSE bei 9 **9**
Servitenkirche Maria Verkündigung. ***Geschichte:*** 1638 bekam der Servitenorden Erlaubnis, in der Vorstadt Roßau ein Kloster zu gründen. Nach Dotation des Fürsten Ottavio Piccolomini Kirchenbau begonnen (Grundsteinlegung 1651). In mehreren Bauabschnitten vollendet (Weihe 1670, Fertigstellung der Innenausstattung 1677). Die dam. Kirche ohne Umbau bis heute erhalten; die 2 Türme allerdings erst von 1754–56. ***Äußeres:*** Schlichte *Zweiturmfassade* mit risalitartig betontem Mittelteil. In der Mitte des Giebelfeldes Monogramm der Serviten ›S. M.‹ (*Servi Mariae* = Diener Mariens), darunter der kaiserl. Doppeladler. Über dem Portal Wappen der 5 bedeutendsten Wohltäter des Kirchenbaues. In seitl. Nischen *Statuen von Ordensangehörigen* (rechts hl. Juliana Falconieri, Gründerin des weibl. Ordenszweiges, links sel. Joachim Piccolomini, aus der Familie des Kirchengründers). Die beiden Türme 60 m hoch. ***Inneres:*** Ovaler Hauptraum **(A)**, von 2 Kreuzarmen durchzogen. Der Längsarm im Osten für den Mönchschor **(B)** merklich verlängert, die Eingangshalle **(C)** im Westen infolge der Turmkapellen **(1, 3)** mit Querorientierung. Der Querarm des Kreuzes nur in den beiden rechteckigen Seitenaltarnischen **(10,11)** erkennbar. Zwischen den Kreuzarmen 4 völlig gleichartige Altarnischen **(6–9)**. Flachkuppel, Eingangsjoch mit Orgelempore, tonnengewölbter, gerade schließender Chor. In der *Vorhalle* **(C)** 2 bmkw. Figuren (rechts hl. Johann Nepomuk; links ›Unser Herr im Elend‹, unter der Bez. ›Herrgott auf der Wies‹ seit 1700 in der Kirche nachweisbar). Von der Vorhalle sind die beiden *Turmkapellen* zugänglich. **1** Die rechte der hl. Juliana Falconieri geweiht; sie führt in die Arme-Seelen-Kapelle **(2)** mit einem dem Kremser Schmidt zugeschriebenen Altarblatt (am Altar bmkw. Totenkopf). **3** Die linke dem hl. Johann Nepomuk geweiht mit bmkw. Stukkaturen von Giovanni Battista Bussi; **4** *Lourdes-Grotte.* Der Kirchenraum (Abschluß kunstvolles Renaissancegitter) um

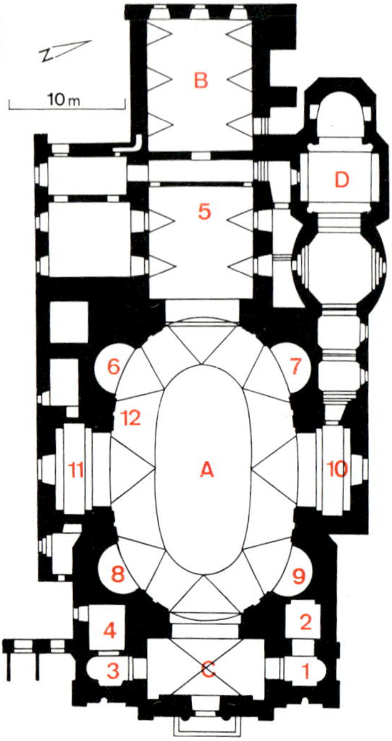

1670 in architekt. Harmonie und einheitl. Komposition; Stuck von Johann Baptist Barbarino. Die in den Stuck eingelegten Freskenmedaillons Carpoforo Tencala zugeschrieben. Über dem Bogen zum Altarraum Uhr angebracht. **5** *Hochaltar,* in seiner heutigen Gestalt aus der 1. Hälfte des 19. Jh. (1832–47); Unterbau und Figuren vom alten Hochaltar (1711, Bildhauer Anton Stöber) übernommen. Das nazarenische Altarblatt von Leopold Schulz (1847). Rechts vom Hochaltar das sog. Galgenkreuz, gotische Holzskulptur (Teil des Lendentuches barock ergänzt; bis 1786 auf dem ›Rabenstein‹, der öffentl. Hinrichtungsstätte). *Altarnischen:* Das vordere Altarpaar sogen. Pestaltäre (Erinnerung an die Pest 1713); den Pestpatronen Sebastian **(6)** und Liborius **(7)** geweiht. Hinten links der von Martin Stier gestiftete Altar **(8)** (1669; hier auch begraben), Altarblatt von Tobias Pock (hl. Philipp Benizi, größter Heiliger des Servitenordens), Plastiken mit hl. Franz Xaver und Franz v. Assisi. Das Muttergottesbild am Altar erinnert an das Attentat auf Kaiser Franz Joseph I. am 18. Februar 1853 (Stiftung von Arbeitern der Roßauer Zigarrenfabrik). Hinten rechts **(9)** ein 1677 von Ferdinand Maximilian Graf v. Sprinzenstein gestifteter Altar (Altarbild Johannes d. T. von Grabenberger), die 2 seitl. Plastiken mit hl. Franz de Paula (rechts) und hl. Josef (links). *Seitenaltäre:* Der rechte Altar **(10)** dem hl. Antonius geweiht, der linke **(11)** der Schmerzhaften Muttergottes. Das Altarbild des Antonius-Altars von Tobias Pock (1668), an den Altarsäulen Johannes d. T. und Johannes Ev. In der Kapelle der Schmerzhaften Muttergottes Grabstätte des Stifters der Kirche, Ottavio Fürst Piccolomini; da er sich ein Grabmal verbeten hatte, hat Barbarino zur Erinnerung an ihn Stukkaturen mit Symbolen eines Kriegers angebracht. Barocke *Kanzel* **(12)** von 1739. Die 4 Evangelisten an der Brüstung und die 3 göttl. Tugenden von Balthasar Moll, alle übrigen Schnitzarbeiten vom Laienbruder Josef Hilber. An die Kirche angebaut *Kapelle des hl. Peregrin* **(D)**. Kurz nach dessen 1727 in der Servitenkirche prunkvoll gefeierter Heiligsprechung Beschluß, ihm eine eigene Kapelle zu weihen (Eingang beim Antonius-Altar, schönes schmiedeeisernes Rokokogitter). Der Vatikan widmete eine Reliquie, das Peregrinfest in der Diözese eingeführt, 1745 Bruderschaft für die Fiaker und Lohnkutscher. Die Kapelle mehrfach vergrößert (schöne Kuppelfresken von Josef Adam Mölk, Altarnische von Melchior Hefele), statt Altarbild Schrein mit Holzplastik des hl. Peregrin. Das Fest noch heute feierlich begangen (27. April bis 4. Mai). ***Bedeutung:*** Die Servitenkirche, eine der wenigen stilrein erhaltenen Frühbarockkirchen, ist die erste dieser Art in Wien und diente als Vorbild für die Karlskirche und Peterskirche. Frühester Ovalraum des Wiener Barock.

SIEVERING **19**

Bedeutender *Weinbauort* im Nordwesten von Wien, Buschenschenken. 1134 übergab Markgraf Leopold III. Sievering (1114 als Sufringen erstmals urkundl. nachweisbar) Stift Klosterneuburg; aus dessen Besitz im 15. Jh. wieder an den Landesfürsten. Nach der 1. Türkenbelagerung an die Wiener Hofkammer, von dieser 1634 an die Kamaldulenser auf dem Kahlenberg *(Obersievering)* bzw. an die Kartause Gaming *(Untersievering)*. Die beiden Dörfer, die 1892 eingemeindet wurden, haben teilw. noch Charakter als Winzerdörfer erhalten.

SIEVERINGER STRASSE (bei Fröschelgasse) **19**

Sieveringer Pfarrkirche Hl. Severin. Urkundl. läßt sich 1330 die Errichtung einer dem *hl. Andreas* geweihten Kapelle, 1348 die Existenz einer Pfarre nachweisen. Um 1500 dem Stift Klosterneuburg inkorporiert, bei dieser Gelegenheit Wechsel des Kirchenpatrons. ***Äußeres:*** Kernbau möglicherweise romanisch, hohes Satteldach und Turm an der Nordseite spätgotisch; Tympanonfresko am südl. Portal von Hans Andre (1932). An Strebepfeiler der Südfront Ölbergrelief (1. Hälfte 16. Jh.) sowie als Strebepfeilerbekrönung ›Pelikan nährt seine Jungen‹. Die Westfront 1896 neugotisch umgestaltet. ***Inneres:*** 4jochige *Halle* mit gotischen Scheidbogen und gotischen (barock ummantelten) Pfeilern; frühbarocke *Kreuz- bzw. Tonnengewölbe* mit Stichkappen; quadrat. aus der Achse gerückter (viell. älterer) *Chor*. Gemälde, Skulpturen und Grabsteine 18. Jh. (ausgenommen roter

Marmorgrabstein im Presbyterium, 1357). *Hochaltar* (18. Jh.) mit Bild ›Hl. Severin‹. *Seitenaltäre* (17. Jh.): im Süden ›Madonna mit dem Kind‹ in Rundbogennische. Im Norden Bild ›Martyrium des hl. Andreas‹ und Statue des hl. Josef. Im südl. *Seitenschiff* Ölbild ›Hl. Josef mit dem Jesuskind‹. Barocke *Kanzel; Taufbecken* 16. Jh. (?).

SIMMERINGER HAUPTSTRASSE 234 11

Zentralfriedhof Als sich die bestehenden 5 kommunalen Friedhöfe Wiens als zu klein erwiesen, wurde aufgrund eines 1866 gefaßten Gemeinderatsbeschlusses ein ›Zentralfriedhof‹ geschaffen. Dieser nach Plänen von *Alfred Friedrich Bluntschli* und *Karl Johann Mylius* aus Frankfurt/M. angelegt, 1874 eröffnet und seither wiederholt erweitert. Umfaßt Areal von mehr als 2 km², gr. Anzahl künstlerisch hervorragender Grabdenkmäler, Hauptportal von *Max Hegele* (1905), Hauptrelief ›Christus erwartet die Lebensalter und Geschlechter, die ihm nahen‹, sowie Relieffriese an den Pylonen von *Georg Leisek* und *Anselm Zinsler*. Zu Seiten der vom Haupteingang ausgehenden Allee Ehrengräber. Prunkvolle Arkadengrüfte. Der Friedhof gliedert sich in einen katholischen **(A)**, evangelischen **(B)** sowie alten **(C)** und neuen **(D)** israelit. Teil. *Kern der Anlage* (Zugang II. Tor) Gedächtniskirche und davor liegende Präsidentengruft **(a)**. **Dr.-Karl-Lueger-Kirche** Friedhofskirche Hl. Karl Borromäus, zugl. *Mausoleum* für Bürgermeister Dr. Karl Lueger († 1910). Erbaut 1908–10 von *Max Hegele*. Mächtiger Zentralbau des Jugendstils mit gr. Kuppel. Im Vergleich zu Otto Wagners Kirche Am Steinhof viel klassizistischer. Skulpturen und Stuck von Carl Wolleck, Theodor Charlemont, Josef Heu, Othmar Schimkowitz, Josef Breitner und Arthur Kaan. Vor der Kirche **Präsidentengruft**, Ehrengruft der verst. Bundespräsidenten der 2. Republik *(Karl Renner, Theodor Körner, Adolf Schärf, Franz Jonas)*. Bemerkenswert: **b** Ehrengruft für die Sozialdemokraten Victor und Friedrich Adler, Otto Bauer,

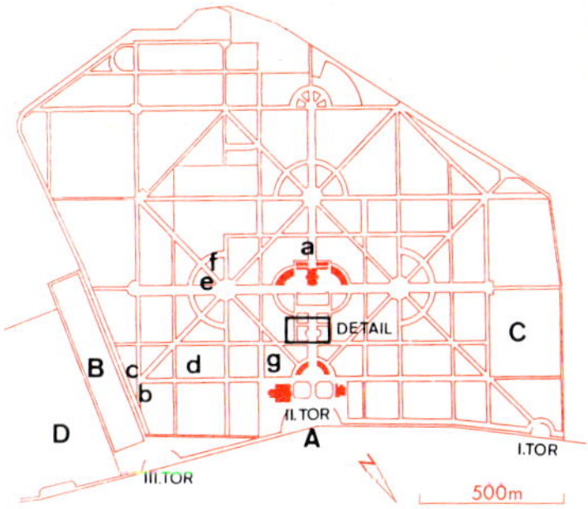

Engelbert Pernerstorfer und Karl Seitz, **c** Mahnmal für die Märzgefallenen 1848, **d** Mahnmal für die Februarkämpfer 1934, **e** Mahnmal für die Opfer des Faschismus (1934–45), **f** Mahnmal für die Opfer des 15. Juli 1927, **g** Mahnmal für die Opfer des Ringtheaterbrandes 1881. Zwischen Gedächtniskirche und Friedhofstor **Ehrengräber. *Alter Teil*** (Detailplan unten!). Manche wurden aus urspr. Grabstellen auf Kommunalfriedhöfen exhumiert und hierher überführt (u. a. Beethoven und Schubert). *1* Theophil v. Hansen (Architekt), *2* Anton Dominik Fernkorn (Bildhauer), *3* Ernst v. Feuchtersleben (Dichter), *4* Moritz Michael Daffinger (Maler), *5* Peter Fendi (Maler), *6* Joseph Kornhäusel (Architekt), *7* Johannes Benk (Bildhauer), *8* Pietro v. Nobile (Architekt), *9* Kamillo Sitte (Architekt), *10* Victor Tilgner (Bildhauer), *11* Dr. Johann Prix (Bürgermeister), *12* Friedrich v. Schmidt (Architekt), *13* August Pettenkofen (Maler), *14* Hans Makart (Maler), *15* Rudolf Eitelberger v. Edelberg (Kunsthist.), *16* Friedrich v. Amerling (Maler), *17* Theodor v. Billroth (Arzt), *18* Emil Jacob Schindler (Maler), *19* Rudolf v. Alt (Maler), *20* Carl v. Blaas (Maler), *21* Ludwig Anzengruber (Dichter), *23* Karl Millöcker (Komponist), *24* Carl v. Hasenauer (Architekt), *25* Franz v. Suppé (Komponist), *26* Johann Andreas Streicher

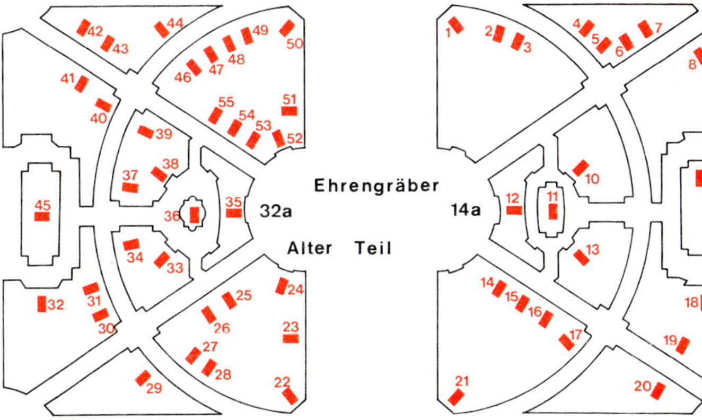

(Klavierfabrikant), *27* Johann Nestroy (Dichter), *28* Eduard van der Nüll (Architekt), *29* August Eisenmenger (Maler), *30* Caspar v. Zumbusch (Bildhauer), *31* Hermann Helmer (Architekt), *32* Hans Bitterlich (Bildhauer), *33* Ludwig van Beethoven (Komponist), *34* Hugo Wolf (Komponist), *35* Prinz Alois von und zu Liechtenstein (Sozialreformer), *36* Wolfgang Amadeus Mozart (Komponist), *37* Adolf Müller (Komponist), *38* Franz Schubert (Komponist), *39* Karl Komzak (Komponist), *40* Eduard Strauß (Komponist), *41* Edmund Eysler (Komponist), *42* Josef Schreyvogel (Schriftsteller), *43* Therese Krones (Schauspielerin), *44* Josef Strauß (Komponist), *45* Christoph Willibald Gluck (Komponist), *46* Johann Strauß Vater (Komponist), *47* Joseph Lanner (Komponist), *48* Josefine Gallmayer (Schauspielerin), *49* Marie Geistinger (Schauspielerin), *50* Charlotte Wolter (Schauspielerin), *51* Alois v. Negrelli (Verf. des Projekts für den Suezkanal), *52* Carl v. Ghega (Erbauer der Semmeringbahn), *53* Nikolaus Dumba (Kunstmäzen), *54* Johannes Brahms (Komponist), *55* Johann Strauß Sohn (Komponist). ***Neuer Teil*** In der *Gruppe 32* (vor der Gedächtniskirche links) u. a. Ehrengräber für die Komponisten Carl Michael Ziehrer, Wilhelm Kienzl und Arnold Schönberg, die Schauspieler Werner Krauss, Albin Skoda und Hans Moser und den Psychiater Julius Wagner-Jauregg. In der *Gruppe 14 c* (vor der Kirche rechts) u. a. Ehrengräber für die Bundeskanzler Ignaz Seipel, Leopold Figl und Julius Raab, den Nationalratspräsidenten Leopold Kunschak, den Komponisten Hans Pfitzner, den Dichter Anton Wildgans, den Dramatiker Karl Schönherr und den Physiker Ludwig Boltzmann.

SIMMERINGER HAUPTSTRASSE 337 **11**
Neugebäude Beim alten kaiserl. *Jagdschloß Ebersdorf* urspr. Park, in welchem König Ferdinands ältester Sohn, Maximilian, versch. aus Spanien 1552 mitgebrachte fremdländische Tiere hielt (darunter den 1. Elefanten, der jemals den Boden Wiens betreten hatte). Nach Tod seines Vaters ließ Maximilian II. unweit davon neuen *Tiergarten* nebst *Lustschloß* errichten, das i. G. zum alten Schloß die Bez. ›Neugebäude‹ erhielt. Rudolf II. vollendete 1587 den von *Pietro Ferrabosco* geleiteten Bau, den er mit einer von 10 Türmchen überragten Mauer umgeben ließ. Später langsamer Verfall; Türken benützten Schloß 1683 als Magazin, anschl. adaptierte man einige Räume für Polen-König Sobieski. Maria Theresia überließ schließlich das Neugebäude dem Militär. Von der alten Anlage noch das Hauptgebäude mit angr. Nebengebäuden, äußere Umfassungsmauer mit Türmchen und einige Gebäude von untergeordneter Bedeutung erhalten; 1974 vom Wiener Gemeinderat Beschluß, das Neugebäude anläßl. des Internat. Denkmalschutzjahres (1975) grundlegend zu renovieren und zu revitalisieren. Im Hof gegen die Simmeringer Hauptstraße 1922/23 nach Plänen von *Clemens Holzmeister*, **Feuerhalle** erbaut. 2stufiger Bau von festungsartigem Charakter, im Inneren quadratische Halle über breiten Spitzbogenöffnungen, Malereien von Anton Kolig. Zugang gegenüber dem 2. Tor des Zentralfriedhofs. Der moderne, orientalisch anmutende Bau gehört zu den eigenartigsten Schöpfungen der Wiener Architektur der 20er Jahre.

SINGERSTRASSE **1**
Bereits 1276 als Sünchingerstraße genannt, nach dem hier erbauten Deutschordenshaus zeitw. auch ›Deutschherrengasse‹ gen. Singerstraße Nr. 10, Ecke Liliengasse 1 urspr. (seit 1510) Besitz des Humanisten Johannes Cuspinian. Singerstraße mündete bis 1866 unmittelbar in Kärntner Straße, da Stock-im-Eisen-Platz bis dahin kleiner bzw. Häuser an der Stelle von Nr. 3–4 (Equitablepalais) beträchtl. weiter nach Norden vorgebaut waren. Weist noch heute bedeutende Zahl alter Gebäude auf, der Fähnrichhof mit seinem ins 15. Jh. zurückreichenden Baukern das älteste. Straße endete urspr. an der Stadtmauer, da in ihrer Verlängerung kein Stadttor war. An das Haus Singerstraße 1 (›Zum goldenen Becher‹) erinnert im Hausflur das ehem. Hauszeichen.

SINGERSTRASSE 5 → Stephansplatz 3

SINGERSTRASSE 7 (Churhausgasse 1, Stephansplatz 4, Blutgasse 4) **1**
Deutschordenshaus Deutschherrenhaus, Deutsches Haus. Schloß sich einerseits an die alte Steinmetzhütte zu St. Stephan, anderseits an den Domherrenhof (→ Stephansplatz 5) an. Die Mitglieder des Deutschen Ordens kamen Anfang 13. Jh. nach Wien und errichteten in der späteren ›Sünchingerstrazze‹ ihr Ordenshaus, wahrsch. mit Kapelle (urkundl. spätestens 1222 erwähnt). Die Ordenskommende von NÖ. (Sitz in Wien) nahm im 13./14. Jh. bedeutenden Aufschwung, verschuldete im 15. Jh., gelangte dann aber wieder zu größerem Glanz. Das weitläufige Gebäude besaß im Trakt gegen den damaligen Stephansfriedhof einen Wirtschaftshof mit Pferdestallungen. Seit 1651 Zusammenbau des mittelalterl. Komplexes. 1667 errichtete *Carlo Carlone* unter Einbeziehung der got. Kirche (→ Singerstraße bei 7) Neubau; 1720–25 durch *Anton Erhard Martinelli* heutige Gestalt (1785 Aufsetzen eines 4. Stockwerks). ***Beschreibung:*** Ausgedehnter Baukomplex um 2 gr. Innenhöfe. *Hauptfassade* Singerstraße 17. Jh. (Pilastergliederung Anfang 18. Jh.); Fassade Churhausgasse mit gr. Fenstern; Fassade Stephansplatz um 1900 teilw. verändert (Restaurant); Fassade Blutgasse einfach und wesentlich älter als Hauptfassade. In den Höfen schlichte Fassadengliederung mit Gesimsen (17. Jh.); 1903 aufgefundene Grabplatten hier aufgestellt. Im Deutschordenshaus wohnte 1781 Wolfgang Amadeus Mozart (im Gefolge des Erzbischofs Gf. Colloredo), 1863–65 Jo-

hannes Brahms. ***Schatzkammer des Deutschen Ordens*** Zugang 1. Tor, 1. Stiege, 2. Stock. Insignien, Münzen, Medaillen, Typare und Siegel des Deutschen Ordens; kostbares Tafel- und Meßgerät, Kunstkammer des Hochmeisters Erzherzog Maximilian III. 1590–1618 (Silber- und Goldreliefs, Schmuckstücke, Gefäße aus Bergkristall und Edelsteinen, Uhren, astronom. Gerät, Prunkwaffen); Kunstkammer, Rüstungen, Kostüme und Uniformen des Ordens; Gemälde (u. a. Tafelbilder, Reste von Flügelaltären, Votivbilder; durchwegs 15. Jh.).

SINGERSTRASSE bei 7 **1**

Deutschordenskirche hl. Elisabeth. ***Geschichte:*** Herzog Leopold VI. hatte Mitglieder des Deutschen Ordens um 1200 unmittelbar östlich von St. Stephan angesiedelt. Die älteste Kapelle der Ordensritter 1258 bei Stadtbrand zerst.; ab 1326 Kirche durch *Jörg Schiffering* neu erbaut, 1395 geweiht. 1410 teilw. erneuert, ließ Landkomtur Guidobald Graf Starhemberg das Gotteshaus 1720–22 (viell. unter Beteiligung des Maurermeisters Anton Erhard Martinelli) gotisierend umgestalten. 1864–68 durch *Josef Lippert* Umgestaltung im Sinne der Neugotik (neuer Turmhelm). ***Äußeres:*** Die Südwand der Kirche in die Straßenfront des Deutschen Hauses einbezogen. Bei der Umgestaltung während des Barock das westlichste der urspr. 4 Fenster vermauert, die übrigen 3 zu giebelbekröntem Mittelrisalit zusammengefaßt. Der urspr. 4jochige Raum durch Abrundung der 2 Schmalseiten und Ausrundung der Felder zwischen den eingezogenen Strebepfeilern in barockem Sinn umgeformt, Eindruck eines Ovalraumes. ***Beschreibung:*** Der *Hochaltar*, niederländischer Flügelaltar von 1520 aus Mecheln, aus der Danziger Marienkirche (seit 1864 in Wien). Besitzt außen Gemälde (hll. Andreas, Petrus, Johannes Ev. und Jakobus, ein Heiliger an einem Altar und Maria mit Kind), innen 3 große Nischen mit Holzreliefs (Kreuzigung, Geißelung, Ecce homo). Hinter dem Altar *ehem. Hochaltarbild* ›Maria mit Kind und Heiligen‹ von Tobias Pock (1668). In den 4 Raumecken der Kirche *4 Evangelistenstatuen* von Johann Hutter (1864) anstelle verschollener Plastiken von Giovanni Giuliani (1721). An den Wänden Wappenschilde der Deutschordensritter (die meisten von Johann Andreas Frank, um 1722). Bmkw. *Epitaph Johann Cuspinians* (mit Figuren des hl. Johannes d. T., hl. Anna und hl. Agnes) 1515; das vom Eichstätter Loy Hering geschaffene

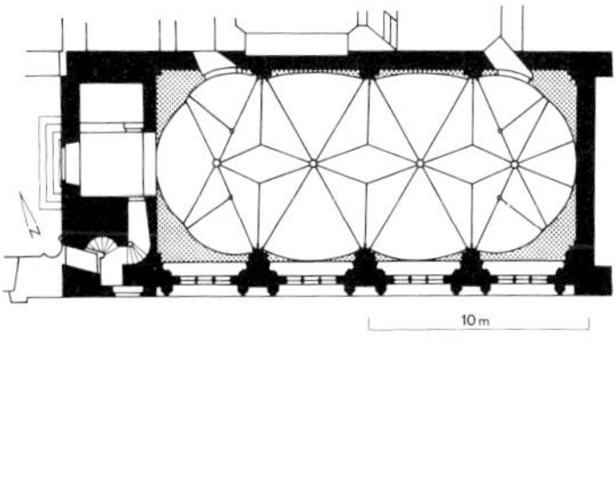

Grabmal für Jobst Truchseß v. Wetzhausen (mit Relief ›Abschied Christi von Maria‹, 1524) und jenes von François Roettiers für Guidobald Graf Starhemberg. ***Bedeutung:*** Bedeutendstes Beispiel barocker Nachgotik des 18. Jh. in Österreich, wobei man sich mit großer Einfühlungsgabe an die mittelalterl. Formen des alten Baubestandes anzupassen verstand.

SINGERSTRASSE 9, 11, → Blutgasse 7

SINGERSTRASSE 16 **1**

Palais Neupauer-Breuner An der Stelle dieses Palais 1685 Besitz des Grafen de Souches, 1715 an den Stadtoberkämmerer *Johann Christian Neupauer*. Erbaut 1715/16 in der *Art des Johann Lukas v. Hildebrandt*. ***Äußeres:*** Reichgegl. 5gesch. *Fassade*★ mit 11 Fensterachsen, 5achsiger, leicht vorgezogener Mittelrisalit mit großzügig dimensioniertem *Portal* über 3 Achsen mit Hermen, Balkon und Plastiken (Nachahmung des Fischerschen Portals für die Böhmische Hofkanzlei). ***Inneres:*** Vestibül mit Stuckrelief an der Decke. Stiegenhaus mit Nischen und Kamin mit Relief (bez. Matthäus Donner, 1. Hälfte 18. Jh.).

SINGERSTRASSE 17 **1**

Ehem. Staatsschuldenkassa Heute Zentralbesoldungsamt. Unter teilw. Verwendung des *Palais Rottal* (erbaut Ende 17. Jh.) nach Entwurf des Hildebrandt-Schülers *Franz Anton Hillebrand* erbaut (1750–52). Hier zunächst der ›Stadtbanko‹ untergebracht. 1842 um 1 Stockwerk erhöht, renoviert und auf der Attika mit Figuren vom Prinz-Eugen-Palais in der Himmelpfortgasse geschmückt. ***Äußeres:*** Reichgegl. Fassade mit kaum vortretendem Mittelrisalit, mit 2 Portalachsen

S

konstruiert, Portale vom Palais Rottal übernommen (das östl. vermauert), Portalachsen durch Fensterbekrönungen und Figuren auf gesprengten Bögen risalitartig betont, Hauptgeschoß mit gr. Pilasterordnung Anlehnung an Johann Lukas v. Hildebrandt.

SINGERSTRASSE 18 1
Wohnhaus Erbaut 1714 von *Andrea Simone Carove* (Einbez. von Teilen eines älteren Hauses). Schmale Bauparzelle (3 Fensterachsen), hübsche Barockfassade (hohe Sockelzone, darüber kräftiges Gesims, seitl. Pilaster, geschwungene Fensterbekrönungen mit Muschelornament, über dem 3. Stock Konsolgesims, 4. Stock als attikaartiger Aufbau).

SINGERSTRASSE 19 1
Ehem. Billiottesches Stiftungshaus Heute zum Komplex des Zentralbesoldungsamtes gehörend (→ Singerstraße 17). Erbaut vor 1733, viell. nach Entwurf von *Anton Ospel.* Über dem Portal alleg. Figur der Klugheit.

SINGERSTRASSE 20 1
Wohnhaus Kern 15./16. Jh., Umbau 1. Hälfte 18. Jh., 1818 Aufstockung. Schmale Bauparzelle (4 Fensterachsen), glatte Fassade mit Querbändern und Ortsteinen; über Portal Marienbild in barocker Umrahmung (1. Hälfte 18. Jh.).

SINGERSTRASSE 22 (Franziskanerplatz 2) 1
Alter Dompropsthof Gehörte zu den ältesten Häusern Wiens, im Mittelalter noch bürgerl. Besitz, Mitte 16. Jh. als ›*Thuembpropsts-Haus*‹ bez. Bis zur Errichtung des Bischofshofes (→ Rotenturmstraße 2) wohnten hier die Wiener Bischöfe (Anfang 17. Jh. nach Erzbischof Melchior Khlesl auch ›*Khlesl-Haus*‹ gen.), dann Stephaner Sängerknabenkonvikt unter Domkapellmeister Johann Georg Albrechtsberger, Freund Haydns und Lehrer Beethovens. 1809 Albrechtsberger hier gest. ***Beschreibung:*** Fassade 17. Jh., im Hof Portal mit Inschrift (1753), bmkw. Stiegenhaus.

SINGERSTRASSE 28 1
Wirtshaus ›Zu den drei Hacken‹ Durch seine illustren Gäste berühmtes Wirtshaus (Gedenktafel): Stammgäste u. a. Nestroy, Therese Krones, Schubert, Moritz v. Schwind, Franz Kupelwieser und Wenzel Scholz.

SONNENFELSGASSE 1
Nördl. Begrenzung des Marktplatzes der ehem. Vorstadt (›vor dem Ungartor‹), der im Süden bis zur (heutigen) Bäckerstraße reichte. Nach Einbau einer Häuserreihe entstanden 2 Straßenzüge. Anlage des urspr. Platzes bei Stadterweiterung um 1100, durch die Handelsvorstadt gebildet wurde. Niederlassungen fremder Kaufleute (Kölner Hof, Regensburger Hof) sind Ausdruck dieser Planung. In der Sonnenfelsgasse versch. alte Gebäude erhalten.

SONNENFELSGASSE 1 (Eingang Köllnerhofgasse 2) 1
Ehem. Kölner Hof Erbaut 1792/93 von *Peter Mollner.* 5gesch. Bau mit klassizist. Fassade (Sonnenfelsgasse 4achsig, Hauptfront Köllnerhofgasse 10achsig), die sich im Haus Köllnerhofgasse 4 bis Grashofgasse fast gleichartig fortsetzt. Der dam. über die heutige Köllnerhofgasse auf das Grundstück Lugeck 3 hinüberreichende Hof seit Ende 13. Jh. urkundl. als Sitz reicher Handelsherren aus Oberdeutschland und der Rheingegend nachweisbar. Urspr. bedeutender Grundkomplex mit mehreren Innenhöfen und gewölbten Durchfahrten. Im 15./16. Jh. in größter Blüte, konnte oft die Anzahl der Kaufherren, die Beherbergung heischten und ihre Waren hier deponieren wollten, kaum fassen.

SONNENFELSGASSE 2 → Lugeck 4

SONNENFELSGASSE 3 1

Sog. Hildebrandthaus Baukern 14./15. Jh., Umbau 1. Hälfte 16. Jh., 4gesch. Wohnhaus mit bmkw. 6achsiger reichgegl. Barockfassade (1721) in der *Art des Johann Lukas v. Hildebrandt;* figuraler Schmuck über den Fenstern des 1. und 2. Stockwerks, Hauszeichen ›Mariazeller Muttergottes‹. ***Bedeutung:*** Typ. Beispiel für Aufnahme von Formprinzipien der Rokokodekoration in der Fassadengliederung.

SONNENFELSGASSE 4 → Bäckerstraße 3

SONNENFELSGASSE 5 1
Wohnhaus Baukern 17. Jh., 5gesch. Gebäude mit 3achsiger klassizist. Fassade Anfang 19. Jh. (Medaillonfelder zwischen 1. und 2. Stockwerk).

SONNENFELSGASSE 6 → Bäckerstraße 5

SONNENFELSGASSE 8 → Bäckerstraße 7

SONNENFELSGASSE 10 → Bäckerstraße 9

SONNENFELSGASSE 11 1
Wohnhaus Bmkw. 7achsige Barockfassade

(um 1710) mit barockem Portal und Balkon; interess. Hof mit (teilw. später verglasten) ›Pawlatschengängen‹.

SONNENFELSGASSE 15 **1**
Wohnhaus Baukern Ende 16. Jh., interess. Renaissanceportal, 4achsige Fassade ·(7 Achsen in der Schönlaterngasse).

SONNENFELSGASSE 17 **1**
Wohnhaus 4gesch. Gebäude 1. Viertel 17. Jh., 5achsige Fassade mit hübschem, über alle Stockwerke reichendem Erker in der Mittelachse.

SONNENFELSGASSE 19 **1**
Ehem. Universitätspedellhaus (Domus universitatis, Antiqua domus) Erbaut 1628, Umbau 1721 (4gesch.), Balkon (interess. Balkongitter) um 1730, Adaptierung für Bürozwecke 1895. 7achsige Fassade mit Gesimsen über den Fenstern des 1. und 2. Stockwerks; Portale 17. Jh., modernes Relief. Von den Jesuiten bei Übernahme der Universität angekauft und 1630 von Universitätspedellen bezogen; außerdem hier das Universitätsarchiv und Universitätskarzer. Bis 1884 Sitz des akadem. Senats.

SPIEGELGASSE **1**
Name geht auf 14. Jh. zurück, dürfte sich aber nicht von Patriziergeschlecht dieses Namens ableiten, eher vom nahegel. ›Spieglerhaus‹ (heute Stock-im-Eisen-Platz 3–4). Der ältere, südl. Teil der Gasse hieß urspr. Laderstraße (unter Bezugnahme auf den Warenhandel am Neuen Markt) oder ›Hinter St. Dorothea‹.

SPIEGELGASSE 5 **1**
Ehem. Matschakerhof Erbaut 1844 von *Leopold Mayer.* Name nach dem 1. Besitzer des Hofes, Ritter Hanns Matschaker (1493), 1530 an die protest. Familie Jörger, 1624 an die Freiherrn von Werdenberg, dann an die Franziskaner, Ende 17. Jh. wieder an bürgerl. Besitzer. Leopold Mayer ließ Hof umbauen und eröffnete ihn 1845 als Hotel. Gasthausbetrieb 1960 geschl.

SPIEGELGASSE 9 (Seilergasse 10) **1**
Göttweiger Hof Nach Plänen von *Joseph Kornhausel* 1829 von Jakob Hainz und Anton Grün in klassizist. Art gebaut (4gesch. Gebäude mit 19 Fensterachsen). Stift Göttweig hatte Haus 1608 angekauft und ließ es umgestalten (weitere bauliche Veränderungen 1715). Am Haus Gedenktafel für Franz Schubert, der 1822/23 hier bei Franz v. Schober u. a. die ›Unvollendete‹ komponierte.

SPIEGELGASSE 16 → Dorotheergasse 17

STEINDLGASSE 4 **1**
›Zum goldenen Drachen‹ (›Zum Steindl‹), seit 1923 Gösser Bierklinik. Baukern 16./17. Jh., Fassade im 18. Jh. teilw. verändert. Urspr. Schild eines Hauses ›Unter den Pfeilschnitzern‹, nach der 2. Türkenbelagerung (1683) dem Mitglied des Inneren Rats Johann Steindl als Geschenk für tapferen Einsatz überlassen. 1725 an die Kartause Mauerbach, knapp vor deren Aufhebung wieder Privat-Besitz. Bmkw. Hauszeichen ›Goldener Drache‹ und spätgot. Marienstatue.

STEPHANSPLATZ **1**
Platz um den Stephansdom urspr. nach dem rund um die Kirche befindlichen Stephansfriedhof benannt; war (wie heute) auf 3 Seiten von Häusern umgeben, deren Lage sich nicht verändert hat; an der 4. Seite, beim Riesentor des Domes, zwischen Kirche und Brandstätte durch eine Reihe kl. Häuser sehr beengt. Von der Rotenturmstraße zur Kärntner Straße standen hier, von Norden nach Süden gesehen, das Mesnerhaus, der Heilthumstuhl (bereits 1699 abgebrochen), das Bahrleihhaus u. a. Gebäude, schließlich die (1803 abgebr.) Domkantorei und der dem hl. Virgilius geweihte Neue Karner unter der 1781 abgebrannten Maria-Magdalena-Kirche (Grundmauern beim U-Bahn-Bau zutage getreten, sollen in der U-Bahn-Station sichtbar erhalten bleiben). Friedhof war durch 4 Tore zugängl., 1792 aufgelassen und der ganze Platz baulich umgestaltet. Seit dieser Zeit heutiger Name. Durch Demolierung der Häuserzeile vor dem Dom verlor → Stock-im-Eisen-Platz bauliche Trennung vom Stephansplatz, mit dem er seither übergangslos verbunden ist.

STEPHANSPLATZ **1**
Stephansdom ★ Gotische Hallenkirche mit asymmetrisch seitlich gestelltem Südturm (136,7 m, nach Ulm und Köln dritthöchster Kirchturm der Welt), riesigem abgewalmtem Satteldach und charakteristisch gemusterter bunter Ziegeldeckung. Seit 1363 Sitz des von Hz. Rudolf IV. in der Hofburg gestifteten, von Passau abhängigen Kollegiatskapitels (Propst mit Fürstenrang). 1469 unter Ks. Friedrich III. Erhebung Wiens zum Bistum (Amtsantritt des 1. Bischofs 1479), Umgestaltung des Kollegiatskapitels zum Domkapitel; 1723 Erhebung zum Erzbistum, seither erzbisch. Dom. Unter dem Hauptchor Grablege der Herzöge, unter den Seitenchören Grablege der Wiener Bischöfe und Domherren. ***Baugeschichte: 1. Bau:*** Als die Babenberger um 1135 die Stadtherrschaft über Wien erlangten und 1137 mit Bischof Reginmar von Passau den ›Tauschvertrag von Mautern‹ schlossen, durch den die dem Stadtherrn unterstehenden Kirchen der Stadt dem Passauer Bischof unterstellt wurden, begann dieser außerhalb der dam. Stadtmauer mit Bau einer neuen Pfarrkirche. Die romanische Kirche, möglicherweise aus einer an der Stelle eines heidnischen Heiligtums bereits bestehenden Kapelle umgestaltet, 1147 vom Passauer Bischof Reginbert zu Ehren des hl. Stephan geweiht; Langhaus und Westteil um 1160 vollendet. Dam. 3schiffige Basilika (Länge 83 m) mit Querschiff, Nebenapsiden, Chor mit Apsis und 2 Westtürmen. ***2. Bau:***

S

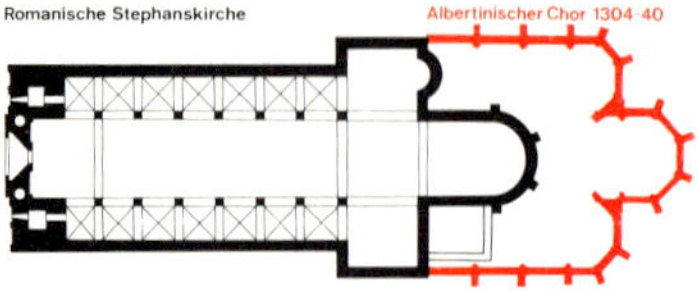

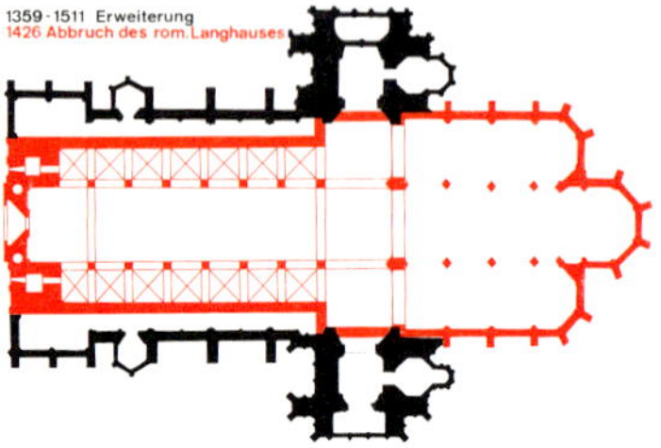

Fast gänzlich romanischer Neubau über demselben Grundriß, 1230/40 beg., Fertigstellung durch Brand 1258 verzögert, Schlußweihe 1263. Einer der letzten gr. Kirchenbauten der Spätromanik im deutschen Sprachraum, Teile im heutigen Dom erhalten (Westfassade mit Riesentor und ›Heidentürmen‹, Westempore). ***3. Bau:*** Neubau eines gotischen Doms, beg. 1304 mit 3schiffigem kreuzrippengewölbtem, hochgotischem Hallenchor (›*Albertinischer Chor*‹, benannt nach Initiator des Baues, Hz. Albrecht II.), geweiht 1340 **(E)**. Wahrsch. kurz danach Beginn des Baues der 2gesch. hochgotischen Doppelkapellen an der Westfront **(19, 29)**. 1359 Baubeginn am spätgotischen *Langhaus* **(B)** und *Südturm* **(C)** durch Hz. Rudolf IV. ›den Stifter‹ und seine Gattin Katharina: Langhaus in Form einer gestaffelten Halle, um die romanische Kirche herumgebaut; der romanische Westteil mußte nicht zuletzt deshalb in seinem Bestand erhalten bleiben, weil Rudolf IV. diesen 1363 dem von ihm begr. Kollegiatskapitel als Sitz anwies. Die Verbindung zwischen dem schmäleren romanischen Westbau und dem breiteren gotischen Langhaus durch die erwähnten Doppelkapellen im NW *(Kreuzkapelle)* und SW *(Herzogenkapelle)* hergestellt, die ebenso wie die reichen Portale an den Seitenschiffen (*Bischofstor* im N, 1380/90; *Singertor* im S, 1440/50) erst später vollendet wurden. In den letzten Jahrzehnten des 15. Jh. vollständige Hochführung von Langhaus (Abbruch der romanischen Bauteile ab 1426) und Querschiff sowie teilw. Umgestaltung der Westfront. Einwölbung des Langhauses (Errichtung des Dachstuhls nach 1440) durch *Hans Puchspaum*; er projektierte auch (um 1450) den *Adlerturm* (Nordturm), mauerte jedoch nur die Fundamente aus; der Bau selbst 1467 unter *Lorenz Spenyng* beg., jedoch 1511 in halber Höhe unterbrochen (1523 endgültig eingestellt; Aufsatz der 8eckigen Haube mit Glockenhelm durch *Kaspar* und *Hans Saphoy* 1556–78). Der Dom im 19. Jh. unter Dombaumeistern *Leopold Ernst* († 1862) und *Friedrich v. Schmidt* († 1891) durchgreifenden Restaurierungen unterzogen. Im April 1945 durch Brand schwerstens beschädigt (die bedeutendsten Verluste: der gotische Dachstuhl, das gotische Ratsherrengestühl, das Wimpassinger Kreuz von 1270, das Türkenbefreiungsdenkmal von 1883, die ›Pummerin‹ u. a. Glocken, die ›Hutstockersche Kreuztragung‹ von 1525, das Lettnerkreuz), 1945–52 wiederaufgebaut (1945–48 Restaurierung des Langhauses, 1948–52 Wiederaufbau des zerst. Hallenchores). ***Baubeschreibung: Fassaden allgemein*** Trotz starker zeitl. und stilist. Verschiedenheit geschlossene Wirkung durch das hohe Dach, dessen bunt glasierte Ziegel das Aussehen des Doms entscheidend beeinflussen. (Farbfolge Rot, Grün, Weiß allerdings in keinem Zusammenhang mit Herrschaft des Matthias Corvinus). Spätromanische Westfassade mit Doppeltürmen und Hauptor. *Charakteristika der gotischen Bauteile:* abgetreppte Strebepfeiler, Figurenbaldachine, Wasserspeierpaare an den Füßen der Fialen (in denen die Strebepfeiler über dem Dach enden), durchbrochene Maßwerkgalerie am Dachrand, die sich auch durch die Wimperge hinzieht. Hervorzuheben an der Südseite der wohl 1440 von Puchspaum im Zuge der Vollendung der Südwand des Doms beg. westlichste der 4 gr. Langhausgiebel, der sog. *Friedrichsgiebel* (benannt nach Ks. Friedrich III.), unmittelbar an die doppelgesch. Front der Herzogkapelle anschließend, für dessen Maßwerkzierat Puchspaum neue Motive erfand. Die übrigen Giebel erst 1853–55 vollendet (bis dahin nur aufgemaltes Maßwerk). **A *Romanisches Westwerk*** mit der sich über die gesamte Breite der romanischen Basilika erstreckenden gotischen Empore (Mitte 15. Jh.), welche die romanische Empore umhüllt; seitl. kreuzrippengewölbte gotische Doppelkapellen: **19** unten *Kreuzkapelle*, oben *Valentinkapelle* (nicht zugängl.), **29** unten *Herzogenkapelle*, oben *Bartholomäuskapelle* (nicht zugängl.). Kern der ***★Westfassade*** bilden die spätromanischen Bauteile (2. Drittel 13. Jh.): 3gesch. Seitenteile, mit Giebeln abgeschlossen, darüber die 8eckigen (an der Basis quadratischen) romanischen Doppeltürme (›*Heidentürme*‹, Höhe 65,6 m) mit spitzen, steinernen Helmen (sie überragten das Langhaus der romanischen Basilika merkbar, denn dieses endete dort, wo heute noch eine Mauerschräge zu erkennen ist); Unterteilung der Fassaden durch 2 waagrechte Dreipaßfriese mit Zahnschnitt, über den Doppelhalbsäulen Radfenster (Speichen im 19. Jh. entfernt; 4 weitere auf der Orgelempore im Zuge der Restaurierungsarbeiten nach 1945 freigelegt). Die 8eckigen Aufbauten der ›Heidentürme‹, die sich mit ihren schlanken Spitzbogenfenstern, einfacheren Rundbogenfriesen und Lisenen im Stil deutlich von den unteren Fassadenteilen abheben, wohl erst nach Brand von 1258 errichtet. Die *Helme mit Wimpergen* erhielten vermutl. um die Mitte des 15. Jh. endgültige Gestalt mit umlaufenden Galerien. Im Zentrum der West-

S

fassade **a** spätromanisches ★***Portal*** (*›Riesentor‹*, um 1240), prunkvollstes Werk einer spätromanischen Bauhütte, deren Werke auch in anderen Orten NÖ. (Wr. Neustadt, Klein-Mariazell, Mödling, Tulln) nachgewiesen werden können. Beschreibung der Toranlage: Rundbogiges spätromanisches Trichterportal mit reichem plast. Schmuck; Tor durch einen 1500 vorgelegten Spitzbogen eingeengt; in den Nischen spätromanische, hier wiederverwendete Steinplastiken (von links nach rechts: Stephanus, sitzender Richter, Greif, Samson als Löwenkämpfer. Linker Hand des Torbogens gr. und kl. Elle (behördlich geeichte Längenmaße); die kreisförmige Fläche darüber hat keine Beziehung zur Größe eines Brotlaibes (stammt lediglich vom Torriegel!) Rechts neben dem Tor eingeritzt: *O 5* (Symbol der österr. Widerstandsbewegung während des 2. Weltkrieges, entspricht den Anfangsbuchstaben von ›*Oe*sterreich‹: 5 = fünfter Buchstabe des Alphabets = *e*). Über dem Riesentor später hochgotisches *Westfenster* eingefügt; darüber Figuren: Laurentius, Stephanus, Michael. 6stufiges Portal mit eingestellten Säulen, hervorragend ausgeführte Kapitelle, über diesen friesartig gereihte menschliche und tierische Symbole (die Übel der Welt darstellend), darüber Halbfiguren der 12 Apostel und zweier Evangelisten, nächst dem Spitzbogen 2 Sitzfiguren (vermutl. Baumeisterdarst.). *Tympanon:* Christus in der Mandorla. An der rechten Seite des Gewändes (hinter dem Gitter): Römergrabstein. B ***Langhaus***★ Eindrucksvolle Größe des *Inneren* des Domes (Innenlänge ohne Westwerk 91,8 m, Breite des Langhauses 18,9 m – Mittelschiff 12,7 m, Seitenschiffe je 11,6 m –, Höhe des Langhausmittelschiffes 28 m, der Seitenschiffe 22,4 m). 3schiffige, 4jochig gestaffelte *Hallenkirche* mit fensterlosem Mittelschiff und um fast 6 m niedrigeren Seitenschiffen; *Netzrippengewölbe* überspinnen ohne Quergurte ganze Länge jedes Schiffs. An fast 3 m starken *Bündelpfeilern* je 6 Figurennischen mit Baldachinen und turmartigen Bekrönungen bis zum Gewölbeansatz; kein geschl. ikonograph. Programm, auch in den Maßen, zeitlich und qualitativ uneinheitlich, insgesamt 77 Statuen aus Stein oder Ton (etwa 1450–1500), teilw. zurückgehend auf bürgerl. Stiftungen (beigefügte Wappen!). ***Querschiff*** höher als Chor, Breite entspr. Langhaus (sofern man die Turmhallen unberücksichtigt läßt, Trennung lediglich durch verstärkte Gurtbogen, geringer Lichteinfall ruft Wirkung eines eigenen, Langhaus und Chor trennenden Raumteils hervor). An den Enden der nicht über die Breite des Langhauses hinausreichenden Querschiffarme die 2 Türme mit 2 Turmkapellen. **C *Südturm*** Baubeginn 1359, vollendet 1433 durch *Hans v. Prachatitz* (Helm 1839 durch *Paul Sprenger* und 1860 durch *Leopold Ernst* abgetragen und anschl. durch Dombaumeister *Friedrich v. Schmidt* in alter Form aus Stein wiederaufgebaut). Verjüngung des Turms vom Boden

Stephansdom

bis zur Spitze, im 2. Drittel Übergang aus quadrat. Grundriß in Achteck, aus dem im obersten Drittel 8eckiger Helm mit bekrönender Kreuzblume (darüber Bronzekugel mit Doppeladler) herauswächst (Gesamthöhe 136,7 m). Reinste Verkörperung des gotischen Turmbaues. Im Südturm bis 1945 die (alte) *›Pummerin‹* (Gewicht ca. 17 t, 1711 durch *Johann Achamer* aus dem Metall erbeuteter türkischer Kanonen gegossen, 1945 herabgestürzt und zerschellt). **D *Nordturm*** *(Adlerturm):* Planung entsprechend dem Südturm, in den Einzelheiten spätgotisch, daher reicher und kleinteiliger; Planung durch *Hans Puchspaum* (Fundamente 1450, Baubeginn erst 1467), Einstellung des Baues 1511, Abschluß durch 8eckigen Turmhelm von *Kaspar* und *Hans Saphoy* (1556–78). Auf dem Plateau seit 1951 die (neue) ›Pummerin‹ (Gewicht über 20 t, aus Trümmern der alten Glocke in St. Florian gegossen und 1951 aufgestellt); Lift im linken Seitenschiff. In der Erdgeschoßhalle u. a. das Original des ›Zahnwehherrgotts‹ (um 1400); Name bezieht sich auf Erzählung, derzufolge spottende Studenten von Zahnschmerzen, die sie daraufhin befielen, erst geheilt wurden, als sie vor dem Schmerzensmann Abbitte leisteten. **E *›Albertinischer Chor‹*** 3schiffiger *Hallenchor* mit 3 5/8-Schlüssen, *Kreuzrippengewölbe,* figurale Schlußsteine, 6teiliges Rippengewölbe des Mittelchores von bes. architekt. Schönheit; profilierte *Wandpfeiler* (Birnstäbe), hervorragend gegl. *Freipfeiler* (Rundstäbe, Hohlkehlen), bmkw. bes. Übergänge von Sockeln zu Pfeilern. Bündelpfeiler mit je 6 Figurennischen mit Baldachinen, die turmhelmartigen Bekrönungen reichen bis zum Gewölbeansatz. *Chorplastik:* im Frauenchor und im Chorhaupt des Mittelschiffes

S

1330/40 entstanden, im Apostelchor etwas später. Der gotische Statuenzyklus des Frauenchores im 19. Jh. in historisierender Gotik ›vollendet‹, doch wurden die Ergänzungen dem Thema des 14. Jh. in keiner Weise gerecht. *Statuen im Frauenchor* (von links beginnend): Hl. Josef (von Franz Erler, 1893), Epiphanie-König, Mutter Anna mit Maria, Verkündigungsengel, Epiphanie-Madonna, Joachim (von Franz Erler, 1893), hl. Elisabeth (von Franz Erler, 1893), Johannes d. T. (von Franz Erler, 1893). – *Statuen im Mittelchor* (von links beginnend): Christophorus (von Niklas Gerhaert van Leyden, um 1470, möglicherweise eine Stiftung Ks. Friedrichs III.), hl. Margarethe, Christus Salvator, hl. Laurentius, hl. Katharina, Christophorus, Johannes Baptista, Schutzmantelmadonna, hl. Laurentius, hl. Georg. – *Statuen im Apostelchor* (von rechts beginnend): hl. Judas Thaddäus, hl. Jakobus Minor, hl. Philippus, hl. Thomas, hl. Matthäus (1884), hl. Paulus, hl. Petrus, hl. Andreas (1884), hl. Johannes (von J. Gasser, 1860); die letzten 3 Apostelfiguren 1952 aus dem Bestand des kriegszerst. ›Sühnhauses‹ (Schottenring 7, an der Stelle des 1881 abgebrannten Ringtheaters) erworben, mit neuen Attributen versehen und so als die noch fehlenden Apostel (Jakobus Major, Bartholomäus, Simon) adaptiert. Alte *Glasgemälde* nur in 4 Fenstern des Mittelchores (um 1340/60), aus vielen Fenstern zusammengesetzt. **F *Obere Sakristei*** (erbaut um 1718; *nicht zugängl.*): quadrat. Raum mit Mittelsäule, Deckengewölben mit Stuckranken und gemalten Medaillons (Szenen aus dem Leben des hl. Stephan, vielleicht von *Martino Altomonte*), Marmorwandbrunnen (um 1718), Einrichtung z. T. erneuert. **G *Winterchor*** (jetzt *Reliquienschatzkammer; nicht zugängl.*): rechteckiger 2jochiger Raum mit Kreuzrippengewölbe (Mitte 14. Jh.), viell. im Anschluß an den Hauptchor als Sakristei erbaut. **H *Mesnerhaus*** zierlicher Anbau zwischen Südwand des Chores, Südturm und Katharinenkapelle. Hier beginnt die Turmtreppe (Besteigung des Südturms gegen Eintrittsgebühr) zur 72 m hoch gelegenen Türmerstube (hier saßen bis 1956 städtische Brandwachen und während der Türkenbelagerung militärische Beobachter). **I *Untere Sakristei*** (erbaut 1. Drittel 18. Jh.; nicht zugängl.) Hauptraum mit reich gestalteter Decke (figuraler Deckenstuck, Ölbild ›Gebet des Elias‹ von *Martino Altomonte*, 1732), an der Ostwand lebensgr. bemaltes Holzkruzifix (15. Jh.), daneben Marmorstatuen (Maria, Johannes) von *Franz Xaver Messerschmidt* (1768). **J *Dombauhütte*** (1959 errichtet). ***Tore*** Außer durch das ***Riesentor* (a)** kann der Dom durch 4 weitere Tore betreten werden. **b *Bischofstor*** (gegenüber dem ehem. Bischofshof, heute Erzbisch. Palais) mit spätgotischer 6eckiger Vorhalle (um 1380/90), Skulpturen viell. von Gregor Hauser; flamboyantes Fischblasen-Maßwerk (entsprechend den Formen der spätesten Gotik), Thema des figuralen Schmucks entsprechend dem Singertor **(c)**; Nischenfiguren am Vorbau (hll. Paulus und Stephanus) um 1515, groteske Wasserspeier, in der Portallaibung Statuen Albrechts III. und seiner Gattin Elisabeth mit je 1 Schildträger; Haltung und Kleidung der Fürstenstandbilder äußerst realistisch, aufgestellt an einem bis dahin nur Heiligen zukommenden Platz, wodurch die Absicht unterstrichen wird, die Stifterfamilie zu verherrlichen. Darüber 10 weibliche Heilige, seitl. Maria und Verkündigungsengel, im Tympanon übereinander 2 Reliefs (Tod und Krönung Mariä). Einst der Eingang für weibliche Besucher. An der Wand der Vorhalle Inschrift in der Geheimschrift Rudolfs IV. († 1365): ››Hic iacet Rudolfus dux fundator huius ecclesiae‹‹. In der Laibung der sog. Kolomani-Stein eingelassen, über den das Blut des 1012 bei Stockerau (NÖ) grausam gemarterten Heiligen geflossen sein soll (einziger Beleg für Verehrung einer Steinreliquie auf Wiener Boden!). Dazu als Pendant **(c)** das ***Singertor*** (gegenüber der 1792 abgebrochenen Kantorei; *derzeit geschl.*), ebenf. mit 6eckiger Vorhalle (um 1440/50, errichtet von Hans Puchspaum), Nischenfiguren am Vorbau (Steinigung des hl. Stephanus, hl. Paulus) aus der Bauzeit (durch Franz Erler 1896 restauriert), groteske Wasserspeier, Baldachinfiguren von Franz Erler (1893); in der Portallaibung Hz. Rudolf IV. und Gattin Katharina mit je 1 Wappenträger, in der Bogenlaibung 9 Apostel und Johannes d. T., seitl. Erlöser und Moses, im Tympanon übereinander 2 Reliefs mit Szenen aus dem Leben des hl. Paulus (Abreise aus Jerusalem, Bekehrung, Enthauptung); Hauptwerk der Gotik in Wien. Einst Eingang für männliche Besucher. **d *Primglöckleintor*** (Südturm) mit Vorhalle, Grundriß in Form eines halben 8ecks, Nischenfiguren an den Außenpfeilern: Stifterfiguren Hz. Albrecht II. und seine Gemahlin Johanna v. Pfirt sowie Ks. Karl IV. und seine Gemahlin Elisabeth (Originale im Hist. Museum d. Stadt Wien) sowie mehrere Heiligenstatuen. Reiche Wandgliederung im Inneren mit Diensten und (urspr. mit Statuen besetzten) Baldachinen, 2teiliges Tor mit 4 Kragsteinen, Sitzfiguren der Evangelisten (Ende 14. Jh.), am Mittelpfosten Steinstatue (Madonna mit Kind, um 1400). **e *Adlertor*** (Nordturm) in analoger Gestalt, jedoch mit reicher Wandgliederung (Spätgotik!); Nischenfiguren an den Außenpfeilern, unten (von W nach O): Klemens Maria Hofbauer, Petrus Canisius, Antonius v. Padua und hl. Katharina von L. Schadler (1909/10), hl. Laurentius (Original im Chormittelschiff!), Hll. 3 Könige, Maria mit Kind, 2 Apostel (alle Kopien von L. Schadler, 1915); oben Maria v. Burgund, Ks. Franz Joseph, Ksin. Elisabeth, Ks. Maximilian, Ks. Friedrich III. (alle von Franz Erler, 1878). Der hier sichtbare eiserne Griff hat nichts mit einer Asylstätte zu tun (Seilrolle beim Dombau!). ***Rundgang um den Dom*** (von links nach rechts): ***Ölbergrelief*** (um 1440), daneben Schmerzensmann (Halbfigur auf Pfeiler, ähnlich dem ›Zahnweh-

S

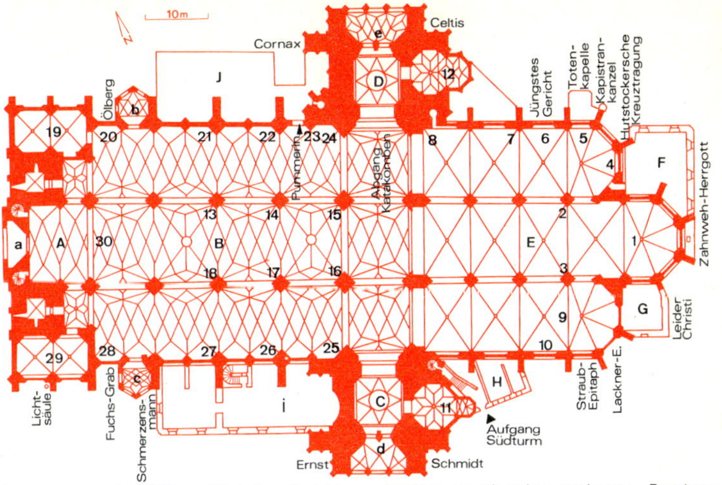

herrgott‹, angebl. 1625 gestiftet; derzeit nicht zu besichtigen), ***Grabstein des Arztes Dr. Matthias Cornax*** († 1564) (aufgefunden 1891 im Fußboden der Turmhalle des Nordturms), ***Renaissance-Epitaph für Konrad (Protucius) Celtis*** († 1508), Begr. des deutschen und österr. Humanismus; Kopie des im Inneren des Doms befindl. Originals. Flacher Reliefstein, oben Celtis als dozierender Professor, Mitte Parole ››Vivo‹‹ (ich lebe) auf den Feldern zwischen den Armen eines griech. Kreuzes, unten Requisiten einer Gelehrtenstube (Bücher, Tintenfaß, Studierlampe), ***Epitaph mit Sandsteinrelief ›Jüngstes Gericht‹*** (um 1520), figural stark erneuert, ***Totenkapelle*** (1752), hier am 6. Dez. 1791 Wolfgang Amadeus Mozart eingesegnet, Aufgang aus den Katakomben, ***Capristran-Kanzel*** (um 1430), möglicherweise jene Kanzel, die viell. an der Stelle der Pilgramschen Kanzel im Dom stand; barocker Aufsatz nach Entwurf von Franz v. Roettiers, ausgeführt 1738 (Chronogramm!) von Johann Josef Rösler; zur Erinnerung an die fanatischen Kreuzzugspredigten des Franziskanerpaters Johann v. Capistran (Capestrano) gegen die Türken (1451), die letztlich zur Eroberung von Belgrad (1456) führten ***Nische des zerst. Hutstockerschen Epitaphs*** (1523; Fragmente des bereits beschädigten und 1945 endgültig zerst. Grabmals im Dom- und Diözesanmuseum erhalten), ***Armeseelennische mit Kopie des ›Zahnwehherrgotts‹***, an der Rückseite des Hauptchores Armeseelenfresko von Joseph Danhauser (1826), davor Kopie einer Halbfigur des Schmerzensmannes (›Zahnwehherrgott‹) und 3 Passionsreliefs (Kreuzigung, Grablegung, Auferstehung; Anfang 15. Jh.), ***6 spätgotische Passionsfresken*** (um 1500) am Winterchor; Bilderfolge (von links nach rechts): Christus vor Kaiphas, Geißelung, Dornenkrönung, Ecce-homo-Szene, Verurteilung vor Pilatus, Kreuztragung; freigelegt 1942, als aus Bergungsgründen darüber angebrachte steinerne Passionsreliefs (um 1520) abmontiert wurden; diese (nur Kopf und Hände original) für neuen Kreuzaltar an der Südwand des Chorinneren adaptiert (10). In der nächsten Nische: ***spätgotisches Lacknersches Epitaph mit Ölbergmotiv***, Sandsteinrelief in spätgotischer Umrahmung, daneben Lichtsäule (1502). Links Grabmal Franz Lackner († 1571) mit Bronzerelief ›Christus in der Vorhölle‹ und Bronzestatuetten Spes und Caritas; rechts Grabmal Leonhard Lackner († 1517). An der Stirnseite des angr. Strebepfeilers kl. Sonnenuhr, darunter zierliches Weihwasserbecken (1506) mit Steinmetzzeichen des Dombaumeisters Georg Kling. ***Epitaph für Erbbegräbnis Fam. Straub:*** Renaissancegrabrelief ›Abschied Christi von Maria‹, umgeben von 7 Reliefmedaillons der Schmerzen Mariä (um 1520), dem Bogenfeldrelief der Salvatorkirche verwandt; Wappengrabstein des Hans Straub aus rotem Marmor (um 1540). In der Ostseite des Südturms Epitaph für Dombaumeister Friedrich v. Schmidt, an der Westseite für Dombaumeister Leopold Ernst (Bildnisbüsten von Carl Kundmann, 1894). ***Statue des Schmerzensmannes*** (1435?), rechts vom Singertor. ***Grabtumba des Neidhart Fuchs*** (Rat Ottos des Fröhlichen): Sarkophag mit Liegefigur und Relief unter erneuertem gotischem Baldachin (Ende 14. Jh.?), nach Überlieferung 2. Hälfte 15. Jh. (stark zerst.). ***Lichtsäule*** (spätgotische Totenleuchte), Kopie. ***Rundgang im Dom*** Unter der Orgelempore bester Blick über den *Innenraum*. **1** *Hochaltar*★ (1640–47), Marmoraufbau mit Statuen (hll. Sebastian, Leopold, Florian, Rochus) von Johann Jakob Pock, Altarbild ›Steinigung des hl. Stephan‹ auf Zinn von Tobias Pock (1640). An der Mensa bmkw. Schmiedeeisengitter. Nur rechts und links hinter dem Hochaltar sowie an der Südseite des Presbyteriums gotische Glasgemälde mit unvergl. Farbigkeit erhalten (um 1340/60). **2** *Johann-Nepomuk-Altar,* barocker Steinaltar (1723), Altarbild ›Hl. Johann Nepomuk‹ von Martin Johann Schmidt (›Kremser Schmidt‹, 1772) aus der Stadtpfarrkirche von Melk. **3** *Karl-Borromäus-Altar,* gestiftet 1728, Altarbild von Wolfgang Köpp (1783), Figuren der Apostel Petrus und Jakobus d. J. Beiderseits im Chor barockes Chorgestühl (1647) mit Bischofsbüsten von Matthias Hackl, darüber rechts Musikchor (hier 1740–49 Joseph Haydn Sängerknabe, 1791 Wolfgang Amadeus Mozart Kapellmeister), links Kaiseroratorium. Im linken Seitenschiff des Chores **4** (Frauenchor) *gotischer Flügelaltar* (sog. *★Wiener Neustädter Altar,* bez. ››1447‹‹ und ››AEIOU‹‹), von Ks. Friedrich III. angebl. für Stiftskirche in Viktring (Kärnten) bestimmt, dann im Zisterzienser-Neukloster in Wiener Neustadt und von dort 1884 für den Dom angekauft. Innen- und Außenflügel des Altars mit 72 auf Goldgrund gemalten Heiligengestalten. Die Flügel der Predella zeigen an der Innenseite Szenen aus dem Leben Mariä (Verkündigung, Heimsuchung, Anbetung des Kindes durch Maria, Anbetung des Kindes durch die Könige), an der Außenseite Darst. aus der Passion Christi (Ölberg, Kreuzigung, Geißelung, Dornenkrönung). Im 2gesch. Mittelschrein: Madonna mit Kind, Katharina (mit dem Rad), Barbara (mit dem Turm), darüber Krönung Mariä; der Rahmen des Schreins ist mit Apostelstatuetten besetzt. Linker Hand **(5)** leeres *Hochgrab für Herzog Rudolf IV. den Stifter* und seine Gattin Katharina (1378?), mit Liegefiguren. An der Nordwand des Chors Grabsteine: **6** *Erzbischof Johann Joseph Graf Trautson* (1757) aus weißem und schwarzem Marmor, Sarkophag mit 2 trauernden Putti, Reliefbüste von Balthasar Ferdinand Moll, darüber Denkmal für Kardinal Sigismund Graf Kollonitsch († 1751) mit Bildnisbüste von Johann Nikolaus Moll (1743). **7** *Grabmal des Bischofs Georg Slatkonia* († 1522) mit einem plast. eindrucksvoll gearbeiteten Porträt von Loy Hering. **8** *Grabmal des Bischofs Melchior Khlesl* († 1630), mit Bildnisbüste in Medaillon (Art des Giuliano Finelli?). Im rechten Seitenschiff des Chores (Apostelchor) **9** *★Hochgrab Kaiser Friedrichs III.* Rotmarmornes Freigrab (1467–1513) nach Gesamtentwurf von Niclas Gerhaert van Leyden durch 2 Künstlergenerationen ausgeführt (überliefert Max Valmer und Michael Tichter für die Seitenreliefs). Auf der Grabplatte Liegefigur des Kaisers, reicher figuraler Schmuck (Statuetten und Reliefs), an den Wänden des Sarkophags Statuetten von Fürsten und 8 Reliefs (Darst. der geistl. Stiftungen Friedrichs), darüber Wappenfries. Hochgrab markantes Beispiel eines aus den Niederlanden stammenden gotischen Typus. **10** *Moderner Kruzifixus* von Josef Trojer unter Verwendung der vom Brand verschonten Reste des alten Lettnerkreuzes. Links und rechts je 3 Passionsreliefs (auf dem Relief ›Verspottung Christi‹ Martin Luther als Augustinermönch!). **C** In der Halle des Südturmes (zugängl. durch das Primglöckleintor **(d)** oder vom Dom aus) Fragmente des 1945 zerst. *Türkenbefreiungsdenkmales* von Edmund Hellmer (1883–94) und Gedenkstein für die im 1. Weltkrieg gefallenen Priester (von Schwathe, 1927). Von der Halle betritt man durch einen sehr hohen Spitzbogen die *★Katharinenkapelle* **(11)** (geweiht 1396), eine architekt. Kostbarkeit 1. Ranges (aus Achteck entwickelter Zentralraum mit Apsis in der Breite einer Seite des Achtecks und Sterngewölbe, bestehend aus 16 sphärischen Dreiecken und 8 sphärischen Vierecken; der Schlußstein zeigt in farbigem Relief die Halbfigur der hl. Katharina mit Schwert und Rad. Figuraler Schmuck von Franz Erler (1870–74). Neugotischer Schnitzaltar (1875) mit hochgotischer Holzstatue der hl. Katharina (um 1420), figuraler Schmuck von Franz Erler; davor *Marmortaufstein* (von Ulrich Auer, 1481) mit Reliefs ›Christus, Johannes d. T. und die 12 Apostel‹ am Becken, Statuen der 4 Evangelisten am Sockel (z. T. nach Vorlagen Schongauers) und reichgegl. 4 m hohem hölzernem Deckel (früher Schalldeckel der Kanzel) mit Schnitzarbeiten (Sakramente), am Knauf Darst. der Taufe Christi. Rechts vom Eingang *Grabstein für Fürstbischof Anton Wolfrath* († 1639) mit Bildnisbüste (Spruch: ››Ich war Abt, Bischof, Fürst – Nun bin ich Staub, Asche, Nichts‹‹). An der Westwand 4 m hohe hölzerne *Bildtafel ›The Last Nail‹* von Major Frederick Charles Shrady (Sohn des amerikan. Bildhauers Henry M. Shrady), Geschenk der Katholiken der US-Besatzungsmacht (1947); der letzte Nagel der Kreuzabnahme Christi sollte das Ende der Jahre der Bedrückung des österr. Volkes symbolisieren. – In der gegenüberliegenden Halle des Nordturms **(D)** *Original des ›Zahnwehherrgott‹* (Halbfigur des Schmerzensmannes, Anfang 15. Jh.), Wandteppich und Grabsteine (16. Jh.). **12** *Barbarakapelle* (im Erdgesch.) *dzt. nicht zugängl.* (1467 vollendet, 1492 dem hl. Ulrich geweiht, erst 1690 der hl. Barbara). Das bedeutendste Kunstwerk im Langhaus die *★Kanzel von Anton Pilgram* **(13)** (um 1500), aus 7 Sandsteinblöcken herausgearbeitet; am Kanzelfuß Selbstporträt Pilgrams (sog. Fenstergucker). Durchbrochener Steinaufbau mit Statuetten am Fuß und Büsten (4 Kirchenlehrer an der Brüstung, von links nach rechts: Augustinus, Papst Gregor d. Gr., Hieronymus, Ambrosius). Stiegenaufgang mit kriechenden Kröten und Eidechsen (Symbole des Bösen), die von einem Hund (Symbol des Guten) am Vordringen gehindert werden. Vor dem Pfeiler der Kanzel sog. *★Dienstbotenmadonna* (1340). An den übrigen Langhauspfeilern barocke Andachtsaltäre: **14** *Katharinen-Altar* (am Mittelschiffpfeiler vor der Pilgram-Kanzel; zu Unrecht auch Cäcilienaltar gen.), Altarbild ›Katharina zwischen hll. Cäcilia und Lucia‹ (1701). Im Aufsatz Bild ›Die sich zu den Jungfrauen herabneigende Madonna mit dem Jesuskind, das der hl. Katharina den Vermählungsring reicht‹), bekr. Giebelfigur: hl. Dorothea. **15** *Marien-Altar* mit silbergerahmtem Votivbild ›Maria in der Sonne‹ oder ›Mater admirabilis‹ nach Stich von Martin Schon-

Selbstbildnis von Anton Pilgram

gauer (1490), Stiftung einer Wiener Familie (1699); zu beiden Seiten die hll. Simon und Judas Thaddäus, im Aufsatz bewegte Komposition ›Gottvater mit Hl. Geist, von Engeln umgeben‹, Statuen im Aufsatz: Johannes d. T. und Bischof. **16** *Josephs-Altar* mit Altarbild ›Hl. Joseph‹ von Anton Schoonjans (1700; der Heilige wohl Selbstporträt des bekannten Schülers des Erasmus Quellinus), daneben Figuren des Evangelisten Markus mit dem Löwen und Matthäus mit dem Engel, im Aufsatz ›Verkündigung Mariä‹. **17** *Januarius-Altar*, Altarbild ›Apotheose des hl. Januarius‹ (Stadtpatron von Neapel), Martino Altomonte zugeschr. (gestiftet 1711); im unteren Bildstreifen Golf von Neapel mit Stadtansicht. Im freien aufschwingenden Aufsatz Darstellung des Martyriums des hl. Veit, zu beiden Seiten die hll. Karl Borromäus und Nikolaus. **18** *Johannes-Altar*, Altarbild ›Hl. Sippe‹ von Johann Michael Rottmayr (1708), zu Seiten des Altars auf Konsolen die Ordensheiligen Franz v. Assisi und Antonius v. Padua; im Marmoraufsatz Immakulata mit der Hl. Dreifaltigkeit, von Heiligen und Putten umgeben. Westlicher Abschluß des linken Seitenschiffes *Tirnakapelle* **(19)** *(Kreuzkapelle, Prinz Eugen v. Savoyen-Gruft)* mit Wandfresko ›Golgatha‹ von Johann Ender (1853), davor Kruzifixus mit Bart aus echtem Haar (2. Drittel 15. Jh.) über Marmoraltar (1731–54). *Grabmal des Prinzen Eugen* (hier bestattet seit 1754): Marmorobelisk mit Bronzeplastiken (Relief einer Türkenschlacht) nach Entwurf von Joseph Wurschbauer. Neben dem schmiedeeisernen Tor zur Kapelle (mit Wappen Savoyen-Liechtenstein, um 1736) *Grabmal des Humanisten Johannes Cuspinian* und seiner beiden Gattinnen, darüber Epitaph für den Wiener Bürger Rechwein. **20** *Durchbrochener Altarbaldachin* (wahrsch. von Hans v. Prachatitz, gestiftet 1434), der den Herz-Jesu-Altar umschließt, Altarbild ›Herz-Jesu‹ (Anfang 18. Jh.), daneben *Grabstein des Wiener Bürgermeisters Hanns Übermann* († 1570) mit Relief ›Auferstehung Christi‹. Rechter Hand **(b)** Bischofstor (früher Brauttor), die nördl. der beiden Seitenpforten. **21** *Franz-v.-Assisi-Altar* (errichtet 1715), Altarbild ›Der hl. Franz in Verzückung vor einem Kreuz, die Stigmata empfangend‹ von Johann Michael Rottmayr, Aufsatzbild ›Hl. Ursula‹, neben dem Altar Marmorfiguren der hll. Cassian und Virgilius. **22** *Franz-Xaver-Altar*, farbiger Marmoraltar für den Jesuitenmissionar mit Relief ›Krönung Mariä‹ (1690), daneben Statuen der hll. Nikolaus und Wilhelm v. Maleval; im Aufsatz Bild ›Krönung Mariä‹, umgeben von den göttlichen Tugenden Glaube, Hoffnung und Liebe. Links davon Grabplatte des Wiener Bischofs Johann Fabri († 1541). **23** ★*Spätgotischer Orgelfuß mit Bildnisbüste Anton Pilgrams*, darunter gemalte Inschrift mit Pilgrams Monogramm und Jahreszahl 1513. Bmkw., weil der Künstler mit einem Selbstporträt aus der bisherigen Anonymität des Mittelalters hervortritt. **24** *Peter- und Paul-Altar*, ältester Barockaltar des Doms, Altarbild ›Petrus und Paulus‹ von Tobias Pock (1677), einziger Holzaltar der Barockzeit (merkwürdigerweise von der Maurer- und Steinmetzzunft gestiftet!), beiderseits vergoldete Holzplastiken der hll. Leopold und Heinrich; im Oberbild Erscheinung der Madonna, daneben die Pestheiligen Sebastian und Rochus. Neben dem Altar Zugang zum Aufzug auf den Nordturm (Pummerin). Im rechten Seitenschiff **(25)** *Altarbaldachin von Hans Puchspaum* (1448), der den *Leopolds-Altar* umschließt; Statuen von Ludwig Schadler (1905). Darüber barocke Orgeltribüne aus Holz. In der Wand unterhalb des Baldachins das Datum ››6. 10. 1848‹‹ eingemeißelt; eine hier sichtbare Vertiefung im Stein rührt von einem Gewehrschuß her, als während der Revolution verfeindete Gruppen der Nationalgarde in den Dom eindrangen und es zu einem Schußwechsel kam. Daneben Tür zur *Sakristei* **(I)** *(nicht öffentl. zugängl.)*. Neben dem Eingang *Dreifaltigkeitsaltar* **(26)** (1751) mit Altarbild des Tirolers Michelangelo Unterberger (Anlehnung an Entwurf von Paul Troger); jüngster Barockaltar des Doms, rokokomäßig zarter Aufbau von Matthias Langritter, 4 hervorragende Engelfiguren aus der Werkstätte von Georg Raphael Donner, daneben zweireihiges Barockgestühl für die Magistratspersonen (*›Kleines Ratsherrengestühl‹* mit Oratorium und Bürgermeisterloge) von Johann Jakob Pock (1643–45). **27** *Sebastian-Altar*, barocker Marmoraltar mit Altarbild ›Hl. Sebastian‹ (1710) und Mensa in Form eines Sarkophags. Daneben diverse Grabsteine (16. und 17. Jh.). **28** *Altarbaldachin aus Stein* (1510/15), vermutlich von Jörg Oexl (oder Gregor Hauser?), auf dem Altar Gnadenbild ›Maria Pötsch‹ (1676 aus Ungarn, eine karpatorussische Arbeit); rechts vom Altar eine vom

Vorgängerbau freigelegte romanische Halbsäule. Den Abschluß des rechten Seitenschiffes bildet die *Herzogkapelle* **(29)** *(Eligiuskapelle)* mit spätgotischem geschnitztem Flügelaltar (*Valentinsaltar*, geweiht 1507), im Mittelschrein Holzstatuen (hll. Valentin, Ottilie, Ursula), auf den Flügeln Tafelbilder (sichtbar hll. Leodegar und Erasmus, bei geschl. Altar Katharina, Barbara, Elisabeth und Rochus), die den Einfluß des augsburgischen Kunstkreises verraten; in der bekrönenden Skulpturennische Schmerzensmann (Kopie, 1948; Original 1945 gestohlen). Rechter Hand Steinstatue der *›Hausmuttergottes‹* (Mitte 14. Jh., ehem. im Himmelpfortkloster), unter den Baldachinstatuen bmkw. ›Maria mit Kind‹ (gleicht der Statue am Altstädter Ring in Prag). Weiters hervorzuheben Statuen (14. Jh.) der hl. Ludmilla (mit Strick und Palmzweig) und hl. Afra (mit Baumast). **30** *Orgel.* Orgelwerk mit über 125 klingenden Registern mit etwa 10.000 Pfeifen, 4 Manualen und einem Pedal (Fertigstellung 1960). Unter der Orgelempore Epitaph für Conrad Celtis. ***Überlieferte Baumeister:*** Meister Chunradus 1372 als Maurer genannt, viell. führender Baumeister. Ulrich Helbing 1399, Meister Wenzel 1403/04, Peter von Prachatitz 1404–29, Hans von Prachatitz 1429–39, Hans Puchspaum 1440 (oder 1446) bis 1454 (oder 1456), Lorenz Spenyng 1456–78, Simon Achleitner 1478–88, Jörg Kling 1488–1506, Jörg Oexl 1506–10, Anton Pilgram 1510–15, Gregor Hauser 1515–20, im weiteren 16. Jh. Michael Fröschl, Bonifaz Wolmuet, Hans und Kaspar Saphoy. **Gruftanlagen unter dem Albertinischen Chor** (fälschlich Katakomben genannt). Im Laufe von 4 Jh. entstanden. Zugang unter dem Adlerturm, nur mit Führung zugängl. Im Bereich vor dem Hochaltar ließ Rudolf IV. für sich und seine Familie die **1** *Herzogsgruft* anlegen. Unter Maria Theresia 1754/55 durch Erweiterung nach Osten die *Maria-Theresianische Fürstengruft* **(2)**. In den 2 Räumen 15 Sarkophage (u. a. Rudolf IV., seine Gemahlin Katharina, Albrecht III., Albrecht IV., Friedrich der Schöne) und 56 Urnen mit den Intestinen der Habsburger. Die *Unterkellerungen des Albertinischen Chores* **(3, 4, 5, 6)** seit etwa 1720 für die Beisetzung exhumierter Gebeine vom Stephansfriedhof verwendet. Nach Auflassung des Friedhofs rund um den Dom 1745–52 die *Neuen Grufträume* **(7)** unter der Nordostecke des Stephansplatzes (also außerhalb der Kirche!) angelegt. Mit Hofdekret vom 11. 12. 1783 durch Ks. Joseph II. Leichenbestattung in den ›Katakomben‹ verboten. Bis dahin mehr als 10.000 Leichen beigesetzt. 1872/73 Grabkammern geräumt. Im Zuge des Wiederaufbaues nach 1945 Neugestaltung der Unterkellerungen des Albertinischen Chores: der breite Gang unter dem Querschiff **(5)** zu einer *Unterkirche* ausgebaut (Altar von Josef Trojer), unter dem Apostelchor nach Plänen von Dombaumeister Karl Holey *Neue Bischofsgruft* **(4)**, unter dem Chormittelschiff *Lapidarium* **(3)** eingerichtet und unter dem Frauenchor *Domherrengruft* **(6)**. ***Bedeutung:*** Weithin sichtbares, sehr charakteristisches Wahrzeichen Wiens, bedeutendstes Bauwerk der Hoch- und Spätgotik in Österreich, monumentalste Lösung der süddeutsch-österr. Staffelkirche, eine der berühmtesten Kirchen Europas. Bes. Eigenart durch Einbeziehung der romanischen Westfassade und die daraus resultierende seitl. Anbringung der Türme; ungewöhnlich mächtige Dachkonstruktion (einst Glanzleistung gotischer Zimmermannskunst, heute Stahlkonstruktion), bmkw. gemusterte Eindeckung mit farbig glasierten Ziegeln (nach 1945 nach altem Muster rekonstruiert). ***Besichtigungszeiten*** Turmbesteigung tägl. 8.30–12.30 und 14–17; ›Pummerin‹ (Nordturm) tägl. 8–17; Domführungen wochentags 10.30 und 15, So und Feiertag nur 15; Abendführungen durch den Dom: Mai bis Oktober Sa 19, Juli bis August auch So 19 (bei gutem Wetter mit Dachrundgang, bei schlechtem Wetter mit Besichtigung der ›Katakomben‹, Herzogs- und Bischofsgruft); ›Katakomben‹ (nur mit Führung!) Mo–Sa 10–12 und 14–16.30, So und Feiertag 11–12 und 14–16.30; Dom- und Diözesanmuseum (1, Stephansplatz 6, Erzbischöfl. Palais) Besuchereingang → Rotenturmstraße 2. Öffnungszeiten Mi–Sa 10–16, So, Ftg 10–13.

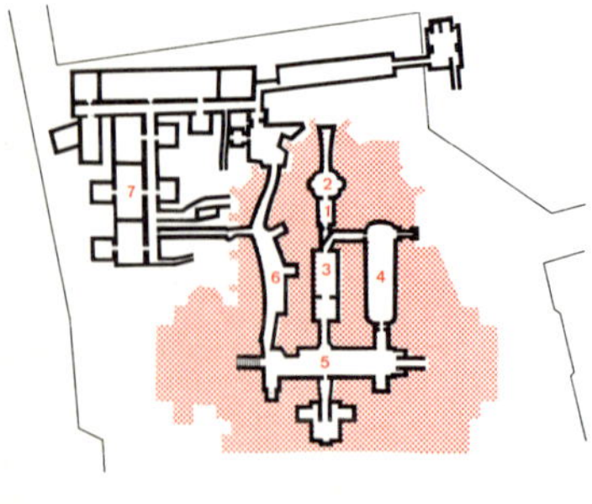

STEPHANSPLATZ 3 (Singerstraße 5) **1**
Churhaus Gegenüber Südportal des Stephansdomes. 1738–40 nach Entwürfen von *Daniel Chr. Dietrich* und *Johann Gottfried Pock* anstelle der alten Bürgerschule und der Bauhütte von St. Stephan erbaut, wahrsch. von Matthias Gerl vollendet; 4. Geschoß 1806 durch Louis v. Montoyer aufgesetzt (gleichzeitig Abtragung der ehem. Dreieckgiebel). 1759–1914 hier Erzbisch. Alumnat untergebracht (heute Wien 9, Boltzmanngasse 9). 1938 war das Churhaus Ziel nationalsoz. Übergriffe. ***Beschreibung:*** 5gesch. Gebäude mit 3achsigem Mittelrisalit und Lisenen; 2 seitl. Portale mit alleg. Plastiken (Kasuistik, Liturgik, Bibelkunde, Kirchengeschichte) und hübschen Gittern (1738 bzw. 1740). Über den Fenstern des 1. Stocks in der Mitte von Adlern getragene Inschriftenkartusche. ***Kapelle:*** Mariä Vermählung, geweiht 1742. Barocker Hochaltar mit Altarbild ›Vermählung Mariä‹ von Anton Schmidt.

STEPHANSPLATZ 5 (Schulerstraße 2, Blutgasse 2, Domgasse 2) **1**
Domherrenhof Früher *Chorherrenhaus*. Urspr. 2 Häuser (Alter Chorherrenhof und Füchselhof), deren vordere Fronten auf Stephansplatz gingen. Neubau von *Leopold Mayer* 1837–42. ***Beschreibung:*** Gr. 5gesch. Baukomplex mit gut proportionierter Fassade (bei Gliederungs- und Dekorationselementen historisierende Details).

STEPHANSPLATZ 6 (Wollzeile 4) **1**
Zwettler Hof Neubau 1844 von *Leopold Mayer* und *Franz Schebck*. Urspr. Komplex kl. teilw. gotischer Häuser, im 14. Jh. Stift Zwettl gehörend. 1361 erwarb Hz. Rudolf IV. den Hof für die Propstei von St. Stephan, vergrößerte ihn durch Ankauf von Nachbarhäusern. 1768 gesamter Komplex an das Domkapitel, doch hielt sich der alte Name. ***Beschreibung:*** 5gesch. Gebäude mit 2 öffentl. Passagen vom Stephansplatz zur Wollzeile.
Dom- und Diözesanmuseum → Rotenturmstraße 2

STERNGASSE 3 (Berghof 4) **1**
Wiener Neustädter Hof Erbaut 1735–37 durch Zisterzienserabtei Neukloster in Wiener Neustadt (Abt Benedikt Hell), viell. von *Anton Ospel*. Ehem. Durchhaus von der Sterngasse zur Marc-Aurel-Straße. Beherbergte den Neustädter Keller, stadtbekannte Schenke des Klosters. 1880 Vereinigung mit Heiligenkreuz, nun Besitz der Heiligenkreuzer. ***Beschreibung:*** 4gesch. Gebäude mit bmkw. Fassade. *Hauptfassade* (Sterngasse) mit 3achsigem Mittelrisalit und Pilastergliederung; in der Sockelzone Bänderung, Fensterbekrönungen mit Ornament und Platten, Portal mit gesprengtem Giebel, weite Einfahrt in hübschen Hof; neben dem Portal *›Türkenstein‹*, ein 79 Pfund schwerer Stein aus einem türkischen Mörser von der Leopoldstadt aus am 20. Juli 1683 in die Stadt geschossen und hier eingeschlagen (Inschrifttafel). *Fassade zum Berghof* 2 schlichte Portale, Putzfelder und Parapeten unter den Fenstern; der Neustädter Hof mit südl. Hälfte Teil der frühmittelalterlichen Burg Wiens (Berghof). An der Westseite 7 m hohe röm. Quadermauer der Badeanlage des Römerlagers, die sich hier befunden hatte. ***Kapelle*** schwer zugängl. (Stucchi, Altar mit plast. Kreuzigungsgruppe).

STOCK-IM-EISEN-PLATZ **1**
Urspr. Roßmarkt; als dieser Ende 13. Jh. in die Renngasse verlegt wurde, hieß der Platz seit 1303/08 ›Alter Roßmarkt‹, (bis Ende 17. Jh.). Auf dem Stock-im-Eisen-Platz standen versch. markante Bürgerhäuser, darunter Haus ›Zum goldenen Becher‹ (→ Singerstraße). Bis 1866 durch Häusergruppe vom Graben getrennt, nur an der Südseite durch schmale Grabengasse mit diesem verbunden. Auch die Häuserzeile in Richtung Stephanskirche urspr. wesentl. länger, so daß echter Platzcharakter gewahrt blieb. Heute mit Graben und Kärntner Str. durch Fußgängerzone so verbunden, daß Platz darin aufgegangen ist.

STOCK-IM-EISEN-PLATZ 3–4 **1**
Equitable-Palais Erbaut 1890/91 von *Andreas Streit*; reiche Hauptfassade. Bmkw. in Bronze getriebene Türflügel, Reliefs (die Sage vom ›Stock im Eisen‹ darstellend) von *Rudolf Weyr*. Hermen von *Viktor Tilgner*, übriger plast. Schmuck von *Johann Schindler*. In einer Ecknische der → Stock im Eisen. Name des Palais nach der in New York beheimateten Lebensversicherung.

STOCK-IM-EISEN-PLATZ 3–4 **1**
Stock im Eisen Die erste Erwähnung dieses alten Wiener Wahrzeichens findet sich in der städtischen Oberkammeramtsrechnung von 1533. Den Stock im Eisen, der zweimal seinen Standort wechselte, aber stets an der Ecke der Kärntner Straße und des alten Roßmarktes (Stock-im-Eisen-Platz) stand, hielt man für das Überbleibsel eines Waldes, der bis hierher gereicht haben soll. Der mit einem eisernen Band umgebene Stamm war, wie es hieß, mit einem ›unaufsperrbaren‹ Schloß versehen, das sich jedoch bei Reparaturarbeiten als Attrappe erwies. Das eiserne Band befestigte den Baumstamm an einem Haus auf dem später nach dem Wahrzeichen benannten Platz. Der Stamm ist auf seiner Vorderseite dicht benagelt. Sagen, die sich an ihn knüpfen, entbehren jeder historischen Begründung.

STRAUCHGASSE 1 **1**
Ehem. Palais Montenuovo Nach Entwurf von Arch. *Winter* 1851/52 anstelle einiger kl. Häuser und des Hauses ›Zum Heidenschuß‹ erbaut, später Besitz der Anglo-Österr. Bank. Zu Zeiten Heinrichs II. Jasomirgott hier gr. Zugbrücke über den durch die Strauchgasse und den Tiefen Graben zur Donau fließenden Ottakringer Bach, in dessen Bett im 15. Jh. zeitw. der Alser Bach geleitet wurde (Gedenktafel am Haus). Trotz Niveauregulierung hier noch heute deutlich Senke bemerkbar. ***Beschreibung:*** Fassade mit vertieften Achsen über den Portalen. An der Straßenecke in Stockwerkshöhe Nachbildung des alten, einst am Heidenschußhaus angebracht gewesenen steinernen Hauszeichens; urspr. (entgegen anderslautenden Behauptungen) Sarazene mit Pfeil und Bogen, seit 1851 *Türke zu Pferd mit Krummsäbel* (Anknüpfung an lokale Sage, Türken hätten 1529 bis unter dieses Haus Mine gegraben). Im Inneren des Hauses (früher Hofraum) bronzene *Reiterstatue des hl. Georg* von Anton Dominik Fernkorn (1852).

STRAUCHGASSE 2 → Freyung 1

STUBENRING 1 **1**
Regierungsgebäude Ehem. Kriegsministerium. Heute Sitz mehrerer Ministerien. Erbaut 1909–13 nach Konkurrenz mit Otto Wagner und Adolf Loos von *Ludwig Baumann* in

S

neobarocken Formen. ***Beschreibung:*** 250 m langer Gebäudekomplex mit 9 Höfen, 5gesch. mit breitem Mittelrisalit (2 Giebelfelder, zwischen diesen 7 Fensterachsen mit 8 hohen, 3 Stockwerke erfassenden jonischen Säulen); in den Giebeln Reliefgruppen von *Hans Bitterlich* (alleg. Darst. des Kampfes und der Belohnung des Siegers). In der Mitte der Attika riesiger österr. Doppeladler (Flügelspannweite 16 m) aus Bronze, an beiden Enden Putti von *Emanuel Pendl.*

Radetzky-Denkmal Vor Haupttor des Regierungsgebäudes an der Ringstraße Reiterdenkmal von *Caspar v. Zumbusch* (Sockel von George Niemann), urspr. vor Kriegsministerium Am Hof (enthüllt 1892), nach Übersiedlung des Ministeriums zum Stubenring (heute Regierungsgebäude) dorthin versetzt (enthüllt 1912). ***Beschreibung:*** Sockel mit mehreren Reliefs: links Radetzky im Kriegsrat mit Generälen Heß, Schönhals, d'Aspre, Wratislaw und Thurn, rechs Radetzky wie er 1849 nach der Verkündung des Waffenstillstands von Soldaten aller Waffengattungen und Nationen umjubelt wird; vorne über dem Doppeladler auf dem Blitzbündel Grillparzers Worte »In Deinem Lager ist Oesterreich«.

STUBENRING 3 **1**

Hochschule für angewandte Kunst *Altbau* am Stubenring von *Heinrich Ferstel* (1875–77). 3gesch. Backsteinbau, ähnlich dem benachbarten Museum (Stubenring 5), durch stark ausladende Gesimse von Bauterrakotten gegl.; glasgedecktes Stiegenhaus. *Anbau* Kopalplatz 2 von *Karl Schwanzer* (1962–65).

STUBENRING zwischen 3 und 5 **1**

Minerva-Brunnen mit Athene-Mosaik An der Verbindungsmauer zwischen Hochschule und Museum, Gesamtentwurf von *Ferdinand Laufberger* und *Heinrich Ferstel.* Mosaikbild der Pallas Athene auf Goldgrund von (Antonio?) *Salviati* aus Venedig, 1873 für Kunsthalle der Wiener Weltausstellung; durch Rudolf Eitelberger vor der Zerst. bewahrt; davor Brunnenbecken mit Renaissancemotiven.

STUBENRING 5 **1**

Österr. Museum für angewandte Kunst Erbaut 1866–71 nach Entwurf von *Heinrich Ferstel* in Formen der ital. Renaissance, Anbau Weiskirchnerstraße (auf durch Wienflußregulierung gewonnenem Terrain) 1906–08 von *Ludwig Baumann.* ***Äußeres:*** Backsteinbau, höhen- und grundrißmäßig stark gegl. 5achsiger erhöhter Mittelrisalit mit Portal, niedrigere Seitenflügel, Eckrisalite; symmetrische Anordnung, 2gesch. 4achsige Verbindungsbauten, Mitteltrakt und Verbindungsbauten durch Balustraden oberhalb des Hauptgesimses architekt. verbunden. Majolikamedaillons mit Porträts berühmter Künstler von *Otto König,* Reliefs von *Franz Melnitzky;* Sgraffitomalereien der Friese des Hauptgebäudes von *Karl Schönbrunner* nach Zeichnungen von Ferdinand Laufberger.

Österr. Museum f. angewandte Kunst: Hof

Sgraffiti am Mittelrisalit von *Karl Karger.* – Museum mit Gebäude der Kunstgewerbeschule (Hochschule für angewandte Kunst, Stubenring 3), ebenf. von Heinrich Ferstel im Stil der ital. Renaissance erbaut (1875–77), verbunden; den Verbindungsbau schmückt ein gr. Mosaikbild (→ Minervabrunnen). ***Inneres:*** Quadrat. glasgedeckter Hof mit Arkaden, Malereien von *Ferdinand Laufberger.* Über der Haupttreppe Spiegelgewölbe mit Fresko von *Ferdinand Laufberger.* Denkmal für Begr. des Museums, Rudolf Eitelberger v. Edelberg, von Hermann Klotz. **Rundgang durch das Museum** *Glassammlung* (1. Stock, Saal XII): Gotische Gläser, Venez. Gläser der Renaissance, Gläser des 16.–17. Jh., der Barock- und Biedermeierzeit. *Keramiksammlung* (1. Stock, Saal XII): Hafnerarbeiten 13.–18. Jh. (österr. Öfen), ital. Majoliken, Barockfayencen. *Metallsammlung* (Parterre, Säle I–VII): Goldschmiedearbeiten vom frühen Mittelalter bis zur Biedermeierzeit, Gelbgießerarbeiten, Zinngeschirr der Gotik und Renaissance. *Möbelsammlung* (Parterre, Säle I–VII): Romanischer Faltstuhl aus Stift Admont, gotische Schränke aus Tirol und Kärnten, franz., span. und ital. Renaissancemobiliar, Barockschränke, Meisterwerke der franz. und deutschen Möbelkunst (18. Jh.), Empire- und Biedermeiereinrichtungen. *Orientalische Sammlung* (Parterre, Säle VIII, XX): Keramik, Bronzen, Emails, Glas, Textilien, Halbedelstein- und Lackarbeiten, Skulpturen und Malereien aus allen Epochen (2000 v. Chr.–18. Jh.). *Porzellansammlung* (1. Stock, Säle IX, XII): Europ. Porzellan spez. Wiener Porzellan, Porzellanzimmer. *Teppichsammlung* (Parterre, Saal XX): Kaukasische, persische, indische, Mamelucken- und Osmanenteppiche, Keramik, Glas- und Metallarbeiten des Orients. *Textilsammlung* (Parterre, Säle I–VII; 1. Stock, Säle, X, XI): Mittelalterliche Stickereien (Gösser Ornat), Bildteppiche der Gotik und Renaissance (II, III, IV); Wandbespannungen und Teppiche 18./19. Jh. (V–VII); *Studiensammlung* (1. Stock, Säle X–XI; nur zeitw. zugängl.): Koptische Textilien bis zum 19. Jh. *Bibliothek und Kunstblättersammlung* (1. Stock, Lesesaal und Ausstellungssaal): Kunsthist. Literatur, Zeitschriften, Lexika; Barockbibliothek, illustrierte Bücher 1500–1900, Einbandsammlung, Ornamentstiche, Druckgraphik, Sammlung von Handzeichnungen und japan. Farbholzschnitten, Plakate, Fotosammlung.

STUBENRING 8–10 1

Handelskammer Die Häuserzeile auf dieser Seite des Stubenrings mit ihrer einheitl. architekton. Wirkung konnte erst entstehen, nachdem man sich 1898 entschlossen hatte, die nach der Revolution von 1848 hier erbaute Kaiser-Franz-Josephs-Kaserne abzureißen. Das Kammergebäude errichtete *Ludwig Baumann* 1904–06. Fassade in modernem Empirestil, beachtenswerter plast. Schmuck von zahlr. Bildhauern, dar. Othmar Schimkowitz, Georg Leisek und Emanuel Pendl; Bleireliefs von Jakob Gruber.

TABORSTRASSE 2

Seit Bau der 1. hölzernen Donaubrücke (1439) Hauptverbindungsstraße von der Stadt (Schlagbrücke, heute Schwedenbrücke, war lange Zeit einzige Brücke über den Donaukanal) nach Böhmen und Mähren. 1698 zum Neuen Tabor verlängert (Mauthaus beim Nordwestbahnhof); bis dahin beim Alten Tabor (Mauthaus Wien 2, Am Tabor 2) geendet. Durchzog urspr. Ansiedlung, sogen. Unteren Werd, wurde später Hauptverkehrsader der Leopoldstadt.

TABORSTRASSE 10 2

Börse für landwirtschaftliche Produkte Von *Karl König* 1887–90 in neubarocken Formen erbaut, 1897 und 1913 erweitert (gegen die Gr. Mohrengasse hin). Giebelplastik (›Kybele mit Löwengespann‹) von Theodor Friedl (1889).

TABORSTRASSE 16 2

Klosterkirche der Barmherzigen Brüder Kloster und Kirche (dem hl. Johannes d. T. geweiht) 1614 von Kaiser Matthias (der die Barmherzigen Brüder nach Wien berufen hatte) gestiftet; daneben entstand das alte Spital. 1. Kirchenbau 1622–52, Beschädigung durch Brand (1655), Wiederherstellung 1676–82 (Vergrößerung), Beschädigung durch Türken 1683, Bau der Kirche in gegenwärtiger Form 1683–92 (Kloster 1684–89); Chorerweiterung 1733/34, Turmneubau 1748 (von Franz Anton Pilgram), Zwiebelhelm 1945 zerst. ***Äußeres:*** 3gesch. Fassade mit gr. Pilasterordnung in der Straßenflucht, 2gesch. Turm (Nischenfigur hl. Johannes d. T.), Portal mit Wappen und Putten (1. Hälfte 18. Jh.), Zeltdach, kl. Dachreiter über dem Chor. ***Inneres:*** 1schiffiges 4jochiges Langhaus (Saalraum mit basilikalem Querschnitt), Gurttonnengewölbe mit Stichkappen, Eingangsjoch mit Orgelempore (darunter Eisengitter), tambourlose Pendentifkuppel; beidseits je 3 tiefe Kapellen. **1** *Hochaltar* (1735) mit Ölgemälde ›Taufe Jesu‹ (1736) von Daniel Gran; seitl. 4 prachtvolle Marmorstatuen von Lorenzo Mattielli (hl. Joachim, hl. Zacharias, hl. Elisabeth, hl. Anna), Engel von Antonio Gaetano Bussi. Gnadenbild des Hochaltars ›Maria, Heil der Kranken‹, von Karl Franz Tarrachia, Sekretär der Kaiserin Eleonora von Mantua, Witwe Ferdinands III., Geschenk 1677; in den Pestjahren (1679, 1713) hochverehrt. *Linke Seitenkapellen:* **2** Barockaltar mit Bild ›Tod des hl. Josef‹ (2. Hälfte 18. Jh.); am folgenden Pfeiler Bild ›Hl. Gregor‹ (18. Jh.). **3** Barockaltar mit Bild ›Hl. Johannes Nepomuk‹ (2. Hälfte 18. Jh.), Deckenbild ›Hl. Johannes Nepomuk‹ (1. Hälfte 18. Jh); am folgenden Pfeiler Bild ›Hl. Barbara‹ (2. Hälfte 18. Jh.). **4** Barockaltar mit Bild ›Hl. Anna und Maria‹ (2. Hälfte 18. Jh.), an der Wand Barockbild ›Hl. Franziskus‹; Stucchi der Kapelle 17. Jh., Deckenbild ›Hl. Maria‹. **5** *Kanzel* (1736). **6** Linker Seitenaltar im Chor mit Bild ›Hl. Dreifaltigkeit‹ (1736). **7** Rechter Seitenaltar im Chor mit Barockbild ›Christus am Kreuz‹, rechts Marmorfigur ›Hl. Maria mit Kind‹ (17. Jh.). *Rechte Seitenkapellen:* **8** Johann-von-Gott-Kapelle nach Entwurf von Josef Bittermann 1774; Barockaltar mit Stuckplastik ›Glorie des hl. Johann v. Gott‹ von Anton Tabotta (Schule Georg Raphael Donners); vom hl. Johannes v. Gott wurde 1540 der Krankenpflegeorden der Barmherzigen Brüder gestiftet. Am folgenden Pfeiler Bild ›Hl. Thekla‹ (18. Jh.). **9** Barockaltar mit Bild ›Hl. Karl Borromäus‹ von Franz Xaver Wagenschön (um 1758); Nische mit Holzfigur ›Christus im Kerker‹; am folgenden Pfeiler Bild ›Hl. Augustinus‹ (18. Jh.); Stuckdecke 17. Jh. **10** Barocker Pestaltar mit Bild ›Die Hll. Sebastian, Rochus und Rosalia vor Maria‹; Stuckdecke 17. Jh. **11** Mutter vom guten Rat-Kapelle – Orgelempore 1736 (reiches Gehäuse von Johann Hencke, 1763); an der Orgel wirkte 1755–58 Joseph Haydn als Organist. Inneneinrichtung (Kirchen- und Beichtstühle) 18. Jh.; *Sakristei* mit bmkw. intarsierten Möbeln (2. Viertel 18. Jh.). Links vom Chor *Oratorium* mit Stuckdecke (18. Jh.)

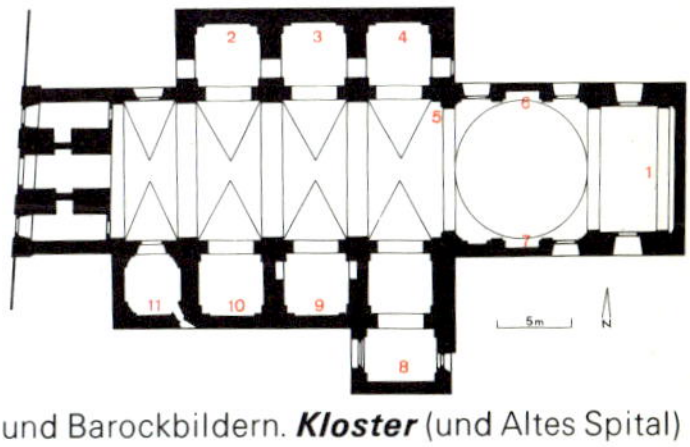

und Barockbildern. ***Kloster*** (und Altes Spital) Bedeutende Front in der Taborstraße, Risalit mit gr. Pilasterordnung, 2 Nischen mit Steinfiguren (hl. Johannes v. Gott, hl. Elisabeth), Aufsatz mit Giebel und Nischenfigur (hl. Maria), auf den Voluten Steinfiguren (Erzengel Michael und Raphael). Neben dem

T

Eingang (urspr. freistehendes) *Steinkruzifix* (von Anton Tabotta). Im Inneren von Bedeutung: *Refektorium* (17. Jh.), *Kapitelsaal* (1736) und *Bibliothek* (Einrichtung 1. Hälfte 18. Jh.). ***Neues Spital*** Eingang Mohrengasse 9, erbaut 1883/84 nach Plänen von Carl Hasenauer, Otto Hofer und Anton Schönmann, 1903–05 erweitert, mit Spitalkapelle. ***Klosterapotheke*** (Taborstraße 16) *Neue Apotheke* mit Empireeinrichtung Anf. 19. Jh. *Alte Apotheke* (heute Materialkammer, um 1722).

TIEFER GRABEN 1

Ehem. Rinnsal des Ottakringer Baches bzw. (im 15. Jh.) des Alser Baches, die von der Strauchgasse zu einem Donauarm (heute Donaukanal) flossen. Bildete Begrenzung des Römerlagers und der babenbergischen Stadt bis Ende des 12. Jh.; Schottenkloster urspr. außerhalb der Stadt an der Abzweigung der röm. Limesstraße (Schottengasse-Herrengasse) zur Burg Am Hof entstanden. Steilabfall vom Platz Am Hof zum Tiefen Graben noch an versch. Stockwerkshöhe der durchgehenden Häuser erkennbar. Nach Ableitung des Alser Baches 1456 teilw. applaniert. In der Nähe des (viel später erbauten) Hauses ›Zum Heidenschuß‹ überquerte den Bach eine Brücke. Senke noch heute deutlich sichtbar. Die Wipplingerstraße überquert den Tiefen Graben mittels der *Hohen Brücke*, deren urspr. Bau in das 13. Jh. zurückreicht; sie wurde mehrfach umgebaut, heutige Brücke von *Josef Hackhofer* (1903).

TIEFER GRABEN 4 → Am Hof 7

TIEFER GRABEN 6 → Am Hof 8

TRIESTER STRASSE bei 52 10

Spinnerin am Kreuz Urspr. Säule 1375 von Meister *Michael Knab* errichtet (1446 zerst.). Heutige Säule von *Hans Puchsbaum* (1451/52), 1598/99 von *Paul Kölbl* instandgesetzt, weitere Restaurierungen bis ins 20. Jh. Altes Wahrzeichen in gotischem Stil, an das sich viele Sagen knüpfen. Bezeichnungen wechselten sehr häufig (1598–1624 ›Martersäule am Wienerberg‹, 1709 erstmals ›Kreuzspinnerin‹, seit 1804 ›Spinnerin am Kreuz‹), Jahrhundertelang hier Hinrichtungen vollzogen, bis der Galgen 1747 in die Roßau (Wien 9) verlegt wurde; seit 1804 hier neuerlich Exekutionen (letzte 1868). ***Beschreibung:*** Großer, 12 m hoher Tabernakelpfeiler auf 8eckigem Grundriß, mit Baldachinen und Skulpturen (Geißelung, Dornenkrönung, Ecce homo und Kreuzigung).

TUCHLAUBEN 1

Name der Straße sehr alt, leitet sich von den hier ansässigen Tuchhändlern und Tuchschneidern ab, die in Lauben Waren anboten; 1293 e. T. des heutigen Straßenzuges ›Unter den Lauben‹ gen. Entwickelte sich zu einer der vornehmsten Straßen der Stadt, wie auch Zunft der Tuchmacher eine der ältesten und wohlhabendsten Wiens (schon z. Zt. der Babenberger mit Rechten und Freiheiten ausgestattet). Die Straße deckt sich mit keiner Lagerstraße des Römerkastells, dürfte also erst nach dessen Zerst. als Verbindung vom Berghof (nördl. des Hohen Marktes) zum Peilertor entstanden sein (an der Stelle eines röm. Lagertores stehendes Stadttor der babenbergischen Ringmauer). In der Verlängerung der Tuchlauben schon frühzeitig der Kohlmarkt zur Herzogsburg und über diese hinaus weiter nach Westen (Linzer Poststraße über die Mariahilfer Straße). Bmkw. heute noch deutlich erkennbarer Dreiecksplatz (früher begrenzt von den heutigen Straßenzügen Tuchlauben, Kühfußgasse und Milchgasse), der seiner Grundform nach bereits um 1000 als Zentrum einer bescheidenen Marktsiedlung außerhalb der beim Berghof bestehenden ›Reststadt‹ entstanden sein könnte. Möglicherweise hier eines der ältesten Rathäuser der Stadt (Tuchlauben 8, später sog. Schönbrunnerhaus, heute Neubau), viell. sogar die Schranne (keinesfalls allerdings, wie zuweilen behauptet wird, das Zeughaus).

TUCHLAUBEN 5 1

Hochholzerhof In alter Zeit auch ›Langenkellerhaus‹ gen. (nachweisbar bereits 13. Jh.); 1286 bis Ende 14. Jh. im Besitz des Dominikanerinnenklosters Tulln. Benannt nach Besitzer des 16. Jh. (Leonhard Hochholzer). Wahrsch. 1719 durch Johann Baptist Gaun v. Löwengang durch unbek. Architekten renoviert und umgebaut (heutige Fassade). ***Beschreibung:*** 4gesch. Wohnhaus mit eindrucksvoller reich gegl. Barockfassade,

Hausmadonna bei Tuchlauben 6

Straßenfront der Krümmung der Verkehrsfläche angepaßt. Alternierende Fenstergiebel verschiedenartiger Form mit Muschelmotiven und Kartuschen, gerahmte Putzfelder mit Rankenornamenten. Unter dem Dachansatz ornamentaler Fries und Konsolen. Hervorragendes barockes Haustor mit geschwungenem Giebel, Nische mit Figur ›Maria Immaculata‹.

TUCHLAUBEN vor 8 1
Tuchmacherbrunnen Bronzefigur von *Oskar Thiede*, 1928 im Auftrag der Wiener Städt. Wechselseitigen Versicherung errichtet, die im Haus Tuchlauben 8 Hauptsitz hatte. An der Stelle des Brunnens urspr. der sog. ›Schöne Brunnen‹ (1436–1753); Haus Tuchlauben 8 hieß ›Schönbrunnerhaus‹.

TUCHLAUBEN 11 (Kleeblattgasse 2) 1
Kleeblatthaus Erbaut 1837/38 von *Jakob Hainz*. 5gesch. Wohnhaus mit gut gegl. Fassaden. Mittelrisalit mit Pilastergliederung, breite Gesimse, gebänderte Sockelzone bis zum 1. Stock. An der Fassade Kleeblatt als *Hauszeichen*. Hufeisenförmiger Hof und schönes Stiegenhaus. ***Bedeutung:*** Für die Erbauungszeit charakt. Großwohnhaus.

TUCHLAUBEN 19 1
Wohnhaus Über alten Grundmauern 1716 erbaut (altes Hausschild ›Zum schwarzen Bock‹). 5gesch. Gebäude mit 5achsiger interess. Barockfassade mit Lisenen und Pilastern (z. T. rustiziert). Reiche, geschwungene Fensterbekrönungen verschiedenartiger Form mit dekorat. Ornamenten, über dem Mittelfenster des 1. Stocks *Relief mit Madonna*. Geräumige Einfahrt in hübschen Hof.

TUCHLAUBEN 23 1
Wohnhaus Um 1680 erbautes barockes Giebelhaus, 6gesch. mit ausgebautem Giebel und geraden Fensterverdachungen; schmale Parzelle (3 Achsen).

ULRICHSPLATZ 7
Ulrichskirche Pfarrkirche Zum hl. Ulrich (Maria Trost). Legendäre, ins 12. Jh. zurückreichende Entstehungsgeschichte. Älteste Kapelle 1211 im dam. Dörfchen Zeismannsbrunn vom Wiener Bürger Dietrich erbaut. 1408 an ihre Stelle ein vom Schottenabt Thomas II. erbautes Gotteshaus (1451 dem Benediktinerstift Schotten inkorporiert), 1529 zerst. und 1574 abgetragen. Die 3. Kirche 1589/90 eintürmig gebaut (ab 1651 Chor und Turm, 1670–72 Erneuerung des Langhauses); 1683 zerst., 1694 wiederhergestellt. Eine fromme Bruderschaft, ›Zu Maria Trost‹, machte sich um die Erhaltung der Kirche sehr verdient. Heutiger Bau 1721–24 von Joseph Reymund (Türme 1752 und 1771 erneuert). Interessante Lage am Steilufer des in der Neustiftgasse stadtwärts fließenden Ottakringer Baches. ***Äußeres:*** Hohe Freitreppe zum Portal, flankiert von 4 Heiligenstatuen von Franz Seegen (2. Hälfte 18. Jh.): hl. Benedikt, hl. Ulrich, hl. Aloysius, hl. Johannes v. Nepomuk. Rechts in der Grünfläche kreisförmige Abdeckung des Brunnens, dessen Wasser gegen Fieber und Hundswut heilsam gewesen sein soll (Name Zeismanns*brunn*!) Im Giebelfeld Steinstatue des Kirchenpatrons (hl. Ulrich). 2türmige Fassade (urspr. Türme mit Zwiebelhelmen).

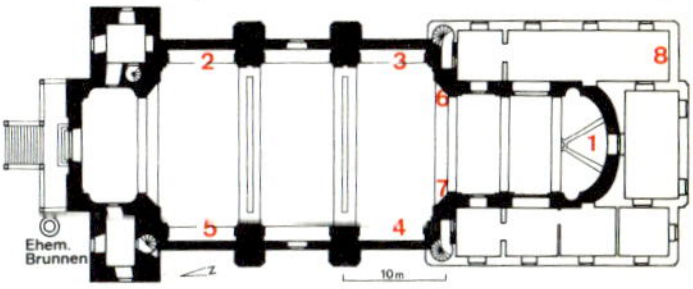

Inneres: einschiffige, 3jochige Saalkirche mit flachen Nischen zwischen halb eingezogenen Strebepfeilern, Platzelgewölbe, eingezogener Chor mit Korbbogenschluß. **1** *Hochaltar:* Architektur und Skulpturen von Franz Seegen, Altarbild ›Glorie des hl. Ulrich‹ von Josef Neugebauer (1865). Die holzgeschnitzte Marienstatue Nachbildung des Grazer ›Maria Trost‹-Bildes, das 1669 in den Besitz der Kirche kam und bes. am Mariä-Himmelfahrtstag verehrt wurde; in dieser Zeit entstand auch die Bruderschaft ›Zu Maria Trost‹ **2** Altar mit Bild ›Abschied der Apostel Petrus und Paulus‹ von Hermann Eichler (1870). **3** Altar mit Bild ›Geburt Christi‹ von Franz Ruß (1870). **4** Altar mit Bild ›Kreuzigung‹ von Franz Dobiaschofsky (1864). **5** Altar mit Bild ›Rosenwunder der hl. Elisabeth‹ von Franz Dobiaschofsky (1865). Am Triumphbogen: **6** Kopie des Grazer Gnadenbildes ›Maria Trost‹ (1698), ein Geschenk von Franz v. Conduzi. **7** Barockes Bild des Kirchenpatrons. **8** In der Tageskapelle: bühnenartige Gruppe ›Grablegung Christi‹ aus dem Kreis um Georg Raphael Donner. Kanzel 2. Hälfte 18. Jh., klassizist. Orgel von Josef Loyp (1842). Die alten Altarblätter seit dem 19. Jh. im Schottenstift, werden jedoch seit 1975 wieder in der Kirche aufgehängt. **1** ›Der hl. Ulrich in der Schlacht auf dem Lechfeld‹ von Paul Troger (1750). **2** ›Abschied des Apostels Petrus von Paulus‹ von Johann Mildorfer (um 1750). **3** ›Martyrium des Apostels Judas Thaddäus‹ von Franz Anton Maulbertsch (um 1750). **4** ›Glorie des hl. Johannes von Nepomuk‹ von Franz Xaver Palko (um 1750). **5** ›Hl. Benedikt u. Scholastika‹ von unbek. Künstler (um 1750). Das ›Heilige Grab‹ eines der schönsten Wiens.
Dreifaltigkeitssäule Vor dem Chor der Ulrichskirche (Burggasse) stehende Pestsäule, 1713 (urspr. freistehend) errichtet (1861 renoviert). ***Beschreibung:*** Wolkensäule auf 3flügeligem Postament, oben die Hl. Dreifaltigkeit; auf den Flügeln des Unterbaues hl. Sebastian, Maria und hl. Rochus. Links und rechts vom Postament hl. Rosalia und hl. Barbara.

ULRICHSPLATZ 2 7
Barockes Wohnhaus Erbaut 3. Viertel 18. Jh. Reich gegl. Straßenfassade und

bmkw. Hoffassaden. Markantes Beispiel eines barocken Vorstadthauses.

URANIASTRASSE 1 **1**
Urania Volksbildungshaus. Erbaut nach Plänen von *Max Fabiani*, eröffnet 1910. Kriegsschäden nach 1945 behoben; die völlig zerst. *Sternwarte* (im Kuppelraum des Turmes) seit 1957 wieder in Benutzung. Großer und mittlerer Saal für Vorträge und Kinovorführungen. Im 3. Stock elektr. *Zentraluhranlage* mit automat. telef. Abgabe des Zeitzeichens über Telefon. Ältestes Volksbildungshaus Wiens mit eig. Gebäude.

VOGELWEIDPLATZ **15**
Stadthalle Nach internat. Wettbewerb 1955–58 von Roland Rainer erbaute Mehrzweckhalle mit 100 m Spannweite für 16000 Zuschauer (variierbarer Innenraum). Originelle Haupthalle mit Glasdachkonstruktion. Nebenhallen und Stadthallenbad. ***Bedeutung:*** Wohl das bedeutendste Beispiel österr. Architektur nach dem 2. Weltkrieg.

Stadthalle

VOLKSGARTEN **1**
Beim Bau des neuen Burgtores nach der Zerst. der Burgbastei durch die abziehenden Franzosen (1809) 1821–23 angelegt. Nach der Auffüllung des Stadtgrabens 1862 bedeutend erweitert; der Plan, entlang der Löwelstraße eine Häuserzeile zu errichten, durch Bürgermeister Cajetan Felder vereitelt, Park somit in heutigem Umfang erhalten. Pietro Nobile, Erbauer des Burgtors, errichtete 1823 halbkreisförmigen Kaffeesalon, dessen 1. Pächter Peter Corti war (**1 *Cortisches Kaffeehaus***); hier konzertierten Josef Lanner und das Strauß-Orchester. Neu gestaltet 1956. **2** Bassin mit ***Brunnengruppe ›Faun und Nymphe‹*** von *Victor Tilgner* (sog. Tilgner-Brunnen), err. 1880, 1 gr. Brunnengruppe des Künstlers. Hinter dem Café-Restaurant **3 *Grillparzer-Denkmal:*** Marmorsitzfigur Franz Grillparzers (1791–1872) von *Carl Kundmann*, Architektur von *Carl Hasenauer* (1889); die architekt. gestaltete Wand hinter dem Denkmal mit 6 Reliefs: Darst. aus Grillparzers Dramen von *Rudolf Weyr* (links: ›Ahnfrau‹, ›Der Traum ein Leben‹, ›König Ottokars Glück und Ende‹; rechts: ›Sappho‹, ›Medea‹, ›Des Meeres und der Liebe Wellen‹).

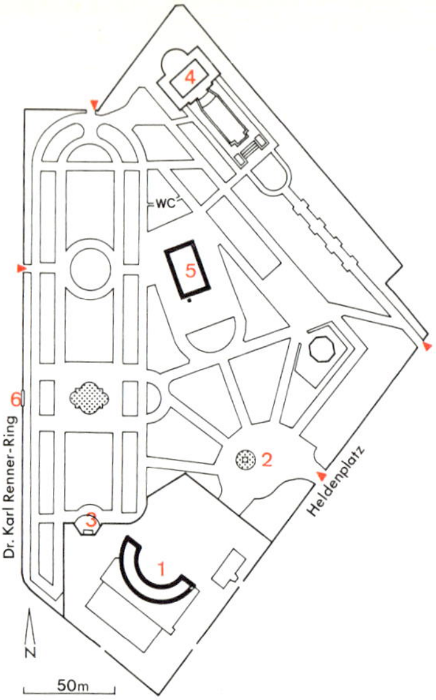

4 *Elisabeth-Denkmal:* Gedenkstätte für die 1898 in Genf einem Attentat zum Opfer gefallene Gattin Kaiser Franz Josephs I. Nordteil des Volksgartens zu diesem Zweck von *Friedrich Ohmann* verändert; ansprechende Verbindung von Garten und Architekturformen. Marmorsitzfigur der Kaiserin von *Hans Bitterlich*, Architektur und Parkgestaltung von *Friedrich Ohmann* (1907 vollendet). Im Zentrum der Parkanlage **5 *Theseustempel:*** Erbaut nach Entwurf von *Pietro Nobile* 1820–23 (Nachahmung des Theseions in Athen), urspr. zur Aufnahme der Theseus-Gruppe von *Antonio Canova* bestimmt (heute im Stiegenhaus des Kunsthist. Museums). Für Kunstausstellungen kleineren Umfangs in Verwendung. Vor dem Tempel Bronzefigur ***Jugendlicher Athlet*** von *Josef Müllner* (1921). An der Einfriedung gegenüber dem Parlament: **6 *Julius-Raab-Denkmal*** (1891–1964) von *Toni Schneider-Manzell* (Architektur von *Clemens Holzmeister*), enth. 15. 5. 1967, am Jahrestag der Unterzeichnung des österr. Staatsvertrages (Raab dam. Bundeskanzler).

VORDERE ZOLLAMTSSTRASSE 13 **3**

Zentralsparkasse der Gemeinde Wien

W

Hauptgebäude der Zentralsparkasse der Gemeinde Wien. Sparkasse aufgrund eines Gemeinderatsbeschlusses vom 20. Oktober 1905 gegr., nahm 1907 im Alten Rathaus Betrieb auf. Stahl-Glas-Bürohaus nach Plänen von *Arthur Perotti* und *Anton Potyka* (1962–65), nach modernsten Grundsätzen ausgestattet. Bis 1960 an dieser Stelle das Bürgertheater.

WÄHRINGER STRASSE 10 **9**
Altes Chemisches Institut der Univ. Wien. Erbaut 1869–72 von *Heinrich Ferstel*. 1. (und einziger dort wirklich errichteter) Bau von jenen Wiener Universitätsinstituten, die rund um die Votivkirche hätten entstehen sollen. ***Beschreibung:*** Rohziegelbau. Ferstel hat mit ungewöhnlich fein abgestuften Farben versch. keramischer Arbeiten Gliederungen zur Geltung gebracht: Tür- und Fensterumrahmungen aus tiefroten Terrakotten, andere Gliederungen in lichterem Rotbraun, Mauerziegel lederbraun, Pilasterfüllungen z. T. polychrom. Hauptportal in der Währinger Straße von Säulen mit Balkon gekrönt, kleineres Portal in der Wasagasse mit zarten Terrakotten.

WÄHRINGER STRASSE 25 **9**
Josephinum Ehem. k.k. medizin.-chirurg. Militärakademie, Institut zur Ausbildung von Ärzten für die Armee. Von Joseph II. nach Plan des *Giovanni Alessandro R. v. Brambilla* gegr. Erbaut 1773–75 gemeinsam mit Garnisonspital im Anschluß an ein bereits bestehendes Spital nach Entwurf von *Isidor Canevale*. Unter Franz I. 1822 umgestaltet, 1849 aufgehoben, 1854 als Bildungsanstalt für Feldärzte reaktiviert. Heute Sitz des Instituts für Geschichte der Medizin und des Pharmakognostischen Instituts der Univ. Wien. ***Beschreibung:*** Frühklassizist. Flügelbau mit Mittelrisalit im Quertrakt, Pilastergliederung an Mittel- und Eckpavillons; vorgelagerter Ehrenhof. *Inneres:* Bibliothek mit dünnen eingestellten Säulen, andere Räume erneuert. ***Institut für Gesch. der Medizin*** ★Sammlung anatomisch-geburtshilflicher Wachspräparate der Zeit Kaiser Josephs II., mediz.-hist. Museum (Entwicklung der Wiener Mediz. Schule von Van Swieten bis Sigmund Freud), mediz.-hist. Instrumentensammlung, Medaillen- und Münzensammlung, mediz. Bildarchiv, Bibliothek ***Hygieia-Brunnen*** Im Ehrenhof des Josephinums. Weibl. Gestalt (Bleistatue von *Johann Martin Fischer*, 1783) auf Vierkantsockel mit Medusenhaupt als Wasserspeier inmitten eines 4eckigen Beckens auf Stufensockel; auf dem Brunnenbecken Schmiedeeisengitter.

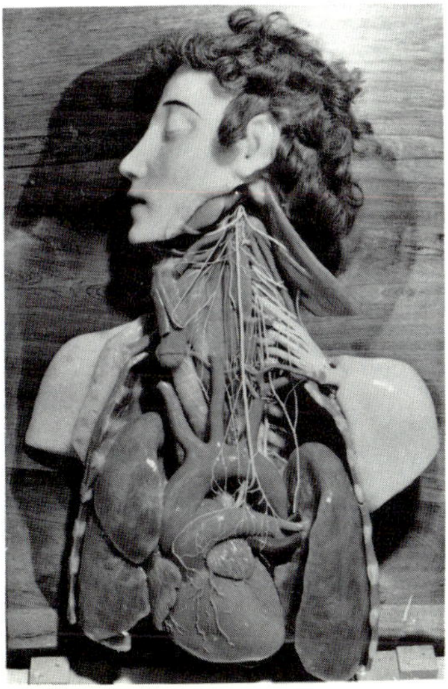
Anatomische Wachsfigur, 18. Jh.

WÄHRINGER STRASSE 28 **9**
Ehem. Palais Chotek Erbaut 1871–74 nach Entwürfen von *Lothar Abel*.

WÄHRINGER STRASSE 30 **9**
Palais Clam-Gallas, urspr. Dietrichstein. Erbaut 1834/35 nach Entwurf von *Heinrich Koch*, für Franz Josef Dietrichstein. Fam. Dietrichstein seit 1690 Eigentümer der gr. Besitzung auf dem Plateau der Währinger Straße (über den Rücken der sog. Schottenpoint talwärts zum Donaukanal) ließ im Park eine Villa erbauen (1834/35). ***Beschreibung:*** Langgestreckte 2gesch. klassizist. Fassade, tempelartiger, offener Mittelbau.

WÄHRINGER STRASSE 78 **9**
Volksoper Nach Plänen von *Alexander Graf* und *Franz v. Krauß* mit Renaissance-Anklängen. 1898 durch Verein von Wiener Bürgern als Kaiser-Jubiläums-Stadttheater (50j. Regierungsjubiläum Kaiser Franz Josephs I.) erbaut, unter Direktion von Adam Müller-Guttenbrunn mit Kleists Drama ›Die Hermannschlacht‹ eröffnet. Da das Theater hauptsächlich vom bürgerl. Mittelstand besucht wurde und auch Opern und Singspiele auf dem Spielplan hatte, erhielt es die Bez. ›Volksoper‹. Nach dem 2. Weltkrieg eine der Ausweichbühnen für die zerst. Staatsoper, von der sie nach wie vor mit leichten Opern, Operetten und Musicals bespielt wird; in den letzten Jahren u. a. Operette erfolgreich. An der Fassade 2 Plastiken von Othmar Schimkowitz.

WALLNERSTRASSE **1**
Die urspr. Walchstraße benannte Gasse soll Namen von ›fremden‹ (wallischen) Händlern und Fuhrleuten ableiten; heute eher Bezug auf hier ansässige Tuchwalker angenommen (v. a. im Hinblick auf die nachweisbare Bez. ›Walcstrazze‹). Jüngste Forschungen bezeichnen sie als die Hauptstraße einer von Kohlmarkt, Herrengasse und Strauchgasse begrenzten hochmittelalterlichen Vorstadt vor dem Peilertor.

W

WALLNERSTRASSE 3 1
Kaiserhaus (Palais Lamberg) Mitte 16. Jh. ein im Besitz der Fam. Liechtenstein befindl. Freihaus. Vor 1684 gab Landmarschall Gf. Sprinzenstein Auftrag zum Bau eines Palais, das er im Inneren luxuriös ausstatten ließ. 1730 (viell. nach Entwurf von *Joseph Emanuel Fischer v. Erlach*) erneuert. 1740 an Franz Stephan v. Lothringen, den Gemahl Maria Theresias, verkauft, der hier Audienzen erteilt haben soll (daher der Name). Heutige Innenausstattung geht auf Pläne von Johann Henrici zurück (1797); neue Fassade 1846.

WALLNERSTRASSE 4 1
Palais Esterházy Erbaut 1695 in der Art des *Giovanni Pietro Tencala.* 3gesch. 11achsige Fassade mit gr. Pilasterordnung, streng gegl., im 18. und 19. Jh. verändert; Balkon mit Schmiedeeisengitter. Hoffassaden einfacher (Kapellenturm nach 1737). Innenräume Mitte 18. Jh. (Stuckverzierungen).

WALLNERSTRASSE 6 1
Ehem. Palais Palffy Nach Brand 1809–13 nach Entwurf von *Pierre-Charles de Moreau* erbaut; Fassade ohne Vertikalgliederungen, Geschosse im Verputz differenziert; Lünettenreliefs. Im Inneren Vestibül, Stiegenhaus und Festsaal mit urspr. Ausstattung (um 1818) von Raphael v. Rigel. Hier wohnte während seines letzten Wiener Aufenthaltes im Sommer 1892 Otto Fst. Bismarck.

WALLNERSTRASSE 8 1

Palais Caprara Erbaut um 1698 nach Entwurf von *Domenico Egidio Rossi* für Enea Silvio Caprara. 1798 mietete der franz. Gesandte, Johann Bernadotte (nachm. König von Schweden und Norwegen) das Palais und verursachte hier ›Fahnenkrawall‹, als er die Trikolore am Balkon zeigte (die ›Fahnengasse‹ gegenüber dem Palais erinnert daran). Im selben Jahr kauften Bankiers Johann Heinrich und Jakob Geymüller Palais; ließen Innenräume im Empirestil erneuern. Im Winter 1820/21 lernte im Geymüllerschen Salon Franz Grillparzer seine ›ewige Braut‹ Kathi Fröhlich kennen. ***Beschreibung:*** 3gesch. 9achsige Fassade mit zwei 2achsigen Eckrisaliten, kräftigem Gesims und rustizierten Fensterumrahmungen; Portal mit Atlanten (Anfang 18. Jh.). Bmkw. Vestibül (Durchgang und 7schiffige Halle mit 5 Säulenpaaren); das berühmte ›Pompejanische Zimmer‹ Geymüllers im Hist. Museum.

WEIHBURGGASSE 1
Gasse verläuft über Gebiet, das z. Zt. der babenbergischen Stadterweiterung Anfang 13. Jh. ›Weihenburgk‹ hieß. Am Ende der Gasse 1817 das Karolinentor ausgebrochen. Die Gasse noch heute überwiegend mit Häusern aus dem 18. oder beginnenden 19. Jh.

WEIHBURGGASSE 3 1
›Zur Kaiserin von Österreich‹ Älterer Baukern 1802–04 von *Josef Georg Kornhäusel* für Baron Puchberg grundlegend umgebaut, später mehrfach verändert, heute in schlechtem Bauzustand; 5gesch. Gebäude mit 11 Fensterachsen, urspr. gebändertes Erdgeschoß mit betonten Keilsteinen über den Fenstern. Später zum *Hotel* adaptiert; hier wohnten bedeutende Gäste, u. a. Richard Wagner (1861), Franz Liszt (1879), Adolf Menzel (1895) und Edvard Grieg (1896).

WEIHBURGGASSE 5 1
Wohnhaus Baukern Mitte 16. Jh. (Renaissance), mehrfache Umbauten, Hoftrakt 18. Jh.; 4gesch., 5achsiges Giebelhaus (Fassade erneuert), im *Hof* Reste von Renaissance-Arkaden.

WEIHBURGGASSE 8 (Blumenstockgasse 3) 1
Wohnhaus Erbaut 1827 von *Josef Klee.* 5gesch. Gebäude mit je 4 Achsen, klassizist. Fassade mit Bänderungen in den unteren Stockwerken, Halbkreislünetten mit Muschelornament über den Fenstern des 1. Stocks; im *Hof* Marienstatue und Statuen des hl. Johannes Nepomuk sowie Johannes d. T. ›Zur gnädigen Abwendung der Pest‹ (1679).

WEIHBURGGASSE 14 (Ballgasse 10) 1
Barockes Wohnhaus Erbaut 1722 von einem *Johann Lukas v. Hildebrandt* nahestehenden Baumeister, urspr. 3gesch. (oberstes Geschoß erst 1822). Hübsche Barockfassade mit reich geschwungenen Fensterbekrönungen (Bandelwerk, plast. Köpfe, Vogelmotive, Kartuschen) und ornamentalen Putzfeldern zwischen den Fenstern. Haustor mit geschwungenem Giebel, im 1. Stock seitl. prachtvolle schmiedeeiserne Balkone.

WEIHBURGGASSE 21 1
Klassizist. Wohnhaus Erbaut 1787 von *Franz Duschinger.* 5gesch., 7achsiges

Gebäude mit gut gegl. Fassade (Bänderung im Erdgeschoß, Plattendekor und Konsolen bei den Fensterumrahmungen). Portal in der Mittelachse dekorativ bereichert, gewölbte Einfahrt in Hof mit offenen Gängen; klassizist. *Brunnen.*

WIEDNER HAUPTSTRASSE 4
Seit dem Mittelalter wichtigste Ausfallstraße nach Süden; Anlage für die 2. Hälfte 12. Jh. urkundl. gesichert. Von diesem Zeitpunkt an die Entwicklung der Wieden zu einer Vorstadt anzusetzen, wenngleich sie erst 1211 urkundl. nachgewiesen werden kann. Zentrum der alten Siedlung am heutigen Rilkeplatz; Gegend des heutigen Karlsplatzes war überschwemmungsgefährdetes Gebiet. Grenzen der alten Wieden entsprechen etwa dem Zug Schleifmühlgasse/Karlsgasse bzw. dem Lauf des Wienflusses am Naschmarkt entlang zum Karlsplatz. Zum Aufblühen der Vorstadt trugen das Heiligengeistspital und die Fernverkehrsstraße auf den Semmering, nach Kärnten und Triest wesentl. bei. Bis zur 1. Türkenbelagerung (1529) entstanden Adelssitze, Kirchen und Klöster. Als 1689 der Fortifikationsrayon um die Innenstadt erweitert wurde, 50 stadtnahe gelegene Häuser demoliert, Kern der Siedlung in die Gegend der Paulanerkirche verlagert. Hauptentwicklung der Wieden dem 18. Jh. zuzuordnen; dem Bau der Karlskirche folgte größere Anzahl vornehmer Adelspaläste, die sich größtenteils nicht erhalten haben. Vorstadt 1850 eingemeindet.

WIEDNER HAUPTSTRASSE 7 4
Zum goldenen Lamm Hotel in der Vorstadt Wieden, 1759 bei Feuersbrunst im gegenüberliegenden Freihaus abgebrannt. In dem 1760 err. Neubau ließ sich ein Großfuhrmann nieder. Seither Ausgangspunkt der Stellfuhrwerke in versch. Orte NÖ. und nach Eisenstadt. Äußeres später verändert; 3gesch. 5achsiges Gebäude mit schmuckloser Fassade. Im ›Goldenen Lamm‹ wohnte wiederholt Antonin Dvořák.

WIEDNER HAUPTSTRASSE 9 4
Zur Stadt Ödenburg Hotel in der Vorstadt Wieden, erbaut 2. Hälfte 18. Jh.; 2gesch. Bau mit langem Hof, seit 1689 Gasthof. Als im benachbarten ›Goldenen Lamm‹ der Stellfuhrwerksbetrieb florierte, suchte man an diesem zu partizipieren; von hier Stellfuhrwerke nach Güns und Steinamanger.

WIEDNER HAUPTSTRASSE (Ecke Favoritenstraße) 4
Paulaner-Kirche Erbaut als Klosterkirche der Paulaner (Zu den hl. Schutzengeln) 1627–51 (Architekt unbek.); nach Beschädigung während der 2. Türkenbelagerung 1683–86 wiederhergestellt; 1717 Bau des Turmes. Nach Aufhebung des Ordens (1783/84) um 1800 Abtragung des Klostergebäudes. ***Äußeres:*** Schlichte frühbarocke Fassade (Anlehnung an ital. Meister in Wien), gute

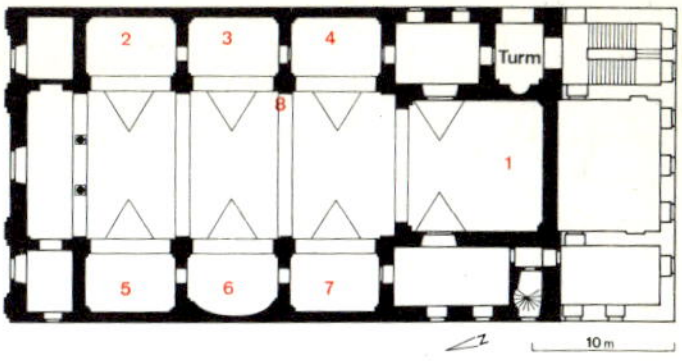

Nischenplastik; Turm links neben dem Chor. ***Inneres:*** Basilikaler Querschnitt, 3jochiges Langhaus (Tonnengewölbe, Stichkappen), beiderseits je 3 tiefe Kapellen, gerader Chor (*Deckenfresko* ›Hl. Dreifaltigkeit‹, 1. Hälfte 18. Jh., viell. von Carlo Carlone). ***Beschreibung:*** Barocker *Hochaltar* **1** (Spende der an dieser Kirche bestehenden Lakaien- und Hofdienerbruderschaft), err. 1717/18 zu Ehren ihrer beider Schutzpatrone, des hl. Bonifatius und des hl. Vitalis (mächtige Statuen am Hochaltar). Altarbild ›Hl. Schutzengel‹ von Josef v. Hempel, Brustbild des Ordensgründers, hl. Franz de Paula (gest. 1507), von Jacopo Tintoretto. Oratorienfenster mit Stucchi (1. Drittel 18. Jh.). *Linke Seitenaltäre* (von hinten nach vorne): **2** *Altar* (18. Jh.), Altarbild ›Maria Immaculata‹ von Leopold Kupelwieser (?), 1844; Statuen: hl. Joseph, Ordensheiliger; Kapellenwand links Barockbild ›Mariä Verkündigung‹ (aus Gaming), rechts Kreuzbild von Kastner (Mitte 19. Jh.). **3** *Altar* (Anfang 18. Jh.), Altarbild ›Kreuzigung Christi‹ von Johann Michael Rottmayr (um 1696); Statuen: hl. Nikodemus, hl. Joseph von Arimathia; neben dem Tabernakel barocke Bilder (hl. Petrus, Magdalena). **4** *Altar* (Anfang 18. Jh.), Altarbild ›Wunder des hl. Franz de Paula‹ von J. J. Bendl (1. Hälfte 18. Jh.); Statuen: hl. Stephanus, hl. Barbara, hl. Katharina, hl. Laurentius; neben dem Tabernakel barocke Bilder (hl. Joachim, hl. Joseph). *Rechte Seitenaltäre* (von hinten nach vorne): **5** *Altar* (Anfang 18. Jh.), plastische Pietà von Hofer; Statuen: hl. Joseph, hl. Anna; Kapellenwand links ›Hl. Florian‹ (2. Hälfte 18. Jh.). **6** *Altar* (Anfang 18. Jh.), Altarbild ›Hl. Johannes Nepomuk‹ (19. Jh.), neben dem Tabernakel barocke Bilder (hl. Wenzel, hl. Leopold). **7** *Altar* (Anfang 18. Jh.), Altarbild ›Hl. Franz v. Sales‹ (1706), Stuckfigur ›Himmelfahrt Mariä‹; Statuen: hl. Agatha, hl. Nikolaus, hl. Liborius, hl. Margaretha; neben dem Tabernakel barocke Bilder (hl. Franz v. Assisi, hl. Theresa). **8** *Kanzel:* charakt. Beispiel des Frühbarock (um 1690). Orgelgehäuse um 1760/70 (wahrsch. Werkstätte Hencke-Pfliegler).

WIEDNER HAUPTSTRASSE 32 4
Sterbehaus Glucks Erbaut 4. Viertel 18. Jh., 1784 von Franz Duschinger für Maria Anna v. Gluck verändert (2. Stockwerk 1830/31 von Josef Klee aufgesetzt). 3gesch., 7achsiges Wohnhaus mit gut proport. Fassade. 1784 von Christoph Willibald Gluck gekauft; hier am 15. November 1787 gest. (Gedenktafel).

WIEDNER HAUPTSTRASSE 50 (Fleischmanngasse 1) **4**
Wohnhaus Lortzings Erbaut 1834 von Georg Schiemann, 4- bzw. 5gesch. Gebäude mit je 11 Fensterachsen, Wiedner Hauptstraße Pilastergliederung, in den Mittelachsen von Dreiecksgiebel bekrönt, Balkon. Schöne Einfahrt mit Säulenstellung, interess. Hof, bmkw. Stiegenhaus. 1846–48 wohnte hier Albert Lortzing. Seit 1950 Nischenplastik von Franz Barwig, Lortzing in der Rolle des Waffenschmieds (1847 im Theater an der Wien uraufgeführt).

WIEDNER HAUPTSTRASSE bei 82 **4**
Thekla-Kirche Erbaut 1754–56 von *Josef Gerl*, Turm 1757 vollendet. ***Äußeres:*** Rechteckiger Baublock mit Fassadenturm. ***Beschreibung:*** 1schiffiger 2jochiger Saalraum (Platzelgewölbe), Stucchi von Pietro Orsatti (1756). *Hochaltar* mit Bild ›Hl. Thekla‹ von Felix Ivo Leicher und 2 Statuen (hl. Petrus, hl. Paulus). Auch die beiden *Seitenaltäre* von Leicher (links mit Bild ›Maria Immaculata‹, rechts mit Bild ›Hl. Joseph von Calasanz‹). Rechts neben dem Chor *Beichtkapelle* mit Altar (2. Hälfte 18. Jh.) und Plastik ›Christus in der Rast‹, Steinfigur ›Maria Immaculata‹ (18. Jh.) und Bild ›Hl. Cäcilia‹ (1728). Anschl. ***Kloster*** (Ziegelofengasse), erbaut 1754–57.

WIPPLINGERSTRASSE 7 (Judenplatz 11) **1**
Ehem. Böhmische Hofkanzlei Heute Sitz des Verfassungs- und Verwaltungsgerichtshofes. Erbaut zwischen 1708/10 und 1714 von *Johann Bernhard Fischer v. Erlach* (9

Ehem. Böhmische Hofkanzlei

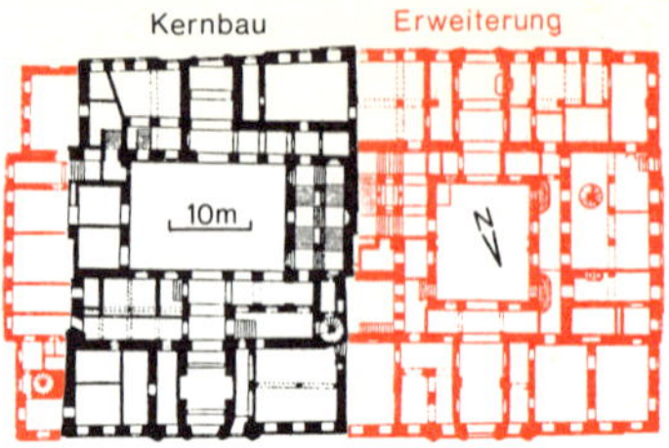

Achsen mit 3achsigem Mittelrisalit). Nach Auflösung der Böhm. Hofkanzlei (1749) dem ›Direktorium in publicis et cameralibus‹ zugewiesen, anschl. 1751–54 von *Matthias Gerl* durch Neubau erweitert, für den 4 angrenzende Häuser in der Jordan- und Füttergasse angekauft wurden; 1809 Außenbau in Details verändert. 1896 Repräsentationssäle nach Entwürfen Emil v. Försters neu hergestellt. 1946–51 Restaurierung nach Kriegsschäden, Veränderung der Innenräume, Herstellung eines Fußgängerdurchgangs entlang der Wipplingerstraße. Seit den 60er Jahren Generalsanierung des Gebäudes. ***Beschreibung:*** Mächtiger Baublock, der von 4 Straßenzügen (Wipplingerstraße, Jordangasse, Judenplatz, Füttergasse) begrenzt wird. Geht zwar nur z. T. auf Fischer zurück, wird jedoch architekt. von ihm bestimmt. *20achsige Fassade in der Wipplingerstraße*★ von einheitl. Wirkung: östl. Achsen (mit Ausnahme der letzten und der Fassade zur Jordangasse) von Fischer (zentraler 3achsiger Mittelrisalit mit Dreieckgiebel, 3achsiges Portal mit Hermen, Fenster des Hauptgeschosses mit reichen Ädikulen); *Skulpturen* von Lorenzo Mattielli. *Erweiterungsbauten von Gerl:* in der Wipplingerstraße nach Westen (Richtung Ringstraße) Anfügung eines Fischer v. Erlach genau entspr. 9achsigen Gebäudes (ebenf. mit 3achsigem Mittelrisalit mit Dreieckgiebel), nach Osten (Richtung Hoher Markt) 1achsige Erweiterung und Fassade zur Jordangasse. Die *Fassade am Judenplatz*★ Gerls Schöpfung; hier lediglich bei der Geschoßeinteilung Rücksicht auf Fischers Bau. ***Bedeutung:*** Johann Bernhard Fischer v. Erlach führte erstmals das Fassadenschema des palladianischen Klassizismus in Österreich ein, verschmolz es jedoch in selbständiger Weise mit franz. und ital. hochbarocken Motiven.

WIPPLINGERSTRASSE 8 **1**
Altes Rathaus Nicht sicher, wo sich das älteste Rathaus Wiens befunden hat. Urspr. viell. in der Wollzeile oder auf den Tuchlauben, dann jedoch in der heutigen Salvatorgasse neben dem Wohnhaus der Fam. Haymo. Nach Teilnahme an einer aufrührerischen Bewegung gegen Friedrich den Schönen 1309 konfiszierte der Landesfürst Haymos Güter. Auf Bitten der Wiener 1316 der Gemeinde das an ihr kl. Rathaus angr. Gebäude des Otto Haymo übergeben, dessen Hauskapelle an die Rückseite des Rathauses

stieß (→ Salvatorgasse 5; heute *Salvatorkirche*). 1422 durch Nachbarhäuser erweitert, 1455–57 weitgehender Umbau (wohl durch Lorenz Spenyng): Bau besaß einen vom Dach noch 2 Gesch. höheren, mit steilem Zwickeldach abschl. Turm. Noch im 17. Jh. trotz nochmaliger Erweiterungen höchst bescheiden. Erst nach der 2. Türkenbelagerung sah sich die Stadtverwaltung veranlaßt, repräsentativeres Rathaus zu bauen. Hauptfassade nach 1699 und vor 1706 umgestaltet (Westhälfte); 1780 durch *Theodor Valery* gleichartig nach Südosten erweitert. Zu Beginn des 18. Jh. auch der Ratssaal renoviert, mit reicher Stuckdecke versehen (von Albert Camesina, 1712/13); die vorhandenen Freskogemälde der Decke durch Ölgemälde von Johann Michael Rottmayr überdeckt (heute im neuen Rathaus). ***Äußeres:*** Reichgegl. *Fassade*★ von unbek. Baumeister Art Johann Bernhard Fischers v. Erlach, 2 Portale mit *Portalplastiken* (›Gerechtigkeit‹ und ›Güte‹, am westl. Portal, 1706, bzw. ›Öffentl. Vertrauen‹ und ›Frömmigkeit‹ von Johann Martin Fischer am östl. Portal, 1781). An der südwestl. Ecke (Wipplingerstraße–Stoß-im-Himmel) *Engelskulptur* mit Stadtwappen und Bindenschild (weißes Gewand, roter Überwurf, goldene Flügel), um 1450/60. Massiv gestaltetes Erdgeschoß, durch kräftiges Gesims von den Hauptgeschossen getrennt, Rhythmisierung durch vortretende Wandteile, 3achsiger Mittelteil mit repräsentativem Portal zurücktretend. 2 Hauptgesch. mit jonischer Riesenpilasterordnung. Unter den Basen der Pilaster gestürzte Konsolen, dazw. reich ornamentierte Parapetenfelder der Hauptgeschoßfenster. Reich gestaltete Architravzone unter dem Dachgesims. ***Inneres*** z.T. zugängl. *Ehem. Bürgerstube:* quadrat. Raum mit Mittelpfeiler und 4 gedrückten Kreuzgewölben (restauriert). Darüber *Ratsstube.* Zugängl. der *Wappensaal* (vor der Bezirksvorstehung im 1. Stock): an der Decke Wappen in Freskomalerei des Inneren Stadtrates von 1713/14. Bei kulturellen Veranstaltungen der Zentralsparkasse der Gemeinde Wien zugänglich: *Großer Ratssaal:* Stucchi von Albert Camesina (1712/13), 2 Deckengemälde von H. Georg Greiner (um 1700), 8 Ölgemälde um diese gruppiert (Kaiser-Impresen, von Albrecht II. bis Karl VI., jedoch nicht lückenlos vertreten). *Kleiner Ratssaal:* Stuckierte Decke mit Deckenfresko, in den Ecken eingelassen 4 hochformatige Ölbilder (Embleme, offenbar auf die Stellung des Inneren Rats von 1713/14 als oberstem Verwaltungskollegium der Stadt bezogen). Bei bes. Anlässen zugänglich: *Alter Gemeinderatssitzungssaal:* 1851–53 von Ferdinand Fellner auf Anordnung von Bürgermeister Johann Kaspar v. Seiller umgestaltet (Stuckdecke, Karyatiden, Reliefs von Hans Gasser, Wände mit Stuck-Marmor verkleidet, unterhalb des Plafonds rundum mit Emblemen der bekanntesten Gewerbe verziert), ein bedeutendes Beispiel des Historismus auf dem Gebiete der Innenarchitektur.

Andromedabrunnen (Detail)

Im Hof ***Andromeda-Brunnen***★ von *Georg Raphael Donner* (1741), darüber Balkon, von Putten getragen, bekrönt von einem Wappenengel (1. Hälfte 18. Jh.); Balkongitter von Simon Vogl (1725).

WOLFRATHPLATZ **13**

Pfarrkirche Ober-St. Veit Die dem hl. Veit geweihte Kirche urkundl. bereits im 12. Jh. belegbar, 1433 neu gebaut, während der 2 Türkenbelagerungen verwüstet, 1742–45 durch *Matthias Gerl* neu erbaut. ***Äußeres:*** Barockes Langhaus und ehem. gotischer Chor mit Strebepfeilern; über dem Südportal Wappen des Erzbischofs Kollonitsch. Alter Turm mit barockem Zwiebelturm. ***Beschreibung:*** Kurzes barockes Langhaus gegen gotischen Chor. *Hochaltar* mit Altarbild ›Marter des hl. Veit‹ von Fra Agostino a San Luca (1745); oberhalb des Tabernakels Kopie des wundertätigen Gnadenbildes ›Maria, Zuflucht der Sünder‹ aus Neapel (1745 in feierlicher Prozession nach St. Veit gebracht). Alabasterstatuen (hl. Sebastian, hl. Florian). Seitenaltäre (Marien- und Josefsaltar) von Gaetano de Rosa (1744). Rokokokanzel (um 1770), Kreuzwegbilder von unbek. Maler (um 1750).

WOLFRATHPLATZ 2 **13**

Erzbisch. Schloß (neben der Kirche), ehem. Sommersitz der Wiener Erzbischöfe. Urspr. Besitz der Propstei bei St. Stephan (seit 1365), dann des Bistums Wien (seit 1468), 1742 durch Erzbischof Kollonitsch in heutige Form gebracht. Erzbischof Migazzi verkaufte es 1762 Maria Theresia, die es (bis 1767) durch *Nikolaus Pacassi* umgestalten ließ. Heute Seminar für kirchl. Berufe.

WOLLZEILE **1**

Ehem. strata lanarum, seit ca. 1250 bekannt; wohl hauptsächlich durch Ansiedlung von Kaufleuten und Handwerkern anschließend an den St.-Stephans-Freithof entstanden. Auch in der weiteren Folge Geschäftsstraße geblieben. Haus Nr. 11 von Josef Kornhäusel 1819–21 erbaut, Nr. 13 ›Zum Römischen Kaiser‹, 1712, mit barocker Fassade.

Theater i. d. Josefstadt 87
Piaristenk 84
Stadthalle 172
Schönbrunn 141
Roßauer Kaserne 140
Votivkirche 133
Rooseveltplatz
Börse 148
Landesgerichtsgebäude 96
Universitätsstraße
Pal. Ephrussi 63
Universität 62
Schottenabtei 70
Pal. Windisch-Graetz
Melker Hof 148
Dreimäderlhaus 148
Pal. Batthyány-Schönborn 129
Rathauspark 126
Rathaus 127
Pal. Kinsky 70
Pal. Harrach 69
Markleinsc Haus 28
Pal. Porcia 80
Pal. Batthyány 38
Ung. Botsch. 38
Pal. Montenuovo 167
Burgtheater 62
Pal. Caprara 174
Pal. Starhemberg 111
NÖ Landhaus 79
Pal. Pálffy 174
Pal. Liechtenstein 38
Pal. Esterházy 174
Minoritenk. 109
NÖ Landesmus. 79
Innenminist. 79
Bundeskanzleramt 37
Pal. Wilczek 79
Looshaus 107
Parlament 63
Volksgarten (Sonderplan → Seite 172)
Michaelerk. 1
Pal. Auersperg 33
Burg 45
Justizpalast 140
Stallburg 47
Pal. Pallavicini 87
Nat.-bibl. 48
Pal. Trautson 112
Burgtor 78
Augustinerkirche 34
Pal. Lob
Volkstheater 112
Naturhist. Mus. 58
Albertina
Burggarten 55
Maria-Theresien-Platz
Kunsthist. Mus. 56
Ehem. Hofstallgeb. 107
Pal. Schey 118
Gänsemädchenbr. 103
Akademie der bildenden Künste 139
Schillerplatz
Stiftsk. 103
Theater a. d. Wien 100
Ev. Schule 92
Majolikah. 100
Rotenhausgasse
Schwarzspanier
Frank
Ferstelg.
Währinger Straße
Türkenstraße
Hörlgasse
Kolingasse
Maria-Theresien-
Alser Straße
Liebig
Grillparzer
Landesgerichtsstraße
Florianigasse
Felder
Ebendorfer
Dr.-Karl-Lueger-Ring
Tulpeng.
Schmidg.
Lichtenfels
Rathausplatz
Josefstädter Str.
Stadiongasse
Josefsg.
Dobllhoffgasse
Reichsrats
Trautson
Auerspergstr.
Schmerlingpl.
Dr.-Karl-Renner-Ring
Lerchenfelder Str.
Museumstraße
Hansen
Volksgartenstr.
Bellariastr.
Burgring
Heldenplatz
Neustiftgasse
Breite Gasse
Messeplatz
Babenbergerstr.
Burg
Stift
Siebenstern
Mariahilfer
Windmühl
Gumpendorfer
Linke Wienzeile
Rechte Wienzeile
Girardigasse
Naschmarkt
Millöckerg.
Lehárg.
Getreide
Eschenbachgasse
Gauermanngasse
Makartg.
Goethe
Operngasse
Opernring
Friedrichstraße
Schleifmühlgasse
Schikanedergasse
Mühl
Margareten
Wiedner
Hauptstraße
Mozart
Schotten
Schottengasse
Helferstorferstraße
Wipplinger
Freyung
Herrengasse
Heidenschuß
Tiefer Graben
Strauchg.
Wallner
Regierungsg.
Minoritenpl.
Löwelstraße
Ballhauspl.
Schauflerg.
Michaeler
Kohlmarkt
Habsburgerg.
Reitschulg.
Josefspl.
Augustinerstraße
Augustinerbastei
Oppolzerg.
Teinfaltstr.
Mölker Bastei
Bognerg.
Am Hof
Sparkasse
Danubiu
Oper
Schotten
Heß
Hohen
Renn
Burg
Borseplatz
Frankenberg
Paniglg.
Elisa
Nibe

Innenstadt Wien
0 250 m
Lageplan der im Lexikon aufgeführten Kunstdenkmäler. Die Zahlen hinter den einzelnen Objektbezeichnungen verweisen auf die entsprechenden Erklärungen im Text.
Donauturm 65
Prater 124
Zentralfriedhof 155
Maria am Gestade 138
Altes Rathaus 176
Böhm. Hof
Kanzlei 176
Ruprechtskirche 136
Israel. Kultusgem. und Synagoge 153
Urania 172
Griechenbeisel 67
Griech. Kirche 67
Kölner Hof 158
Hildebrandt haus 158
Heiligkreuzerhof 146
Postsparkasse 73
Regierungsgebäude 167
Pal. Obizzi 149
Peterskirche 120
Erzbisch. Palais 135
Jesuitenk. 60
Alte Universität 61
Dominikanerk. 122
Pestsäule 74
Stephansdom 159
Hochschule f. angew. Kunst 168
Churhaus 166
Figaroh. 65
Deutsch ordensk. 157
Staatsschulden kassa 157
Pal. Neupauer 157
Pal. Fürstenberg 76
Österr. Mus. f. angew. Kunst 168
Zentralsparkasse 173
Franziskanerk. 68
Providentia-Br. 115
Stadtpark (Sonderplan → Seite 119)
Pal. Coburg 152
Stadtpal. Prinz Eugen 81
Malteserk. 94
Savoysches Damenst. 86
Hofkammerarchiv 85
Pal. H. v. Donnersmarck 120
St. Anna 31
Ursulinenk. 85
Pal. Leitenberger 120
Pal. Erzh. Carl 152
Hauptmünzamt 27
Hotel Imperial 93
Künstlerhaus 91
Musikver. geb. 66
Konzerthaus 102
Hist. Mus. Wien 92
Frz. Botschaft 151
Karlskirche 89
Hochstrahlbrunnen 150
Befreiungsdkm. 150
Gardekirche 131
Pal. Schwarzenberg 130
Unt. Belvedere 41
Russ.-orth. Kirche 83
Ob. Belvedere 41
Salesianerinnenk. 131
Obere Donaustraße
Donaukanal
Franz-Josefs-Kai
Salztorbrücke
Marienbrücke
Schwedenbrücke
Aspernplatz
Wiesingerstraße
Rosenbursenstraße
Kopalplatz
Stubenring
Landstraßer Hauptstr.
Am Heumarkt
Kärntner Ring
Karlsplatz
Lothringer straße
Schwarzenbergplatz
Zaunergasse
Neulinggasse
Rennweg
Prinz-Eugen-Straße
Schwindgasse
Wohllebengasse
Argentinierstraße
Rechte Bahngasse
Linke Bahngasse
Johannesgasse
Wienfluß
Beethovenplatz
Schubertring
Dr.-K.-Lueger-Platz
Seilerstätte
Weihburg
Himmelpfort
Rauhensteing.
Krugerstraße
Walfisch gasse
Mahler straße
Schwarzenbergstraße
Marc-Aurel-Str.
Rotenturmstraße
Wollzeile
Stephansplatz
Goldschmiedg.
Judenpl.
Passauer Pl.
Salzgries
Morzinplatz
Seitenstetteng.
Hoher Markt
Lugeck
Bauernmarkt
Marokkanerg.
Salesianer gasse
Gottfried-Keller-
Beatrixgasse
Reisnerstr.
Jaurèsgasse

WICHTIGE DATEN, HINWEISE, ADRESSEN

Allgemeine Angaben
Wien ist als Hauptstadt der Republik und als Bundesland politisches, wirtschaftliches, geistiges, kulturelles und Verwaltungszentrum von Österreich; Sitz der legislativen und exekutiven Organe des Bundes (Nationalrat, Bundesrat, Bundespräsident, Bundesregierung, Bundesministerien), des Bundeslandes Wien (Landtag, Gemeinderat, Landesregierung, Magistrat) und des Bundeslandes Niederösterreich (Landtag, Landesregierung, Landesbehörden), Sitz der obersten Gerichtshöfe und eines Erzbischofs, Sitz von Organisationen der Vereinten Nationen (Atomenergie-Behörde, IAEO; Industrieentwicklungsorganisation, UNIDO); Staatstheater, Universitäten und Hochschulen, Staatsarchiv und Nationalbibliothek. Wien umfaßt 414,5 km² und hat einen Stadtumfang von 133 km; es ist in 23 Stadtbezirke eingeteilt, die z. T. dezentral verwaltet werden; Sitz des Bürgermeisters, des Landtages und des Gemeinderates im Rathaus. 1,614.000 Einwohner (Volkszählung 1971). Geographische Lage (Stephansdom): 48° 14' 54" nördl. Breite, 16° 21' 42" östl. Länge. Tiefster Punkt im Stadtgebiet 151 m (Lobau), höchster Punkt 542 m (Hermannskogel).

Information
Fremdenverkehrsverband für Wien (Zentrale 9, Kinderspitalg. 5), Informationsstelle 1, Opernpassage, Tel. 431608; Auskünfte, Prospekte, tgl. 9–19.
Wiener Verkehrsverein, 1, Opernpassage, Tel. 562346; Zimmernachweis, Rundfahrten, Geldwechsel, tgl. 8–21.
Fremdenverkehrsstelle der Kammer der gewerbl. Wirtschaft, 1, Stubenring 8–10.
Zimmernachweise: Westbahnhof, tgl. 6.15–23; Südbahnhof, tgl. 6.30–22.
Informationsstellen an den Einfallsstraßen: Informationsstelle West, Westautobahn, tgl. 8–21; Informationsstelle Süd, Föhrenberg, tgl. 10–20.
Musikreferat des Kulturamtes der Stadt Wien, 8, Friedrich-Schmidt-Pl. 5, Tel. 42804.
Rathaus-Information, 1, Rathaus, Eingang Friedrich-Schmidt-Pl., Tel. 438989.
Österr. Verkehrsbüro, 1, Friedrichstr. 7.
Airport Schwechat: Tel. 7770-0; zentrale Flugauskunft: Tel. 5203.
Zentrale Zugauskunft: Tel. 7200.
Auskünfte über Donaureisen (DDSG): Tel. 262591 (2, Mexikopl. 8).

Auskünfte in der BRD:
Österr. Fremdenverkehrswerbung, Frankfurt/Main, Bethmannstr. 50–54.

Tips für den Autofahrer
Kraftfahrvereinigungen: ÖAMTC 1, Schubertring 7; ARBÖ 15, Mariahilfer Str. 180.
Pannendienste (innerhalb des Stadtgebiets für Nichtmitglieder gebührenpflichtig): ÖAMTC (15, Schanzstr. 44): Tel. 9540; ARBÖ (3, Schlechtastr. 4): Tel. 655865.
Verkehrsvorschriften unterscheiden sich im wesentlichen nicht von denen anderer mitteleuropäischer Länder. Zu beachten: Höchstgeschwindigkeit im Ortsgebiet (von Ortstafel ›Wien‹ bis zur Tafel ›Ortsende von Wien‹) 50 km/h (Ausnahmen beschildert); Hupverbot (nur am Stadtrand beschildert); Ampeln, die automatisch gesteuert sind, zeigen das Ende der Phase ›freie Fahrt‹ durch (meist viermaliges) Blinken des Grünlichts an; Fußgänger haben auf Schutzwegen (Zebrastreifen, durch Warntafeln oder gelbes Blinklicht gekennzeichnet) absoluten Vorrang; Schienenparkverbot (nur am Stadtrand beschildert): Parkverbot in Straßen, in denen Straßenbahnschienen liegen (5–20; 15.12.–31.3. 0–24); Stehenbleiben bis zu 10 Minuten Dauer gestattet; Kurzparkzonen (Blaue Zonen) sind beschildert und durch blaue Bodenmarkierungen kenntlich gemacht. Gebührenpflicht an Werktagen 8–18, Sa 8–14, So frei. Parkscheine sind ausgefüllt an sichtbarer Stelle hinter der Windschutzscheibe im Wageninnern anzubringen (Gebühr je halbe Stunde S 2,–, Höchstparkdauer 1½ Stunden; angefangene Viertelstunden können unberücksichtigt bleiben); die Ringstraße ist im Uhrzeigersinn Einbahnstraße; Innenstadt z. T. Fußgängerzone, daher Zufahrt äußerst erschwert und nicht empfehlenswert.
Parkgaragen (Tiefgaragen, Parkhäuser) 1, Am Hof (Zufahrt aus Richtung Freyung); 1, Beethovenplatz (Zufahrt aus Richtung Schubertring); 1, Franz-Josefs-Kai (zwischen Marienbrücke und Schwedenbrücke); 4, Karlsplatz (Zufahrt vom Schwarzenbergpl. durch die Brucknerstr. oder von der Lothringerstr. durch die Maderstr.) 1, Neuer Markt 8 (Parkhaus); 1, Rathauspark (Zufahrt Nebenfahrbahn der Ringstraße von der Stadiongasse her, Ausfahrt Richtung Universitätsstraße); 7, Stiftgasse (Parkhaus); 1, Votivpark (Zufahrt von der Universitätsstraße, Ausfahrt Richtung Votivkirche). Weitere Tiefgaragen im Bau, u. a. 1, Graben; 1, Kärntner Straße; 7, Messeplatz.
Kundengaragen bei Geldinstituten (Zentralsparkasse, 3, Vordere Zollamtsstraße 13; Erste österr. Sparkasse, 1, Graben 21, Zufahrt Petersplatz), Großhotels und Kaufhäusern.

Nützliche Hinweise
Adressen finden Sie im Amtl. Telefonbuch, im Adreßbuch (liegt in vielen Kaffeehäusern und in der Opernpassage auf) und im Österr. Amtskalender (bei Ämtern und Behörden).
Apotheken sind Mo–Fr 8–12 und 14–18, Sa 8–13 geöffnet; Nacht- und Sonntagsdienst (bei geschl. Apotheken Hinweisschild auf nächstliegende geöffnete).
Ärzte im Telefonbuch unter Stichwort ›Ärzte‹; Ärztl. Notdienst Fr–Mo 19–7, Tel. 563511; Rettungsdienst: Notruf 144.
Babysitterzentrale unter Tel. 652893.

Friseure haben geöffnet Di–Fr 8–18, Sa 8–13; am West- und Südbahnhof auch Mo.
Fundamt 1, Bräunerstraße 5, Mo–Fr 8–15, Tel. 524617. Für die Bundesbahn: Zentralsammelstelle Westbahnhof. Für die Wiener Verkehrsbetriebe: Betriebsbahnhöfe (im Telefonbuch unter ›Wiener Stadtwerke‹), nach 3 Tagen Fundamt.
Funktaxi über Tel. 3130, 4369, 6282.
Geldwechsel (ausländ. Zahlungsmittel, Reiseschecks) in Banken, Sparkassen, Reisebüros, Bahnhofswechselstuben und am Flughafen. Notfalls in Hotels und Restaurants (schlechtere Wechselkurse!).
Post- und Telegrafenämter Hauptpostamt, 1, Fleischmarkt 19, und Bahnhofpostämter haben auch Nacht- und Sonntagsdienst. Telegrafenzentrale 1, Börsepl. 1. Radio-Austria (Funktelegramme) 1, Renng. 14. Ferngespräche (Vorwahl in die BRD 06, Vorwahl von der BRD nach Wien 0043222, Vorwahl aus Österreich nach Wien 0222) 19–7 Uhr verbilligt. Briefmarken-Automaten vor den meisten Postämtern (kein Geldwechsel).
Postgebühren (Stand 1.1.1976) für Inland (Ausland): Briefe bis 20 g S 3,– (S 6,–); Postkarten S 2,50 (S 4,–); Eilgebühr S 8,– (S 8,–); Einschreibgebühr S 8,– (S 10,–).
Stromspannung 220 V Wechselstrom.

AUSSICHTSPUNKTE

Turmbesteigungen

Donauturm (252 m) im Donaupark, Aussichtsterrasse (165 m), rotierendes 2stöckiges Café-Restaurant (Wiener Kaffeehaus, Restaurant International), Schnellift (Gebühr), Parkplatz. Zufahrt über die Reichsbrücke.
Stephansdom Südturm (136 m), Türmerstube (72 m) erreichbar über 343 Stufen (kein Lift!). Unausgebauter Nordturm, Aussichtsplattform (60 m) mit ›Pummerin‹ (Lift!).
Rathausturm (99 m), Aussichtsterrasse (66 m) nur mit Führung zugängl. Ausgangspunkt Schmidthalle des Rathauses, Zugang 1, Friedrich-Schmidt-Pl.

Aussichtswarten

Habsburgwarte (542 m; 19, Hermannskogel), höchster Punkt Wiens. Zufahrt Höhenstraße oder Sieveringer Straße (Parkplatz, dann Fußweg).
Jubiläumswarte (388 m; 16, Gallitzinberg, Vogeltennwiese), Raststätte. Zufahrt durch Johann-Staud-Straße, Fußweg durch das Liebhartstal.
Stephaniewarte (483 m; 19, Kahlenberg), Restaurant. Zufahrt über Höhenstraße oder Autobus ab Grinzing; Parkplatz.

Aussichtsberge

Höhenstraße (erbaut 1934–36, 20 km lang), beginnend in Grinzing, führt auf den Kahlenberg (von hier nach Klosterneuburg) und Leopoldsberg bzw. über den Cobenzl und Dreimarkstein nach Hütteldorf. Zahlreiche Aussichtspunkte, Parkplätze, Restaurants, Rastplätze, Lagerwiesen.
Kahlenberg (Wien 19), Ausflugsberg (483 m) mit Aussichtswarte, Hotel-Restaurant mit Aussichtsterrasse (bei guten Sichtverhältnissen herrlicher Blick über die Stadt und das Donaugebiet), Josefskirche; großer Parkplatz. Zufahrt über Höhenstraße oder Autobus ab Grinzing.
Leopoldsberg (Wien 19), östlichste Erhebung des Kahlengebirges (letzter Ausläufer der Sandsteinvoralpen), Aussichtsberg (423 m) mit Blick auf die Stadt und auf Klosterneuburg (Stift), Reste der Babenbergerburg (12. Jh.), Leopoldskirche, Kriegergedächtnisstätte; Parkplatz. Zufahrt über Höhenstraße vom Kahlenberg her.
Cobenzl (Wien 19), Gutsbetrieb mit Meierei (Schloßhotel im 2. Weltkrieg zerst.); Parkplatz. Zufahrt von Grinzing.
Bellevuehöhe (19, Himmelstr. 115), modernes Ausflugsrestaurant mit Aussichtsterrasse; Parkplatz. Zufahrt von Grinzing.
Hermannskogel (Wien 19), höchste Erhebung Wiens (542 m), Hauptgipfel des Kahlengebirges, Aussichtswarte; Parkplatz. Zufahrt über die Höhenstraße.

Aussichtspunkte im Stadtgebiet

Oberes Belvedere, Blick auf die Innere Stadt (fast unverändert vergleichbar mit der berühmten Ansicht von Bernardo Bellotto).
Gloriette bei Schloß Schönbrunn, Blick auf Schloß und Schloßpark sowie auf die westlichen Bezirke von Wien.

Sonstige Punkte

Riesenrad (2, Volksprater), lange Zeit größtes Panoramarad der Welt (Höhe 67 m), erbaut von Walter Basset (1897); die Achse liegt genau in West-Ost-Richtung, das Rad demnach genau in Nord-Süd-Richtung. Betriebszeit März bis Oktober, tgl. 9–22; Fahrtdauer 10 Minuten.
Südturm (Wohnhochhaus Wien 4, Leopold Ristergasse 5, nächst Matzleinsdorfer Platz, inmitten der Wohnhausanlage Theodor Körner) mit Terrassen-Café-Restaurant im obersten Stockwerk (68 m); Lift.
Haas-Haus (1, Stock-im-Eisen-Pl. 6) mit Café-Restaurant im obersten Stockwerk; Lift. Blick auf Stephanskirche und ihre Umgebung.

FEIERTAGE, GESETZLICHE

Neujahr (1. Januar); Heilige 3 Könige (6. Januar); Ostermontag; Tag der Arbeit (1. Mai); Christi Himmelfahrt; Pfingstmontag; Fronleichnam; Mariä Himmelfahrt (15. August); Nationalfeiertag (26. Oktober); Allerheiligen (1. November); Mariä Empfängnis (8. Dezember); Christtag (25. Dezember); Stephanitag (26. Dezember). – An folgenden Tagen gelten oft Sonderbestimmungen (bes. bei Ämtern): Karfreitag; Allerseelen (2. November); Heiliger Abend (24. Dezember); Silvester (31. Dezember).

GOTTESDIENSTE

Römisch-katholisch: in den Wiener Kirchen üblicherweise zwischen 6 und 11, So u. Feier-

tag Hochamt 9, 10; Abendgottesdienste 18, 19; in english: 9, Boltzmanng. 7 (10.45); en français: 1, Annag. 3b (10.30).
Evangelisch-lutherisch (A.B.): 1, Dorotheerg. 18, Do 18.30, So 8, 10.
Evangelisch-reformiert (H.B.): 1, Dorotheerg. 16, So 10.
Vienna Community Church: 1, Dorotheerg. 16, So 11.30.
Anglican Church: 3, Jaurèsg. 17, So 10 (in english).
Altkatholisch: 1, Wipplingerstr. 8 (Salvatorkirche), So 10.
Griechisch-katholisch: 1, Postg. 10, Mo–Sa 8, So 10.
Griechisch-orientalisch: 1, Fleischmarkt 13, So 11.
Russisch-orthodox: 3, Jaurèsg. 2, Sa 17, So 10.
Israelitisch: 1, Seitenstetteng. 4, Fr bei Sonnenuntergang, Sa 9.
Rumänisch-orthodox: 1, Löwelstr. 8, So u. Feiertag 11.
Methodisten: 8, Trautsohng. 8, So 9.
Mechitaristen: 7, Neustiftg. 5, tgl. 6.30, 7, 8, So auch 9, 11, 18.
Mormonen: 19, Fürfangg. 4, So 9.30, 17.
Orgel- oder Chorkonzerte (lt. Ankündigungen): *In der Stadt*: St. Stephan, St. Augustin (Schallplattenverkauf), St. Michael, Burgkapelle, Schottenkirche, Jesuiten-(Universitäts-)kirche, Minoritenkirche, Dominikanerkirche, Deutschordenskirche. *Außerhalb der Stadt* (Bezirk in Klammer): St. Leopold (2), Karmeliterkirche (2), Karlskirche (4), Altlerchenfelder Kirche (7), Piaristenkirche (8), Alserkirche (8), Schönbrunner Schloßkapelle (13), St. Michael zu Heiligenstadt (19). – *Kartenbestellungen* für die Burgkapelle: Verwaltung der Hofmusikkapelle, Burg, Schweizerhof, 1010 Wien; für die Jesuitenkirche: Internat. Gesellschaft für alte Musik, Minoritenpl. 2, Arkadentrakt, 1010 Wien.

STADTRUNDFAHRTEN

Vienna Sightseeing Tours (Wiener Rundfahrten), Routen lt. Programm, auch in die Umgebung Wiens. Regelmäßig angeboten werden u. a. (in versch. Varianten): Stadtrundfahrt mit Besichtigung von Schönbrunn; Klassisches Wien (Spanische Reitschule); Stadtrundfahrt mit Fahrt auf den Kahlenberg über die Höhenstraße; Panoramatour (Donau, Klosterneuburg, Kahlenberg); Beleuchtetes Wien (Abendrundfahrt); ›Wien bei Nacht‹; Wienerwald-Rundfahrt (Heiligenkreuz, Mayerling, Baden). Kombinationen mit Theater-, Nachtklub- oder Restaurantbesuch sind möglich. Abfahrtsstellen: Oper, Universität, Österr. Verkehrsbüro (1, Friedrichstr. 7), Autobusbahnhof Landstraße (3, Landstraßer Hauptstr. 1b). Vorbestellung ratsam; Abholung vom Hotel möglich. Dauer (reine Rundfahrt) 3–4 Stunden.
Cityrama Sightseeing (2, Scholzg. 10), Routen lt. Programm. Abholung vom Hotel möglich.
Rundfahrten Modernes Wien, Routen lt. Programm (versch. Varianten an den einz. Wochentagen), Mo, Di, Do, Fr jeweils 13.30 (nur Mai bis September). Dauer ca. 3 Stunden. Auskunft: Rathausinformation (Rathaus, 1, Friedrich-Schmidt-Pl., Tel. 438989), Kartenvorverkauf 2 Wochen.
Tramway-Stadtrundfahrten ›Rund um Wien‹ mit Oldtimern. Abfahrt: Ecke Opernring-Eschenbachgasse. Nur So 9.
Fiaker (Zweispänner) können für Stadtrundfahrten gemietet werden. Standplätze (im Sommer): Stephansplatz, Petersplatz und Heldenplatz. Best. auch über die Fachgruppe für Personenfuhrwerksgewerbe (17, Veronikag. 12). Fahrpreis vor Antritt der Fahrt vereinbaren.
Fremdenführer vermittelt die ›Austria Information‹ (1, Josefspl. 6, Palais Pálffy) oder der Verein der geprüften Wiener Fremdenführer (13, Montecuccolipl. 1–3/9/9). Führungen in Wien und Umgebung.
Rundfahrten mit Donaubus (April bis Oktober). Abfahrt: DDSG-Schiffsstation Wien, Reichsbrücke. Abfahrt meist zu den vollen Stunden (lt. Fahrplan!); Dauer ca. 1 Stunde.
Rundflüge über Wien im Rahmen des Programms der Vienna Sightseeing Tours vom Flughafen Schwechat aus.

THEATER

Bundestheater:
Kartenbestellungen: Österr. Bundestheaterverband, Bestellbüro, 1010 Wien, Goethegasse 1 (schriftl., mindestens 14 Tage vorher; nur aus den Bundesländern und aus dem Ausland möglich!); Kartenvorverkauf: Tageskassen, 1, Hanuschgasse 3 (4 Tage vor dem Aufführungstag); Theaterkartenbüros verrechnen Aufschlag.
Staatsoper 1, Opernring 2; Oper, klassische Operette, Ballett; Juli, August geschlossen
Burgtheater 1, Dr.-Karl-Lueger-Ring 2; bedeutendste deutschsprachige Sprechbühne; klassisches Drama bis modernes Schaupiel; Juli, August geschlossen
Volksoper 9, Währinger Straße 78; Oper, Operette, Musical; Ensemble der Staatsoper
Akademietheater 3, Lisztstraße 1; Schauspiel; Ensemble des Burgtheaters
Redoutensaal 1, Josefsplatz 3 (Burg); Oper, Singspiel; fallweise von der Staatsoper bespielt
Theater an der Wien 6, Linke Wienzeile 6; Musical, Operette, Ballett; ganzjährig geöffnet
Privattheater:
Theater in der Josefstadt 8, Josefstädter Straße 26; Schauspiel, bes. zeitgenöss. Gesellschaftsstück; traditionsreiches Haus mit berühmt intimer Atmosphäre. Schriftl. Kartenvorbestellungen aus den Bundesländern und aus dem Ausland möglich.
Kammerspiele 1, Rotenturmstraße 20; Lustspiel, Satire; Ensemble des Theaters in der Josefstadt; Kartenvorbestellungen siehe dort.
Kleines Theater im Konzerthaus 3, Lothringerstraße 20; modernes Schauspiel, bes. Komödien; Ensemble des Theaters in der Josefstadt; Kartenvorbestellungen siehe dort.

Volkstheater 7, Neustiftgasse 1; zweitgrößte Wiener Sprechbühne; Schauspiel, bes. zeitgenöss. (auch avantgardist.) Stücke, Volksstücke; August geschl.
Raimundtheater 6, Wallgasse 18–20; Operette, Musical
Kleine Bühnen und Kellertheater (Auswahl):
Wiener Kammeroper 1, Fleischmarkt 24; Oper, Singspiel
Schloßtheater Schönbrunn 13, Schloß Schönbrunn; Oper, Singspiel; Ensemble der Wiener Kammeroper (bespielt nur während der Sommermonate)
Theater der Courage 1, Franz-Josefs-Kai 29; eine der führenden Kellerbühnen, avantgardist. Repertoire.
Theater ›Die Tribüne‹ 1, Dr.-Karl-Lueger-Ring 4 (Café Landtmann)
Kleine Komödie 1, Himmelpfortgasse 27; zeitkrit., satir. Kabarett
Cabarett ›Der bunte Wagen‹ 1, Wollzeile 36 (im Simpl); polit.-satir. Kabarett
Die Komödianten im Palais Erzherzog Karl 1, Annagasse 20
Ensemble Theater am Kärntnertor 1, Walfischgasse 4
Theater Arlequin 1, Maysedergasse 5 (Café Mozart); Menschen und Marionetten
Theater beim Getreidemarkt 6, Theobaldgasse 14
Experiment am Lichtenwerd 9, Liechtensteinstraße 132

FESTE, VERANSTALTUNGEN, MESSEN

Ausstellungen Neben Sonderausstellungen in Museen (vgl. S. 24 und 25) und in zahlr. Wiener Galerien fallw. Großausstellungen in der Volkshalle des Rathauses und alljährl. ›Grüne Galerie‹ im Stadtpark (Freiluftausstellung moderner Plastik; Juli und August). Außerdem in den Sommermonaten wechselnde Großausstellungen in versch. Orten Niederösterreichs (u. a. Schallaburg, Krems, div. Klöster; *Information:* Niederösterr. Landesreisebüro, 1010 Wien, Heidenschuß 2).
Christkindlmarkt Im Dezember vor dem Rathaus rund um einen (jedes Jahr von einem anderen Bundesland gespendeten) meist über 25 m hohen beleuchteten Weihnachtsbaum. Rahmenprogramme in der Volkshalle des Rathauses (Krippenschau, volkskundl. Darbietungen).
Fasching Bekannt wegen der Vielfalt an vornehmen Elitebällen. Keine Parallelen zum rhein. Karneval. Die elegantesten Veranstaltungen sind neben dem weltberühmten Opernball (letzter Do im Fasching in der Staatsoper; der Zuschauerraum wird mit der Bühne in eine Ebene gebracht) u. a. Ball der Philharmoniker (Musikverein), Techniker Cercle (Musikverein), Ärzteball (Hofburg), Juristenball (Hofburg), Jägerball (Sofiensäle), Hofburg-Redoute der Wr. Faschingsgesellschaft. Beachtenswert der ›Narrenabend‹ des Männergesangvereins (Sofiensäle) und Trachtenbälle versch. Bundesländer. Die ersten Ballveranstaltungen sind bereits zu Silvester. – Aschermittwoch: Heringschmaus (in Restaurants aller Güteklassen, auch in großen Hotels). *Information:* Veranstaltungskalender des Fremdenverkehrsverbands.
Fronleichnam Kirchliche Prozessionen, vor allem in der Innenstadt, jene von St. Stephan vereinigt die Spitzen des katholischen Wien hinter den kirchlichen Würdenträgern.
Messen und Fachausstellungen Die ›Wiener Internationale Messe‹ hält im März und September (jeweils 2. Woche, Mi–So) ihre Frühjahrs- bzw. Herbstmesse ab. Aussteller im ›Messepalast‹ (ehem. Hofstallgebäude, 7, Messepl.) und auf dem ›Messegelände‹ (2, Prater; vgl. Skizze S. 125), das nach dem 2. Weltkrieg zu einem modernen, mehrfach erweiterten Ausstellungsareal gestaltet wurde. Im Messepalast, im Bauzentrum und an anderen Orten außerhalb der Messetermine eine Reihe von Fachmessen, u. a.: OFM – Österr. Ferienmesse; Österr. Möbelfachmesse; Fachmesse für Lederwaren, Reiseartikel und Bijouterie; Österr. Schuhmusterschau; Österr. Fachausstellung für Werbegeschenke; Internationale Wiener Damenmodewoche (April und Oktober); IFABO – Internationale Fachmesse für Büroorganisation; Österr. Buchwoche. *Information:* Broschüre ›Messen und Ausstellungen in Österr.‹, hg. Bundeskammer der gewerbl. Wirtschaft, Wirtschaftsförderungsinstitut, 1011 Wien, Hoher Markt 3. – Wiener Kunst- und Antiquitätenmesse; Kunstauktionen im staatl. Versteigerungshaus ›Dorotheum‹ und in privaten Kunstauktionshäusern (Kataloge).
Sommerballveranstaltungen Im Juni 2 große Bälle: der ›Concordiaball‹ in allen Festsälen des Rathauses (Kartenvertrieb beim Veranstalter: Presseclub Concordia, 1, Bankg. 8) und der Universitätsball in den Festräumen der Universität (Kartenvertrieb in der Universität).

KONZERTE UND MUSIKALISCHE VERANSTALTUNGEN

Das Wiener Musikleben ist an Tradition, Niveau und Reichhaltigkeit nur schwer zu überbieten. Die wichtigsten Konzertsäle sind im Musikvereinsgebäude (1, Dumbastr. 3) und im Konzerthaus (3, Lothringerstr. 20). Neben Symphoniekonzerten (berühmt die Abonnementkonzerte) der Philharmoniker (Musikverein) und der Wiener Symphoniker (Konzerthaus) finden hier Darbietungen weltberühmter Orchester, Chöre und Künstler statt. Die Philharmoniker stellen auch das Staatsopernorchester; das internat. bekannte Orchester wurde 1841 von Otto Nicolai gegr., seit 1908 wählen die Philharmoniker selbst ihren ständigen Dirigenten (u. a. 1928–54 Wilhelm Furtwängler). **Konzertsäle** (z. T. nur gelegentl. in Benützung; vgl. Monatsprogramme!) Albertina: 1, Augustinerstr. 1; Altes Rathaus: 1, Wipplingerstr. 8; Beethoven-Gesellschaft: 19, Pfarrpl. 3; Internat. Kulturzentrum (Palais Ehz. Karl): 1, Annag. 20; Konservatorium der Stadt Wien: 1, Johannesg. 4a; Konzerthaus (Wiener Konzerthausgesellschaft), Großer Saal, Mozart-Saal, Schubert-Saal: 3, Lothringerstr. 20; Musikhaus Ludwig Doblinger, Barocksaal: 1, Dorotheerg. 10; Musikverein (Gesellschaft der Musikfreunde), Großer Saal, Brahms-Saal, Kammermusiksaal: 1, Dumbag. 3; Palais Auersperg, Festsäle: 8, Auerspergstr. 1; Palais Kinsky: 1, Freyung 4; Palais Lobkowitz: 1, Lobkowitzpl. 2; Palais Pálffy (Österreich-Haus), Figaro-Saal, Beethoven-Saal: 1, Josefspl. 6; Palais Pallavicini: 1, Josefspl. 5; Palais Rasumofsky: 3, Rasumofskyg. 23; Palais Schwarzenberg, Marmorsaal, Kuppelsaal: 3, Rennweg 2; Palais Trautson: 7, Museumstr. 7; Rathaus, Arkadenhof: 1, Lichtenfelsg. 2; Schubert-Geburtshaus: 9, Nußdorfer Str. 54.

Wiener Festwochen Mai und Juni (Dauer 4 Wochen); seit 1951 vom Verein ›Wiener Festwochen‹ veranstaltet. Jedes Jahr steht unter einem bestimmten Motto. Traditionell abendliche Rathausfestbeleuchtung. Während der gesamten Dauer: Musik- und Sprechtheateraufführungen (teilw. Premieren), Konzerte, Ausstellungen und andere kulturelle Aktivitäten in allen Wiener Bezirken; Theater an der Wien dient als ›Festspielhaus‹. *Kartenbestellungen* Theater an der Wien: 1082 Wien, Rathausstr. 9. Bundestheater: Österr. Bundestheaterverband, 1010 Wien, Goetheg. 1. Aus dem Ausland und den Bundesländern auch: Österr. Verkehrsbüro, 1043 Wien, Friedrichstr. 7.

Musikalischer Sommer Juli bis September; veranstaltet vom Kulturamt der Stadt Wien. Das kulturelle Sommerprogramm der Stadt Wien umfaßt repräsentative Konzerte, Theateraufführungen und Ausstellungen und bietet eine Fülle künstlerischer Darbietungen. Schwerpunkte (Juli, August) sind Orchesterkonzerte im Arkadenhof des Rathauses (bei Schlechtwetter im Konzerthaus), Konzerte in Palais (u. a. Auersperg, Kinsky, Lobkowitz, Pálffy, Pallavicini, Rasumofsky, Schwarzenberg, Trautson; Adressen siehe oben!) und an Gedenkstätten (u. a. Schubert-Geburtshaus, 9, Nußdorfer Str. 54). Hervorzuheben auch Schönbrunner Schloßkonzerte (Kammerorchester, Quartette, Klavierabende; Juli bis September), Promenadenkonzerte (Oberer Belvederegarten, Volksgarten, Rathausplatz; Juli, August) und Parkkonzerte (volkstüml. Konzerte, vor allem Blasmusik) in versch. Bezirken. – *Informationen* (Prospekte): Kulturamt der Stadt Wien, Musikreferat, 1082 Wien, Friedrich-Schmidt-Pl. 5.

Son et Lumière Das Schloß Belvedere im Lichterglanz. 250 Jahre österr. Geschichte in einer Symphonie von Wort, Musik und Licht. 15.5.–31.8. 20.30; 1.–30.9. 20.00. Dauer rd. 50 Minuten. Eingang und Abendkasse: Oberes Belvedere, 3, Prinz-Eugen-Str. 27.

Wiener Walzer Tgl. im Kursaal der Stadt Wien, Stadtpark, Zugang 1, Johannesg. 33 oder vom Parkring.

KULINARISCHE HINWEISE

Allgemeines Das echte Wiener Frühstück besteht aus Kaffee, Tee oder Kakao, Gebäck, Butter, Marmelade oder Honig und einem Ei. Das Mittagessen wird im allgemeinen zwischen 12 und 14 Uhr eingenommen, das warme Abendessen meist zwischen 18 und 22 Uhr; die Abendspeisekarte unterscheidet sich in größeren Lokalen nur wenig von der Mittagspeisekarte, enthält jedoch im allgemeinen keine Menus. Die Gaststätten machen die Speisekarten vor dem Lokaleingang ersichtlich. Zwischenmahlzeiten sind vormittags das ›Gabelfrühstück‹ (in Gaststätten werden auf Wunsch kleine Portionen Gulasch, Rindfleisch, Beuschel oder Würstel serviert) und die ›Jause‹ (Kaffee oder Tee mit Backwerk oder Torten, meist in Kaffeehäusern oder Konditoreien eingenommen). An einem Tag der Woche werden in den Gaststätten Personalruhetage gehalten.

Heuriger Bezeichnung für den Wein der letzten Lese bzw. für das Lokal, in dem er ausgeschenkt wird. Im Gegensatz dazu der alte Wein, der ›Sturm‹ (in Gärung übergehender Traubenmost, der im Herbst ausgeschenkt wird) und der ›Most‹ (Traubenmost; der beim Keltern der Weintrauben gewonnene Traubensaft). Die ›Heurigen‹ mit ihren oft malerischen Höfen und Gärten wurden zu internat. Begriff. Oft verbunden mit Wiener Musik (›Schrammelmusik‹); Die ›Wiener Musik‹ ist typisch für die fröhlich-sentimentale ›Heurigenstimmung‹. Die Lokale sind durch grüne Föhrenzweige (›Buschen‹) oder -kränze gekennzeichnet, die an Stangen aufgehängt werden, oft auch durch ausgehängte Holz- oder Blechzeichen. Sammelhinweistafeln in den Orten mit der Überschrift ›Ausg'steckt is‹. In den Lokalen kalte Speisen am Buffet, teilw. Heurigenrestaurants mit vollem Restaurantbetrieb. *Bekannte Weinorte:* Im Norden und Nordwesten: Grinzing, Sievering, Neustift am Walde, Heiligenstadt, Salmannsdorf, Nußdorf. Jenseits der Donau: Stammersdorf. Im Süden: Perchtoldsdorf, Brunn am Gebirge, Maria Enzersdorf, Pfaffstätten, Gumpoldskirchen, Sooß, Baden, Vöslau, Guntramsdorf, Traiskirchen, Tattendorf. Nobelorte: Grinzing, Gumpoldskirchen.

Kaffeehaus Das Wiener Kaffeehaus hat zwar an Bedeutung eingebüßt (oftmals durch Espressi verdrängt), doch existieren immer noch renommierte Lokale. Seit altersher ist das Kaffeehaus Schauplatz des gesellschaftlichen Lebens. Kaffee trinkt man nicht aus Tassen, sondern aus Schalen. Die wichtigsten der zahlreichen (z. T. bereits in Vergessenheit geratenden) Zubereitungsarten sind: Schwarzer (Mokka), Einspänner (schwarzer Kaffee im Glas mit Schlagobers), Melange (Milchkaffee mit Schlagobers), Schale Gold, Brauner, Kapuziner (je nach Milchmenge und Kaffeemischung), Eiskaffee (Mokka mit Vanilleeis und Schlagobers). Besonders beliebt die Café-Konditoreien; besonders bekannt: Demel am Kohlmarkt, Lehmann am Graben, Gerstner-Köberl in der Kärntner Straße, Sluka beim Rathaus, Heiner in der Wollzeile und in der Kärntner Straße, Aida mit versch. Filialen.

VERKEHRSMITTEL

39 Straßenbahnlinien, 39 Autobuslinien und die Stadtbahn bilden das Liniennetz der Wiener Verkehrsbetriebe, in das auch private Autobuslinien einbezogen sind. Diese, die Schnellbahn und einige Bundesbahn- und Postautobuslinien innerhalb des Stadtgebietes werden im Einheitstarif mit den Wiener Verkehrsbetrieben geführt. Ausgenommen von diesem Tarif sind nur die 3 Autobuslinien im 1. Bezirk sowie die Ausflugslinie Grinzing–Kahlenberg. Das Liniennetz ist 541 km lang und hat fast 2 000 Haltestellen. Den Fahrzeugpark bilden fast 1000 Triebwagen, mehr als 1000 Beiwagen und rund 400 Autobusse, in denen insgesamt 194.000 Plätze zur Verfügung stehen. Die U-Bahn (1976 im Bau) umfaßt in der 1. Bauetappe die U 1 vom Reumannplatz (Wien 10) über den Stephansplatz zum Praterstern (Wien 2), im weiteren Ausbau die U 2 (Ringturm–Karlsplatz) und die U 4 (Stadtbahntrasse im Wiental und am Donaukanal). **Straßenbahn** Wichtigstes öffentliches Verkehrsmittel mit größtenteils modernem Wagenpark. Blau gekennzeichnet: Schaffnerlose Beiwagen mit automatischen Fahrscheinentwertern (können nur beim Umsteigen mit bereits markierten Fahrscheinen, mit Vorverkaufsfahrscheinen oder mit Netzkarten benützt werden). *Fahrscheine* Beim Schaffner oder im Vorverkauf (Verkaufsstellen bei wichtigen Haltestellen, vor allem im Bereich Ring und Gürtel). Im Vorverkauf erhält man Blocks mit Tagesfahrscheinen (25% ermäßigt), Kinderfahrscheine, 4-Kurzstrecken-Karten und Tagesnetzkarten. Kinder bis zum vollendeten 6. Lebensjahr werden kostenlos befördert, Kinder bis zum vollendeten 15. Lebensjahr zum Kindertarif (Altersnachweis: Lichtbildausweis mit Altersangabe). Mit Ausnahme der Kurzstreckenkarten berechtigen alle Fahrausweise zum Umsteigen. *Wichtige Linien für Besichtigungen:* Ringstraße und Kai: im Uhrzeigersinn **A** (zum Prater) und **B** (zur Reichsbrücke), in der Gegenrichtung **Ak** und **Bk** (mit denselben Zielen). Linien, die den Ring berühren, tragen Buchstaben, die Linien der äußeren Ringstraße (›Zweierlinie‹, Lastenstraße) die Zusatzziffer ›2‹, die Radiallinien Ziffern. Die wichtigsten Radiallinien (im Uhrzeigersinn) mit ihren Zielen: **H2** Hauptallee; **71** Zentralfriedhof; **D** bzw. **69** Belvedere, Heeresgeschichtliches Museum, Südbahnhof; **52** und **58** Technisches Museum, Westbahnhof; **58** Schönbrunn, Hietzing; **49** Stadthalle; **46** Liebhartstal, Gallitzinberg; **41** Plötzleinsdorf (**41A** Neustift am Walde); **38** Grinzing (**39A** Sievering); **D** Nußdorf; **132** Augarten. **Stadtbahn** Erbaut 1892–1901 nach Generalkonzept von Otto Wagner, von dem auch alle Haltestellenbauten stammen; teilw. Hoch-, teilw. Untergrundbahn, durchwegs kreuzungsfrei. *Linien:* **GD** (Gürtel–Donaukanal) bzw. **DG** (Donaukanal–Gürtel); Meidlinger Hauptstraße–Gürtel–Donaukanal–Wiental bis Hietzing bzw. umgekehrt. – **WD** (Wiental–Donaukanal); Hütteldorf-Hacking–Landstraße (Wien-Mitte)–Friedensbrücke (Verlängerung: U 4 nach Heiligenstadt). – **G** (Gürtel); Meidlinger Hauptstraße–Heiligenstadt. *Haltestellen: Wiental:* Hütteldorf-Hacking, Ober-St. Veit, Unter-St. Veit, Braunschweiggasse, Hietzing, Schönbrunn, Meidlinger Hauptstraße (Abzweigung der Gürtellinie), Margaretengürtel, Pilgramgasse, Kettenbrückengasse, Karlsplatz, Stadtpark, Landstraße (Wien-Mitte). Weiter zum *Donaukanal:* Schwedenplatz, Schottenring, Roßauer Lände, Friedensbrücke (Fortsetzung nach Heiligenstadt). Weiter zum *Gürtel:* Nußdorfer Straße, Währinger Straße–Volksoper, Alser Straße, Josefstädter Straße, Burggasse-Stadthalle, Mariahilfer Straße–Westbahnhof, Gumpendorfer Straße, Meidlinger Hauptstraße. **Schnellbahn** Stationen innerhalb des Stadtgebietes: von Wien-Mitte nach Süden Rennweg, Südbahnhof, Südtiroler Platz, Matzleinsdorfer Platz, Meidling, Hetzendorf, Mauer, Atzgersdorf, Liesing (und weiter bis Mödling); von Wien-Mitte nach Norden Praterstern, Traisengasse, Strandbäder, Floridsdorf. Am Bahnhof Wien-Mitte Umsteigemöglichkeit in Stadtbahn, Straßenbahn und Autobus. **Flughafen-Transit** Zum Flughafen Schwechat ca. 16 km. Abfahrt in Wien 3, Autobusbahnhof Landstraße. **Taxi** Standplätze an vielen größeren Kreuzungen. Fahrpreis (geeichte Taxameter!) setzen sich aus Grundtarif und gekoppeltem Kilometer- und Zeittarif zusammen (daher Veränderung des Taxameterstandes auch beim Anhalten möglich). Funktaxi: Tel. 3130, 4369, 6282. (Anfahrt wird ab nächstgelegenem Standplatz berechnet.) **Liniennetzpläne** der öffentl. Verkehrsmittel in den Verkaufsstellen der Wiener Verkehrsbetriebe und in der Rathaus-Information kostenlos erhältlich.

WIENER SPEZIALITÄTEN

Spanische Hofreitschule Älteste Reitschule der Welt, gegr. 1572 von Ks. Maximilian II. (Winterreitschule). Letzte Pflegestätte barocker Reitkunst (klassische ›Hohe Schule‹), Aufzucht edelster Dressurpferde (Lipizzaner, Nachkommen der im 16. Jh. verwendeten span. Pferderasse). Dressur seit Jahrhunderten unverändert. Heute staatl. Institut. Die Hengste (staatl. Gestüt Piber/Steiermark) gehören den Stämmen Conversano, Favory, Maestoso, Neapolitano, Pluto und Siglavy an. Die Reiter tragen braunen Frack, weiße Hose, schwarze Stiefel und schwarzen Zweispitz; die Pferde werden meist bügellos geritten. Gezeigt werden u. a. Versammelter Schritt, Trab, Galopp, Konter- und Reversgalopp, Traversade, Passage, Piaffe, Passage, Pirouette, Levade, Croupade, Ballotade und Kapriole. *Vorführungen* in hist. Kostümen in der Burg (Eingang 1, Reitschulg. 1), im allg. März bis Juni, September bis Dezember (So 10.30, Mi 19); Kartenvorverkauf: Burg, unter der Michaelerkuppel (schriftl. Vorbestellungen!). *Morgenarbeit* (in einigen Monaten des Jahres), meist Di–Sa 10–12 (Eingang und Karten 1, Josefspl. 3. Tor rechts).

Stallbesuch (in der vorführungsfreien Zeit), tgl. 14–16 (Eingang und Karten 1, Reitschulg. 2, keine Reservierungen); So und Ftg Kurzvorführungen. Genaue Vorführ- und Öffnungszeiten den jeweiligen Ankündigungen zu entnehmen.

Wiener Eisrevue Aufbauend auf Kostümfesten auf dem Eis in der Makartzeit veranstaltete der Wr. Eislauf-Verein 1932 erstmals eine Eisrevue. In der heutigen Form entstand sie nach 1945 (2 Ensembles). Jedes Jahr wird ein neues Programm (eine Art Eisoperette) einstudiert, die 2 Jahre auf dem Spielplan bleibt. Gastspielreisen in die ganze Welt; in Wien gastiert die Eisrevue im Jänner (Stadthalle).

Wiener Küche Genießt wegen ihrer Reichhaltigkeit und feinen Zubereitung eine guten Ruf. Schon früh durch Gerichte aus Ungarn, Böhmen, Italien und Frankreich, später auch durch Speisen aus den Alpen bereichert. Bekannt vor allem Tafelspitz (Mittelteil der Rindskeule), Rostbraten (Rippenstück vom Rind, mit Zwiebel gebraten), Rinds- und Kalbsgulays, Wiener Schnitzel (aus Kalbfleisch), vom Geflügel Back-, Brat- und Paprikahendl (Huhn in Paprikasoße). Berühmt die Mehlspeisen, dar. versch. ›Strudel‹ (Nudel- oder Butterteig mit Füllungen), wie Apfel-, Millirahm- oder Topfenstrudel, und ›Schmarrn‹; internat. Ruf genießt die Sachertorte (Schokoladetorte mit Marillenmarmelade bestrichen und mit Schokoladeglasur überzogen).

Wiener Kunsthandwerk Erzeugnisse, die nach handwerklicher Tradition hergestellt werden und ihrer Schönheit und Qualität wegen geschätzt sind. Beliebte Souvenirartikel: Glas- und Porzellanwaren (dar. handbemaltes Augarten-Porzellan), Petit-Point-Arbeiten, Stickereien, Kunstkeramiken, Email- und Schmiedeeisenarbeiten, Lederwaren, Silbergegenstände, handgefertigte Puppen, Goldschmiedeerzeugnisse, alte Stiche.

Wiener Mode Weltbegriff für Eleganz und Chic, wesentl. Bestandteil des Wiener Lebensstils. Modellhäuser der Haute Couture, gute Konfektionsgeschäfte, Blusen-, Strickwaren-, Schuh- und Handschuherzeuger, Kürschner, Taschner und Modistinnen stellen geschmackvolle Qualitätsartikel wienerischer Prägung her. Berühmt auch die Trachten- und Wintersportmode. Die elegantesten Verkaufsgeschäfte befinden sich in der Innenstadt in der Kärntner Straße, am Graben, am Kohlmarkt und in deren Seitengassen, in den inneren Bezirken auf der Landstraße und der Mariahilfer Straße, außerhalb des Gürtels in der Favoritenstraße, Meidlinger Hauptstraße und Thaliastraße.

Wiener Philharmoniker Internat. bekanntes Konzertorchester, gegr. 1841 von Otto Nicolai, besteht ausschließl. aus Mitgliedern des Staatsopern-Orchesters. Bekannte Konzerte: 8 Abonnement-Konzerte, Silvester- und Neujahrskonzert, Nicolai- und Furtwängler-Gedächtniskonzerte. Strenge Auslese, einheitliche Schule der Musiker sowie Tradition und Modulationsfähigkeit des Klangkörpers sichern den Philharmonikern ihren Weltruf.

Wiener Sängerknaben Von Maximilian I. 1498 als Teil der kais. Hofmusikkapelle gegr. Knabenchor mit 16–20 ›Kapellenknaben‹, seither ständig erweitert. Berühmteste Mitglieder waren Josef Haydn und Franz Schubert. 1924 als ›Wiener Sängerknaben‹ neu gegr., heute 4 Chöre, die abwechselnd für Hofburgkapelle, Konzerte und Welttourneen eingesetzt werden. In der Hofburgkapelle (unter Mitwirkung von Mitgliedern der Philharmoniker) So 9.25 (Kartenvorverkauf!). Konvikt im Augarten-Palais (2, Obere Augartenstr. 1).

Wiener Walzer Die vermutl. von Neidhart v. Reuenthal um 1230 hier heimisch gemachten Tanzlieder sind die Urform des bäuerl. Ländlers im langsamen 3/4-Takt. Aus ihm entwickelte sich der Walzer, dessen Name im 18. Jh. aufkam und der zu Beginn des 19. Jh.s zur beliebtesten Tanzmusik des Bürgertums avancierte. Klassische Form durch Joseph Lanner und die Strauß-Dynastie; fand Eingang in Oper und Operette. Noch heute repräsentative Musik bei großen Ballveranstaltungen. Bes. bekannt ›An der schönen blauen Donau‹ von Johann Strauß.

REGISTER

Zahlen in Halbfett: ausführliche Beschreibung oder Biografie
Zahlen mit *: Hinweis auf Abbildung oder Grundriß
Begriffe in eckigen Klammern: nicht mehr bestehende Bauten oder Anlagen
Herrschertitel ohne nähere Bezeichnung bedeuten österr. Herrscher

Aufgenommen wurden Stichwörter aus dem einleitenden Abschnitt und aus dem Lexikon der Kunst- und Baudenkmäler, unberücksichtigt geblieben ist der Hinweisteil; Personennamen wurden komplett erfaßt, Sachbegriffe in Auswahl. Umfangreichere Sachbegriffe wurden gesondert erschlossen: *Belvedere, Burg, Schönbrunn, Stephansdom.* Bestimmte Sachgruppen wurden zusammengefaßt und innerhalb ihrer Gruppe alphabetisch geordnet; dazu gehören: *Brunnen, Büsten, Denkmäler und Statuen, Geburtshäuser, Hotels, Kirchen und Kapellen, Museen und Sammlungen, Palais, Schauräume, Schlösser und Wandbrunnen.* Prinzipiell nicht aufgenommen wurden Altäre, Fassaden- und Kirchenplastik (an Altären), soweit es sich um Heiligennamen handelt, und Namen von Kirchenkapellen.
Die wichtigsten verwendeten Abkürzungen: Ehz. (Ehzin.) = Erzherzog(in); Fst. = Fürst; G. = Gattin; Gf. (Gfin.) = Graf (Gräfin); Hz. (Hzin.) = Herzog(in); Kg. (Kgin.) = König(in); Ks. (Ksin.) = Kaiser(in); Mkgf. = Markgraf; Pp. = Papst; Rgf. = Reichsgraf; To. = Tochter.

INSERENTEN-VERZEICHNIS